铁路规划与建设

（第 2 版）

李远富　编著

西南交通大学出版社
·成　都·

图书在版编目（CIP）数据

铁路规划与建设 / 李远富编著. —2 版. —成都：
西南交通大学出版社，2020.10
ISBN 978-7-5643-7720-5

Ⅰ. ①铁… Ⅱ. ①李… Ⅲ. ①铁路工程 – 交通运输规
划 – 研究 – 中国②铁路工程 – 交通运输建设 – 研究 – 中国
Ⅳ. ①U2

中国版本图书馆 CIP 数据核字（2020）第 195219 号

Tielu Guihua yu Jianshe

铁路规划与建设

（第 2 版）

李远富　编著

责任编辑	姜锡伟
封面设计	何东琳设计工作室

出版发行	西南交通大学出版社
	（四川省成都市金牛区二环路北一段 111 号
	西南交通大学创新大厦 21 楼）
邮政编码	610031
发行部电话	028-87600564　028-87600533
网址	http://www.xnjdcbs.com
印刷	成都蜀通印务有限责任公司

成品尺寸	185 mm×260 mm
印张	34.75
字数	914 千
版次	2020 年 10 月第 2 版
印次	2020 年 10 月第 5 次
书号	ISBN 978-7-5643-7720-5
定价	69.00 元

审图号：GS（2020）5635 号
课件咨询电话：028-81435775
图书如有印装质量问题　本社负责退换
版权所有　盗版必究　举报电话：028-87600562

第 2 版前言

　　自本书第 1 版出版以来，世界铁路已经发生了巨大变化，特别是中国高速铁路发展速度惊人、中国重载铁路建设成绩举世瞩目。世界银行在 2019 年 7 月发布的《中国的高速铁路发展》报告中对中国高铁发展给予了充分肯定，认为中国高铁的长期规划与设计标准化是成功的关键要素，中国的经验值得别国借鉴，特别是中国高铁的快速增长值得研究：是怎样的规划过程、能力开发、业务结构和建设模式促成了这种快速增长？

　　本书第 2 版正是在我国铁路大发展的背景下修改充实完成的。在保持原有章节体系和内容结构的基础上，第 2 版着重增加了"十二五"计划以来的高速铁路、重载铁路、城市轨道规划与建设的宏观政策、发展技术路线、科技创新成果等，试图全方位展示我国铁路发展的科技创新战略、规划建设的技术路线、建设模式和发展历程，提炼总结其创新性成果和经验教训，以供学习交流和研讨。

　　本书的编写，得到了西南交通大学的樊敏博士、李怀龙博士、尹紫红副教授、梁东副教授等老师和学校相关领导的大力支持，搜集采用了最新的高速铁路、重载铁路和城市轨道规划设计和施工建设方面的大量珍贵文献资料，在此一并致以诚挚的谢意。

编　者

2020 年 1 月

第1版前言

　　早在 20 世纪 80 年代，为适应土木建筑工程类综合管理干部班和铁道部总工程师班培训之需要，我校开设了铁路建设专题讲座课程：以铁路规划与建设的宏观技术经济问题为主线，适当介绍所涉及的基础理论和基本知识；以土建工程建设技术问题为重点，适当扩展到铁路机车车辆和运营管理；以我国铁路规划建设为基本内容，适当介绍世界发达国家的铁路发展动向，包括铁路重载运输和高速铁路发展现状与趋势；在介绍我国铁路的历史和现状时，融入爱国、爱路的思想教育内容；在各章专题研讨中，从宏观角度介绍相关技术基础知识、发展动态与思路，提供丰富的铁路规划建设方面的参考资料与数据等素材，以扩大学员的铁路知识面，培养宏观决策分析能力以及本科生和研究生的技术经济素质和组织管理领导才能。本书是在郝瀛教授编写的《中国铁路建设概论》（中国铁道出版社 1998 年出版）基础上，结合作者多年从事铁路规划建设的经验和搜集的大量国内外相关资料，参考铁路规划建设的相关文献、论文和科研成果，为各类干部班学员和在校本科生、研究生编写的参考教材。

　　全书共分九章，从交通运输和铁路运输的基础知识开始，回顾了旧中国铁路建设的悲惨历史，阐述了新中国铁路规划建设的光辉成就；研讨了铁路在国民经济发展和综合运输体系中的地位；介绍了当前铁路的发展建设形势，论述了中国铁路自主创新发展战略和国家铁路建设规划；重点专题论述了世界铁路发展的两大趋势——铁路货运重载化、既有铁路提速和高速铁路发展规划；此外还介绍了城市地铁、轻轨等其他轨道交通的规划与建设情况。

　　本书可作为铁路工程规划设计、施工和管理干部班学员教材，也可供土木工程专业本科生、道路与铁道工程等工程专业研究生和其他专业大学生选读，还可供从事铁路工程的其他干部和技术人员参阅。

　　本书的编写得到了恩师郝瀛教授的鼓励和学校相关领导的大力支持，搜集采用了铁路规划设计和施工建设管理单位提供的大量宝贵的文献资料，在此一并致以诚挚的谢意，编者对各方面的支持表示感谢。

　　限于编者水平，缺陷漏洞和不当之处在所难免，欢迎批评指正。

编　者

2010 年 12 月

目 录

第一章 绪 论

一、交通运输与交通运输业

（一）交通运输在国民经济中的地位和作用

交通运输是人类社会生产、经济、生活中一个不可缺少的重要环节。随着社会与科技经济的发展，人们对交通运输的需求迅速增长，从而形成了现代的交通运输业。马克思指出："除了采掘业、农业和加工工业外，还存在着第四个物质生产领域……，这就是运输业，不论它是客运还是货运。"（《马克思恩格斯全集》第 26 卷第 444 页～445 页）交通运输业从事旅客和货物运输，在整个社会机制中起着纽带作用，是国民经济的重要组成部分之一。交通运输既是衔接生产和消费的一个重要环节，又是保证人们在政治、经济、文化、军事等方面联系交往的手段。因此，交通运输业在现代社会的各个方面起着十分重要的作用。

世界各工业发达国家的经济发展经验表明，在工业化过程中都有一个交通运输业超前发展的时期，这是一个普遍性的经济规律。其主要原因是：原料的运进、市场的开拓，都需要有与之相匹配的运输业。美国从 19 世纪 30 年代到 20 世纪 20 年代为铁路大发展时期，铁路作为美国陆上运输的主要运输方式，以其通达性强、不受自然条件限制、运力大、价格低廉而得到了迅速发展。1916 年，美国铁路营业里程达到历史上的最高峰，共达 40.87 万千米。之后，随着运输技术的进步、运输需求的变化，公路、管道、民航、内河等运输方式也有了很大的发展。目前，美国仍拥有 23 万多千米铁路、630 万多千米公路、4 万千米内河航道、44 万多千米民航线和 36 万多千米的输油气管道，形成了综合运输能力强大的运输系统。总的来说，美国的运输系统对国民经济发展是超前的，它也带动了经济的高速发展。日本国土面积狭小，但在工业化初期也注重了交通建设，目前拥有 2.74 万多千米铁路和 112 万多千米公路，再加上发达的沿海航运和航空运输，对经济发展起了重要作用。其他工业发达国家的发展，也无不依赖于发达的水陆交通。发展中国家和地区提供了同样的经验，亚洲"四小龙"的兴起，也都仰仗于有着十分便利的交通条件。其中韩国的造船业堪与日本争雄世界，我国香港的集装箱吞吐量已名列世界前茅，我国台湾和新加坡则分别以环球航线与海空联运而闻名世界。发达的交通运输业推动着各个国家和地区的经济高速发展。综上所述，我们可以得出这样的结论：在经济建设中，交通运输业超前发展，并有一定的储备能力，是商品经济高度发展和社会化大生产的客观要求，它是由商品经济的本质特征所决定的，是社会经济规律的要求和体现。

（二）交通运输的性质和特点

交通运输是指劳动者使用运输工具和设备，实现人和物空间位移的有目的的生产活动。交通运输部门是一个独立的、特殊的物质生产部门，其设施是发展国民经济、提高人民物质文化生活水平的重要基础设施。交通运输具有物质生产的三个要素：从事交通运输生产的劳动者，线路、机场、码头、车站、机车、车辆、船舶、通信、信号等劳动资料，作为劳动对象的旅客或货物。在交通运输生产的三要素中，劳动者和劳动资料可由运输部门控制，但劳动对象即运送的旅客和货物，运输部门只是提供服务而不能自由支配，所以运输业虽然是一个物质生产部门，但还具有服务的功能。服务功能决定了运输部门在各种运输方式的协作配合、合作分工的条件下，要能安全、舒适、快捷地满足运输需求，以适应国民经济和社会发展的需要。

国民经济各部门所包括的物质生产部门和非物质生产部门，统称为"产业"部门。为社会提供初级产品、满足人类最基本的食品需要的农业为第一产业，为社会提供加工产品和建筑物、满足人类更进一步生活需要的工业、采掘业、水电业、建筑业等为第二产业，为人类提供满足物质需要以外更高级需要的其他行业和部门为第三产业。由于第三产业包括的行业多、范围广，我国又将第三产业划分为流通部门和服务部门两大部分，并将运输业列入第三产业的流通部门。

运输业是以一定的生产关系联系起来的具有劳动技能的人们使用劳动工具（如交通线路、车、船和飞机等运载工具及其他主要技术装备）对劳动对象（货物和旅客）进行生产，并创造产品（旅客、货物位移）的生产过程。运输业的产品，对旅客运输来说，是人的位移，并以运输的旅客人数（客运量）和人公里数（旅客周转量）为计算单位；对货物运输来说，是物的位移，并以运输的货物吨数（货运量）和吨公里数（货物周转量）为计算单位。

运输业又是一个特殊的产业。作为生产单位外部的运输，按其在社会再生产中的地位、运输生产过程和产品的属性，它和其他产业有很大区别。其主要特点为：

（1）运输生产是在流通过程中进行的，是为满足把产品从生产地运往下一个生产地或消费地的运输需要而进行的。因而，就整个社会生产过程来说，运输生产是在流通领域内继续进行的生产过程。

（2）运输生产过程不像工农业生产那样改变劳动对象的物理、化学性质和形态，而只改变运输对象（客、货）的空间位置，但并不创造新的产品。对旅客来说，其产品直接被人们所消费；对货物运输来说，它把价值追加到被运输的货物身上。所以，在满足社会运输需要的条件下，多余的运输产品和运输支出，对社会是一种浪费。

（3）在运输生产过程中，劳动工具（运输工具）和劳动对象（客货）是同时运动的，它创造的产品（客、货在空间上的位移）不具有物质实体，并在运输生产过程中同时被消费掉。因此，运输产品既不能储备，也不能调拨，只有在运输能力上保有后备，才能满足运输量的波动和特殊的运输需要。

（4）人和物的运输过程往往要由几种运输方式共同完成，旅客旅行的起讫点、货物的始发地和终到地遍及全国。因此，必须有一个干支相连、互相衔接的交通运输网与之相适应。同时，运输业的生产场所分布在有运输联系的广阔的空间里，而不像工农业生产那样可以在比较有限的地区范围内完成它们的生产过程。由此可见，如何保证运输生产的连续性，以及根据运输需要，按方向、按分工形成综合运输服务，具有重要意义。

（5）各种运输方式虽然使用不同的技术装备，具有不同的技术经济性能，但生产的是同一产品，它对社会具有同样的效用。而工农业生产部门工艺不同，其产品有很大差异，这是运输生产的又一特征。

运输的目的是实现旅客和货物空间的位移，运输生产是社会再生产过程中的重要环节。

运输业是社会生产的必要条件，而且它不是消极地、静止地为社会生产服务的。运输网的展开，方便的运输条件，将有助于开发新的资源，发展落后地区的经济，扩大原料供应范围和产品销售市场，从而促进社会生产的发展。

运输费用在生产费用中占很大比重。在生产布局中，如何考虑运输因素，最大限度地节省运输成本，不断降低运输费用，是节省社会生产费用、提高社会劳动生产率的重要因素。

运输业担负着社会产品和商品流通的任务。缩短流通时间，就可减少社会产品和商品在流通过程中的数量。缩短流通时间的重要手段就是发展运输业。我国目前国有工业企业流动资金周转时间较长，如果流动资金的周转时间缩短10%，就可以节省流动资金100多亿元，这是一个很大的潜力。因此，加快运输业的发展，建设一个发达的交通运输体系，不仅可以满足国民经济和人民生活对运输的需要，也将促进生产发展和缩短流通时间，加速资金周转，最终将促进社会劳动生产率的提高。

运输业在平时为经济建设服务，战时为军事服务。在战争中，它是联系前方和后方、机动部队运送武器弹药和粮食等物质的保证。因此，交通运输业具有半军事性质，是国家战斗实力的组成部分。

总之，运输业的发展影响着社会生产、流通、分配和消费的各个环节，对人民生活、政治和国防建设都有重要作用。交通运输业应超前发展，在规划时必须有超前意识，而且交通运输能力要有储备。

（三）交通运输的发展阶段

现代化交通运输业包括铁路、水运、公路、航空和管道五种基本的运输方式。由于这五种基本运输方式在运载工具、线路设备和运输方式等方面各不相同，各有其不同的技术经济特征，因而也各有其适用的范围。纵观交通运输业的发展史，在历史上的各个时期，虽然有所侧重，但都是几种运输方式并存的。从世界范围内交通运输业发展的侧重点和起主导作用的角度考察，可以将交通运输业的发展划分为四个阶段：水运阶段，铁路阶段，铁路、公路、航空和管道运输阶段以及综合发展阶段。

1. 水运阶段

水上运输既是一种古老的运输方式，又是一种现代化的运输方式。在出现铁路以前，水上运输同以人力、畜力为动力的陆上运输工具相比，无论运输能力、运输成本和方便程度等方面，都处于优越的地位。在历史上，水运的发展对工业布局的影响很大。海上运输还具有其独特的地位，几乎不能被其他运输方式替代。

2. 铁路阶段

1825年，英国在斯托克顿至达灵顿之间修建了世界第一条铁路并投入公共客货运输，从此，标志着铁路时代的开始。铁路由于能够快速、大容量地运输旅客和货物，极大地改变了陆上运输的面貌，为工农业的发展提供了新的、强有力的交通运输方式。从此，工业布局摆脱了对水上运输的依赖，使内陆腹地的工农业加速了发展。

3. 铁路、公路、航空和管道运输阶段

20 世纪 30 年代至 50 年代，公路、航空和管道运输相继发展，与铁路运输进行了激烈的竞争。就公路运输来说，汽车工业的发展和公路网的扩大，使公路运输能充分发挥其机动灵活、迅速方便的优势。工业的发展和科学技术的进步，促使人们价值观念日益增强，航空运输在速度上的优势，不仅在长途旅客运输方面占有重要的地位，而且在货运方面也发展很快。这几种运输方式相互竞争，同时发挥作用。

4. 综合运输阶段

20 世纪 50 年代，人们开始认识到在交通运输的发展过程中，铁路、水运、公路、航空和管道这五种运输方式是相互协调、竞争和制约的。因此，需要进行综合考虑，协调各种运输方式之间的关系，构成一个现代化的综合运输体系。综合发展阶段的重点之一是在整体上合理进行各种运输方式之间的分工，发挥各自的技术经济优势。调整交通运输的布局和提高交通运输的质量则成为综合发展阶段的主要趋势。

二、中国古代的交通运输

我国有悠久的历史和灿烂的文化，勤劳勇敢智慧的中国人民在改造自然的斗争中，曾为人类的物质文明作出了杰出的贡献，在交通运输上也取得过辉煌的成就。

（一）车的制造

我国很早就发明了车，传说 4 500 年前黄帝即已造出指南车，工艺相当先进。

公元前 1000 多年的殷代，我国已有四匹马拉的车，已用有辐的车轮来代替轭（无辐的车轮）。

周代已经用动物油作润滑剂，以减少轮轴的摩阻力。《周礼·考工记》中，还有车的制造方法及分工的记载。

公元前 400 多年的战国时代，已大规模地制造用于战争的战车。公输班、墨翟等就是当时杰出的工艺专家。

汉代文帝时，有所谓"轻车蒲轮"，能使行车迅速并减轻振动，同时使用铁的轴承以减少轮轴间的摩擦。东汉时已能制造"鹿车"（独轮车），三国时诸葛亮使用的"木牛流马"，工艺当较鹿车更为先进。

我国车的制造远在西欧各国有车以前就非常完备了，走在世界的前列。图 1.1 为陕西临潼秦始皇陵出土的铜车马。

铜车高 104.2 cm，全长 328.4 cm，马高 92 cm，总质量约 1 200 kg，车马结构完整，挽具齐全，装饰物和一些小型构件由金银制成，显得异常富丽堂皇。铜车结构十分精密，镂雕成菱形花纹格的车窗启闭自如，金属鞍辔上雕有精美的花纹装饰，辔绳婉转灵活。整个车通体彩绘，工艺精湛，气魄恢宏，反映出秦代工艺制作的高超水平。

图 1.1　1980 年陕西临潼秦始皇陵出土的铜车马

（二）道路的修建

道路的历史，就是人类社会的发展史。早在我国西周时代（公元前 1046—前 771 年），已设有管理道路的官吏，称为"涂人"。道路有一定宽度，通衢大道十里设饮食站，三十里设住宿站。有"周道如砥，其直如矢"的记载，说明当时道路既要求平坦，又要求线形顺直。这可算得是世界上最早提出的平直线形设计原则。

到秦朝（公元前 221—前 206 年），秦始皇"为驰道于天下，东穷燕齐，南极吴楚，江湖之上，滨海之观毕至"，统一了全国的轨距（所谓"车同轨"），并修建了以咸阳为中心，东到河北、山东，南达江苏、湖南的"驿道"。这是世界上大规模筑路的创举，说明那时我国就开始注意道路网的修建，可算得是世界上最早的国道网规划与建设。这个国道网，对当时秦统一中国、建设国家起了极为重要的作用。

汉代继续扩大修筑道路的范围并向边陲地区发展，特别是开辟了"丝绸之路"和"蜀身毒道"两条国际大道（图 1.2、图 1.3）。

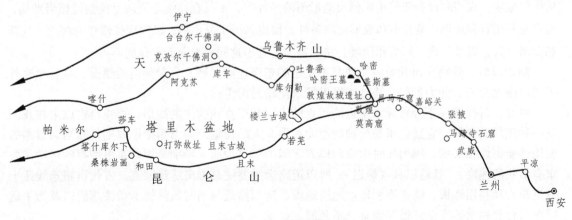

图 1.2　古丝绸之路示意

图 1.3 蜀身毒道示意

前者自长安西行，经中亚到达欧洲；后者自四川南下，经我国云南、缅甸到达印度。为了沟通川陕甘间的通道，我国当时还越秦岭、巴山开辟了南北两条栈道：北栈由汉中的褒谷到眉县的斜谷，长 235 km，称"褒斜道"；南栈由勉县到剑门关，长 248 km，称为"金牛道"。有些路段在悬崖峭壁上，用圆木插入石中，上架纵梁，并铺木板，车马行人通行于此凌空之道路上。经过历代的维修和改建，直到近代川陕公路（由南栈道改建而成）通车，1 800 多年来，它一直是川陕甘的交通要道。这两条道路除了政治、经济上有重要的意义外，在选线上也是当时举世卓绝并令后人赞叹不已的浩大工程。它们都长达数千千米，穿过地形险恶、地质复杂、气候恶劣和人烟稀少的地区，在当时没有任何小比例尺地形图的条件下，不仅在路线总方向上控制得相当准确，而且在利用有利地形、避开不利地形地质条件方面也做得十分出色，以致现代修建的西兰、兰新和南疆公路，以及川滇、滇缅和印缅公路都基本上是沿这同一走向而布设的。

隋唐以后，陆路交通开始向交通尚不发达的东南地区发展，大量驿道的建设，显著地改善了当时南北交通，并为近代公路选线提供了近捷简易的走向。

可见，古代选线十分重视采用近捷短直的走向和以直线为主的线形。直线自古以来在我国是一种庄严的象征，它适合车马行驶的速度和乘车人的视觉。而选短捷走向则是和当时道路的使用性质密切相关的，因为那时中央和地方之间的信息沟通，特别是边疆军事情报的传送，要求有最快的速度，"日趋三百自嫌迟"，所以道路选线要使总方向尽量取直。古代道路选线还十分重视合理利用地形、绕避不利地形地质地段，这当然是与当时筑路技术条件落后以及为了适应车马行驶和乘客安全舒适等因素分不开的。

到 19 世纪末，汽车问世，结束了以马车为主要交通工具的时代，路线设计进入了一个新的阶段。由于汽车速度远比马车速度快得多，对安全性的要求更高了，于是路线设计出现了以汽车运动学和力学平衡为原则的基本理论，由此而规定出各种等级公路选线所必须遵循的设计车速、视距、最小平曲线半径、最大纵坡和超高等技术指标。但是这个阶段在线形几何方面，是大量依靠实地定线、用土石方平衡原则和最低造价做出在曲率和纵坡上能符合标准的适用的道路的。

到了 20 世纪 50 年代，随着汽车数量激增，以及政治、经济和军事等方面的原因，高速公路应运而生。由于汽车速度大幅度上升，交通量急剧增长，驾驶者动态知识的增加，特别是交通事故次数增多，这就突出地要求道路线形设计应当在最少事故下用合理的造价提供最大的服务能力。人们开始认识到：一条完善的道路，不仅要安全、适用、经济，还要注意美学。选线设计要注意路容优美，环境协调，乘客悦目，驾驶者视觉诱导清晰。从此，选线设计除应当遵循汽车运动力学平衡原则外，还应考虑车辆行驶的安全舒适、驾驶者视觉心理反应、引导驾驶者的视线、保持线形的连续性、注意与周围环境景观相协调。这就进一步丰富和完善了现代公路选线设计的理论和方法。

（三）桥梁的建造

1. 石　桥

秦汉时，我国就建有石板梁桥，并以石柱为桥墩。架设在长安北二里横门外的石柱桥，长三百八十步，用石柱七百五十，用石梁二百二十，计六十八间（跨）。公元 1053—1059 年北宋时，由郡守蔡襄主持建于福建泉州洛阳河上的万安桥（洛阳桥），共 48 孔，全长 540 m，是我国第一座举世闻名的梁式海港巨型石桥，采用尖头的大型桥墩（即所谓"筏型基础"），并利用水生动物牡蛎的硬壳使桥墩条石间联结得更为牢固。这座桥梁使用了 900 多年，是我国古代名桥之一。图 1.4 为万安桥（洛阳桥）。

图 1.4　福建泉州万安桥（又称洛阳桥）

2. 拱　桥

公元 282 年，西晋时建造于洛阳七星涧上的"旅人桥"为单跨半圆形石砌拱桥，它是现有历史记载中世界上最早的石拱桥。公元 605—618 年，隋朝大工程家李春在今河北赵县的洨河上修建了赵州桥（安济桥）（图 1.5），它是当今世界上跨径最大、建造最早的单孔敞肩型石拱桥 [因桥两端肩部各有 2 个小孔，不是实的，故称敞肩型，这是世界造桥史的一个创造（没有小拱的称为满肩或实肩型）]。桥为单孔石砌拱桥，桥长 50.82 m，跨径 37.02 m，券高 7.23 m，拱度为 1/5.2；由 28 道独立石拱并列砌筑，桥宽 9.6 m；大拱两端各建 2 个小拱。整座桥梁气势雄伟，结构玲珑，构思精巧。赵州桥跨度大而弧形平，使桥的高度降低，便利车马行人的通行。拱肩的 4 个小拱，既减轻了基础的负载，又节省建筑材料，并且加大了桥下过水面积，便利洪水宣泄。桥梁坚固耐久，迄今完好无恙，为名胜景点。

图 1.5　河北赵县洨河上的赵州桥（安济桥）

赵州桥设计创新之处有：① 采用圆弧拱形式，改变了大石桥多为半圆形拱的传统。② 采用敞肩。这是李春对拱肩进行的重大改进，把以往桥梁建筑中采用的实肩拱改为敞肩拱，即在大拱两端各设 2 个小拱，靠近大拱脚的小拱净跨为 3.8 m，另一拱的净跨为 2.8 m。这种大拱加小拱的敞肩拱具有优异的技术性能：第一，可以增加泄洪能力，减轻洪水季节由于水量增加而产生的洪水对桥的冲击力。第二，敞肩拱比实肩拱可节省大量土石材料，减轻桥身的自重。第三，增加了造型的优美，4 个小拱均衡对称，大拱与小拱构成一幅完整的图画，显得更加轻巧秀丽，体现建筑和艺术的完整统一。第四，符合结构力学理论，敞肩拱式结构在承载时使桥梁处于有利的状况，可减少主拱圈的变形，提高了桥梁的承载力和稳定性。③ 采用单孔。我国古代的传统建筑方法，一般比较长的桥梁往往采用多孔形式，这样每孔的跨度小、坡度平缓，便于修建。但是多孔桥也有缺点，如：桥墩多，既不利于舟船航行，也妨碍洪水宣泄；桥墩长期受水流冲击、侵蚀，天长日久容易塌毁。因此，李春在设计大桥的时候，采取了单孔长跨的形式，河心不立桥墩，使石拱跨径长达 37 m 之多。这是我国桥梁史上的空前创举。

该桥建筑技术创造性体现在以下几方面：① 桥址选择比较合理，使桥基稳固牢靠。② 砌置方法新颖，施工修理方便。③ 在保持大桥稳定性方面采取了许多严密措施。④ 桥台独具特色——低拱脚、浅桥基、短桥台，是一个既经济又简单实用的桥台。

法国 13 世纪修建的赛雷桥是欧洲最早的拱桥，形式虽和赵州桥基本相同，但时间上已晚了 600 多年，并且早已坍塌，有名无实了。

3. 悬索桥

在世界上我国最早建成悬索桥，即公元 465—472 年南朝宋明帝时在云南建成铁链桥（铁索桥），直到 18 世纪，西欧各国才将铁用于桥梁结构。五代后唐明宗时（公元 926—933 年），出现了多跨的铁链悬索桥。悬索桥是我国劳动人民的智慧创造，也是对世界桥梁工程的伟大贡献。

4. 浮 桥

我国古代（西周至春秋中期）诗歌总集的《诗经》中有"造舟为梁"的记载，"梁"系"用木跨水，则今之桥也"，"舟梁谓浮桥"，可见我国浮桥出现较早。南宋时期，在广东潮州韩江上修建的湘子桥（广济桥），东岸桥长 283.4 m，西岸桥长 137.3 m，中流部分长 97.3 m，在用钢缆连接的 18 只木船上铺木板建成浮桥。此桥独树一格，为我国名桥之一，也是世界开关活动式桥梁的先导。

（四）航运事业

纵贯我国东部的南北大运河，早在 2 400 多年前的周代，就已经开挖了江苏北部的一段，后由隋朝先后征调两百多万民工开凿而成，北端河北境内一段系元朝最后连通。大运河以洛阳为中心，北到涿郡，南至余杭，全长 4 000 多里，分为永济渠、通济渠、邗沟和江南河四段，连接海河、黄河、淮河、长江、钱塘江五大水系，沟通冀、鲁、豫、皖、苏、浙六省，经历唐、宋、元、明、清五个朝代，1 000 多年来，对南北经济文化联系起着重要的作用。

在造船和航海上，我国也有着光辉的历史。《汉书》记载，西汉时期中国的使臣就乘船访问过斯里兰卡。《史记》记载汉武帝乘坐的楼船高达十余丈。东汉时已造出世界最早的有舵船。唐代的造船工艺和航海技术已很发达，与日本、印度、阿拉伯半岛的海上交通已很频繁，船队曾远航波斯湾。宋代以泉州为海上贸易中心，商船远航印度、波斯湾，海船也是当时各国最大的。元代大航海家汪大渊 2 次西航，到达波斯湾、红海和非洲的坦桑尼亚。明代郑和 7 次下西洋，最大的"宝船"长 44 丈，宽 18 丈，可容千余人，船队由宝船 62 艘、人员 27 000 余名组成，自 1405—1433 年的 28 年中，遍访亚非 30 余国，远达非洲东岸和红海，是当时世界上规模最大的航海活动。

所有这些卓越成就都是中华民族勤劳智慧的体现，也是对世界交通事业的伟大贡献。但是清朝的封建统治和百年来的半殖民地半封建地位，阻碍了中国生产力的发展，也阻碍了中国交通运输事业的发展。

三、交通运输系统规划

一般说来，系统可以看成是由有相互关联和相互作用的若干部分组合而成的具有特定功能的整体。任何系统都存在三个方面需要研究的内容：实体、属性、活动。

实体：组成系统的具体对象元素。

属性：实体的特性（状态和参数）。

活动：对象随时间推移而发生的状态变化。

（一）交通运输系统的组成

一个国家的交通运输系统一般是国民经济体系中的重要组成部分，它由铁路、公路、航空、水运和管道五种基本方式，以及仓储公司、旅行社、邮政包裹服务、联运公司和运输承包公司等多种服务于综合运输运营的运输代理商组成。

交通运输系统根据其服务性质及服务对象不同，大致又可分为城际运输及城市运输两大系统，而城际运输系统又可分为国内运输与国际运输两个子系统。各个子系统分别由各种交通运输方式提供不同的运输服务。

交通运输系统若按系统功能构建划分，一般应包括：

（1）城际快速客货运输系统。它以高等级公路、铁路客运专线和民航为依托。

（2）重载货物运输系统。它以干线公路、水路和铁路大宗货物运输通道为依托。

（3）集装箱运输系统。它以干线公路、水路和铁路干线为依托。

（4）油气运输系统。它以管道、水路和铁路为依托。

交通运输系统通常由以下4个部分组成：

（1）基础设施（或称固定设施）。基础设施指交通运输系统的物质部分，如路基、路面、轨道、桥梁、隧道、车站、航道、枢纽、机场等交通设施。

交通运输网络是由节点（枢纽站、港口、机场、车站等）和连线（公路路线、铁路线路、航道等）组成的，因此，交通运输系统中的基础部分即为其网络部分。现代交通运输网络具有立体性，即不再是单一结构，而是五种运输方式相互补充、相互配合、相互竞争的综合运输网络。

（2）运载工具（或称为移动设施）。运载工具指车辆、船舶、集装箱、飞机、铁路动车组、货车客车等，即交通运输的运输工具部分。

（3）管理与控制系统。传统的管理与控制系统主要包括车辆管理控制系统与交通流量管理控制系统。车辆管理控制系统主要指技术方面的管理与控制，如道路的几何尺寸设计和导航设备等；交通流量管理控制系统包括交通标志、地面划线、交通信号控制系统、交通流量监测设备、运行规章制度等。近年来，计算机技术和新技术、新方法的飞速发展，交通运输决策支持系统的开发应用，通过信息加工与管理、仿真实验分析、数学模型与智能系统的运行、多样化的输出信息表达形式等方式，为交通运输系统规划与管理提供了必要的技术支持和重要工具。

（4）交通流。交通流包括物流和客流两部分，即社会经济发展对运输业运送货物和旅客的需求产生的交通流量。交通流的大小和分布主要受到外部环境（如社会经济发展状况、地理条件等）和科学技术水平以及人的交通行为和观念等的影响。

在交通运输系统（图1.6）中，系统的实体是人（路的使用者、路的管理者、路的维修者）、运载工具（车辆、飞机、船等）、交通环境（气象环境、信息环境、通行条件等），系统的属性是人的驾驶性能、人的管理水平、人的维修技术等以及运载工具的分布状态、特性、能力等，系统的活动则是人、运载工具、路、交通环境的系统协调性。

由于组成交通运输系统的实体之间相互作用而引起的实体属性的变化，通常用"状态"的概念来描述。研究交通运输系统就是研究交通运输系统状态的改变，即系统的演变。

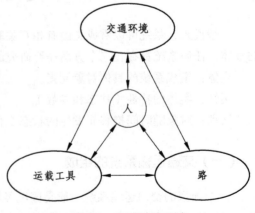

图 1.6　交通运输系统

由于交通运输系统是社会经济大系统中的一个重要的、独立的、以为社会提供运输服务为其主要功能的子系统，所以我们就明确了对任何运输问题的研究必须具有系统观念，采用系统分析的方法，即从交通运输系统与其外部环境的相互关系和运输系统内部各元素间的相互关系来研究运输问题。因此，除了研究交通运输系统实体、属性和活动外，还要研究对交通运输系统的活动结果产生影响的外界因素。

（二）交通运输系统的特征

交通运输系统具有以下4个主要特征：

（1）目的性。设计和运行某一系统是与实现一定的目的紧密联系的，即实现某些特定功能及系统优化。交通运输系统具有特定的功能，也就带有一定的目的性，各种运输方式正是按此目的性组成综合交通运输系统的。

（2）集合性。交通运输系统的各个组成部分（各种运输方式的运输点和路线等元素或子系统）之间具有一定的独立性，但它们同时按一定方式组合成一个有机整体。

（3）相关性。组成系统的子系统之间相互联系、相互作用，某一子系统的输入则是与之相联系的前一子系统的输出。为使系统正常运行，各子系统之间存在着一定的逻辑关系。构成交通运输系统的全部运输点和路线等是相互联系、相互制约和具有一定规律性的整体。交通运输系统并不等于各种运输方式的简单相加，它是在布局和结构组成方面，具有与地区的自然条件、经济条件及功能等相适应的，符合一定规律性和具有高效益的有机整体。系统每新建或改建任意一条线路，均要受到全局因素的制约，又由于区域经济和运输需求随着时间变化和发展，因此交通运输系统建设是一个动态过程。相关性包含着时间与空间两方面的特征。

（4）环境适应性。任何系统都有确定的边界和环境，系统从外部环境接受输入（包括正常输入和随机干扰），经过系统转换，再向外部环境产生输出。由于外部环境是变化的，为了使系统生存、系统优化，必须进行相应调节使之适应环境的变化。交通运输系统是社会、经济、政治、文化的总体组成部分，必须适应于区域国土开发利用和经济发展规划，适应于区域综合运输的条件，适应于交通运输的发展需要。

（三）各种交通运输方式的技术经济特征

各种交通运输方式在满足人或物的空间位移的要求上具有同一性，但各种方式所采用的技术手段、运输工具和组织形式等都不相同，因此，形成的技术性能（速度、重量、连续性、保证货物的完整性和旅客的安全性、舒适性等）、对地理环境的适应程度和经济指标（如能源和材料消耗、投资、运输费用、劳动生产率等）都不尽相同。国内外许多专家对国外各种运输方式发展情况进行分析，得出了各种运输方式的技术经济性能相对优劣次序，参见表 1.1 所示。

各国科技、经济发展水平不同，各种运输方式的技术装备水平也不同，因此在进行技术经济比较时，各种运输方式的实际性能优劣次序可能会与上述表格有所不同，对技术经济比较的项目也可以进行一些增添。

现代交通运输的五种运输方式产生的历史不同，其运输生产过程也有其不同的特点，形成了各自的适应范围。

表 1.1　各种运输方式技术经济指标相对比较

运输方式	线路基建投资	运具基建投资	运输能力	最高速度	通用性	机动性	运输成本	运输能耗	固定资产效率	劳动生产率	安全性
铁路	6	2	3	2	2	3	4	4	4	4	3
内河	3	4	2	5	3	4	2	2	2	2	4
海运	1	3	1	4	3	5	1	1	1	1	5
公路	4	5	5	3	1	1	5	5	5	5	6
航空	2	6	6	1	4	2	6	6	6	6	2
管道	5	1	4	—	5	6	3	3	3	3	1

注：1. 表中将水运分为内河与海运两种形式，表中数字从小到大表示从优到劣。

　　2. 根据张之《运输布局学》第48页改编。

1. 铁路运输的主要优缺点

（1）铁路运输的主要优点有：

① 运行速度快。作为陆上运输方式，铁路列车运行速度快。我国普速旅客列车最高速度可达 160 km/h，高速铁路已达 350 km/h，货物列车为 80～120 km/h。

② 适应性强。依靠现代科学技术，铁路几乎可以在任何需要的地方修建，可以全年全天候运营，受地理和气候条件的限制很少，具有较高的连续性和可靠性；可货运可客运，可以运送几乎所有的不同性质的货物，通用性很强。

③ 运输能力大。铁路是大宗、通用的运输方式，能够负担大量的客货运输。我国单线铁路单方向最大货物运输能力达到 1 800 万吨，一般复线货物运输能力达到 5 500 万吨，大秦运煤专线设计年运输能力高达 4 亿吨。

④ 运输成本低。一般来讲，铁路成本比河运和海运成本高一些，但比公路运输与航空运输低得多。我国铁路运输成本分别为公路汽车运输和航空运输的 1/20 和 1/128，在美国则相应为 1/7 和 1/18，铁路能耗也很低。

⑤ 环境污染小。工业发达国家的社会及经济与自然环境之间的平衡受到了严重破坏，运输业对此起了很大的作用。铁路运输对环境和生态的影响与公路汽车和飞机相比较小，特别是电气化铁路影响更小。

（2）铁路运输的主要缺点有：

① 修建铁路需要大量的资金和金属。据统计，目前我国常规铁路每 1 km 需要投资 1 000 万～2 000 万元，消耗 120～150 t 重的钢轨、零部件等金属，高速铁路每 1 km 需要投资 1.2 亿～1.7 亿元。

② 铁路短途运输平均成本高。因为在单位运输成本中，始发和终到作业所占的比重，与运输距离成反比，所以 50 km 以下的短途运输成本，铁路运输要比公路汽车运输高。

③ 铁路运输受轨道限制，必须有其他方式支持。

（3）铁路运输的适用范围一般为：

由铁路上述优缺点，可以引申出铁路运输的一般适用范围。在国土辽阔的大陆国家，铁路比其他方式更具有吸引力，高速铁路在国土面积小的国家，也有较强的优势。从货物品种来说，大宗货物如煤炭、粮食、矿石、建材等比较适合于铁路运输。铁路也适合中、长距离的一般货物运输。在石油等能源比较缺乏的地区，铁路运输是一种比较好的方式。由于铁路运输的基建投资比较大，一般全年货运量达到 100 万吨时，修建铁路才具有经济意义。另外，发展中国家的铁路运输适用范围比工业发达国家铁路适用范围可能更为宽广，在研究和评估铁路适用范围时，一定要结合本地区的实际情况进行，而不能拘泥于铁路的一般性质。

2. 公路运输的主要优缺点

公路运输是由公路和汽车两部分组成的。公路又称道路，道路在古代就已经存在，随着汽车的发明使用，专供汽车行驶的道路改称为公路。从 20 世纪 30 年代起，随着经济不断发展，公路运输所具有的优势逐步得到发挥，逐渐成为一种独立的运输形式。公路运输距离也不断上升，技术经济指标不断得到改善和提高，发达的工业国家在客运方面公路运输开始占据首位。随后许多工业发达国家开始修建高标准的干线公路作为国家路网骨架。汽车工业也逐步形成了比较完整的体系，汽车制造业水平几乎也是各国经济发展水平的标志。

新中国成立以来，我国的公路建设获得了较大的发展，在全国范围内建成了干支相连四通八达的公路网。截止到 2018 年年末，全国公路总里程 484.65 万千米，公路密度 50.48 千米/百平方千米，高速公路里程 14.26 万千米。我国公路技术等级也有了很大提高，已经建成大量高速公路和高等级公路并仍在继续建设，汽车工业也在迅速发展之中。随着我国社会经济的不断发展，社会对灵活性、方便性等运输质量的要求不断提高，为我国公路运输发展提供了良好的条件，在将来一定时期内，汽车工业以及公路建设方面必将得到迅速发展。

（1）公路运输的主要优点为：

① 机动灵活。公路汽车运输可进行直达运输，减少中间作业环节，在时间上有较大的机动性；对客运量、货运量具有较强的适应性。汽车还可以作为其他运输方式的辅助工具。

② 送达速度快。汽车运输灵活方便，可以实现门到门的直达运输，因而，在中短途运输中送达速度较快。送达速度快可以加快资金的周转，提高客货的时间价值。

③ 修建比较容易，原始投资少，资金周转快，回收期短。相同长度和能力的公路与铁路相比，公路的造价为铁路的 1/4 ~ 1/3，工期为 1/3 ~ 1/2，投资回收期为 1/4 ~ 1/3，且汽车车辆购置费较低。

④ 与其他运输方式相比，技术改造容易。

（2）公路运输的主要缺点有：

① 运载量小，能耗大。单车的平均运载量，在我国平均为每人 4.6 t，在公路运输最发达的美国也只有 12 t，与铁路、水运等无法相比；公路运输能耗也比较大，在我国相当于铁路的 10 倍以上，美国相当于铁路运输的 5 倍以上。

② 运输成本高，劳动生产率低。公路汽车运输途中消耗燃料多，折旧费高，公路运输所耗用的人力多，中长途公路运输的成本高，劳动生产率低。

③ 安全性、舒适性低。与其他运输方式相比，公路运输安全性、舒适性较差，对环境的污染也比较严重。

（3）公路运输的适用范围为：

自 20 世纪 60 年代以来，各种交通运输方式进入了综合发展阶段。石油的大量开采及汽车工业的发展，公路运输得到了发展。各国公路运输的适用范围与各国技术经济发展水平、经济结构、自然条件以及居民消费水平有着密切的关系。一般而言，公路运输在鲜活物品、高值轻质物品中和其他短途运输中，效果突出。公路运输适合于补充和衔接其他运输方式，担负铁路、水运达不到的区域以及铁路和水运起终点的集疏运输。在没有铁路和水运的区域或基于国际政治、经济的需要，公路运输也可以承担长距离的干线运输。另外，各国在发展综合运输体系的时候，都十分重视公路网发展对社会进步、国家的经济增长、国土开发及人民生活水平的提高等方面的重大作用。

3. 水路运输的主要优缺点

水路运输是由港口、航道和船舶三部分组成的，包括内河运输、远洋运输和沿海运输。水路运输是古老的运输方式，在人类发展的历史中，起过十分重要的作用。随着社会经济的发展，各种先进技术先后用于造船行业，船舶的技术性能有了极大的提高。

（1）水路运输的主要优点有：

① 运输能力大。海上运输利用的是天然航道，通过能力几乎不受任何限制。海上轮船的装载量也十分巨大，世界上最大的石油船装载量达 55 万吨，整装箱船已达 7 万吨，巨型客轮已达 8 万吨。在内河运输中，美国最大顶推船队运载能力超过 5 万～6 万吨，我国大型顶推船队的运载能力也已达到 3 万吨，相当于铁路列车的 10 倍。运输条件良好的内河航道，通过能力也几乎不受限制。

② 投资省。水路运输利用天然航道，投资较省。海上运输航道的开发几乎不需要支付费用。内河虽然有时要花费一定的开支疏通河道，但比修建铁路的费用小得多，据估计，开发内河航道每千米投资仅为铁路旧线改造的 1/5，或新线建设的 1/8。而且，航道的建设还可以与兴修水利和电站结合起来。

③ 运输成本低。虽然水运的站场费用极高，但由于船舶的载运能力大，运输距离比较远，路途费用低，所以总的来说运输成本低。美国内河航运的运输成本为铁路运输的 1/5～1/4，海运成本只及铁路运输的 1/8。我国长江干线运输成本为铁路运输的 84%。

④ 劳动生产率高。船舶的载运能力大，所需要的劳动力与载运量并不成比例增加，所以劳动生产率相对较高。

（2）水路运输的主要缺点有：

① 适应性差。内河运输受自然条件的限制很大，在无水系或水利资源不好的地方无法进行，不具有普遍性。有些河道通航质量不好，季节性缺水或冬季封冻，无法保证全年通航。有些航道的走向和经济要求方向不一致，不好利用。海洋运输也受到港湾的水深、风浪等气候和水文条件的限制。

② 速度慢。轮船在水中行驶，阻力较大，速度提高比较困难。海运船舶行驶速度一般为 25～27 km/h，内河则更慢些，所以水运是几种运输方式中速度较慢的一种。

（3）水路运输的适用范围为：

水路运输利用天然河道，占地少、运量大、投资省、运输成本低，因而适用于大宗货物长途运输，在运输长、大、重件货物时，与铁路、公路相比具有明显的优点。海洋运输是实现国际贸易和各国友好往来的主要运输方式。

4. 航空运输的主要优缺点

航空运输是 20 世纪发展起来的一种运输方式，在工业发达国家中已成为一种主体运输方式。航空运输的运输工具是飞机。航空运输部门主要由航务（飞机）部门、机务维修部门、营运部门三个部分组成。航空运输是高科技发展的结晶，各国都比较重视。航空运输自诞生以来发展极为迅速，其发展水平反映着一个国家科技发展水平和国民经济发展水平。我国幅员辽阔，资源丰富，人口众多，航空需求逐步增大，航空运输业发展前景非常广阔。

（1）航空运输的主要优势为：

① 速度快。与其他运输方式相比，速度快是航空运输的最明显的特征，在非常注重时间价值的现代社会，快速是其他方式无法比拟的特殊优势。现代的喷气式飞机时速一般在 900 km 左右，比火车快 5~10 倍，比海船快 20~25 倍，公路运输和内河运输更无法与之相比。

② 机动性大。飞机不受地理条件的限制，可以飞越山川河流，可以将任何两个地点沟通。对于保卫国家安全、抗险救灾和处理突发事件等来说，其他方式无法替代。

③ 安全、舒适。随着科技的发展，各种最先进的科学技术都广泛地用于飞机的设计和制造业，飞行安全性不断得到提高，据国际民航组织统计，目前民航旅客死亡率是各种交通运输方式中最低的。现代客运飞机机内空气新鲜，视听设备齐全，飞行平稳，机内餐饮供应及服务质量不断提高，旅客旅行舒适。

（2）航空运输的主要缺点有：

① 运载量小，运输成本高。飞机的特点是高速、机动性强，载重、载客量小，技术要求高。目前大型飞机只能载客 400 多人，在飞行中需要的燃料及其他费用多。因而，航空的运输成本高。我国航空运输成本相当于铁路的 100 倍、公路运输的 10 倍左右。

② 噪声污染严重。飞机在起飞降落时发出的噪声污染严重，远远超出人们可以承受的范围。

③ 速度快的优点在短途运输中难以发挥。

（3）航空运输的适用范围为：

航空运输适合于长途客运，以及时间性强的鲜活易腐和价值高昂的贵重物品、精密仪器和报刊邮件的中长途运输，适用于特殊目的的运输任务。同时，航空技术水平也是一个国家经济技术实力的象征，发展航空运输不能只从运输本身的角度考虑。随着运输成本降低和经营管理水平的改善以及人民生活水平的提高，航空运输的使用范围也将进一步扩大。

5. 管道运输的主要优缺点

管道运输是使用管道输送流体货物或气体的一种运输方式。管道运输随着石油工业发展而兴起，并随着石油、天然气的开发、加工以及用户的需求而逐渐发展。管道把石油、天然气等资源的开采地与加工场地及用户等联结起来，管道在地下，受到的各种干扰少，输送安全，是流体能源运输的重要方式。

（1）管道运输的主要优点有：

① 运量大。管道可以连续不断地输送，输送能力大。一条管径 1.2 m 的原油管道年输送量可达 1 亿吨。

② 占地少，不受气候的影响。管道除了泵站和首尾站占用土地外，其余管道埋于地下，占用土地少，而且可以在山、河和其他建筑物下通过，不受气候等的影响，很少产生噪声污染和漏油污染等，安全性较高。

③ 节约劳力和能源。管道运输高度的机械化和自动化，在运输途中所需劳力很少，可以大大提高劳动生产率。管道运输中所消耗的能源也较少。

④ 投资省、工期短、成本低。在我国，修建 1 km 的管道造价是 100 万~500 万元，为同样运输能力的铁路造价的 1/3~1/2，运输成本为铁路运输的 70%；而在日本相应为铁路的 1/6~

1/2 和 60%。

（2）管道运输的主要缺点有：

管道运输是专用运输，主要缺点是适应性差。管道运输只能输送液态或气态物质，不能运送旅客或其他货物，输送的品类单一，适合于长期定向、定点运输，合理运量范围窄。当输送量变换幅度过大时，管道的优越性难以发挥，只有稳定运量达到一定值时经济上才合理。一旦原油干枯，管道即将报废。

（3）管道运输的适用范围为：

从管道运输的特点来看，管道运输适合于运量大、稳定的液体和气体运输，是一种专用运输，不能运输旅客或其他货物。目前，世界上的管道运输主要用于输送石油和天然气。

上述各种运输方式的比较优势及局限性，在不同的历史时期和不同的自然、经济环境下不是一成不变的。各种运输方式都是随着生产技术和社会经济发展而出现的，并随着科学技术的不断进步、社会经济和运输条件以及运输组织工作不断改进而发展变化的。

各种运输方式在整个交通运输业中占有什么样的地位，哪种运输方式占有主导地位是和历史发展时期以及各国的社会制度、政治和历史状况、自然地理条件、经济和技术发展水平，以及经济结构和运输方式本身的技术经济特点密切相联的。

人们对交通运输的要求是安全、迅速、经济、便利。综上所述可见：

首先是送达速度。技术速度决定运载工具在途运行的时间，而送达速度除在运行时间外，还包括途中的停留时间和始发、终到两端的作业时间。对旅客和收、发货人而言，送达时间具有实际的意义。铁路的送达速度一般高于水上运输和公路运输，但在短途运输方面，其送达速度反而低于公路运输。航空运输在速度上虽然占有极大的优势，但将旅客前往机场的路程时间考虑在内，方有实际意义的比较。

在评价某种运输方式的速度指标时，还应适当考虑运输的频率（或间隔时间）和运输经常性对送达速度的影响。

各种运输方式各有其适用的速度范围（或称服务的速度范围）。旅客运输速度链将各种交通运输方式的最优速度范围（旅客运输速度）以链的形式连贯起来，一般认为公路运输的最优速度为 50～100 km/h，铁路运输为 100～300 km/h，航空运输则为 500～1 000 km/h，并对"速度链"中的空白段（300～500 km/h）以新型的交通运输工具填补（例如高速铁路、磁悬浮列车等）。

其次是投资。各种运输方式由于其技术设备的构成不同，不但投资总额大小各异，而且投资期限和初期投资金额也有相当大的差别。例如，铁路技术设备（线路、机车车辆、车站等）需要投入大量的人力物力，投资额大而且工期长。相对而言，水上运输是利用天然航道进行的，其设备的投资远较铁路为低，投资主要集中在船舶、码头。比较各种运输方式的投资水平，还需要考虑运输密度和运载工具利用率等因素。

再次是运输成本。一般来说，水运及管道运输成本最低，然后依次为铁路和公路运输，航空运输成本最高。但是各种运输方式的成本水平是受各种各样因素影响的。例如与运量有关的固定费用，如果在运输成本中所占的比重较大，则成本水平受运输密度的影响也较大，在这方面铁路运输最为显著。又如运输距离对运输成本也有很大的影响，这是因为终端作业成本（始发和终到）的比重随着运输距离的增加而下降，通常对水运的影响最大，铁路次之，公路最小。再如运载工具的载重对运输成本亦有相当的影响，载重量较大的运载工具一般来说其运输成本较低。水运在运输成本方面居于有利的地位。

此外，还应从能源、运输能力、运输的经常性和机动性等方面考察各种运输方式的特性。例如：从能源的角度来看，铁路运输由于可以采用电力牵引，在这个方面就占有优势；从运输能力的角度来看，水运和铁路都处于优势的地位；从运输的经常性角度来看，铁路运输受季节和气候的影响最小；而就运输的机动性而言，则公路运输最好。

当前，我国五种运输方式的主要技术特征见表1.2。

表 1.2　我国五种运输方式的主要特征

运输方式	最高速度 /（km/h）	最大运输能力 /（万吨/a）	通用性	机动性
铁路	客车 80～160、货车 80～100	单线 1 800、双线 5 500	较好	较差
海运	海船 25～27	航线能力不受限制	较好	差
河运	客船 13～15、货船 8～10	船闸单线 2 000、双线 4 000	较好	差
公路	客车 120、货车 100	4 车道 300～500	较好	好
民航	波音 747：907 A310～300：850	波音 747：291 座 A310～300：218 座	较差	较好
管道		管径 762 mm 输油 2 000 管径 564 mm 输油 1 000	差	差

铁路、水运、公路、民航和管道等五种现代化的运输方式，各有不同的技术经济性能和使用范围。随着科学技术的进步、社会运输需要的变化，各种运输方式的技术装备不断更新，其技术经济性能和使用范围也在不断变化。充分发挥各种运输方式的优势，就可以最大限度地节省运输建设投资和运输费用。同时，旅客的始发地和终到地，货物的生产地与消费地遍布全国，客、货运输的全过程往往要由几种运输方式共同完成。这就要求从货物的生产地到消费地，旅客的始发地至终到地，按运输生产过程内在规律的要求建设运输线路，在一个地区和全国范围内需要形成各种运输方式相衔接、协调配合的综合交通运输网。

（四）交通运输系统规划

交通运输系统规划过程是一个复杂的过程，进行交通运输规划不仅要考虑交通运输系统本身状况，而且还应将交通运输系统置于社会经济这一大系统中加以考察。其中环境因素分析是一项重要工作。这里的环境因素包括：交通运输相关行业的发展水平、经济发展水平与产业结构的变化、自然地理条件、人的交通观念等。这些因素对于交通需求、交通方式的选择具有决定性的意义。交通运输系统规划除了进行交通运输网络（包括公路网、铁路网、航道网、航空网、管道网等）等运网规划外，还要进行流量实体、控制系统等部分的规划。

交通运输网络规划就是要确定交通运输网络的发展目标，以及设计达到该目标的过程。换言之，就是研究"建立一个怎样的交通运输网络"以及"如何建立这样的交通运输网络"的问题。因此，交通运输网络规划的基本内容包括 4 个组成部分：

（1）交通运输网络发展规划。交通运输网络发展规划主要是提出发展的依据。这部分是整个规划的基础，通过对规划地区社会经济发展及交通运输的供需分析，确定交通运输网络发展的方向、性质、规模，即要明确"建立一个怎样的交通运输网络"。

（2）交通运输网络布局规划。交通运输网络布局规划主要研究各种运输方式的网络空间分布。这部分是交通运输网络总体规划的核心部分，通过对规划地区的自然、经济条件分析与交通流分析，确定运输网络的布局和结构。

（3）交通运输网络工程规划。交通运输网络工程规划主要研究交通运输网络各专项工程的规划。这部分是交通运输网络总体规划的重要组成部分，也是运输网络建设投资的重要依据。

（4）完成规划方案所需的外部条件。这些外部条件包括配套的政策、规定、调控措施以及筹资方案等，即设计和运行某一系统是与实现一定的目的紧密联系的，即实现某些特定功能及系统优化。

第（2）、（3）、（4）部分分别从布局、工程、环境三方面阐述"如何建立这样的交通运输网络"。

四、铁路运输基础知识

（一）铁路运输的性质与特点

1. 铁路运输的性质

铁路运输部门是一个独立的特殊的物质生产部门，其设施是发展国民经济、提高人民物质文化生活水平的重要基础设施。

铁路运输具有物质生产的三个要素：车、机、工、电各部门运输职工的劳动，线路、机车、车辆、通信、信号等劳动资料，作为劳动对象的人或物（旅客或货物）。铁路运输使旅客与货物的场所发生预定的变化，从而具有使用价值。运送旅客满足了人们旅行的需要，运送货物是生产性质的价值增值过程，也是生产过程在流通领域的继续。所以铁路运输是一个独立的物质生产部门。

铁路运输生产的三要素中，人的劳动和劳动资料虽然由铁路支配，但劳动对象即运送的旅客和货物，铁路只是提供服务而不能自由支配，所以铁路运输虽然是一个物质生产部门，但还具有服务的功能。服务功能决定了铁路运输在各种运输方式的协作配合、合理分工的条件下，要能安全、舒适、快捷地满足运输需求，以适应国民经济的发展。

在社会主义市场经济前提下，铁路还具有企业性质，必须重视投入产出问题，建立竞争机制，讲究经济效益，以保证铁路的生存和发展。

2. 铁路运输的特点

铁路运输这个物质生产部门，其生产过程中劳动对象发生变化的情况和其他物质生产部门不同。机械制造业的生产过程是物质形态的改变，属于物理变化。化学工业的生产过程是物质性质的改变，属于化学变化。而铁路运输的生产过程，则不改变物质的形态或性质，只是改变旅客和货物的场所，属于空间变化，其产品是人和物的位移，用人公里和吨公里来衡量铁路运输的生产量。

工农业生产的产品既可以储存，又可以调拨。而以人公里和吨公里表示的铁路运输生产量，则是在运输生产过程中完成的，它不能作为独立的物体存在于运输过程之外，只能在运输过程中被同时消费掉。所以，铁路运输的产品是不能在运输过程以外进行储存和调拨的。因之在国民经济发展的总体规划中，铁路建设应当适度超前，避免铁路成为制约因素和瓶颈产业，以保证国民经济持续稳定地发展；同时在一条铁路的规划设计中，也需要使其能力具有一定储备，以适应铁路经行地区工农业迅猛增长的运输需求。

（二）铁路运输的生产量

1. 周转量

（1）旅客周转量。铁路运送旅客的生产量是用人公里衡量的，称为旅客周转量。

$$旅客周转量 = \sum（旅客人数 \times 旅行距离的公里数）$$

（2）货物周转量。铁路运送货物的生产量是用吨公里来衡量的，称为货物周转量。

$$货物周转量 = \sum（货物吨数 \times 货运距离的公里数）$$

为了统计铁路客货运输的综合生产量，习惯上将每一"人公里"的旅客周转量折算为一个"吨公里"的换算周转量。这样，就可以将旅客周转量和货物周转量直接相加，称为客货周转量或换算周转量，单位为"换算吨公里"。换算周转量可以综合体现铁路完成客货综合生产量的大小。

2. 运输密度

（1）客运密度。每个国家平均每公里铁路每年运送的旅客人数称为客运密度。

（2）货运密度。平均每公里铁路每年运送的货物吨数称为货运密度。

（3）运输密度。平均每公里铁路每年完成的换算吨数称为运输密度。运输密度是衡量铁路运输效能最重要的指标。

1949 年，全国铁路完成的旅客周转量为 130.01 亿人公里，货物周转量为 184.00 亿吨公里，换算周转量为 314.01 亿换算吨公里。当时的铁路营业里程为 21 810 km，客运密度仅 59.6 万人，货运密度仅 84.4 万吨，运输密度仅 144.0 万换算吨。"十一五"计划第一年年末的 2006 年，铁路（本书所说的"铁路"，除特别注明的外，仅指大陆的国有铁路，暂未包括台湾地区与港九地区的铁路，也不包括地方铁路与专用线等）旅客周转量为 6 622.12 亿人公里，货物周转量为 21 954.41 亿吨公里，换算周转量为 28 576.52 亿换算吨公里，为 1949 年的 83.7 倍。2006 年铁路营业里程为 7.5 万公里；客运密度 859 万人/km，货运密度为 2 848 万吨公里/km，分别为 1949 年的 14.4 倍、33.7 倍；运输密度达 3 707 万换算吨公里/km，为 1949 年的 25.7 倍，也就是说每公里铁路的生产量 2006 年为 1949 年的 25 倍多，2006 年每公里铁路每年完成的生产量约等于新中国成立初期 25 km 铁路完成的生产量。表 1.3 是 2002—2006 年我国铁路运输业绩统计表。

2016 年，全国铁路营业里程达 12.4 万公里，全年完成旅客发送量 28.14 亿人，旅客周转量 12 579.29 亿人公里，其中国家铁路旅客发送量 27.73 亿人，旅客周转量 12 527.88 亿人公里。2016 年，全国铁路完成货运总发送量 33.32 亿吨，货运总周转量 23 792.26 亿吨公里，其中国家铁路完成货运总发送量 26.52 亿吨，下降 2.3%，货运总周转量 21 273.21 亿吨公里。2016 年与 2006 年比较，见表 1.4 所示。

表 1.3　2002—2006 年全国铁路运输业绩统计

项　目	2002 年	2003 年	2004 年	2005 年	2006 年	增长率/%
旅客发送量/亿人	10.56	9.73	11.18	11.56	12.57	19.0
旅客周转量/亿人公里	4 969.38	4 788.61	5 712.17	6 061.96	6 622.12	33.3
货物发送量/亿吨	20.50	22.42	24.90	26.93	28.82	40.6
货物周转量/亿吨公里	15 658.42	17 246.65	19 288.77	20 726.03	21 954.41	40.2
总换算周转量/亿换算吨公里	20 627.80	22 035.26	25 000.94	26 787.99	28 576.52	38.5
日均装车量/万车	9.6	10.5	11.4	12.2	12.9	34.3
客运密度 /（万人公里/km）	691				859	24.3
货运密度 /（万吨公里/km）	2 178				2 848	30.8
运输密度 /（万换算吨公里/km）	2 869				3 707	29.2

资料来源：铁道部统计中心。

表 1.4　2006—2016 年全国国家铁路运输业绩比较

项　目	2006 年	2016 年	增长率/%
旅客发送量/亿人	12.57	27.73	120.6
旅客周转量/亿人公里	6 622.12	12527.88	89.2
货物发送量/亿吨	28.82	26.52	−8.0
货物周转量/亿吨公里	21 954.41	21 273.21	−3.1
总换算周转量/亿换算吨公里	28 576.52	33 801.09	18.3
客运密度 /（万人公里/km）	859	1010.3	17.6
货运密度 /（万吨公里/km）	2 848	1715.6	−39.8
运输密度 /（万换算吨公里/km）	3 707	2725.9	−26.5

资料来源：铁道部统计中心，我国铁路营业里程 2006 年按 7.7 万公里计算，2016 年按 12.4 万公里计算。

铁路运输密度大，表示铁路设施利用率高，效能好；运输密度小，表示铁路设施利用率低，效能低。一个国家铁路运输密度的高低，主要影响因素有：

（1）铁路设备的先进程度。如：牵引种类（电力、内燃或蒸汽牵引）和机车类型，机车牵引力大，可使每列车的牵引质量增加；通信信号设备先进，可使铁路行车量增大；而车辆结构先进，则可多载客、货，增加铁路的生产量。

（2）铁路线路状况。铁路网的复线率是指路网中复线里程占营业里程的百分数。复线率高，则行车量大，铁路生产量提高。此外铁路轨距宽窄、线路坡度大小、车站距离远近等，都会影响铁路生产量。

（3）铁路客货流量大小。铁路设备和线路状况决定铁路所具有的运输能力，而客货流量大小，即有多少旅客乘车，有多少货物可运，则决定铁路实际完成的生产量。

我国铁路虽然设备比较落后，路网的复线率和电气化率都比较低。但是在党的领导下，铁路员工的积极性得到充分发挥，铁路设施的潜力能够充分利用，铁路运力有了极大的提高；同时国民经济发展迅速，铁路的货源充足、旅客众多，所以铁路运输密度还是很高的。我国铁路以占世界铁路 6% 的里程完成了世界铁路 25% 的工作量（图 1.7）。2006 年，我国铁路创造了 4 个世界第一（图 1.8）：旅客周转量、货物发送量、运输密度、换算周转量均居世界第一位。2006 年年底，中国铁路营业里程为 7.7 万公里，位居世界第三。其中国家铁路 6.34 万公里，合资铁路 0.89 万公里，地方铁路 0.47 万公里，全国铁路总延展里程达 15.46 万公里。复线里程 2.64 万公里，复线率 34.3%；电气化里程 2.44 万公里，电气化率 31.7%。2006 年我国铁路完成旅客周转量 6 622 亿人公里，比第二位的印度高出近 900 亿人公里，是美国、俄罗斯两国总和的 3.8 倍；完成 28.7 亿吨，比第二位的美国多运近 10 亿吨，是俄罗斯的 2 倍多；运输密度达到 3 707 万吨公里/km，是第二位俄罗斯的 1.6 倍多，是美国的 3.7 倍；完成的换算周转量 28 576 亿吨公里/km，比第二位的美国高出 1 300 亿吨公里/km，是俄罗斯的 1.5 倍。

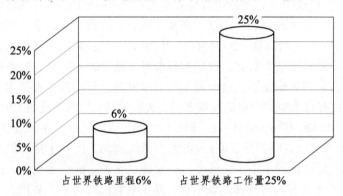

图 1.7　我国铁路与世界铁路

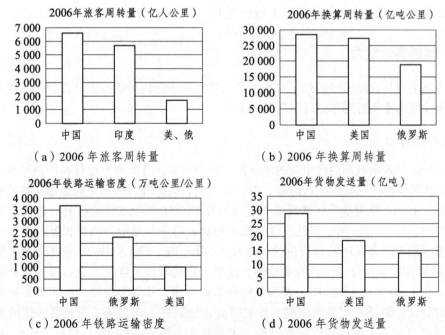

图 1.8　中国铁路运输效率 4 个世界第一示意

到 2016 年，中国高速铁路已经创造了十项世界第一的纪录：一是营业里程达 2.0 万千米，超过世界高铁总营业里程的一半，是当之无愧的世界第一。二是建设速度最快，我国从 2004

年开始建设高速铁路，经过 10 多年建设，四纵四横高速铁路网骨架已基本成形，到 2016 年高铁营业里程已达 2.0 万千米，平均每年建成投入使用约 1 700 km，建设速度世界第一。三是运营速度世界第一，2010 年 12 月京沪高铁最高运营速度达 486.1 km/h。四是轮轨试验速度最高，在南车四方股份公司的高速列车国家工程实验室中创造了 605 km/h 的最高轮轨试验速度。五是建成了世界等级最高的高铁——京沪高铁。2011 年 6 月，京沪高铁建成投产，这是世界上一次建成线路最长、标准最高的高铁。它贯穿北京、天津、河北、山东、安徽、江苏、上海 7 省市，连接环渤海和长三角两大经济区，全长 1 318 km。六是世界首条新建高寒高铁——哈大高铁。2012 年 12 月 1 日，中国首条也是世界第一条新建高寒地区长大高速铁路哈尔滨——大连高铁投入运营。哈大高铁营业里程 921 km，设计速度 350 km/h，纵贯辽宁、吉林、黑龙江三省，全线设 23 个车站。七是建成了世界单条运营里程最长高铁——京广高铁。2012 年 12 月 26 日，全球运营里程最长（全长 2 298 km）的京广高铁全线开通运营。八是建成了世界上一次性建成通车里程最长的高铁——兰新高铁。2014 年 12 月 26 日，兰新高铁全线贯通，全长 1 776 km。九是构建了谱系最全的动车组大家庭：我国拥有世界上从 200～500 km/h 各种速度等级的动车组，可谓种类最丰富、谱系最完整。这个动车组大家庭融合了世界先进技术，并通过消化吸收再创新，打造出了具有自主知识产权的高端产品，成员包括：初期引进的 CRH_1、CRH_2、CRH_3、CRH_5，时速 200～300 km 不等，引进后提升到 350 km，后面又有自主研发的时速可达 380 km 的和谐号 CRH380 系列以及时速达 350 km 的复兴号高速动车组。十是有最惊人的高铁运量：高铁以方便、快捷、舒适征服了不少人的心，在京津、京沪、武广等线路，高铁出现一票难求的情景，2014 年，有 8 亿多人次选择高铁出行，其中最繁忙的是京沪高铁，一条线就有过亿人次乘坐。

截至 2018 年年底，全国铁路营业里程达到 13.1 万公里，其中高铁 2.9 万公里。

（三）线路通过能力

铁路线路上每昼夜能通过的列车对数，按货物列车平行成对运行图计算，称为线路通过能力。计算通过能力要具有列车运行图的基础知识。

1. 列车运行图

列车运行图是表示列车运行情况的示意图，图中显示出各次列车走行和停站时分以及各种列车相互配合的情况。它是组织铁路车、机、工、电、运各部门共同完成运输任务的基础。

图 1.9、图 1.10 分别是单线铁路非平行运行图和单线平行成对运行图的部分示意。图中横轴表示时间，每 10 min 画一竖线，纵轴表示距离，每一车站中心的里程处画一横线；两站间的斜线表示列车在该区间的运行情况，称为列车运行线。图 1.9 中的加粗黑斜线（如 35 次、36 次）表示旅客列车运行线，其斜率较陡，说明列车的走行速度快、走行时分短；图 1.9 中的粗斜线（如 1 248 次、1 253 次）表示货物列车运行线，其斜率较缓，说明列车的走行速度慢、走行时分长。斜线与相邻两横线交点的时分，分别表示列车从一站到另一站的发车和到达时间；斜线与相邻两横线交点间的时段，表示列车在该区间的走行时分。例如：图 1.9 中的 1 248 次货物列车通过 C 站的时间是 0 h 6 min，到达 B 站的时间是 0 h 20 min，其间走行时分为 14 min；1 248 次货物列车在 B 站向 A 站发车的时间为 0 h 27 min，说明该次列车在 B 站停站 7 min。

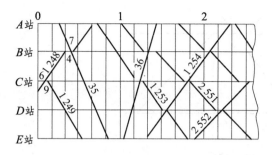

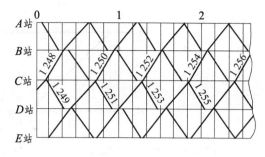

图 1.9　单线非平行运行图　　　　　　　图 1.10　单线平行成对运行图

运行图中的列车编号，离开北京方向行驶的列车为单数，称为下行列车；向着北京方向行驶的列车为双数，称为上行列车。

铁路运营部门采用的是非平行运行图（图 1.9）。因为铁路上实际开行的旅客列车、货物列车、零摘列车等，它们的速度各不相同，所以在运行图上同一区间各种列车的运行线是互不平行的。编制非平行运行图，涉及很多具体问题，花费时间长，且必须绘出运行图后，才能得出客货列车的行车量，故只在实际运营工作中采用。

在铁路设计中，采用的是平行成对运行图（图 1.10）。这种运行图假定在线路上运行的都是直通货物列车，不但在同一区间同一方向上列车的运行速度相同，也就是列车运行线相互平行，并且上下行列车成对运行。采用平行成对运行图，就可以据以计算通过能力。

2. 线路通过能力的计算

1）单线的通过能力

单线的通过能力 N 可根据一对直通货物列车占用区间的时分计算；一对直通货物列车占用区间的时分称为运行图周期 T，包括区间往返行车时分 $t_W + t_F$ 与两端车站作业时分 $t_B + t_H$。t_B 称为不同时到达时间，即车站前后两区间的对向列车为了保证行车安全需要不同时到达车站的最小间隔时分；t_H 称为会车间隔时间，即从一列车到达车站到对向列车向同一区间开出、办理发车作业所需要的最小间隔时分。运行图周期 T_z 如图 1.11 所示。每昼夜为 1 440 min，但线路可用于开行列车的时分尚需扣除维修"天窗"时分 Δt，故每昼夜线路可用于开行列车的时间为 1 440 − Δt。

$$N = \frac{1\,440 - \Delta t}{T_z} = \frac{1\,440 - \Delta t}{t_W + t_F + t_B + t_H} \quad (\text{对}/\text{d}) \qquad (1.1)$$

式中：$t_W + t_F$ 主要由站间距离决定，并与牵引种类、机车类型、区间坡度大小等因素有关，可由牵引计算决定；

$t_B + t_H$ 由闭塞方式确定，路牌（签）闭塞为 8~10 min，半自动闭塞为 6~9 min，自动闭塞为 4~7 min，自动闭塞加调度集中为 3.5~6 min；

Δt 为维修"天窗"占用时分，电气化铁路一般按日均 90 min 计，内燃牵引铁路可根据运输要求按具体情况确定综合维修"天窗"的日均值。

一个区段内各个区间的距离、坡度等条件不同，运行图周期有大有小，其中运行图周期最长者，控制全区段的通过能力，称为控制区间。区段的通过能力按控制区间的运行图周期计算。

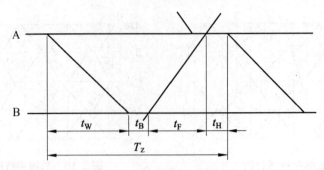

图 1.11 平行成对运行图周期

我国单线铁路的通过能力一般可达 40 对/d。采用先进的闭塞方式和特殊的行车方式，通过能力可达 50 对/d。

2）双线的通过能力

双线铁路采用半自动闭塞时，同向列车可连发运行［图 1.12（a）］，运行图周期 T_z 为 $t+t_L$。t_L 为连发间隔。

$$N = \frac{1\,440 - \Delta t}{t + t_L} \quad （列/d） \tag{1.2}$$

双线铁路一般采用自动闭塞，双方向都可安排追踪运行［图 1.12（b）］，按时分间隔 I 发车，I 一般为 6～10 min。

$$N = \frac{1\,440 - \Delta t}{I} \quad （列/d） \tag{1.3}$$

Δt 为维修"天窗"占用时间，电气化铁路一般按日均 120 min 计，内燃牵引铁路可根据运输要求按具体情况确定综合维修"天窗"的日均值。

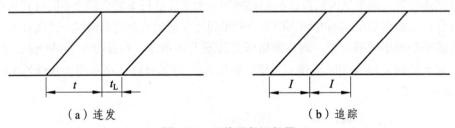

（a）连发　　　　　　　　　　　　　　　（b）追踪

图 1.12　双线平行运行图

3）通过能力的限制

通过能力还受其他条件的限制，如车站股道数量、电力牵引时的供电能力、蒸汽牵引时的给水能力，实际通过能力将受薄弱环节的控制。设计时一般根据线路通过能力，设计其他相应设备，使其相互协调。

（四）牵引吨数与输送能力

1. 牵引吨数

牵引吨数 Q 是直通货物列车机车所拉货车（含货物）的总质量（t），它是按列车在限制坡度上以机车计算速度等速运行的条件求得的。

$$Q = \frac{F_{计} - P(\omega_0' + 10i_{限})}{\omega_0'' + 10i_{限}} \quad (t) \tag{1.4}$$

式中　$F_{计}$——机车计算牵引力（N），一般采用持续制；

　　　P——机车整备质量（t）；

　　　ω_0'——在计算速度下的机车单位基本阻力（N/t）；

　　　ω_0''——在计算速度下的车辆单位基本阻力（N/t）；

　　　$i_{限}$——限制坡度值（‰），限坡为 4‰ 时 $i_{限} = 4$，限坡为 12‰ 时 $i_{限} = 12$。

从（1.4）式可知，货物列车的牵引吨数是由限制坡度大小以及由牵引种类和机车类型所决定的计算牵引力高低确定的，表 1.5、表 1.6 和表 1.7 分别列出了常用的客运、CRH 系列动车组和货运机车型号及主要技术参数。

表 1.5　常用的客运机车型号及主要技术参数

类型	机型	最大速度 / (km/h)	计算质量 / t	计算速度 / (km/h)	计算牵引力 / kN
客运机车	BJ	120	92	23.7	175.0
	DFH_3	120	85	30.0	157.0
	ND_2	120	118	25.2	155.7
	DF_4	120	135	24.0	251.6
	DF_{4B}	120	138	29.0	235.2
	DF_{4D}	140	138	39.8	214.8
	DF_{11}	170	138	65.6	160.0
	SS_{7D}	160	126	96	171.0
	SS_8	177	88	99.7	127.0
	SS_9	170	126	99.7	169.0

表 1.6　CRH 系列动车组型号及主要技术参数

型号	CRH_1	CRH_2-200	CRH_2-300	CRH_3	CRH_5	CR400AF/BF
投入运营年	2007	2007	2008	2008	2007	2017
基本编组	5 动 3 拖	4 动 4 拖	6 动 2 拖	4 动 4 拖	5 动 3 拖	8 辆编组
编组定员/人	668	609	610	556（+1）	622（固定座椅） 586（旋转座椅）	576
车体材料	不锈钢	铝合金	铝合金	铝合金	铝合金	铝合金
运营速度 / (km/h)	200	200	300~350	300~350	200	350
最高试验速度 / (km/h)	250	250	385	394.3	250	400
最大轴重 / kN	16	14	14	17	17	
总牵引功率 /kW	5 500	4 800	8 200	8 800	6 770	
制动方式	再生+空气	再生+空气	再生+空气	再生+空气	再生+空气	
牵引控制方式	矢量控制	矢量控制	矢量控制	矢量控制	矢量控制	

表 1.7　常用的货运机车型号及主要技术参数

类型	机型	最大速度 /（km/h）	计算质量 /t	计算速度 /（km/h）	计算牵引力 /kN
货运机车	DF$_4$	100	135	20.0	302.1
	DF$_{4B}$	100	138	21.8	313.0
	DF$_{4C}$	100	138	24.5	301.5
	ND$_5$	118	135	22.2	360.0
	DF$_8$	100	138	31.2	307.3
	6K	100	138	48.0	360.0
	8G	100	184	50.0	455.0
	SS$_1$	95	138	43.0	301.2
	SS$_3$	100	138	48.0	317.8
	SS$_4$	100	184	51.5	431.6
	SS$_7$	100	138	48.0	353.3

2. 牵引吨数的限制条件与牵引定数

1）站线股道有效长度限制的牵引吨数 $Q_{有效}$

站线股道有效长度是站线停放列车而不影响邻线行车的长度，车站到发线的有效长度一般是出站信号机到警冲标间的长度，我国铁路干线的站线有效长度 $L_{有效}$ 一般为 1 050 m、850 m、750 m、650 m 与 550 m。

$$Q_{有效} = (L_{有效} - l_{机} - 30) \times q \quad (t) \tag{1.5}$$

式中　$L_{有效}$——站线有效长度（m）；

　　　$l_{机}$——机车长度（m）；

　　　30——安全距离（m）；

　　　q——车辆平均每延长米的质量（t/m），按我国车辆组成，$q = 5.677$ t/m。

2）起动条件限制的牵引吨数 $Q_{起}$

列车在车站停车后再重新起动时，列车阻力较大；若站坪坡度稍大，可能引起起动困难，从而限制牵引吨数。

$$Q_{起} = \frac{F_{起} - P(\omega'_{起} + 10i_{起})}{\omega''_{起} + 10i_{起}} \quad (t) \tag{1.6}$$

式中　$F_{起}$——机车的起动牵引力（N）；

　　　$\omega'_{起}$——机车单位起动阻力（N/t），电力、内燃 $\omega'_{起} = 50$ N/t；

　　　$\omega''_{起}$——车辆单位起动阻力（N/t），$\omega''_{起} = 30 + 4i_{起}$，计算值小于 50 时，取 $\omega''_{起} = 50$ N/t，滚动轴承车辆 $\omega''_{起} = 35$ N/t；

　　　$i_{起}$——列车起动地段的坡度值（‰）。

3）牵引定数

一个区段的货物列车牵引吨数通常受上述三种条件的限制。实际的牵引吨数应取三者中的最小值，此最小值称为牵引定数。

技术娴熟的机车乘务组采用先进的操作方法，可使实际的牵引吨数超过规定的牵引定数，此时称为"超轴牵引"。有时因编挂辆数不足，或遇到严寒逆风天气，而需要降低牵引定数，此时称为"欠轴运行"。

我国铁路直通货物列车的牵引定数，一般由机车类型和限制坡度决定，并且受站线有效长度的限制。平原地区干线铁路的牵引定数已达 4 000～5 000 t，两列车合并运行的组合列车牵引定数已达 7 000 t，大秦线单元列车的牵引定数已达 10 000 t。山区铁路的牵引定数一般在 2 000 t 以上，远期采用大功率机车牵引定数一般可达 3 000～4 000 t。

3. 铁路输送能力

铁路输送能力 C 指每年铁路单方向能运送货物的吨数。铁路的输送能力应当大于铁路需要完成的货运任务，并保留一定的储备能力，以适应国民经济各部门扩大再生产的需要。

$$C = \frac{365 \cdot N_{货} \cdot Q_{净}}{10^4 \cdot \beta} \quad （万吨/a） \tag{1.7}$$

式中　$N_{货}$——每天能通过的折算货物列车对数（对/d）；

$Q_{净}$——每列直通列车的货物质量（t），且

$$Q_{净} = 净重系数 \times 牵引吨数 = 0.720Q$$

β——货物波动系数，全路平均约为 1.15，且

$$\beta = \frac{最大月货运量}{全年每月平均货运量}$$

货物列车包括直通、快货、摘挂、零担等，快运货物列车、摘挂列车与零担列车的货物质量一般较直通货物列车小，需要按货物质量折合为直通列车对数计算。

$$N_{货} = N_{直} + \mu_{快} \cdot N_{快} + \mu_{摘} \cdot N_{摘} + \mu_{零} \cdot N_{零} \quad （对/d） \tag{1.8}$$

式中　$\mu_{快}$、$\mu_{摘}$、$\mu_{零}$——快货、摘挂、零担列车货物质量与直通列车货物质量之比，快运货物列车可根据编挂辆数与货物品种确定 $\mu_{快}$ 值，零摘列车一般可采用 $\mu_{摘}=0.75$，$\mu_{零}=0.5$；

$N_{快}$、$N_{摘}$、$N_{零}$——快货、摘挂、零担列车对数，可根据经济调查资料推算；

$N_{直}$——直通货物列车对数，可按下式计算：

$$N_{直} = \frac{N}{1+\alpha} - (\varepsilon_{客} \cdot N_{客} + \varepsilon_{快} \cdot N_{快} + \varepsilon_{摘} \cdot N_{摘} + \varepsilon_{零} \cdot N_{零}) \quad （对/d） \tag{1.9}$$

式中　N——通过能力，见（1.1）、（1.2）、（1.3）式；

α——通过能力储备系数，单线 $\alpha=0.20$，复线 $\alpha=0.15$；

ε——扣除系数（占线系数）见表 1.8 所示。

表 1.8　扣除系数

正线	闭塞方式		旅客列车	快货列车	零担列车	摘挂列车	备注
单线	自动		1.0	1.0	1.5～2.0	1.3～1.5	$N_{摘} \geq 3$ 对/d，取 1.3
	半自动		1.1～1.3	1.2	1.5～2.0	1.3～1.5	
双线	自动	$I=6$	2.30～2.55	2.0～2.3	3.0～3.4	2.5～3.0	$N_{客}=（31～60）$ 列/d
		$I=8$	1.90～2.40				$N_{客}=（5～60）$ 列/d
		$I=10$	1.85～2.20				$N_{客}=（5～40）$ 列/d
	半自动		1.3～1.5	1.4	2.0～3.0	1.5～2.0	

将（1.9）式的 $N_直$ 代入（1.8）式，可得：

$$N_货 = \frac{N}{1+\alpha} - [\varepsilon_客 \cdot N_客 + (\varepsilon_快 - \mu_快) \cdot N_快 + (\varepsilon_摘 - \mu_摘) \cdot N_摘 + (\varepsilon_零 - \mu_零) \cdot N_零] \quad （对/d） \quad （1.10）$$

上列（1.9）式利用通过能力储备系数 α 计算货物列车 $N_货$ 的方法，为设计部门所采用。运营部门通常采用通过能力使用系数 $K_使$（$K_使 = 0.9$）来计算能够使用的货物列车 $N_货$，而用下式取代（1.9）式：

$$N_货 = K_使 \left\{ N - [\varepsilon_客 \cdot N_客 + (\varepsilon_快 - \mu_快) \cdot N_快 + (\varepsilon_摘 - \mu_摘) \cdot N_摘 + (\varepsilon_零 - \mu_零) \cdot N_零] \right\} \quad （对/d） \quad （1.11）$$

计算输送能力时，由于可根据货物品种的装载情况，而引入货物列车不满轴系数 $\gamma_不$，将（1.7）式修正为下式：

$$C = \frac{365 \cdot N_货 \cdot Q_净 \cdot \gamma_不}{10^4 \cdot \beta} \quad （万吨/a） \quad （1.12）$$

铁路干线客货列车的行车量，单线铁路一般可达 35 对/d，双线铁路一般可达 115 对/d。铁路干线的输送能力随限制坡度大小和旅客列车多少而不同，山区单线铁路一般可达 2 000 万吨/年，平丘单线铁路一般可达 3 000 万吨/年；平丘地区的煤运双线铁路，采用电力牵引与自动闭塞，输送能力可达每年 2 亿吨。

4. 行车速度

列车行车速度是铁路现代化的标志之一，铁路的行车速度是随着科学技术进步与铁路技术装备的改进而逐步提高的。在铁路规划、设计和运营管理工作中，经常会涉及以下行车速度的概念。旅客列车和货物列车的行车速度不同，应当分别考虑。

1）最高速度

一条铁路或铁路某一区段客货列车可能达到的速度最大值称为最高速度。最高速度受各种技术装备的制约。对机车车辆而言，最高速度不能大于机车和车辆的构造速度；在上坡坡道上速度可能受机车牵引功率的制约，在下坡坡道上速度可能受制动装置和制动距离的制约。对线路标准而言，区间的曲线半径大小和缓和曲线长度等可能成为最高速度的限制条件。对轨道构造而言，轨道类型、维修质量等决定了线路允许速度；旅客列车通过车站，最高速度又可能受正线道岔的直向过岔速度限制。所以一条铁路或某个区段的最高速度不宜统一划定，而应当根据具体情况分段落拟定，才是比较经济合理的决策。

客货列车的最高速度不同，其速度差不宜过大，一般货物列车最高速度与旅客列车最高速度的比值宜控制在 0.6 左右；速差过大，不但曲线上外轨超高不易恰当设置，引起轮轨磨耗加剧，并且在行车组织上要引起旅客列车扣除系数加大，会降低客货列车的行车量。

2）走行速度

客货列车在区段内运行，按所有中间车站不停车通过所计算的区段平均速度称为走行速度。走行速度可由牵引计算求得。

3）技术速度

客货列车在区段内运行，计入中间车站停车的停车和起动附加时分所计算的区段平均速度称为技术速度，也可由牵引计算得到。

货物列车的起停附加时分与牵引吨数、机车类型以及站前纵断面情况有关。过去货物列车牵引吨数仅 2 000 t 左右，起停附加时分通常取 3 min；目前牵引吨数已提高到 3 000 t、4 000 t、5 000 t，起停附加时分有增大趋势。

旅客列车的起停附加时分与编挂辆数、机车类型、最高速度以及站前纵断面情况有关，可通过牵引计算求得。

4）旅行速度

客货列车在区段内运行，计入中间车站停车的起停附加时分、中间车站的停车时分所计算的区段平均速度称为旅行速度。

运营管理部门可根据绘出的非平行运行图确定各种列车的旅行速度，或采用很烦琐的公式计算得出。

设计部门多采用旅速系数推算，旅速系数 β 是旅行速度 $v_{旅}$ 和走行速度 $v_{走}$ 的比值，$v_{旅} = \beta \cdot v_{走}$。旅速系数可用公式推求，也可采用表 1.9 中的经验数据概略估算。

表 1.9 旅速系数值

机车类型		蒸汽机车	内燃机车	电力机车
线型	单 线	0.65	0.70	0.70
	双 线	0.70	0.80	0.85

（五）铁路的技术装备

铁路的技术装备由土建工程和各种设备构成。土建工程还可称为固定设备；以机车车辆为主体的设备可称为移动设备；通信、信号属于设备类，目前正由固定型向移动型过渡。

1. 土建工程类

1）线 路

铁路线路的走向、位置、平面和纵断面等体现铁路总的概貌。

（1）轨道：包括钢轨（如 43 kg/m、50 kg/m、60 kg/m、75 kg/m，一般长 25 m，还有焊接无缝线路）、扣件（夹板、螺栓、道钉、垫板）、轨枕（木枕、钢筋混凝土枕、轨枕板等）、道床

（碎石、整体）、防爬设备、道岔（单开、双开、交分）。

（2）路基：包括路堤（填方）和路堑（挖方）、挡墙、护坡、支挡建筑物。根据自然条件不同有各种特殊路基，如软土、永冻土、盐渍土、沙漠、水库区路基等。

2）桥梁和涵洞

（1）桥梁包括梁部构造（钢桁梁、钢钣梁、钢筋混凝土梁、拱桥、斜拉桥等）、墩台（空心、实体桥墩、U形、T形、耳墙式桥台等）和基础（明挖基础、沉井、沉箱、管柱等）。

（2）涵洞有箱形、圆形、拱形，还有虹吸管、渡槽等。

（3）桥涵设计中水文问题很重要，应考虑洪水频率、洪水流量、洪水位、流速和冲刷问题。

3）隧　道

隧道包括洞门、洞身，并应根据围岩种类设计衬砌。长隧道施工中的开挖、出砟、通风、地热、岩爆等问题都应考虑。

4）车　站

车站是铁路对外联系的门户，根据作业性质和规模的不同，单线有会让站，双线有越行站，还有一般中间站、区段站、编组站、客运站、货运站等。

5）铁路枢纽

铁路枢纽是几条铁路相互衔接交叉的地区，是设有各种专业车站和联络线、进站线路、专用线以及很多中间站等设施的综合体。专业车站包括编组站、旅客站、货物站、区段站等。例如，图 1.13 为我国最大的铁路枢纽——郑州铁路枢纽示意。又如，北京铁路枢纽是我北方最大的铁路枢纽，京九、京广、京沪、京哈、京包、京承、京原、京通、京秦等我国主要铁路干线汇集北京。其中：丰台西、丰台、双桥等为编组站；北京、北京西、北京北、北京南等为大型客运站；广安门、北京东等为大型货物站。北京铁路枢纽到发的旅客列车达到 170 多对，通往 88 个城市、4 个国家，年旅客发送量达到 5 322 万人次。北京西客站建于 1996 年，主站房高达 90 m，正面长达 740 m，主站区建筑面积约 50 万平方米，是我国目前最大的客运站，也是亚洲最大的客运站，各类客运设施也是最先进的。图 1.14 为北京铁路枢纽示意。

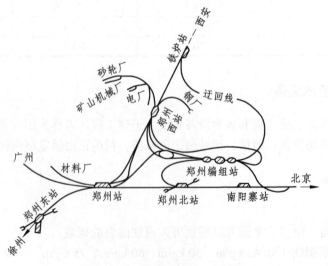

图 1.13　郑州铁路枢纽示意

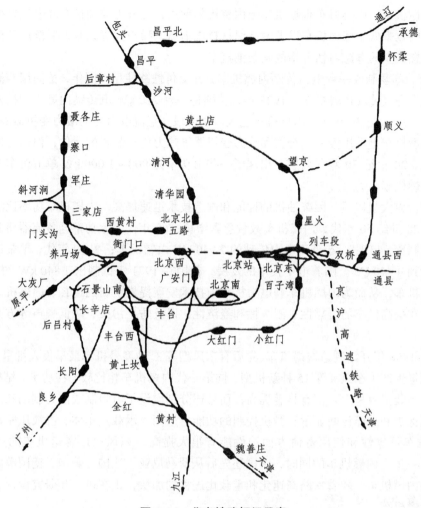

图 1.14 北京铁路枢纽示意

2. 铁路设备类

1）机 车

机车是铁路运输的基本动力，为完成客、货列车的牵引和车站的调车任务，铁路必须拥有数量足够、牵引性能良好的机车。机车牵引种类按牵引动力不同有蒸汽、内燃、电力三种；按用途不同可分为客运机车、货运机车和调车机车。2006 年年底全国铁路机车拥有量达到 1.78 万台。其中内燃、电力机车比重为 99.3%，主要干线全部实现内燃、电力机车牵引。

（1）蒸汽机车。我国蒸汽机车已于 1988 年停止生产，2005 年 12 月 9 日，在内蒙古大板附近最后一列蒸汽机车执行完任务后，退出历史舞台。我国蒸汽机车主要类型为前进（QJ）和建设（JS），通常用于货运。蒸汽机车的轴式按导轮-动轮-从轮的轴数表示，如前进型的轴式为 1-5-1，表示导轮轴数为 1，动轮轴数为 5，从轮轴数为 1。我国过去的主型蒸汽机车轴式排列为：1-5-1（前进型）、1-4-1（建设型、解放型）、2-3-1（人民型、胜利型）、1-3-1（跃进型）、0-4-0（蓉建型、星火型）。

（2）内燃机车。内燃机车根据机车上内燃机的种类，可分为柴油机车和燃气轮机车。由于燃气轮机车的效率低于柴油机车以及耐高温材料成本高、噪声大等，其发展落后于柴油机车。在中国，内燃机车的概念习惯上指的是柴油机车。

1924年，苏联制成一台电力传动内燃机车，并交付铁路使用。同年，德国用柴油机将蒸汽机车改装成为空气传动内燃机车。1925年，美国将一台220 kW电传动内燃机车投入运用，从事调车作业。20世纪30年代，内燃机车进入试用阶段，直流电力传动液力变扭器等广泛采用，并开始在内燃机车上采用液力耦合器和液力变扭器等热力传动装置的元件，但内燃机车仍以调车机车为主。20世纪30年代后期，出现了一些由功率为900～1 000 kW单节机车多节连挂的干线客运内燃机车。

第二次世界大战以后，因柴油机的性能和制造技术迅速提高，内燃机车功率比战前提高约50%。到了20世纪50年代，内燃机车数量急骤增长；60年代，大功率硅整流器研制成功，并应用于机车制造，出现了交-直流电力传动的2 940 kW内燃机车；在70年代，单柴油机内燃机车功率已达到4 410 kW。随着电子技术的发展，德国在1971年试制出1 840 kW的交-直-交电力传动内燃机车，从而为内燃机车和电力机车的技术发展提供了新的途径。内燃机车随后的发展，表现为在提高机车的可靠性、耐久性和经济性，以及防止污染、降低噪声等方面不断取得新的进展。

中国从1958年开始制造内燃机车，先后有东风型等3种型号机车最早投入批量生产。1969年后相继批量生产了东风4等15种新机型，同第一代内燃机车相比较，在功率、结构、柴油机热效率和传动装置效率上，都有显著提高；而且还分别增设了电阻制或液力制动和液力换向、机车各系统保护和故障诊断显示、微机控制的功能；采用了承载式车体、静液压驱动等一系列新技术；机车可靠性和使用寿命方面，性能有很大提高。东风11客运机车的速度达到了160 km/h。在生产内燃机车的同时，中国还先后从罗马尼亚、法国、美国、德国等国家进口了不同数量的内燃机车，随着铁路高速化和重载化进程的加快，正在进一步研究设计、开发与之相适应的内燃机车。

内燃机车按用途可分客运、货运、调车内燃机车，按走行部形式分为车架式和转向架式内燃车，按传动方式分为机械传动、液力传动、电力传动内燃机车。现代机车多采用电力和液力传动。电力传动又可分为直流电力传动和交-直流电力传动和交-直-交电力传动内燃机车。我国内燃机车主要类型有东风（DF）系列、东方红系列和北京型。传动方式东风系列为电力传动，东方红系列和北京型为液力传动。轴式表示方式用B表示两轴转向架，用C表示三轴转向架；电力传动时下角加0，液力传动时上角加撇。如东风$_{4B}$型机车的轴式为C_0-C_0，表示机车有2个三轴转向架，系电力传动；又如北京型客运机车的轴式为B′-B′，表示机车有2个两轴转向架，系液力传动。

在近十多年以来，通过进一步研究开发、引进技术，我国在内燃机车生产制造方面取得了丰硕成果。为了适应铁路"提速重载"的要求，满足国家铁路和出口的需要，我国开发了一系列具有新技术水平的内燃机车，为"提速重载"作出了重要贡献。货运和重载内燃机车，主要有DF_6、DF_{4E}、DF_{7B}双机、DF_{7D}双机及DF_{8B}型等内燃机车。

（3）电力机车。电力机车本身不带原动机，靠接受接触网送来的电流作为能源，由牵引电动机驱动机车的车轮。电力机车具有功率大、热效率高、速度快、过载能力强和运行可靠等主要优点，而且不污染环境，特别适用于运输繁忙的铁路干线和隧道多、坡度大的山区铁路。

接触网供给电力机车的电流有直流和交流两种。由于电流制不同，所用的电力机车也不一样，基本上可以分为直-直流电力机车、交-直流电力机车、交-直-交流电力机车三类。

直-直流电力机车采用直流制供电，牵引变电所内设有整流装置，它将三相交流电变成直流电后，再送到接触网上。因此，电力机车可直接从接触网上取得直流电供给直流串励牵引电动机使用，简化了机车上的设备。直流制的缺点是接触网的电压低，一般为 1 500 V 或 3 000 V，接触导线要求很粗，要消耗大量的有色金属，加大了建设投资。

1866 年，德国工程师西门子与技师哈卢施卡联营创立电机公司，发明强力发电机，制成世界上第一列电力机车，震惊了许多人。1879 年，这辆世界最早的电力火车公开试运行。列车用电动机牵引，由带电铁轨输送电流，功率为 2.2 kW，一次可运旅客 18 人，时速 7 km。两年之后 1881 年，柏林郊外铺设了规模虽小，但为世界最初营业用的电车路线。同时德国又试验成功架空接触导线供电系统，使电力机车的供电线路由地面转向空中，机车的电压和功率都得到了大大提高。

1895 年，在美国的巴尔的摩—俄亥俄铁路线上首次出现了长途电力机车。机车重 96 t，793.8 kW，采用 550 V 直流供电。

1901 年，西门子、哈卢施卡电机公司制造的电力机车在柏林附近创造了时速 160 km 的纪录。与此同时，在 1880 年，美国爱迪生也进行了电车的试验。

电力机车由于速度快、爬坡能力强、牵引力大、不污染空气，因此发展很快。地下铁路也随着电车的出现而得以发展。

中国第一台电力机车于 1958 年诞生于湖南株洲，命名为"韶山"，为中国铁路步入电气化立下了汗马功劳。特别是近十多年来，电力机车实现了"简统化、系列化"。我们开发了一系列较高水平的电力机车。经过 20 世纪 80 年代 8K、6K、8G 型等国外电力机车进口、消化吸收和自主开发，电力机车发展进入换代期，形成产品的多机系列，如 SS_4 到 SS_9 及其派生型，轴式有 $2B_0$、$2C_0$、$3B_0$，构成了 4、6、8 轴快速客运、客货两用和重载货运机车等产品。我国也有了高水平的电力机车，有了自行开发的 16 位计算机控制系统和故障诊断系统。电力机车速度实现了从常速向高速飞跃。

我国现在运用的主要干线电力机车有：

韶山系列 SS_1、SS_3、$SS_4(G)$、SS_6、SS_{6B}、SS_7、SS_{7C}、SS_{7D}、SS_{7E}、SS_8、$SS_9(G)$，和谐号动车 CRH_1、CRH_2、CRH_5 及和谐号客车 HXD3，复兴号动车 CR400AF、CR400BF 等。

电力机车为电力传动，如单节 SS_3 的轴式为 C_0 - C_0，双节 SS_4 的轴式为（B_0 - B_0）+（B_0 - B_0）。电力机车一直采用直流牵引电动机传动，自 1996 年起株洲电力机车厂已试制出交流电机传动的电力机车，四轴总功率为 4 000 kW。交流传动的电力机车，牵引与制动性能好，起动牵引力大，恒功率范围宽，对通信信号无干扰，优点显著，表明我国电力机车制造技术又攀登上一个新的台阶。图 1.15 为和谐号 CRH_1、CRH_2、CRH_5 动车组。图 1.16 为复兴号动车组。

图 1.15　和谐号动车组 CRH

图 1.16　复兴号动车组 CR400AF、CR400BF

2）车　辆

铁路运输的运载工具是铁路车辆。车辆本身没有动力装置，需要把车辆连挂在一起由机车牵引，才能完成客货运输任务。

铁路车辆按用途可分为客车和货车两大类。货车类型用车种的汉语拼音的第一个字母表示，敞车（C）最多，占大多数，其次为棚车（P）、罐车（G）、平车（N）、保温车（B）。货车的平均每辆标记载重为 58.2 t，每延米质量为 5.677 t，净载系数为 0.720。

客车有硬座（YZ）、硬卧（YW）、软座（RZ）、软卧（RW）等型号，近年生产的 25 型客车和双层客车，其构造速度已达 140～160 km/h。2006 年年底，全国铁路客车拥有量达到 4.26 万辆，其中空调车 2.30 万辆，占客车总数的 53.9%。全国铁路货车拥有量达到 56.67 万辆。

铁路车辆由于不同的目的、用途、运用条件及科学技术的进步、新材料的出现，使车辆形成了多种类型与不同结构，但它们均可以概括为由车体、走行部、制动装置、车钩缓冲装置及车内设施等 5 个基本部分组成。

铁路车辆与其他车辆的最大不同点，在于这些车辆的车轮必须在专门为它铺设的钢轨上运行。这种特殊的轮轨关系成了铁路车辆结构上最大的特征，并由此产生出以下的特点：

（1）自行导向：除铁路车辆外的各种运输工具几乎全有操纵运行方向的机构，唯有铁路通过其特殊的轮轨结构，车轮只能沿轨道运行而无须专人掌握运行的方向。

（2）低运行阻力：除坡道、弯道及空气对车辆的阻力外，运行阻力主要来自走行机构中的轴与轴承以及车轮与轨面的摩擦阻力。铁路车辆的车轮与钢轨是含碳量偏高的钢材，轮轨接触处的变形较小，而且，铁路线路结构状态也会尽量使其运行阻力减小，故铁路车辆运行中摩擦阻力较小。

（3）成列运行：铁路车辆可以编组、连挂而组成列车。为适应成列高速运行特点，机车与车辆、车辆与车辆之间需设连接、缓冲装置，且由于列车惯性很大，每辆车辆需设制动装置。

（4）严格的外形尺寸限制：铁路车辆只能在规定的线路上行驶，无法像其他车辆那样主动避让靠近它的物体，为此要制定限界，严格限制车辆的外形尺寸，以适应铁路的机车车辆限界，确保安全。

为了适应社会主义市场经济发展的要求和铁路本身发展的需要，铁路车辆今后应向高速度、大型化方向发展。为此，车辆的结构、制动装置等必须采用新工艺、新材料和新技术。客车向高速、舒适化方向发展，货车向"高、低、轻、重"方向发展，即"高"速度、"低"重心、"轻"自重、"重"载重。近年来，我国自行设计、制造了不少新型车辆，如生产了四轴载重为60 t的缩短型运煤敞车、六轴载重为90 t的运煤新型敞车，还研制了多轴载重为150 t、280 t和350 t特种车等。

3）通信信号设备

铁路的通信设备近年来已有不少改进，路局安装了光纤程控电话，采用数字微波通信，设置了地面卫星通信站。

信号闭塞装置，双线多采用自动闭塞，单线都采用半自动闭塞，在京广线、广深线等繁忙干线已部分或全部引进了法国UM71无绝缘移频自动闭塞系统。与该系统相配套的地面通过信号机，采用四显示自动闭塞方式，即每架信号机有红、黄、绿、绿黄四种信号显示。四显示自动闭塞是在三显示基础上增加一种绿黄显示的自动闭塞制式，绿黄显示的意义是列车以全速越过绿色信号机后，用常用制动位减速，使列车减速到规定的速度去通过绿黄灯及黄灯，以保证列车在下一个红灯前停车。四显示自动闭塞区间追踪间隔一般为四个闭塞分区，制动距离一般为两个闭塞分区。

为了保证行车安全，绝大部分机车装置了机车信号（含报警）、自动停车装置和无线列调的机车三大件。

UM71地面设备是与TVM300型机车车载设备一起使用的，且把机车信号作为主体信号。它利用无绝缘轨道电路作为连续速度信息的传输通道，将设置在地面的点式信息作为连续式的补充。车载设备上装有连续信息和点式信息的传感器。通过这些传感器，利用电磁感应原理将连续和点式信息传送到车上有关设备。信息输入的结果反映在驾驶室内，显示出各种速度信号以指挥行车。为了保证安全，机车信号配备了超速防护装置（简称为AW），该系统可以实时监督和控制司机必须严格遵守机车信号显示的速度指令安全运行，如图1.17所示。

图中：LC表示区间空闲；270A表示列车速度可达270 km/h；220A表示列车行至前方信号点时，速度必须降至220 km/h；160A表示列车行至前方信号点时，速度必须降至160 km/h；01表示列车行至前方信号点时，速度必须降至35 km/h；00为红灯信息，表示列车行至前方信号点时，必须将速度降至零。

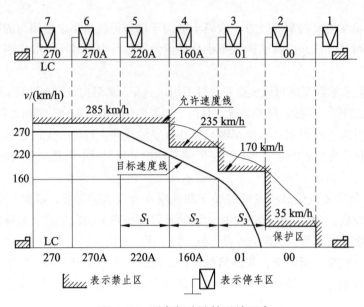

图 1.17　列车超速防护系统示意

3. 铁路机构

中国国家铁路集团有限公司（简称"中国铁路"）是经国务院批准，依据《中华人民共和国公司法》设立，由中央管理的国有独资企业，注册资金 10 360 亿元。

中国国家铁路集团有限公司以铁路客货运输服务为主业，实行多元化经营；负责铁路运输统一调度指挥，负责国家铁路客货运输经营管理，承担国家规定的公益性运输，保证关系国计民生的重点运输和特运、专运、抢险救灾运输等任务；负责拟订铁路投资建设计划，提出国家铁路网建设和筹资方案建议；负责建设项目前期工作，管理建设项目；负责国家铁路运输安全，承担铁路安全生产主体责任。

2018 年 11 月，中国国家铁路集团有限公司批准了各铁路局集团公司内设机构改革优化方案，改革优化后，18 个铁路局集团公司内设机构编制将精简 277 个、减幅 20.3%，人员编制精简 4 501 名、减幅 10.5%。

2018 年 12 月 6 日，原国家工商总局网站公示披露，"中国国家铁路集团有限公司"企业名称已获核准。

公司名称：中国国家铁路集团有限公司

外文名称：China Railway（CR）

总部地点：北京市海淀区羊坊店街道复兴路 10 号

成立时间：2013 年 3 月 17 日

经营范围：国内、国际联运列车

公司类型：国有独资

公司口号：安全优质　兴路强国

员工数：204.56 万人

注册资金：10 360 亿元人民币

资产总额：46 631.59 亿元人民币

法定代表人：陆东福

前　　身：中华人民共和国铁道部

主管单位：国务院

1）国家铁路集团有限公司机关组成

（1）内设机构（21个）：办公厅、改革与法律部、计划统计部、财务部、科技管理部、人事部、劳动和卫生部、国际合作部、资本运营和开发部、物资管理部、信息化部、运输局（综合部、营运部、调度部、机务部、车辆部、供电部、工务部、电务部、价格管理部）、建设管理部、安全监督管理局、审计和考核局、监察局、宣传部、中华全国铁路总工会、全国铁道团委、直属机关党委、离退休干部局。

（2）经国务院授权管理的机构（1个）：铁路公安局（公安部十局）。

（3）中国铁路总公司办公厅与中国共产党中国铁路总公司党组办公室、中国铁路总公司人事部与中国共产党中国铁路总公司党组组织部、中国铁路总公司国际合作部与中国铁路总公司港澳台办公室，为一个机构两块牌子。中国铁路总公司监察局与中国共产党中国铁路总公司党组纪律检查组合署办公。

（4）总公司直属机构（4个）：工程质量安全监督总站、资金清算中心、工程管理中心、档案史志中心。

2）国家铁路集团有限公司所属企业

（1）铁路局集团有限公司（18个）：中国铁路哈尔滨局集团有限公司、中国铁路沈阳局集团有限公司、中国铁路北京局集团有限公司、中国铁路太原局集团有限公司、中国铁路呼和浩特局集团有限公司、中国铁路郑州局集团有限公司、中国铁路武汉局集团有限公司、中国铁路西安局集团有限公司、中国铁路济南局集团有限公司、中国铁路上海局集团有限公司、中国铁路南昌局集团有限公司、中国铁路广州局集团有限公司、中国铁路南宁局集团有限公司、中国铁路成都局集团有限公司、中国铁路昆明局集团有限公司、中国铁路兰州局集团有限公司、中国铁路乌鲁木齐局集团有限公司、中国铁路青藏集团有限公司。

（2）专业运输公司（3个）：中铁集装箱运输有限责任公司、中铁特货运输有限责任公司、中铁快运股份有限公司。

（3）其他企业（17个）：中国铁路建设投资公司、中国铁道科学研究院、中国铁路经济规划研究院、铁总服务中心、中国铁路信息技术中心、中国铁道出版社、《人民铁道》报社、中国铁路专运中心、中国铁路文工团、中国火车头体育工作队、铁道第三勘察设计院集团有限公司、中铁银通支付有限公司、中国铁路发展基金股份有限公司、中国铁路国际有限公司、中国铁路财产自保有限公司、中国铁路财务有限责任公司、中国铁路网络有限公司。

国家铁路集团有限公司事业单位（3个）：铁道党校、中国铁道博物馆、铁道战备舟桥处。

第二章 铁路的起源及旧中国铁路规划与建设

一、铁路的起源及世界各国铁路的兴起

"Rail"这个英语单词最初的意思是木栏杆、木栅栏。英国人毕奥莫特（Beaumout）于1630年将木头铺在地上，使从矿山运输煤的车辆易于通行，车辆的动力是人力或马这样的畜力，这样的路在当时就称为"Rail"，这个词今天的意思就是铁路。

在那个时代，蒸汽机作为工业革命的物质基础开始出现。英国科学家牛顿（Isaac Newton，1643—1727）1680年最早设想将蒸汽机用于运输（牛顿的蒸汽机车）。但"Rail"即铁路的革命性变化到1819年才在英国达累姆的帕顿煤矿出现。随后于1822年11月18日，英国人乔治·史蒂芬森（George Stephenson，1781—1848）主持修建的将蒸汽机车和铁轨相结合的铁路部分开通（史蒂芬森机车）。

1825年9月27日，世界上第一条使用机械动力牵引车辆供公众使用的现代意义的营业铁路（"木"路被"铁"路代替，蒸汽机车开始使用）在英国的斯托克顿（Stockton）和达灵顿（Darlington）两个城市之间开通，最初的速度为4.5 km/h，后来达到24 km/h。这条铁路长度为43.5 km，轨距为1 435 mm，使用的牵引动力是乔治·史蒂芬森设计制造的"运动号"（Locomotion）蒸汽机车（他本人亲自驾驶），牵引12辆煤车和20辆挤满乘客的旅客列车。

这条铁路的诞生开创了世界铁路运输的新纪元。当时铁路作为一种新兴的陆上运输工具，是一种适宜于远距离、大运量、全天候及低成本的运输方式。所以发展较早的资本主义国家，如英国、美国、法国、比利时、德国、加拿大等相继开始修筑铁路。铁路的兴起推动了生产力的发展和社会进步。德国第一条铁路是纽伦堡—富尔特铁路，它于1835年12月7日建成。不过，这条铁路使用的机车由英国制造，火车司机也是英国人。

4年之后，史蒂芬森又和他的儿子罗伯特·史蒂芬森（Robet Stephenson，1803—1859）共同制造了取名"火箭号"（Rocket）的蒸汽机车。这种机车已具有现代蒸汽机车结构的特征：由十字头、主连杆和曲拐销来驱动动轮，汽缸也从锅炉顶上移置到锅炉旁边。

这时英国的利物浦（Liverpool）至曼彻斯特（Manchester）的铁路又建成。1829年10月6日，英国举行蒸汽机车功率比赛，观众不下万人。参加比赛的机车有3台，其中只有史蒂芬森父子的"火箭号"机车牵引了17 t质量，以平均速度22 km/h、最高速度46.4 km/h，顺利地通过了规定的112.6 km全程，荣获冠军。这一卓越的成就使蒸汽机车正式登上了运输业的历史舞台。

随着钢铁工业的发展，铁轨为钢轨所取代，1857年英国铺设了世界上第一条钢轨铁路。

铁路轨距有几种，其中采用1 435 mm的居绝大多数。这个数字是由英制4英尺8英寸半折合而来的。1846年英国首先以法令把它规定为标准轨距，颁行全国，后来在1886年的国际铁路会议上作了同样的规定。

继英国之后修建铁路的国家，首先是美国，它从1830年起，经过70年的努力，建成了40多万千米铁路，而在1881—1890年的10年中，每年平均修建铁路1.1万千米，是世界上筑路最多最快的国家。

欧洲诸国如法国、德国、俄国等兴建铁路，均较英国、美国为迟。世界各国铁路最早通车年份见表2.1所列。

表 2.1 世界各国铁路通车年代

国　别	最早通车年份	国　别	最早通车年份
英　国	1825	意大利	1839
美　国	1830	瑞　士	1844
法　国	1832	西班牙	1848
比利时	1835	巴　西	1851
德　国	1835	印　度	1853
加拿大	1836	澳大利亚	1854
俄　国	1837	埃　及	1855
奥地利	1838	日　本	1872
荷　兰	1839	中　国	1876

　　到了 19 世纪末，世界铁路已发展到 65 万千米，20 世纪 20 年代，又将近翻了一番，达到 127 万千米，工业发达国家都基本上形成了铁路网。第一次世界大战以后，由于公路汽车运输和民用航空运输突飞猛进的发展，从 20 世纪 30 年代起，美、英、法等国采取拆除部分铁路线的政策，而苏联、中国等国仍在继续建设新线，以适应国家的需要。在 20 世纪 80 年代，世界铁路达 130 万千米。

二、旧中国铁路的由来

（一）铁道知识传入中国

　　1840 年以前，中国是一个幅员辽阔、闭关自守的封建帝国。英国侵略者发动的鸦片战争，用炮舰打开了腐朽的清朝帝国的大门。从此，西方侵略者相继侵入我国，它们强迫清朝政府签订一系列丧权辱国的不平等条约，攫取各种特权，强迫中国开辟许多通商口岸，以便倾销商品和掠夺原料。中国逐渐成为半殖民地半封建社会。

　　19 世纪 30 年代起，资本主义各国要扩张在华势力，纷纷派传教士来华传教布道。这些传教士为了炫耀西方物质文明，介绍了欧美各国竞相兴建铁路的情况。其中如郭士立（K.Gutzlaff），在他 1840 年前后所著《贸易通志》中提到"且火机（即蒸汽机）所施不独舟也，又有火轮车（即蒸汽机车）。车旁插铁管煮水，压蒸动轮（用高压蒸汽推动动轮），其后竖缚（连挂）数十车，皆被火机拉动，每一时走四十余里。无马无驴，如翼自飞"，"欲施此车，先平其险路，铺以铁辙，……行时溜轻如飞，则一马之力牵六马之重"。

　　当时具有远见卓识的林则徐在广州主持禁烟政务时，为了了解世界形势，曾于 1839—1841 年组织人力，翻译外文报刊、书籍，编纂了《四洲志》。该书多处介绍国外铁路情况，在"总论"中提到"其不通河道者，即用火烟车（火车）陆运货物，一点钟可行二三十里"。"其车路皆穿凿山岭，砌伐坦途"。这是出自国人手笔对铁路及火车的最早介绍。

　　以后不少有识之士面对外国侵略，都想"师夷长技以制夷"。魏源所著的《海国图志》中涉及弥（美）利坚国的铁路时提道："又有火轮车，中可住千人，一时能行八、百十里。故国内多铁轨辘之路。"所谓"铁轨辘之路"也就是铁路。1848 年徐继畬所著《瀛环志略》中，也有对美国铁路的分布、运营和修建情况的描述。

太平天国轰轰烈烈的革命运动在一段时间内阻止了西方列强在中国修建铁路的阴谋活动。太平天国不但坚持维护国家主权的立场，而且有发展资本主义的意向。第一个倡议在中国修建铁路的中国人，是太平天国的干王洪仁玕，他在 1859 年所著的《资政新篇》中，除主张造轮船、开矿产、办银行、兴邮政、设报馆外，还强调了近代交通工具对于巩固革命政权和建设国家的重要性，指出必须在全国范围内进行大规模的交通建设，"通则国家无病焉"，他提出中国修建铁路的轮廓是"先于二十一省，通二十一条大路，以为全国之脉络"。同时采用资本主义国家所实行的发明专利权的办法，鼓励本国人民制造"如外邦"的"火轮车"，"用火、用气、用风"作为车辆的动力，使"可朝发夕至"，平时传送书信，沟通朝野，若有"小寇窃发"，也不难迅速荡平。天王洪秀全采纳了这种发展近代交通的建议，作了"此策是也"的批示。只是在急风暴雨的战争岁月里，还不能付诸实行罢了。

这一类的铁路知识虽然零碎、粗略，极不完整，但对当时国人开阔眼界、启迪思路，不再妄自尊大、抱残守缺是大有裨益的。

（二）盲目排外，拒绝修路

1840—1842 年的第一次鸦片战争，英帝国主义侵占了香港，强迫清朝政府订立第一个不平等条约中英《南京条约》，割让香港、开辟五口通商，强迫中国赔款 2 100 万元（其中包括"军费"1 200 万元、"烟价补偿"600 万元、"商欠"300 万元；另外加上侵占广州的"赎城费"600 万元和在其他侵占城市勒索、抢劫的 85 万元，英国侵略者在第一次鸦片战争中共掠夺中国 2 785 万元的巨大资财）。第一次鸦片战争敲开了清朝闭关锁国的门户，中国的主权和领土完整受到破坏，中国开始向半殖民地半封建社会转化。

1856—1860 年英法两国发动第二次鸦片战争。1860 年 10 月打进北京，占领圆明园。自 10 月 7 日至 18 日侵略者对圆明园进行了 12 天的自由抢劫（英法侵略军联军司令部下令自由抢劫，每个士兵都抢到几万至百万法郎的珍宝，法军一个团指挥官抢到的珍珠和金刚石就值 80 万法郎，英国军官赫里斯抢到的有一座 7 英尺高的金塔，一个镂金花盆，盆中有高一英尺的金树，树上是红蓝宝石的花果，一些参谋拆了一座房顶，掠得纯金 9 000 磅。英国《泰晤士报》记者的保守估计"被劫掠和破坏的财产，总价值超过 600 万磅"）。为了掩盖抢劫的强盗罪行，放火烧毁圆明园，大火延烧了两天两夜，清朝六代皇帝经营 150 年的"万园之园"被侵略者烧成一片焦土。清廷和英法两国分别签订了《北京条约》和《天津条约》，英法侵略者分别索取了烧杀抢劫"军费"800 万两白银，英国还攫取了九龙半岛南端的尖沙咀作为割让地。与此同时，沙皇俄国也趁火打劫，以"斡旋"有功，乘机在 1858 年 5 月和 1860 年 11 月对清朝政府施展威胁利诱的手段，强迫签订了《瑷珲条约》和《北京条约》两个不平等条约，吞并了我国在黑龙江以北、外兴安岭以南的 60 万平方千米和在乌苏里江以东的 40 万平方千米的领土，从而把沙俄的领土扩张到太平洋沿岸，并夺取了符拉迪沃斯托克（海参崴）港。在 1860 年年底，沙俄就有修建西伯利亚铁路直达海参崴的计划。对于沙俄的侵略行径，恩格斯当时尖锐地指出："俄国人已占有了黑龙江以北的领土和该河南岸满洲的大部分土地；他们在那里建筑了工事，进行了铁路线的勘察工作并预定了未来的城市和港口的地点。"

1853 年，英国在它的东方殖民地印度开始修建铁路；在中国，西方侵略者不满足于控制中国沿海和内河航运，也企图在中国修筑铁路，因为铁路能使他们的侵略势力大规模地深入到天然水道所达不到的广大内地。英国的戈登（C. G. Gorden）、美国的贝利（M. C. Perry）都曾勘察并鼓吹修建台湾基隆到煤矿的铁路；1861年英国使馆人员还私自勘察并鼓吹修建粤赣铁路和北京附近门头沟到斋堂的铁路。

英国策划从缅甸方面来打开中国的后门。1858年制订的第一个计划企图修筑由仰光沿萨尔温江，通过思茅到达昆明的铁路，称为"斯普莱路"[因是英国驻印度的退休军官理查镕·斯普莱（Richard Sprye）提出的]。1862年印度总督提出的第二个计划企图修筑由仰光沿伊洛瓦底江，通过八莫到腾越和大理的铁路，叫作"八莫路"。英国政府并未通知中国，擅自几次组织武装探路队，非法侵入云南进行勘察。因遭到当地人民的坚决反对，并将英使馆派往云南接应的翻译官马嘉理（A. R. Margary）打死，阴谋未能得逞。

1853年7月，在上海的27家外国商行向钦差大臣江苏巡抚李鸿章要求准许他们修建苏州到上海的铁路；上海英、美、法三国的领事同时也向上海道台提出照会，加以支持，并宣称拟成立公司，取名苏州上海火车局，制造火车铁路，由上海至苏州，其式效外国现行之法度。这个要求被李鸿章和上海道台拒绝了。同年秋天，英国侵略中国的主要机构之一的怡和洋行（Jard Mathesond Company）又从印度请来一个英国经营殖民地铁路的"专家"，叫麦克唐纳·斯蒂芬孙（Macdonald Skphenson）。他一到中国，就策划提出一个野心勃勃的铁路计划：以汉口为中心，把铁路向东修到上海，再由上海修到杭州和宁波；向西经过四川和云南，一直修到缅甸和印度；向南经过湖南修到广州；向北从镇江经过天津修到北京。这比"斯普莱路"和"八莫路"的规模大多了，分明是以缅甸和印度为基地，利用铁路入侵中国的计划。清朝政府被这个计划吓坏了，哪里还敢接受！斯蒂芬孙用了许多动听的词句，但计划递上以后，就被清朝政府搁置起来，不了了之。不过斯蒂芬孙的这个计划并没有白提，它后来成了英国掠夺中国铁路权的蓝本。

建筑铁路对于争夺殖民地利益所带来的巨大好处，一直使利欲熏心的西方侵略者馋涎欲滴。当时，英国的一些殖民主义者曾直言不讳地宣称："关于我们开发东方帝国的政策，以新辟的道路和交通来代替旧时的战争和吞并领土的政策，成为我国越来越明显的真正的政策。"所以，前两次被拒绝的事实并没有打消他们在中国建筑铁路的企图。他们又用做广告的办法，想直接诱惑清朝皇帝。1865年，由一个名叫杜兰德（Trent）的英国商人出面，在北京宣武门外修建了一条长约一里的窄轨铁路，行驶小火车，想借此大肆宣传。可是和他们所希望的相反，这条广告铁路不但没有得到清朝皇帝和王公大臣的赏识，反而由步军统领用"见者诧骇、谣诼纷起"的理由，下令把它拆除。

同一年，上海的外国商人又组织一家公司，策划在上海租界内修筑铁路，仍被地方当局制止。第二年（1866年），又由英国驻中国公使阿里国（R. Alcock）正式出面，借口黄浦江岸起卸货物不便，要求在上海租界到海口之间修筑一条铁路，也被清朝政府的总理各国事务衙门（相当于外交部）拒绝了。1867年，烟台英国商人又要求修筑一条通往济南的铁路，来开辟内地贸易，也没有获得允许。

在19世纪50年代末，中英、中美修约交涉期中，西方侵略者先利用总税务司赫德（R. Hart）递上一个《局外旁观论》（1865年），接着（1866年）英使馆参赞威妥玛（T. F. Wade）又递上一个《新议论略》，都竭力劝说清政府修筑铁路。赫德公然威胁说，"这是外国日后必请之事"。1868年修正条约时，英、美两国果然要求把准许洋商造铁路的事列在条约之内，交涉持续一年之久，清政府不惜卑躬屈膝婉言央告，才得以暂时缓和下来。

总体来看，从 19 世纪 50 年代末期起，俄、英、美等西方资本主义国家已经把修筑铁路的事提到对华侵略的日程上来，他们对清朝政府接连不断地提出在华修建铁路的要求，但都被一一拒绝了。那时候，清朝政府虽然已经丧失了沿海和内河的航权，已经被迫开商埠、辟租界，但对于能使外国势力深入腹地的铁路，却有很大的戒心。可是腐朽愚昧的清朝政府缺乏对于铁路的正确认识，因而采取了极其错误的政策。他们在拒绝外国侵略者要求的同时，自己又坚决不肯修筑铁路，认为铁路会"失我险阻，害我田庐，妨碍我风水"，并借口人民反对，说什么"势必群起按臂相抗，众愤难当"。其实人民反对的是铁路由外人修筑，侵我主权，而不是铁路本身。清朝统治者在拒绝外人要求感到困难时，又托词要自办来加以拖延。在《中美续增条约》中就规定铁路"总由中国皇帝自主酌度办理"。在修约期中，总理各国事务衙门曾两次与各省大臣商讨铁路对策。第一次（1865 年）全持反对态度，包括已开始谈"洋务"的李鸿章在内。第二次（1867 年）仍大多数反对，只有福建船政大臣沈葆桢认为可行。李鸿章主张"自行仿办"，但又说要"待承平致十年后"。

国势虽然式微，但清廷仍以"天朝"自矜，视外国为"夷狄之邦"，受外国侵略，就更加仇视海外的新事物。一些王公贵族守旧官僚把科学技术称为"奇技淫巧"，假如仿效就是"变而从夷"，就成为"名教罪人，士林败类"。对于铁路当然是深恶痛绝拒绝修建的。显然，这种对铁路的拒绝和拖延政策是违反历史进程也不符合中国人民利益的。它充分暴露了清朝统治阶级拒绝采用近代科学技术，阻碍社会生产力的发展，妄图维持腐朽落后的封建生产关系的可笑而又可耻的面孔，同时也暴露了自己的愚昧无知，使西方侵略者侵略中国铁路的野心更膨胀了。

（三）中国第一条铁路——唐胥铁路的兴建与筑路之争

1. 吴淞铁路

西方侵略者眼看清朝官员愚昧可欺，于是在请求、建议和引诱等方法都一一失败之后，就索性使出欺骗手段，来达到他们的目的。

首先策划这种欺骗手段的是美国驻上海副领事奥立维·布拉福特（Oliver B. Bradford），他着手发起修建一条从吴淞码头到上海的窄轨铁路。他们公然违反《中美续增条约》的规定，未经中国同意就于 1872 年组织一个"吴淞道路公司"，并诡称要修筑一条"寻常马路"而骗取了上海道台沈秉成的允许，宣布"吴淞道路公司"有权建造适于车辆通行的道路。后"吴淞道路公司"由于资金缺乏，让给英国商人承办。

1876 年 7 月 3 日，吴淞铁路正式通车营业。这是一条窄轨铁路，轨距 30 英寸（0.762 m），采用每码重 26 磅（每米重 13 kg）的钢轨；用一台叫作"先导号"（Pioneer）的机车，质量仅为 15 t，速度每小时 15 ~ 20 英里（24 ~ 32 km），客货车辆也是小型的。

英、美侵略者原想在既成事实面前迫使中国屈服。但是事情的发展却同他们的愿望不一样。那时中国人民对于外国资本主义利用铁路来进行侵略的本质虽然还没有充分的认识，但当他们的切身利益受到直接危害时，一个自发的群众性的反对外国侵略者的斗争就爆发起来了。沿线人民用实际行动反对洋人筑路。在勘察路线时，标桩屡次被拔走；在建筑路基时，沿线人民认为妨碍引水灌溉，或要求地方当局制止，或直接阻止工程的进行。由上海到江湾一段通车营业后，江湾一带的居民曾聚集几百人，捣毁"吴淞道路公司"办事处的家具。1876 年 8 月，火车轧死了一个行人，群众情绪更加激昂，有男女老幼八九百人齐集江湾一带，坚决阻止火车开行。在群众起来同外国侵略者进行英勇斗争的情形下，当地官吏的态度也有所改变，他们据理向英国领事交涉，英国侵略者被迫答应停止行车。

　　1876年10月，中英双方签订了《收买吴淞铁路条款》，吴淞铁路由清朝政府用28.5万两白银赎回。按照英国人要求赎款在1年内分3次付清，而在这一年当中，仍由"吴淞道路公司"继续行车营业，以示"通融"。既废路而又留下一个尾巴，显然是因为侵略者还想继续赖下去。果然该公司不但继续通车营业获取利润，而且还按原定计划，继续把铁路修向吴淞镇，并添置了一台名叫"天朝号"的机车，加入运行。赎路条款签订后两个多月，在1876年12月1日，这条从上海到吴淞镇长约15 km的铁路全线通车。自全线通车之时起至1877年8月25日止，在不满1年的期间内共运旅客16万余人。但是中国的赎路款项按时付清，毫无拖延，才使侵略者想赖也赖不下去了。在赎路交涉过程中，清朝政府一再声明要"收回自办"。当时上海、江湾、吴淞三处的商民145人也曾"公禀两江总督，请准铁路继续办理，江督置而不顾"。腐败的清朝政府根本没认识到铁路这种新式运输工具的优越性，反而昏庸地把这条已经赎回的铁路拆掉了。铁路拆掉后，拆下的钢轨和其他器材运到了台湾打狗港（今高雄港），以供修建铁路之用。

　　吴淞铁路是外国侵略者采用欺骗、蒙蔽的卑鄙手法修建的，它侵犯了中国主权。在沿线人民群众的反对和斗争下，这种侵犯中国主权的活动以可耻的失败而告终。它未得到批准取得合法地位，最后以拆除而废弃，一般认为它不能算作中国的第一条铁路。

　　吴淞铁路的出现，在一定程度上留下了一些新式运输工具的形象。随着当时形势的发展，经过一再酝酿，中国终于出现了自办的铁路。

2. 唐胥铁路——中国第一条铁路

　　1879年李鸿章为了将唐山开平煤炭运往天津，奏请修建唐山至北塘的铁路，开始被清政府批准，随即遭到顽固王公大臣的反对，他们认为"火车烟伤禾稼，震动寝陵（指河北遵化市马兰峪清朝皇陵）"、"惊耳骇目、鬼神呵谴"，铁路"为祖宗所未创，应当立予停止，以维国本而顺舆情"。在守旧势力的压力下，清政府撤销原议。1881年又决定将铁路缩短，仅修唐山、胥各庄（今河北唐山丰南区）一段10 km，胥各庄至芦台开凿运河，连接蓟运河，以达北塘海口。为了避免火车震动寝陵，决定车辆由骡马牵引。这条马车铁路于年初动工，11月建成通车，称唐胥铁路，一般认为这才是我国的第一条铁路。唐胥铁路铺设轻轨，每米仅15 kg；采用4英尺8.5英寸（1 435 mm）的轨距，以后相沿采用，成为我国铁路的标准轨距。1882年，中国工人用旧锅炉改造成一台0-3-0蒸汽机车，称为"龙号机车"（中国工人在机车两侧制有龙形标牌），正式命名则为"中国火箭号"，这是中国铁路工厂生产的第一台蒸汽机车（图2.1）。

图2.1　"中国火箭号"（又称"龙号"）机车

1880 年（光绪六年）8 月，因帝俄有派兵舰封锁海口威胁中国的可能，清廷谕直隶提督刘铭传进京咨询。刘上疏请求修建铁路，疏中指出"自强之道，……其机括莫急于筑造铁路"。并提出筑路规划："南路宜开两条，一自清江（江苏淮阳县城北）经山东，一自汉口经河南，俱达京师（北京）。北路自京师直达盛京（今沈阳），西通甘肃。惟是经费浩繁，急切未能尽举……事关军国，安危系之。若辗转迁延，视为缓图，徒托空言，永无自强之日矣。"光绪下诏征集大臣意见，李鸿章、刘坤一等表示赞同，而刚回国的驻德公使刘锡鸿等则坚决反对。

李鸿章的奏折中将铁路的优越性归纳为九利：一利南北贯通增加税收；二利调兵快捷有利军政，所谓铁路可以"以资攻剿"，"如有铁路相通，遇警则朝发夕至，屯一路之兵，能抵数路之用，而养兵之资亦因之节约"；三利拱卫京畿；四利调剂物价有利民生；五利军民物资运输；六利海运漕运之不测；七利煤铁矿务的发展；八利不通轮船地区的运输；九利官民兵商的行旅。

刘锡鸿在其《仿造西洋火车无利多害折》中，声称"火车实西洋利器，而断非中国所能仿行也……铁路势不可行者八，无利者八，有害者九"。给铁路罗织了 25 条罪状。守旧派官僚认为：立国之本，要"恪守祖宗之成法，以固结民心，以永保天命"。修铁路要毁庐迁墓，是"干天地之和，蹙生灵之命"。修铁路等于为外人施行"缩地之法"，"山川关塞，悉成驰骋之坦途"，是"自平其险以延敌"，"不啻开门揖盗"。修铁路是"括天下贫民之利而归之官"，将使沿线商民丧失生计，会引起暴乱。他们认为清朝初期虽无铁路而"武功极盛"，证明"国之强弱在德不在器"。

当时慈禧太后垂帘听政，她于 1881 年 1 月 16 日朱批："李鸿章、刘铭传等奏请筹造铁路，有不可不慎之处，迭据廷臣陈奏，佥以铁路断不宜开，李等所奏着无庸议，特此谕知。"二月光绪上谕："铁路……无论利少害多，且需费至几千万，安得有此巨款，若借用洋债，流弊尤多。……刘铭传所奏，着勿庸议。"一场筑路之争告一段落。

唐胥铁路 1887 年展修至芦台，共长 45 km，称唐芦铁路；1888 年展修至天津，共长 130 km。李鸿章准备再向西延伸，修建天津至北京通州的津通铁路。李提出："夫津通之路，……外助海路之需，内备征兵入卫之用，一举两益，所关非浅。"余联源等 100 多名守旧派官僚群起反对，上了数十道奏折，认为修建津通铁路，将使京师"洞启门启"，一旦有变，外人将"风驰电走，朝夕可至"。李鸿章虽竭力申辩，说津通铁路可以"增固海防"，必要时还可拆路阻敌，但不能消除清朝皇室疑虑。于是敕会各省大员"各抒所见"。两广总督张之洞奏请缓造津通铁路，为了"无虑引敌"，改修芦（沟桥）汉（口）铁路。慈禧怕李鸿章的北洋势力坐大，想让张之洞等加以牵制，遂完全采纳了张之洞的建议。1889 年 5 月下诏书斥责顽固官僚"偏执成见、不达时务"，宣布铁路为"自强要策"，应当"毅然兴办"，统筹全局"次第推行"。自此以后，清朝政府不再争论铁路修建问题，筑路之争画上句号。

筑路之争是清朝封建统治阶级内部洋务派官僚和守旧派官僚对中国走什么道路的争论在修建铁路问题上的反映。应当把洋务派官僚和整个洋务运动区别开来：洋务派的上层人物是要依附于帝国主义，以维护清朝封建统治为根本目的的。而洋务运动的进步性则是主要的，主导思想是富国强兵抗御外侮，是爱国的，为以后的戊戌变法和辛亥革命打下思想基础；引进西方技术，客观上对瓦解封建主义的经济基础和上层建筑有一定作用，代表进步潮流。

促使慈禧对兴建铁路转变态度还与修建宫廷铁路有关。1885 年（光绪十一年），清廷设立总理海军事务衙门，由醇亲王奕譞、庆郡王奕劻、直隶总督兼北洋大臣李鸿章负责，李等动用海军建设经费，为慈禧在北海中海西侧修建了一条长四华里的宫廷铁路。该路 1888 年建成，由静清斋（今静心斋）至瀛秀园，途经紫光阁，故称紫光阁铁路，因该路地处西苑，又称西苑铁路（图 2.2），六辆豪华客车由德国进口。慈禧对这条宫廷专列很感兴趣。1888 年她移居西苑中海，以仪銮殿为寝宫，勤政殿为议政殿堂，北海镜清斋为传膳、休息之所，差不多每天都要乘坐一趟小火车，往返于仪銮殿和镜清斋之间。慈禧的车厢是黄绸窗帷，宗室、外戚的车厢是红绸窗帷，王公大臣的车厢则是蓝绸窗帷。由于慈禧迷信风水，害怕机车鸣笛"吼叫"会破坏宫城气脉，所以小火轮车行驶不用机车牵引，而是"每车以内监四人贯绳曳之"。每次行驶，都有许多太监手执黄缎幡旗在黄帷车前的铁轨两旁，列队导引。

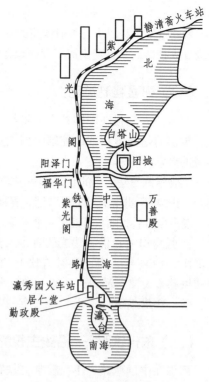

图2.2　西苑宫廷铁路示意

在宫廷禁苑行驶火轮车，是西苑三海的特大"奇闻"，也是都市特大"奇闻"。它本身不能直接给商旅带来什么福音，没有直接的经济价值。然而，它的重要性远远超过了直接的经济价值。它是清政府在京师正式修建的第一条铁路。清廷最高统治者乘坐火轮车，往返于宫廷禁苑这件事，对于北京乃至全国的铁路事业的开拓和发展起了至关重要的促进作用。李鸿章等人看出修建铁路的决断权掌握在慈禧手中，而慈禧又未见过铁路火车，也没有乘坐过火车。所以他挖空心思用海军经费投慈禧之所好，趁重修三海之时，建议在紫光阁修建铁路，并敬献火轮车给慈禧，以增进"老佛爷"对铁路事业的兴趣，促使统治集团对兴建铁路的支持。这一着果然奏效，在安设紫光阁铁路的同时，慈禧太后就批准了上年冬天李鸿章关于"兴修津通铁路"的奏请。第二年（1889年）秋天，慈禧又批准了"兴建卢汉铁路"的奏请，随后，津通铁路、津浦铁路、京奉铁路、京张铁路相继兴工。从此，中国铁路事业的发展进入了一个新时期。

应该说，京师西苑三海中的北京第一条铁路，对中国铁路事业的发展起到了巨大的作用。但这条铁路仅存在了12年，1900年（光绪二十六年）被八国联军拆毁，此后一直未能修复，实乃大清帝国的悲哀。

我国的第二条铁路是1887—1893年台湾巡抚刘铭传主持修建的。这条铁路由基隆经台北至新竹，长约100 km，轨距1 067 mm，投资130万两白银，每千米造价1.3万两，是比较低廉的。

津通铁路迁延至1895年开始修建，改终点为卢沟桥，称津卢铁路。到1897年，通车至马家堡，成为通向北京的第一条铁路。卢汉铁路卢沟桥至保定段1899年通车。

三、列强侵略，路权尽失

19世纪末，西方资本主义国家开始从自由资本主义向垄断资本主义即帝国主义阶段过渡，着手向海外作资本输出并掠夺殖民地，以军事侵略为手段，在中国划分势力范围，妄图瓜分中国，把攫取中国铁路的修筑权和经营权作为侵略中国的重要手段。

1894—1895年的中日甲午之战，清朝海陆军大败，被迫签订丧权辱国的《马关条约》，把台湾和辽东半岛割让给日本，但因法、德、俄三国的干涉，清政府以白银3 000万两才把辽东半岛赎回。从此列强开始在中国争夺势力范围、争夺筑路特权。紧接着1900—1901年，八国联军攻占北京，清朝被迫签订了屈辱的《辛丑条约》，列强划定势力范围，清廷媚外乞怜，要"量中华之物力，结与国之欢心",形成了帝国主义瓜分中国路权的第一次高潮。列强修路是为了政治、军事、经济侵略，铁路过处主权尽失，不但铁路的管理运营为外人掌握，就是沿线的开矿、收税，甚至民政军政都为外人把持。大好河山成了列强鲸吞蚕食的鱼肉，中华民族成了外人宰割奴役的牛马。

（一）列强强制筑路

当时西方列强在中国领土上纷纷划定它们的势力范围，在其势力范围内，掠夺中国的筑路权，更多的是强迫贷款以控制中国铁路，致使遍及大半个中国、一万多千米的铁路权益落入侵略者的魔掌。

列强强制修建通车的有：1898—1903年帝俄修建的东省铁路（满洲里—绥芬河，哈尔滨—旅顺）；1899—1904年德国修建的胶济铁路（青岛—济南）；1903—1910年法国修建的滇越铁路（昆明—河口）。日本侵占台湾后，陆续修建了台北—淡水、新竹—高雄、莲花—五里等铁路（1897—1913年）。

列强胁迫清廷借款建成的有卢汉铁路（卢沟桥—汉口，1897—1899年）和汴洛铁路（开封—洛阳，1904年，由比利时借款）、沪宁铁路（上海—南京，1905—1908年，由英国借款）、津浦铁路（天津—浦口，1908—1911年，英、德借款）、正太铁路（石家庄—太原，1904—1907年，俄、法借款）。

（二）东省铁路——沿线主权的沦丧

列强在中国修路，不仅要掌握铁路的修建和管理大权，并且要掠夺沿线的中国主权，沙俄修建的东省铁路就是有力的证明。

东省铁路即目前由满洲里经哈尔滨至绥芬河的滨洲线和滨绥线，及其南满支路即目前由哈尔滨经长春、沈阳至旅顺的哈大线，如图2.3所示。本路曾改称中东铁路，新中国成立后一度称为中长铁路，1952年后改为现在称谓。

图2.3 东省铁路示意

1. 东省铁路的缘起

1894 年 7 月中日甲午海战，中国战败，日本侵占了辽东半岛，沙俄联络法德两国迫使日本退还辽东半岛，而以中国割让台湾省并增加赔款 3 000 万两白银为条件。沙俄以干涉"还辽"有功为借口，要求在中国修建联结西伯利亚铁路（由赤塔至海参崴）的通道以便"两收通商、调兵之利"。

1896 年 4 月，沙俄驻华公使喀西尼蛮横提出：除俄国外，不得让其他国家分享中国东北地区的铁路修筑权，声称"只有如此，俄国才能保护中国"。

1896 年 5 月，沙皇尼古拉二世举行加冕典礼，清廷企图"连络西洋，牵制东洋"，派李鸿章为"钦差头等出使大臣"，赴俄恭贺沙皇加冕。俄国声称要与中国"共同防日"，对李鸿章威胁利诱（当时曾承诺向李贿赂 300 万卢布，李 1897 年仅得赃款 100 万卢布，折合白银 90 万两），签订了《中俄密约》6 条，其中第 4 条把东省铁路的筑路权拱手送给沙俄。李鸿章所能坚持的只是铁路要由"民办"，事实上以后沙俄的"东省铁路公司"董事长还是由沙俄远东军总司令伊凡诺夫担任。《中俄密约》是沙俄强加给中国的不平等条约。

1897 年，沙俄借口德国派军舰占领了胶州湾，12 月 15 日也派军舰强占了旅顺、大连港。1898 年 3 月 5 日又强迫清廷签订了《旅大租地条约》，租借期 25 年，必要时可以延期；其中第 4 条为允许俄国修建由东省铁路至旅大的支路。此路称为南满支路，由哈尔滨经长春、沈阳至旅大。1898 年 6 月，沙俄将旅大租借地定名为"关东省"。

2. 东省铁路的修建

此路 1897 年 8 月开工，1901 年 7 月由哈尔滨至旅大的南满支路完工，长度为 974.9 km；1901 年 10 月由满洲里至绥芬河的中国东省铁路完工，长度为 1 514.4 km；另外还修建了其他支线 7 条，长度约 66.7 km。总长度为 2 556 km。铁路轨距采用了俄国铁路 1 524 mm 的统一轨距（称为宽轨）；为了加紧侵略，修建速度很快，工期仅四年零三个月；但直至 1903 年 7 月 24 日方正式通车。1898 年铁路工人建设了哈尔滨，"哈尔滨"这个词来自满语，当时的发音"haobin"是偏岛的意思，因为当时那个地方很荒凉，是沼泽地带，有很多小岛。开始，哈尔滨是个酿白酒的小村庄，后来因为来的人越来越多而且他们需要一个生活的环境，哈尔滨迅速扩展并变成了一个大城镇。

这条铁路名义上是沙俄出资修建，其投资 2.54 亿卢布；实质上筑路资金仍是中国人民的血汗钱。此路修建期间，义和团运动波及东省铁路，沙俄以此为借口，向清廷勒索损失赔偿费 700 万卢布，八国联军侵略中国所订立的《辛丑条约》，沙俄向清廷索取赔款 1.3 亿两白银（折合 1.8 亿卢布），39 年付清，应付利息约为赔款额的 1.18 倍。故清政府应付给沙俄的赔款及利息总额要远远大于此路的修建费用。

修建此路的劳力由沙俄包工头雇佣中国工人承担，最多时达 17 万人，中国工人受包工头的层层剥削，每人每天只能拿到 10 戈比的生活费，生活条件极端恶劣。1898 年的鼠疫，工人死亡甚多；1902 年的霍乱，工人患病者的死亡率高达 62%。东省铁路的修建凝结着中国工人的斑斑血泪。

3. 东省铁路的特权

在建路开始，沙俄就以运送筑路器材为名，攫取了黑龙江、松花江的内河航行权以及渤海、黄海北部的沿海航行权。

铁路修建中沙俄强占沿线大量土地，东西干线每一车站平均占地 3 000 俄亩（1 俄亩 ≈

1.09 hm^2），南满支线每一车站平均占地 600 俄亩。在其所占土地中，线路和建筑物仅占用 21%，其余闲置土地设有"地亩处"经营，收取租金、征收捐税。

沙俄还攫取了沿线两侧 30 华里以内的煤矿开采权，实际上在 30 华里以外的抚顺露天煤矿也被强占了，并且滥采滥伐中国的森林资源。据不完全统计，在 20 世纪前十年，沙俄掠夺黑龙江、吉林两省的木材，每年的价值都在 1 亿银元以上。

沙俄在沿线大站设立警察所、派驻宪警，侵犯中国的警察权；并擅自派遣俄军在沿线驻扎，总数约 7 万人，以加强其统治力量。铁路界内成为国中之国，一切行政治理、司法审判、税收等都由俄人把持，中国主权损失殆尽。

4. 南满支路转属日本

俄国势力因修建东省铁路渗入东北，与日本侵华利益冲突，1904 年 2 月爆发日俄战争。日俄开战，战场却在中国东北，清朝不得不宣布"中立"；结果俄国战败，于 1905 年 9 月签订了《日俄和约》。和约议定将南满支路由长春至旅大转给日本，日本改称南满铁路，成立南满洲铁道株式会社（简称满铁），由满洲日军总参谋长和日本陆军大臣先后任满铁委员长。满铁将南满铁路的轨距由 1 524 mm 改为日本的统一轨距 1 067 mm（称为窄轨）。

1907 年 7 月 30 日，日俄签订《日俄密约》，议定日俄瓜分我国东北，北满以东省铁路为标志属沙俄的势力范围，南满以南满铁路为标志属日本的势力范围。

满铁又修建了安东（今丹东）奉天（今沈阳）等铁路，成为向东北侵略的跳板。第二次世界大战后，日本满铁战犯片冈一信供认："满铁在九一八事变、七七事变……中，实起了巨大作用。可以说如果没有满铁，就不会有九一八事变。"

5. 管辖权的更迭

苏联十月革命成功，1919 年发表对华声明，愿意废除沙俄与中国签订的不平等条约，将中东铁路及其矿产、森林等其他产业，一概无条件交还中国，概不索价；但当时北洋军阀政府不承认苏联，因无外交关系而未加理睬。直到 1924 年 5 月 31 日中苏复交，中苏方签约由中苏共管中东铁路，该路的民政、司法等权益归还中国，中国收回了部分权益。

1931 年九一八事变，日本占领东北，成立了以溥仪为傀儡的"满洲国"。1935 年 2 月 23 日，苏联将中东铁路卖给日本操纵的"满洲国"，卖价 1.4 亿日元，铁路轨距由 1 524 mm 改为 1 435 mm 的标准轨距。

第二次世界大战后，1945 年 9 月 14 日，国民党政府与苏联在莫斯科签订《中苏友好条约》，规定中苏共有共管中国长春铁路，中长铁路为纯生产性运输事业，中长铁路名称由此开始。

1949 年中华人民共和国成立，1952 年 12 月 31 日中苏发表政府公告，将中长路无偿交还我国，我国成立哈尔滨铁路局。满洲里至哈尔滨称为滨洲线，哈尔滨至绥芬河称为滨绥线，哈尔滨至大连称为哈大线。

滨洲线长为 944 km，牙克石哈尔滨间为复线；滨绥线长 548 km，为复线：两线构成东北的东西干线。哈大线长 944 km，已建成双线，构成东北的南北干线。

从东省铁路的沿革史可以看出列强通过铁路对中国的侵略，铁路过处主权尽失。国家贫弱就要受外国欺凌，只有中国共产党的领导，只有社会主义才能救中国。

（三）滇越铁路——铁路工人的苦难

列强在中国修路，首先遭殃的是中国筑路工人，法国修建滇越铁路就是一个突出的例证。滇越铁路路线示意如图 2.4 所示。

1895 年中法战争后，法国占领安南，开始窥伺云南、广西。1896 年英法两国在伦敦订约，规定两国共同享有中国云南、四川两省的"所有通商和其他特权及利益"。1897 年，法国获得龙州铁路（越南谅山经镇南关至我国广西龙州）承办权时，英国要求"利益均沾"，与清廷订约议定"将来在云南修建铁路，要与缅甸（英属）相接"。同年 6 月法国要求给予相应"补偿"，照会总理衙门要求修建河内到昆明的铁路。

1898 年，因德国取得胶济、胶沂两路特权，俄国取得南满路特权，法国又借口"利益均沾"，指使其驻华代理公使吕班（M. Dubail）于 3 月 13 日照会总理衙门，提出包括修建滇越铁路的四项

图 2.4　滇越铁路路线示意

要求，4 月 9 日又提出一份照会底稿，声称"不准更动一字，限明日复"。次日中法即互换照会，确认法国修筑滇越铁路的特权。中国政府尚须承担以下责任："中国国家所应备者，惟有该路所经之地，与路旁应用地段而已。"1903 年中法两国签订的《滇越铁路章程》明确规定："铁路所需用地段，若系官地，由云南政府拨交铁路公司，若系民地，由云南地方政府购买后交给铁路公司。"因为沿线人民反对法国侵略，中国政府对这些侵略者还有妥为保护的责任。

这条铁路由越南老开（今老街）入境，经河口沿南溪河，过碧色寨、阿密州（今开远），达昆明，全长近 500 km。沿线地形险峻、气候恶劣、卑湿炎热、疟疾流行。

外国包商从两广、四川、福建、山东等地诱骗华工修路，待遇极端苛刻，甚至用铁丝贯穿数十人的头发，驱之力作，稍不如意，鞭打立至，甚至残害致死，如洋人基托殴毙工人王开宗，纳弥那踢死刘保和，吉窝枪击唐贵廷，工人被洋人残害致死者不可胜数。工人修路谈不上劳动保护，工伤与砸跌致死者为数更多，仅人字桥一项工程就残死八百多中国工人。工人待遇菲薄，外国包商有时不发工资，不给饭吃，加之恶性疟疾流行，工人死于病饿疟疾者更为惊人。英国人肯德（P. H. Kent）在其所著的《中国铁路发展史》中写道："当工程初开始的时候，死亡率是惊人的，据说一年之中有五千个劳工（占全部工作人员的 70%）都牺牲了。"

清朝派驻滇越铁路的公办贺宗章有如下笔记："公司……招雇华工，……工价每日六毛（工人工资，土工每日三角八分，在南溪河者每日五角，泥水匠和石匠每日五角，在南溪河者每日七角。所谓"六角"者，当指最艰苦地段的南溪河的平均工资）。然不免有层递折扣之弊，其余工棚伙食，概由苦力自备。……数人或数十人为一起，即于路侧搭一窝棚，斜立三叉木条上覆以草，席地而卧，潮湿尤重，秽臭熏蒸，加之不耐烟瘴，到无几日，病亡相继，

甚至每棚能行动者十无一二。外人见而恶之，不问已死未死，火焚其棚，随覆以土。或病坐路旁，奄奄一息，外人过者，以足踢之深涧。……呜呼，此路实吾国人血肉所造成矣！"

自 1903 年至 1910 年，据粗略统计，7 年间至少夺去 12 000 多条中国工人的生命，当地人民有"一根枕木一条命"的说法，实在令人痛心。阿密州前尸体枕藉，南溪河畔白骨堆山。这些死难的中国铁路工人是建设铁路的老前辈，国家贫弱，中华儿女就要受奴役受宰割，血泪斑斑惨绝人寰。忘记过去就意味着背叛，我国铁路发展的苦难历史，会不断激励我们发奋图强振兴中华的雄心壮志。

四、自强图存，赎路建路

1901 年丧权辱国的《辛丑条约》签订后，列强蚕食瓜分中国的态势已经形成，主权沦丧，路权尽失，所有铁路几乎全为外人把持。国人自强图存收回路权的呼声日益高涨，以美国合兴公司把其股票私自转售予比利时银团、违反借款协定为契机，湘、鄂、粤三省人民非常愤慨，要求清政府对粤汉铁路废约自办，1905 年清政府赎回路权后，准许商办，成为 20 世纪初在中国轰轰烈烈开展"收回利权"运动的开端。

当时收回路权的铁路有粤汉、苏（州）杭（州）、新（民）奉（天）（今沈阳）等铁路。当时有 15 个省组成了 18 个铁路公司，以商办、官督商办或官办名义，筹集建路资金，总金额达 9 000 多万银元，着手自建铁路。以后建成通车的有株（洲）萍（乡）铁路（1899—1905 年）、新（城、高碑店）易（县、梁各庄）铁路（1902—1903 年）、京张（家口）铁路（1905—1909 年）、潮（州）汕（头）铁路（1903—1906 年）、新宁（新宁县斗山至北街）铁路（1916—1913 年）及粤汉铁路广州韶关段（1906—1916 年）和长沙株洲段（1908—1911 年）等。另外还有借用外债受外人控制的铁路，陆续建成的有：德资的胶（青岛）济（南）铁路，比利时借款的卢（沟桥）汉（口）铁路、汴（开封）洛（阳）铁路，法资的正（定南 15km，今石家庄）太（原）铁路，英资的沪（上海）宁（南京）铁路等。

到了商办铁路后期，清朝政府又以拍卖路权来换取"外援"，以维持其摇摇欲坠的封建统治，于 1911 年 5 月发出上谕，宣布"干线均归国有，定为政策"，"各省分设公司集股商办之干路，应即由国家收回"，"其从前批准干路各案一律取消"。这激发起全国的保路运动，促使辛亥革命成功，推翻了清朝的封建统治。

在国人自建铁路自强图存的运动中，需要重点阐述的有三件大事：一为詹天佑修建的京张铁路，二为四川的保路运动，三为孙中山的建路规划。

（一）詹天佑和京张铁路

詹天佑，字眷诚，1861 年生于广东南海县。1872 年幼年就学美国，1881 年毕业于美国耶鲁大学土木工程系铁路工程科。1888 年詹天佑开始修建铁路，先后主持了新易、京张、汉粤川等铁路的勘测设计和修建工作，奋斗一生，为中国的铁道事业作出了卓越的贡献。1919 年积劳成疾，病逝于汉口仁济医院，终年 59 岁，遗体葬于北京海甸（今海淀）小南庄村，1982 年改葬于京包线青龙桥车站。图 2.5 为詹天佑像。

图 2.5　詹天佑像

詹天佑是中国杰出的铁路工程师，后人为了缅怀他修建京张铁路的业绩，1922 年在八达岭下的青龙桥车站建成了詹天佑的纪念铜像（1982 年重修）。1961 年，首都科学技术界曾隆重纪念詹天佑诞生 100 周年，李四光在大会致辞中赞颂："詹天佑领导修建京张铁路的卓越成就，为深受污辱的当时中国人民争了一口气，表现了我国人民的伟大精神和智慧，昭示着我们人民的伟大将来。"

1. 爱国爱路的楷模

詹天佑在内忧外患交相煎逼的旧中国，为了捍卫祖国权益，为了维护民族尊严，为了在中国的土地上能由中国人自己修建铁路，鞠躬尽瘁奋斗了 30 年。他的爱国爱路精神值得后人学习。

1892 年英国人金达、喀克斯修河北滦县的滦河桥，打桩失败，日本人、德国人施工又相继知难而退，詹天佑细心勘察，变更桥位，在远东首次采用气压沉箱施工，建成滦河大桥。

张家口自古即是从北京通往蒙古的必经之地。在这条道路上有从蒙古运入的皮毛、驼绒等以及运往蒙古和沙俄的我国南方的茶叶、茶砖、丝绸，还有煤油、纸张、布匹等，这些都是大宗货物。同时，这条路在政治上、国防上也居于极重要的地位。在关内外和卢汉两路即将建成通车之际，修建一条通往西北的铁路是刻不容缓的。

1903 年《铁路简明章程》颁布以后，先后有数起商人呈请商办京张铁路之举。这些人自己并无资本，当时《大公报》就曾揭露："实属某国窃入之款。"某国者，沙俄也。清政府没有批准。这时关内外铁路已通车至新民厅，盛京（今沈阳）通车在望，客货营业发达，收支相抵后的盈余日益增多。关内外铁路督办袁世凯（以直隶总督兼任）等建议提拨该路余利自建京张铁路。该路的贷款者中英银公司坚持须以聘用英国工程师为提拨余利的条件。与此同时，沙俄公使根据 1899 年清政府作出的从北京至长城以北的铁路如需外资时先向俄国商洽的承诺，出面反对。争辩年余，清政府始与中英银公司议定先拨存备付 6 个月的借款本息的款项，余可按年提拨余利的办法，并声明不用洋工程师，以表示与他路无涉。这是英国假手清政府以抵制沙俄势力渗入华北妨碍它的利益所采取的策略行动。

1905 年 5 月，清政府设京张铁路局于北京（阜成门外），派詹天佑为会办（副局长）兼总工程师。当时既无技术人员又无资金，工人、机具全无着落，有人批评詹"不自量力胆大妄为"，英国报纸讥讽"中国修京张路之工程师尚未诞生于世"。詹毅然受命承担重任，他经常激励同人说：全世界的眼睛都在望着我们……不论成功或失败，决不仅是我们自己的功过，而是我们国家。詹天佑认为："窃为我国地大物博，而于一路之工，必需借重外人，引以为耻，更不得不力任其难，勉副众望。"詹天佑克服重重困难，终于以 4 年时间，比计划提前 2 年建成京张铁路，工款尚比预计的节省 4%。通车典礼上来宾讲话指出："詹总办独具匠心，不假外国人分毫之力筑成此路，为中国人吐气矣！夫铁路工程既可由中国人自筑之，将来一切矿务、机器制造等事，皆可由中国人自为之矣。吾今日为铁路祝，并为全国之矿务、山林、机器工厂祝也，有开必先，其今日京张铁路之谓乎！"

京张铁路的建成通车，振奋了中国人自己能够修建铁路的信心和勇气，为以后自建铁路开辟了道路。

詹公以后任汉粤川铁路督办。该路发行铁路公债，筹集建设资金，詹公率先响应，用其全部积蓄购买了铁路公债，并动员其亲戚购买。

1919 年詹担任中国铁路代表团团长，出席协约国远东铁路会议，为力争中国铁路权益，积劳成疾，在其弥留之际，未谈家事而问国事。遗嘱谈三件事：一为中华工程学会（詹任会长）；二为协约国远东铁路会议（詹任团长）；三为汉粤川铁路（詹任总办）。爱国爱路之心垂范后世。

2. 精湛务实的技术

詹天佑的精湛技术和卓越成就令人敬仰。京张铁路勘测设计中，詹坚持采用标准轨距；过关沟越八达岭，采用了 33‰ 陡坡和 2-8-8-2 活节机车，即以大马力机车移动设备适应困难的地形地质条件；在青龙桥车站用人字形展线，将原来 6 000 m 的八达岭隧道，缩短为 1 090 m；并开凿竖井，增加工作面，缩短了工期；怀来河大桥，用马车将钢梁构件拉至桥头拼装，争取了时间。在京张铁路的修建中，詹主张分三段施工，并尽早分段运营，以通车运营的收入贴补后段施工款额之不足。在当时的条件下，这些决策都是难能可贵的创举，达到了詹天佑自己提出的"花钱少、质量好、完工快"的三项要求。邮传部尚书徐世昌视察全线后，奏报清朝政府指出："京张一线为我国铁路北干之起点，其居庸关、岔道城二处，汉唐以来，历经百战，夙称天险，鸠庀之初，外人每疑华员勿克胜任。迩来，欧美人士远来参观，佥谓青龙桥、鹞儿梁、九里寨三处，省去洞工，实为绝技。"

3. 艰苦奋斗的精神

詹天佑吃苦耐劳、深入基层的工作作风，值得后人学习。1892 年修建滦河大桥时，他吃住在工地，与工人一起劳动，下到沉箱中指导施工。1902 年冬，詹天佑受命修建新易铁路，该路由新城县的高碑店到易县梁各庄行宫，全长 42.5 km，为慈禧太后去西陵祭祖之用。当时材料匮乏，运输困难，且"正值隆冬天气，冰凝寒冱，营造尤属不易"。而却必须在 4 个月的时间内完成勘测设计和修建任务。詹天佑精密规划全力以赴，有时通宵达旦工作，4 个月里每天苦干十四五个小时，终于如期通车，只花了 60 万两银子。

1905 年勘测京张路时，詹公只带 2 个助手（山海关铁路官学堂第一届毕业生张鸿浩、徐士远），全队共 12 人，以 3 个月时间完成 3 条比较线的勘测任务（图 2.6），并编制了施工概算。概算估价为 722 万 3 984 两 5 钱 6 分；4 年后竣工，决算为 693 万 5 086 两 3 钱 5 厘 6 毫，还节余 28 万 8 898 两 3 钱 5 分 4 厘 4 毫，节省了 4%。在技术人员极少，时间那样紧迫，施工中工款经常调拨不到，材料机具匮乏，又受到多方掣肘的困难条件下作出这样准确的概算，最后还能有所节余，实在是难能可贵。

在京张铁路的勘测设计与修建过程中，詹公"昼则手胼足胝，夜则绘图计工，困苦经营"，"始则几忘其难，继则不敢畏难，且直欲自秘其难。浸假中道而废，其不贻笑于邻国者几希"。在隧道施工中，打眼、装药、放炮，詹公亲自掌握；隧道漏水，詹公和工人一起挑桶排水。整个施工过程詹公经常十天半月和工人同吃同住待在工地。在当时的社会条件下，等级森严，詹天佑以总办（工程局长）兼总工程师的显贵身份，能深入下层亲自操作，是值得称道的。

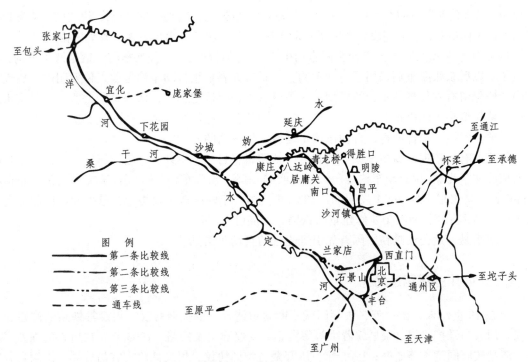

图 2.6　詹天佑勘测京张路的 3 条比较线示意

4. 谦诚谨严的风范

詹天佑谦虚谨慎不自居功的优良品德令人崇敬。1888 年詹天佑带领工人，80 天完成了天津塘沽的铺轨任务。1892 年完成滦河大桥的修建工程，英人金达和喀克斯名利双收，陈宜禧工程师为詹公抱不平，詹公表示应当为中国修路多做事，何必争功。

1909 年 11 月 14 日，隆重的京张路通车典礼在南口举行，中外来宾一万多人。詹公在大会上讲话："京张路通车是京张路一万多员工的力量，不是我个人的功劳，光荣应该属于大家。"会后有人问詹天佑，他生平碰到的最困难的工作大概是怀来河大桥和八达岭隧道吧！

詹公表示："今天在会场里演说，真比造怀来河大桥和开八达岭隧道还要困难万倍。"

詹公以后多次著文讲演勉励青年，要"远比欧美，雄长东方"，"镜淬日明，钢炼益坚"；要求当时之工学界"勿屈己以徇人，勿沽名而钓誉，以诚接物，毋挟偏私，圭璧束身，以为范则。不因权利而操同室之戈，不以小忿而萌倾轧之念。视公事如家事，以己心谅人心"；指出干工作"每败于易而成于难；若因其难而畏之，则事之底于成者卒鲜"；告诫青年学生"工程事业必学术经验相辅而行，徒持空谈，断难任事"，要"力祛骄矜，以勤慎为方针，务求深造"，"若夫浮躁狂妄者流，未有不败者"，"技术第一要求精密，不能有一点含糊和轻率，'大概'、'差不多'这一类的说法，不应该出之于工程人员之口"。

詹天佑的爱国热忱、坚毅作风、严谨治事、勤奋工作的风范品德值得学习和效法。

5. 詹氏车钩的传说

新中国成立前后一段时期内，国人基于对詹天佑的爱戴和景仰，社会上都普遍传言自动车钩是詹天佑发明的。1957 年出版的《詹天佑和中国铁路》一书也认为自动车钩是詹天佑发明的，把它称为"詹天佑钩";1978年1月23日,上海某报刊载短文,想象力很丰富,说"詹天佑看到小孩们手拉手作游戏,受到启发,发明了自动车钩"。以上传言是事出有因,查无实据。

1905年京张铁路第一段丰台至西直门由丰台车站铺轨时,工程列车的车辆是链子车钩,被拉断了。以后京张路车辆采用了自动车钩,于是有人就猜想自动车钩是詹天佑发明的。詹天佑家中的确保留有木制自动车钩的模型,于是就有人猜想这是物证,认为是詹公所制;其实木制自动车钩模型是美国机车车辆厂送给詹公的。同詹公一起修建京张铁路的颜德庆、柴俊畴、王金职(詹公女婿)都曾证言,自动车钩不是詹天佑发明的。

传言的有力依据是新中国成立前我国《铁路材料目录》中列有"詹氏车钩"一词,于是就有人依此文字为据,说自动车钩是詹天佑发明的。其实"詹氏车钩"为译名,英文原文是"Janney's Coupler",是詹尼(Janney)发明的。1887年美国"车辆制造工程协会"已推荐美国制造商采用Janney车钩;而1905年才修建京张铁路,相隔已18年。

实事求是,詹公仅是在中国首先引进先进的自动车钩。

(二)四川的保路运动

早在19世纪末,德、英、法等国就不断胁迫清廷,要掠夺粤汉、川汉等铁路的修建和经营权。川人为维护路权,很早就着手筹集资金,要修建川汉铁路。1903年,在川人的强烈要求下,清朝政府同意本路商办;1905年,川鄂两省绅商协议,川汉铁路在宜昌分界,由两省分别筹建;1907年,成立了商办川省川汉铁路公司。

川汉铁路经詹天佑、颜德庆组织勘测、修改方案后拟定了线路走向。鄂省线路走向由原来的广水至宜昌,改为汉口至宜昌,长度可缩短1/3,汉宜段长约336 km。川省线路由宜昌至归州(今秭归)段,原来绕行深山,改为沿江取直,长度由160 km减少为80 km;川省线路走向为由宜昌沿长江上溯,经归州(今秭归)、夔州(今奉节)、万县至重庆,再折向西北,经永川、内江、资阳到达成都,长约1 175 km。图2.7为当时选定的川汉铁路示意。

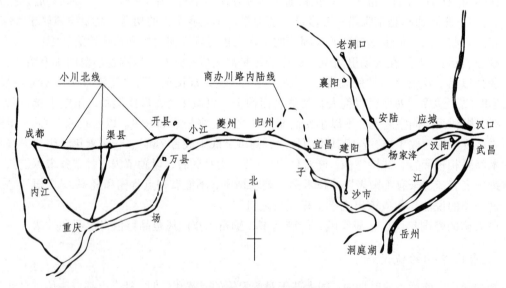

图2.7 川汉铁路走向方案示意

四川人士集股筹资，到 1911 年 6 月已实收股本 1 340 余万两，加上利息与杂项收益 330 余万两，共集资 1 670 余万两，约占川省路段总投资的 1/4。

1909 年 10 月，川汉铁路宜宾万县段 160 多千米划分 10 个工程段，正式开工。到 1911 年 10 月 10 日辛亥革命前，已建成 17 km，通行工程运料列车，还有 46 km 除桥隧未竣工外已初具规模。

1911 年 5 月 9 日，清政府发出上谕，宣布铁路干线"均归国有，定为政策"，要求"各省分设公司集股商办之干路，应即由国家回收"。5 月 20 日，英、法、德、美四国银行团强迫清政府订立了《湖广铁路借款合同》（湖广铁路包括粤汉、川汉两路）。全国各省纷纷要求清朝政府收回"收路、借款"的成命。

四川省咨议局在议长蒲殿俊、罗纶及张澜的领导下，由川汉铁路公司发出措辞激烈的电文，要求清朝政府取消"收路、借款"成命。清政府断然拒绝，并由邮传部大臣盛宣怀和川汉、粤汉铁路大臣端方于 6 月 1 日向川督王人文发电，要他"密速筹定"，将川人筹集的修路股款，全部换成国家铁路股票。

川人闻讯群情激愤，6 月 17 日成立了四川保路同志会，推举蒲殿俊、罗纶为正副会长。全省各州县乡镇也遍设保路协会或分会，形成了数十万群众参加的声势浩大的保路运动。

川人要"保路废约"，清廷却坚持收路夺款，盛宣怀、端方等利用阴谋诡计，接收了川汉铁路公司宜昌分公司川人筹集的建路资金 700 余万两。川汉铁路临时股东总会与保路同志会于 8 月下旬通告全川，自 8 月 25 日起，"全川一律罢市、罢课"，以示抗议。新任川督赵尔丰虽会同全省文武大员联名电奏清政府，请求将收路借款大事暂缓实施，"免激生意外"，而清政府反电令赵尔丰要"实力弹压"。

9 月 1 日，川汉铁路临时股东总会通告全川，"自即日起实行不纳正粮、不纳捐输"，并声明"今后四川不负担外债分厘"，以表明坚决反对清廷借用外债的决心。继而全川保路风潮越发高涨，各地民工抗粮抗捐，捣毁了绎征局、自治局、巡警分署等部门。清政府又电令赵尔丰"切实弹压"，"将倡首数人严拿惩办"。并电令端方速率鄂军入川"剿办路事"，端方带鄂军入川，武昌空虚，为 10 月 10 日武昌起义成功创造了条件。

赵尔丰怕端方入川咎其奉旨不力，职位难保，遂于 9 月 7 日将蒲殿俊、罗纶、张澜等 9 人诱骗至督院加以逮捕，并拘捕了自请逮捕的成都府学教授蒙裁成、四川高等学堂学生闫一士和电报局局长胡嵘三人，又下令封闭川汉铁路公司，解散保路同志会；还电鄂督拘押四川咨议局副议长、保路同志会代表肖湘于武昌。

赵尔丰的镇压激起成都人民的愤怒，各街道鸣锣传信，市民手执信香、头顶光绪皇帝牌位，奔赴总督衙门环跪请愿，要求释放被捕人员。赵尔丰下令巡防军营务处统领田征葵指挥卫队开枪，打死市民 26 人，打伤数百人。

同盟会会员曹笃、朱国琛等立即将这一血案写于木牌上，"赵尔丰先捕蒲罗，后剿四川，各地同志速起自保自救"，投入岷江顺流而下，将信息迅速传遍川西南和川东等地，被称为"水电报"。在保路同志会和同盟会革命党人的发动领导下，各地很快组成保路同盟军。自 9 月 7 日起至 9 月中旬，各地保路同盟军有 20 多万人，围困了成都，与清军激战数十次，伤亡达数千人。赵尔丰胆寒，不得不释放被捕诸人。

保路运动兴起，同盟会即派吴玉章等返川，联络哥老会，组织民军乘机起义反清。成都血案发生后，民军与保路同志军就在川南与川东北地区攻占州县，9月25日在荣县建立革命政权，宣布独立；11月22日接管重庆，成立了蜀军政府；11月27日，接管成都，成立了大汉四川军政府，宣布四川独立自治。11月27日，入川鄂军起义，诛杀了率鄂军入川"剿办路事"的清廷督办，川汉、粤汉铁路大臣端方；12月22日，军政府捕杀了民愤极大的川督赵尔丰，传首示众；12月31日，在重庆捉住了成都血案的刽子手田征葵，予以正法。

10月10日，湖北革命党人趁鄂军入川武昌空虚之际发动起义，成立了中华革命军政府；湘、赣、苏、浙、滇、陕等省也相继起义和宣布独立；清朝的封建统治瓦解覆灭。孙中山先生曾作出如下论断："若没有四川保路同志会的起义，武昌革命或者还要推迟一年半载。"可见四川的保路运动对结束我国两千多年封建统治的巨大意义。

1912年4月，四川军政府成立，在今成都人民公园内修建了"辛亥秋保路死事纪念碑"，碑为方形砖石结构，高31.85 m，抗日战争中在1941年7月24日为日本飞机炸毁，新中国成立后修复，成为今日规模（图2.8）。旧中国铁路的修建是千千万万志士艰苦奋斗，甚至抛头颅洒热血争取的，缅怀过去史绩，更要激励今日斗志。

图2.8　辛亥秋保路死事纪念碑

（三）孙中山先生——中国铁路全局规划第一人

孙中山（图2.9），幼名帝象，学名文，字载之，号逸仙，伟大的资产阶级民主革命先行者，同时也是中国铁路建设的积极倡导者（1866—1925），1866年11月12日出生于香山县（今广东省中山市）村亨村的普通农民家庭。

1912年元旦，孙中山先生被选为中华民国临时大总统，2月14日辞去大总统职位后，从此时到1913年3月，孙中山以极大的精力去争取实现民生主义（此时他认为"三民主义"中的民族、民权二主义已通过辛亥革命基本实现），而当时的着眼点就是铁路建设，即致力于发展实业以求国家富强的计划。2月22日，他在上海成立了"中华民国铁道协会"，声称"今日之世界，非铁道无以立国"，若"交通不便，运转不灵，事业难以振兴，蕴华无由宣泄"。

图2.9　孙中山像

1. 孙中山早有铁路建设思想

孙中山的铁路建设思想产生于1894年前后。那时，帝国主义列强为了政治、经济、军事侵略的需要，竭力争夺修建中国铁路的权益。年轻的孙中山担忧国家、民族的危亡。他在1891年撰写的《农功》一文中就指出"年来英商集巨款，招人开垦于般岛，欲图厚利；俄国移民开垦西北，其志不小。我国与彼属毗连之地，亦亟宜造铁路，守以重兵，仿古人屯田之法"。在这里，孙中山初次提出修筑铁路、移民戍边、保卫国家的看法。

3年后，即1894年，孙中山在《上李鸿章书》中从"百货畅流，商贾云集，财源日裕，国势日强"而总结出"凡有铁路之邦，则全国四通八达，流行无滞；无铁路之国，动辄掣肘，比之瘫痪不仁。地球各邦今已视铁路为命脉矣"。这表现出孙中山对铁路建设在国民经济建设中的重要地位已有了初步的认识，萌发了在中国通过发展交通，尤其是建设铁路，促使商业繁盛来加速中国经济发展的思想。但此后，孙中山因忙于创设兴中会、同盟会，开始从事以武装斗争手段推翻清朝政府的政治革命，无暇从事实业活动尤其是铁路建设；但是，孙中山并没有停止对铁路问题的思考和探索。

2. 雄心勃勃的铁路建设实践

1912年4月，孙中山从政治战线转向经济建设。当拟议的一揽子社会革命规划受到阻力后，孙中山决定以铁路建设作为他的实业活动的中心项目。1912年6月22日，孙中山从香港到达上海。他在与《民立报》记者谈话时表示："现拟专办铁路事业，欲以十年期其大成。"他具体阐述说："我国一般之舆论，能作务本之谈者，皆以为振兴中国惟一之方法，止赖实业。……实业之范围甚广……其归结为交通……苟无铁道，转运无术，而工商皆废，复何实业之可图？故交通为实业之母，铁道又为交通之母。国家之贫富，可以铁道之多寡定之；地方之苦乐，可以铁道之远近计之。"在这里，孙中山已经提出了振兴中华，铁路是命脉的观点。他把铁路建设同中华民族的存亡、兴衰结合起来了。

在上海，孙中山对铁路建设的宣传已到了狂热的程度。但这种"狂热"，又都是有一定依据的。孙中山认真地研究了美国在19世纪后半期经济飞速发展的成功经验，认为美国经济的起飞，就是由于横贯美国东西部铁路网的建成和向西部大量移民的"西进运动"的结果。因此，他得出结论：中国经济要起飞，也必须速修铁路，加强运河、水道的修治和商港城市的建设。美国是这样，英国、法国等19世纪后半叶经济飞速发展的成功经验都是这样：无铁道无以立国。中国呢？虽然地大物博，如满洲、蒙古、西藏、新疆等处，皆是殷富之区，徒以无铁道，故全国不能受其利益。而美国新旧金山，昔及亦属荒凉，自筑铁道后，一变为繁盛之区。这些看法更坚定了孙中山致力于铁路建设的决心。对铁路建设的过分热心和投入，使孙中山决心暂时放弃政治活动，以便专心从事铁路建设。8月22日，他写信给宋教仁，表示自己"要专心致志于铁路之建筑。于十年之中，筑二十万里之线，纵横于五大部之间。计划已将就绪，而资本一途，亦有成说"。此时，孙中山决心在10年内为中国建筑20万里铁路的想法已不完全是理想，而卸任临时大总统之后，孙中山对中国近代铁路建设进行认真思考，提出了较完整的铁路建设的构想。他认为：铁路建设是20世纪初解决中国社会问题的关键；借外债是中国近代铁路建设的必由之路；铁路建设应以干线为主，以中心城市为主，兼顾全国；铁路的管理以"国家社会主义"为归宿。孙中山铁路建设的构想充分反映了孙中山强烈的民族忧患意识和务实、开放的发展观。

1912年9月，孙中山负责"筹办全国铁路全权"，充任"全国铁路督办"职务，旋即成立"中国铁路总公司"，决心在10年内为中国建筑20万里铁路，从发展华南、西南和西北着眼，拟定了3条通往偏远地区的铁路干线：① 南路：起点于南海，由广东而广西、贵州，走云南，循四川间道入西藏，绕至天山之南；② 中路：起点于扬子江（即长江）口，由江苏而安徽，而河南，而陕西、甘肃，越新疆而迄伊犁；③ 北路：起点于秦皇岛，绕辽东折入蒙古，直穿外蒙古，以达乌梁海。孙中山认为选择这三大干线作为中国铁路建设的首批重点的原因是："一、地理。我国南北干线已有规划，而东西干线尚付阙如，如有此三线，全国即可联络为一。二、种族。三线皆纬线斜行，包括西北两部五族交通，种族易于同化。三、殖民。西北交通可实行东南移民政策，且交通便利，则资本家自咸通愿投资，劳动家自远出佣力，尤收无形殖民之效。四、海道。三路纬线其起点皆得独立出海口，可补原有铁路多平行线，而无独立出海者之缺，且水陆运输易于联络。"在这一年，孙中山还先后在北京、杭州、南昌等处发表演说或接受记者采访，表达"开发之道，舍兴筑铁路而莫属"的思想。

1912年9月22日，孙中山在黄兴、宋教仁等的陪同下，视察了唐山铁路工厂和唐山铁路学校（西南交通大学前身）。在唐山铁路学校对师生发表了演说，勉励大家"国民革命需要两路大军，一路进行武装斗争，建立平等自由的中国；一路学习世界科学技术，改变祖国贫穷落后的面貌。在座诸君虽不投身于锋镝之间，而学习采矿、筑路、建桥，也是为了革命。要中国富强起来，就需要修铁路十万英里，公路一百万英里。希望大家努力自学，以身许国，承担起历史重任。"

正在孙中山为铁路建设而积极奔走之时，以袁世凯为代表的北洋政府与南方革命党人之间的矛盾不断激化，并因1913年宋教仁被刺事件而走上完全决裂，孙中山不得不走上二次革命之路，其对铁路建设的很多设想也暂时搁置。

1919年1月，孙中山所著《实业计划》一书出版，阐述了中国振兴实业发展交通的远景，提出修建10万英里（16万公里）的铁路建设规划。整个实业计划由4部分组成（图2.10），前3个计划以建设北方、东方、南方大港为中心，以整治河道，修建港口后方铁路，发展煤、铁、水泥、造船等实业为纲要。第4个计划为铁路规划，包括：

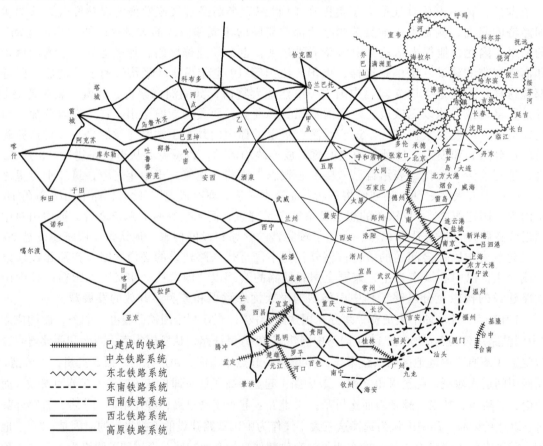

图 2.10　孙中山铁路建设规划示意（1919 年）

（1）中央铁路系统，含长江以北各省及蒙古、新疆的一部分。该系统以北方、东方大港渤海港北岸、杭州湾北岸与乍浦和澉浦为出发点，途径包括长江以北地区及内蒙古、新疆一部分，共建24条铁路，包括东方大港—塔城线、东方大港—库伦（今天蒙古的乌兰巴托）线、东方大港—乌里雅苏台线、南京—洛阳线、南京—汉口线、西安—大同线、西安—宁夏线、西安—重庆线、西安—汉口线、兰州—重庆线、安西—于阗线、若羌—库尔勒线、北方大港—哈密线、北方大港—西安线、北方大港—汉口线、黄河出海口修建的港口—汉口线、烟台—汉口线、海州—济南线、海州—汉口线、海州—南京线、新洋港—南京线、吕四港—京北线、沿海岸线、霍山—嘉兴线，全系统合计1万6 600英里。孙中山认为，中央铁路系统最为重要。

（2）东南铁路系统，含浙、赣、闽三省及苏、皖、鄂、湘、粤的一部分。该系统以东方、南方大港为始点，经过浙江、福建、江西三省及江苏、安徽、湖北、湖南及广东的一部分，共建13条铁路，包括东方大港—重庆线、东方大港—广州线、福州—镇江线、福州—武昌线、福州—桂林线、温州—辰州线、厦门—建昌线、厦门—广州线、汕头—常德线、南京—韶州线、南京—嘉应线、东方南方两大港间海岸线、建昌—沅州线，这一系统合计约9 000英里。

（3）东北铁路系统，含东三省和蒙古、直隶（今河北）的一部分，共建20条铁路，包括东镇—葫芦岛线、东镇—北方大港线、东镇—多伦线、东镇—克鲁伦线、东镇—漠河线、东镇—科尔芬（今库尔滨）线、东镇—饶河线、东镇—延吉线、东镇—长白线、葫芦岛—热河—北京线、葫芦岛—克鲁伦线、葫芦岛—呼伦线、葫芦岛—安东线、漠河—绥远线、呼玛—室韦线、乌苏里—图们—鸭绿沿海线、临江—多伦线、节克多博—依兰线、依兰—吉林线、吉林—多伦线，这一系统约9 000英里。

（4）西北铁路系统，含甘肃、蒙古、新疆的一部分。该系统以计划中的北方大港渤海湾北岸为始点，途经蒙古、新疆、甘肃等地，包括北方大港—多伦线、多伦—漠河线、多伦—克鲁伦—中俄边境线、多伦—迪化（乌鲁木齐）线、迪化—伊犁线、迪化—于阗线、多伦—迪化至外蒙西北线、多伦—迪化至科布多达边境线，此外还有多伦—恰克图线、张家口—库伦—乌梁海线、绥远—乌里雅苏台—科布多线、靖边—乌梁海线、肃州—科布多线、西北边界线、迪化—乌兰固穆线、夏什温—乌梁海线、乌里雅苏台—恰克图线、镇西—库伦线、肃州—库伦线、沙漠联站—克鲁伦线、格合克鲁伦—节克多博线、五原—洮南线、五原—多伦线、焉耆—伊犁线、伊犁—和阗线、镇西—喀什噶尔线。

（5）西南铁路系统。该系统以南方大港广州为起点，连接地区有四川、云南、广西、贵州和广东、湖南两省一部占人口1亿人以上的地区，建设7条铁路线，组成扇形铁路网，包括经湖南的广州—重庆线，经湖南、贵州的广州—重庆线，经由桂林、泸州的广州—成都线，经由梧州、叙府的广州—成都线，广州—大理—腾越线，广州—思茅线，广州—钦州线，全系统共计6 500英里。

（6）高原铁路系统，孙中山铁路计划的最后部分。这一系包括西藏、青海、新疆一部分，及甘肃、四川、云南等地方，共修建16条铁路，包括拉萨—兰州线、拉萨—成都线、拉萨—大理—车里线、拉萨—提郎宗线、拉萨—亚东线、拉萨—来吉雅令线、拉萨—诺和线、拉萨—于阗线、兰州—若羌线、成都—宗札萨克线、宁远—车城线、成都—门公线、成都—沅江线、叙府—大理线、叙府—孟定线、于滇—噶尔渡线，该系统工程浩大而复杂，费用极大。

（7）创立机车、客车、货车制造厂。实业计划受到社会舆论的赞扬和拥护，但是军阀混战和国民党统治，内忧外患频仍，根本得不到实施。

孙中山在规划这些铁路线时，都分析了沿线地区的政治、经济、民族、地理、环境等多方面要素，从某个意义上说，是他对全国经济、社会建设的一个通盘思考，是他关于国家建设的民生主义最为重要的内容。

五、战乱频仍，筑路缓慢

1912 年至 1927 年北洋政府统治时期，军阀混战，民生凋敝，袁世凯、段祺瑞等先后执政，在帝国主义的威逼利诱下，以"路矿开放、利用外资"为借口，大借铁路外债，以维持其反动统治，形成了第二次拍卖路权的高潮，修建了大约 4 000 km 铁路。

1928 年至 1937 年"七七事变"前的十年间，国民党统治时期，实行了官僚买办资本与国外垄断资本相结合的铁路投资政策，搞所谓"中外合资"，在关内修建了 3 600 km 铁路；并以清偿铁路外债方式，收回了部分铁路的管理权。东北地方当局以官商合办方式，修建了大约 900 km 铁路，这些铁路多与日本满铁控制的铁路平行，以对抗日本的军事侵略和经济掠夺。

1938 年至 1945 年抗日战争期间，国民党军队节节败退，大批国土沦陷；国民党政府仅在西南、西北的大后方，修建了湘桂、黔桂、昆（明）曲（靖）、宝（鸡）天（水）、綦江（长江边的猫儿沱至綦江县石佛岗）以及滇缅（仅修通昆明至安宁的一段）铁路，总长度约 1 900 km。1945 年日本投降时，国民党统治区能够勉强通车的铁路仅有 1 600 多千米。

1946 年至 1949 年解放战争期间，基本没有修建铁路，全国除台湾省铁路 3 600 多千米（其中省营铁路 900 多千米，私营铁路 2 700 多千米，轨距为 1 067 mm、762 mm 和少量的 610 mm）外，大陆铁路名义上有 21 810 km（图 2.10）。解放军打到哪里，铁路就修复到哪里，在铁道兵和铁路工人的抢修下，勉强维持通车的铁路约 11 000 km。

六、旧中国铁路的特点

半殖民地半封建的旧中国，列强通过军事侵略和威胁利诱，将中国划分为各自的势力范围，攫取了铁路的建筑和经营权，或者通过借款，规定主要员司由外人充任，从而控制了铁路的管理权，铁路就成了帝国主义对中国进行政治、军事侵略和经济掠夺的工具。如：沙皇俄国为了向东扩张修建的中东铁路；日本为了侵占燕北、华北在东三省和热河修建的铁路；英、法、德、比等国为了瓜分中国，进行经济侵略，在华北、华东、华中和西南地区修建的铁路。铁路过处主权尽失，人民受奴役，资源被掠夺。

但是铁路作为一种先进的运输方式，特别是国人自建的铁路，在客观上还是对中国的经济发展，如煤炭开采、钢铁工业等起到了推动作用。同时也造就和锻炼了一支"特别能战斗"的铁路职工队伍，在"二七"大罢工、反帝爱国斗争、坚持抗日战争、支援解放战争中，中国铁路职工都作出了重大贡献。

1. 数量少，分布极其不均

旧中国的铁路多数受外人把持，少数为国人自建，大致可划分为 3 个阶段。

自 1881 年至 1911 年为清政府时期，共修建 9 100 km 铁路，其中关内各省约 5 700 多千米，东三省约 3 300 多千米。因为东北地区农林矿资源丰富，又有大连旅顺两个不冻港，是俄日两国半个多世纪以来妄图吞并的我国领土。它们采用中外合办、直接经营、投资控制、擅自修建等方式修建铁路，甚至反对我国自己投资修建铁路。欧美帝国主义各国采用炮舰政策，从沿海各省侵入内地。沿海各省土地肥沃，人口稠密，农产丰富，手工业和商业比较发达，华北煤矿多，英、德、法三国擅自划分势力范围，强索铁路修建权，美国虽未划分势力范围，但对掠夺我国路权也是积极参加者，比利时则依附俄、法两国势力也都积极争夺铁路权。

自 1912 年至 1927 年为北洋政府时期，共修建近 4 000 km 铁路，其中关内各省约 2 100 多千米，东三省约 1 700 多千米。

自 1928 年至 1949 年为国民党政府时期，共修建 13 000 多千米铁路，其中关内各省约 4 500 多千米，东三省（含热河省）约 7 600 km。

自 1881 年至 1949 年的 69 年间，共修建约 26 000 km 铁路，除少量拆除者外，还有约 22 700 km 铁路（含台湾省省营铁路 900 km），路网密度每 100 km^2 仅 0.236 km 铁路。

数量不多的 2 万多千米的铁路绝大部分分布在东北和中东部地区，广大的西南和西北地区仅有 6% 左右的铁路。因我国西北、西南两大地区面积辽阔，又是少数民族聚居的地区，交通最为不便，但历届政府都未能给予重视。除在清末法国帝国主义直接经营的滇越铁路 464 km 和在 20 世纪 20—30 年代云南商办个碧石铁路 175 km 外，在抗日战争期间修建的黔桂铁路的黔段约 200 km，云南叙昆和滇缅两路合计 215 km，四川綦江铁路 86 km，合计 1 140 km；在西北只有陇海铁路西段自潼关经西安、宝鸡至天水段以及咸阳至同官支线共长 513 km。两大地区合计 1 653 km，仅占全国修建的铁路 6% 而已。假如从满洲里经包头、天水到昆明画一条线，则此线西侧几乎没有铁路（仅有昆明到安宁一段 35 km 长的窄轨铁路）。因为帝国主义侵略多来自海上，列强划分的势力范围也在东部的富庶地区，铁路作为列强侵华的工具，就自沿海向内地延伸，一时还达不到西部边远地区。

旧中国铁路数量少，分布畸形，是帝国主义侵略中国的反映。此时美国、日本、欧洲各国都经历了铁路大发展的阶段，路网已经建成；而我国幅员辽阔、人口众多，铁路实在太少，布局又极不合理，它给新中国的铁路建设遗留下繁重而艰巨的任务。图 2.11 为 1949 年全国铁路示意。

2. 铁路资金和技术依赖国外

修建铁路包括路基、轨道、桥梁、隧道、站场、机车、客货车、机厂机器、电信信号等部分，需要大量资金和众多技术人才的集体劳动，才能形成客货运输能力。除路基土石方建筑费是在国内支用外，其余如钢轨、道岔、钢梁、机车、客货车、机厂机器、电信等，在新中国成立前的工业幼稚时代绝大部分都是需要用外汇向国外购置的。帝国主义各国互相争夺我国铁路权的主要目的之一就是争夺在我国的钢铁工业品市场。但在第一次世界大战以前，沙俄和日本没有钢铁工业品可以输出，而是以掠夺我东三省作为它们的殖民地为目的。

清政府和北洋政府对修建铁路所需的筹办、购地和路基工程各费也无力支付，都须向铁路贷款国借贷。国民党政府则依靠在它卵翼下的官僚资本，除承贷国内用款外，还向国外资本家承担国外购料款项的担保者，这样，才建成了几条干线铁路，如省营浙赣、国有粤汉株韶段、陇海东西两段等。

至 1935 年 6 月 30 日为止，关内国有钱路干支线 10 732 km 资金资产（即筑路成本）为 92 608 万元，平均每千米成本为 8.63 万元，而国内外债务则达 95 455 万元，平均每千米债务达 8.89 万元。

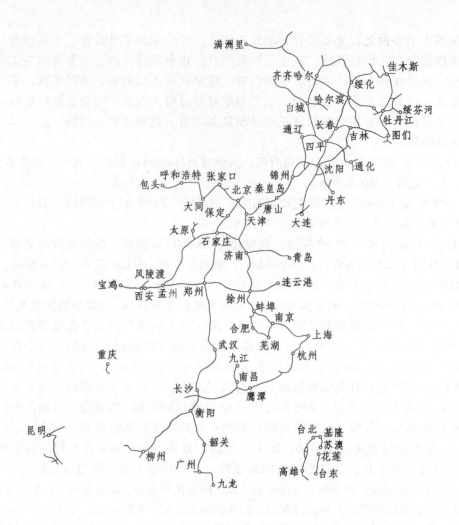

图 2.11　1949 年全国铁路示意

　　勘测设计、施工和选购材料是铁路建设的三大关键问题。帝国主义直接经营的铁路必须由各该国总工程师、工程师、监工等负责办理。各国贷款控制和贷款修建的国有铁路按照借款合同的规定，也必须由贷款国派来的总工程师负责设计、施工和选购材料，我国工程师只能担任次要工作。但在 20 世纪初商办铁路运动兴起时期，除国有京张铁路是从国有关内外铁路提拨营业余利作为工款，并选派詹天佑为会办（副局长）兼总工程师主持工程外，还有苏浙两省商办沪杭甬铁路、广东商办鲁粤铁路广韶段、美国华侨陈宜熙招募资自任总经理兼总工程师的广东新宁铁路等，都是由中国工程师修建的。当时其他各省商办铁路也是由中国工程师主持的。除少数留美生外，他们都是北洋武备学堂、山海关铁路学堂（即后来的唐山路矿学堂，现在的西南交通大学）、卢汉铁路学堂和南洋公学铁路班（即现在的上海交通大学）毕业生。这个时期的铁路系统由于清政府和北洋政府袁世凯强制执行干线铁路国有和抵借外债政策而未能修建起来。

　　到了 1925 年，东三省宣告自治，连接三省省会的省营铁路运动兴起。我国工程师们采用先通后备，并尽量利用东北盛产木材的特点修建木桥的筑路政策，建成沈海、吉海、大通、锦朝、呼海、齐克、兆索等 7 线共长 1 600 km。从 1929 年开始，浙江省杭江铁路（杭州至江西玉山县）也采用这种筑路政策，甚至采用每英码 35 英镑轻轨的标准轨距，1933 年 12 月建成，长 324 km，平均每千米的建筑成本仅为 3.5 万～4 万元，仅占国有铁路半数，同时又培养出大批新的工程人才。过去视修建铁路为畏途的人们纷纷起来兴建铁路了。例如抗日战争以前新建的浙赣路玉萍（乡）段和江南、淮南、同蒲三线以及抗战期间新建的湘桂、黔桂、叙昆、滇缅、綦江等线，都是仿照杭江方式修建的。

1936 年跨越湘粤两省南盼、工程艰巨的粤汉铁路株韶段也在我国著名的总工程师凌鸿勋的主持下建成了，完全改变了过去铁路建筑技术依赖外国的历史。

3. 标准低劣，设备简陋

旧中国的铁路分别为不同国家修建，如京奉线为英资，胶济线为德资，株（洲）韶（关）段为美资，中东铁路为俄资，陇海铁路为比（利时）资，英德合资建筑津浦铁路，法国修建昆（明）河（口）铁路、京汉铁路和正太铁路。各条铁路的标准和设备都由借债国根据本国情况决定，建筑标准既不相同，管理制度又不一致；高价卖给中国的设备，质量很差、陈旧落后，型号又是五花八门杂乱异常。当时关内铁路仅有机车 1 211 台，客车 2 046 辆，货车 16 223 辆；全路的钢轨型号有 130 多种，机车型号有 120 多种。如法国修筑的昆河线（原滇越的北段）采用了 1 000 mm 的轨距，使用的是钢枕，轨重仅 25 kg/m，有的曲线根本未设缓和曲线，线路迂回曲折，行车摇晃颠簸。有人形容这条铁路是："蛇形的路，船形的车，英雄的司机，不怕死的旅客。"

国民党政府时期修建的铁路多因工款拮据，或因筑路官吏中饱私囊，大小包工又偷工减料，使不少铁路质量低劣。如抗日战争中建成的宝天铁路沿渭河北岸修建，因考虑渭河修建水库不得不将线路抬高，铁路建筑在山坡上，因塌方滑坡等地质条件极差，建成运营后，经常断道停运。当时群众曾作打油诗评论，诗曰："宝天线瞎胡闹，不是塌方就是掉道，问站长何时通车？站长说'天知道'。"

4. 管理分散，运营落后

当时大多数铁路借外债兴建，要以路产和运营收入为担保，各条铁路都按借债国别分设路局，各线各局间不能过轨联运，不能形成四通八达的铁路运输系统。如当时北京地区就设有 3 个互不联系的客运站，前门老北京站为京奉铁路客站，其对面的前门西站为京汉铁路客站，西直门站为京绥铁路客站；3 条铁路自成体系，根本谈不上建成铁路枢纽，给客货联运造成了极大的不便，运输效率低下，运输费用增大。直到国民党统治的后期，这种状况才有所改变。

当时铁路的客货运量很少，运输效率又低，所以运输成本很高。1935 年每换算吨公里为 0.010 43 元，折合目前人民币在 0.3 元以上，当时运价也比目前高得多。1936 年货运运价每吨公里：一等为 0.02 银元，二等为 0.015 银元，三等为 0.01 银元。客运运价每人公里：头等为 0.06 银元，二等为 0.03 银元，三等为 0.015 银元。但是铁路的财务状况仍然不佳：如 1935 年关内国有铁路干支线 10 732 km 的固定资产为 92 608 万元，而国内外债务则达 95 455 万元，铁路全部资产还不够偿还债务；又如 1931 年平绥铁路的军运欠款占账面盈余的 241%，实际负债为账面盈余的 141%。

第三章　新中国铁路规划与建设

1949 年 10 月 1 日中华人民共和国的成立，推翻了压在中国人民头上的帝国主义、封建主义和官僚资本主义三座大山，解放了生产力，国民经济迅速发展，我国铁路建设事业蒸蒸日上，面貌日新月异。新中国成立以后，摆在全国人民面前的首要任务是：医治战争创伤，恢复和发展国民经济，巩固人民政权。铁路部门紧紧围绕这个中心继续抢修遭受战争破坏的铁路，建立了新型的管理体制和各项管理制度，制定了全路统一的规章办法，学习和推广苏联和我国中长铁路的运营管理经验，并且积极投入"抗美援朝、保家卫国"的斗争，恢复改造旧线，开始建设新线，推动了铁路运输和建设事业的发展，为恢复国民经济和提前完成第一个五年计划（以下简称"一五"）作出了重要贡献。

一、国民经济恢复与"一五"期间（1950—1957 年）

1949 年以后，铁路发展很快，成就巨大，但因先后两次遭受"左"的干扰，也走了一些弯路。1949—1957 年，我国铁路发展大致可以划分为 3 个阶段。

（一）解放战争中的铁路修复建设

解放军打到那里铁路就修复到那里，保证了大军进关、南下渡江和解放全中国的军事运输。1949 年 9 月 15 日，中共中央发出号召，要求全体铁路职工以及铁道兵团的指战员，全力争取于最短期间内，完成前方一切被破坏的铁路的修复工作，并进行后方铁路线上一切永久性的修复工作。铁道部于 10 月动员全路职工和铁道兵团指战员，全力以赴，加紧抢修尚未通车和新解放的铁路，支援解放战争。

1949 年，根据铁道部的部署，我国展开了大规模的铁路抢修工作。到年底，华北地区的京包、南北同蒲铁路（南同蒲为米轨），华东地区的淮南、浙赣、南浔铁路，中原地区横贯大陆东西的陇海线宝鸡以东的铁路，联结南北方的主要干线京汉、粤汉铁路，通向西南的湘桂铁路等，均相继修复通车。从 1948 年年底至 1949 年年底，累计抢修铁路 8 178 km，其中全部破坏加以修复或重建的有 3 328 km，破坏较轻加以整修的有 4 850 km；抢修桥梁 2 717 座、90 249 延长米，其中正式修复 1 365 座、46 724 延长米，临时修复 1 352 座、43 525 延长米；修复站线 828 km，给水塔 158 座，电线路 62 758 km。全国铁路通车里程达到 21 810 km，既有铁路基本修复通车。在抢修过程中，当地人民政府发动沿线群众献工、献料，收集和运送散落在各地的铁路器材，加速了抢修进度，有力地支援了解放战争，并为恢复国民经济创造了条件。

（二）经济恢复时期的铁路规划与建设（1950—1952 年）

1. 修缮和加固既有线路、桥梁、隧道和路基等铁路设施，保证正常通车

旧中国铁路的线路桥梁质量本来就很低劣，年久失修。战后为争取时间通车，差不多有一半的线、桥均为临时修复，因而在通车运营后，有的路基坍塌下沉、路堑边坡下滑、部分桥涵淤塞，时常中断行车，有的长期限速运行，大大影响通过能力。

1950 年 1 月，中央军委和铁道部在北京召开全国铁路工程计划联席会议。朱德到会作了重要讲话。会议确定了 1950 年永久性修复工程任务分配与施工计划，以大桥永久性修复工程为主，重点是京汉、粤汉铁路，其次是陇海等铁路干线。

京汉铁路永久性修复工程材料短缺，钢梁来源尤为紧张。施工时收集、挖掘散落在河床和埋没在树底的构件，拼装成 60 孔钢梁，占 6 座大桥所需的 2/3，保证了工程提前完成。

粤汉铁路从 1950 年 2 月至 1951 年夏，永久性修复的大桥有 13 座。

陇海铁路郑州至开封段，有 31 km 正线路基在 10 多年前黄河泛滥时多次被冲毁，临时便线绕行，正式修复时有的地段需高填路基达 5～6 m。洛阳至潼关段，有 14 座桥梁及 3 处高填路基的修复工程，1950 年 10 月前，这些工程全部竣工。宝鸡至天水段，病害十分严重，经常坍方断道，成为铁路上有名的"百肠"，修复工程于 1950 年 4 月开工，但常常整治了旧的病害，又发生新的病害处所，以至工期一再延长，直到"一五"期间才全部完工。

郑州黄河大桥（老桥），从 1950 年至 1952 年，先后 5 次进行加固，原来一列车要分割成 2 次过桥，需要 3 h，竣工后改用大型机车一次牵引整列通过大桥，运行时间缩短到 4 min，提高效率 36 倍。

2. 提高火车轮渡渡运能力

在旧中国长江上没有一座铁路桥梁。京广、京沪两大干线，依靠武汉和南京的专用轮渡渡运车辆过江，国民党溃退时又遭破坏。新中国铁路部门接管后，虽很快恢复了渡运作业，但能力极低，因而成为这两条干线运输能力的限制环节。

铁道部一开始就十分重视提高轮渡能力，武昌轮渡段和南京轮渡管理所的职工大力整修和改进栈桥，加强电力装备；同时同有关方面协作，千方百计打捞修复和新造渡轮，增加渡轮为双轮、三轮作业创造了条件。另外，他们大力加强管理，制定必要的规章制度和操作过程，提高职工思想和技术业务素质，组织劳动竞赛，在保证安全的基础上提高作业效率，增加渡运次数，不断提高轮渡的能力，多次受到铁道部表扬。

3. 开展社会主义劳动竞赛，提高运输能力

在旧社会被压迫、受剥削的铁路工人，在新社会当家做了主人，焕发出极大的劳动热情。为了缓解机车车辆不足的矛盾，人们掀起了以"满载、超轴、五百公里"（以下简称"满超五"）为中心的劳动竞赛，提高机车车辆的运用效率，保证了三年恢复期间和"一五"期间运输任务的完成。

1950 年，铁道部总结了东北铁路开展"铁牛号"机车带头兴起的"铁牛运动"的经验，6 月公布了《关于在北、南方建立模范机车队的办法》，号召普遍开展模范机车队的运动，从而掀起了以安全正点、多拉快跑为目标的竞赛热潮，机车牵引吨数和日车公里的纪录被不断刷新。1951 年，铁道部先后发布了《优胜循环红旗竞赛制度》和奖励办法，组织全路职工深入开展爱国主义生产竞赛。1952 年 5 月，铁道部领导机关联合发布《关于开展满载、超轴、五百公里运动的决定》。这个决定推动铁路运输各部门、各工种都投入到这个运动中来。许多先进经验都得到广泛推广，并有进一步发展。

1952 年和 1950 年相比，主要运输指标有了很大的提高，货物周转量提高 31.6%，货车全周转时间缩短为 2.9 d，货车日车运程提高到 436 km，货物列车牵引质量提高 20%，区段速度提高 25%。

4. 规划修建了三条新线

新中国规划修建的三条新线为：成渝铁路 505 km（1950-06—1952-07），湘桂铁路来（宾）睦（南关）段 417.4 km（1950-10—1953-03），天（水）兰（州）铁路 354.3 km（1950-04—1952-10），平均每千米造价仅 30 万元。同时兰（州）新（疆）、宝（鸡）成（都）、丰（台）沙（城）等铁路相继开工。

经过 3 年的修复和建设，至 1952 年年底，中国有营业铁路 22 876 km，铁路固定资产达 99 亿元。这一时期，国家用于铁路的投资总额为 11.34 亿元，占全国基本建设投资总额的 14.47%。这也是新中国成立后国家对铁路投资占全国基本建设总投资比重最大的一个时期。

（三）"一五"时期的铁路规划与建设——铁路发展的良好开端

我国国民经济发展第一个五年计划时期的铁路建设目标是：根据全国既有铁路少、标准低、分布不均的特点，大力推进边远地区和工矿企业及森林铁路建设，对各大干线抓紧进行技术改造和改建，加速铁路工业的配套建设，迅速提高运输能力，满足国民经济发展对铁路运输的需求。

"一五"时期，在党的正确领导下，党风和社会风气很好，职工忘我劳动；国家坚持计划筑路，注意综合平衡，量力而行，并集中财力、物力、人力打歼灭战，搞好重点建设；铁路修一条、通一条、用一条，及时发挥经济效益，建设速度快，造价低，成绩显著。

1. 继续开展社会主义劳动竞赛，不断提高运输能力

为使"满超五"运动健康发展，铁道部在多次邀请先进司机座谈总结经验的基础上，于 1954 年 6 月颁布了《关于继续开展满载、超轴、五百公里运动的技术组织措施要点》，提出"有条件、有准备、分线分段逐步推行、逐步提高……"的方针，要求在消灭欠轴、保证安全的基础上进行超轴，强调多超次数，稳超吨数。1955 年 11 月，铁道部指示各铁路局正确开展组织快速牵引超轴列车。1956 年 3 月，铁路系统召开全路先进生产者代表会议，总结交流经验，表彰先进。与会代表提出了在全路开展机车日产百万吨公里和推行记名式机车周转图的倡议，把竞赛目标统一到机车日产量这一综合指标上，并通过推行记名式机车周转图和综合技术作业图予以实现。这个倡议立即被铁道部领导机关批准实施，既丰富了"满超五"运动的内容，又提高了运动的组织性和科学性。到 4 月中旬，全路有 406 台机车完成日产百万吨公里的指标。

到 1956 年 3 月中旬，全路 90% 以上的司机突破了原定的列车重量标准。铁道部根据"毛泽东号"机车包乘组和其他先进生产者的建议，对全路各线货物列车重量标准进行调查研究与技术计算，确定沈山、京山、京汉、津浦、沪宁、哈大（上行）等六大干线，在保持现有区间运转时分不变的情况下，把货物列车重量标准由 2 250 t 提高到 2 400 t。同时确定，自 1956 年夏季运行图实行之日起，除上述六大干线再提高到 2 700 t 外，其他各线的牵引定数也要有相适应的提高。在经过长期实践验证和科学计算的基础上，铁道部于 1957 年 12 月制发了《中华人民共和国蒸汽机车牵引计算规程》，进一步将群众运动和科学管理紧密地结合起来。

运输部门的各工种在竞赛中也创造了优异成绩。如：货运工作者和装卸工人创造出 60 多种提高货车净载重的方法；调车工人发展了"李锡奎调车法"，创造了惰力多组溜放的方法；车辆、工务、电务工人在缩短列车技检时间、提高线路允许速度、增加信号显示距离、保证通信畅通等方面取得了明显的成果。客货运职工，在整顿站车秩序、提高服务质量方面，也有很大进步。

在此期间，铁路工人克服重重困难，修复了遭受战争破坏的铁路，修建了一批新线，更新

改造了各项运输设备，增强了运输能力。同时，以"满超五"运动为中心的生产劳动竞赛，充分调动了广大铁路职工的积极性和首创精神，挖掘了铁路运输的潜力。于1957年1月末，铁路系统提前完成了"一五"计划规定的运输任务。1957年铁路运输完成换算周转量1 707亿换算吨公里，比1949年增长4.4倍；同期货车净载重完成34.7 t，增长30.5%；货车周转时间完成2.84 d，提高效率35.3%；准轨货物列车平均牵引总重完成1 520 t，增长40%；准轨货物列车密度达到16.4列/d，增长221.6%；客货列车正点率均在90%以上。

1949年至1957年，铁路运量增长指数高于工农业总产值增长指数（表3.1）。铁路运量占国民经济总运量的比重居各种运输方式之首（表3.2）。铁路主要物资的运量占其产量的比重，大多数高达50%（表3.3）。铁路运量密度增长率高于世界各主要国家铁路（表3.4）。这些充分表明了社会主义的中国铁路在国民经济的恢复和发展中所具有的重要地位和作用。

表3.1　铁路运量和工农业总产值完成情况（1949—1957年）

年　度	工农业总产值		货 运 量		客 运 量		货物周转量	
	亿元	指数	万吨	指数	万人	指数	亿换算吨公里	指数
1949	412	100	5 589	100	10 297	100	314	100
1950	508	123.3	9 983	178.6	15 691	152.8	606	193
1952	731	177.4	13 217	236.5	16 352	159.2	802	255.4
1957	1 227	297.8	27 421	490.3	31 262	303.6	1 707	543.6

表3.2　铁路运量占国民经济总运量的比重（%）

年　度	旅客周转量				货物周转量		
	铁路	公路	水运	民航	铁路	公路	水运
1952	81.3	9.2	9.4	0.1	87.5	1.2	11.3
1957	73	17.8	9.0	0.2	81.5	2.4	16.1

表3.3　铁路货运量的产运系数（%）

年　度	原煤	原油	钢铁	铁矿石	原木	原盐	粮食	水泥	化肥
1952	69.4	261.4	341.5	87.2	92.9	41.0	9.2	78.0	182.3
1957	75.3	271.9	207.3	52.9	68.4	43.8	9.2	89.9	168.6

表3.4　中国铁路运输密度增长率与世界铁路比较　单位：百万吨公里/km

年　度	中国	苏联	美国一级铁路	日本国营铁路	德国	英国	法国
1950	2.74	6.0	2.88	5.18	2.41	2.19	1.66
1957	6.39	11.28	2.71	7.38	3.30	2.30	2.26
增长度/%	133.2	88.0	−6.00	42.5	36.9	5.00	36.1

2. 铁路旧线加强和改建成果显著

当时，提升铁路运输能力的重点是继续修复和改建旧铁路，以提高列车牵引质量和行车速度。一是对已修复的铁路进行进一步治理和改建，重点对一些标准过低、设备杂乱、病害多的单线铁路进行强化改造，以迅速提高运输能力；二是对繁忙干线进行修复和增建第二线；三是重视枢纽和站场建设，使运输设备布局合理，发挥最大效益；四是对通信信号设备进行更新和改造，使用电气路签作为区间闭塞的主要设备，建立以铁道部为中心的全国铁路通信网，健全各级调度电话系统。通过对既有线改建，六大干线（京山、沈山、京汉、津浦、沪宁、哈大）的货物列车牵引质量提高到 2 500～2 700 t，全路有 7 000 km 线路最高行车速度达到 80 km/h。此外，全路还开展了"机车日产百万吨公里"和"满载、超轴、五百公里"运动，取得了很好效益。

"一五"初期，我国曾主张基本建设第一，把新建铁路放在首位，但由于运量增长迅速，既有铁路运输能力渐渐不能适应，局部地区发生了线路和站场堵塞，从而修改了原主张，提出了《关于铁路技术改造问题的意见》。该意见确定"一五"时期铁路建设的指导思想是：要在一个相当长的时期内，逐步对既有铁路进行技术改造；同时，逐步扩大铁路运输网，继续改善铁路的经营管理，并相应地培养铁路建设人才。

技术改造的总目标是通过提高列车重量、密度、速度，提高通过能力，包括单线技术改造、修复（部分新建）第一线、通信信号更新改造、枢纽改造和加强、新建武汉长江大桥和潼关黄河便桥等。

1）单线技术改造

在限制能力的区间，根据具体情况，采用增加会让站或延长股道、落坡改线、扩展最小曲线半径等措施进行单线技术改造。在此期间，单线局部改造的铁路有宝天、石太（阳泉—太原）、北同蒲（朔县—皇后园）、京包（康庄—狼山）、沪宁（龙潭—甘家巷）、沈吉（石门山—南杂木）；单线修复结合改造的有锦承（金岭寺—承德、叶柏寿—赤峰）、黔桂（金城江—部匀）、昆河米轨（碧色寨—河口）。南同蒲的米轨铁路，于 1956 年 1 月，全线按标准轨距拨宽，接着按 I 级铁路标准进行改造，1957 年 9 月竣工通车后，列车重量提高 2.5 倍，行车速度提高 66%。

2）恢复（部分新建）第二线，结合进行技术改造

首先对限制区间进行改造，增设第二线。沈山（沈阳—山海关）铁路恢复新民至山海关第二线时，将 7 处限坡为 6‰～12‰ 的区间落坡至 4‰；同时改建进站咽喉、延长站线，使京沈全线提高和统一了牵引定数。哈绥佳铁路哈尔滨至南岔段，对困难区间修建双线插入段 13 处，铺轨 60 km，占该段全长 354 km 的 17%，使用了 6 年，推迟了全段一次修建第二线的时间，避免了过早投资，又满足了运输需要。但是，这个成功经验没有得到应有的重视，长时间得不到推广。京汉铁路修建第二线时，对李家寨至孝子店间 17‰ 的高坡地段，先进行落坡改造，利用原陡坡为下坡线，另修建限坡为 6‰、双机坡 12‰ 的第二线，提前施工交付使用，牵引定数提高 34%。此外，沈阳近郊第二线、天津北—万新第二线、东便门—丰台第二线的修建，也是为了增加出入通道，疏解沈阳、天津、北京枢纽能力的紧张状况。"一五"时期，先后分段开工的第一线工程还有哈大、京包、石太、京汉、粤汉、陇海、津浦、沪宁等铁路，部分完工投入运

用，大部分未完工程转入"二五"时期。1957年全路双线铁路达2 203 km，占当年行业铁路总长的8.2%，虽比1949年提高了4.2个百分点，但总的比重还是偏低。

在改造既有铁路的同时，铁道部门大力加强了对既有铁路的维修，从1953年到1957年：线路大修及换新轨4 920.8 km，年均984.2 km；中修12 233.1 km，年均2 446.6 km。

3）通信信号设备更新改造

旧中国铁路通信信号设备陈旧落后，战争期间又遭到严重破坏，战后，铁路部门千方百计收集器材，修复使用。到1952年，通信方面，初步建立起铁路专用通信网的框架；信号方面，发展电气路签为区间闭塞的主型设备。"一五"时期，通过引进苏联及东欧社会主义国家的设备、器材和技术经验，建立起我国铁路的通信信号工业基础，加速了更新改造的步伐。1954年，我国首次在京山铁路张贵庄至新河间修建了自行设计制造的架空线式的自动闭塞，全长28 km。随后，京沈铁路全线分段安装了自制的或引进的自动闭塞，使这条重要干线的平行通过能力由原来的36对提高到144对，增长了3倍多。1952年，衡阳站首次装设自行设计的进路式继电电气集中联锁。1957年，全路已拥有自动交换机22 648门，比1952年增长近1倍，占交换电话装机容量的44.4%；电气路签（牌）安装了20 467 km，比1952年增加62%，占营业里程的76%；自动闭塞达到641 km，半自动闭塞达到167 km。虽然技术水平和装备率还不高，但已有了良好的开端。

4）枢纽改造和加强

由于旧中国铁路分线设局，管理上各自为政，在同一枢纽内，各自设置营业站和编组站，因此能力小，设备简陋，布局极不合理。新中国统一管理全国铁路后，重新调整了枢纽内车站的分工和编组站的41局，并适当进行改扩建或移地新建，使枢纽（编组站）能力尽可能和区段能力相匹配。"一五"期间，进行改造和加强的枢纽主要有：哈尔滨、沈阳、锦州、天津、徐州、北京、石家庄、郑州、武汉、大同、包头、太原、西安、成都。其中，北京、郑州两个重点编组站，分别在丰台西和郑州北选场新建，按双向三级机械化驼峰设计，分期建设。第一期工程，先在下行场的位置上建成横列式编组场过渡，并分别于1956年竣工交付使用，后期工程继续施工。事实证明，这两个编组站从场地选择、规模确定到分期施工，都符合车流的规律。但是，在京沈铁路线上，天津枢纽编组站设址于南仓，山海关编组站易地新建，且均按双向二级场设计（预留二级），推迟了沈阳西（裕国）和北塘（塘沽港）编组站的建设，从而产生重复作业和折角车流，则是对车流规律考虑不足，这是全路编组站合理布局值得注意的一个重大课题。

武汉长江大桥于1955年9月正式开工，1957年10月建成通车，比批准的竣工期限提前15个月完成。大桥通车后，不仅使南北铁路直接衔接，通过运量比轮渡增加十多倍，节省了客货渡江的时间，而且使汉口、汉阳、武昌三镇形成一个互相联结的完整的铁路枢纽，为方便市民生活、建成武汉工业基地创造了有利条件。

潼关黄河便桥于1957年7月动工，同年12月建成通车，成为联结南同蒲与陇海铁路的一条新的联络通道，并为支援三门峡水库建设提供了运输条件。

3. 新建铁路进展迅速

为改变中国铁路少而偏的状况，适应中国国民经济发展的需要，在财政经济还很困难的情况下，政务院决定拨出巨款，修建西南、西北铁路。

从 1950 年开始，先后开工新建成都—重庆、天水—兰州、来宾—睦南关（今友谊关）铁路，1952 年先后完成铺轨任务。1952 年后，我国投入了更多的资金修建铁路干线和支线。

"一五"期间续建和新建的铁路分为两部分。续建是指继续建成三年经济恢复时期开工修建的铁路，如：成渝铁路，1953 年收尾，7 月交付运营；湘桂铁路来睦段，1953 年 3 月正式交付运营。这是新中国首次完全依靠自己的力量和器材建成的两条铁路，工期短、造价低（平均每千米造价只有 32.7 万元和 14.7 万元），为自力更生、艰苦奋斗、勤俭建国树立了典范。其他续建工程还有沟通西北的天兰铁路、进川的宝成铁路和加强华北通道的丰沙铁路等。

新建是指"一五"期间开工修建的铁路，包括：一是东部和南部地区的蓝烟（蓝村—烟台）、鹰厦（鹰潭—厦门）铁路和西北地区的包兰（包头—兰州）、集二（集宁—二连浩特）铁路；二是东北地区增建牙林（库图尔—大兴安岭腹地）、汤林（伊春—小兴安岭林区）、长林（太阳岔—长白山林区）等森林铁路；三是关内［河唇至茂名、西安至鄠县（今西安市鄠邑区）］铁路和或石拐子、平顶山、白云鄂博铁路支线等。

"一五"期间完成并正式验收交付运营的共有干线 10 条，其中：西南、西北地区的有宝鸡—成都、成都—重庆、天水—兰州、兰州—武威四条铁路，铁路网向内地延伸了 1 600 多千米；通向国境的有来宾—睦南关、集宁—二连浩特两条铁路，分别与越南、蒙古人民共和国的铁路联轨；通往沿海港口地区的有黎塘—湛江、蓝村—烟台、鹰潭—厦门三条铁路；还有解决京包铁路关沟高坡区段通过能力不足的困难而修建的丰台—沙城铁路；为发展煤炭工业和森林工业等修建的支线共有 12 条。

从新中国成立到"一五"结束，铁路经过修复改造，建设成绩显著，效率高，效益好。通过"一五"时期的建设，铁路面貌焕然一新，支离破碎的铁路网连成了一个整体。截至 1957 年年底，"一五"时期安排的新建铁路项目全部得以落实。计划安排在建干、支线铁路（包括地方铁路）4 879 km，其中 92.4% 在计划期内完成交付运营，平均每年修建 900 km。共有 10 条干线验交投产，除成渝、来睦、天兰三条干线外，尚有以下 7 条干线：丰（台）沙（城）100.6 km、集（宁）二（连）335.8 km、黎（塘）湛（江）315.6 km、兰（州西）武（威）297.9 km、蓝（村）烟（台）183.7 km、宝（鸡）成（都）668.2 km、鹰（潭）厦（门）697.7 km。10 条干线总长达 3 876 km。其他还建有汤林、牙林、长林森林线等支线十多条，总长度约 631 km，干支线合计 4 507 km。对旧线进行了改造，修复和新建第二线 1 337 km，新建自动闭塞 302 km，加强和改造铁路枢纽 14 个，新建干支线 4 879 km。新建铁路 92.4% 交付运营，1957 年全国铁路营业里程为 26 708 km，比 1949 年增加 4 890 km，增长 22.5%。其中双线铁路达到 2 203 km，双线率增加到 8.2%。西南、西北两大区铁路占全国铁路营业里程的比重从 1952 年的 5.5% 提高到 11.1%。

此外还新建铁路跨长江和黄河的大桥，最突出的是建成了潼关黄河大桥。武汉长江大桥仅用了 2 年时间，为公铁两用，总长 1 670 m，采用管柱钻孔基础，达到了世界先进水平，而造价仅 1.377 亿元。

新中国把发展铁路放在优先的地位，投入铁路基本建设的资金占全国基本建设投资的比重，恢复时期为 14.47%，"一五"时期为 11.44%（国家预算内投资 62.89 亿元，国家预算外投资 1.13 亿元）。铁路各项建设占铁路投资总额的比重：恢复时期，新线建设为 38.0%，营业铁路建设为 30.1%，机车车辆购置为 27.3%；"一五"时期分别为 47.8%、24.8%、20.6%。总的来说，这两个时期铁路基建投资占全国基建投资的比重较高和铁路投资的一半用于加强和改造既有铁路，在当时的形势下，显然是正确和必要的。

4. 铁路工业配套发展

铁路工业包括铁路机车车辆、通信信号设备和建筑材料生产工厂等。新中国成立后，对原有工厂进行了调整、改造和扩建，增建了一批新厂。

新中国成立后，全国铁路机车车辆的数量、质量和品种也发生了很大的变化。通过发动群众大搞"死机复活""死车复活"，当时我国共修好机车 689 台、客车 892 辆、货车 6 977 辆；同时，新造蒸汽机车 531 台、客车 1 984 辆、货车 40 780 辆。除去一批严重破损、不堪使用的报废机车车辆后，1957 年的实际保有量：机车 4 251 台，比 1949 年增加 182 台，增长 4.5%；客车 8 566 辆，增加 4 579 辆，增长 114.8%；货车 90 249 辆，增加 43 763 辆，增长 94.1%。

新中国成立后还成批生产"人民""胜利"型客运机车和"解放""建设""和平"型货运机车，并大量制造 50 t、60 t 大型货车和 21 型、22 型客车。图 3.1 为 1952 年我国研制的第一台解放型蒸汽机车，图 3.2 为 1953 年生产的 21 型客车。

图 3.1　1952 年研制的第一台解放型蒸汽机车

图 3.2　1953 年生产的第一代 21 型客车

二、"二五"铁路超常规发展和调整期铁路建设
（1958—1965 年）

从 1958 年至 1965 年，我国处于第二个五年计划和三年调整时期。"大跃进"是中国进入"二五"时期，对社会主义建设规模和速度进行的一次探索。铁路运输业全力以赴投入了这场"以

钢为纲，全面跃进"的"大跃进"运动，铁路建设经历了曲折发展的过程。"大跃进"时期未执行第二个五年计划。

在这个阶段，铁路基本建设特别是新线建设超常规发展，失误不少，造成了严重后果。根据"大跃进"估算的运量安排的铁路建设计划，受"浮夸风"的影响，脱离了实际需要与可能，提出要超英赶美。全党全民大办铁路，大量民工上路。1958 年开工新线 70 多条，修建任务达一万多千米，超出了国家财力、物力、人力的负担限度。

这一时期对设计线估算的年货运量一般都不切合实际，估算的年货运量增加过快、数量过大，动辄一两千吨。设计标准也大大提高，"主要干线按复线设计"，最大坡度压低，加之设计力量跟不上，不少干线搞现场设计，一次定测，降低了质量，造成了浪费。而且铁路投资偏重于新线建设和旧线加强，机车车辆的制造大大落后，线路的经常维修和大中修也跟不上，铁路内部工作失调，造成被动。

本时期的前几年投资分散，上马的项目虽然很多，但工程设备不配套，不能通车运营，不能及时发挥投资效益。1960 年以后，铁路建设开始调整，有的停建，有的配套通车，到 1964 年前后扭转了被动局面，走上正轨。

（一）"大跃进"在铁路的兴起

1958 年 3 月 20 日，铁道部有关负责人在中共中央政治局成都扩大会议上提出，根据工农业生产建设"大跃进"的速度，计划在"二五"时期修建新线 2 万千米，"三五""四五"时期各修建 3 万千米，15 年内共修建新线 8 万千米，从而揭开了铁路"大跃进"的序幕。随后，根据中共中央成都会议以后各省、各部门的"大跃进"规划，估计 1959 年铁路货运量将达 8 亿吨，15 年后，1972 年将达 30 亿吨，比 1957 年实际将分别增长 192% 和 994%。相应要在 15 年内修建铁路 12 万千米，机车车辆生产要翻几番。新线建设计划指标从最初提出"二五"时期铺轨 7 000 ~ 8 200 km，经过一再加码，增加到 2 万、3 万直到 7 万千米。这显然是不可能实现的高指标。进入 1958 年，在"以钢为纲，全面跃进"，保"钢铁元帅升帐"，高指标、大计划的形势下，本来已经紧张的运输能力更加紧张，特别是机车、货车不足的矛盾十分突出，连续几个月没有完成运输任务。9 月 16 日，铁道部公开电话会议传达国务院指示，号召全路职工要积极完成运输任务，自即日起每天装车由 2.9 万车增加到 3.2 万车，10 月起每天要装 3.5 万车，全力以赴扭转运输紧张局面。9 月 25 日，召开全路领导干部会议，号召全路进一步贯彻总路线，把铁路运输效率翻一番。10 月 6 日，铁道部颁布《今年明春工作纲要草案》，提出要压缩货车周转时间、货物作业停留时间和货车中转时间，全路要做到"2（天）—6（小时）—2（小时）"，铁路做到"1—5—1"，车站做到"0—5—0"；要提高机车牵引定数和行驶速度，主要线路机车牵引吨数应提高到 3 500 t，货物列车行驶速度应提高到 70 ~ 80 km/h；要提高车辆载重量，按不同车种，分别比标记载重量提高 10%、20% 到 30%。为解决敞车不足的问题，保证装运煤炭，决定将平板车加侧、木质棚车揭盖使用等。11 月 10 日，又召开全路广播大会，动员全路职工在本月中旬放射日装 3.5 万车的高产"卫星"，各项指标提高 10%。

1958 年完成铁路货运量 38 109 万吨，比 1957 年增长了 39%，保证了煤炭、冶炼等主要物资的运输。新线铺轨 3 500 km，新造机车 342 台，都比 1957 年增长 1 倍以上；新造货车 11 344辆，比 1957 年增长 51%。但如此高的发展速度，仍未能缓解铁路运输能力紧张状况。

1959 年，国民经济计划确定年产钢 1 800 万吨，比上年增加 64%，五六月间，中共中央决定将钢产量指标降为 1 300 万吨，九十月又调整为 1 200 万吨，作为必保的政治任务。铁路为保钢，确定以"煤运为纲，全面安排"的运输方针。这一年，铁路系统多次召开全路领导干部会议、电话会议、紧急电话会议、广播大会，甚至一天召开 8 次电话会议，反复号召全路职工继续鼓干劲，掀起增产节约新高潮，千方百计保证完成任务。全年货运量完成 54 410 万吨，超额完成了年计划，比上年增长 43%，保证了钢产量完成 1 387 万吨的有关物资运输任务。

1960 年，全国要求实现比上年更大的跃进，确定钢产量计划指标为 1 840 万吨。铁道部在年初即提出全党全民全路动员，大搞群众运动，大搞协作，战胜严寒，夺取运输生产双丰收，安全效率双丰收，做到开门红、月月红、满堂红。经过努力，全年货运量完成 67 219 万吨，比上年增长 23.5%。

为发挥中央与地方两个积极性，1958 年 6 月，经中共中央批准调整了铁路领导体制和组织机构。其中影响较大的有：铁路管理局、工程局、工厂实行铁道部与地方双重领导；铁路管理局与工程局合并，称铁路局（工管合一）；一省设立一个铁路局，在原有 17 个铁路局的基础上，增加 12 个铁路局；撤销铁路分局，改为铁路局办事处；车站调车机和列检归车站统一领导等。这些决定，实际上改变了铁路的中央集中统一的领导体制，也削弱了全路运输组织和行车统一调度指挥的体制，不利于全程全网统一调整车流，影响运输畅通。于是，又成立了地区性的"运输指挥部"进行协调，依靠地方，动员全党全民大办铁路运输，修筑铁路，动辄动员几万甚至几十万军民搞装卸、修铁路、搞协作。在一年多的时间里，铁道部与兄弟部以及地方联合召开的现场经验总结推广会议有十几个，其中确有成功的经验，如"一条龙"运输，路港、路矿大协作，开展技术革新和技术革命，修建简易装卸设备等，对于振奋艰苦奋斗的精神、发扬社会主义协作的风格、发展运输生产力起了积极的作用。但却滋长了不良的思想倾向，忽视了科学管理和经济效益。

1958 年 5 月在"破除清规戒律"的口号下，铁道部明令进行规章制度改革，先后三批废止了 1 196 项，下放后形成自流的 1 013 项，合计 2 209 项。机务部门原有规章制度 167 项，废止了 75 项，下放自流 74 项，只剩下 18 项。鞍山车站为与鞍钢运输部门实行"十大统一"的共产主义大协作，先后取消了许多对铁路运输安全、质量、效率行之有效的规章制度。当时，凡是带有约束性、强制性的，都被看成是妨碍"大跃进"的不合理规章制度，而被废止或下放，如基本建设承发包制废止了，计划审批权下放了，工程验收、产品验收权力下放了，设备修程简化了，安全操作规程有名无实等等。无章可循、有章不循的现象十分严重。

3 年"大跃进"，铁路付出了高昂的代价，损失是巨大的，然而全路职工建设社会主义的热情焕发，艰苦奋斗，还是取得了相当的成绩，主要表现在以下几个方面。

1. 明确了铁路运输发展的方针政策

铁道部在制定"二五"规划的过程中，提出关于铁路发展技术设备类型的意见：原则上是学习苏联，列车重量要大、行车速度和行车密度要大，采用重型钢轨、调度集中、自动闭塞等装置。

世界各国铁路，一般都根据自己的国情、路情，采取一定的发展模式。如：美国属以重载单元列车为主的"大重量、低密度、中速度"的模式；英、法、日等国属"小重量、高密度、高速度（客）"的模式；苏联客货运量增长快，运输能力紧张，采取"重载列车、高密度、中速度"的模式。中国铁路运量构成和发展情况与苏联相近，客货运输都很紧张，客货列车共线运行，运量与运能的矛盾日趋尖锐，因而汲取"一五"开展"满超五"运动的经验，提出将列车重量、行车密度和速度相结合发展的模式，符合中国的国情和路情，是一个重大的突破，对以后的发展具有重要的意义。"大跃进"3年，我国铁路致力于发展双线，发展大功率机车和大吨位货车，使列车重量和列车密度都得到了很大的提高。1960年比1957年，准轨货物列车平均总重增加362 t，增长28.8%。每千米货物列车密度增加4列，增长24.4%。从而提高了铁路运输能力。

"大跃进"时期，充分肯定了从实践中总结出来的"一卸、二排、三装""以煤运为纲，全面安排""保证重点、照顾一般"的运输方针。在这个基础上，太原铁路局从加强货流、车流组织入手，首创"管内货物（煤炭）拉运方案"，各铁路局在推广过程中经过不断完善，形成以货运工作方案、列车工作方案和机车工作方案为主要内容的"运输综合作业方案"，将铁路运输工作各个环节与社会生产流通渠道紧密结合，达到加速车辆周转和货物运送的目的，铁道部决定在全路推广并作为一种固定制度推行。同时，发展了路矿、路厂、路林、路港大协作，进而形成铁路、煤矿、港口、船舶、收货单位相结合的"一条龙"运输组织方法，体现和发挥了社会主义制度的优越性。

"大跃进"期间，铁路部门还广泛推行"捎脚运输"。它是西安铁路同渭南车站创造的经验，即利用回空货车或没有装满的货车装运同一到站的货物，从而加快了货物运输、方便了货主、节省了车辆。

1960年，铁路客运量完成61 822万人，比1957年增长97.7%；同期，货运量完成67 219万吨，增长145%。客货周转量完成3 441亿换算吨公里，增长101.5%。

2. 大力发展了铁路运输技术装备

1960年年末，全路营业里程达33 890 km，比1957年的26 708 km增长26.9%。全国除西藏外，各省、市、自治区都已有了铁路。西北、西南地区营业线路占全国的比重由11%提高到19.4%。在中国的长江、黄河、赣江、珠江等江河上都架起了铁路大桥，还新建成芜湖—裕溪口长江轮渡。双线里程达5 382 km，比1957年的2 203 km增长了144.3%，双线里程占营业里程的比重由8.2%提高到15.9%。修建自动闭塞1 132 km、半自动闭塞4 899 km。新建和扩建编组站18个。

"大跃进"3年，共新造机车1 678台、货车57 097辆、客车2 210辆，都超过了过去8年的总和。在此期间还从苏联购进"ФД"型大型蒸汽机车1 050台，从法国购进"6Y₂"型电力机车25台。1960年年末，全路拥有机车6 053台，比1957年的4 251台增长42%；货车136 379辆，比1957年的90 249辆增长51%；客车9 718辆，比1957年的8 566辆增长13.4%。

通过开展群众性的技术革新和技术革命活动，在调车、行车、装卸和设备维修作业方面，铁路职工创制了一批简单实用的机械化、半机械化设备。1958年6月，丰台站职工和下放干部结合，自力更生修建了"土驼峰"，将平面调车改变为溜放调车，效率提高30%以上，经过总结、提高、定型，在全路修建了约150处。上海铁路局研究改进的路签（牌）自动接收机在全路普遍推广，提高了列车进站速度，消除了掉签（牌）、漏签（牌）的事故，减少了人身伤害事故。全路装卸工人积极投入装卸机械化、半机械化、滑溜化的技术改革活动，在大批量装卸煤炭、沙石的场地，修起高站台、低货位，大大提高了装卸效率，减轻了劳动强度。

3. 提高了铁路科学技术水平

在工程实践中，我国攻克了修建大桥、长隧、特殊路基、大型建筑的难关，提高了设计和施工水平；在沙漠、高寒、软土、盐湖、填海等自然环境特殊地带的筑路工程都取得突破，积累了经验。中国第一条电气化铁路——宝鸡至凤州段于1958年动工兴建，1961年8月建成通车。中国第一个二级四场机械化驼峰编组站——苏家屯站，于1959年12月建成。中国第一个大客运站——北京站，总面积87 833 m²，于1959年1月动工，只用了10多个月就建成投入使用。

1956年铁道部制定的《铁路十二年科技发展规划》提出"技术政策的中心环节是牵引动力的改造，要迅速地有步骤地由蒸汽机车转到电力机车和内燃机车上去"，经过几年的研究设计，终于在"大跃进"中起步。1958年9月，中国铁路第一台双节4 000马力（约2 940 kW）电传动"巨龙型"（后经改进设计定为"东风型"）内燃机车，在大连机车车辆工厂制成；同年12月，第一台25 kV单相交流50周、引燃管整流"6Y$_1$型"（后改为"韶山型"）干线电力机车，在田心机车车辆工厂和湘潭电机厂等单位协作下制成；戚墅堰、四方、长辛店等机车车辆工厂也试制成几种不同型号的内燃机车。

这个时期生产的客货车和钢轨均向重型、新结构方面发展，客车新推出RZ$_{22}$型，货车新推出C$_{60}$、P$_{18}$等60 t大型车以及装运长大货物、散装货物的特种车。

1960年年末，我国43 kg/m以上的钢轨比重达62%，比1957年增加19.4个百分点。

这个时期我国通信信号技术水平也前进了一步。宝凤电气化铁路第一次敷设高屏蔽对称电缆。铁路生产的电子管3路、12路载波机逐步代替日式旧载波机。北京新客站首次采用国产1000门步进制交换机。1960年铁道部规定：今后铁路新建和扩建地区交换机时，以自动交换机为主。区间闭塞设备，单线从电气路签（牌）向半自动闭塞发展。大站继电集中有了新的发展，北京新客站安装了铁路自行生产的大插入继电器的组合式电气集中，并先后在锦州、古冶、大同等站安装了不同型号的大站继电集中。

这一时期铁路投资较多，共计140多亿元，且大量民工参加铁路建设，干部群众干劲很大，不计报酬日夜奋战，所以建设成就仍然可观。

新建铁路在西北地区有兰新（武威至乌鲁木齐）1 591.5 km、包（头）兰（州）989.8 km、干（塘）武（威）181.5 km、兰（州河口南）青（西宁）177.0 km、青藏（西宁至克土段）119.5 km，西南地区有黔桂（都匀至贵阳）132 km、内昆（内江至宜宾）138.8 km、川黔（小南海至贵阳）421.8 km，东部地区有外（洋）福（州）190.6 km、萧穿（萧山至柴桥）147 km，华北地区有京承（怀柔至上板城）167.4 km、太焦（焦作至五阳）184.3 km等干线，共计4 877 km。另外还有支线60多条，共计2 687 km。干线支线共计7 564 km，平均每千米造价约50万元。

修建第二线都是根据运输需要在繁忙干线上逐段延伸的。此阶段我国建成的有京广线丰台武昌段1 169 km，陇海线郑州临潼段443.6 km；其他津浦、沪宁、京包、石太以及东北地区的滨绥、滨州等线都部分修建了第二线。总共建成第二线3 393 km。

进行电气化改造的仅宝成线宝鸡凤州段92.9 km。

（二）浮夸风在铁路的泛滥及其后果

在"大跃进"中，铁路运输、工业、基建都有了很大发展，但在高指标、大计划、浮夸风的影响下，也付出很大代价，带来了一些严重的后果。

1. 实事求是的作风受到削弱

在"大跃进"中，铁路系统经过多年实践努力树立起来的好思想、好作风，如安全意识、质量意识、责任感、全局观点、组织纪律性、扎扎实实的工作作风等，受到极大的削弱，出现了违章作业、冒险蛮干的现象。信任交接、政治验收代替了交接制、验收制；组织纪律、计划纪律、调度纪律、运输纪律松弛了；脱离实际的豪言壮语，代替了实事求是、扎实工作的思想作风。1958年七八月间，全路机务会议代表向铁道部报捷说：机务部门职工在党和铁道部领导下，政治挂帅，依靠群众，解放思想，破除迷信，树立敢想、敢说、敢干的共产主义风格，各方面的工作都跃进了一大步。机车日产量超过某国蒸汽机车11倍，列车平均牵引总重已经远远超过某国（均为欧洲小型货车、低重量、高速度模式的铁路），机车检修率打破世界纪录；全路车辆会议提出铁路车辆部门要既能修车，又能造车，既能制造机器，又能炼钢铁，同时要发展各种必要的小型工具，车辆段要变成万能的工厂；整个运输部门则热衷于连续放装车高产"卫星"；还有大炼钢铁，大搞超声波化，人人上阵，捷报频传。这种夸夸其谈、不切实际的浮夸风，严重挫伤了群众的社会主义积极性，引起思想上、工作上的混乱。

2. 运输设备严重失修

"大跃进"期间，铁路运输由于片面追求装得多、拉得多、跑得快，结果在设备运用、维修方面造成严重后果。例如货车运用，明文规定可超载10%～30%，而个别重质货物超载达1倍以上，1960年货车载重量利用率高达103.3%，结构薄弱的货车普遍发生车梁下弯、车帮胀裂。货车在使用中不加爱护，乱砸乱撞，把车门卸下当跳板，用后又随便弃置，轴箱盖、闸瓦托大量丢失，车辆维修也放"卫星"，实际上简化了修程，有的段修车打上定检标志就放行，有的列检只检不修，甚至不检不修。从统计数字上看，货车检修率急剧下降。实际上，应修不修，货车质量逐年下降，许多已不堪使用，一时无力修复被迫封存的共达2.4万辆，在运用中的货车还有1万多辆勉强凑合使用。机车普遍超轴，主要干线牵引定数从2 700 t提高到3 600 t；还将锅炉定压提高1 kg，出现"白水表"（锅炉缺水）行车，出现了锅炉钣开裂、凹凸、烟管漏泄、螺撑折损等现象；片面延长定检公里，压缩检修率，造成不能使用而封存的机车近1 000台。线路、桥隧、通信信号失修情况也极为严重。

3. 事故大幅度增加，列车正点率下降

"大跃进"3年，铁路超负荷运转，货运量增长1.45倍，而行车事故增长了2.23倍，其中，重大、大事故增长2.05倍，行车事故造成的损失金额增长6.16倍。货运事故增长1.92倍，每万元货运收入赔款率增长11.36倍。在此期间，连续发生罕见的蒸汽机车锅炉爆炸和货场火灾重大事故，信号失控导致列车冲突、颠覆的重大事故也屡有发生。1960年与1957年相比，运行正点率旅客列车从95.3%下降到79.5%，货物列车从89.4%下降到72.3%，降到了历史最低水平。

4. 基本建设战线过长

铁路新线建设和旧线改造比例关系问题，早在"一五"时期就有过反复。进入"二五"时期，时而提出：改造既有铁路是当前铁路建设的重点，包括修建双线、增加编组站、采用新的技术装备等。时而又提出：在国家财力、物力允许的情况下，尽量采用新技术，尽可能少修迟修双线，尽可能修平行线和联络线，西北、西南地区尽量扩大新线。由于指导思想不尽一致，在执行中出现了1958年100万大军修双线、50条新线一齐施工、新旧线兼程跃进的局面。该年度，新招工人数达99万人，工程基建部门年末人数比1957年增长1.5倍。大批工程基建人员千里转战，安营扎寨，搬迁安点的费用十分可观。"大跃进"3年比"一五"5年的总投资增

加了 50%，3 年所上限额以上的基建项目共 171 项，但仅完成 42 项。由于资金短缺、三材供应不上，西南地区新建的内昆、成昆、滇黔、川黔、湘黔、川豫等六大干线开工后相继停工，京广、京沪等主要干线的双线工程也相继下马。据不完全统计，停建和部分停建的干支线项目共有 63 个，已投资共约 176 240 万元（其中部分为"一五"时期投入），为 3 年新建铁路总投资的 62.8%，造成投资积压，不能及时发挥效益。由于中途下马，就地停工的许多半拉子工程，如哈尔滨客站、裕国编组站、武昌客站、广州客站和许多未完工的隧道、桥梁、线路需要维护，所造成的直接间接的损失实难计数。

5. 机车车辆工业的修造比例关系失调

在"大跃进"的形势下，铁路需要补充大量的机车车辆，而工厂生产能力不足，为此，铁道部决定机车车辆修理厂也投入制造，还要各铁路局所属的机务段、车辆段，有条件的也参与机车车辆制造。1959 年与 1957 年相比，制造蒸汽机车的工厂由 2 个增加为 13 个，制造客车的工厂由 3 个增加为 6 个，制造货车的工厂由 6 个增加为 17 个，打破了修理和制造的界限，削弱了机车车辆修理和维修配件的供应，造成"配、修、造"比例关系严重失调，大量机车车辆失修。

（三）贯彻"调整、巩固、充实、提高"的方针

1961 年 1 月，中共八届九中全会正式通过了"调整、巩固、充实、提高"的八字方针。经过 1 年的调整，国民经济困难的形势开始有了转变，但是困难还很大。中共中央决定从 1963 年起，再用 3 年时间，继续贯彻"八字方针"，作为"二五"至"三五"之间的过渡阶段。1961 年 1 月，铁道部召开全路领导干部会议，研究和部署整顿铁路运输问题。同年 3 月颁布了 1961 年铁路工作的安排意见，5 月颁布了 1961 年和 1962 年两年计划安排，提出贯彻以农业为基础、以工业为主导和以调整为中心的"八字方针"。调整的总任务是协调铁路内部比例和外部协作关系，缩短基本建设战线，机车车辆工业先修后造，加强设备检修，精减劳力，整顿秩序和管理，加强集中统一领导。经过 5 年的工作，取得了很大的成效。

1. 整章建制，整顿运输秩序

1961 年 1 月 17 日，邓小平在接见铁路领导干部会议部分代表时指出"这次会议的中心是整章建制，整顿运行秩序"。会议提出限期把各种生产责任制、验收制和经济核算制恢复和健全起来。同年 2 月 17 日，铁道部转发中共中央批转铁道部的《关于在铁路系统建立政治工作部门和改进管理体制的报告》。中央批示："铁路是国民经济大动脉，是高度集中的企业，带有半军事性质，必须把一切权力集中在铁道部。"从而使铁路整顿工作迅速而顺利地开展起来。到 1962 年年底，三大制度重新确立，八大规程也陆续修订公布执行，并先后重新修订公布了《旅客、行李和包裹运输规则》《商务事故处理规则》《编组站工作条例（草案）》《车站作业规则》《一条龙列车、直达列车、成组装车组织规则》和针对当时情况制订的一些保证安全生产的措施。工业部门制定各种管理细则，公布降低成本的措施，恢复了驻厂验收制度。基建部门恢复了承发包制度、竣工验收制度，收回了项目审批权，建立了勘测设计施工的规范和办法。1961 年 10 月，铁道部召开全路领导干部会议，讨论和部署贯彻《国营工业企业工作条例（草案）》（即"工业七十条"），同时成立铁道部企业管理小组。1962 年 4 月，铁道部颁发关于铁路运输企业全面试行"工业七十条"的决定，在总结铁路

经验的基础上，制订《铁路工作条例》（即"铁路六十条"），在一些单位试点。

随着铁路基建项目的压缩，我国撤销了"工管合一"的管理体制，恢复了工程机构，同时，改变了一省一局、各自为政的状况，先后调整、撤销了杭州、南京、长沙、贵阳、西宁、牡丹江、南昌、蚌埠、太原、武汉、福州铁路局，成立了乌鲁木齐铁路局；收回了下放过多的权限，恢复了铁路集中统一的领导体制；除党的思想政治和组织工作外，不再实行铁道部与地方双重领导；建立了党委领导下的厂长负责制和统一的生产行政指挥系统。

1961年9月，国务院专门发布了关于认真整顿铁路客运秩序的紧急指示。铁道部要求全路加强领导，狠抓安全正点，建立运输新秩序。在整章建制、整顿劳动纪律的同时，深入开展安全正点立功运动和红旗车站、红旗列车的竞赛，奖励长期安全无事故、安全正点成绩突出的铁路局、车站、列车和机车乘务组。其中有安全行走150万千米的"毛泽东号"包车组，连续200天无重大、大事故的成都铁路局，百日无事故的锦州、济南、福州、齐齐哈尔等铁路局，连续13年无行车事故的周王庙车站，上海东站、西安西站等8个红旗货场，新民站、广州—深圳直通旅客快车乘务二组等客运十大标兵。广深二组的代表刘秋容，出席1964年共青团九届会议并受到毛泽东接见。

通过整顿，铁路部门开展学习解放军、石油部的思想政治工作和革命化作风，学雷锋、树新风活动，铁路各级领导干部进一步树立为基层服务的思想，贯彻执行"两参、一改、三结合"的方针，调查研究，总结经验，改进工作。广大职工群众进一步树立为人民服务的思想，出现了一大批尊客爱货、优质服务，高标准、严要求，抢困难、让方便，出色地完成各项任务的典型。主要如：

"毛泽东号"包车组，长期以来，在增产节约、安全正点、多拉快跑等方面，一贯起带头作用。1961年4月，铁道部向全路发出学"毛泽东号"、赶"毛泽东号"、向"毛泽东号"看齐的倡议；1964年7月，作出《关于在全路进一步推广"毛泽东号"包车组先进经验的决定》；同月15日，铁道部举行授旗大会，相关负责人将一面"坚持不断革命，永当开路先锋"的奖旗授给了"毛泽东号"包车组。

锦州铁路局彰武工务段孙家养路工区，发扬主人翁精神，自力更生艰苦奋斗，多做"活外活"、力争"格上格"，保证管区的线路达到高质量的水平。铁道部1963年10月作出了《关于全路学习孙家养路工区的决定》，并召开现场会议，相关负责人授予孙家养路工区"大郑线上好工区"的奖旗。

锦州铁路局新民车站，在客货运输优质服务、开创良好路风方面成绩突出，受到广大旅客和货主的表扬。1964年6月，铁道部作出《关于全路学习新民站的决定》。相关负责人代表铁道部授予新民车站"人民的好车站"奖旗。

济南铁路局大协车站，克服矿区小、站线路少的困难，主动编组高质量的煤炭直达列车。铁道部作出了《关于全路学习大协车站的决定》，召开现场会议，将大协车站命名为"全心全意为人民服务的好车站"。

大力宣传和推广先进经验，推动了全路比、学、赶、帮的活动，也促进了全路狠抓基层工作、基础工作和苦练基本功的"三基"工作。

2. 缩短基建战线，调整比例关系

从1961年起，国家大幅度减少了拨给铁路基本建设的投资，为此，铁道部采取紧急措施。首先，将仓促上马又不急需的工程项目砍掉，有的推迟或缓建。同时，确定"先旧线、后新线，

先支线（包括专用线）、后干线，先煤铁支线、后其他支线"的原则，优先解决在建工程的配套，填平补齐，争取发挥最大的效益。1965 年国民经济形势好转，更因三线建设上马，国家拨款才调增到 22.37 亿元。从 1961 年至 1955 年完成验交的工程计有：干线 1 830 多千米，支线 3 420 多千米，旧线局部改造 3 510 多千米，电化铁路 92.9 km。1965 年年底，全国铁路营业里程达 36 406 km，比 1960 年增加 7.4%。

在工业战线上，铁道部采取紧急措施调整机车车辆工业的产业结构和产品结构，确定了"先修后造，先配件后主机"的原则和"配、修、造"的主次关系，安排组织生产。大多数工厂停造转修，增加了修理的产量。蒸汽机车制造 1960 年年产 849 台，1962 年降为 0，同期客车制造由 818 辆降为 70 辆，货车制造由 26 067 辆降为 1 635 辆。蒸汽机车修理由年修 1 873 台上升为 2 423 台，客车年修由 980 辆上升为 1 616 辆，货车年修由 2 264 辆上升为 16 977 辆。1963 年至 1965 年，各厂的产品再次作了调整，在保持必要的修理能力的同时，将机车车辆的制造集中到几个工厂，新造和修理的产量逐步增长。配件生产，除充实调整专业生产配件工厂的产品外，其他工厂择优定点生产各种机车车辆配件。在此期间，工厂方面还组织了 50 个检修组，自带工具材料到机务段、车辆段参加检修。各铁路局也集中力量加强了机车车辆的检修工作，将封存的货车分批送厂进行厂修，对运用中的车辆，仅在 1962 年前就重新安装棚车门 12 425 辆、敞车门 58 110 辆，更换冷铸铁轮 66 377 对，整修车辆 5915 辆，更换闸瓦托 31 905 个，加装轴箱盖 1 625 279 个。经过 5 年的努力，基本上扭转了机车车辆严重失修破损的状况。

"大跃进"时期，铁路职工增加过多。调整时期，铁道部为做好精减工作，于 1962 年 2 月成立了精减劳动力领导小组，铁路各单位也成立相应组织或指定领导干部负责领导这项工作。1963 年全路职工人数比 1960 年减少 87 万多人，1964 年由于三线工程上马和运量增长，职工人数又缓步增加，1965 年年末人数为 154.16 万人，仍少于 1960 年。1965 年，运输全员劳动生产率达 36.2 万换算吨公里，比 1962 年提高 22.7%；工业全员劳动生产率达 6 054 元，比 1963 年提高 85.1%；施工人员全员劳动生产率达 2 994 元，比 1962 年提高 158.5%。

3. 向新技术和三线建设进军

1963 年 8 月，经中共中央批准，"国家大功率牵引动力内燃化电力化领导小组"成立，铁道部吕正操代部长为组长，国家有关部委领导人参加。9 月颁发《1964 至 1966 年内燃电力机车试制生产三年规划（草案）》，确定以大连、四方、戚墅堰三个工厂为基地，组织内燃机车大会战。自 1964 年起，电传动内燃货运机车投入批量生产，1965 年各型内燃机车共生产 48 台；电力机车硅整流取代引燃管的试验取得成功。通过会战，建成了初具规模的研究试验基地，培养锻炼了具有一定水平的专业队伍，落实了一百多个机电产品协作单位，为发展内燃、电力机车奠定了基础。

1959 年，电子计算机应用工作开始起步。铁道部科学研究院购置了 1 台国产第一代计算机，进行通过能力最优方案的应用研究，1963 年后，开展了编制列车运行图等方面的应用研究。1955 年，铁道部购置了 1 台法国 SEA3900 型商用小型计算机，试用于编制铁道部客、货运输统计和铁路运输工作技术计划。

这段时间信号技术接连取得突破。1962 年，丰台西站三级六场机械化驼峰建成投产，采用了铁路电务设计事务所研制的驼峰集中设备；1964年，电务设计事务所和铁道部科学研究院通信信号研究所，分别研制成功 AX 系列安全型继电器和 64 型继电半自动闭塞，为发展车站集中和半自动闭塞创造了条件。

川黔、贵昆、成昆三条铁路，"大跃进"时期曾先后开工，调整初期下马。1964年，中共中央确定了加速西南经济建设和国防建设的决策。毛泽东主席亲自提出"成昆路要快修，川黔、贵昆路也要快修"的要求。周恩来总理亲自部署，调集了铁道兵和铁路职工以及民工 30 余万人，展开了西南铁路大会战。是年 9 月成立了西南铁路建设指挥部，中共中央西南局第一书记李井泉任总指挥，吕正操、刘建章、郭维城、彭敏、张永励、熊宇忠任副总指挥，下设工地指挥部和技术委员会。会战开始后，工地指挥部作出《关于成昆线采用和发展新技术的决定》，确定在牵引动力、通信信号、线路上部建筑、桥隧土石方各项工程快速施工等 4 个方面，采用各种新技术、新设备、新工艺和新的施工方法。会战集中了来自全国的 1 200 多名科技人员，对 65 个新技术项目进行攻关，其中许多成果得到了应用，并推动了铁路科技事业的发展。经过大会战，川黔线于 1965 年"十一"通车，贵昆线于 1966 年"十一"通车，成昆线到 1966 年年底已累计完成各项主体工程超过 50%，但受"文化大革命"的影响，原定通车时间未能实现。

4. 贯彻支援农业的政策

1962 年 9 月，中共八届十中全会通过了《关于进一步巩固人民公社集体经济，发展农业生产的决定》，贯彻执行以农业为基础、以工业为主导的发展国民经济的总方针，把发展农业放在首位，坚决把工业部门的工作转移到以农业为基础的轨道上来。铁道部于同年 12 月作出《支援农业、支援人民公社集体经济的决定》，确定了"面向农村，支援农业，促进工业，保证物资交流，保证国防需要，城市乡村兼顾，整车零担并重，长途短途并重"为铁路工作方针，进一步精减人员回乡支援农业生产。1964 年 2 月，铁道部总结了支农工作，制定《铁路支援农业、支援人民公社集体经济的措施》。在运输方面，将农业机具、化肥农药、粮食、棉花、其他经济作物、农村土特产、鲜活易腐货物等 7 种品类和零担货物列为运输重点，加强季资性和临时性支农物资运输的掌握，对支农物资的运输，优先安排计划，优先组织装车。重新修订了《铁路鲜活货物运输规则》，提供安全优质服务，使许多以前未能长途运输的易腐货物，相继试运成功。开展南菜北运，将广东、广西的蔬菜远运华北和东北；专门组织定车数、定列车运行线、定编组内容的快运货物列车将江苏、浙江、湖南、湖北、河南等省的鲜活易腐货物运到香港。重新编制或修订列车运行图，增开零担列车，恢复一些已停办营业的车站，加强沿线加冰所的设备和组织工作，适当提高货物列车的速度等。1965 年，铁路农业物资的货运量达 4 206 万吨，比 1962 年增长 46.8%；轻纺物资运量达 2 895 万吨，比 1962 年增长 61.7%。农轻两项物资的运量占总运量的比重增长了 1.2%。在基本建设方面，把征而不用的多余土地退还农民，在设计施工中精打细算，少占农田，节约用地；还结合工程做了大量的修桥修路、修渠清淤等支农工程。

（四）取得的成就和遗留的问题

调整时期，铁路运输生产各项指标除客运量外逐渐回升，到 1965 年，调整任务基本结束，恢复了正常发展轨道，客货运量和各项主要指标除货车周转时间因全周距延长而稍有延长外，其他均超过 1957 年的水平。1964 年行车安全创人民铁路建路以来最好成绩。1964 年，全年共发生重大、大事故 88 件，比 1960 年减少 85.6%，每百万机车走行公里平均为 0.2 件，比 1960 年减少 83.3%。1965 年，列车运行正点率创最好成绩，旅客列车为 97.1%，比 1960 年提高 17.6 个百分点；货物列车为 94.7%，比 1960 年提高 22.4 个百分点。

经过调整，恢复了正常运输秩序，取得了很大成绩，但也遗留下一些问题：

1. 铁路投资占全国投资总额的比例下降

1961 年至 1964 年，铁路投资大幅度下降，年平均仅有 7 亿元。1965 年，为建设三线战略后方，铁路投资才调增到 22.37 亿元。铁路投资占国家投资总额的比重，"二五"和调整时期下降为 9.12% 和 9.15%，均低于恢复时期和"一五"时期。营业铁路的投资比重，从 1960 年的 35.2%，下降到 1965 年的 15.7%。在这种情况下，仅有的投资，只能用于停工项目的维护和部分在建工程的配套，而无力进行扩大再生产。路网不能得到应有的延伸，旧线不能得到应有的改造，国民经济大动脉缺乏必要的储备能力，"先行官"已明显处于滞后的态势。

2. 关于牵引动力改革

铁道部根据当时的情况，确定了"内燃电力机车并举，以内燃为主"的方针，加速了内燃机车的研制，形成第一代内燃机车批量生产能力，为三线提供了所需的机车。但是因为认识的局限性，推迟了电力牵引的发展，中国第一条宝凤电气化铁路于 1961 年通车后，又经 14 年（1975 年）才修到成都，1958 年第一台 $6Y_1$ 型电力机车问世，10 年后（1968 年）韶山 1 型电力机车才基本定型，21 年后（1979 年）韶山 3 型客货两用电力机车才研制成功。到 20 世纪 80 年代初期，决定上大功率电力牵引的时候，却无可用的国产新型电力机车，这不能不说是丧失了时机。

3. 关于列车重量和列车密度问题

"二五"时期，铁道部曾确定中国铁路技术装备类型应朝大重量、大密度、高速度的方向发展。但从 1961 年进入调整时期以后，双线建设基本停止，列车重量标准又被迫一再下调，因此列车重量和密度没有大的发展。1965 年与 1956 年相比，平均每台机车的功率增加了 297.1 kW，即提高 29.4%。但平均牵引重量同期只提高 186 t，即提高 12.3%。9 年平均每年增加 20.6 t，特别是后 3 年年均只增加 18 t，与机车功率的增长是不相称的。1965 年与 1957 年相比，货物列车密度增加了 6.3 列，增长 38.4%，增长率高于重量，但年均也只增加 0.78 列。上述事实说明，由于该项重要技术政策缺乏连续性，对以后铁路运输的发展造成了不利的影响。

三、"三五""四五"时期铁路规划与建设
（1966—1975 年）

1966 年开始的持续 10 年之久的"文化大革命"，使中国遭到严重的挫折和损失，铁路成为重灾区。周恩来总理、邓小平副总理等国家领导人，为使铁路免于瘫痪，保证社会生产和人民生活的运输需要，呕心沥血，排除干扰，支持广大铁路职工和铁道兵指战员为保证大动脉的畅通和人民铁路的建设而斗争。

（一）"大串联""全面夺权"对铁路运输的冲击

1966年5月16日，中共中央发出的《五一六通知》全面发动了"文化大革命"运动。北京大专院校率先行动，红卫兵走上街头破"四旧"，随即遍及全国，从9月5日起，学生、教职工在全国范围内进行"大串联"。与此同时，各地也有许多工人到北京以及各地串联，客车严重超员，站车秩序混乱不堪。在这种极端困难的条件下，铁路职工坚守岗位，加班加点，竭尽全力，维护运输。但是，列车晚点十分严重，大量的生活、生产物资积压待运。直至1967年二三月，中共中央、国务院发出停止全国"大串联"、返校闹革命的通知和决定，才逐渐结束了这场"大串联"的狂潮。

1966年11月10日，上海"工总司"以上北京告状为名，在安亭站卧轨拦截14次特别旅客快车，制造了沪宁线中断行车30 h 34 min的"安亭事件"，开了冲击铁路的恶劣先例。为了维护铁路运输，中共中央、国务院曾于9月发出通知，要求铁路整顿列车秩序，规定铁路分局和分局以下单位暂缓开展运动，但于10月被当时"四人帮"把持的《红旗》杂志社论所否定。同年12月，林彪在中共中央扩大会议讲话中再次否定了铁路分局以下单位暂缓开展运动的规定，动乱在全国迅速蔓延。同月，又一次发生沪宁线运输中断的"昆山事件"，其他地区也相继发生冲击铁路中断运输的事件。1966年铁路安全正点急剧恶化，全年发生的行车重大、大事故件数达到223件，比上年猛增1倍，客货列车运行正点率分别下降8.8和6.9个百分点。积压待运的货物达1 000多万吨。

1967年1月4日，上海造反派发动了所谓"一月风暴"，掀起了打倒一切、全面夺权的狂飙。铁路部门各系统各单位的造反派纷纷效法夺权，还派出代表进驻铁道部，联络铁道部机关的造反派，揪斗主持工作的部局级领导干部，并冲击铁道部调度指挥机关。周恩来总理为维持关系国计民生大事的铁路运输生产，立即命令造反派撤出运输调度部门，并要野战军派兵设岗，长期驻守，不许外人进入。随后各铁路局也按此办理，才使铁路运输指挥系统免于瘫痪。周恩来总理还指示，由各造反派协商，推选14人组成铁道部临时业务监督小组，监督还在主持工作的行政领导干部进行工作，避免了更大的混乱，减少了损失。

西南铁路建设指挥部也受到冲击而瘫痪，原定成昆铁路于1968年7月1日通车的计划已经无法实现，工期延误2年，资金浪费7.3亿元。各铁路局、工程局、工厂等单位也被夺权。各地造反组织分裂成对立的两大派，打派仗，搞武斗，没完没了地批斗"走资派"，中断运输的事件不断发生，有些地区还发生抢劫货物、拆掉钢轨、破坏水塔等事件，铁路形势更加困难。

（二）对铁路实行军事管制

为稳定因夺权引起的混乱局势，1967年3月，中央军委作出《关于集中力量执行支左、支农、支工、军管、军训任务的决定》；同年5月31日，中共中央、国务院决定对铁道部实行军事管制，苏静为军管会主任（苏静调离后由杨杰主持工作）。与此同时，中共中央、国务院、中央军委、中央文化革命小组发布了《关于坚决维护铁路、交通运输革命秩序的命令》。8月10日，中共中央等领导机关又发布了《关于派国防军维护铁路交通的命令》，命令明确指出："铁路、交通运输部门的群众组织和革命职工，与铁路、交通运输系统以外的群众之间一律不许互相冲击。"在其他一些通令、通知中，也三令五申不许拦截火车、堵塞铁道。12月又决定对铁路实行全面军事管制，使铁路形势逐步趋于相对稳定。

军管会进驻铁道部后，周恩来总理等国家领导人仍时刻关注着铁路的工作。根据他的指示，铁道部业务监督小组改为铁道部军管会业务协助小组。1967 年 10 月，周恩来接见了柳州等 9 个铁路局参加铁道部军管会毛泽东思想学习班的全体同志。此后，在 40 天的时间内先后 5 次接见了铁路职工代表，解决柳州、郑州、哈尔滨、齐齐哈尔、吉林、广州、成都、乌鲁木齐等铁路局两派争权和运输生产问题，并指示铁道兵部队坚持成昆南段施工，维持停工地区的秩序。1968 年 1 月，周恩来指示铁道部军管会召开全国铁路抓革命促生产会议，并接见了与会的代表和军管会负责人。周恩来总理每次接见总是语重心长，晓以大义，严肃批评派性和怠工、旷工、无组织无纪律的现象，要求树立一盘棋思想，确保铁路畅通、运输生产的正常进行，深得广大铁路职工的拥护。铁路在极端困难的条件下能维持运转，与周恩来总理苦心引导、扶持是分不开的。军管期间，铁路几项重大工程的完成和兴建，如南京长江公铁两用特大桥的建成通车，成昆铁路的接轨通车，援外建设坦赞铁路的施工，北京地下铁道工程施工等，都倾注了周恩来的心血。

（三）改变铁路管理机构，下放干部

在军事管制期间，铁道部机构体制发生了重大变化。中共中央、国务院在实行军管的决定中规定："部属单位无论是否实行军管的，均接受部军管会的领导；分散在各地的单位，同时受所在地革命委员会或军区的领导，但有关生产运输调度业务，必须服从部军管会的集中指挥。"实际上，将调整时期中共中央重申的由铁道部集中统一领导的体制，在一定程度上又改变为双重领导，以部军管会为主。当时为稳定铁路形势是必要的抉择，但不可避免地形成了地区分割的局势，妨碍运输生产集中统一指挥，一遇风吹草动，还得依靠周恩来总理等国家领导人出面干预和协调。1968 年 11 月，铁道部军管会决定部机关 26 个厅、局、部、委全部撤销，改组为政工、生产、后勤、办事 4 个组（下属各铁路局和其他生产单位也依此办理）。在这个基础上，安排"大联合""三结合"后的领导班子，称为"小班子"，主持铁路运输生产。其余的机关干部从 1969 年 3 月开始先后下放到"五七"干校；部属单位的一部分干部也分别下放到工厂、农村或"五七"干校。在此期间，对枢纽地区的基层单位曾一度实行"站区一元化"，基层的机、辆、工、电段或工区，一律由车站统一管理。但实践证明它不符合铁路运输生产的特点，不利于发展运输生产力，而应逐渐恢复为原来的管理体系。

1970 年 6 月底，中共中央、国务院决定结束对铁路的军事管制。7 月，铁道部、交通部和邮电部所属邮政部分合并成立新的交通部，杨杰任交通部革命委员会主任。1972 年，交通部（铁道）机关下放的干部陆续获得"解放"，重新工作。交通部（铁道）机关行政机构，也从 1971 年前的 4 大组改为按各专业分别组成 12 组、1 局、1 室，1973 年恢复了专业局名称和职能。

1975 年 1 月 17 日，第四届全国人民代表大会第一次会议决定：交通部划分为铁道、交通两部，任命万里为铁道部长。同年 3 月 5 日，中共中央发布《关于加强铁路工作的决定》，重新恢复了铁路统一管理、集中指挥的领导体制。

（四）铁路运输三起三落

十年动乱当中，广大铁路职工坚守工作岗位，坚持抓革命，促生产，排除干扰，克服种种困难，为保证运输畅通而努力奋斗，但铁路运输生产状况却随着全国运动发展形势的变化而起伏波动。

1967年，运动从上层建筑领域发展到经济领域和基层单位，社会上两大派尖锐对立。林彪、江青等公开表态，支持"文攻武卫"，使武斗更为激烈。特别是7、8、9三个月，北京、武汉、成都发生一连串震动全国的武斗事件。各地扒车上访告状的有增无减，铁路部分职工，离开生产岗位"闹革命"，打派仗。许多在调整时期刚刚整顿健全起来的规章制度，被说成"修正主义的管卡压""唯生产力论"而横加批判，随意废弛。铁路完不成运输计划，全年货运量完成42 140万吨，比上年减少22%，铁路行车重大、大事故比上年增长1.2倍，列车运行正点率也大幅度下滑。

1968年，在全国范围内开展"清理阶级队伍"，到处揪"叛徒"、抓"特务"、斗"黑帮"。广西、陕西先后发生大规模的武斗，形势极度混乱。为了制止继续发生破坏铁路、中断运输、抢劫运输物资的严重事件，中共中央、国务院曾先后发出布告，限令柳州、南宁、桂林以及陕西等一些地区立即停止武斗，恢复铁路运输。但当年，铁路货运量还是下降了2.3%，低于1964年以来历年的运量；行车事故恶性发展，重大、大事故发生685件；货车周转时间为4.17 d，中转时间4.9 h，一次货物作业停留时间20.6 h，运输效率降到低谷。

1969年，全国政治形势逐步趋于相对稳定，国民经济有所回升。全国（除台湾省外）29个省、市、自治区都已成立了革命委员会，整个运动在全国范围内进入了"斗、批、改"的阶段，经济工作基本上刹住了前两年生产下降的趋势，铁路运输堵塞情况也有所缓解，货运量完成51 787万吨，比上年增长26.4%，机车、货车的运用效率也有所提高。准轨货运列车平均牵引总重达到1 849 t，增长1.4%，货车周转时间3.62 d，效率提高13.2%。但是由于基础工作遭受严重破坏，安全正点情况继续恶化，行车重大、大事故发生694件，比上年增长45%，创行车重大、大事故历史最高纪录，客货列车运行正点率也下降2.5～5.9个百分点。

1970年是"三五"最后一年，"珍宝岛事件"后，苏联陈兵边境，多次制造流血事件；美国出兵柬埔寨，轰炸越南北方。面临外部的巨大压力，毛泽东提出"要准备打仗"、要求"与帝修反争时间、抢速度"，集中力量建设战略后方。1970年2月，国务院召开全国计划会议，提出"以阶级斗争为纲，狠抓战备，促进国民经济新的飞跃"的口号。执行结果，当年国民经济有所发展，基本上完成和超额完成"三五"计划，铁路运输也保持了持续上升的趋势。1970年铁路货运量完成66 552万吨，与上年相比，增长28.5%；客运量完成51 646万人，增长0.7%。准轨货运机车日产量完成70.1万吨公里，平均牵引总重达1 928 t，均超过历史最好水平，其他技术指标虽亦有好转，但大多未达到1966年水平。当时技术业务管理、规章制度、劳动纪律等都难于有效地贯彻执行，还存在许多问题。

"三五"期间，在严重的动乱中，绝大多数铁路职工坚守岗位，恪尽职守，尽最大可能保证运输畅通，努力完成任务。基建部门年均完成新线铺轨786.9 km，并完成了举世闻名的南京长江大桥的雄伟工程。"三五"期末，全国铁路营业里程达40 989 km，比1965年增长12.6%。其中，西北、西南地区增加2 056 km，增长27%。工业部门"三五"年均新造机车374台，其中有韶山1型电力机车和东风4型内燃机车，新造货车8 131辆，新造客车236辆，都是历史上最高或较好的水平。信号设备技术水平和装备率都有新的提高，到"三五"期末，半自动闭塞装设了23 976 km，占正式营业里程的59.7%，比1965年增加两倍多，逐步取代路签（牌）闭塞；自动闭塞装设了2 468 km，占正式营业里程的6.2%，并推出电子式的移动自动闭塞，用于北京地下铁道一期工程。

"三五"时期，铁路基建投资总额占全国基建投资额的比重，从"一五"时期和调整时期的9%，增加到13.15%。铁路内部的投资比重，新建铁路从调整时期的59.6%上升到70.8%，同期，营业铁路从 19.4% 下降到 10.4%。铁路工业建设从 5.1% 下降到 2.7%，旧线得不到应有的改造和加强而继续欠账，工业生产能力不能相应发展。

1970 年，铁路实际完成国家预算内投资 43.99 亿元，比 1969 年（下同）增加 21 亿元，增长 48%。铁路内部投资比重：新建铁路从 68.1% 增加到 76.9%，营业铁路建设从 10.8% 下降到 6.6%。1971 年完成投资与 1970 年基本持平，但新线建设又上升为 77.4%，营业铁路建设下降到 5.1%，新旧线的比例关系比"三五"时期更不协调。

九一三事件后，周恩来总理致力于纠正"左"倾错误，千方百计使大批干部获得"解放"，恢复工作；提出整顿和加强企业管理，恢复和健全被冲击破坏的规章制度；指示解决国民经济比例失调和基本战线过长问题；大力进行整章建制、整顿劳动纪律等工作。国民经济和铁路工作，保持了 1969 年以来稳步增长的形势。1972 年、1973 年新建铺轨里程均超过 1 000 km。同时，既有铁路的技术改造和机车车辆工厂老厂转产改造有所加强，建成了陇海线郑州至宝鸡、武大线武昌至铁山、丰沙线等铁路第二线和沪宁线移频自动闭塞，对苏家屯、大连北、江岸西、株洲北等编组站进行了改扩建，并新建成了尧化门（今南京东）三级四场编组站。1973 年货运量首次突破 8 亿吨大关，达 81 294 万吨，客运量达 64 781 万人，比 1972 年分别增长 9.6% 和 17.4%。安全正点、机车货车运用效率都有不同程度的提高，为"文化大革命"以来最好的或较好的水平。

但是，1974 年初"四人帮"又煽起"批林批孔"运动，在全国进一步造成政治上、思想上、理论上的严重混乱。一些地区又纷纷出现"联络站""上访团"，跨行业、跨地区"串连"，拉山头、打派仗。领导干部有的被重新打倒，有的重新站队，一些企业领导班子再次陷于瘫痪，刚趋于稳定的政治局势又遭到破坏，工业生产急剧下降。铁路内部的一些"四人帮"追随者，纠合地方同伙，蓄意制造事端，冲击铁路，京沪、京广、京包、陇海、浙赣、贵昆等干线每天都有许多列车被迫在沿途保留，严重影响了全国铁路货物运输。特别是煤炭运不出来，大量存煤自燃，人民生活、工业生产用煤紧张，四处告急。交通（铁道）部采取紧急措施，用"固定车底循环直达运输"和"车港船"联运的方法，突运口泉（大同）、阳泉的煤炭到上海、广州。全年货运量完成 76 973 万吨，比 1973 年下降 5.3%，少运货物 4 321 万吨，行车重大、大事故增加 48%，基本建设新线铺轨里程和工业总产值也随之下降。

全国 1975 年 1 月，邓小平副总理受命于危难之时，被任命为中共中央军委副主席兼中国人民解放军总参谋长。四届全国人大以后，周恩来病重，邓小平代总理主持国务院工作和中央日常工作，决定交通部划分为铁道部和交通部，任命万里为铁道部长。3 月 5 日召开了解决铁路问题的工业书记会议，邓小平副总理在会议上指出，"怎样才能把国民经济搞上去？分析的结果，当前的薄弱环节是铁路。铁路运输的问题不解决，生产部署统统打乱，整个计划都会落空。所以中央下决心要解决这个问题……"，他还针对铁路存在的问题提出 "中央的决定是根据铁路的特性，重申集中统一"，并尖锐指出"现在铁路事故惊人，去年 1 年发生行车重大事故和大事故 755 件，比事故最少的 1964 年的 88 件增加好多倍。这中间有许多是责任事故，包括机车车辆维修方面的责任事故。这说明没有章程了，也没有纪律了……所以必要的规章制度一定要恢复和健全，组织纪律性一定要加强"，"把闹派性的人（头头）从原单位调开"。

3 月 5 日，中共中央作出了《关于加强铁路工作的决定》（即 1975 年"九号文件"），决定指出"铁路运输当前仍然是国民经济中一个突出的薄弱环节，不能适应工农业发展的需要，不能适应加强战备的需要"。为此，中央要求：① 全国所有铁路单位都必须贯彻执行安定团结的方针，掀起社会主义建设新高潮。② 全国铁路由铁道部统一管理，集中指挥，铁路职工由铁道部统一调配。③ 各省、自治区、直辖市党委要对铁路单位的政治运动、地区性社会活动和思想政治工作继续抓紧抓好,对问题较多的铁路单位要采取措施限期解决。④ 建立健全岗位责任制、技术操作规程、质量检验制及设备管理维修制,确保安全正点。铁路职工一切行动听指挥,做好本职工作。派性严重、经批评教育仍不改正的干部和派头头要及时调离,对严重违法乱纪的要给予处分。⑤ 整顿铁路秩序,任何人不得以任何借口妨碍正在进行指挥、调度和各种勤务的工作人员的正常工作,阻拦列车、中断运输、损坏列车和铁路设施都是违法的,必须坚决制止,严重的要严肃处理。

对邓小平副总理的讲话和中共中央的决定,铁道部雷厉风行地进行了传达贯彻执行。3月7日,召开全路(扩大)电话会议传达了中央的决定,提出了贯彻落实措施,要求全路各单位立即采取各种方式进行传达贯彻落实,务使全路职工、家属以及沿线农民家喻户晓,人人明白;随着又提出了"四通八达,畅通无阻,安全正点,当好先行"的奋斗目标,进行全面整顿。3月10日万里部长带领工作组到徐州铁路地区,召开了万人大会传达中央决定精神和有关政策,表示铁道部进行整顿的决心,号召职工群众消除派性,解决徐州地区铁路运输畅通问题;3月15日在徐州召集济南、上海、郑州3个铁路局领导干部解决津浦、陇海、京广北段铁路运输畅通问题。5月4日,万里部长到郑州参加铁路局党委常委会议,调整铁路局领导班子,解决郑州铁路局对中央决定贯彻执行不力和运输生产长期落后的问题。万里部长还先后到问题较多的长沙、太原等重点地区,解决运输畅通问题。所到之处,召开大规模的群众大会,号召广大干部和职工讲大局、讲党性、讲团结、讲纪律;发动群众批判派性、批判无政府主义思潮,落实党的政策;领导干部要去掉"软、散、懒",敢抓敢管,并与地方领导机关密切配合,严格区分和正确处理两类不同性质的矛盾,对派性严重、屡教不改的领导干部进行严肃的处理,对少数煽动闹派性、武斗、停工停产的坏人,坚决打击,直至逮捕法办。铁路运输形势明显改观,到4月份,严重堵塞的地段先后疏通,全国20个铁路局除南昌铁路局外都超额完成了装车计划,全路平均日装车数创造了历史最好水平,列车正点率也大大提高;连续21个月完不成运输任务的徐州铁路分局,4月份提前3天完成了运输计划,铁路整顿取得的成效和经验,受到人民群众热烈欢迎。

1975年铁路还遭受海城地区地震和京广线特大水害的袭击,铁路线路、桥梁遭到严重破坏,运输受阻,但仍完成了货运量86 746万吨,增长12.6%。铁路安全正点和机车车辆运用效率均好于上年。

贯彻执行"九号文件"收到了立竿见影的效果。但是,在江青反革命集团的蛊惑下,1975年11月开始掀起了一场"批邓、反击右倾翻案风",并把"九号文件"说成是"修正主义的纲领",全国形势迅速发生逆转,铁路形势也急剧恶化。铁道部积极带头贯彻"九号文件"的万里部长受到冲击,不能正常工作,许多地区发生围攻殴打领导干部的事件,一些被整顿下去的干部则官复原职,有的地区重新出现打派仗、搞武斗,运输生产无法正常进行。郑州、太原、兰州、成都、昆明、贵阳、南昌等地区经常发生中断行车的事件。贵阳机务段由于两派争持不下,长期扣压货运机车不出乘,中断货物运输达62天,停运1 000多列列车,仅因磷矿石运不出来就造成12个省市80多个磷肥厂停产;依靠干部顶岗出乘,才勉强维持旅客列车运行。最严重的是郑州铁路局,"四人帮"的积极追随者窃据了该局的领导权,对1975年的整顿进行反攻倒算,打击、撤换一大批干部,为所欲为,这个局1976年发生12次全局性堵塞,致使全路每天保留列车多达200余列,全年比计划少运1 400万吨货物,相当于该局100天没有装车;比计划少运煤炭1 100万吨,相当于当时武汉钢铁公司4年半的用煤量;一些重要的指标如货车周转时间、机车日车公里、列车正点率等下降到 50 年代初期的水平。由于该局地处中原，铁路运输受阻，影响了大半个中国。兰州铁路局当时也是一个重灾区，运输堵塞造成的影响，使甘肃省的冶金、石化等 156 个重点企业中，有 40 个被迫停产，33 个半停产；全省 80% 的汽车停驶，新疆的油井关了 160 口，玉门油井关了 130 口。

1976 年 7 月 28 日唐山发生强烈地震，近 600 km 的铁路干支线受到严重破坏，大小桥梁损坏严重，京山、通坨、津蓟铁路中断，职工伤亡惨重。铁道部立即从全国各铁路局、各工程局调集了 16 000 多名施工人员和 1 500 多名医务人员，组成 10 多个抢救抢修队，昼夜兼程奔赴灾区组织紧急抢救、抢修。7 月 30 日铁道部和铁道兵共同组成抢修前线指挥部，统一指挥抢修工作。在抗震及抢险中，铁路职工表现出英勇顽强的战斗精神，有 3 列旅客列车被围在灾区，2 900 多名旅客惊惶不安，又缺医少药，缺水缺粮。乘务人员临危不惧，机智地将旅客组织起来进行互助，维持秩序，并千方百计从附近弄来饮用水、粮菜，供应旅客饮食，保证全部旅客安全转移，无一伤亡。唐山地区各铁路单位的领导干部，从瓦砾堆中爬出来，不顾自己的伤痛和家人的伤亡，不等上级指示，就地组成指挥部，领导各地赶来的职工抢救伤员，保卫货场。中共丰润铁路地区委员会，震后立即组织 400 多名职工和 14 辆汽车，冒雨赶到唐山抢救了 800 多名受灾的职工。许多职工忍受着家毁人亡的惨痛，坚持抢险救灾。在铁路职工和铁道兵指战员共同奋战下，到 8 月 1 日，共开出抢修列车 39 列、医疗卫生列车 95 列、军用列车 37 列，此外还将 3 600 多车药品、食品、衣服、建筑材料及其他物资运到灾区。3 日修通了通坨铁路，7 日修通了京山铁路，10 日开通了京山铁路双线，17 日京山、通坨铁路除个别区段外，行车速度提高到 60 km/h。救灾中，铁路医疗队共收容治疗伤员 2.1 万多人，卫生列车运出伤员 6.8 万人，经过铁路运进灾区的救灾、抢修物资达 1.5 万车。

在这一年里，接连传来周恩来、朱德、毛泽东病逝的噩耗，江青反革命集团蠢蠢欲动，阴谋篡夺最高领导权，党和国家的前途面临严重危机。10 月 6 日，中共中央政治局执行党和人民的意志，采取断然措施，粉碎了江青反革命集团。"四人帮"倒台的消息传开，举国欢腾，铁路也从此结束了动乱的苦难。12 月 23 日，段君毅出任铁道部部长。

十年动乱，铁路运输生产经历了三起三落，全路职工尽最大努力为铁路运输畅通而斗争，取得了相当的成就，但是损失是重大的，同时也遗留下一些亟待解决的问题。

1. 搞乱了思想、组织和规章制度

其后果集中反映在：指挥失灵，运输不畅，事故剧增，秩序混乱，效率降低。1976 年共发生行车重大、大事故 832 件，比 1965 年增加 6.43 倍；"三五"期间年均 655 件，"四五"期间年均 637 件，比调整时期年均 102 件分别高出 5.42 倍和 5.24 倍；客货列车正点率、货车运用效率远低于调整时期（表 3.6）；运用机车、货车和线路、通信信号，质量下降。

2. 损失了十年大好时机

铁路建设自 1965 年开始搞了第二次大上，随便拍板上项目，破坏了基本建设程序，1970 年达到高潮。当时全国有 12 个修建指挥部，开工了 1 万多千米新线，结果"欲速不达"，工期拖长，浪费严重，造价增大。

林彪、"四人帮"搞的唯心主义和形而上学在铁路上流毒很深，如：叫嚷搬掉"管卡压"，废除了行之有效的规章制度；借口政治任务，抛弃了基本建设程序，搞的是"三边"工程（指边勘测、边设计、边施工），必然会降低工程质量，增大基建投资；鼓吹群众掌握设计大权，取消了设计负责人制度，搞成无人负责；把进行经济计算、搞方案经济比较，污蔑为"秋后算账派"，"不突出政治，利润挂帅"，是"钻在钱眼里爬不出来"；施工中脱离实际地要求两年三年通车，结果财力物力跟不上，工期一拖再拖；只要求完成投资指标，不考虑完成的实物工作量，结果花钱多而办事少，工程概算预算形同废纸，造价成倍增加。

十年动乱中，在干扰破坏极其严重的情况下，建成干线 5 669 km、支线 3 577 km、第二线 1 697 km。到 1976 年年底，全国铁路营业里程达 46 262 km，其中双线地段 7 285 km，占 15.7%；建成了南京长江大桥，实现了宝成铁路电气化；研制成功韶山 1 型干线电力机车、东风 4 型电传动内燃机车等等。但是，许多工程被迫推迟工期，如成昆线工期延误了 2 年。宝成线全长 675.9 km 电气化改造，第一期工程于 1961 年竣工后，相隔 14 年才分段建成，于 1975 年 6 月验交。焦枝线 1970 年接轨通车，整整修了 5 年才于 1975 年验交。枝柳线原定 3 年建成，结果 3 年已过，只完成工程总量的 50%。新建机车车辆工厂的工期也受到影响，资阳内燃机车工厂、眉山车辆工厂、贵阳车辆工厂从筹建到基本建成用了 9~10 年的时间。新技术的开发应用受到严重干扰，成昆线现代化开发项目大部分搁浅，东风 4 型电传动内燃机车，从开始研究和设计到投入批量生产花了近 10 年时间，韶山 1 型电力机车也花了 10 年才定型转入批量生产。计算机应用开发，徘徊了 10 多年才进行计算机选型，研究制定发展规划。铁路运输生产三起三落，客货周转量"三五"年均仅增长 5.8%，"四五"却下降到 4.3%，大大低于前 15 年的增长幅度，1976 年比 1975 年又出现负增长，下降了 7.4%。货运量的增长也低于同期工农业总产值增长的幅度（表 3.5）。

表 3.5　工农业总产值与铁路货运量发展情况（1965—1976 年）

项　　目	单位	1965 年	1966 年	1968 年	1970 年	1973 年	1974 年	1975 年	1976 年	1976 年比 1965 年增长/%
工农业总产值	亿元	1 961	2 300	1 992	3 101	3 968	4 024	4 504	4 579	133.5
铁路货运量	万吨	48 358	54 150	40 970	66 552	81 294	76 973	86 746	82 116	69.8

3. 铁路内部比例失调的情况更加突出

"三五""四五"时期，铁路基建投资占国家总投资的比重，从调整时期的 9.15%，分别上升到 13.15% 和 11.03%，是比重较高的时期，而铁路内部新线建设的比重，同期从 59.6% 分别上升到 70.8% 和 65.3%；营业铁路建设比重分别下降到 10.4% 和 10.7%，远低于"一五"时期和调整时期的 36.1% 和 19.4%。营业铁路的改造因资金不足受到影响，既有铁路运输能力和运量发展的矛盾日趋紧张。

根据 1975 年列车运行图的计算，全路 400 个区段中有 120 个区段的区间通过能力利用率已超过 80%，其中 35 个区段已超过 90%，主要干线的分界站山海关、德州、蚌埠、郭磊庄、天水、商丘、新塘边等能力均已饱和。全路有 9 个枢纽、25 个编组站的通过和改编能力十分紧张，经常发生不同程度的堵塞。

4. 列车质量和列车密度提高缓慢

"三五""四五"时期，铁路线路和区间信号设备均有相当程度的发展。1975 年，43 kg/m

以上的钢轨达 45 311 km，比 1965 年（下同）增加 49.9%；无缝线路 5 174 km，增加 11.4 倍；半自动闭塞 33 562 km，增加 3.48 倍，自动闭塞 3 816 km，增加 61.8%。机车功率平均每台 1 597.3 kW，增加 22.2%。准轨货车平均载重量 49.0 t/车，增加 13.4%。这些设备的改善和发展，对提高列车重量、增加列车密度应有较大的促进。但 1976 年准轨货运列车平均牵引总重为 1 935 t，比 1965 年增长 13.9%。11 年年均只增加 21.5 t；"四五"期间基本上停滞不前。同期准轨货运列车密度 20.9 列/d，减少 1.8 列，降低 7.9%。这说明新增的技术设备没能发挥应有的效应。这主要是因为在"文化大革命"中运输经常受阻，运输秩序混乱、列车欠轴、晚点等（表 3.6、表 3.7）。

表 3.6　铁路主要技术指标完成情况（1965—1976 年）

项　目	单　位	1965 年	1966 年	1968 年	1970 年	1973 年	1974 年	1975 年	1976 年	1976 年比 1965 年增长 /%
货车周转时间	d	2.87	2.96	4.17	3.21	3.21	3.70	3.46	3.62	26.1
货车中转时间	h	3.0	3.0	4.9	3.3	3.8	4.6	4.3	4.8	60.0
一次作业时间	h	10.6	11.5	20.6	15.0	15.5	18.3	17	18.2	71.7
机车日产量	万吨公里	62.4	65.9	61.5	70.1	70.0	66.0	66.6	65.2	4.5
平均牵引总重	t	1 699	1 738	1 823	1 928	1 942	1 943	1 944	1 935	13.9
货运列车密度	列/d	22.7	23.2	15.8	22.0	23.2	21.6	23.2	20.9	−7.9
旅客列车运行正点率		97.1%	88.3%	78.3%	85.6%	87.1%	81.1%	86.4%	87.2%	−10.2
货运列车运行正点率		94.7%	88.6%	83.8%	81.3%	81.3%	74.8%	78.6%	81.6%	−13.8
行车重大、大事故	件	112	223	685	876	510	755	709	832	642.9

表 3.7　铁路主要运输设备变化情况（1965—1975 年）

项　目	单　位	1965 年	1970 年	1975 年	1975 年比 1965 年增长 /%
营业里程	km	36 406	40 989	45 992	26.3
双线地段	km	5 588	6 549	7 161	28.1
双线率		15.4%	16.0%	15.6%	1.3
机车（准轨）	台	6 004	7 325	9 194	53.1
平均每台功率	kW	1 307		1 597.3	22.2
货车（准轨）	辆	143 404	176 221	232 961	62.5
平均载重量	t	43.2	47.1	49.0	13.4
43 kg/m 以上钢轨	km	30 227	38 223	45 311	49.9
无缝线路	km	416	2 617	5 174	1 143.7
自动闭塞	km	2 359	2 468	3 816	618
半自动闭塞	km	7 488	23 796	33 562	348.2

"三五""四五"时期，铁路建设的成就还是很大的。主要原因：一是这个时期建成的干、支线和旧线加强改建工程多数是"文化大革命"前开始兴建的，调整时期停工而后又复工的，故修建较快；二是这个时期国家对铁路建设的投资比重较大，且投资中新线建设的比重更大，如"三五"中铁路投资占国家基建投资的 12.3%，达 120.31 亿元，其中新线建设为 84.24 亿元，占铁路投资的 70%，"四五"中铁路投资占国家基建投资的 10.5%，达 185.33 亿元，其中新线建设为 119.40 亿元，占铁路投资的 64.4%；三是广大铁路建设职工和铁道兵指战员能排除干扰，克服困难。如果没有林彪、"四人帮"的干扰破坏，铁路建设会取得更大的成就。

新建铁路多在京广线以西，计有贵（阳）昆（明）643.7 km、成（都）昆（明）1 083.3 km、湘黔（湘潭至贵定）831 km、京原（北京至原平）417.7 km、焦（作）枝（城）753.3 km、汉（口）丹（江口）410 km、侯西（阎良至下裕口段）210.4 km、青藏（克土至哈尔盖）55 km 等干线；其他尚有通（辽）让（湖路）411 km、魏（杖子）塔（山）247.7 km、沟（帮子）海（城唐王山）103.2 km、通（县）坨（子头）187.3 km 等干线。总长度为 5 669 km。修建的支线有 70 多条，总长度为 3 577 km，其中嫩林线由嫩江至古莲长 678.4 km。干支线总建筑长度为 9 246 km。另外还建成南京和枝城两座长江大桥。

"三五""四五"时期的铁路基建投资多数用于新线建设，用于既有线加强和改建的投资较少，建成的第二线共 1159 km，其中京广线修到衡阳，陇海线修到宝鸡，京包线修至大同；丰（台）沙（城）线 86.5 km 和武大（武昌至铁山）线 71.7 km 全线贯通。电气化铁路的宝成线由凤州至成都计 583 km 建成，实现了全线 669 km 的电气化，成为我国第一条电气化铁路。

四、"五五"至"九五"时期铁路规划与建设
（1976—2000 年）

1976 年"四人帮"垮台后，十年动乱的创伤亟待恢复，"四人帮"的流毒尚待肃清，被搞乱的基建程序和规章制度也需要逐步建立并加以完善。但指导思想上"左"的倾向还在产生影响，在"大干快上"的口号下，拟定的铁路建设规划规模过大，要在 8 年内到 1985 年建成新线 6 500 km、第二线 5 500 km、电气化铁路 13 000 km。战线过长投资分散，因为投资不到位，物资供应不上，而使工期拖长，迟迟不能形成能力。

1978 年 12 月，党的十一届三中全会拨乱反正，继而对国民经济发展部署进行了调整，对铁路停建缓建了一些项目，集中资金加强既有线的技术改造，铁路得以顺利发展。

1982 年，中国共产党十二届全国代表大会提出到 20 世纪末工农业生产总值要翻两番的伟大目标，并指出"铁路运输已成为制约国民经济发展的一个重要原因，运输能力同运输量增长的需要很不适应。为了改变这种局面，铁路必须进行一系列的重点建设，加快发展速度，提高运力"。根据这个精神，铁路把基本建设的重点放在加强既有铁路的技术改造上，并适当地安排一些必要的新线建设，提出"北战大秦，南攻衡广，中取华东"的战略。同时加速牵引动力的改造，提高机车车辆的修造能力，着重铁路各项运输设备的配套，以提高运输能力，解决运输薄弱环节。这一重大决策，体现在从 1981 年开始的第 6 个五年计划和 1986 年开始的第 7 个五年计划里。

"六五"时期，铁路完成的基本建设投资是历次五年计划中最多的时期。其中既有铁路改

造的投资占 33.2%。双线铺轨 1 870 km，使营业铁路中的主要干线大都建成双线，改建和新建电气化铁路 2 483.5 km，内燃牵引的铁路增加 3 421 km。机车保有量中内燃、电力机车的比重增至 34.6%，因而在完成的牵引任务中，内燃、电力机车已占 39.1%。在运输组织方面，进行了许多改革：组织单元重载组合列车，提高货物列车的重量；扩大旅客类车编组，挖掘运输潜力；采用零担运输集中化，减少沿零列车和办理沿零的车站，提高运行速度；改革机车乘务制度，实行长交路轮乘制，充分发挥机车运力；发展集装箱和集装化运输，提高货运效率等等。到 1985 年年底，全国铁路营业里程达 52 119 km，客货换算周转量突破 1 万亿吨公里。

从 20 世纪 80 年代中期开始，铁路客货运输日趋紧张，煤炭运力不足更为突出。"六五""七五"的铁路建设，改变了过去以新线建设为主的格局，重点放在东部地区既有线的加强与改造；不少繁忙干线修建了第二线，除了在西南山区进行铁路电气化的改造外，电气化改造也开始在东部平原地区实施，编组站的改扩建与客运大站的新建和扩建也在加紧进行。虽然铁路建设资金紧缺，但在铁道部领导和广大建路职工的努力下，铁路建设仍取得了可喜的成就。

1986 年开始进入"七五"时期，铁路实行了投入产出承包经营责任制后，更加调动了全路职工的积极性。京秦、大秦（第一期工程）等双线电气化铁路相继竣工。全长 14 km 以上的大瑶山隧道胜利打通，使南北主要大干线——京广铁路双线全线通车，大大提高了通过能力。兰新铁路修到了阿拉山口，完成了横贯中国内陆东西的钢铁运输线。其他旧线改造和机车车辆工业也取得了很大进展。

"八五"期间铁路开始征收铁路建设基金并利用多渠道筹措建路资金，"八五"后期建设速度加快。铁路建设开始向西南、西北边远地区延伸，区际通路和运煤的通路建设仍居于重要地位。

1976—2000 年的 25 年间，铁路建设成就可概括如下。

1. 新线建设

在华北、东北地区建成京（北京）秦（皇岛）343 km 电化双线，大（同）秦（皇岛）526 km 电化双线，京（北京）通（辽）806 km，侯（马）月（山）、新（乡）菏（泽）、济（宁）菏（泽）、兖（州）石（白所）共 834 km，包（头）神（木）172 km，邯（郸）长（治）217 km，辛（店）泰（安）167 km，以及集（宁）通（辽）943 km、通（辽）霍（林河）419 km 等铁路。另外神（木）朔（县）铁路于 1996 年 7 月建成通车。

在华东、中南地区建成枝（城）柳（州）883 km、皖赣（火龙岗至贵溪）407 km、宣（城）杭（州）240 km、三（水）茂（名）357 km、广（州）梅（县）汕（头）480 km、大（冶）沙（河）129 km、阜（阳）淮（南）127 km 以及漯（河）阜（阳）215 km、合（肥）九（江）347 km 等地方铁路。

在西南地区建成襄（樊）渝（重庆）860 km、阳（平关）安（康）356 km 以及南（宁）防（城）173 km、钦（州）北（海）104 km、隆（昌）泸（州）55 km、广大（广通至楚雄西）37 km 等地方铁路。此外南（宁）昆（明）铁路 899 km 和达（县三汇镇）成（都）355 km 都于 1997 年全线铺通，已于近期通车运营，西安安康线已于 1996 年开工兴建。

在西北地区建成兰青（哈尔盖至格尔木）683 km、南疆（吐鲁番至库尔勒）477 km、北疆

（乌鲁木齐至阿拉山口）458 km、宝（鸡）中（卫）498 km、西（安）延（安）317 km 等干线。另外由库尔勒到喀什的南疆铁路西段的 975 km 新线已于 1996 年 9 月正式开工。

1996 年铁路基建投资 340 亿元，其中铁道部筹资 320 亿元，省筹投资 20 亿元；完成正线铺轨 1 307 km，其中新线 871 km，复线 436 km。投产运营新线为 1 977 km、复线 1 502 km，建成电气化铁路 696 km，是铁路建设又一个丰收年。

此外，1996 年还建成了京九铁路，京九铁路由北京西站南下，经霸县（今霸州市）、衡水、菏泽、商丘、阜阳、麻城、九江、南昌、赣州、龙川到深圳，纵贯京、津、冀、鲁、豫、皖、鄂、赣、粤九省市，包括天津霸县、麻城武汉两条联络线，总长 2 538 km，其中北京至南昌为双线，南昌至深圳为单线。京九铁路于 1991 年 9 月开工，1995 年 11 月铺通，1996 年 9 月 1 日正式运营，是我国一次建成最长的铁路干线。

2. 第二线建设

截至 1995 年年底，我国的复线铁路已达 16 909 km。东北地区有哈（尔滨）佳（木斯）线、哈（尔滨）大（连）线、滨州线（哈尔滨至牙克石）、滨绥线（哈尔滨至牡丹江）、牡（丹江）佳线（牡丹江至丹口）以及入关的京（北京）沈（阳）线。华北地区东西向的有京包线、包兰线（北京至石嘴山）、大秦线、京秦线、太石线、石德线、胶济线；南北向的有南北同蒲线（大同至侯马）。穿越华北与中南、华东地区的南北干线有京广、京九、京沪和长治经洛阳、襄樊至石门干线。横贯我国中部的东西干道是由连云港经宝鸡和武威至乌鲁木齐的陇海线和兰新线。华东地区有上海经杭州到株洲的沪杭线和浙赣线，"九五"期间将向西延伸经怀化、贵阳到水城。西南地区已建成的只有柳（州）黎（塘）线，"九五"期间将向湛江延伸；另外还有正在施工的成都阳平关路段。

3. 电气化铁路

截至 1995 年年底，我国的电气化铁路已达 9 303 km。西南地区的宝成、成昆、成渝、阳安、襄渝、川黔、贵昆、湘黔都已电化；南昆线电化铁路也将于"九五"末期通车。西北地区宝兰、兰武、宝中和包兰线的石嘴山兰州段都已电化。干武线 1996 年电化。华北地区的北同蒲、石太、京秦、大秦、丰沙大、太焦与一些以煤运为主的线路都已电化。鹰厦线、陇海线郑州宝鸡段已经电化；京广线郑州以南已经电化，郑州以北正加紧施工；哈大线长春沈阳段已经电化，正向两端延伸。

五、铁路建设成绩卓著

（一）全国路网迅速发展

截至 1995 年年底，新中国成立以来国营铁路的通车里程共增加 32 806 km，47 年间年均增加 698 km，达到 54 616.3 km，其中准轨铁路 53 945.6 km，窄轨铁路 665.9 km。通车里程中复线铁路 16 908.7 km，占 31.0%；电气化铁路 9 702.6 km，占 17.8%；内燃牵引铁路 24 748.6 km，占 45.3%。各个时期营业里程增长情况如表 3.8 所示。

表 3.8　新中国国营铁路营业里程增长　　　　　　　　　　　　单位：km

时期	年度	营业里程	复线里程	电化里程	内燃化里程
	1949	21 810	867		
恢复期末	1952	22 876	1 410		
"一五"期末	1957	26 708	2 203		
"二五"期末	1962	34 603	5 430	90	
"调整"期末	1965	36 406	5 588	94	292
"三五"期末	1970	40 989	6 549	291	1 331
"四五"期末	1975	45 992	7 161	673	4 974
"五五"期末	1980	49 940	8 119	1 667	7 401
"六五"期末	1985	52 119	9 989	4 141	10 822
"七五"期末	1990	53 378	13 024	6 941	16 097
"八五"期末	1995	54 616	16 909	9 703	24 749
	1996	56 678	18 423	10 082	29 190
"九五"期末	2000	58 656	21 408	14 864	

1. 路网骨架基本形成

我国路网已形成南北通路 7 条、东西通路 7 条、关内外通路 4 条，构成了能力强大的路网骨架。

南北通路 7 条是：① 佳木斯—哈尔滨—沈阳—大连；② 天津—徐州—南京—上海；③ 北京—霸县—衡水—菏泽—商丘—阜阳—九江—南昌—赣州—龙川—九龙；④ 北京—郑州—武昌—株洲—广州；⑤ 大同—太原—洛阳—襄樊—枝城—怀化—柳州—黎塘—湛江；⑥ 宝鸡—成都—昆明；⑦ 安康—重庆—贵阳。西安安康线已动工兴建，延安神木线已列入计划，建成后将由安康向北延伸，经西安、延安直到包头、二连浩特。

东西通路 7 条是：① 满洲里—哈尔滨—绥芬河；② 兰州—包头—北京—秦皇岛；③ 太原—石家庄—德州—济南—青岛；④ 西安—侯马—焦作—新乡—菏泽—兖州—石臼所；⑤ 连云港—徐州—郑州—西安—兰州—乌鲁木齐—阿拉山口；⑥ 上海—杭州—株洲—怀化—贵阳—昆明；⑦ 阳平关—安康—襄樊—武汉—九江，九江铜陵线接通，将可向东延伸至芜湖、南京。

关内外通路 4 条是：① 北京—天津—山海关—沈阳；② 北京—承德—锦州；③ 北京—通辽—让湖路；④ 集宁—通辽。

我国路网建设的巨大成就，还可用北京地区和四川省的铁路建设来加以说明。

首都北京是我国政治、经济、文化中心。新中国成立前仅有京津、京汉、京张三条铁路。新中国成立后，京津、京汉铁路都建成双线，并又增建了 6 条干线。西去的有丰沙（丰台至沙城，双线电化）、京原（平），东去的有京承（德）、京秦（皇岛，双线电化），北上出关的有京通（辽）；还有穿过北京北郊的大（同）秦（皇岛）双线电化铁路。1996 年建成的京九铁路可南下深圳、九龙。

8 条干线引入的北京地区，已形成北京铁路枢纽。枢纽内有很多联络线构成干线间的直接通路。有丰台西、丰台、石景山南、三家店、双桥等编组站承担货物列车的解编作业；有广安门、和平里、北京东（东郊）等大型货物站担负北京地区的货物集散；有北京、北京西、北京南（永定门）、北京北（西直门）等大型客站方便不同去向的旅客乘降。北京站承担京哈、京沪、京包、京承、京原等线的客运到发，北京西站承担京广、京九等线的客运到发；北京南站，既到发各线的中短途旅客列车，也分担各线的部分长途特快、直快列车；北京北站只到发京包、京承的少量旅客列车并办理货运业务。

这类联结几条铁路，由很多联络线和编组站、客运站、货运站、中间站构成的整体，称为铁路枢纽。枢纽除办理客货运商务作业外，还办理客、货列车的始发、终到、中转作业，以及机车、车辆检修等技术作业。

四川省（含重庆市）曾于1929—1930年在重庆北面的江北县（今渝北区）文星镇修建了一条13 km长、650 mm轨距的运煤小铁路，但早已拆除；抗日战争中又在长江南岸由猫儿沱至綦江修建了綦江铁路，以运送煤炭，长67 km，这是新中国成立前四川的唯一铁路。目前已建成北出陕西的宝成线（川境大滩至成都376 km）、南下云南的成昆线（川境成都至新江809 km）、南下贵州的川黔线（川境小南海至石门坎136 km）以及东去湖北的襄渝线（川境官渡至重庆西395 km）；四川省区内建有成（都）渝（重庆）线505 km，内（江）宜（宾、安边）线142 km；达（县、三汇镇）成（都）线350 km已经铺通，于1997年年底通车。7条干线总长度为2 713 km。除此7条干线外，还有广（元）旺（苍、普济）、德（阳）天（汉旺）、广（汉）岳（家山）、宜（宾）珙（县）、三（江）万（盛）、渡口（牛坪子至格里坪）等支线14条，总长度约455 km。

四川省地方铁路局管辖的地方铁路有：隆昌泸州、万盛水江、青白江灌县、普济乐坝等准轨地方铁路和彭县（今彭州市）白水河的窄轨地方铁路，总长度约236 km。

四川境内干支线与地方铁路已达3 404 km。已建成达（县）万（县）铁路、内昆（安边至六盘水）铁路、渝（重庆）怀（化）铁路以及筠连（金沙湾至筠连县巡司场）、泸（州）叙（永）等地方铁路。

2. 路网布局大为改观

新中国成立前广大的西北五省仅有铁路456 km，即陕西潼关至天水段和咸（阳）同（官煤矿，今铜川）支线；1995年年底，西北地区已建成铁路7 431 km，增加了6 975 km，占全国路网长度的13.6%。西南云、贵、川、藏四省区仅有铁路733 km，即四川省的綦江铁路67 km和云南的窄轨铁路666 km；1995年年底，西南地区除西藏尚没有铁路外，云贵川三省共有铁路5 896 km，增加了5 136 km，占全国路网长度的10.8%。

在内蒙古和东北地区修建了伸向边远地带的森林线和开发线，主要的森林线有4条：一为牙林线，由滨州线上的牙克石站北上经伊图里河到满归，又由伊图里河向东延伸到加格达奇，总长735 km。二为嫩林线，由嫩江北上经加格达奇、塔河到古莲，全长680 km；牙林、嫩林两线及其支线构成了大兴安岭林区的铁路网。三为汤林线，由绥佳铁路的南岔车站北经伊春到乌伊岭，全长257 km，因沿汤旺河修建而称为汤林线，又称南乌线，是开发小兴安岭林区的铁路。四为长林线，位于吉林省东南部，由大阳岔站至白河，全长190 km，是开发长白山林区的铁路，故名长林线，现称浑（江）湾（沟）线。此外在内蒙还修建了运煤的通（辽）霍（林河）铁路全长419 km；在黑龙江东北部修建了福（利屯，即集贤）前（进）铁路，全长226 km，是开发"北大仓"三江平原的铁路。这些铁路都是伸向边远地区的开发性铁路，既促进地区经济发展，又改善了铁路网布局。

通过 47 年的努力，在京广线以西修建了大量铁路，西北、西南两地区的铁路已占全国的四分之一，这对开发我国西部的丰富资源、发展边远地区的经济将发挥越来越重要的作用。不但路网长度和线路设施有了长足的进步，路网布局也大有改观。

西北西南地区的路网虽然有很大的发展，但数量仍然偏少，密度仍然偏低，每百平方千米的铁路长度仅 0.24 km、0.25 km，不到全国平均值的一半。自"九五"期间开始，铁路建设已着手向西部倾斜。西北地区南疆铁路西段自库尔勒至喀什长约 975 km，于 1996 年动工兴建，于 1999 年建成；并已筹划由格尔木至拉萨长约 1 150 km 的进藏铁路，本路由海拔 2 832 km 的格尔木爬上海拔 4 670 m 的昆仑山，在青藏高原上翻越风火山、唐古拉山，海拔达 5 000 m，然后经那曲下到海拔 3 625 m 的拉萨，将是世界海拔最高的铁路。西南地区横贯四川境内的达成铁路已经通车，达万铁路正在兴修；西南地区的下海通道南昆铁路于 1997 年通车运营；连接云、贵、川的内昆铁路（由安边到六盘水）于 1996 年建成；广通大理铁路正在施工；并正在酝酿修建的重庆至怀化（或吉首）以及由云南南下泰国清迈的国际通道。西北、西南地区的铁路建设任重道远，前途光明。

3. 国际通道初具规模

对外开放、对内搞活的经济政策使得我国的对外贸易迅猛增长。连接友好邻邦和出海港口的铁路，其运量日益增加，地位日益重要。

我国铁路和四邻国家铁路接轨的，北部边疆有滨洲线在满洲里、滨绥线在绥芬河和俄罗斯铁路接轨，有集二线在二连浩特和蒙古铁路接轨。南部边疆有昆河线在河口、湘桂线在友谊关和越南铁路接轨。东部边疆有长图线在图们、梅集线在集安、沈丹线在丹东和朝鲜铁路接轨。西部边疆的北疆线在阿拉山口和哈萨克斯坦接轨，北疆线东接兰新线、陇海线，由连云港到阿拉山口总长达 4 170 km，形成了亚欧第二大陆桥，可西去西欧各国并可南下乌兹别克斯坦、土库曼斯坦、伊朗、土耳其等国，较经西伯利亚的第一条亚欧大陆桥可缩短运距 700～3 000 km，通达范围广，且气候适宜，一年四季可不间断运输，发展前景非常广阔。西南边疆当时正在修建广通大理铁路，将来此路向西南延伸，或经保山、畹町，或经云县、镇康，可在缅甸腊戌与缅甸铁路接轨，南下仰光进入印度洋。云南省酝酿两条路线以南下泰国清迈，经曼谷以达暹罗湾，一条是由广大线上的祥云经弥渡、云县、思茅至勐腊，一条系由昆明经玉溪、墨江、思茅至勐腊，由勐腊进入老挝，沿湄公河进入泰国，再南行到达清迈。这些铁路一旦建成必将促进西南地区国民经济的迅猛发展。

我国的东南沿海，北由鸭绿江口，南到北仑河口，有长约 18 000 km 的海岸线。旧中国后方有铁路连接的港口仅有大连（哈大线）、天津（京沈线）、青岛（胶济线）、连云港（陇海线）、上海（沪杭、沪宁线）、广州（粤汉线）六处。新中国成立后，陆续建成了十多处有铁路连接的海港，它们是秦皇岛（京秦线、大秦线）、烟台（蓝烟线）、石臼所（兖石线）、穿山港（萧穿线）、福州（外福线）、厦门（鹰厦线）、汕头（梅县汕头线）、湛江（黎湛线）、北海（钦州北海线）、钦州（钦州港专用线）、防城（南防线）。这些铁路对外贸事业、海运发展起了保证和促进作用。

1997 年 7 月 1 日香港回归祖国，香港后方有京九铁路和广深铁路与北京和广州联通；香港是国际贸易和金融中心，它的回归进一步促进了我国经济的发展。

4. 编组站能力逐步加强

编组站是铁路制造和加工货物列车的工厂，大量货物列车的解体编组作业都要在编组站完成；若编组站的能力不足或分布不当，则会造成车流的堵塞。所以编组站的合理配置及其能力设计也是发展路网的重大问题之一。

新中国成立后，我国新建了很多大型编组站，如北京丰台西站、上海南翔、沈阳裕国、郑州北站等，它们都具有强大的改编能力，如双向三级六场的郑州北站，上下行各有 64 股道，共铺轨 210 km，每天可解编车辆 24 000 辆。同时也对原有的编组站进行了大规模的改扩建工程，全路编组站的能力得到极大提高。当前亟待加强的是，有的地区需要新建扩建路网性编组站，以多编远程直达列车，提高直达列车的比重；有的地区点线不配套，编组站的能力小于线路区间能力，限制了路网的综合运输能力，需要改扩建相应的编组站；有的大型矿区和大型港口的装车基地编组站需要扩建，以多编始发直达列车。

目前全路有 90 多个编组站，其中 46 个为主要编组站，按调车设备类型可划分为自动化驼峰、半自动化驼峰、机械化驼峰与非机械化驼峰四类。46 个编组站总的设计编解能力每日约 30 多万辆，货车的有调中转停留时间平均约 73 h；有的已压缩到 44 ~ 47 h，已接近世界先进水平。

（二）建筑技术日益提高

新中国成立以来，我国铁路建筑技术的提高大体经历了三个阶段。第一阶段是新中国成立初期，学习苏联，陆续制定一整套建筑规范，组建了专门的设计和施工队伍，修建了丰沙、宝成和武汉长江大桥等巨大工程，实现了建筑技术的第一次飞跃。第二阶段是 20 世纪六七十年代，以自力更生、发奋图强的技术战斗组为标志，建筑技术进入巩固提高阶段。在成昆等铁路的修建中曾有很多创造性的探索，可惜受十年浩劫的干扰，未能善始善终开花结果。第三阶段是 20 世纪 80 年代以后，以引进西方技术为标志，在京秦、大秦和衡（阳）广（州）二线、京九、南昆的修建中得到应用和发展，建筑技术进入第二次飞跃。下面简要介绍铁路桥梁、隧道和路基的建筑技术成就。

1. 桥梁技术成就

新中国成立前修建的山区铁路，限于当时的施工技术水平和为了易于修建，遇水不敢跨河，铁路往往在河谷一侧修建，遇到塌方、滑坡、泥石流等严重不良地质也不能绕避，因之容易造成自然灾害中断行车。抗日战争中修建的宝天线在渭河北岸的山坡上蜿蜒曲折，灾害严重，经常中断行车，就是一个典型的例证。所以新中国成立前的 69 年间，我国修建铁路桥梁总延长仅 341 km。

新中国成立后修建的山区铁路遇水搭桥，绕避不良的地质地段，大大减轻了线路病害。20 世纪 50 年代修建的宝成线，由秦岭到广元 16 次跨越嘉陵江，全线长 669 km，修建大中小桥千座，总延长 28 km，占全长的 4%。60 年代修建的成昆线，中间一段 13 次跨牛日河、8 次跨安宁河、49 次跨龙川江及其支流，全线长 1 087 km，修建桥梁 991 座，总延长 101 km，占全长的 9.3%。70 年代修建的襄渝线在大巴山南麓 33 次跨越后河，全线长 852 km，建桥梁 716 座，总延长 113 km，占全长 13.3%。90 年代修建的南昆铁路，包括威舍至红果的联络线，建筑长度为 898.6 km，修建特大、大、中型桥梁 476 座，总延长 79.8 km，占全长的 9.0%。新中国成立后，截至 1995 年年底，我国新建铁路桥梁 2 万座以上，总延长约 1 600 km，新中国成立后 47

年间修建的铁路桥梁不但在总长度上为新中国成立前69年修建桥梁的4.7倍，并且在修建技术上也有了突飞猛进的发展，取得了举世瞩目的巨大成就。

长江、黄河上的铁路桥梁数量标志着我国铁路的发展规模。新中国成立前万里长江上未建一座铁路桥梁，黄河上也仅有济南、郑州两座铁路大桥；目前长江上已建有金江三堆子（成昆线）、安边（内宜线）、宜宾（宜珙支线）、重庆白沙沱（川黔线）、枝城（焦枝线）、武汉（京广线）、九江（京九线）、南京（京沪线）等8座铁路大桥。黄河上已建成干支线铁路大桥20余座，其中新菏线的长（垣）东（明）黄河大桥长10 282.75 m，全桥由16孔钢桁梁、100孔钢钣梁和184孔预应力混凝土梁组成，桥长为目前亚洲铁路桥之冠；工期仅20个月，创造了令人赞叹的"长东速度"。新中国成立后，铁路桥梁建筑的标准化也取得了可喜成就，研制了符合我国路情的桥梁建筑统一标准、铁路桥梁荷载标准、铁路桥梁设计规范和施工规程，设计并审定了各种跨度和不同结构的桥梁、墩台标准图，改变了旧中国桥梁建造上的杂乱落后状态。

我国铁路大、中、小桥的长度划分标准是：桥长20 m以下的为小桥，桥长20~99 m的为中桥，桥长100~499 m的为大桥，桥长大于500 m的为特大桥。

（1）拱桥。石拱桥是我国传统的桥式，历史上有着光辉成就。1901年穆林河石拱桥是我国修建最早的铁路石拱桥，1905—1909年詹天佑修建的京张铁路就建有40座石拱桥，1912年津浦铁路共建砖石拱桥1 290座，但跨度都比较小。20世纪50年代，成渝线、宝成线就地取材修建了不少石拱桥，最大跨度38 m。60年代成昆线一线天石拱桥跨度为54 m，是我国跨度最大的铁路石拱桥，也是世界铁路上无铰石拱桥中跨度最大的。该桥建于大渡河河畔的老昌沟上，沟深约200 m，宽约50 m，人称"一线天"；桥梁位于3‰的纵坡上，全长63.14 m，矢高13.5 m，拱宽4 m，拱顶厚1.6 m，拱趾厚2.815 m，拱上每端建有3孔跨度5 m的小拱，成为空腹式拱桥；该桥建设因地制宜，就地取材，节省钢筋水泥，避免了修建高墩。在深沟峡谷，地理条件较好时，修建拱桥是经济合理的决策。70年代后，大跨度拱桥发展很快，石拱桥已很少采用。

钢筋混凝土拱桥的建造也取得很大成就。20世纪50年代中期，包兰线在东岗镇跨越黄河，建造了3孔53 m跨度的上承空腹肋式钢筋混凝土拱桥，是中国拱桥发展的转折点。60年代中期，在丰沙二线的永定河上建造了主跨为150 m的中承装配式钢筋混凝土拱桥，标志着我国铁路钢筋混凝土拱桥建设在当时已达到世界先进水平。70年代后期，在贵阳枢纽南环线上建成了上承空腹式双曲拱联拱桥，桥梁位于10‰的坡度上，由8孔跨度各为40 m的双曲拱桥组成，全长381.22 m，是当时最长的铁路双曲拱桥。

（2）钢筋混凝土梁与预应力混凝土梁。新中国成立之初，我国只能制造跨度不超过16 m的钢筋混凝土梁，50年代末预应力混凝土梁的跨度达到32 m，70年代末跨度已达到48 m。80年代起，预应力连续梁的跨度更有长足的发展，建成了：邯长线浊漳河预应力混凝土斜腿刚构桥，主跨达82 m；南防线茅岭江预应力连续梁大桥，主跨长80 m。湘桂线红水河第二线斜拉桥主梁为48 m + 96 m + 48 m的预应力混凝土3跨，双室箱形截面连续梁，2个索塔各有1对预应力混凝土竖直塔柱，索塔两侧各有3组斜拉索，每组2条，每条斜拉索由6根钢铰线束组成，每一钢铰线束由10根7股5 mm直径的钢铰线合成。本桥成为继德、英、日三国之后，世界上第4座铁路斜拉桥，标志着我国桥梁技术的新成就。

（3）钢梁的跨度在逐步增长。20世纪50年代建成的武汉长江大桥，跨度128 m，为三孔一联的等跨平弦菱形连续钢桁梁，江中正桥共三联九孔，长1 158.8 m。本桥为公铁两用桥，铁路在下，公路在上，桥头引线北依龟山，南跨蛇山，公路桥长1 670 m。本桥将京汉和粤汉两条干线联成一体，统称京广铁路，"一桥飞架南北，天堑变通途"。

60 年代建成的南江长江大桥，跨度 160 m，正桥为 10 孔，浦口岸一孔跨度为 128 m 简支梁，其余 9 孔跨度均为 160 m，系三孔一联的连续梁，钢梁总重 31 581 t。本桥亦为公路在上、铁路在下的公铁两用桥，铁路桥因引桥很长，全长 6 772 m，公路桥全长 4 588 m。本桥将津浦和沪宁两条干线联通，加上北段的京津铁路，统称为京沪铁路。

70 年代建成的成昆线三堆子金沙江大桥主跨度为 192 m；90 年代建成的京九线九江长江大桥，主跨跨度 216 m，采用了 180 m + 216 m + 180 m 的连续梁，是目前长江上跨度最大的铁路桥梁，本桥也是公铁两用桥，铁路桥长 4 675.4 m，公路桥长 4 460 m。

于 1997 年 3 月开工的芜湖长江大桥，主航道跨度为 180 m + 312 m + 180 m，北岸副航道采用 [120 + 2 × 144 + 2 ×（3 × 144）] m 的连续钢桁梁，南岸边孔为 2 × 120 m 钢桁梁。

1983 年建成的安康汉江斜腿刚构薄壁箱形钢梁桥，主跨跨度 176 m，是当时世界同类桥梁中跨度最大的。该桥建在安康水电站的专用线上，横跨陡峭峡谷，由于桥跨加大、桥面抬高，从而减少线路展线 14 km。

南昆线板其二号大桥是我国第一座弯梁桥，该桥位于半径为 450 m 的曲线上，线路坡度为 11‰，全长 271.58 m，主跨为 44 m + 72 m + 44 m 的预应力平弯连续刚构，弯梁截面为单箱单室、变高度、变截面结构。板其二号弯梁桥的修建，为今后山区铁路的选线设计提供了更大的自由度。

（4）墩台和基础。桥梁墩台自 20 世纪 60 年代起逐步改变了过去"傻大粗"的形式。柔性桥墩最早在成昆线金口河 1 号桥采用，目前全路已建成几百个柔性桥墩；空心桥墩也始建于成昆线，目前高的桥墩多采用空心，南昆线 40 m 以上的空心高墩就有一百多个，另外还有双柱门式桥墩和工厂预制的拼装式桥墩。南昆线八渡南盘江特大桥，在 70 m 高的桥墩顶部采用了 V 形支撑，支撑高 21.99 m；采用 V 形支撑，一可减轻恒载，二可缩短梁的跨长，三可降低支点高度，技术先进，结构合理，桥式新颖美观。

随着设计和施工水平的提高，桥墩高度也逐步增长。高墩大跨桥梁的采用，为山区铁路避免展线、降低造价创造了条件，南昆铁路清水河大桥就是一个成功的例证。清水河大桥桥跨布置为两孔 32 m 的简支梁和 72 m + 128 m + 72 m 的预应力混凝土连续刚构，全长 3 605 m；从谷底至轨面高 183 m，其中 4 号桥墩明挖基础深度达 54 m，墩高 100 m，是我国目前最高的铁路桥。

墩台下部的基础过去多采用明挖扩大基础和人工挖土下沉的压气沉箱基础。20 世纪 60 年代开始采用桩基，把钢筋混凝桩打入地下，或挖孔、钻孔，再灌注钢筋混凝土。以后发展为管柱基础，利用振动打桩机、高压射水和吸泥等措施，将预制管柱下沉至基岩面，再在管柱内凿岩，灌注水下钢筋混凝土将管柱固定，最后在管柱上修建桥墩承台。管柱基础首先用于武汉长江大桥，管柱直径为 1.55 m。以后管柱直径逐步加大，南昌赣江桥为 5.8 m，是当时国内最大的。九江长江大桥采用双壁钢围堰钻孔基础，施工技术又前进一步。

南京长江大桥的桥墩，从基础面到墩顶高度都在 80 m 左右；1 号墩采用沉井，沉井入土深度达 54.87 m，2 号、3 号墩水深 30 m、覆盖层厚 40 多米。我国深水基础的施工技术已达到世界先进水平。

2. 隧道技术成就

1）隧道的数量和长度

我国第一座铁路隧道是台湾地区台北至基隆线上的狮球岭隧道，长 261.4 m，建成于 1889 年。到 1949 年，我国大陆上共建成准轨和窄轨的铁路隧道 331 座，总长 100.1 km。1949 年以来，在山岳地区修建了大量新线，隧道的数量和总长增长很快；截至 1996 年年底，我国在正式运营的国家铁路上共增建隧道 4 641 座，总延长 2 223 km。截至 1996 年年底，我国正式运营的国家铁路共有隧道 4 972 座，总长为 2 323 km，已成为世界上铁路隧道最多的国家之一。

到 1995 年铁路隧道总长占营业里程的比例为 4.1%，山区铁路的隧道长度比例则增大很多。20 世纪 50 年代修建的宝成铁路，隧道总长为 84.4 km，占线路长度的 12.6%；60 年代修建的成昆铁路，隧道总长为 344 km，占线路长度的 31.3%；70 年代修建的襄渝铁路莫家营至重庆段，隧道总长为 287 km，占线路长度的 33.4%；90 年代修建的南昆铁路，隧道总长 194.6 km，占线路长度的 21.7%；2001 年建成的西安安康铁路，隧道总长为 121.2 km，占线路长度的 49.1%。

随着隧道施工技术的逐步提高，我国铁路越岭隧道的长度也相应加长。50 年代初修建的宝成线，穿越秦岭的隧道仅长 2 363.6 m；1959 年修建的川黔线凉风垭隧道长 4 270 m；1967 年修建的成昆线沙木拉打隧道长 6 379 m；1969 年修建的京原线驿马岭隧道长 7 032 m；1996 年修建的南昆线米花岭隧道长 9 392 m；正在修建的西安安康线秦岭Ⅰ号、Ⅱ号隧道分别长 18 448 m、18 457 m。最长的双线隧道是 1987 年修建的衡广复线上的大瑶山隧道，长 14 294 m；同年建成的大秦线军都山隧道长 8 460 m，位列我国双线隧道长度的第二。

我国海拔最高的隧道是 1977 年建成的青藏线上的关角隧道，长 4 010 m，隧道内人字坡坡顶路肩标高达 3 670 m，海拔居世界第二位；其次是 1978 年建成的南疆铁路的奎先隧道，长 6 152 m，最高标高达 3 470 m。世界最高的铁路隧道为秘鲁的加利纳隧道，海拔为 4 782.35 m，但长度仅 1 177 m。

2）施工技术的进步

新中国成立前铁路隧道一般采用上下导坑的开挖方法，有的隧道还采用了竖井、斜井和横洞的辅助导坑，以加多工作面。施工中的临时支撑采用木排架，不少隧道不作衬砌或用砖衬砌。施工方法是手锤打眼、人工装渣、手推车运输。无通风装置，用油灯照明。施工进度为平均单口月成洞 10 m 左右。

新中国成立后的 50 年代，隧道施工逐步采用手持风动凿岩机打眼、有轨运输、管道式通风、电灯照明，并普遍采用圬工衬砌。宝成线秦岭隧道长 2 364 m，开挖了竖井，平均单口月成洞约 45m。川黔线凉风垭隧道采用了平行导坑，平均单口月成洞达 78 m。

60 年代初，隧道施工中推广配套的小型机械化，凿岩机打眼、装渣机装渣、电瓶车运输、机械通风，不少隧道平均单口月成洞达 100 m，全年成洞 2 400 m。少数隧道采用了钻孔台车，进行全断面开挖，有的隧道试验了锚杆临时支护。成昆线的官村坝隧道长 6 107 m，曾创造过平均单口月成洞 152 m、年成洞 3 600 m 的最高纪录，接近了当时的世界先进水平。

60 年代末和 70 年代的大动乱时期，隧道技术进步不大。这一时期主要是山区新线铁路建设，建成了很多隧道，70 年代平均每年建成 110 km 隧道。

80 年代在衡广复线的大瑶山等隧道和大秦双线军都山等隧道的施工中，采用四臂液压凿岩台车（纯钻眼速度为 1.5～2.0 m/min）进行双线隧道全断面开挖，用大型装渣机（铲斗容量约 2.7 m³）和 20 t 自卸汽车出渣；用混凝土喷射机械进行锚杆喷锚支护。有的隧道采用复合衬砌，先喷射混凝土 5～15 cm 厚，再用液压模板台车立模，用混凝土泵将自动拌和车拌好的混凝土灌注在模板内。这些隧道的施工技术十分先进，使开挖、装渣、运输、支护、衬砌等工序全盘实现了机械化。1986 年大秦线军都山双线隧道曾创造了单口月成洞 238 m 的最高纪录。

90 年代修建的南昆线米花岭隧道，全长 9 392 m，采取先开挖中心导坑，再全断面扩大的施工方法，应用光面爆破技术，配备了门架式全液压四臂凿岩台车钻眼、装药。两台装载机平行装渣，用 16 t 电瓶车牵引 14 m³ 的大型梭式矿车出渣，然后在隧道轮廓的岩壁上喷射一层混凝土作为初期支护，并用轨道输送车运送拌和好的混凝土，用混凝土泵将混凝土输送到模板台车上，一次浇注成型。使开挖、运输、喷锚衬砌三条机械化作业线能力匹配，实现了长隧道的快速施工，创造了我国单线铁路隧道双口月成洞 769 m 的新纪录，实现了平均月成洞 141 m 的进度指标，体现了 90 年代铁路隧道施工的新水平。

我国是一个多山的国家，实现了隧道的快速施工，才能为山区选线设计提供更大的自由度，以克服高大山岭的自然障碍。

3）特殊隧道的施工经验

在石灰岩、白云质灰岩和含有石膏等可溶性岩层中，若地下水发育就会形成喀斯特溶洞。川黔线虾子洞隧道是我国穿越溶洞最多的隧道，全长 1 408 m，隧道和溶洞中的暗河近于平行，两者时交时分。洞内有的地段用浆砌片石支顶，有的地段洞内有河、河上筑拱、拱上架梁、梁上铺轨。四川宜珙线上的轿顶山隧道，洞内溶洞宽 50～60 m、长 80 m，是溶洞最大的隧道。贵昆线上的老虎嘴隧道，洞内溶洞直径达 45 m，上高 200 m，下深 300 m，是溶洞最高的隧道。其他像黔桂线上的观音阁、宝成线上的仙人岩、衡广复线上的南岭隧道等，隧道内都出现了溶洞。对隧道内溶洞的处理整治，我国累积了丰富经验。

隧道涌水是施工中的一大难题。有的隧道穿过喀斯特发育的石灰岩地区，有的穿过裂隙或断裂发育地带，从而可能将附近的地表水或地下水引入洞内，使隧道出现涌水现象。成昆线沙木拉打隧道曾因地表水渗漏形成洞内涌水，最大涌水量达 5.2×10^5 m³/d。川黔线娄山关隧道曾因地表降水形成洞内涌水，最大涌水量达 1.3×10^5 m³/d。襄渝线大巴山隧道，最大涌水量达 8×10^4 m³/d～11×10^4 m³/d。衡广复线大瑶山隧道 1985 年春施工中，在班谷坳谷槽的竖井下面发生涌水，涌水量虽然不大，但含有大量泥沙，致使抽水机失灵，涌水淹没了工作面和施工机械，竖井中水位上升到 405 m，使洞顶山体塌陷、附近泉水干枯，以后采取从北口正洞开凿平行导坑排出涌水，才恢复正常施工。

在埋藏较深围岩坚硬的隧道内，爆破后岩石表面爆裂，弹射出小石块或碎屑，称为"岩爆"，成昆线官村坝隧道曾发生过岩爆。有的隧道建成后，围岩渗水，水中含有硫酸根离子，其浓度高时，会腐蚀隧道衬砌和仰拱，不少隧道产生了这种病害，成昆线白家岭隧道就较为典型。贵昆线上的岩脚隧道，施工时还发生过瓦斯突出，危害甚大。

1996 年建成的南昆线威舍至红果段北端的家竹箐隧道长 4 980 m，号称"天下第一险洞"，它潜伏着高瓦斯、高地应力和大涌水三大险情。第一险情是易燃易爆有毒的瓦斯气体，家竹箐隧道进口端 1 550 m 的长度内要穿过 26 道煤层，煤层厚、煤质软，瓦斯含量最高达 34.5 m³/t；修建中首先要排放瓦斯，还要揭去煤层；施工中制定了严密的防范措施，建立了强大的通风系统，采用了"弱爆破、短进尺、强支护、快喷锚"的成功经验，安全地通过了道道煤层。第二险情是高地应力，施工中曾发生拱顶压下、边墙移位等严重问题，经测试地应力竟高达 19 MPa；最后采用了在隧道周围打入长锚杆的办法，锚杆长 8～13 m，直径 27～32 mm，共打入长锚杆 11 555 根，总长度达 110 km，将变形的岩体"钉死"，并将衬砌厚度加厚到 0.8 m，在衬砌混凝土中加入钢纤维，以提高抗压、抗拉能力，终于制服了高地应力。第三险情是大涌水，涌水量每昼夜高达 80 400 m³，曾淹没隧道 1 000 多米；采用了堵排结合的措施，堵就是用水玻璃注浆，堵死可能进入隧道的水源，排就是用十几台大型水泵排水，终于制服了大涌水。家竹箐隧道的胜利建成，使我国隧道的施工技术又向前迈进了一大步。

3. 路基的修筑与防护

我国疆域辽阔，地形地质条件复杂，西北的风沙，东南的软土，西南的高山峡谷，东北的永冻地带，入川修路要行经"难于上青天"的艰险蜀道，进入云南要通过"地质博物馆"的"筑路禁区"。形形色色的自然条件，丰富多彩的路基工程，是我国铁路建筑的又一特色。

1）特殊地区的路基

（1）风沙地区。我国通过风沙地区的铁路达 1 000 多千米，铁路员工在防风固沙上取得了卓越的成就。包兰线有 140 km 位于风沙地区，其中中卫以西沙坡头一段长 16 km，处于腾格里沙漠南沿的风口地带，沙层厚达 20 ~ 100 m。铁路治沙职工采用"要固沙，先设障，植树措施紧跟上"的办法，先远离路基设立草障，并在路基两侧平铺卵石，路基坡面铺砌卵石格网；同时在铁路沿线种植灌木乔木，喷洒化学乳剂加速植物生长，并用黄河水及时浇灌。这种用机械固沙、植物固沙和坡面防护相结合的治沙措施，既防止流沙掩埋路基，又防止沙筑路基被风吹蚀，收到了良好的效果，得到了世界各国专家的赞誉。

兰新线的风口路段，大风来时风速很高，有所谓"飞石轻如絮，辎重飘若蓬"的描述。通车二十多年来，曾发生过巡道工人被风吹跑失踪和九次吹翻车辆的重大事故。车辆被吹翻多在沟谷中的高路堤路段。目前用修建挡风墙的办法防风，墙高至车辆高的三分之二处即可保证安全。

防风治沙需要敢于和风沙搏斗的勇士。京通线在奈曼附近穿过科尔沁沙原，尽管是"风起沙丘动，睁眼不见人"，"每人每天二两土，白天不够晚上补"，但铁路工人敢于"风口沙窝跑'铁马'，机声隆隆走天涯，喝令'黄龙'变'铁路'，风算老几沙算啥"，常年与风沙拼搏。

（2）盐湖筑路。青藏线通过柴达木盆地的察尔汗盐湖，长 32 km，湖上盐岩厚达 10 ~ 18 m，坚硬如花岗岩。铁路职工将盐壳压碎，筑成路基，浇上湖中卤水，建成了世界上罕见的湖上盐岩路基。

盐湖南北岸有饱和的细粉沙土，一经振动沙土液化，承载力仅 25 kPa，采用强化压实（压的越紧越不易液化）和打沙桩加固（共打沙桩 5 万 6 000 根）的办法制服了细粉沙土。

南疆线通过焉耆盆地有 52 km 盐渍土，青藏线格尔木以北有 55 km 的盐渍土。铁路职工一方面控制路基高度，一方面在地面铺设切断毛细管水的隔层，而采用盐渍土筑路，效果很好。

（3）跨海筑路。鹰厦铁路在进入厦门市前，在杏林和集美两次跨海，采用抛石填海筑成总长 5 km 的海堤，铁路从海堤上通过。

丰沙线在沙城穿过官厅水库，也采用抛石填筑渗水路堤的办法通过库区。

（4）软土地区。滨海平原软土分布甚广。萧（山）甬（宁波）线有深达 62 m、长 50 km 的软土地带，采用基底换填土、抛片石挤淤，基底铺沙垫层，设置排水沙井和修筑反压护道等措施，取得了软土地区筑路的成功经验。

（5）膨胀土（裂隙黏土）是一种干缩湿胀效应显著的黏土，它"晴天一把刀，雨后一团糟"，开挖路堑几乎无堑不坍，大雨大坍、小雨小坍，甚至无雨也坍。一般采用放缓边坡、种植草皮或浆砌片石护坡来防治，路堑侧沟都要浆砌，有时还加条石支撑。

（6）东北高寒地区的永冻土，修筑路基时要做好表面植被，以免夏季冻土融化造成病害。

2）支挡建筑物

在地面横坡陡峻路段修建路基，一般要设置挡土墙，以支承侧向土压力，防止土坡坍塌。早期多采用重力式挡墙（其特殊形式为衡重式挡墙），借本身重量维持墙体稳定，用料较多。20世纪70年代多采用轻型挡墙，如薄壁式挡墙、柱板式挡墙、锚杆挡墙、锚定板挡墙，一般用料较少，也不需要太大的地基承载力。

在危岩落石地段，为了防止落石危害行车安全，一般对危岩采用清理、支撑办法，也有在路基上方修建干砌片石的挡石垛、浆砌片石墙或钢轨拦栅以阻挡落石的，悬崖峭壁地段有张挂铁丝网防止落石危害的。

3）路基施工

新中国成立前与成立初期，土方施工一般都用人力，劳动强度大，工效低。20世纪60年代起土方施工逐步机械化，目前有的单位已全部实现机械化。

石方施工20世纪50年代起采用大爆破，兰新线大爆破，装药4.5 t，炸开石方3.8×10^4 m³。宝成线青石崖大爆破，装药335 t，炸开石方2.61×10^5 m³。60年代成昆线道林子大爆破，装药388.4 t，爆破3.95×10^5 m³。以后发展为定向爆破，70年代湘黔线凯里定向爆破，将1.86×10^6 m³土石抛向两侧填满洼地。另外还发展了松动爆破、光面爆破和控制爆破等技术。

4）滑坡整治

滑坡是斜坡上的岩（土）体，在重力作用下，沿一定软弱面（一般有水渗入）缓慢地向下整体滑动的现象。滑动岩（土）体少则几百立方米、几千立方米，多则几十万立方米，是铁路常见的一种严重危害。20世纪50年代初采用清方减载的办法，效果很差；60年代多采用排水截水的办法，使滑动面变干以保持滑动体的稳定，有一定效果。1966年成昆线甘洛滑坡用抗滑桩（锚固桩）整治，效果甚好。抗滑桩是将一定间隔的大断面钢筋混凝土桩深埋并锚固于滑动面以下的稳定地层中，增大滑动体下滑的摩阻力并支撑其下滑力。抗滑桩有2 m×3 m、3 m×4 m、2.5 m×3.5 m的断面，70年代襄渝线赵家塘滑坡的抗滑桩断面增大到3.5 m×7 m，埋深46.7 m。

4. 铁路展线

铁路跨越分水岭地段，地面自然纵坡陡峻，为了爬上陡坡，铁路线往往要迂回转折进行展线。新中国成立以来为了开发西南、西北，修建了不少山区铁路，越岭展线地段铁路盘旋交错，蔚为壮观。

（三）轨道结构不断加强

1. 钢 轨

新中国成立前绝大部分钢轨依赖进口，钢轨类型多至130多种，且材质不同长度不一，又全是43 kg/m以下的轻轨。1949年以来，逐步淘汰旧轨换铺新轨。1954年在主要干线上开始铺设50 kg/m钢轨；1956年开始研制60 kg/m钢轨；1984年研制生产了75 kg/m重轨。截至1995年年底，全路99%以上的正线都已铺设了43 kg/m以上的钢轨，其中43 kg/m钢轨约占12.5%，50 kg/m钢轨约占47.6%，60 kg/m钢轨约占38.4%，少量为75 kg/m和43 kg/m以下的钢轨。

在钢轨材质和工艺上也有很大改进，先后研制生产了中锰钢轨、高硅含锰、高硅含铜等钢轨，其耐磨、抗锈蚀、疲劳性能都有很大提高，使用寿命较普通碳素钢轨延长 1 倍以上。为了进一步提高钢轨的耐磨性能，又成功地进行了全长淬火钢轨的生产，这类钢轨宜铺设于小半径曲线路段和运量较大的干线上。

钢轨长度 20 世纪 50 年代前为 12.5 m，1967 年将长度改为 25 m，接头减少一半，降低了养护费用。把钢轨接头焊接起来的轨道，称为无缝线路。无缝线路可减少线路维修工作量 30%，可延长钢轨寿命 25%，可减少运行阻力 10% ~ 20%，并可减轻振动和噪声。1996 年全路正线已铺设无缝线路 23 032 km，占正线总延长的 30%。

2. 轨枕与扣件

我国铁路 20 世纪 50 年代前使用的轨枕，基本上是未经防腐处理的木枕，使用期短；以后规定木枕必须注油防腐，延长了寿命期。

50 年代末，开始铺设预应力混凝土轨枕，以节约木材，且可提高线路的稳定性。目前正线上铺设预应力混凝土轨枕的路段已达 80%，并逐步扩大其适用范围。60 年代开始研制生产了一种薄而宽的轨枕板，铺设于大型客站与隧道内，可增强轨道的横向稳定性并防止道床污染，又具有整齐美观的优点。

钢轨与轨枕的联结部件称为扣件，作用是保证钢轨位置固定，防止钢轨横向位移和纵向爬行。木枕一直采用道钉和垫板紧固的方式；混凝土轨枕多采用弹条 I 型扣件，其弹性和压力均属上乘。扣件和轨枕的联结目前多采用硫黄砂浆锚固螺纹道钉的方法，这种方法为我国首创，其坚固性与寿命期均较过去采用的木栓好。为了提高线路的弹性，混凝土轨枕上要铺设弹性垫层，早期采用天然橡胶垫层，寿命短，价钱贵；目前多采用经久耐用的合成橡胶垫板，效果良好。

3. 道 岔

道岔使用最多的是普通单开道岔；在编组站和大型客运站内为了减少占地，有采用对称和不对称三开道岔的。普通单开道岔多为 12 号和 9 号，目前联结正线的道岔绝大多数已换铺为 12 号道岔。截至 1995 年年底，全路约有道岔 13 多万组，其中近 40% 为 12 号道岔，53% 为 9 号道岔，少量为 18 号与其他型号道岔。

为了提高列车的过岔速度，20 世纪 70 年代开始试铺可动心轨道岔。目前旅客列车提速达 140 km/h 以上的沪宁、京秦等既有干线和广深准高速铁路，正线道岔多已换铺为 12 号与 18 号的可动心轨道岔。

道岔的材质和制造工艺，包括锰钢及高锰钢辙叉、特种断面尖轨、全组道岔淬火等都有了长足进展，道岔质量进一步提高。

4. 道 床

传统的道砟是碎石。为了增加弹性，减轻道砟磨损，防止道床渗水造成病害，近年来道床结构有了新的发展：一是采用胶合材料将碎石道砟黏结为整体，一是采用无砟沥青混凝土道床。这两种道床承载力高，下沉量小，线路维修工作量小，已在大型客站、客技站上采用。

1965 年我国开始铺设就地浇注混凝土的整体道床，因其维修工作量少，已在长隧道中普遍采用。

5. 轨道选型

我国铁路的轨道结构一般都偏于软弱，致使维修工作量加大，大修周期缩短，且干扰正常运营。轨道结构应具有足够的强度稳定性，并应满足一定的维修周期和使用寿命的要求。

正线轨道类型分为特重型、重型、次重型、中型和轻型。轨道选型应本着由轻型到重型逐步加强的原则，根据近期调查运量计算的年通过总质量及旅客列车设计最高行车速度等主要运营条件确定。

（四）车站规模日益宏伟

1. 车站的类别

车站是铁路对外联系的门户，要办理各种客货的商务作业；车站也是铁路内部办理各种技术作业的处所，以保证运输畅通。铁路车站按其作业性质不同，分为会让站、越行站、中间站、区段站、编组站，以及客运站和货运站；各类车站的设施规模和股道布置也各有特点。

1）会让站、越行站、中间站

会让站是单线铁路上办理列车交会和越行的车站；越行站是双线铁路上办理列车越行的车站。

中间站既办理列车交会和越行的技术作业，也办理旅客乘降、货物装卸的商务作业；要设置货场与牵出线以及客运设施，股道数量也要增多。

我国铁路车站原有会让站、越行站和中间站的区别，但20世纪七八十年代，几乎所有客站都要办理客货业务，会让站和越行站都具有中间站的功能，一度被统称为中间站。90年代起，公路发展很快，铁路的短途客货运输多为公路取代，使铁路一些小站的客货运量锐减；1996年大约30%的车站日均上下旅客不足20人，大约10%的车站日均装卸量小于一车。自1996年起，铁路运营部门为了减少定员节约开支，已开始着手停办这些客货运量很小车站的客货业务。1996年年底已停办了1 143个小站的客货运业务。1997年修订的《铁路线路设计规范》恢复了会让站和越行站的名称。

2）区段站

区段站是配置机务设备的车站，机务设备工作性质和设备规模分为机务段（基本段）和折返段。机务段配属一定数量的机车，并设有机车整备和检修设备，配属本段的机车都在基本段整备、检查和修理；隶属本段的机车乘务组在这里定居并轮换出乘。折返段设在机车返程的车站上，一般不配属机车；机车在折返段整备和检查，乘务组在这里休息或驻班。此外，机务设备还有担任补机、调机或小运转机车整备作业的机务整备所，担任折返机车部分整备作业的折返所。

基本段配属的机车都在机务段相邻的路段内往返行驶，机车往返行驶的路段称为机车交路，这个路段的长度称为交路距离。

机车交路距离由交路类型确定，并受机车乘务组连续工作时间制约，还和客货列车的旅行速度有关。交路类型有短交路、长交路和超长交路之分，短交路是一个往返交路由一班乘务组承担，长交路是一个单程交路由一班乘务组承担，超长交路是一个单程交路由两班乘务组承担。

机车乘务组连续工作时间包括驾驶机车的工作时间、在本段或外段的作业停留时间和出勤退勤的交接班时间，乘务组驾驶机车的工作时间一般控制在 6~9 h。

机车交路距离与牵引种类有关。蒸汽牵引速度偏低，要及时补水加煤，距离最短；内燃牵引和电力牵引速度提高，距离加长。根据我国的运输情况，机车交路距离：短交路一般为 70 ~ 120 km，长交路一般为 150 ~ 250 km，超长交路可达 300 ~ 500 km。

至于乘务制度，过去以蒸汽机车为主时，多采用包乘制，即机车由固定的乘务组驾驶，通常为三班包乘一台机车；目前电力、内燃牵引为主，多采用轮乘制，即机车由不同乘务组分段轮流驾驶，可相应采用超长交路。

采用轮乘制和超长交路，可以缩短机车在区段站非生产停留时间，加速机车车辆周转；机车日车公里客运可提高 40% 左右，货运可提高 8% 以上，运用机车也可减少，运输成本也有所降低。目前我国正积极推广轮乘制和超长交路。

区段站一般都靠近城镇或工矿区，客货业务量较大。除办理旅客上下、货物装卸和客货列车到发更换机车等作业外，还设有到发场和调车场办理货物列车的解体、编组作业；设有机务段办理机车的整备、检查、修理和转向作业；设有车辆段或列车检修所办理货车的检查和修理。

3) 编组站

办理大量货物列车的解体和编组作业，设有比较完善的驼峰调车设备的车站称为编组站；其技术作业性质大体和区段站相近，但列车解编作业量大，设备更完善。

（1）编组站的站型。

编组站通常都设有到达场、出发场与调车场，按主要车场配置的相对位置不同，分为各车场横向配置的横列式、各车场纵向配置的纵列式和各车场纵横配置兼有的混合式。编组站图型习惯上分为"几级几场"，"级"是指编组站各车场纵向排列的层次数，"场"是指编组站的主要车场总数。编组站的调车设备又有单向和双向之分，凡只有一套调车设备由上下行改编车辆共用的称为单向编组站；若有二套调车设备，分别解编上行与下行车辆的称为双向编组站。

（2）编组站的调车设备。

编组站的解编设备包括牵出线、调车线、驼峰与调速设备；调速设备有制动铁鞋、减速器、减速顶、加速顶、加减速顶和牵引小车等。调车方式有平地推送、简易驼峰（土驼峰）和机械化驼峰（含半自动化与自动化机械驼峰）。

（3）编组站的中转停留时间。

通过编组站的中转货物列车，有的需要解体、编组，称为有调中转作业；有的仅在编组站办理到达、出发和车辆检查、换挂机车、试风等技术作业，称为无调中转作业。我国 46 个主要编组站中转车辆的平均停留时间为 5.4 h，其中有调中转车辆的平均停留时间为 7.3 h，无调中转车辆的平均停留时间为 1.5 h。此项指标和世界铁路相比，还是比较先进的，但仍占货车总周转时间的 25% 左右；所以加速编组站机械化和自动化的进程，减少编组站的车辆停留时间，仍是我国铁路现代化的重要任务。我国铁路运输一般认为是"跑在中间、窝在两头"，粗略估算，货车在途中运行（含中间站停车）时间约占 35%，装卸停留（含进入专用线）时间约占 40%（1995 年全路一次货物作业停留时间为 21.8 h），编组站中转停留时间约占 25%；相应的运输费用分别占运输总支出的 75%、15% 和 10%。可以看出，我国铁路提高运输效能和经济效益，除了提高货物列车的旅行速度，以减少途中运行时间外，还需要加强装卸机械化水平和货源组织工作，以减少货物作业停留时间，以及加速编组站的现代化进程，以减少中转停留时间。

（4）编组站的分类。

我国铁路编组站共有 90 多个，根据编组站在路网中的地位和解编工作量的大小，分为三类。

① 路网性编组站。这类编组站在路网中多处于 4 条以上主要干线的交汇点，在地理位置上多数是大区的政治经济中心，在货流集散上多处于大量货物产生与消失的地区。它具有大量车流的改编任务，要承担编组大量远程直达列车。一般远程直达列车的到达编组站不小于 3 ~ 4 个，改编列车的到达站总数不小于 15 ~ 20 个，每天有调作业量在 4 500 ~ 5 000 辆以上。我国铁路的北京丰台西、沈阳北（裕国）、郑州北、株洲北、天津南仓、上海南翔等编组站属于此类。

② 地区性编组站。这类编组站在路网中多处于干线、支线交汇点，地理位置多数是省会、大工矿区、大海港所在地，主要承担地区性车流改编。每天改编列车到站数不小于 10 个，有调作业车数不少于 2 500 辆。我国西南地区的成都东、贵阳南、重庆西、昆明东编组站属于此类。

③ 辅助性编组站。这类编组站多设在大枢纽内或大编组站附近的铁路交叉处、工矿区和港口附近，以便将分散的地方车流，初步集中并转送至邻近的大编组站；一般不编组直达列车，改编列车的到站数在 7 ~ 8 个以下，每天的有调作业车辆在 1 200 辆左右。

（5）编组站建设。

编组站应设在大宗车流产生、消失与集散的铁路干线交汇点上，大城市附近，大工矿区与港湾区；在铁路货物列车牵引吨数变更点设编组站，可将列车增减车辆和改编作业同时完成，更为有利。编组站的布局，应根据路网发展规划、地区车流特点，制订编组站布局规划，拟定各类编组站的位置，明确各个编组站的作用与特点，确定其分工与规模。

路网性编组站亟待加强，尽量采用新技术、新设备，提高其解编能力和编发远程直达列车的数量，力争减少邻近编组站的重复改编。十多年来，我国铁路直达列车的比重 1985 年为 45%，1990 年为 46.5%，1996 年为 46.2%，一直徘徊不前，与编组站编不出更多的直达列车是有一定关系的。又如沈阳枢纽有京沈、沈哈、沈大、沈丹、沈吉和抚顺线六条干线引入，大量车流在此集散交换，50 年代末建成的苏家屯三级五场、机械化驼峰编组站，并于 1958 年开工修建沈阳西编组站，承担进出关车流的解编任务，后因故停工，致使六七十年代的入关车流，编不出直达列车，每天有 1 700 辆左右的车辆在山海关重复改编。山海关只有通过车流，既无大量地方货源，也无车流交换；但近 20 年来，不断扩建，占地 467 hm²，无调中转变为有调中转，重复解编，损失很大。直到 1984 年，建成沈阳西路网性编组站，能编发进关的直达列车，也改变了这种不合理的编组方式。

我国很多编组站设备简陋，股道数量不足，有的长度不够，也需要不断地更新改造；有的编组站缺乏辅助编组场，致使地区性车流的解编占用了正规的编组线，使编发直达列车的能力降低。编组站的能力，要根据车流增长情况，留有较大储备，为列车改编提供较大的机动灵活条件。

新线建设和旧线加强，要与编组站的改扩建同步实施，使能力协调、点线配套。枢纽内的车流解编，应力争集中于一个编组站上，以提高改编效率并节省建设投资。大型煤矿等装车基地，应建设编发始发直达列车的编组站，以减轻主要编组站的压力。有的大城市货场装卸能力不足，限制了该地区铁路编组站能力的充分发挥，也应当配合城市建设尽快加以解决。

4）客运站

客运站是专门办理旅客运输的车站，多设在大城市内。20 世纪 80 年代以来，由于大城市间客流量猛增，很多城市的客运站都进行了改扩建；为了减少拆迁，有的客运站移址新建，有的客运站在原址扩建，多将站房高架于股道上方。首都北京有两个大型客运站：一为北京站，建于 1958 年，客站正面长 218 m，建筑面积 46 700 m²；一为北京西站，建于 1996 年，主站房高达 90 m，正面长达 740 m，主站区建筑面积约 50 hm²。

5）货运站

货运站是专门办理货运业务的车站，多设在大城市、工业地区和港口码头等有大量货物装卸的地点。站内设有较完善的货场和较多的装卸线、一定数量的留置线，并配置仓库、站台、轨道衡以及装卸机械。为了办理到发小运转列车的解体、编组作业，还需设置到发线、编组线和牵出线。

2. 车站的数量

截至 1996 年年底，全路共有车站 5 822 个，平均 9.6 km 设 1 个站。

我国铁路内燃化和电气化的比重日益增大，货物列车的牵引吨数逐步增加，站间距离过短将增大列车停站所引起的起停附加费用，所以新建铁路的站间距离有增大趋势，同时双线铁路、高速铁路的站间距离更大。因之，今后铁路的站间距离会相应加大，同样长度铁路的车站数量会相应减少。

3. 站线有效长度

站线有效长度是车站股道能停留机车车辆而不影响相邻股道正常行车的长度，通常为出站信号机到车站另一端警冲标的距离，它是限制货物列车牵引吨数的技术条件之一。通常采用的站线有效长度系列为 1 050 m、850 m、750 m、650 m 和 550 m。

为了适应重载运输的需要，近年来在新线设计中都预留了远期需要的有效长度，旧线改建时也普遍加长了原来较短的有效长度。山区铁路的站线有效长度一般取 650～850 m，可适应 3 000～4 000 t 的牵引吨数；平丘地区铁路一般取 850～1 050 m，可适应 4 000～5 000 t 的牵引吨数；平丘地区的繁忙干线站线有效长度多取为 1 050 m，以保证 5 000 t 的牵引吨数。

大型客运车站的站线有效长度为 650 m，可适应旅客列车编挂 20 辆的需要。

（五）技术装备改造更新

1. 机车制造

1949 年全路仅有蒸汽机车 4 069 台，数量少，功率小，破损严重。50 年代起建立了蒸汽机车的制造维修工厂，先后生产了解放、建设、前进等型号的货运机车和人民、胜利等型号的客运机车，从而保证了运输的需要。随着内燃、电力机车的大批生产，1988 年我国蒸汽车已经停产，尚有 4 000 多台蒸汽机车，可物尽其用管好用好。2005 年 12 月 9 日，国家铁路正式停止使用蒸汽机车。淘汰下来的蒸汽机车还可用于地方铁路和专用铁路。

1958 年我国生产了第一台"巨龙型"内燃机车，以后逐步建立了青岛、大连、二七、戚墅堰、资阳等内燃机制造厂，生产电传动的东风型机车和液力传动的东方红型、北京型机车。经过筛选改进，目前主型货机有功率为 2 000 kW 左右的东风 4 系列电传动内燃机车和功率为 2 720 kW 的东风 8 型电传动内燃机车。近几年生产的东风 10 四轴双节电传动内燃机车，功率达 3 590 kW，更适合山区铁路使用。新造的东风 11 型客运机车，功率为 3 180 kW，在北京环线上试验速度达 167～180 km/h，在准高速广深线上最高运行速度为 160 km/h，在沪宁等提速线上最高运行速度已达到 140 km/h。内燃机车最适合用作调车机车，930 kW 的东风 5 型和

1 180 kW 的东风 7 型调车机车已大批生产。

电力机车早期批量生产的为韶山 1 型，质量优良、运行可靠，但轴功率仅 700 kW，机车功率为 4 200 kW；近几年生产韶山 3 型机车，轴功率提高到 800 kW，机车功率为 4 800 kW，是我国货运的主型机车。韶山 4 型系四轴双节电力机车，功率达 6 400 kW，1996 年已生产 500 多台，更适用于大坡度、小半径曲线的山区铁路。最近研制成功的韶山 8 型客运四轴电力机车，持续功率为 3 600 kW，直流牵引电动机功率为 900 kW，试运转时速曾达 212.6 km，可作为电气化、铁路旅客列车时速在 140 km 以上时使用。我国的电力机车都是用直流串激牵引电动机驱动，1996 年 6 月株洲电力机车制造厂已试制出交流电机传动的四轴电力机车，功率达 4 000 kW，构造速度为 120 km/h；它黏着性能好，起动牵引力大，加速性能好，恒功率范围宽，牵引和制动性能优良，又不干扰通信和信号；它的研制成功标志着我国电力机车制造又迈上一个新的台阶。

截止到 1995 年年底，全路机车保有量为 15 146 台，其中：蒸汽机车 4 347 台，占 29%；内燃机车 8 382 台，占 55%；电力机车 2 517 台，占 16%。

1995 年，全路完成的客货运总量吨公里数，蒸汽、内燃、电力机车分别占 11.5%、63.6%、24.9%；完成的客运总量吨公里数，则分别占 3.8%、79.4%、16.8%；完成的货运总量吨公里数，则分别占 12.6%、83.8%、26.1%；内燃和电力机车所完成的总量吨公里已远远超过蒸汽机车，其中客运蒸汽机车仅占 3.8%，说明我国旅客列车已基本实现了内燃化和电气化。而 10 年前的 1985 年全路完成的客货总量吨公里蒸汽机车还占 60.9%，10 年后的 1995 年已下降到 11.5%，标志着我国牵引动力现代化的迅猛发展。

2. 货车制造

1949 年全路仅有货车 46 487 辆，多为 40 t 以下的小车，装载能力小。目前我国已拥有强大的货车生产能力，年产货车近 3 万辆。1995 年年底，全路货车保有量达 432 731 辆，多属 50 t、60 t 的大型货车，标准轨距的货车 40 t 以下的仅有 2%。每辆货车的平均标记载质量为 58.2 t，平均实际装载量为 56.8 t，利用率高达 97.6%。

为了适应大秦线单元列车的需要，继 C61 缩短型运煤专用车之后，又研制生产了 C63 型转动车钩运煤专用车，可不摘钩在翻车机上翻转卸车；车长 11.98 m，每延米质量为 7 t；采用 120 型制动机，可保证在 80 km/h 速度下于 800 m 内停车，性能优越。

目前我国正在研制低动力作用转向架，轴重 250 kN、载质量 75 t 的大型货车，它对轨道的动力作用预计和轴重 21 t 的普通转向架货车相当。

3. 客车制造

1949 年全路仅有客车 3 987 辆，1995 年全路客车保有量达 32 404 辆，为 1949 年的 8.1 倍。1953 年开始制造 21 型客车，车长约 22 m，宽 3 004 mm；50 年代后期开始制造 22 型客车，车长 23.6 m，宽度增大为 3 106 mm；90 年代初大批生产车长 25.5 m 的 25 型客车和双层客车，构造速度达 140～160 km/h；制动性能加强，舒适程度提高，多数配备空调装置。1996 年年底全路已有双层客车 600 多辆，空调客车 8 000 多辆；目前年产客车 2 600 多辆，老式车辆正逐步淘汰。

4. 通信信号

通信信号是保证行车安全和提高运输效率的关键设备，新线建设中通信信号设备的投资一般仅占总投资的 4%～6%，但可减少单线铁路的车站作业时分，缩短双线铁路的追踪间隔时分，显著地增大区间通过能力，具有投资少、见效快、效益高的特点。

1949 年前，铁路的通信线路都是架空明线，目前只有少数次要线路才保留了架空明线，总长度不到 1/3，绝大部分干线都安装了电缆，提高了通信质量，总长度超过 2/3，数字微波通信已开始安装，正积极普及中。

1949 年前，区间闭塞多采用路签、路牌闭塞或电话闭塞，效率低，安全性又差。1995 年年底，只有 1.6% 的线路还保留着路签（牌）的闭塞、电话闭塞；半自动闭塞里程已达 40 859 km，占 74.8%；自动闭塞里程已达 12 910 km，占 23.6%，有 1 000 多千米安装了调度集中。安装电气集中的车站已达 4 587 个，占车站总数的 80%。

机车三大件：机车信号（含报警设置）、自动停车装置和安装在机车上的无线列调，都已在绝大多数机车上安装。安装机车信号的机车占 94%，安装自动停车装置和无线列调的机车均占 79%，有力地保证了行车安全。

第四章　新世纪铁路发展规划与建设

世纪之交,随着世界各国科技和经济的飞速发展,我国宏观经济形势发生了重大变化,其主要特点有:一是商品短缺经济状况基本结束,市场供求关系发生了重大变化;二是社会主义市场经济体制基本建立,市场机制在配置资源中日益明显地发挥更为重要的作用,经济发展的体制环境发生了重大变化;三是全方位对外开放的格局基本形成,开放型经济迅速发展,对外经济关系发生重大变化。新世纪的头五到十年,是我国经济和社会快速发展的重要时期。"十五"是实现我国第二步战略目标、向第三步发展战略目标迈进的关键时期,我国将进入全面建设小康社会,加快推进现代化发展进程,国民经济将继续保持较快发展速度,经济结构战略性调整取得明显成效,经济增长质量和效益显著提高,国际经济合作与竞争在更大范围和更深程度上展开。我国将依靠体制创新和科技创新,着力推进经济体制和经济增长方式的根本性转变,实施结构调整、科教兴国、可持续发展、西部大开发和加速城市化发展等战略。经济发展和社会进步,为铁路发展提供了进一步发挥优势的新机遇,也对铁路发展提出了更高的要求。新世纪经济社会环境对交通运输的重要影响主要体现在以下几个方面:一是国民经济持续快速增长,运输需求稳步增加;二是经济结构加速调整,运输需求呈高标准、多层次特征;三是实施可持续发展战略,要求交通运输结构得到合理调整;四是区域经济协调发展,跨区运输显著增加;五是对外交流扩大,外贸运输快速发展;六是运输市场快速发展,竞争更趋激烈。面对新世纪的新要求和新形势、新环境给铁路带来的机遇和挑战,铁路发展的根本出发点和思路都将发生新的变化,只有抓住机遇,深化改革,加快发展,才能顺应潮流,全面适应小康生活、国民经济和社会发展的需要。为此,铁道部组织专家进行专题研究并于1999年提出了《"十五"铁路发展规划思路》。其主要内容如下所述。

一、"十五"铁路发展战略规划

(一)"十五"铁路发展战略目标

"十五"铁路发展战略目标是:建立比较完善的现代企业制度,建成对国民经济发展全局起骨干作用的大能力通道,路网布局与区域经济发展相协调,主体技术装备水平达到国际20世纪90年代水平,运输能力基本适应国民经济和社会发展需要,运输质量初步满足市场需求。

增强铁路运输综合能力,提高运输服务质量。重点建设对国民经济发展全局有影响、起骨干作用的高标准、高质量、大能力铁路通道,实现高速铁路、部分繁忙干线客货分线的突破,加大科技投入,加强技术改造,复线率、电化率和繁忙干线的现代化水平进一步提高。拓展西部路网,优化路网结构,增强铁路机动能力。建成全路运输保障技术体系和运营管理信息系统,实现运营管理现代化。初步建立起安全、经济、快捷、便利、舒适的铁路运输体系,运输能力和质量初步满足不同层次客货运输市场需求。

深化铁路体制改革,加快转变经营机制。继续推进政企分开,进行企业重构,引入竞争机制,建立适应社会主义市场经济的铁路管理新体制,使铁路企业成为自主经营、自负盈亏的法人实体和市场主体,并实行现代企业制度。充分利用铁路四通八达的优势和广泛连接市场的有利条件,加快发展铁路多元经营。积极开拓运输代理、商贸、仓储、旅游、房地产、广告、外经外贸和高新技术等产业，盘活存量资产，增强吸纳运输业富余人员的能力，提高铁路经营效益。

（二）"十五"铁路发展方针

实现铁路"十五"发展战略目标必须立足科技进步，加强技术创新；坚持市场导向，调整产品结构；推进集约经营，提高经济效益；构筑安全高效的快速客运系统，建设质优价宜的便捷货运系统，扩大区际通道能力，扩展中西部路网，初步实现管理服务信息化、装备水平现代化。要保持发展势头，继续加快建设步伐，统筹安排新线建设和既有重要干线技术提速。具体要贯彻以下方针。

1. 提高运输质量，加快调整运输结构

针对今后一个时期货物运输量增长趋缓、旅客运输量增长较快、客货比变化、高附加值货物和需求层次增加等市场变化态势，处理好列车速度、密度、重量的关系，加快调整运输结构，改进运输组织，不断推出运输新产品。旅客运输要立足于提高列车运行速度，缩短旅行时间，提高乘车的舒适度，为旅客提供便利的预售票服务和其他延伸服务。货物运输要改善营销，简化手续，加快送达速度，保证货物运到期限。进一步完善夕发朝至列车、快速列车和城际列车，积极发展市郊运输。充分利用铁路优势积极参与城市轨道运输。

2. 提高效率和效益，加大技术改造力度

采取有力措施，加强既有设施的技术改造。要以市场为导向，以效益中心，以安全为前提，以提高铁路质量和市场竞争能力为目的，推动铁路企业技术改造。要优化投资结构，加强建设方案的技术经济比选，围绕客货车提速、提高运输质量、保障行车安全、加强既有路网的改造、协调点线能力和干支线能力的配套，提高铁路网综合能力、运输效率和投资效益。

3. 坚持科教兴路，加强技术改造

高度重视科技进步对铁路发展的作用，要统筹规划，注重实效，广泛运用新设备、新技术、新工艺和新的管理方法，大力开发有市场竞争力的新产品，提高产品档次和附加值。加强技术创新，发展高科技，实现科技成果产业化，走中国特色的铁路技术跨越发展道路，加速产业技术升级，全面提高铁路现代化水平。

4. 促进区域经济协调发展，落实国家西部大开发战略

中西部地区路网不足、干线技术标准低，是影响中西部经济发展、投资环境改善和扩大开发的主要因素。铁路作为国家重要的基础设施、协调区域经济发展的重要手段，必须贯彻国家加快西部发展的大战略，充分调动和发挥各方面积极性，加快中西部路网的建设步伐，在促进国土开发和加快沿线经济发展等方面发挥先行作用。

5. 开展多种运输方式联运，实现"门到门"运输服务

在铁路建设和经营中要充分注意加强与公路、港口、民航等运输方式的衔接，实现各种运输方式的优势互补，以方便旅客买票、候车、乘降、换乘、集散，发展货物运输多式联运等，实现"门到门"运输服务，满足市场需求。

6. 扩大对外开放，促进铁路发展

扩大铁路对外开放，积极引进外资和技术，学习和借鉴国外铁路改革、管理和发展方面的经验。通过引进外资和铁路关键技术，推进合资合作生产，扩大铁路对外贸易，拓展国际运输市场，努力形成全方位对外开放的新格局。

（三）"十五"铁路发展建设部署

经过新中国 50 年的建设，铁路路网已初具规模。未来经济的发展，运输需求将主要集中于各经济区域之间以及各大城市之间的运输通道上。从路网布局看，在路网中起骨干作用的是"八纵八横"主骨架，具体内容如表 4.1、表 4.2 所列。

表 4.1　铁路网"八纵八横"运输通道构成表（八纵）

序号	通道简称	通道全称	通道长度/km	通道构成
1	京沪通道	北京—哈尔滨—（满洲里）铁路通道	2 344	① 京山线、沈山线、哈大线沈阳—哈尔滨段、滨洲线； ② 京秦线、津秦、秦沈、沈哈客运专线
2	沿海通道	沈阳—大连—烟台—无锡—（上海）—杭州—宁波—温州—厦门—广州—（湛江）铁路通道	4 059	沈大线、烟台轮渡、蓝烟线、胶新线、新长线、萧甬线、宁温线、温福线、福厦线、梅坎线、广梅汕线、三茂线等
3	京沪通道	北京—上海铁路通道	1 483	① 京沪线；② 京沪高速铁路
4	京九通道	北京—九龙铁路通道	2 403	京九线
5	京广通道	北京—广州铁路通道	2 265	① 京广线；② 京广客运专线
6	大湛通道	大同—太原—焦作—洛阳—石门—益阳—永州—柳州—湛江—（海口）铁路通道	3 112	北同蒲线、太焦线、焦枝线、石门—永州、湘桂线、黎湛线、粤海通道
7	包柳通道	包头—西安—重庆—贵阳—柳州—（南宁）铁路通道	3 011	包西线、西康线、襄渝线、川黔线、黔桂线、湘桂线柳州—南宁段
8	兰昆通道	兰州—成都—昆明	2 261	陇海线宝兰段、宝成线、成昆线

注：1. 通道长度是通道起讫点的长度，客货分线时按常规铁路计。
　　2. 通道构成中含既有铁路、在建铁路和规划铁路。

表 4.2　铁路网"八纵八横"运输通道构成表（八横）

序号	通道简称	通道全称	通道长度/km	通道构成
1	京兰（藏）通道	北京—呼和浩特—兰州—拉萨铁路通道	3 971	丰沙线、京包线（沙城—包头）、包兰线、青藏线
2	煤运北通道	大同—秦皇岛、神木—黄骅铁路通道	855	① 大秦线； ② 神朔线、朔黄线
3	煤运南通道	① 太原—石家庄—德州； ② 长治—济南—青岛； ③ 侯马—月山—新乡—兖州—日照铁路通道	910	① 石太线、石德线、胶济线； ② 邯长线、邯济线； ③ 侯月线、新月线、新菏兖线、兖石线
4	路桥通道	连云港—兰州—乌鲁木齐—阿拉山口铁路通道	4 120	① 陇海线、兰新线、北疆线； ② 徐州至西安客运专线

序号	通道简称	通道全称	通道长度/km	通道构成
5	宁西通道	西安—南京—（启东）铁路通道	1 550	宁西线、宁启线
6	沿江通道	重庆—武汉—九江—芜湖—南京—（上海）铁路通道	1 893	襄渝线渝达段、达万线、万枝（宜）线、长荆线、汉丹线、武九线、铜九线、芜铜线、宁芜线
7	沪昆（成）通道	上海—株洲—怀化—贵阳—昆明（怀化—重庆—成都）铁路通道	2 653	① 沪杭线、浙赣线、湘黔线、贵昆线；② 渝怀线、遂渝线、成达线成都—遂宁；③ 上海—怀化客运专线
8	西南出海通道	昆明—南宁—黎塘—湛江铁路通道	1 243	南昆线、黎南线、黎湛线

注：1. 通道长度是通道起讫点的长度，客货分线时按常规铁路计。
　　2. 通道构成中含既有铁路、在建铁路和规划铁路。

"八纵八横"铁路通道涵盖了我国最繁忙的铁路干线，承担了全路绝大多数的客货运输量。1998 年占全国运营里程 47.4% 的"八纵八横"铁路通道，完成的客货周转量分别为 3 177 亿人公里、9 938 亿吨公里，分别占全路总量的 86%、81%。平均运输负荷 4 164 万换算吨公里/km，约为全路平均水平（2410）的 1.73 倍。

1."十五"铁路路网建设

"十五"路网建设围绕已初具雏形、对国民经济发展全局影响较大的"八纵八横"路网主骨架，以提高综合运输能力为重点，加快繁忙干线的客货分线建设，加强既有线改造，完善区际通道，优化路网结构。"十五"国家铁路和合资铁路建设规模为：新线 5 800 km，既有线复线 2 250 km，既有线电气化 2 550 km。地方铁路建设规模为 1 000 km 左右，到 2005 年，全国铁路营业里程将达到 7.4 万千米左右，其中复线铁路约 2.5 万千米、电气化铁路约 2 万千米。

1）强化主要骨架

（1）主要繁忙干线新建快速或高速客运专线。

为适应东部地区客货交流量持续增长的需要，解决京沪铁路和进出关铁路运能与运量的突出矛盾，满足旅客在快速、方便、舒适等方面的巨大需求，开工建设京沪高速铁路，争取 2010 年前建成；加快建成秦沈客运专线，开工建设天津至秦皇岛、上海至杭州高速铁路，使京沪和京哈通道逐步成为高标准、高质量、能力强大的运输通道。

（2）加强东部地区电气化改造。

为适应列车提速和加强旅客运输、开行城际列车的需要，对东部地区城市密集带铁路加强电气化改造，完成哈大铁路、胶济铁路、陇海铁路郑州至徐州段电气化改造，开工建设京沈线天津至沈阳段、既有京沪线、沪杭线、浙赣线电气化改造，使东部地区主要繁忙干线电化成网，运输通道能力配套，提高铁路运输效率、效益和市场竞争力，实现产业结构升级。

（3）完善区际通道。

进一步加强区际铁路通道建设，满足各经济区之间客货交流的需要，建成宝鸡至兰州复线、西安至南京线、南京至启东（经海安、南通）线，形成西北与华东、中南地区交流的便捷通道，加强东中西部经济联系。

建设遂宁至重庆线、渝怀线、株六复线，形成成渝地区与华东、华南交流的便捷通道，加强西南地区与中、东部地区的联系，提高西南东出运输能力，促进西南地区经济发展。

进行洛阳至襄樊铁路电气化改造，完成焦柳线石门至怀化段电气化改造，建成益阳至郴州铁路，开工建设永州至湛江铁路通道，适应晋、豫、陕客货流南下两湖、两广的需要，扩大南北铁路运输能力。

建成神木北至延安北铁路，完成西安至延安铁路扩能改造，建成西安至安康铁路，完成襄渝线襄樊至达县段扩能改造，加强内蒙古、陕西与西南地区经济联系，扩大西南北通路运输能力，促进陕北资源开发。

建成大连至烟台铁路轮渡、蓝村至烟台铁路复线、蓝村至新沂铁路、新沂至长兴铁路及温州至福州铁路，构成东北至华东地区的路海通道，完善东部沿海地区综合运输体系。

为促进以浦东为龙头的长江三角洲及沿长江地区的开发，加强沿江大中城市间的联系，开工建设宁芜铁路复线，建成铜陵至九江铁路，开工建设武汉至九江铁路复线，建成长江埠至荆门铁路，开工建设枝城至万县铁路，逐步形成沿长江铁路通道。

除此之外，要继续加快"九五"结转的其他项目建设，围绕客货营销的需要并对一些线路进行必要的补强和技术改造，适当修建一些延伸线路及联络线路，满足列车提速和运输市场的需求。

2）提高干线质量

加强既有线改造，提高区域内铁路干线质量。东北地区重要铁路干线围绕提速、安全、降低运营成本等要求进行改造，改善线路技术条件，整治病害严重的桥梁、隧道、路基等重要工点；华北、华东、中南地区铁路干线围绕客运提速要求，安排强化线路、改造小半径曲线、更换道岔及平交改立交等技改工程；西南、西北地区铁路干线围绕线路病害整治，安排保证行车安全、适当提高速度的系统改造。

3）扩大西部路网

路网建设继续向中西部地区倾斜，补充和拓展中西部铁路网络，扩大中西部路网覆盖面，促进区域经济协调发展。除完善主骨架中的区际通道外，建成内昆、水柏、达万铁路，完成内宜、盘西线电气化和青藏线西宁至格尔木段扩能改造；建设进藏铁路，促进西藏自治区经济发展，适应国防建设的需要；新建中吉乌铁路，与我国南疆铁路一起形成亚欧大陆桥的南部支线，促进新疆维吾尔自治区及西北地区经济发展和对外开放；建设泛亚铁路，开辟我国至东南亚国际新通道，打通直达印度洋的出海口，促进西南地区特别是云南省对外开放和沿线经济发展。

4）发展地方铁路

地方铁路是国铁的有效补充，有利于扩大路网覆盖面，增强铁路辐射能力，同时对于促进地方经济发展具有重要作用。"十五"期间继续发展地方铁路，充分调动地方建设铁路的积极性。开工建黄桶—织金、保定—霸州、枣庄—临沂等铁路，续建沙蔚铁路、德龙烟铁路大莱龙段、准东线、广株线等项目。

2."十五"铁路系统建设

"十五"期间，在路网建设中，我国对快速客运、快捷货运、现代化管理等方面工程，统筹规划，统一安排建设，有机形成整体，充分发挥效益。

1）快速客运系统

建设以北京、上海、广州为中心，天津、武汉、沈阳、重庆、哈尔滨、南京、西安、成都、大连、青岛为结点，连接全国各主要大城市的快速客运系统。充分发挥快速成网的优势，实现大城市间旅客的快速旅行。旅客快速运输系统由客运专线和客货混跑线组成。客货繁忙干线逐步实现客货分线，建设客运专线，客运专线旅客列车运行速度达到时速 200 km；其他主要干线采用客货混跑方式，通过线路改造或采用先进的移动设备，使旅客列车时速达到 120～160 km。

到 2005 年基本建成以京沪高速、秦沈客运专线为龙头，哈大线、京秦线、京广线、陇海线徐州至西安段、西康线、襄渝线安康至重庆段、成达线、胶济线、沪杭线、浙赣线、湘黔线株洲至怀化段、渝怀线、遂渝线、广深线为主体的铁路快速客运骨架，东中部地区大城市间实现 500 km 左右"朝发夕归"，1 200 km 左右"夕发朝至"，2 000 km 左右"一日到达"。快速线路总长达 1 万千米左右。

2）快捷货物运输系统

"十五"期间，要加强装卸基地建设，完善集装箱场站软硬件设备，优化编组站布局和作业分工，减少车辆中转及改编次数。简化货物运输手续和环节，推进集中化运输，对长期稳定的煤炭、石油、矿建、粮食、木材等品类大宗货物，大力开行直达列车；对高附加值货物，组织开行定时发到、正点运行、方便快捷的货物班列；改革完善站间直达、始发直达、阶梯直达、技术直达以双向阶梯式、双向集散式的多种类货物列车，依靠科技进步，提高货物列车运行速度。逐步形成以大型站为骨干、以班列为依托、方便快捷的货物运输系统。

要加快发展集装箱运输，重点强化哈尔滨、烟台、北京、天津、郑州、西安、武汉、济南、成都、重庆、昆明、上海、南京、广州、兰州 15 个铁路集装箱运量较大枢纽的建设；同时，对集装箱运输已有一定规模的齐齐哈尔、牡丹江、长春、大连等 35 个城市的集装箱运输设施，也要加强改造。到 2005 年，形成连接大连、天津、青岛、连云港、上海、深圳等主要港口，以及阿拉山口等主要内陆口岸，大连—哈尔滨、北京—上海、北京—广州（深圳）、天津—兰州、连云港（青岛）—阿拉山口、上海—郑州（兰州）、上海—成都（昆明）的集装箱快速运输通道和北京—莫斯科、乌鲁木齐—阿拉木图两条集装箱国际运行线。

3）现代化管理系统

"十五"期间，以信息技术为支撑，建成铁路现代化管理系统。要按照全面规划、统一规范、统一标准、资源共享的原则，加快信息工程建设，建成和完善铁路运输管理信息系统。实现全路机车、货车、集装箱、列车的实时追踪管理；建立适应市场需要的货运营销和运输生产指挥管理系统；建成全路客票发售与预订系统，迅速扩大城乡订、售票的联网点，实现异地购票；建立全路客运管理信息系统；建成列车信号自动识别系统和铁路成本计算系统；实现全路列车运行图的计算机联网编制；最终建成包含铁路各主要业务内容的铁路综合运营管理系统。在产品及工程设计、生产过程控制、基础数据采集和经营管理等方面普遍采用计算机技术。到 2005 年，铁路管理信息实现互联互通，资源综合利用，并与公用网互联，使铁路运输和营销实现指挥与控制现代化，铁路信息实现市场化和社会化，为旅客和客户提供良好的服务。

4）城市和市郊客运系统

城市地铁、轻轨与市郊铁路组成的轨道交通已成为当今世界许多大城市客运交通的骨干，我国应在 21 世纪初加快城市和市郊铁路客运系统建设步伐，改变目前轨道交通极端落后的状况。从我国大城市轨道交通现状出发，结合国外大城市轨道交通发展的特点与趋势，依据未来我国大城市社会、经济与交通发展需要，积极争取各地政府支持，参与城市轨道交通建设。利用铁路枢纽既有线路和相关设备，并进行必要的配套完善，在北京、上海、广州、天津、沈阳、哈尔滨、昆明、重庆、武汉等大型城市逐步建立城市和市郊客运系统。

3. 技术进步

坚持自主创新与引进国外先进技术相结合，高新技术与先进适用技术并重，不同层次技术装备系统配套，速度、密度、重量兼顾的原则，逐步形成综合运输能力强、效率高、成本低、效益好，具有我国特点的技术装备体系，主体技术装备在质量、性能、数量和可靠性等方面达到国际 20 世纪 90 年代水平。

1）机车、车辆

客运：结合京沪高速铁路建设，力争在 2005 年前实现时速 250 km 及以上的高速列车和高速动车组国产化，并形成生产能力。结合秦沈客运专线的建成通车，配套发展时速 200 km 的电力机车和电动车组，并投入运营，为适应主要干线普遍提高客运速度和舒适度的需要，加大高档客车、快速客车和空调客车的生产比例，以及城市间运输需要的双层空调客车的比重，开发制造和使用摆式列车。预计"十五"期间客车淘汰报废 4 000 辆，需购置约 12 000 辆。内电动车组需求量在 50 列左右。

货运：在煤运通道上，继续发展重载运输，积极发展 25 t 低动力作用四轴大型货车。为适应快捷货物运输的需要，"十五"期间要发展最高运行时速 120 km 的快运货车。改造转 8A 转向架，以适应时速 90 km 的要求。同时，为满足不同货物运输的需要，发展自重轻、强度高、耐腐蚀的新型通用及专用货车，加大集装箱平车、散装水泥车、散装粮食车等专用车比重，达到保有量的 20%。预计"十五"期间货车淘汰报废 65 000 辆，需购置约 10 万辆。

要实现电力、内燃机车系列化、简统化，发展大功率交流传动机车，积极推广机车向客车供电技术。预计"十五"期间客、货机车淘汰报废 2 700 台，需购置约 3 300 台。"十五"期末铁路集装箱的保有量需达到 25 万箱（TEU）以上，集装箱专用车保有量需达到 3 万辆。

2）通信、信号

通信：完善铁路通信网，充分利用公用网资源，优化网络结构。加快建成大容量光纤骨干网，开展增值业务，形成开发型、经营型铁路综合业务通信网。建成以光缆为主，卫星、数字微波为辅，集数字化传输、程控化交换为一体的铁路通信网络。进一步发展铁路数据通信、移动通信，拓展图像、文字、传真、电子邮箱等非话业务。

信号：高速铁路和客运专线全线建成高度智能化的综合自动化系统和列车运行控制系统。繁忙干线建成以机车信号为主体信号的列车运行超速防护系统。一般线路采用通用式机车信号与列车运行监控记录装置。双线区段积极发展自动闭塞。积极稳妥发展车站计算机联锁设备，发展适用的道口信号集中监控装置。

3）工程、工务

工程：采用和开发提高路基质量的新技术，发展高强、轻型、整体、大跨度、新结构桥梁，积极开发越江、越海沉管技术。铁路勘测设计普遍采用航测、物探、遥感、卫星定位测量、计算机辅助设计、人工智能等新技术，实现勘测设计一体化、智能化。

工务：高速铁路、快速铁路和干线采用 60 kg/m 钢轨，繁忙干线采用 60 kg/m 淬火轨和微合金轨，运煤专线采用 75 kg/m 钢轨。积极发展适用于提速、高速、重载线路需要的道岔系列。发展维修量少的无砟轨道。高速铁路、快速线路实现全封闭、全立交，一般线路减少平交道口。线、桥、隧维修逐步机械化。

4）列车行车安全

大力发展行车运行安全监控系统，实现对机车车辆动态监控，在线路上建立对列车的监控网络。大力发展地面监测系统，实现对机车车辆运行品质和运行安全、货物装载的检测。利用通信与计算机网络技术，发展集监测、控制和管理决策于一体的高度信息化的安全监控网络体系。采用新材料、新技术、新工艺，大力提高运输设备的可靠性。进一步完善检修体制，不断提高检修质量。发展重大自然灾害的防治、预报预警技术。

5）城市轨道交通

积极研制生产新一代城市轨道车辆（轻轨列车、市郊列车和地铁列车）、轨道列车安全检测和故障诊断技术装备、自动售票系统、先进的地面信号和列车运行控制系统、新型的无缝线路轨道、地铁减振降噪技术等，逐步建立符合我国国情的国产化城市轨道交通技术装备体系。

此外，积极发展适应铁路特点的新能源或代用品，推广运用节油、节电、节煤及煤炭清洁燃烧、余热余能综合利用、水的净化和循环利用等新技术。积极开发新的防治技术和设备，进一步降低铁路运输的噪声、振动、电磁辐射、废气和列车垃圾等对环境的影响，使铁路成为新世纪的"绿色"交通工具，为国家的可持续发展战略作出新贡献。

（四）实施"十五"铁路发展计划的措施

铁路"十五"计划包括路网建设和装备升级，所需资金数额较大。按照 1999 年价格估算，"十五"共需投资 3 550 亿元，其中基建投资约 2 750 亿元，技术装备购置及更新约 800 亿元。因此，必须深化改革，加快铁路市场化进程，制定和实施优先发展铁路的交通运输产业政策，引导运输方式发挥优势，合理分工，多项措施并举，多种方式并用，在国家政策的支持下，确保"十五"计划顺利实施。

1. 深化内部改革，增强发展活力

（1）加快体制改革，实现政企分开。

进一步明确政府宏观管理、行业管理职能，落实政府扶持铁路发展的责任，确立铁路企业法人实体和市场竞争主体地位，加快走向市场。

运输企业在实行资产经营责任制的基础上，通过把国家铁路路网基础设施与铁路客货运输逐步分离，组建若干个较大规模的客运公司、全路货车（租赁）公司，初步建立适合我国国情

和运输特点的现代企业制度，装备制造业、施工建筑业等非运输企业在实行结构性分离的基础上，完全与政府脱离行政关系，成为真正的法人实体和市场竞争主体。

（2）建立现代企业制度，激发企业活力。

紧紧围绕产权清晰、权责明确、政企分开、管理科学四个方面推进现代企业制度的建立。通过采用国家控股、社会募股、法人参股、股权转让等多种方式调整铁路的所有制结构，实现运输企业的战略性重组，切实转换经营机制，实现精干主体、分离辅业、盘活存量、减人增效，增加企业适应市场的能力。

（3）推进投融资体制改革，多渠道筹集铁路建设资金。

在明确公益型、开发型、经营型等铁路项目的建设责任的前提下，实现投资主体多元化。中央及地方政府是公益型铁路的投资主体，政府要通过制定政策和提供长期运输经营、线路优惠使用、运价浮动、沿线土地开发，规定区域的资源开发等优惠条件，吸引各方参与投资，发展各种形式的合资铁路。客货运量充裕、收益前景良好的经营型铁路项目，采用市场化融资建设。要盘活存量，吸引增量，通过对负债较低、条件较好的铁路公司改制，上市发行股票，融资用于铁路建设。

（4）建立铁路建设与经营市场的准入及退出法规。

加紧确定铁路建设与经营市场的开放程序及步骤，制定市场准入和退出的规则，下放部分地方投资的铁路项目审批权。除铁路主要干线必须由国家控股外，允许其他资本参与，鼓励外资直接投资铁路。

（5）加强人力资源的开发利用，提高员工队伍素质。

要高度重视教育，提高广大职工的整体素质。加强职工道德和纪律教育，强化技术业务培训，提高职工生产技能和思想道德水平，推动物质文明和精神文明建设协调发展，培养"四有"职工队伍。同时，注意人才的培养和引进，密切结合实际、结合生产、结合技术进步，着重培养复合型人才，努力建设一支高素质的经营管理队伍。

2. 争取政策支持，改善外部环境

（1）加大中央财政对铁路的投资。

对于政治、军事、国土开发等需要的项目，国家财政直接注入资本金（有的项目亦包含地方投入的资本金）；此类铁路建成后，运营期间国家财政给予必要的成本补偿。

（2）对铁路实行税收优惠政策。

借鉴国外的普遍经验，对铁路实行低税收或免税政策，调小税基，降低税率。新线建成初期，免征营业税，还本付息期间，免征所得税。对合资铁路营业初期可免交营业税、所得税及有关其他地方税种。对公益性为主的铁路，建成后国家要免征税金。

（3）铁路建设贷款实行低利率和长期限。

铁路的技术特征决定了铁路建设一次性投资规模大，建设周期长，因此，铁路建设中贷款期限和利率水平不能等同于一般行业和其他基础产业，需要国家制定特殊政策：延长铁路贷款的还本付息年限至25年以上，还本宽限期延至运营后5年，利率应低于商业银行贷款利率，并实行财政贴息或零利率。

（4）中央政府、地方政府与企业共同解决铁路负担。

解决铁路历史遗留的大量建设债务需要多方努力。根据线路性质，建议将全部或部分债权转为股权，分别由中央政府、地方政府、金融机构、受益企业和铁路运输企业作为资本金投入；也可采取挂账停息等措施。对铁路因承担公益性运输所造成的亏损给予补贴并建立制度。同时，剥离公检法等政府职能，人员及机构上交中央或地方政府。分流企业所办学校、医院等人员及机构，并逐年递减企业承担的费用。

（5）健全法律法规。

坚持依法治路，建立健全各种法律法规，规范运输市场，实行公平竞争，促进行业发展。一方面根据形势变化尽早修改完善《铁路法》，使其成熟完善，适应市场经济和铁路体制改革的需要。另一方面加紧出台有关规范铁路建设与经营行为的法规。特别在《中外合资经营企业法》和《外资企业法》中增补有关参与铁路技术与经营的内容，明确和保护投资人的合法权益。

二、国家中长期铁路网规划

（一）规划出台背景

2004 年 1 月，国务院常务会议讨论通过了《中长期铁路网规划》（简称《规划》），这是国务院批准的第一个行业规划，也是截至 2020 年我国铁路建设的蓝图。《规划》的出台是基于以下经济社会及政策背景。

1. 新一届政府经济社会新政策对铁路发展提出新要求

十届全国人大一次会议选举和决定任命了新一届国家机构领导人员，产生了以温家宝为总理的新一届政府。为了实现保持经济持续较快增长的目标，新一届政府提出继续保持政策的稳定性和连续性，坚持扩大内需的方针，实施积极的财政政策和稳健的货币政策，同时牢牢把握城乡协调、东西互动、内外交流、上下结合、远近兼顾、松紧适度的原则。加快铁路网建设，既是继续实施西部大开发战略，促进区域经济协调发展的需要，也是拉动内需，带动国民经济快速健康发展的需要。

2. 铁道部实施铁路跨越式发展的战略

为适应全面建设小康社会的要求，当好国民经济发展的先行官，铁道部党组在认真学习十六大精神、深入调查研究的基础上，提出了实施铁路跨越式发展的战略，以加快解决我国铁路存在的主要矛盾，为全面建设小康社会提供可靠的运力支持，使铁路适应走新型工业化道路的要求。2003 年 6 月 28 日，铁道部召开铁路跨越式发展研讨会，系统地提出了铁路跨越式发展的总体思路、重点任务和工作措施。铁路跨越式发展，主要是指运输能力的快速扩充和技术装备水平的快速提高；同时以这两个重点为主线，推动其他各方面工作的加快发展，早日实现中国铁路的现代化。《规划》正是铁路跨越式发展战略的体现。

3. 铁路建设成绩突出，但仍不能满足经济社会发展需要

"八五"以来，在党中央、国务院的正确领导下，我国铁路建设速度加快，路网规模扩大，能力持续提高。尤其是经过"九五"和"十五"头两年的建设，我国铁路无论是规模还是质量都有了很大改善。截至 2002 年年底，全国铁路营业里程达到 7.2 万千米，位居亚洲第一位，世界第三位。

其中，复线里程为 2.4 万千米，电气化里程为 1.8 万千米，提速线路里程达到 1.3 万千米。

2004 年 4 月 18 日，铁路实施第五次大提速之后，新的列车运行图客运能力提高 18.5%，货运能力提高 15% 左右，但从总体来看，铁路运输能力依然不足，不能适应国民经济和社会发展的需要。具体表现在：我国路网规模总量与我国人口、国土面积和经济发展水平相比仍不相称，特别是西部地区路网单薄，不适应实施西部大开发战略和区域经济协调发展的需要；技术装备水平、列车运行速度与国际先进水平相比差距仍不小；主要干线能力紧张没有得到根本性缓解，部分地区进出通道不畅，季节性运输紧张问题突出；尤其是京沪、京广、京哈、京九、陇海、浙赣六大铁路干线能力基本饱和，大部分区段能力利用率已达 100%；运输质量尚待提高，旅客买票难、乘车难的局面没有根本改善，货物运输速度慢，到达时间难以确定。

4. 与公路尤其是高速公路发展速度相比略显滞后，面临来自公路、航空的巨
   大压力

改革开放以来，随着我国公路建设的突飞猛进，以及运输工具的改进，公路运量不断提高，在全社会客货运输总量中占据了相当大的比重。尤其是高速公路，从无到有，发展更为迅猛，截至 2003 年年底已经突破 3 万千米。同时，民用航空也得到了较快发展，航线数量与覆盖范围不断增加，客货运量持续增长。与之相比，铁路虽然也有了很大发展，但增长速度稍显缓慢，同时在服务质量上也有一定差距，导致铁路在全社会客货运输总量中所占比重逐年下降。加快铁路网建设，提升服务水平，是铁路寻求自身发展，在与公路、民航等运输方式的竞争中立于不败之地的关键所在。

正是 2004 年 1 月通过的这份纲领性文件，促使青藏铁路提前 1 年建成通车，指导全国铁路第六次大面积提速成功实施，让大秦铁路突破世界重载运量极限，更推动京津城际铁路开通运营，开辟了中国高速铁路的新纪元。2008 年 10 月，经国家批准，《中长期铁路网规划（2008 年调整）》正式颁布实施。新规划将进一步扩大路网规模，完善布局结构，提高运输质量，体现了原规划快速扩充运输能力、迅速提高装备水平的要求。

（二）规划目标与规划原则

1. 规划目标

为适应全面建设小康社会的目标要求，铁路网要扩大规模，完善结构，提高质量，快速扩充运输能力，迅速提高装备水平。到 2020 年，全国铁路营业里程达到 10 万千米，主要繁忙干线实现客货分线，复线率和电化率均达到 50%，运输能力满足国民经济和社会发展需要，主要技术装备达到或接近国际先进水平。

2. 规划原则

（1）统筹考虑与其他运输方式及能源等相关行业的发展，通道布局、运力分配与公路、民航、水运、管道等规划有机衔接。

（2）能力紧张的繁忙干线实现客货分线，经济发达的人口稠密地区发展城际快速客运系统。

（3）加强各大经济区之间的连接，协调点线能力，使客货流主要通道畅通无阻。

（4）增加路网密度，扩大路网覆盖面，为经济持续发展、国土开发和国防建设创造有利条件。

（5）提高铁路装备国产化水平，大力推进装备国产化工作。

（三）规划方案

2004 年经国务院审议通过，我国国家铁路中长期发展目标为：到 2020 年，全国铁路营业里程达到 10 万千米，主要繁忙干线实现客货分线，复线率和电化率均达到 50%，运输能力满足国民经济和社会发展需要，主要技术装备达到或接近国际先进水平。建立省会城市及大中城市间的快速客运通道，以及环渤海地区、长江三角洲地区、珠江三角洲地区 3 个城际快速客运系统，建设客运专线 1.2 万千米以上。

规划指出，以扩大西部路网规模为主，形成西部铁路网骨架，完善中东部铁路网结构，提高对地区经济发展的适应能力。规划建设新线约 1.6 万千米。形成西北、西南进出境国际铁路通道，西北至华北新通道，西北至西南新通道，新疆至青海、西藏的便捷通道，完善西部地区和东中部铁路网络。

1. 客运专线

建设客运专线 1.2 万千米以上，客车速度目标值达到每小时 200 km 及以上。具体建设内容：

（1）"四纵"客运专线：① 北京—上海客运专线，贯通京津至长江三角洲东部沿海经济发达地区；② 北京—武汉—广州—深圳客运专线，连接华北和华南地区；③ 北京—沈阳—哈尔滨（大连）客运专线，连接东北和关内地区；④ 杭州—宁波—福州—深圳客运专线，连接长江、珠江三角洲和东南沿海地区。

（2）"四横"客运专线：① 徐州—郑州—兰州客运专线，连接西北和华东地区；② 杭州—南昌—长沙客运专线，连接华中和华东地区；③ 青岛—石家庄—太原客运专线，连接华北和华东地区；④ 南京—武汉—重庆—成都客运专线，连接西南和华东地区。

（3）三个城际客运系统：环渤海地区、长江三角洲地区、珠江三角洲地区城际客运系统，覆盖区域内主要城镇。

2. 完善路网布局和西部开发性新线

规划建设新线约 1.6 万千米，主要包括：

（1）新建中吉乌铁路喀什—吐尔尕特段，改建中越通道昆明—河口段，新建中老通道昆明—景洪—磨憨段、中缅通道大理—瑞丽段等，形成西北、西南进出境国际铁路通道。

（2）新建太原—中卫（银川）线、临河—哈密线，形成西北至华北新通道。

（3）新建兰州（或西宁）—重庆（或成都）线，形成西北至西南新通道。

（4）新建库尔勒—格尔木线、龙岗—敦煌—格尔木线，形成新疆至青海、西藏的便捷通道。

（5）新建精河—伊宁、奎屯—阿勒泰、林芝—拉萨—日喀则、大理—香格里拉、永州—玉林和茂名、合浦—河唇、西安—平凉、柳州—肇庆、桑根达来—张家口、准格尔—呼和浩特、集宁—张家口等西部区内铁路，完善西部地区铁路网络。

（6）新建铜陵—九江、九江—景德镇—衢州、赣州—韶关、龙岩—厦门、湖州—嘉兴—乍浦、金华—台州及东北东边道等铁路，完善东中部铁路网络。

3. 路网既有线

规划既有线增建二线 1.3 万千米，既有线电气化 1.6 万千米。

（1）在建设客运专线的基础上，对既有线进行扩能改造，在大同（含蒙西地区）、神府、太原（含晋南地区）、晋东南、陕西、贵州、河南、兖州、两淮、黑龙江东部等10个煤炭外运基地，形成大能力煤运通道。近期要优先考虑大秦线扩能、北同蒲改造、黄骅至大家洼铁路建设和石太线扩能，实现客货分运，加大煤炭外运能力。

（2）结合客运专线的建设，对既有京哈、京沪、京九、京广、陆桥、沪汉蓉和沪昆等7条主要干线进行复线建设和电气化改造。

（3）以北京、上海、广州、武汉、成都、西安枢纽为重点，调整编组站，改造客运站，建设机车车辆检修基地，完善枢纽结构，使铁路点线能力协调发展。

（4）建设集装箱中心站，改造集装箱运输集中的线路，开行双层集装箱列车。

《规划》的批准和实施，标志着中国铁路新一轮大规模建设即将展开。根据《规划》，铁路部门将以客运专线、沪汉蓉通道、杭甬深通道、煤炭运输通道的部分项目为重点，积极争取开工一批新项目。

2004年，铁道部安排大中型续建项目35项，计划新线铺轨859 km，投产1 680 km；复线铺轨290 km，投产140 km；电气化投产559 km。建成宁西线西合段、宁启线、粤海通道、胶新线、宝兰复线、朔黄线等16个项目。

（四）规划实施计划

1. "十五"建设计划调整

为贯彻实施《中长期铁路网规划》，铁道部对"十五"建设计划进行了调整。到2005年铁路营业里程达到7.5万千米，其中复线铁路2.5万千米，电气化铁路2万千米以上。具体建设项目调整如下：

建设客运专线，开工建设北京—上海、武汉—广州、西安—郑州、石家庄—太原、宁波—厦门等客运专线。建设城市密集地区城际客运系统，开工建设环渤海地区北京—天津，长江三角洲南京—上海—杭州，珠江三角洲广州—深圳、广州—珠海、广州—佛山城际客运系统。加快完善路网结构，开工建设宜昌—万州、烟台—大连轮渡、合肥—南京、麻城—六安、太原—中卫（银川）、精河—伊宁、永州—玉林（茂名）、铜陵—九江、大理—丽江、龙岗—敦煌、黄骅—大家洼铁路等新线。

加快既有线扩能改造，实施京沪线、焦柳线、黔桂线、兰新线武威至嘉峪关段、沪杭线、天津—沈阳、石德线电化改造，开工建设沪汉蓉既有段、昆明—六盘水、滨洲线海拉尔至满洲里、湘桂线衡阳至柳州复线，进行大秦线、西延线扩能改造。

加快主要枢纽及集装箱中心站建设，对北京、上海、广州、武汉、成都、西安枢纽进行改造，建设上海、昆明、哈尔滨、广州、兰州、乌鲁木齐、天津、青岛、北京、沈阳、成都、重庆、西安、郑州、武汉、大连、宁波、深圳等18个集装箱中心站。

2. 2010年阶段目标

到2010年，铁路网营业里程达到8.5万千米左右，其中客运专线约5 000 km，复线3.5万千米，电气化3.5万千米。

进一步建设客运专线。建成北京—上海、武汉—广州、西安—郑州、石家庄—太原、宁波

—厦门等客运专线，开工建设北京—武汉、天津—秦皇岛、厦门—深圳等客运专线。

进一步扩大路网规模，建设云南进出境、中吉乌、合浦至河唇、赣州至韶关、龙岩至厦门、湖州至乍浦、兰州（或西宁）至重庆（或成都）、西安至平凉、隆昌至黄桶、东北东边道等铁路。

进一步提高既有线能力，建设邯济线、宁芜线、西康线、平齐线、大郑线、滨绥线等复线。

从云南入藏的滇藏线仍继续做好地质调查和技术经济分析，是否建设视研究论证结果再定。

（五）规划的主要特点

1. 实现客货分线

针对目前我国主要铁路干线能力十分紧张，除秦沈客运专线外，均为客货混跑模式，客运快速与货运重载难以兼顾，无法满足客货运输的需求，并影响旅客运输质量提高的实际情况，《中长期铁路网规划》提出，实施客货分线，专门建设客运专线，在建设较高技术标准"四纵四横"客运专线的同时，为满足经济发达的城市密集群的城际旅客运输日益增长的需求，规划以环渤海地区、长江三角洲地区、珠江三角洲地区为重点，建设城际快速客运系统。

2. 改善路网分布，东中西布局合理

长期以来，我国铁路网布局一直呈现着不合理态势，特别是在广大西部地区，运网稀疏，运能严重不足，与东中部的联络能力差。为此，《中长期铁路网规划》提出，2020 年前，以西部地区为重点，新建一批完善路网布局和西部开发性新线，全面提高对地区经济发展的适应能力。西部地区在加快青藏铁路等新线建设的同时，集中力量加强东西部之间通道的建设，在西北至华北及华东、西南至中南及华东间形成若干条便捷、高效的通道，形成路网骨架，满足东西部地区客货交流的需要。东中部地区新建一批必要的联络线，增强铁路运输机动灵活性。新建和改扩建新疆通往中亚，东北通往俄罗斯，云南通往越南、老挝等东南亚国家的出境铁路通道，为扩大对外交流服务。

3. 提升既有能力

根据我国资源分布、工业布局的实际，结合国民经济和社会发展的需要，《中长期铁路网规划》提出，在建设客运专线和其他铁路线路的同时，加强既有铁路技术改造，扩大运输能力，提高路网质量。

第一，以京哈、京沪、京九、京广、陆桥、沪汉蓉、沪昆等 7 条既有干线为重点，增建二线和电气化改造，扩大既有主干线的运输能力。

第二，根据煤炭行业发展规划，结合铁路煤炭运输径路的实际，通过建设客运专线实现客货分线和对既有煤运通道进行扩能改造，形成铁路煤运通道 18 亿吨的运输能力。

第三，在加快新线建设和既有线改造的同时，系统安排枢纽建设，强化重点客站，并与其他交通运输方式有机衔接；调整主要编组站，建设机车车辆检修基地，完善枢纽结构，使铁路点线能力协调发展，系统提高运输能力、运输质量和运输效率，最大限度地发挥路网整体作用。

第四，在北京、上海、广州等省会城市及港口城市布局并建设 18 个集装箱中心站和 40 个左右靠近省会城市、大型港口和主要内陆口岸的集装箱办理站，发展双层集装箱运输通道，使中心站间具备开行双层集装箱列车的条件。

4. 推进铁路技术创新

由于对国外高新技术的跟踪、研究、推广应用力度不够，关键技术的自主研发能力、引进技术的消化吸收能力和国产化水平不高，使得目前我国铁路技术装备水平总体上仅相当于发达国家20世纪80年代的水平，高速动车组的技术尚处于研发阶段。《中长期铁路网规划》提出，要把提高装备国产化水平作为"十一五"和今后铁路建设一项重要内容来抓。

以客运高速和货运重载为重点，坚持引进先进技术与自主创新相结合，快速提升铁路装备水平，早日达到或接近发达国家水平。时速200 km以上的机车车辆及动力组，充分整合国内资源，采取国际合作、科研攻关等措施尽快实现国产化。

重载货运机车、车辆系统引进关键技术，提升设计制造水平。适应客运高速、快速和货运重载的要求，提高线桥隧涵、牵引供电、通信信号技术水平。广泛应用信息网络技术，实现铁路信息化。装备水平的提升要与铁路体制的改革相结合，提高劳动生产率、资源使用效率和运输效益。

5. 重视国际铁路通道与国边防线路建设

《规划》将以很大力度扩大西部路网规模，形成西部铁路网骨架。其中，规划新建中吉乌铁路喀什—吐尔尕特段，改建中越通道昆明—河口段，新建中老通道昆明—景洪—磨憨段、中缅通道大理—瑞丽段，形成西北、西南进出国境国际铁路通道。同时，这些线路以及规划中的太原—中卫、临河—哈密、青藏线延伸线、东北东边道等铁路，对于加强我国边防铁路建设意义重大。

6. 强调枢纽建设，以铁路枢纽带动综合运输枢纽发展

目前，铁路点线能力不配套的问题突出，部分枢纽的改造与新线建设和既有线改造不同步，能力不足，制约了线路能力的发挥。《规划》强调在加快新线建设和既有线改造的同时，系统安排枢纽建设，强化重点客站，与其他交通运输方式有机衔接；调整主要编组站，建设机车车辆检修基地，完善枢纽结构，使铁路点线能力协调发展，系统提高运输能力、运输质量和运输效率，最大限度地发挥路网整体作用。根据《规划》拟重点完善的北京、上海、广州、武汉、成都和西安等枢纽，也将带动综合运输枢纽的发展，为各种运输方式有机衔接、协调发展创造有利条件。

7. 以人为本，提高服务质量

根据《规划》，铁路在未来一段时间的发展中，将继续大提速，并建设快速客运服务网络，缩短旅客在途时间。拟建的城际快速客运系统，将覆盖区域内主要城镇，极大地方便了所在区域城乡居民的出行。在追求速度的同时，铁路部门也将改进技术装备水平，提高科技含量，提升服务质量，保证旅客出行安全。

（六）2008年版规划的调整内容

铁道部2008年10月公布了《中长期铁路网规划（2008年调整）》（以下简称《调整方案》）（图4.1）。根据调整后的方案，到2020年，全国铁路营业里程由达到10万千米以上调整为12万千米以上，其中客运专线及城际铁路达到1.6万千米以上，复线率和电化率分别达到50%和60%，主要繁忙干线实现客货分线，基本形成布局合理、结构清晰、功能完善、衔接顺畅的铁路网络，运输能力满足国民经济和社会发展需要，主要技术装备达到或接近国际先进水平。

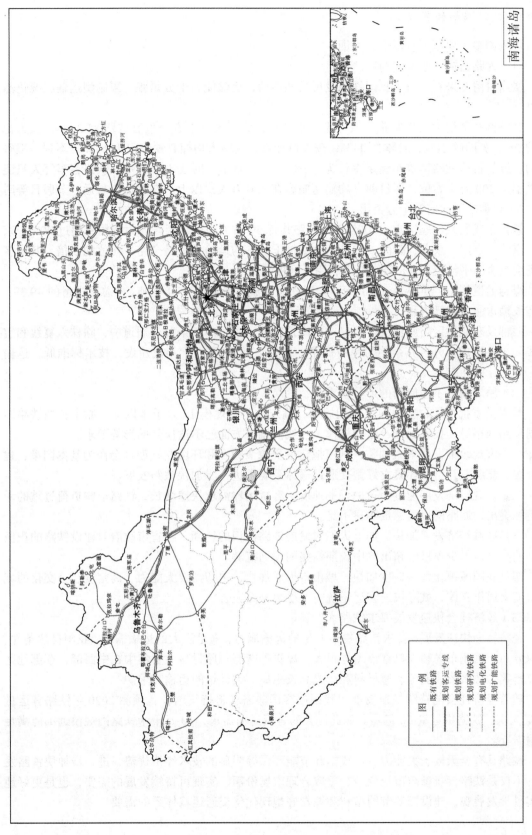

图 4.1 国家中长期铁路网规划调整示意（2008 年）

1. 规划调整的背景

规划调整主要原因有以下几方面：

（1）铁路运输"瓶颈制约"严重。

从当时情况来看，由于我国铁路发展长期滞后，运输能力十分紧张，限制型运输状况仍然严重。

铁路网整体能力长期紧张。按国土面积计算，我国每万平方公里有铁路 81.2 km，仅为德国的 9%，英国的 10%，日本的 11%；按人口计算，我国人均拥有铁路仅为 6 cm，不到一根香烟的长度。目前铁路请求车满足率仅为 35%，"一车难求"问题十分严重。铁路客车每天只能提供不足 300 万个席位，但目前日均输送旅客在 410 万人次以上。在春运、暑运、节假日等时段，"一票难求"的问题十分突出。

繁忙干线瓶颈问题突出。2008 年，全路共有 59 条主要干线区段能力利用率超过 90%，京沪、京哈、京广、京九、陇海、沪昆六大繁忙干线平均运输负荷是全路平均值的 3 倍，其中客运密度是全路平均值的 4.8 倍，能力利用已到极限。

煤运通道能力严重不足。2007 年，全国铁路完成煤炭运输 15.4 亿吨，占总发送量的 49.3%，既有线输送能力均已饱和。

西部及东北地区路网薄弱。目前，西南地区北、东、南三条对外通道中，除株六复线和宝成线阳平关至成都外，其余均为单线铁路，多为 20 世纪五六十年代建设，技术标准低，运输能力小，迂回性差。

（2）原规划已不适应新的形势要求。

根据国家批准综合交通网中长期规划，确定铁路网规模 12 万千米以上。原中长期铁路网规划从路网布局、技术标准、路网规模、点线协调等方面已不适应新的形势要求。

一是宏观政策发生重大调整，国家把建设资源节约型和环境友好型社会作为基本国策，建设资源、能源节约型和环境友好型交通运输体系要求进一步加快铁路发展。

二是宏观经济发展速度超过原预期速度，客货运输需求快速增长，铁路运输负荷过重的矛盾更加突出，铁路网规模总量明显不足。

三是区域经济发展加快，加上人们对发展铁路认识的提高，各省市政府对建设铁路的积极性空前高涨，不少项目已超出原中长期铁路网规划范畴。

四是我国城镇化发展速度加快，城市带形成加快，迫切需要大能力、高密度、公交化的城市轨道交通作支撑，城际快速客运系统需要尽快补充完善。

（3）经济社会快速发展要求铁路大发展。

经济社会快速发展，要求铁路提供充足的运输能力，满足巨大的运输需求。我国自然条件、资源分布、工业布局和人口聚集差异很大。煤炭等能源、原材料主要集中在中西部，东部地区城市密集，必然形成能源、原材料和产成品长距离、大运量的运输需求。

随着经济社会的持续快速发展，我国旅客运输需求将持续增长，预测 2020 年铁路客运量 50 亿人次，铁路货运量 50 亿吨。如此巨大的客货运输需求，10 万千米铁路网规模远不能满足运输需要。

铁路具有全天候、大能力、低成本和节能环保等明显的技术经济优势，进一步加快铁路发展，不仅是铁路自身参与市场竞争、争取合理市场份额、实现可持续发展的需要，也是更好地落实科学发展观，建设资源节约型和环境友好型现代化交通运输体系的需要。

未来区域经济的协调发展步伐将加快，区域经济特别是中西部地区经济发展加速，各个区域间经济交流与合作的机遇不断扩大。区际运输需求增速加快，既有区际铁路运输通道运能需求与供给的矛盾将更加突出，迫切需要进一步加快区际铁路建设，形成功能强大的区际铁路运输通道。

2. 规划调整主要内容

新的调整规划进一步扩大路网规模，完善布局结构，提高运输质量，体现了原规划快速扩充运输能力、迅速提高装备水平的要求。调整后的方案主要有以下几个方面的变化。

1）快速客运网络

铁路快速客运网由客运专线、城际轨道交通和客货混跑快速线路组成，《调整方案》总规模达5万千米以上，较原规划增加2万千米。原"四纵四横"客运专线基础骨架不变，进一步加大繁忙干线客货分线力度，延伸并扩大客运专线覆盖面，加强客运专线之间相互连通和衔接，发挥整体优势。客运专线及城际铁路建设目标由1.2万千米调整为1.6万千米以上。

这一快速客运网，连接所有省会及50万人口以上的大城市，覆盖全国90%以上人口，大大缩短了城市间时空距离。届时，北京、上海、郑州、武汉、广州、西安、成都等中心城市，与邻近省会城市将形成1至2小时交通圈、与周边城市形成半小时至1小时交通圈。

《调整方案》将城际客运系统由环渤海、长三角、珠三角地区扩展到长株潭、成渝、中原、武汉、关中、海峡西岸城镇群等经济发达和人口稠密地区，覆盖沿线各中心城市和主要城镇，实现小编组、高密度公交化运输，有效满足地区大容量客运需求，构建节能环保的综合运输体系，大大促进区域一体化发展及城镇化进程。

2）完善路网布局和西部开发性新线

《调整方案》进一步扩大西部路网规模、完善中东部路网结构，将规划建设新线由1.6万千米调整为4.1万千米。

新增中俄、中蒙等对外铁路通道，完善东北、西北、西南地区进出境国际铁路通道。规划新增向塘—莆田（福州）、合肥—福州、乐山—贵阳—广州、昆明—南宁—广州、西安—汉中—绵阳、乌鲁木齐—哈密—兰州等，进一步加强区际联系通道，各区域之间客运将实现快捷便利，货运将实现大出大入，长期困扰经济社会发展的铁路"瓶颈"制约状况将得到根本解决。

新增喀什—和田、嘉峪关—策克、安康—张家界等铁路，扩大西部地区铁路网规模，总规模达到5万千米以上。新增上海—南通、广州—茂名—湛江、青岛—连云港—盐城等铁路，进一步完善东中部铁路网。

为适应我国对外贸易和沿海港口发展需要，结合全国港口发展和功能布局，规划建设1 000 km以上沿海港口集疏运铁路支线及多个物流中心站，形成路港紧密衔接的运输系统，大力发展集装箱运输和多式联运。

3）构建以煤炭运输为主体的区际大能力通道

为适应国民经济发展对煤炭运输需求，围绕十大煤炭外运基地和新疆地区，对煤运通道进行了补充完善。在建设客运专线、实现干线客货分线运输、释放既有线能力的同时，加快大秦铁路等既有铁路扩能改造，新增建设"三西"地区煤炭下海和铁路直达中南、华东内陆地区通道，以及新疆地区煤炭外运通道及集疏运系统，煤运通道运输能力达到23亿吨。

4）关于路网既有线

在对既有京哈、京沪、京九、京广、陆桥、沪汉蓉和沪昆等7条主要干线进行复线建设和电气化改造的同时，对"五纵五横"综合运输大通道内既有铁路干线进行复线建设和电气化改造，进一步加强通道内铁路运输能力。《调整方案》将增建二线建设规模由1.3万千米调整到1.9万千米，既有线电气化建设规模由1.6万千米调整为2.5万千米。

按照综合交通枢纽布局和城市发展规划，加强主要客货枢纽及集装箱中心站建设，注重与城市轨道交通等公交系统以及公路、民航和港口等其他交通方式衔接，实现旅客运输"零距离换乘"、货物换装"无缝衔接"和交通运输一体化。

《调整方案》实施后，我国铁路网规模进一步扩大，路网结构更加合理，运输能力大幅度提高，运输质量迅速提升，可以适应国民经济和社会发展需要，铁路服务国民经济和社会发展水平将明显提高，铁路网技术结构也更趋合理，繁忙通道实现客货分线，主要通道基本实现复线大能力化，东北和西北地区主要干线实现复线电气化，东中部和西南地区基本实现电化成网，中国铁路特有的速度、密度、重载运输结构得到协调兼顾。

在运输能力上，煤炭运输能力将达到23亿吨，满足煤炭运输需求；南北过江通道货运能力达到6.7亿吨，进出关通道货运能力达到2.5亿吨，西北地区东、南通道货运能力分别达到2.5亿吨和1.2亿吨，西南地区东、南、北通道货运能力分别达到2亿吨、1.7亿吨和1.2亿吨，铁路运输能力总体上适应国民经济和社会发展需要。

在运输质量上，客运专线网形成规模，城际铁路网基本覆盖，主要枢纽点线协调，城市间时空距离大幅度缩短，省会城市间总旅行时间节省50%以上。铁路与其他运输方式衔接更加紧密，客货集散更加方便、快捷。铁路重载运输、集装箱运输达到世界先进水平。

3.《调整方案》内容

根据国务院批准的《综合交通网中长期发展规划》，2020年我国铁路网营业里程将达到12万千米。按此规划目标，经对国务院2004年批准的《中长期铁路网规划》（以下简称《规划》）进行相应调整，形成了《中长期铁路网规划（2008年调整）》（以下简称《调整方案》）。规划调整的主要内容如下所述。

1）发展目标

《调整方案》将2020年全国铁路营业里程规划目标由10万千米调整为12万千米以上，电化率由50%调整为60%以上。进一步扩大铁路网规模以及提高电气化铁路比重，是为了发挥好铁路技术经济优势，更好地适应建设和谐社会以及交通可持续发展的要求。

《调整方案》提出，到2020年基本形成布局合理、结构清晰、功能完善、衔接顺畅的铁路网络。确立这一目标，主要是强调在扩大路网规模的同时，要更加注重提高布局合理性、科学界定层次结构、把握好功能定位以及做好综合交通衔接，建立符合国情、经济适用的铁路网络。

2）规划原则

《调整方案》增加了三条规划原则：

一是"贯彻国家总体发展战略，统筹考虑经济布局、人口和资源分布、国土开发、对外开放、国防建设、经济安全和社会稳定的要求，并体现主体功能区规划明确的促进区域协调均衡发展的方向"。这一原则明确了铁路规划建设首先应服从国家战略，并适应经济社会发展各方面的要求。

二是"根据国家综合交通发展总体要求，线网布局、枢纽建设与其他交通运输方式优化、衔接和协调发展，提高组合效率和整体优势"。这一原则体现了建立综合交通运输体系对铁路发展提出的要求。

三是"节约和集约利用土地，充分利用既有资源，保护生态环境"。这一原则主要考虑铁路发展面临着环境和土地资源等方面条件的制约，因此应走集约发展道路，避免粗放型增长。

《调整方案》将原规划原则中第五条删去。这主要是考虑随着自主创新能力的不断提高，可不再将装备国产化作为路网规划的原则。

3）规划方案

《调整方案》将区际干线和煤运系统建设与客运专线一并列为突出的重点。因为铁路除了提供大中城市间快速客运服务外，还应作为承担区际普遍客运、资源开发、大宗物资运输等任务的主力。

（1）客运专线。

《调整方案》将客运专线建设目标由1.2万千米调整为1.6万千米以上，主要是为了加大繁忙干线客货分线的力度，在维持原"四纵四横"客运专线基础骨架不变的情况下，增加了4 000 km客运专线，包括杭甬深客运专线向北延伸至上海，杭长客运专线向西延伸至昆明，以及蚌埠—合肥、南京—杭州、锦州—营口、南昌—九江、柳州—南宁、绵阳—成都—乐山、哈尔滨—齐齐哈尔、哈尔滨—牡丹江、长春—吉林、沈阳—丹东等连接线。

《调整方案》将城际客运系统由环渤海、长江三角洲、珠江三角洲地区扩展到长株潭、成渝以及中原城市群、武汉城市圈、关中城镇群、海峡西岸城镇群等地区。这些地区虽然经济发展水平相对较低，但均为经济社会发展的核心区域且人口稠密，城际轨道交通规划发展视地方发展情况确定。

《调整方案》不再对客运专线速度目标值进行界定。客运专线具体建设标准应结合实际情况，通过技术经济比选科学确定，不盲目追求高标准。

（2）完善路网布局和西部开发性新线。

《调整方案》将规划建设新线由1.6万千米调整为4.1万千米。

一是完善进出境国际铁路通道，新增中俄通道同江—哈鱼岛段等铁路。

二是完善区际干线布局，新增重庆—贵阳、宜宾—贵阳—广州、南宁—广州、哈达铺—成都、太原—侯马—西安—汉中—绵阳、向塘—莆田、合肥—福州、阜阳—六安—景德镇—瑞金—汕头、北京—张家口—集宁—包头等铁路，研究建设张掖—西宁—成都、格尔木—成都、郑州—重庆—昆明、和田—狮泉河—日喀则、成都—波密—林芝、香格里拉—波密等铁路。

三是完善大能力煤运通道布局，新增内蒙古中西部、山西中南部煤运铁路和乌鲁木齐—哈密—兰州铁路等。

四是扩大西部地区路网覆盖面，新增乌鲁木齐—富蕴—北屯、哈密—若羌、二连浩特—锡林浩特—乌兰浩特、正蓝旗—虎什哈、昭通—攀枝花—丽江、昆明—百色、南宁—河池等铁路，研究建设安康—恩施—张家界等铁路。

五是完善中东部地区路网结构，新增哈尔滨—佳木斯、青岛—连云港—盐城、南通—上海

—宁波、广州—湛江—海口—三亚、上海—江阴—南京—铜陵—安庆、怀化—衡阳、井冈山—赣州、浦城—建宁—龙岩等铁路和福州—厦门货运线。

（3）路网既有线。

《调整方案》将增建二线建设规模由 1.3 万千米调整为 1.9 万千米，既有线电气化建设规模由 1.6 万千米调整为 2.5 万千米。

一是在原《规划》十个煤炭外运基地基础上，增加了新疆地区煤炭外运基地，并重点强化"三西"地区煤炭下海和铁路直达中南、华东内陆地区通道，以及新疆地区煤炭外运通道。这一补充主要是在加强大秦线、朔黄线等既有煤运通道的基础上，开辟煤炭外运新通路，提高铁路运输保障能力。

二是将原《规划》提出的"对既有京哈、京沪、京九、京广、陆桥、沪汉蓉和沪昆等7条主要干线进行复线建设和电气化改造"，调整为"对'五纵五横'综合运输大通道内既有铁路干线进行复线建设和电气化改造"。这主要是适应构建综合运输通道的要求，进一步加强通道内铁路运输能力。

三是《调整方案》提出"按照综合交通枢纽布局和城市发展规划，加强主要客货枢纽建设，注重与城市轨道交通等公交系统以及公路、民航和港口等其他交通方式的衔接，实现旅客运输'零距离换乘'、货物换装'无缝衔接'和交通运输一体化"。这主要是强调铁路枢纽建设应贯彻综合交通发展的理念。

4）实施意见

《调整方案》不再对"十五"建设规划进行表述，仅对 2010 年阶段目标进行了调整。

一是将 2010 年全国铁路网营业里程由 8.5 万千米调增为 9 万千米以上，客运专线建设规模由 5 000 km 调增为 7 000 km，复线率、电化率均由 41% 调增为 45% 以上。

二是将广深、哈大、沪杭甬、汉宜、合蚌、宁杭、柳南、绵成乐、哈齐等客运专线列入阶段目标。这主要是为了争取加快客运专线建设步伐，有效缓解繁忙干线能力紧张状况。

三是将兰州—重庆和成都、贵广、南广、丽江—香格里拉、拉萨—日喀则、重庆—利川、西小召（包头）—甘其毛道、乌兰浩特—锡林浩特、前进—抚远、沪通、南京—安庆、阜阳—六安、宿州—淮安、衡阳—井冈山铁路，内蒙古中西部、山西中南部煤运铁路，集包第二双线等一批项目列入阶段目标。这主要是为了加快完善东部地区路网布局以及促进西部大开发。

四是将西合、邯长、石长、遂渝复线，神朔黄、金温、广大、赣龙扩能等项目列入阶段目标。这主要是为了实施一批"短平快"项目，尽快解决部分路段"卡脖子"问题。

（七）2016 年版国家中长期铁路网发展规划

由国务院批准，国家发展改革委、交通运输部、中国铁路总公司于 2016 年 7 月 13 日联合发布了《中长期铁路网规划》（发改基础〔2016〕1536 号，以下简称《2016 版规划》）。其主要内容如下：

1.《2016 版规划》的总体考虑

当前，我国正处于全面建成小康社会的决胜阶段，经济社会发展面临的新趋势新机遇，对铁路发展提出新的更高要求：

（1）一是推进供给侧结构性改革，要求扩大铁路有效供给。

（2）二是拓展区域发展空间，要求强化铁路支撑作用。

（3）三是构建综合交通运输体系，要求发挥铁路绿色骨干优势。

（4）四是贯彻总体国家安全观，要求提升铁路应急保障水平。

（5）五是厚植行业发展优势，要求建设现代铁路基础网络。

《2016 版规划》的修编始终坚持贯彻落实新发展理念，遵循铁路发展规律，发挥铁路骨干优势作用，统筹需求与可能，兼顾经济效益和社会效益，以增加有效供给、明晰功能层次、提升服务效能、兼顾效率公平为重点，着力构建布局合理、覆盖广泛、高效便捷、安全经济的现代铁路网络，为构建现代综合交通运输体系、促进经济社会持续健康发展、实现"两个一百年"奋斗目标提供有力支撑。

《2016 版规划》坚持支撑、创新发展，科学布局、共享发展，层次清晰、协调优化，衔接高效、开放融合，安全可靠、绿色集约的基本原则。

2.《2016 版规划》的发展目标

（1）本次规划期限为 2016—2025 年，远期展望到 2030 年。

（2）到 2020 年，一批重大标志性项目建成投产，铁路网规模达到 15 万千米，其中高速铁路 3 万千米，覆盖 80%以上的大城市，为完成"十三五"规划任务、实现全面建成小康社会目标提供有力支撑。

（3）到 2025 年，铁路网规模达到 17.5 万千米左右，其中高速铁路 3.8 万千米左右，网络覆盖进一步扩大，路网结构更加优化，骨干作用更加显著，更好发挥铁路对经济社会发展的保障作用。

（4）展望到 2030 年，基本实现内外互联互通、区际多路畅通、省会高铁连通、地市快速通达、县域基本覆盖。

3.《2016 版规划》的主要方案

规划方案包括三个部分：

1）高速铁路网

在原规划"四纵四横"主骨架基础上，增加客流支撑、标准适宜、发展需要的高速铁路，同时充分利用既有铁路，形成以"八纵八横"主通道为骨架、区域连接线衔接、城际铁路补充的高速铁路网。

（1）明确划分了高速铁路网建设标准：

① 高速铁路主通道规划新增项目原则采用时速 250 km 及以上标准（地形地质及气候条件复杂困难地区可以适当降低），其中沿线人口城镇稠密、经济比较发达、贯通特大城市的铁路可采用时速 350 km 标准。

② 区域铁路连接线原则采用时速 250 km 及以下标准。

③ 城际铁路原则采用时速 200 km 及以下标准。

（2）具体的高速铁路规划方案：

① 一是构建"八纵八横"高速铁路主通道。"八纵"通道为沿海通道、京沪通道、京港（台）通道、京哈-京港澳通道、呼南通道、京昆通道、包（银）海通道、兰（西）广通道；"八横"

通道为绥满通道、京兰通道、青银通道、陆桥通道、沿江通道、沪昆通道、福银通道、厦渝通道、广昆通道。

② 二是拓展区域铁路连接线。在"八纵八横"主通道的基础上，规划布局高速铁路区域连接线，目的是进一步完善路网，扩大高速铁路覆盖。

③ 三是发展城际客运铁路。在优先利用高速铁路、普速铁路开行城际列车服务城际功能的同时，规划建设支撑和带领新型城镇化发展、有效连接大中城市与中心城镇、服务通勤功能的城市群城际客运铁路。

2）普速铁路网

重点围绕扩大中西部路网覆盖，完善东部网络布局，提升既有路网质量，推进周边互联互通。具体规划方案为：

（1）一是形成区际快捷大能力通道，包含 12 条跨区域、多径路、便捷化的大能力区际通道。

（2）二是面向"一带一路"国际通道，从西北、西南、东北三个方向推进我国与周边互联互通，完善口岸配套设施，强化沿海港口后方通道。

（3）三是促进脱贫攻坚和国土开发铁路，从扩大路网覆盖面、完善进出西藏、新疆通道和促进沿边开发开放等三个方面提出了一批规划项目。

（4）四是强化铁路集疏运系统，规划建设地区开发性铁路以及疏港型、园区型等支线铁路，完善集疏运系统。

3）综合交通枢纽

枢纽是铁路网的重要节点，为更好发挥铁路网整体效能，配套点线能力，本次规划修编按照"客内货外"的原则，进一步优化铁路客、货运枢纽布局，形成系统配套、一体便捷、站城融合的现代化综合交通枢纽，实现客运换乘"零距离"、物流衔接"无缝化"、运输服务"一体化"。

上述路网方案实现后，远期铁路网规模将达到 20 万千米左右，其中高速铁路 4.5 万千米左右。全国铁路网全面连接 20 万人口以上城市，高速铁路网基本连接省会城市和其他 50 万人口以上大中城市，实现相邻大中城市间 1~4 小时交通圈，城市群内 0.5~2 小时交通圈。

4.《2016 版规划》的保障措施

《2016 版规划》提出了 8 个方面的保障措施，包括：深化投融资体制改革、培育壮大高铁经济、科学组织项目建设、构建综合交通运输体系、强化人才科技支撑、提升可持续发展能力、健全规划实施机制、加强过程监管评估等。

5.《2016 版规划》的总体目标

2020 年铁路网将达 15 万千米，覆盖 80% 以上大城市，其中高铁 3 万千米；2025 年铁路网17.5 万千米，其中高铁 3.8 万千米；远期铁路网 20 万千米，高铁 4.5 万千米。

高速铁路网的"八纵八横"将实现大中城市 1~4 小时交通圈、城市群内 0.5~2 小时交通圈，建设时速高铁主干道不低于 250 km（沿线人口稠密/经济较发达/贯通大城市可达 350 km）、区域铁路不超过 250 km、城际铁路不超过 200 km。

1）“八纵”通道

（1）沿海通道：大连（丹东）—秦皇岛—天津—东营—潍坊—青岛（烟台）—连云港—盐城—南通—上海—宁波—福州—厦门—深圳—湛江—北海（防城港）高速铁路（其中青岛至盐城段利用青连、连盐铁路，南通至上海段利用沪通铁路），连接东部沿海地区，贯通京津冀、辽中南、山东半岛、东陇海、长三角、海峡西岸、珠三角、北部湾等城市群。

（2）京沪通道：北京—天津—济南—南京—上海（杭州）高速铁路，包括南京—杭州、蚌埠—合肥—杭州高速铁路，同时通过北京—天津—东营—潍坊—临沂—淮安—扬州—南通—上海高速铁路，连接华北、华东地区，贯通京津冀、长三角等城市群。

（3）京港（台）通道：北京—衡水—菏泽—商丘—阜阳—合肥（黄冈）—九江—南昌—赣州—深圳—香港（九龙）高速铁路，另一支线为合肥—福州—台北高速铁路，包括南昌—福州（莆田）铁路，连接华北、华中、华东、华南地区，贯通京津冀、长江中游、海峡西岸、珠三角等城市群。

（4）京哈～京港澳通道：哈尔滨—长春—沈阳—北京—石家庄—郑州—武汉—长沙—广州—深圳—香港高速铁路，包括广州—珠海—澳门高速铁路，连接东北、华北、华中、华南、港澳地区，贯通哈长、辽中南、京津冀、中原、长江中游、珠三角等城市群。

（5）呼南通道：呼和浩特—大同—太原—郑州—襄阳—常德—益阳—邵阳—永州—桂林—南宁高速铁路，连接华北、中原、华中、华南地区，贯通呼包鄂榆、山西中部、中原、长江中游、北部湾等城市群。

（6）京昆通道：北京—石家庄—太原—西安—成都（重庆）—昆明高速铁路，包括北京—张家口—大同—太原高速铁路，连接华北、西北、西南地区，贯通京津冀、太原、关中平原、成渝、滇中等城市群。

（7）包（银）海通道：包头—延安—西安—重庆—贵阳—南宁—湛江—海口（三亚）高速铁路，包括银川—西安以及海南环岛高速铁路，连接西北、西南、华南地区，贯通呼包鄂、宁夏沿黄、关中平原、成渝、黔中、北部湾等城市群。

（8）兰（西）广通道：兰州（西宁）—成都（重庆）—贵阳—广州高速铁路，连接西北、西南、华南地区，贯通兰西、成渝、黔中、珠三角等城市群。

2）“八横”通道

（1）绥满通道：绥芬河—牡丹江—哈尔滨—齐齐哈尔—海拉尔—满洲里高速铁路，连接黑龙江及蒙东地区。

（2）京兰通道：北京—呼和浩特—银川—兰州高速铁路，连接华北、西北地区，贯通京津冀、呼包鄂、宁夏沿黄、兰西等城市群。

（3）青银通道：青岛—济南—石家庄—太原—银川高速铁路（其中绥德至银川段利用太中银铁路），连接华东、华北、西北地区，贯通山东半岛、京津冀、太原、宁夏沿黄等城市群。

（4）陆桥通道：连云港—徐州—郑州—西安—兰州—西宁—乌鲁木齐高速铁路，连接华东、华中、西北地区，贯通东陇海、中原、关中平原、兰西、天山北坡等城市群。

（5）沿江通道：上海—南京—合肥—武汉—重庆—成都高速铁路，包括南京—安庆—九江—武汉—宜昌—重庆、万州—达州—遂宁—成都高速铁路（其中成都至遂宁段利用达成铁路），连接华东、华中、西南地区，贯通长三角、长江中游、成渝等10城市群。

（6）沪昆通道：上海—杭州—南昌—长沙—贵阳—昆明高速铁路，连接华东、华中、西南地区，贯通长三角、长江中游、黔中、滇中等城市群。

（7）厦渝通道：厦门—龙岩—赣州—长沙—常德—张家界—黔江—重庆高速铁路（其中厦门至赣州段利用龙厦铁路、赣龙铁路，常德至黔江段利用黔张常铁路），连接海峡西岸、中南、西南地区，贯通海峡西岸、长江中游、成渝等城市群。

（8）广昆通道：广州—南宁—昆明高速铁路，连接华南、西南地区，贯通珠三角、北部湾、滇中等城市群。

3）拓展区域铁路连接线

在"八纵八横"主通道的基础上，规划建设高速铁路区域连接线，进一步完善路网、扩大覆盖。

（1）东部地区：北京—唐山、天津—承德、日照—临沂—菏泽—兰考、上海—湖州、南通—苏州—嘉兴、杭州—温州、合肥—新沂、龙岩—梅州—龙川、梅州—汕头、广州—汕尾等铁路。

（2）东北地区：齐齐哈尔—乌兰浩特—白城—通辽、佳木斯—牡丹江—敦化—通化—沈阳、赤峰和通辽至京沈高铁连接线、朝阳—盘锦等铁路。

（3）中部地区：郑州—阜阳、郑州—濮阳—聊城—济南、黄冈—安庆—黄山、巴东—宜昌、宣城—绩溪、南昌—景德镇—黄山、石门—张家界—吉首—怀化等铁路。

（4）西部地区：玉屏—铜仁—吉首、绵阳—遂宁—内江—自贡、昭通—六盘水、兰州—张掖、贵港—玉林等铁路。

4）发展城际客运铁路

（1）在优先利用高速铁路、普速铁路开行城际列车服务城际功能的同时，规划建设支撑和引领新型城镇化发展、有效连接大中城市与中心城镇、服务通勤功能的城市群城际客运铁路。

（2）京津冀、长三角、珠三角、长江中游、成渝、中原、山东半岛等城市群，建成城际铁路网；海峡西岸、哈长、辽中南、关中、北部湾等城市群，建成城际铁路骨架网；滇中、黔中、天山北坡、宁夏沿黄、呼包鄂榆等城市群，建成城际铁路骨干通道。

《2016版规划》见图4.2、图4.3所示。

三、"十一五"铁路发展规划与建设

铁路"十一五"规划根据《国民经济和社会发展第十一个五年规划纲要》和《中长期铁路网规划》编制（图4.4），主要阐明铁路行业发展基本思路、主要目标和重点任务，是指导铁路行业发展、引导市场主体行为、决策重大铁路项目、制定相关政策的重要依据。

（一）"十五"铁路建设成就回顾

"十五"期间，在党中央、国务院高度重视和关怀下，铁路行业职工以邓小平理论和"三个代表"重要思想为指导，树立和落实科学发展观，从适应全面建设小康社会的战略目标出发，推进铁路跨越式发展，全面完成了铁路"十五"计划确定的各项任务。

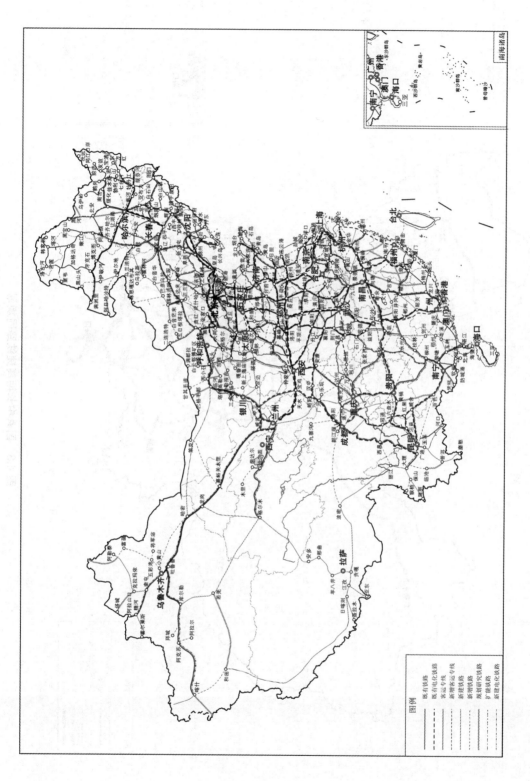

图 4.2 国家中长期铁路网规划

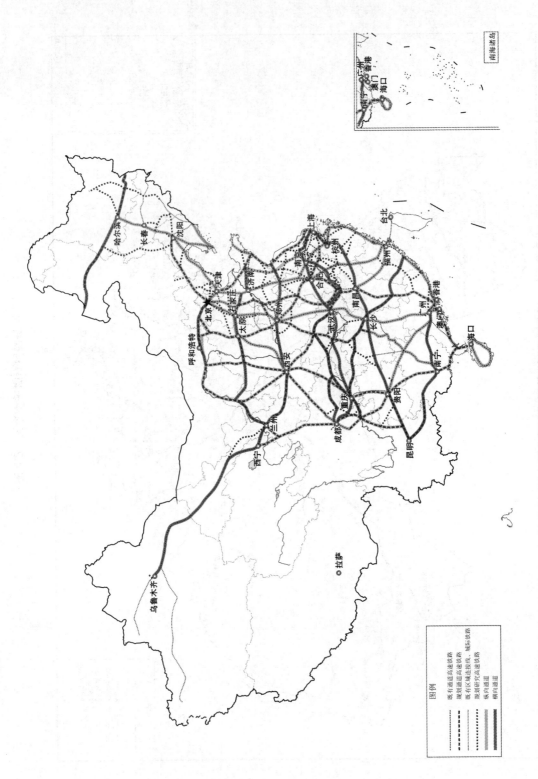

图 4.3 国家中长期高速铁路网规划

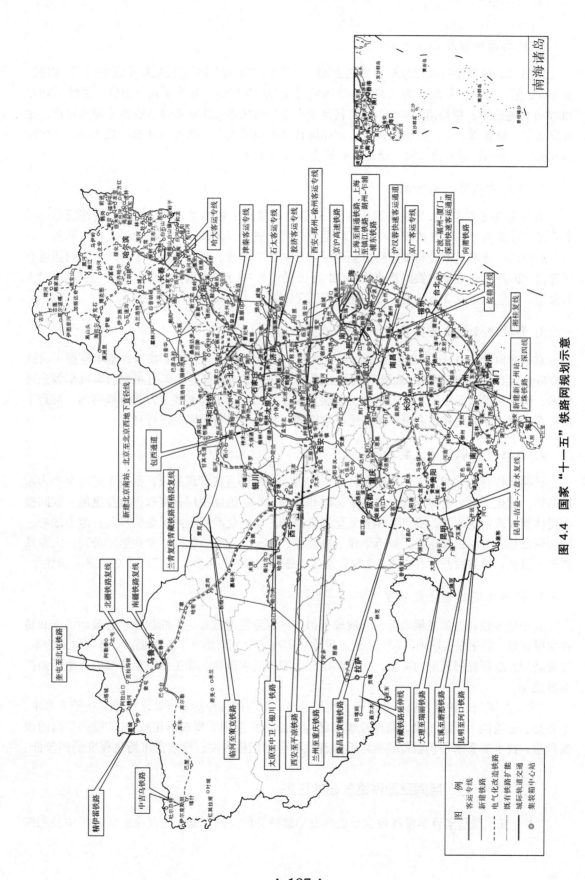

图 4.4 国家"十一五"铁路网规划示意

1. 铁路运输取得显著成绩

2005年，铁路全行业完成旅客发送量11.56亿人，"十五"期间年均递增1.92%；旅客周转量6 062亿人公里，年均递增5.99%；货物发送量26.93亿吨，年均递增8.56%；货物周转量20 726亿吨公里，年均递增8.52%。尤其是"十五"后两年，铁路主要运输指标增势加快，旅客发送量、旅客周转量、货物发送量、货物周转量年均增速分别达到9.01%、12.51%、9.58%和9.62%，为国民经济持续快速稳定发展提供了有力支持。

2. 路网建设进入新阶段

国务院批准了《中长期铁路网规划》，铁路建设掀起了新的高潮。宁西线、渝怀线等一批重大项目建成投产，大秦重载铁路2亿吨配套改造完成，青藏铁路全线铺通，武广、郑西、石太、京津等一批客运专线和城际轨道交通项目相继开工建设。路网布局趋于合理，路网质量有所提高。2005年年底全国铁路营业里程7.5万公里，比"九五"末增长9.9%。其中复线里程2.5万公里，电气化里程2万公里，分别比"九五"末增长19.4%和35.6%。

3. 科技进步迈出坚实步伐

掌握了时速160 km等级的运输装备、线路、信号及运营管理成套技术，基本掌握了时速200 km等级线路的修建技术和既有线改造技术，引进了国外客运动车组和大功率机车等先进技术，研制并投入运用了25 t轴重大型运煤货车，成功开行了大秦线2万吨重载列车，推进了信息系统建设。青藏铁路高原多年冻土等建设施工技术已跻身国际先进行列。

4. 铁路改革取得重大突破

铁路运输管理体制改革完成阶段任务，实现了铁路局直接管理站段，推进了运输生产力布局调整，优化了运力资源配置，提高了运输和管理效率。铁路主辅分离取得重要进展。铁路投融资体制改革初见成效，投资主体多元化程度提高，市场化融资迈出了新的步伐；地方政府、社会资金积极参与铁路建设。规范组建了集装箱、快运、特种货物三个专业运输公司，大秦铁路等一批企业重组改制顺利推进。法规体系建设逐步完善。铁路多元经营产业结构进一步优化。

5. 精神文明建设成效明显

紧密结合铁路改革发展实际，开展理想信念和职业道德教育，不断加强思想政治工作和精神文明建设，强化职工培训，职工队伍思想政治和技术业务素质有了新的提高。坚持以人为本，妥善处理好改革发展稳定的关系，充分调动广大职工的积极性。职工队伍保持稳定，生活条件明显改善。

"十五"期间，铁路各项事业取得了长足进步，但与国民经济发展要求仍然存在较大差距，主要是：运输能力严重不足，路网规模和结构与经济社会发展要求不相适应，"瓶颈"制约依然严重；技术装备水平仍较低，难以适应现代社会的运输需要；投融资市场化程度仍然较低。

（二）"十一五"期间我国铁路面临的形势

"十一五"是落实科学发展观、全面建设小康社会的关键时期，也是全面实施《中长期铁路网规划》，推进铁路跨越式发展的关键时期，铁路既面临运输需求迅速增长和质量要求不断提高的严峻考验，也面临难得的历史机遇。党的十六届五中全会和国家"十一五"规划纲要明确提出要加快发展铁路，体现了党中央、国务院对加快铁路发展的高度重视。

1. 国民经济和社会发展对铁路运输提出了更高要求

根据国家"十一五"规划纲要，"十一五"期间我国经济将继续保持平稳较快发展，预计GDP年均增长7.5%，城镇化率提高到47%，城乡区域经济协调发展，工业化和城镇化进程加快，产业结构优化升级，建设社会主义和谐社会和资源节约型、环境友好型社会进入新的阶段。在全面、协调、可持续发展的宏观形势下，全社会客货交流增长加快，运输质量要求日益提高，运输结构也将发生深刻变化，对铁路运输提出了新的更高要求。

2. 落实科学发展观和构建社会主义和谐社会要求加快铁路发展

我国人口众多，地域辽阔，客货运输需求潜力巨大；同时我国资源短缺，能源结构煤多油少，土地资源十分有限，资源与环境约束日趋突出。合理规划和建设与我国国情和资源禀赋相适应的交通运输体系至关重要。铁路作为国家重要的基础设施和大众化的交通工具，具有运力大、成本低、占地少、节能环保、安全性好等多种比较优势。加快铁路建设，与其他运输方式一起形成运力强大、便捷高效、节能环保的综合交通运输体系，符合建设资源节约型、环境友好型社会的根本要求。

3. 促进区域协调发展和建设社会主义新农村需要铁路提供强大的运力支持

区域经济发展战略的实施和社会主义新农村建设，将形成东中西部地区互联互动、相互促进、城乡共同发展的格局，区位优势大大增强，产业布局优化组合，区际、城乡经济交流日益频繁，大区间运输需求不断增加，迫切需要大容量、高效率、低成本的交通运输方式。随着铁路主要干线实现客货分线、区际联系通道加快建设、既有铁路扩能改造，通道能力将大幅提高，为沟通大区间客货交流，开拓大市场、发展大流通提供强大的运力支持。

4. 进出口贸易增势强劲要求铁路扩大进出口货物运量

随着我国对外开放进一步深化，以及全球经济一体化进程的加快，外贸运输量继续保持快速增长。据有关部门预测，2010年沿海港口吞吐量将超过45亿吨，陆路口岸进出境运量也将加速增长，港口、口岸集疏运体系将更加重要。铁路在外贸运输特别是在大宗散货运输中将发挥更为重要的作用。预计2010年铁路港口集疏运量将超过12亿吨，铁路主要口岸出入境货物总量将达到8 000万吨。同时随着产业结构升级以及消费市场日趋活跃，铁路在集装箱等运输市场将有较快发展。

"十一五"期间铁路运输需求增长空间很大，特别是大运量、中长途跨区域旅客运输需求大幅增长，城际客运市场需求潜力巨大，能源、原材料等大宗货物运输需求保持快速增长。预计2010年铁路旅客发送量、货物发送量将分别达到15亿人次、35亿吨左右，旅客、货物周转量将分别达到8 000亿人公里、27 000亿吨公里。"十一五"时期是加快铁路发展的战略机遇期，铁路发展具备良好的外部环境和有利条件，也面临着一些困难和挑战，一定要以高度的历史责任感和强烈的使命感，切实增强加快铁路发展的机遇意识，立足科学发展，紧紧抓住机遇，勇于迎难而上，坚定不移地把铁路跨越式发展推向深入，努力开创铁路发展新局面。

（三）"十一五"铁路发展规划指导思想和主要目标

1. 指导思想

以邓小平理论和"三个代表"重要思想为指导，全面落实科学发展观，从建设社会主义和谐社会，建设资源节约型、环境友好型社会的根本要求出发，立足于服务国民经济和社会发展大局，统筹兼顾，全面推进铁路跨越式发展，加快实施《中长期铁路网规划》，尽快提高运输能力和技术装备水平，稳步推进铁路改革，加强铁路经营管理，不断提高社会效益和经济效益，注重与其他运输方式的有机衔接，共同形成布局合理、便捷通畅、高效安全的综合运输体系，为促进国民经济快速健康发展、实现全面建设小康社会目标提供可靠的运力支持。

2. 主要目标

建设新线 17 000 km，其中客运专线 7 000 km；建设既有线复线 8 000 km；既有线电气化改造 15 000 km。2010 年全国铁路营业里程达到 9 万公里，复线、电化率均达到 45%，快速客运网总规模达到 20 000 km，煤炭通道总能力达到 18 亿吨，西部路网总规模达到 35 000 km，形成覆盖全国的集装箱运输系统。基本实现技术装备现代化，运输安全持续稳定，经济效益不断提升。铁路改革取得明显成效，投资主体多元化取得重大进展，初步建立起适应社会主义市场经济发展的铁路管理新体制。

（四）"十一五"铁路发展重点任务

1. 加快建设发达铁路网

1）建设快速客运网络

通过建设客运专线、发展城际客运轨道交通和既有线提速改造，初步形成以客运专线为骨干，连接全国主要大中城市的快速客运网络。

建设北京—上海、北京—郑州—武汉—广州—深圳、哈尔滨—大连、天津—秦皇岛、上海—杭州—宁波、石家庄—太原、济南—青岛、徐州—郑州—西安—宝鸡客运专线，沪汉蓉、甬厦深快速客运通道。

建设长三角、珠三角、环渤海经济圈以及其他城镇密集地区城际轨道交通，主要建设北京—天津、上海—南京、南京—杭州、南京—芜湖—安庆、广州—珠海、九江—南昌、青岛—烟台—威海、绵阳—成都—峨眉、长春—吉林、柳州—南宁城际轨道交通系统以及沪杭磁悬浮交通。

结合既有线电化、扩能，实施既有干线提速改造，继续扩大提速网络覆盖面，使 13 000 km 既有主要干线客车最高时速达到 200 km。

2）强化煤炭运输通道

重点围绕十大煤炭外运地区运输需求，在建设客运专线等相关线路、释放既有线货运能力同时，加快煤运通道建设和既有线扩能改造力度，形成运力强大、组织先进、功能完善的煤炭运输系统。

实施大秦铁路扩能及集疏运系统配套改造，建设迁安北—曹妃甸、朔州—准格尔、岢岚—瓦塘铁路，实施大同—原平四线、宁武—朔州复线、宁武—岢岚扩能、大准铁路扩能、蓟港铁路扩能等，通道能力达到 4 亿吨。进行朔黄铁路 2 亿吨扩能改造及集疏运系统建设。

建设西煤东运新通道，主要建设长治—泰安、邢台（邯郸）—黄骅、东胜—乌海、准格尔—东胜、准格尔—神木、宿州—淮安、阜新—巴彦乌拉、赤峰—白音华、正蓝旗—丰宁、嘉峪关—策克、临河—策克、甘其毛道铁路以及其他煤运新通道等。

建设大包包惠电化、北京—张家口—呼和浩特—包头四线，形成京包包兰运输大通道；建设包西铁路通道，西安安康复线，邯济邯长复线；实施侯月线扩能，新菏兖日线、焦柳线、太焦线修文—长治北电化以及南同蒲线、集通线扩能等工程，大幅提高既有干线煤炭运输能力。

3）加强港口和口岸后方通道建设

畅通对外口岸和重要港口运输，适应港口及口岸大进大出需要。建设上海—南通、上海—镇江、湖州—乍浦—浦东、向塘—湄州湾、龙岩—厦门、广州—珠海、广州南沙港、茂名—湛江、德州—龙口—烟台、黄骅—大家洼铁路等，实施黎湛线河唇—湛江复线、广西沿海铁路扩能、大连枢纽金窑线复线、沈丹线扩能以及其他疏港铁路建设等，进一步完善港口后方通道。建设滨洲线海拉尔—满洲里、滨绥线牡丹江—绥芬河、兰新线乌鲁木齐—精河复线以及集二线扩能等工程，强化既有口岸后方通道能力。

4）继续扩展西部路网

加强东中西部通道建设。续建完成青藏铁路格拉段，进行兰青线、青藏线西格段复线电化；建设宜昌—万州、重庆—利川铁路，实施武汉—安康—重庆铁路复线、达成线扩能、达万线电化，形成连接川渝地区、江汉平原和长三角地区的大能力通道；建设太中（银）、兰渝铁路，遂渝、渝怀复线等，构建西北至华北、西北至西南、西南至东南沿海的便捷通道；实施兰新线兰州—武威复线、武威—嘉峪关—乌鲁木齐电化，南疆线吐鲁番—库尔勒复线，贵昆线昆明—沾益—六盘水、成昆线昆明—广通复线等，系统强化陆桥通道、沪昆通道能力；实施湘桂铁路扩能，南昆、黔桂铁路增二线，建设贵阳—广州铁路，研究建设南宁至广州铁路；进行包兰线复线电化，增强西北与华北、东北的联系。

扩大西部路网覆盖面。建设精河—伊犁—霍尔果斯、奎屯—北屯、格尔木—敦煌、西安—平凉、大理—丽江—香格里拉、青藏铁路延伸线、峨眉—宜宾、乐坝—巴中、隆昌—黄桶、玉林—合浦、合浦—河唇、永州—岑溪—玉林和岑溪—茂名、田阳—德保—靖西、南川—涪陵、伊敏—伊尔施、乌兰浩特—锡林浩特、莫尔道嘎—室韦、海拉尔—黑山头、柴达尔—木里铁路等。开辟西南、西北进出境国际通道，建设玉溪—蒙自—河口、大理—瑞丽、玉溪—磨憨及中吉乌铁路等。

5）优化和完善东中部路网

实施京沪、津沈、京九、武九、石德、兰烟、胶新、新长、阜淮、淮南、沪杭、浙赣、宣杭、萧甬线及陇海线徐州至连云港等铁路电化改造，实现京广线以东地区干线电化成网。

建设海南东环、韶关—赣州、广州—茂名、九江—景德镇—衢州、铜陵—九江、庐江—铜陵、阜阳—六安、荆州—岳阳、连云港—盐城、淮阴—扬州、黄岛—日照、东都—平邑、保定—霸州、烟大轮渡、东北东部铁路通道、岫岩—庄河、西丰—辽源、长春—烟筒山、靖宇—松江河、白山镇—泉阳、榆树—舒兰、苇河—亚布力、古莲—洛古河、虎林—吉祥、同江铁路等，继续提高路网密度。

建设广深四线、京山铁路京津段四线，皖赣、宁启、锦州—齐齐哈尔铁路复线，进行京广线信阳—陈家河，金温、鹰厦、外福、横南、合蚌、漯阜、娄邵、叶赤、锦承、沈吉、长图、通霍、白阿、四平—梅河口—通化、四平—太平川、林口—勃利—七台河、林口—鸡东、鹤岗线扩能以及海南西环线改造等，大幅提高既有铁路运输能力。

6）建设集装箱运输系统

建设上海、天津、广州等18个集装箱物流中心，并依托相关新线建设和既有线改造，积极推进双层集装箱运输通道建设，部分特大城市间率先实现双层集装箱运输；大力发展多式联运，提高运输效率和质量，适应经济结构调整、对外贸易和港口发展需要，满足货主对便捷、安全和"门到门"运输的要求，开辟铁路新的经济增长点。

7）加强主要枢纽建设

结合快速客运网建设，新建和改建北京南、上海虹桥等一批大型客运站，形成干线铁路、城际铁路、公路运输、城市地铁、公交系统等紧密衔接的现代化客运中心；建设武汉北、新丰镇、贵阳南、成都北等路网性和区域性编组站，满足货物运输组织直达化、重载化和车流作业组织集中化需要；以集装箱中心站建设为契机，整合枢纽货运站布局，满足城市辐射区域货流集散需要；优化主要枢纽布局，实现点线能力协调，保证客货运输灵活畅通，最大限度地发挥铁路运输优势，增强区域中心城市的辐射功能。

2. 大力推进技术装备现代化

坚持采用"先进、成熟、经济、适用、可靠"的技术方针，按照"标准化、系列化、模块化、信息化"的要求，立足国产化，引进先进技术，联合设计生产，打造中国品牌，加强对引进技术的消化吸收和再创新，增强自主创新能力，加快推进技术装备现代化。

1）加快机车车辆升级换代

大力发展电力牵引，电力机车承担运输工作量的比重达到80%。尽快实现交流传动机车的国产化。配套发展适应时速200 km的内电机车。大力发展轴重25 t重载货运机车。2010年机车保有量达到19 000台左右。

在研制开发时速200 km及以上动车组关键技术的基础上，结合少量动车组引进，尽快实现时速200 km及以上动车组的国产化，积极推进时速300 km及以上动车组关键技术的开发、研制，期末形成高速动车组制造、检修、运营国产化配套能力。2010年动车组配置达到1 000列左右。

发展适应不同层次旅客需求和不同运用条件的新型客车，2010年客车保有量达到4.5万辆左右。大力提高货车整体技术水平，提高货车速度、货车载重量和安全可靠性，积极发展23 t轴重货车和最高时速120 km的新型通用货车，开发不同用途需要的时速160 km快速货车，大力发展煤炭运输、集装箱运输、特种货物运输需要的专用货车。2010年货车保有量达到70万辆（含企业自备车10万辆）。

2）提升线路基础设施技术水平

坚持科学的建设标准，提高工程结构物的耐久性和使用寿命。重视路基基础处理，确保路基工程质量。高速铁路推广采用无砟轨道结构技术和新型的钢轨、道岔、轨枕及连接扣件技术，实现免维修、少维修。发展高强度、新结构桥梁，完成对既有线、桥、隧等基础设施的加固及改造。新建时速 160 km 及以上铁路，推广一次铺设跨区间无缝线路。以繁忙干线、提速线路等为重点，完成全路 8.5 万延展公里大型养路机械的大维修覆盖。大力提高牵引供电装备质量和可靠性，发展牵引供电系统综合整治技术，实现牵引供电系统监控自动化、远动化和运行管理智能化。实现牵引供电引进技术和装备的国产化。

3）加快通信信号技术现代化

利用现代化通信技术，建设以光纤数字系统和 GSM-R 为主体，并与其他信息传输方式协调统一的完整有序的传输体系。建立基于 GSM-R 的我国铁路综合移动通信技术体系。建设高速宽带数字传送网络及接入网，发展铁路专用通信和应急通信。

建立智能化、网络化的调度通信系统。逐步建成新一代调度集中控制系统（CTC）。发展以主体化机车信号为基础，以实施列车超速防护为重点的列车运行控制系统（CTCS）。基本建成计算机联锁系统。

4）积极推进铁路信息化

坚持"统一领导、统一规划、统一标准、统一资源、统一管理"的原则，广泛利用现代通信和信息技术等成果，构建技术先进、结构合理、功能完善、管理科学、经济适用、安全可靠、具有中国特色的铁路信息系统。重点强化运输繁忙的东部地区和路网中具有重要作用的铁路干线和新建客运专线的信息化建设，逐步实现调度指挥智能化、客货营销社会化、经营管理现代化，在提高运输效率、扩大运输能力、优化资源配置、保障运输安全、改进服务质量、提升管理水平、提高经济效益等方面发挥明显作用。

5）加强资源节约和环境保护

贯彻落实国家关于加快建设资源节约型、环境友好型社会的要求，大力推广各种先进的节油代油、节电、节水、新能源和可再生能源等资源综合利用技术的应用，积极推进清洁生产，提高铁路能源和资源利用效率，"十一五"末铁路单位运输收入降耗达到 20%。加强铁路运输环境保护，重点抓好城区铁路环境整治，提高运输环境质量。加强铁路建设中的生态环境保护、水土保持以及洪水影响评价工作，依法认真落实各项要求。加快铁路绿色通道建设，尽快形成整体绿化规模。

6）加快铁路创新体系建设

建立以企业为主体、市场为导向、产学研相结合的技术创新体系。加强原始创新、集成创新和引进消化吸收再创新，坚持引进先进技术与自主创新相结合，积极发展具有自主知识产权的核心技术和关键技术，形成具有中国自主知识产权的高速铁路技术体系。线桥隧涵等站前工程通过科技攻关和试验，解决关键技术问题，形成完全独立的技术标准和自主知识产权，实现原始创新。通信、信号、牵引供电系统坚持系统集成创新，形成满足我国客运专线站后技术系统集成的基本思路、标准和要求。运营调度和旅客服务系统坚持自主创新，结合国情路情，以中方企业为主，设计开发适应我国客运专线运营要求的运营调度和旅客服务系统。按照"引进先进技术，联合设计生产，打造中国品牌"的总体思路，引进消化吸收再创新，实现我国机车车辆制造业的现代化和机车车辆装备的现代化。

3. 确保铁路运输安全

加速铁路行车安全装备现代化。在客运专线、城际客运铁路和主要繁忙干线建成安全综合监控网络和管理中心;建成铁路信息网络安全平台;建成完善的安全生产应急救援体系,提高综合抗灾和各类生产安全事故抢险救援能力;加强对全路危险源的监控,加强机车车辆、危险品和特种货物运输的安全管理;完善道口安全防护系统,加快实施平交道口改立交道口工程,新建时速 120 km 以上线路实现立交全封闭。在主要繁忙干线建设集安全监测、信息传输、预测预警和抢险救援于一体的铁路行车安全综合监控系统;其他干线推广应用安全监测监控装备,初步形成铁路行车安全监控系统。逐步建成全路综合移动通信系统和功能完善的铁路行车安全保障体系。

坚持安全第一、预防为主、综合治理,坚持标本兼治,重在治本,坚持创新体制机制、强化安全管理,以保障人民群众生命财产安全为根本出发点,遏制重特大事故为重点,减少人员伤亡为目标,倡导安全文化,健全安全法制。坚持依靠先进装备和管理保安全的方向,强化基层、基础、基本功,建立以"领导负责、逐级负责、专业负责和岗位负责"为核心的安全责任体系,健全安全管理长效机制,建立和完善防灾减灾预警预报系统及铁路车站、列车和沿线治安防范机制,确保铁路运输安全畅通。

4. 提高铁路服务质量

继续推进内涵扩大再生产,进一步挖掘既有线的运输潜力,强化点线能力配套和线路、信号、供电等基础设施能力配套,加快对既有线路的挖潜扩能改造,优化运输组织和运力资源配置,提高路网整体运输能力,提高机车货车运用效率,增强对经济社会发展的运输保证能力。

巩固和提高铁路在中长途客运和大宗货运市场中的份额。适应铁路客货运输需求的变化,结合客运专线和城际客运铁路建设及既有线提速改造,加强运输经营管理,优化产品结构,改善服务设施,创新服务方式,不断提高运输服务水平和运输效率。优化调整客车开行方案,增加直达特快、夕发朝至、朝发夕归、一日到达及旅游列车,积极开发适应不同旅客需求的新产品,提高铁路客运市场占有率。结合路网大能力通道建设,优化调度指挥和运输组织,减少运输中间环节,提高日装车数量,发展重载运输、直达运输,同时健全重点物资运输的应急预案,提高对重点物资运输的保证能力,确保关系国计民生的煤、油、粮、化肥等重点物资运输。

提高短途客运和高附加值货运市场份额。加强与其他运输方式的衔接与合作,发挥铁路在综合物流链中的骨干作用。加强对城际、市域市郊及其他短途旅客运输市场的开发和培育。加快发展集装箱、特种货物等专业运输,尽快形成规模化、市场化、专业化经营,提高经济效益和服务质量。

5. 积极稳妥推进铁路改革

根据我国国情和铁路实际情况,借鉴国外铁路和国内相关行业改革的经验,以坚持运输集中统一指挥、保持路网结构完整、提高运输效率为原则,总体设计,分步实施,积极稳妥推进铁路改革,逐步实现我国铁路管理体制的根本性转变。

大力推进铁路投融资体制改革,坚持"政府主导、多元化投资、市场化运作"的指导思想,构建多元投资主体,拓宽多种筹资渠道;加强铁路投融资法规建设,改善投资环境,放宽市场准入,鼓励和引导国有、民营及境内外各类资本投资铁路基础设施建设。依法构建规范法人治理结构，维护出资者权益，落实经营责任，扩大合资铁路建设规模。对营利性好、资产边界清晰、运营相对独立的铁路项目，实行招商引资，采用多种形式的项目融资方式；对主要为地区或地方经济发展服务的铁路项目，充分发挥各级地方政府、社会投资者及铁路运输企业的积极性，以合资、合作、联营等多种方式投资建设；对于公益性铁路项目，以政府投资为主，积极鼓励市场化运作方式。

推进铁路股份制改革，按照"存量换增量"的思路，选择一批资产边界相对清晰、赢利能力较强的优良铁路资产进行重组改制，积极推进铁路企业股改上市，实现持续融资、滚动发展。加大资本市场融资规模，构建持续滚动融资发展机制。研究扩大铁路债券发行规模，探索财政贴息、担保等支持措施。研究设立铁路产业投资基金，开拓铁路吸纳保险、社保等资金投入铁路建设的有效途径。提高利用外资的规模和水平。推进铁路运价改革，逐步建立政府调控下的铁路运价市场形成机制。

巩固扩大基础性改革成果，继续推进运输管理体制改革；深化铁路财务体制改革，形成有效的企业经营激励和约束机制；完善国有资本收益和国有资产经营管理制度，建立健全铁路企业经营风险防范机制；加快整合和开发多元经营资源，促进多元经营规模化发展。

全面推行依法行政，依法治路，加强行业监管职能，依法加强和规范铁路安全监管和工程质量监督。重点加强涉及铁路运输安全、铁路建设、运输管理、工程质量监督等方面行政法规的建设，完善铁路行业管理的法规体系，全面推行依法行政。完善铁路运输管理体制和法规，规范铁路运输企业行为；建立和完善公开公正、规范有序的市场体系，创造公平竞争的市场环境。加强对运输资源配置、运输收入清算、运输市场准入、运输服务质量和运输安全等方面的监管。

6. 加强人才队伍建设

实施人才强路战略，紧紧抓住培养、吸引和用好人才三个环节，以经营管理人才、专业技术人才、技能人才三支队伍建设为重点，构建多层次、多渠道的教育培训体系，形成完善的铁路人才培训、选拔任用、考核评价、激励保障和合理流动机制，造就高素质的铁路人才队伍。到 2010 年，铁路经营管理人员中大专以上文化程度的人员达到 70%；专业技术人员中大专以上文化程度的人员达到 80%，其中高级专业技术人才的比例力争达到 10%。

（五）规划实施效果显著

截至 2010 年，《中长期铁路网规划》实施 7 年来，我国铁路现代化建设取得了重大成就，尤其是高速铁路发展迅猛，全国路网规模和质量大幅提升，为确保"十二五"基本建成发达完善铁路网奠定了坚实基础。

截至 2010 年，全国铁路营业里程 9.1 万公里，其中高速铁路 8 358 km，复线率、电气化率分别提高到 41% 和 46%。

在《规划》实施过程中，中国铁路进入加快建设发展的新阶段，大规模铁路建设全面展开，铁路内涵扩大再生产成效显著，铁路装备现代化实现新跨越，铁路投融资体制改革取得突破。

《规划》实施以来，一大批高速铁路、城际铁路、煤炭运输通道、区际干线和西部铁路等重点项目相继开工。高速铁路及城际铁路建设如火如荼，煤运通道建设成绩显著，区际干线和西部铁路建设亮点频现，重要客货运枢纽建设加快推进。铁路网规模进一步扩大，路网结构更加合理，运输能力大幅度提高，运输质量迅速提升。

2006年7月1日，青藏铁路提前一年建成通车；2007年4月18日，以高速动车组开行为标志的第六次大面积提速成功实施；大秦铁路重载运输年运量屡创新高，到2010年底突破4亿吨。2008年8月1日，我国第一条具有自主知识产权、时速350 km、国际一流水平的高速铁路——京津城际铁路正式通车运营，开辟了中国高速铁路新纪元。

随后，武广、郑西、沪宁、沪杭等时速350 km等级高速铁路先后建成通车，且开通线路质量创历史最好。目前，中国高速铁路的营业里程全世界最长、在建规模最大。2011年，全国高铁将初步成网，运营里程计划突破1.3万公里。

7年间，通过实施《规划》，中国铁路在可研批复、建设规模、完成投资、新线投产等方面不断刷新历史纪录。2004年至2010年，国家共批复铁路项目达376个，批复总投资达4.7万亿元，新线建设里程4.5万公里以上，完成基本建设投资近2.0万亿元，新线投产1.8公里。目前，全路在建项目329个，其中，新建复线项目68个，电气化改造项目14个，枢纽客站87个，新建铁路项目160个，新线建设规模达到3万多公里。在建工程质量总体保持稳定。

《规划》实施的过程同时也是铁路建设模式创新和技术创新的过程。7年来，铁道部先后与各省、直辖市、自治区签署战略合作协议400多份，形成了部省合作共建铁路新机制。7年间，铁路技术创新收获了丰硕成果。围绕建设世界一流的高原铁路、高速铁路和复杂艰险山区铁路，全面推进原始创新、集成创新和引进消化吸收再创新，在高速、提速、重载等众多技术领域达到世界先进水平。

《规划》实施7年来，让老百姓享受到更加快捷、方便、舒适的高品质运输服务，为我国经济社会发展提供了坚强的铁路运输保障。

"十一五"期间，面对低温雨雪冰冻灾害、汶川地震、玉树地震、严重洪涝灾害、国际金融危机等一系列严峻挑战，全路各级组织和广大干部职工开拓进取，攻坚克难，圆满完成各项任务，为经济社会发展作出了重要贡献，我国铁路发展由此实现了历史性的巨大跨越，昂首走在了世界铁路发展的前列。

1. 发达完善的铁路网建设取得重大成果

铁路系统紧紧抓住黄金机遇期，加快实施《中长期铁路网规划》，有序高效推进大规模铁路建设。在应对国际金融危机中，中央把铁路建设作为扩内需、保增长的重点。铁路部门进一步加大投资力度，扩大建设规模，掀起了铁路建设新高潮。

"十一五"期间，全国铁路基本建设投资完成1.98万亿元，是"十五"投资的6.3倍；新线投产1.47万公里，是"十五"的2倍；复线投产1.12万公里、电气化投产2.13万公里，分别为"十五"的3.1倍和3.9倍。全路复线率、电气化率分别达到41%、46%。

高速铁路建设取得突出成就。我国投入运营的高速铁路已达8 358 km，全国铁路每天开行动车组列车近1 200列，还有一大批高速铁路正在建设之中。

其中，全长1 318 km、列车最高运营时速可达380 km的京沪高铁完成全线铺轨。2010年12月3日，"和谐号"CRH 380新一代高速动车组列车在京沪高铁枣庄至蚌埠段，创造了时速486.1 km的世界运营铁路试验最高速。

时速350 km的京津、武广、郑西、沪宁、沪杭高铁，时速250 km的石家庄—太原、济南—青岛、合肥—南京、合肥—武汉、宁波—台州—温州、温州—福州、福州—厦门、南昌—九江等高铁相继开通运营，投入运营的新建高铁达到5 149 km。京沪、哈大、京石、石武等高铁正在加快建设，在建高铁 1.7 万公里。

区际干线建设取得重大进展。青藏铁路格尔木—拉萨段、太原—中卫（银川）、临策铁路临河—额济纳段、重庆—怀化、永州—茂名、铜陵—九江、宜昌—万州、包头—西安等区际干线建成投产，兰州—乌鲁木齐、昆明—南宁、南宁—广州、兰州—重庆、张家口—唐山、山西中南部铁路等项目进展顺利，在建里程 1.4 万公里。

2. 技术装备现代化实现重大跨越

"十一五"期间，我国铁路以科学发展观为指导，瞄准世界先进水平，大力推进原始创新、集成创新和引进消化吸收再创新，走出了一条有中国特色铁路自主创新之路，在高速铁路、机车车辆装备、高原铁路、既有线提速、重载运输等许多领域取得一大批重大技术创新成果，打造出响亮的中国品牌。

高速铁路技术达到世界一流水平。通过京津、武广、郑西、沪宁、沪杭、京沪等高铁的建设和运营，在工程建造、高速列车、列车控制、客站建设、系统集成、运营管理等领域全面掌握核心技术，形成了具有自主知识产权的成套高铁技术体系。我国已成为世界上高铁系统技术最全、集成能力最强、运营里程最长、运行速度最高、在建规模最大的国家。

机车车辆技术领先世界。在掌握时速 200～250 km 动车组核心技术的基础上，成功搭建了时速 350 km 的动车组技术平台，研制成功时速 380 km 新一代高速列车。系统掌握了大功率电力、内燃机车核心技术，成功研制出 6 轴 7 200 kW 和 9 600 kW 大功率电力机车，形成了具有自主知识产权的大功率机车产品系列。

高原铁路技术达到世界一流水平。青藏铁路建设和运营，在解决多年冻土、高寒缺氧、生态脆弱三大世界性工程难题方面取得重要成果，创造了一流的运营业绩。青藏铁路通车运营以来，累计完成客运量 1 426 万人次、货运量 12 288 万吨，有力地促进了青藏两省区经济社会发展。

既有线提速技术跻身世界先进行列。通过 2007 年实施的第六次大面积提速，全面掌握了既有线时速 200～250 km 线路的设计、施工、养护和牵引供电、通信信号、运营管理等成套技术。

重载运输创造世界奇迹。大秦铁路作为我国重载铁路技术创新的成功典范，运量逐年大幅度增长，2010 年超过 4 亿吨。

3. 铁路运输保障作用得到充分发挥

"十一五"期间，铁路系统坚持深化内涵扩大再生产，统筹用好新增和既有资源，优化客货运输产品结构，创新运输组织，开拓运输市场，实现了客货运量的大幅增长。中国铁路以占世界铁路 6% 的营业里程，完成了世界铁路 25% 的工作量，创造了旅客周转量、货物发送量、换算周转量、运输密度四个世界第一，运输效率为世界之最。

"十一五"全国铁路旅客发送量完成 72.8 亿人次，比"十五"增长 35.9%；货物发送量完成 162.4 亿吨，比"十五"增长 42.9%；总换算周转量完成 16.2 万亿吨公里，比"十五"增长 42.2%。

铁路部门坚持把国家利益放在第一位，确保关系国计民生的重点物资运输，多次圆满完成电煤、粮食、棉花、救灾等物资的集中抢运任务，把 90% 以上的运力用于煤炭、粮食、冶炼、农用物资等重点物资运输，全力保障经济平稳运行。

全社会 85% 的木材、85% 的原油、60% 的煤炭、80% 的钢铁及冶炼物资是由铁路运输的。

"十一五"期间，铁路部门因承担学生运输、"三农"物资运费减免和支付铁路公检法机关费用等为国家贡献资金 2 060 亿元；对西北、东北等亏损铁路转移支付补贴 985 亿元；向国家上缴税金 988 亿元；将占用铁路货运价格空间收取的铁路建设基金、折旧资金共 5 381 亿元用于新线建设和既有线改造。上述资金合计达到 9 415 亿元。

4. 中国铁路走向世界

中国铁路尤其是高速铁路取得了巨大成就，许多国家将发展高铁的目光锁定在中国。两年来，有 100 多个国家元首、政要和代表团考察中国高速铁路，对中国铁路现代化建设成就给予高度评价，不少国家与中国铁路签订了双边合作文件。

一些项目取得重要进展。铁道部成立了中美、中加、中俄、中巴、中南、中老、中泰、中柬、中缅、中伊、中土、中委、中吉乌、中波、中印及中国与中东国家等境外合作项目协调组，组织国内有关企业开拓境外铁路工程承包和装备出口市场，取得重要成果。通过加强口岸运输组织，发展国际铁路联运，"十一五"铁路口岸运量比"十五"增长了 68.2%。

目前，中国铁路相关企业在境外承揽的铁路项目遍及世界 50 多个国家和地区，合同金额达 260 亿美元。铁路技术装备已出口亚洲、非洲、大洋洲、美洲 30 多个国家。

2010 年 12 月 25 日，一列执行完车次任务的动车组在武汉动车基地进行每日例行检修。武（汉）广（州）高铁于 2009 年 12 月 26 日开通运营，至该日运行满一年，安全运行近 4 000 万公里，没有发生一次安全事故，没有出现一例人员伤亡。一年来，随着客流量不断攀升，武广高铁先后经过 4 次调图，日开行动车组由 28 对加密到 80 对，动车组最小间隔时间仅 3 min，实现了高密度、公交化运行。在此期间，武广高铁经受了冰雪、台风、暴雨、酷暑等各种气候，以及春运、黄金周高峰客流和动车大幅加密等诸多考验，实现了设备质量可靠、运输秩序良好、运营安全稳定，高铁安全保障体系初步形成。

四、"十二五"铁路发展规划与建设

铁路作为国民经济大动脉、国家重要基础设施和大众化交通工具，在我国经济社会发展中的地位和作用至关重要。依据《中华人民共和国国民经济和社会发展第十二个五年规划纲要》《中长期铁路网规划（2008 年调整）》及《综合交通运输体系规划（2011—2015 年）》，编制铁路"十二五"发展规划。本规划明确了"十二五"铁路行业发展指导思想、主要目标、重点任务和政策措施，是未来五年铁路发展的指导性文件。

（一）"十一五"铁路发展回顾

"十一五"是我国铁路发展的重要时期。五年来，铁路部门以科学发展观为指导，深入贯彻落实党中央、国务院关于加快发展铁路的决策部署，加快实施中长期铁路网规划，铁路建设取得重要进展，技术创新取得显著成效，客货运量保持快速增长，对经济社会发展的运输保障作用明显提升。铁路"十一五"规划各项目标任务全面完成。

1. 路网建设取得新成就

以"四纵四横"为骨架的快速铁路，长三角、珠三角、环渤海等地区城际铁路开工建设，京津、武广、郑西、沪宁、沪杭等高速铁路建成运营。青藏、包西、太中银铁路等建成投产，向莆、兰渝、云桂、山西中南部铁路等区际干线、煤运通道和西部铁路有序推进。北京、上海、广州等中心城市的新客站建成投产，形成与其他交通方式无缝衔接的综合交通枢纽。编组站、集装箱中心站、动车组维修基地、大功率机车检修基地、基础设施维修基地等进展顺利。"十一五"期间，铁路基本建设投资完成 1.98 万亿元，是"十五"投资的 6.3 倍；新增营业里程 1.6 万千米，复线投产 1.1 万千米，电气化投产 2.1 万千米，分别是"十五"的 2.3、3.2 和 3.9 倍。2010 年全国铁路营业里程 9.1 万千米，其中西部地区铁路 3.6 万千米，复线率、电化率分别由 2005 年的 34%、27% 提高到 41%、47%，路网规模和质量大幅提升。

2. 技术创新实现新跨越

坚持原始创新、集成创新、引进消化吸收再创新相结合，在较短时间内实现了关键领域跨越发展。通过京津、武广、京沪等高速铁路建设和运营，掌握了高速铁路建造和装备制造等领域核心技术，初步形成了高速铁路技术标准体系。在引进消化吸收时速 200~250 km 高速列车、大功率机车技术基础上，自主研制生产并批量投入运营时速 300~350 km 的高速列车及大功率交流传动机车。中国铁路在高速铁路、高原铁路、重载运输和机车车辆等方面技术创新取得重要突破。铁路信息化在运输经营等领域的作用更加突出。

3. 运输经营迈上新台阶

深化内涵扩大再生产，统筹利用新线和既有线资源，提高运输效率，开拓运输市场，客货运量持续增长，多元经营保持良好发展势头。优化列车开行方案，创新售票方式，提高服务水平，旅客日发送人数连创新高。加强路网干线和重点区域货运组织，加快实施战略装车点建设、路企直通运输和大客户战略，日装车能力大幅提升。大秦铁路实现年运量 4 亿吨目标。繁忙干线普遍开行 5 000~6 000 t 重载列车。从 2005 到 2010 年，全国铁路旅客发送量由 11.6 亿人增长到 16.8 亿人，增长 45.3%；货物发送量由 26.8 亿吨增长到 36.3 亿吨，增长 35.3%；总换算周转量由 26 788 亿吨公里增长到 36 406 亿吨公里，增长 35.9%。

4. 改革开放取得新进展

按照政府主导、多元化投资、市场化运作的思路，深入推进铁路投融资体制改革。建立部省、路地合作共建机制，地方政府及其他投资人参与铁路建设资本金投资比例超过 30%。大秦铁路公司和广深铁路公司发行 A 股融资，太原铁路局运输主业资产整体改制上市，建设债券发行规模不断扩大，融资能力不断增强。开放铁路建设市场，推进工程建设标准化管理，不断提高铁路建设管理水平。进一步完善铁路局直管站段体制，开展运输生产力布局调整，运力资源配置得到优化。加快实施铁路公检法管理体制改革。扩大铁路对外交流合作，提升我国铁路行业国际影响力。

5. 节能减排作出新贡献

按照发展低碳经济、构建绿色交通的要求，大力发展电气化铁路，"十一五"末电力牵引完成工作量达到 65%。广泛采用节能减排新技术，铁路单位能耗及污染物排放量大幅下降，提前两年完成运输收入单耗下降 20%、化学需氧量排放量下降 10% 的目标，提前一年完成二氧化硫排放量下降 10% 的目标。在铁路规划建设中，贯彻落实资源节约和环境保护政策，采用先进设计和施工技术，节约土地资源和保护生态环境。

6. 精神文明建设取得新成效

深入学习实践科学发展观，强化理论武装，扎实开展创先争优活动。加强思想政治工作和精神文明建设，广泛开展社会主义核心价值体系教育，强化先进典型引领作用，增强铁路现代化建设的发展动力。加强新闻宣传工作，为铁路发展营造良好的舆论环境。推进惩治和预防腐败体系建设，开展重点领域源头治理工作。坚持以人为本，妥善处理好改革发展稳定的关系，职工生产生活条件不断改善，职工收入持续提高，保持了铁路和谐稳定环境。

"十一五"时期，加快了铁路现代化进程，实现了铁路快速发展，对经济社会发展作出了积极贡献。一批快速铁路建成投产，大大缩短区域时空距离，为促进区域协调发展、加快城镇化和工业化进程提供支撑。高速铁路发展推动了产业结构优化升级、增强企业科技创新能力并带动沿线旅游、商贸等服务业的快速发展，促进综合运输体系优化。西部铁路的建设和运营，改善了西部地区基础设施条件，增强了地区自我发展能力，加快了老少边穷地区脱贫致富和经济社会发展。铁路始终坚持把国家利益和社会利益放在第一位，90%的运力用于确保关系国计民生的煤炭、冶炼、石油、粮食等重点物资运输，承担了学生、农资等大量公益性运输任务，保障了国民经济平稳运行和人民群众生产生活需要。在应对南方部分地区低温雨雪冰冻灾害，抗击汶川、玉树特大地震灾害以及其他应急运输中发挥了骨干作用。

同时，铁路发展与经济社会发展要求还存在一定差距，面临新的挑战。一是近年来铁路的快速发展，还未根本缓解铁路"瓶颈"制约。科学有序推进铁路建设，进一步扩大运输能力，有待进一步深化投融资体制改革、加强建设管理、强化质量安全，统筹路网建设和经营效益的协调发展。二是实现铁路技术装备现代化，有待进一步完善技术创新体系和持续提升自主创新能力。三是转变交通运输发展方式、优化交通运输结构，有待进一步优化完善路网布局和技术结构，发挥铁路在综合运输体系中的骨干作用。四是实现铁路科学发展，有待进一步推进体制机制改革、转换经营机制、发展多元化经营、提高服务水平、加强人才队伍和党风廉政建设等。这些都需要在"十二五"及今后铁路发展中认真加以研究和解决。

（二）铁路发展形势分析

"十二五"时期，是我国全面建设小康社会的关键时期，是深化改革开放、加快转变经济发展方式的攻坚时期，我国仍处于大有作为的重要战略机遇期，也是铁路实现科学发展、全面提升现代化水平的关键时期。铁路发展既面临重要战略机遇，又面对新挑战和新要求，必须增强机遇意识，转变发展方式，提高发展质量，努力开创铁路科学发展新局面。

1. 贯彻主题主线、保持经济平稳较快发展，需要铁路提升服务能力和水平

"十二五"时期，贯彻科学发展主题和加快转变经济发展方式主线，实施扩大内需战略，深入推进工业化、城镇化，着力保障和改善民生，经济将保持平稳较快增长，城乡居民收入较快增加，经济要素流动更为频繁，百姓出行需求更加旺盛，客货运输需求持续增长，同时消费结构和运输需求结构升级对交通运输安全性、便捷性、舒适性、时效性、均等性等提出新的更高要求。据预测，2015年全社会客货运量将分别达470亿人和450亿吨，客货周转量分别达

39 500亿人公里和194 500亿吨公里。铁路作为国家重要基础设施，是符合我国国情、适合区域及城乡大规模人员和物资流动的运输方式。"十二五"期间，需要进一步完善铁路运输网络，重点建设快速铁路、区际干线、煤运通道等，不断提高服务能力和品质，充分发挥铁路骨干作用，为保持经济平稳较快发展提供可靠运输保障。预计2015年铁路旅客发送量将达40亿人、旅客周转量将达16 000亿人公里左右，货物发送量将达55亿吨、货物周转量将达42 900亿吨公里左右。

2. 实施主体功能区战略、促进区域协调发展，需要增强铁路基础保障能力

我国幅员辽阔、内陆深广，各地区自然条件与人口聚集差异大，资源能源与产业布局不均衡，决定了生产过程与市场消费需要长距离、大运量、低成本的运输方式来实现。"十二五"时期，更加注重统筹区域协调发展，实施区域发展总体战略和主体功能区战略，推动区域良性互动发展，逐步缩小区域发展差距，需要加快西部连接东中部及出海、过境通道建设；加强中部地区贯通东西、沟通南北通道建设；完善东部地区路网结构、提高路网综合能力和服务水平。同时为加大对革命老区、民族地区、边疆地区、贫困地区的扶持力度，需要进一步加强铁路基础设施建设，拓展路网覆盖面，惠及更多百姓。铁路基础设施是促进区域协调发展重要保障，也是区域发展总体战略的重要组成部分，系统形成高效畅通的铁路运输网络，实现人便其行、货畅其流，对促进生产要素合理流动和产业梯度转移，推动区域协调发展，实现区域基本公共服务均等化具有重要作用。

3. 积极稳妥推进城镇化、促进城市群发展，需要铁路提供可靠的运力支撑

改革开放以来，我国城镇化快速发展，2010年城镇化率已达到47.5%，拥有城镇人口6.7亿人，预计到2015年我国城镇化率将达到51.5%。同时以大城市为依托、以中小城市为重点，逐步形成辐射作用大的城市群，促进大中城市和小城镇协调发展。随着城镇化水平提高以及城市群发展，人口和产业集聚的中心城市之间、城市群内部的客运需求强劲，对交通基础设施承载能力提出了更高要求。适应我国城镇化发展需要，尽快形成高速铁路、区际干线、城际铁路和既有线提速线路有机结合的快速铁路网络，满足大流量、高密度、快速便捷的客运需求，为拓展区域发展空间、促进产业合理布局和城市群健康发展提供基础保障，同时也为广大城乡居民提供大众化、全天候、便捷舒适的基本公共服务。

4. 加快建设资源节约型、环境友好型社会，需要加快构建低碳绿色的综合运输体系

我国能源资源相对不足，生态环境承载能力弱。随着经济社会持续快速发展，资源环境约束日趋加剧，需要加快转变经济发展方式，加快构建"两型"社会，增强可持续发展能力。目前社会运输成本较高，能源消耗快速增加，节能减排压力大，交通拥堵严重，需要优化交通运输结构，促进我国交通运输又好又快发展。"十二五"是转变交通发展方式的重要时期，要更加注重统筹各种运输方式协调发展，加强各种运输方式的有机衔接和综合枢纽建设。铁路在节能、节地、环保、经济等方面具有明显的比较优势，进一步发展铁路运输，形成分工合作、优势互补、协调发展的运输体系，是落实国家节约资源、保护环境基本国策的重要体现，也是以较低的社会成本和资源环境代价满足经济社会发展对运输需求的客观需要，对加快转变交通发展方式、促进经济社会可持续发展具有重要作用。

（三）"十二五"铁路发展指导思想

"十二五"铁路发展的指导思想是：以邓小平理论和"三个代表"重要思想为指导，深入贯彻落实科学发展观，按照全面建设小康社会的目标要求，以科学发展为主题，以加快转变发展方式为主线，深入推进铁路体制机制创新和科技进步，科学有序推进铁路建设，确保运输安全，提升服务水平，提高发展质量和效益，实现铁路协调、和谐和可持续发展，更好地适应经济社会发展的新要求和满足人民群众的新期待。

1. 坚持科学发展，有序推进铁路建设

按照"基本建成国家快速铁路网""发展高速铁路"的要求，以适应经济社会发展、满足人民群众需要为目标，把握需求与可能，合理确定建设规模、标准和进度，进一步扩充路网规模，提高运输能力和服务品质，增强基础保障能力，满足多层次运输需求。

2. 坚持安全发展，确保安全持续稳定

坚持安全第一，牢固树立以人为本、安全发展的理念。加大安全投入，强化安全基础设施，建立健全安全保障体系，强化安全监督管理，严格落实安全生产责任制，不断提升安全管理和应急防灾能力，确保铁路安全持续稳定。

3. 坚持创新发展，全面推进铁路现代化

坚持铁路改革开放，深入推进体制和机制创新，增强铁路发展活力。深化高速铁路、重载运输、技术装备等领域技术创新，不断增强自主创新能力。健全完善具有自主知识产权的技术标准体系。广泛利用现代信息技术，全面提高铁路信息化水平。

4. 坚持可持续发展，重视铁路经营效益

深化内涵扩大再生产，优化生产力布局，统筹路网建设与运输经营管理，提高路网整体效率和效益。创新运输组织，提升服务水平，拓展运输市场，实现增运增收。转变经济发展方式，实施多元化经营，提高发展质量和效益，增强可持续发展能力。

5. 坚持协调发展，实现综合效益最大化

注重当前与长远、技术与经济、投入与产出的统筹兼顾。统筹干线与枢纽及客货配套设施、新线建设与既有线改造、固定设施与移动设备的协调发展。加强与其他运输方式有机衔接，构建综合交通枢纽，形成优势互补、协调发展的综合运输体系。注重铁路发展与区域规划、城乡规划、土地规划等相互衔接，与经济社会发展相适应。

6. 坚持绿色发展，提高资源利用效率

贯彻落实国家关于加快建设"两型"社会的要求，坚持减量化、再利用、低碳化原则，加快内电转换，大力采用新技术、新材料，减少资源消耗，降低污染物排放，节约、集约使用土地资源和保护生态环境，建设资源节约、环境友好的绿色铁路。

（四）"十二五"铁路发展目标

"十二五"铁路发展的总体目标是：路网布局更加完善，技术装备先进适用，运输安全持续稳定，创新能力不断增强，信息化水平全面提高，运输能力和服务水平大幅提升，经营效益和职工收入同步增长。到2015年，全国铁路营业里程达12万公里左右，其中西部地区铁路5万公里左右，复线率和电化率分别达到50%和60%。初步形成便捷、安全、经济、高效、绿色的铁路运输网络，基本适应经济社会发展的需要。见表4.3所示。

——基本建成快速铁路网，营业里程达4.5万公里左右，基本覆盖省会及50万人口以上城市，区域间时空距离大幅缩短，旅客出行更加便捷、高效和舒适。

——大能力区际干线和煤运通道进一步优化完善，煤炭运输能力达30亿吨，重点物资和跨区域货运服务能力显著增强，大幅提升铁路对经济发展的支撑和保障能力。

——加快构建与其他交通方式紧密衔接的综合交通枢纽及综合物流中心，提高服务效率，促进综合交通运输体系建设。

表4.3 "十二五"铁路发展规划主要指标

指标	2010年	2015年	五年增加值	五年增长率/%
客运量/亿人	16.8	40	23.2	138.1
货运量/亿吨	36.3	55	18.7	51.5
客运周转量/亿人公里	8 762	16 000	7 238	82.6
货运周转量/亿吨公里	27 644	42 900	15 256	55.2
全国营业里程/万公里	9.1	12.0	2.9	31.8
其中快速铁路/万公里	2.0	4.5	2.5	125.0
复线率/%	41	50	9	22.0
电气化率/%	46	60	14	30.4

（五）"十二五"铁路发展重点任务

1. 建设发达完善铁路网

"十二五"期间，基本建成快速铁路网，发展高速铁路，推进区际干线、煤运通道、西部铁路等建设，完善路网布局，加快形成发达完善铁路网。

1）发展高速铁路，基本建成快速铁路网

（1）建设"四纵四横"高速铁路。贯通北京至哈尔滨（大连）、北京至上海、上海至深圳、北京至深圳、徐州至兰州、上海至成都等"四纵四横"高速铁路。

（2）有序建设快速铁路。建设北京至呼和浩特、大同至西安、西安至成都、成都经贵阳至广州、合肥至蚌埠、合肥至福州、南京至杭州、吉林至珲春、沈阳至丹东、哈尔滨至齐齐哈尔、哈尔滨至佳木斯、武汉至九江、郑州至万州等快速铁路，进一步扩大快速铁路网覆盖面。

（3）规划建设城际铁路。规划建设长江三角洲、珠江三角洲、环渤海地区、长株潭城市群、中原城市群、武汉城市圈、成渝经济区、关中城市群、海峡西岸经济区以及呼包鄂地区、北部湾地区、鄱阳湖生态经济区、滇中地区等城际铁路。利用通道内新建快速铁路和既有铁路开行城际列车，充分发挥路网资源在区域城际客运中的作用。

快速铁路网重点项目：建成北京至武汉、哈尔滨至大连、杭州至宁波、厦门至深圳、杭州至长沙、郑州至徐州、石家庄至济南、兰州至乌鲁木齐第二双线等快速铁路。

建设北京至沈阳、长沙至昆明、宝鸡至兰州、北京至呼和浩特、杭州至黄山、商丘至杭州、西安至成都、成都至贵阳、深圳至茂名等快速铁路。

2）建设大能力通道，完善区际干线网

在繁忙干线实现客货分线基础上，加快区际干线新线建设和既有线扩能改造，强化煤炭运输等重载货运通道。重点加强东部沿海铁路，京沪、京九、京广通道，大同至湛江至海口通道，包头经西安、重庆、贵阳至防城通道，临河经兰州、成都至昆明等南北向通道建设；满洲里至绥芬河通道，天津经北京、呼和浩特、哈密、吐鲁番至喀什（包括集宁经通辽至长春铁路），青岛经太原至兰州至拉萨通道，陆桥、沪昆通道，宁西、沪汉蓉通道，昆明经南宁至广州等东西向通道建设。

（1）加强煤炭运输通道建设。坚持新线建设与既有线改造并举，加快建设晋、蒙、陕、甘、宁地区至华东、华中等地区煤炭运输通道，强化蒙东与东北地区煤运通道，加快推进新疆地区煤炭外运通道建设，适应新疆能源开发和资源转化的需要。加强煤炭集疏运系统的优化完善。

（2）区际干线及煤运通道重点项目：

南北通道：建设上海至南通、青岛至连云港至盐城、阜阳至景德镇、银川至西安、敦煌至格尔木等铁路，实施成都至昆明、包兰铁路银川至兰州、西安至安康、重庆至怀化、新长铁路等扩能改造；研究建设琼州海峡跨海工程。

东西通道：建设额济纳至哈密、九江至衢州、黔江至张家界至常德、怀化至邵阳至衡阳等铁路，实施西安至合肥、宝鸡至中卫、阳平关至安康等铁路扩能改造；研究建设川藏铁路成都至昌都段。

煤运通道：建设蒙陕甘宁能源"金三角"至鄂湘赣等华中地区煤运通道、山西中南部、张家口至唐山、锡林浩特至乌兰浩特等铁路，实施长治至邯郸至济南、集宁至通辽、通辽至霍林河、太原至焦作等铁路扩能。

3）建设以西部为重点的开发性铁路，优化路网布局

贯彻落实区域发展战略，进一步拓展西部路网，扩大路网覆盖面，形成路网骨架；强化东北路网，完善东中部路网，提升路网质量。

地区开发性重点项目：

西部地区：建设库尔勒至格尔木、北屯至准东、哈密至罗布泊、哈密至将军庙、拉萨至日喀则、拉萨至林芝、黄桶至百色、兰州至合作等铁路。

东北地区：建设前进至抚远、庄河至前阳、通化至灌水、靖宇至松江河等铁路，实施长春至白城等铁路扩能。

中东部地区：建设赣州至韶关、赣州至龙岩、衡阳至井冈山、荆州至岳阳、天津至保定、邢台至和顺等铁路。

4）加强国际通道建设，逐步实现与周边国家互联互通

（1）建设东北、西北、西南等进出境铁路和国土开发性边境铁路，配套建设口岸基础设施，

完善口岸集疏运系统，促进我国与周边区域的交流合作。

（2）强化陆桥通道：实施哈尔滨至满洲里铁路电气化、哈尔滨至绥芬河铁路电气化改造，集宁至二连铁路扩能，强化第一亚欧大陆桥中国境内段；研究建设中吉乌铁路（国内段），实施兰新线西段电气化、南疆铁路复线扩能改造，拓展第二亚欧大陆桥通道；建设大理至瑞丽铁路，逐步构筑第三大陆桥通道。

（3）完善区域合作通道：在东北亚区域，新建同江铁路大桥、巴彦乌拉至珠恩嘎达布其、古莲至洛古河等铁路，实施阿尔山至乌兰浩特扩能等；在东南亚区域，建设玉溪至蒙自至河口，规划建设玉溪至磨憨铁路、南宁至凭祥铁路扩能等，逐步形成中国至东南亚区域交流多通道格局。

5）强化枢纽及配套设施建设，提高运输效率

结合新线建设和既有线改造，强化枢纽、客货配套设施及集疏运系统建设，加强与其他运输方式的衔接，发挥综合运输体系组合效率和整体优势。

（1）建设客货运枢纽及配套设施。优化完善铁路枢纽总图规划，加强与城市总体规划衔接。结合新线建设和既有线改造，新建和改造部分铁路客站，在省会城市及重要中心城市构建与其他交通方式以及周边土地开发利用紧密衔接的综合客运枢纽；强化编组站以及大型货场等综合货运设施建设，构建完善的客货运综合枢纽。建设具有增值服务功能的现代化货场和物流中心，新建或改建沿线货运站，提升货运仓储和装卸等服务能力，推进货运站向现代物流中心转型，促进现代物流业发展。对区域内货运站、技术站等进行优化分工、集约经营，满足新兴工业园区与产业结构升级的需要。研究探索利用中心城市既有铁路资源服务城市交通的模式。

（2）建成集装箱运输网络。加快建设北京、沈阳、宁波、广州、深圳、兰州、乌鲁木齐等集装箱中心站以及集装箱办理站；结合新线建设、既有线改造和港口规划建设，加快推进集装箱运输通道建设，基本建成覆盖全国范围的铁路集装箱运输网络，大力发展集装箱运输。

（3）强化港口后方通道。通过新通道建设、既有通道改造以及港前运输系统的完善，建立布局合理、衔接顺畅、集疏便捷的港口后方通道，实现铁路与港口的无缝衔接，积极发展水铁、公铁等多式联运，扩展服务功能。

（4）建设综合配套设施。根据生产力布局调整和路网发展需要，建设跨区域服务的动车组维修基地、基础设施维修基地、大功率机车检修基地、调度所等运营配套设施。加强铁路沿线、生产站段及铁路地区职工公寓、单身宿舍、食堂、浴室等配套设施建设，改善职工生产生活条件。

2. 全面推进技术装备现代化

坚持自主创新，深化关键技术、关键领域再创新，健全铁路技术标准体系，扩大技术创新成果运用，全面推进技术装备现代化。

（1）提升机车车辆装备现代化水平。结合快速铁路、区际干线、煤运通道建设，重点配备动车组、大功率机车、重载货车等先进装备，适应客货运输需要。继续提高空调客车和专用货车比例，优化机车车辆结构。配备大吨位救援列车。推进动车组谱系化，发展不同系列机车、客车及货车，进一步提高技术装备现代化水平。

（2）提高通信信号现代化水平。完善全路骨干、局内干线传输网，建设全路数据通信网；

高速铁路、城际铁路和重要干线实现 GSM-R 无线网络覆盖。建立健全通信网安全监控、预测预警、应急处置机制，构建全路应急救援通信网络；推进综合视频监控系统建设，实现高速铁路、城际铁路、重要干线关键部位实时监控。装备适应不同等级线路运行的列车控制系统，推广计算机联锁系统，推进编组站综合自动化系统建设，全面提高信号技术装备现代化水平。

（3）强化基础设施设备现代化水平。加强对既有线桥隧等基础设施和设备的加固与改造，提高抵御灾害、保障运输安全能力。全面推广跨区间无缝线路。积极研制和应用轨道和接触网除冰雪减灾装备。建立完善高铁设备养护维修设施，实现大型养路机械作业和检测能力全覆盖。加快推广供电综合监控、数据采集及节能降耗技术，实现牵引供电系统监控自动化、远程化和运行管理智能化，提升供电装备现代化水平。

3. 确保铁路运输安全

坚持安全第一，以快速铁路网特别是高速铁路运营安全为重点，全面强化安全基础建设，健全安全生产长效机制，严格落实安全生产责任制，不断提升安全保障和管理水平，实现铁路运输持续安全稳定。

（1）强化安全基础设施和设备。统筹抓好高速、快速和普速铁路的设备质量、应急防灾等安全。强化基础设施检测、监测和探测，建立健全高铁养护维修体系，完善设备养护维修标准。全面推进既有线平改立工程，强化快速干线安全防护设施建设，建立沿线立体安全屏障。进一步提高机车车辆、动车运行状态监测预警系统水平，完善机车车载动态检测监测系统和车辆动态地面检测系统。建立健全高铁应急救援体系，加快建设现代化应急救援基地，强化应急演练和评价机制，增强应急救援保障能力。建立高铁防灾报警监控系统、应急预案和处置系统，实现对大风、雨雪、地震、异物侵入、地面沉降等各种灾害的全面监测，增强抵御各种灾害的能力。加强高铁安全防护设施、设备建设，增强防范各种风险的能力。

（2）强化安全管理和保障体系。严格按规定实施产品准入制度，形成严密质量监管和保障体系。建立健全安全监管体系，强化对设计、施工、监理单位和生产制造企业监管力度，完善和创新监管手段和方法。强化高铁和快速干线治安防范和安全环境的综合治理，加强旅客和行李安检查危和治安管理，全面实施高铁实名制售票。坚持物防、技防和人防相结合，加快构筑安全防范体系和保障体系。加强安全基础理论和安全管理科学研究，力争在重大事故致灾机理和安全预测预防、安全综合分析等方面取得突破。建立健全涵盖运营管理、安全管理、设备维护和应急处置的铁路安全规章制度体系。强化运输安全监督、检查和监管，加快推进安全监管体制改革和完善机制建设。严格落实安全生产责任制，深化安全生产专项治理，提高安全管理科学化、规范化水平。加强铁路公共卫生安全体系建设。完善安全行为规范和教育培训体系，加强运输主要行车工种岗位人员和相关管理人员培训。强化从业人员安全管理，严格高铁岗位准入制度，保证高铁主要行车岗位人员动态优化。

4. 大力推进铁路信息化建设

以运输组织、客货服务、经营管理三大领域为重点，推进信息基础设施建设，全面提升铁路信息化水平。

（1）推进信息基础设施建设。建设覆盖全路的宽带信息网络，构建新一代信息处理平台。

整合信息资源，建成铁路信息共享平台、公用基础信息平台、网络与信息安全保障平台和铁路门户。建设铁路数据中心，构建技术先进、结构合理、安全可靠的铁路信息化技术体系。

（2）推进运输组织智能化建设。高速铁路、繁忙干线采用调度集中系统，不断优化完善列车调度指挥系统和运输调度管理系统。建成高铁调度指挥中心、调度所运营调度系统，基本建成覆盖全路移动和固定设备设施运行状态监控网络，基本实现运输生产组织全过程信息化，全面提升铁路运输组织智能化水平。

（3）推进客货服务社会化建设。大力发展铁路电子商务，建成铁路客货运输服务系统、铁路客户服务中心和电子支付平台，基本建成铁路现代物流信息系统，促进铁路客货服务方式转型，实现客货运服务电子化、网络化，全面提高铁路客货运服务和营销现代化水平。

（4）推进经营管理现代化建设。建设铁路车务、机务、工务、电务、车辆、安全监督等管理信息系统，加快动车组检修基地、大功率机车检修基地、基础设施维修基地等信息化建设，推广应用建设项目管理信息系统，优化完善电子政务、人力资源、财务会计和统计等信息系统，全面提升铁路经营管理水平。

5. 不断提升服务水平

创新运输组织，优化运输产品，提升服务水平，强化市场营销，拓展运输市场，实现客货运量持续增长。

（1）大力拓展客运市场。充分用好新线特别是高速铁路投产的能力，实现新增与既有运力资源有效衔接，全面优化客运资源配置，提高客运能力和效率。强化客运组织工作，优化调整客车开行方案，加大客运产品开发，形成高速、快速、普速合理匹配、适应旅客不同层次需求的铁路客运产品。加大客运营销力度，千方百计采用便民利民服务措施，充分展示高铁品牌优势。科学制订节假日运输方案，最大限度满足客运市场需要。

（2）大力拓展货运市场。充分利用新线和既有线释放的货运能力，加大货运营销力度，努力开发货运新产品，吸引和挖掘新增货源，扩大铁路货运量。继续深入推进大客户战略，积极发展重载运输、直达运输，巩固扩大大宗货源，增强重点物资运输保障能力。优化运输组织，开发快捷运输、多式联运、集装箱运输等货运产品，加大对高附加值、高运价、远距离货物运输的占有份额，拓展铁路货运市场。依托铁路运输优势，深化铁路运输与物流服务融合，增强物流服务功能，推动铁路运输企业向现代物流企业转型，打造铁路物流骨干企业。探索货物列车客车化开行模式。

（3）不断提高服务质量。树立以人为本、客户至上的服务理念，创新服务方式，完善服务标准，提高服务水平。实施便民利民举措，加快客货营销由传统方式向电子商务转变，实现铁路与客户远程直接服务，积极推广电话订票、互联网售票、电子客票、银行卡购票、自动售检票等方式，最大限度方便旅客和货主。深化货运组织改革，创新货运业务流程，加快推进集中受理、优化装车等服务方式，提高运输效率和效益。加快建设铁路客户服务中心，实行"一站式"办理、"一条龙"服务，拓展服务功能，提升服务水平。加强公共信息服务工作。进一步改善站车服务设施，强化站车乘降、供水、供暖、卫生、餐饮、信息等基本服务，全面提高站车服务质量和水平。

6. 有序推进多元化经营

加快转换企业经营机制，以市场需求为导向，以拓展铁路服务功能和提高服务质量为重点，推进铁路多元化经营，提高发展质量和经营效益。

依托客货运输优势拓展服务领域，延伸服务链条，大力发展铁路现代物流，实现由"站到站"向"门到门"服务拓展，更好适应市场需求；适应旅客多样化、个性化服务要求，拓展站车商业和旅行服务，积极发展站车广告、票务、旅游、商贸和饭店等相关业务；统筹利用铁路资产、土地、技术等资源，发展其他经营业务，全方位拓展铁路市场。

健全完善经营管理制度和考核机制，依法规范企业经营行为，保障旅客货主合法权益。强化经营管理，优化支出结构，最大限度节支增效。实现企业经营主要依靠单一运输经营向多元化经营的转变，形成运输业与非运输业良性互动局面，推动铁路各领域业务全面发展，经营效益持续增长。

7. 加强绿色铁路建设

贯彻落实国家关于加快建设"两型"社会的要求，进一步完善节能标准体系、技术支撑体系和政策引导体系，建立铁路节能减排管理新机制，加强节能减排管理。加快铁路电气化技术改造，优化路网技术结构，提高电气化铁路承担运输工作量比重，"以电代油"效应显著提高；广泛应用机车车辆等设备节能新技术、新装备、新工艺，促进牵引节能和用能结构调整，单位运输工作量牵引能耗大幅降低；扩大新能源、新产品和新材料利用，多层次和全方位降低非牵引能耗，使其占铁路总能耗比例有较大幅度下降；优化运输组织，提高运输效率，降低能源消耗。积极推广节地、节材等技术，节约、集约利用资源。促进绿色、低碳型交通消费模式和出行方式。到 2015 年铁路单位运输收入能耗下降 10%，化学需氧量排放量降低 10%。

加强铁路运输环境保护，采取综合措施有效防治铁路沿线噪声、振动影响等，全面推行旅客列车垃圾集中处理，新型客车安装集便设施，加强货物列车粉尘防护，大力整治沿线白色污染，不断提高运输环境质量。加强铁路建设中的环境影响评价、生态保护、土地资源节约、水土保持、洪水影响评价等工作，依法认真落实各项要求。加强铁路绿色通道建设，积极推进绿色生态铁路建设，实现环境保护与铁路建设协调发展。

健全节能环保目标责任制，完善考核机制，严格考核指标。强化对铁路规划、建设和运营等过程节能环保监督检查。推进技术进步，完善节能环保管理和技术政策。

8. 深入推进铁路改革开放

按照政企分开、政资分开的改革要求，以转变铁路发展方式、创新体制机制为重点，进一步推进铁路体制机制改革，增强铁路发展活力。推进铁道部职能转变，建设法治政府和服务型政府，强化对铁路企业的规范、监管、协调、指导；加快推进企业转换经营机制，确立运输企业市场主体地位，落实企业经营权责，提高运输效率和经济效益。

进一步完善合资建路模式，探索区别路网干线、城际铁路、地区支线等多种形式的合作合资建设和运营管理新模式。加快推进铁路投融资体制改革，扩大直接融资比例，充分发挥中央、地方和企业等各方面的积极性，广泛吸引社会资本参与投资铁路建设，推进铁路企业股改上市。进一步创新融资渠道和方式，保障资金来源，降低融资成本，加强资金管理，防范资金风险。完善合资铁路发展模式，规范合资铁路建设和运输管理模式，引导和鼓励合资铁路公司优化重组，加强行业管理，理顺管理关系，促进合资铁路健康发展。

广泛开展对外交流与合作，加强互联互通国际通道建设，发展铁路口岸运输，进一步提升铁路对外开放水平。

9. 加强人才队伍建设和提高职工生活水平

贯彻落实国家人才发展规划，实施"人才强路"战略。坚持服务发展、人才优先、以用为本、创新机制的指导方针，全面实施人才培育工程，以经营管理、高铁运营和建设管理领域人才为重点，统筹全社会人才资源，形成完善的人才队伍培训开发、选拔任用、考核评价、激励保障、合理流动机制，培养造就一支规模适度、结构合理、素质优良的人才队伍，选拔培养一支政治坚定、勇于创新、业务精通、作风务实、清正廉洁的领导干部队伍，为实现铁路科学发展提供人才保障。健全教育培训体制机制，加强人才动态管理。

加强精神文明建设和党风廉政建设，深入开展创先争优活动。大力加强社会主义核心价值体系教育。加强新闻宣传和舆论引导工作，加大先进典型培养宣传力度，塑造和展示铁路新形象，发挥思想文化凝聚推动作用，增强铁路现代化建设的发展动力。

加强铁路文化建设和人文关怀，进一步繁荣发展铁路文化事业，丰富职工精神文化生活；以保障和改善民生为重点，在生产发展、效益提升的基础上不断改善职工生产生活条件；深化落实"三不让"承诺，完善困难职工帮扶救助保障机制；积极规范推进职工保障性住房建设，努力实现职工收入增长与铁路发展同步。

（六）"十二五"铁路发展保障措施

"十二五"是实现铁路科学发展关键时期，发展和改革任务十分艰巨。为保证规划目标的实现，要抓住发展机遇，转变发展方式，加强组织领导，完善工作机制，采取有效保障措施，实现铁路可持续发展。

1. 科学有序推进建设

更加注重需要与可能、近期与长远、社会效益与企业效益的统筹协调。把握好铁路基础性、公益性、经营性特性，分类推进铁路建设。坚持规划指导，科学确定建设标准和规模，严格履行国家基建程序，有序规范推进铁路建设。科学把握发展节奏，合理安排建设时序，加大投资控制力度，加强建设资金监管，实现速度、质量、效益相统一。继续发挥部省合作机制优势，合力推进铁路建设。

2. 强化质量安全管理

始终把质量安全放在第一位。强化工程建设管理，以标准化管理为手段，提升建设管理水平。强化源头控制和过程控制，严格质量监督检查，落实质量终身负责制，确保质量安全。强化安全基础建设，落实安全生产责任，加强安全监督检查，建立健全安全保障体系，全面提升安全工作水平。突出抓好高铁安全工作，确保高铁安全持续稳定。进一步强化持续安全理念，开展安全文化建设。

3. 深化体制机制改革

继续坚持政府主导、市场化运作、多元化投资的原则，进一步深化投融资体制改革，完善投融资政策，积极拓展融资渠道。完善合资合作建路机制，规范合资铁路建设与运营管理，研究制定铁路运输和服务清算规则和相关管理办法。深化企业管理体制和经营机制改革创新。大力发展多元化经营，统筹运输业务、延伸业务、其他业务协调发展，增强企业发展活力和效益。

4. 全面推进依法行政

加强行业管理、政府监管。建立健全铁路运输、铁路建设、铁路安全监管等方面的法规和规章，完善铁路行业管理制度体系，加强和规范行政执法。争取国家加快研究出台铁路建设条例和铁路运输条例，健全铁路法律法规体系。

5. 增强自主创新能力

落实国家自主创新、重点跨越、支撑发展、引领未来的方针，增强科技创新能力，推动铁路发展更多依靠技术创新驱动。进一步健全铁路技术创新体系，完善技术创新机制，强化创新支持政策。深化基础理论研究，加强行业研究实验平台建设，提高铁路运输安全、工程建设、技术装备和运营管理等领域关键技术创新能力。加强知识产权管理与保护。修订完善铁路技术标准体系、主要技术政策和技术管理规程，健全铁路建设、运营、管理标准体系和技术规章体系。

6. 研究落实支持政策

加强铁路发展相关政策研究。积极争取中央基建投资对西部地区、"老少边穷"地区及西藏、新疆等重点区域国土开发、公益性铁路给予更多的投入，落实金融、税收、土地政策等方面优惠政策，对运营期间公益性运输、非经营性亏损由财政给予必要的补贴，为铁路企业可持续发展和深化改革创造良好的法规和政策环境。进一步加大融资政策研究，扩大铁路债券发行规模，丰富铁路债券品种。在国家宏观政策引导下，推进铁路运价改革，完善运价机制，促进铁路健康发展。

7. 抓好规划贯彻落实

以本规划为指导，组织编制有关专项发展规划，完善规划体系，加强规划组织实施，确保规划目标任务的顺利完成。加强年度计划与本规划的衔接，强化规划实施情况的动态跟踪分析和中期绩效评估，及时把握铁路发展中出现的新情况、新问题，适时调整规划和相关政策，进一步增强规划的指导性。

"十二五"铁路网规划示意见图4.5所示，"十二五"国家快速铁路网规划示意见图4.6所示，"十二五"铁路煤运通道规划示意见图4.7所示。

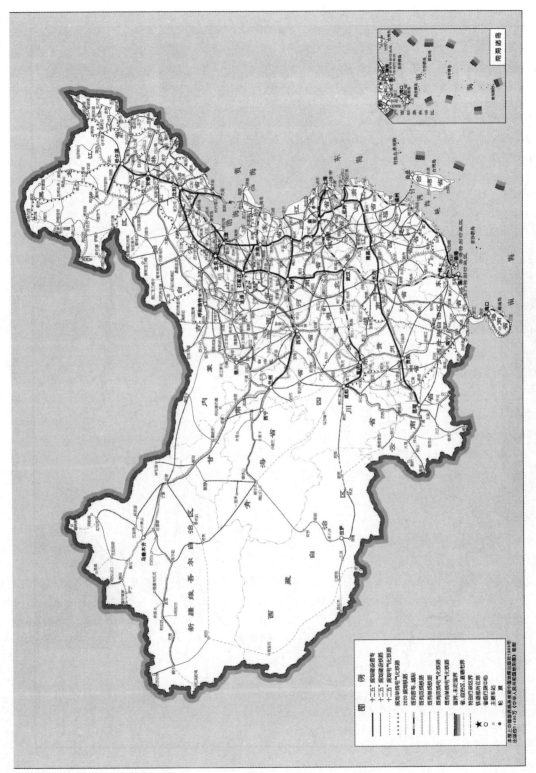

图 4.5 "十二五" 铁路网规划示意

图 4.6 "十二五" 铁路网规划示意

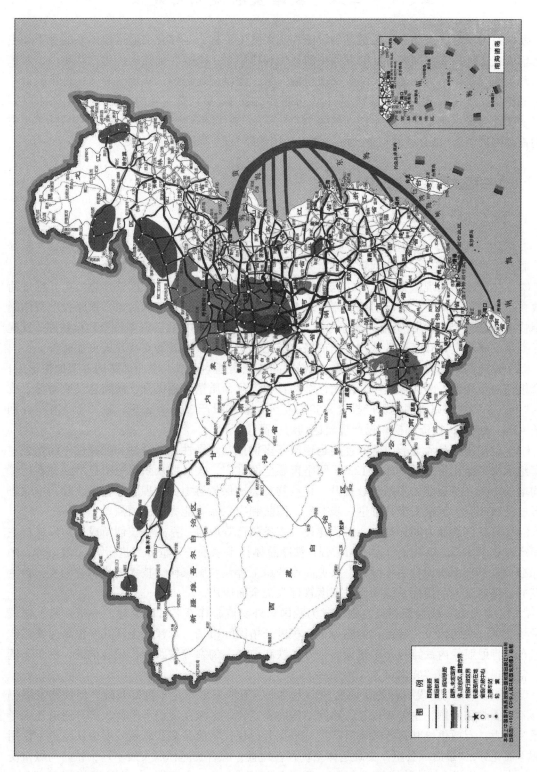

图 4.7 "十二五" 铁路煤运通道规划示意

五、"十三五"铁路发展规划与建设

铁路是国民经济大动脉、关键基础设施和重大民生工程，是综合交通运输体系的骨干和主要运输方式之一，在我国经济社会发展中的地位和作用至关重要。加强现代化铁路建设，对扩大铁路运输有效供给，构建现代综合交通运输体系，建设交通强国，实现"两个一百年"奋斗目标和中华民族伟大复兴的中国梦，具有十分重要的意义。贯彻落实党的十九大精神，根据《国民经济和社会发展第十三个五年规划纲要》《"十三五"现代综合交通运输体系发展规划》和《中长期铁路网规划》，结合铁路行业实际，制定我国铁路发展"十三五"规划。

（一）铁路发展现状与形势

1. "十三五"铁路发展基础

"十二五"时期，我国铁路改革发展成效显著，基础设施建设持续加快，运输能力大幅提升，服务水平明显提高，科技创新取得重大突破，基本适应经济社会发展需要。

（1）体制改革实现重大突破。实施政企分开，组建国家铁路局、中国铁路总公司。推进简政放权，加快职能转变，大幅削减铁路行政审批事项，进一步激发市场活力。铁路投融资体制改革快速推进，支持铁路实施土地综合开发，进一步鼓励和扩大社会资本投资建设铁路，发起设立铁路发展基金，有序推进铁路运输价格市场化改革，铁路发展的支持政策更加完善。

（2）设施网络建设快速推进。"四纵四横"高速铁路基本建成，中西部路网骨架加快形成，综合枢纽同步完善，路网规模不断扩大，结构日趋优化，质量大幅提升，铁路建设取得显著成绩。"十二五"铁路完成固定资产投资 3.58 万亿元、新线投产 3.05 万公里，较"十一五"分别增长 47%、109%，投资规模和投产规模达到历史高位。

（3）运输服务品质显著改善。铁路运输服务多样性、选择性、舒适性和便捷性不断增强。动车组承担客运比重接近 50%，12306 网络售票全面推广，人民群众获得感明显增强，客运量年均增长 10%。货运能力不断释放提升，重点物资运输保障有力，受理服务明显改善，中欧班列形成品牌效应。运输安全基础进一步夯实，国防和应急保障能力显著增强。

（4）科技创新能力明显提高。工程建设、装备制造等取得一系列科技创新成果，形成自主知识产权技术体系，核心竞争力不断增强，铁路总体技术水平进入世界先进行列。"复兴号"中国标准动车组全面实现自主化设计，京沪高速铁路工程荣获国家科学技术进步奖特等奖，自主开发的铁路列车调度指挥系统和运输调度管理系统全面应用。

（5）"走出去"成为新亮点。铁路成为我国对外交流合作新名片和共建"一带一路"倡议的重要领域。铁路建设、装备、运输等企业积极开拓国际市场，承建的土耳其安伊高速铁路建成通车，肯尼亚蒙内铁路等开工建设，雅万高铁和中老、匈塞等铁路合作积极推进，机车车辆等装备实现较大规模整装出口。

"十二五"规划建设目标的全面实现，为"十三五"发展奠定了良好基础。但铁路发展仍面临不少困难和问题，主要表现在：路网结构尚不完善，区域发展仍不平衡，部分通道还未形成系统能力，有效供给和运行效率有待进一步提升；现代物流及多式联运发展中铁路骨干作用发挥不够充分，"最后一公里"集疏运体系仍存在短板；综合交通枢纽发展不足，铁路与城市交通衔接水平有待提升；铁路债务不断攀升，防范风险压力加大，市场化、投融资等改革仍需深化。

2. "十三五"铁路发展形势要求

"十三五"时期，国内外形势正在发生深刻复杂变化，我国发展仍处于重要战略机遇期，经济由高速增长阶段转向高质量发展，交通运输处于支撑全面建成小康社会的攻坚期、优化网络布局的关键期、提质增效升级的转型期，进入现代化建设和交通强国建设新时代，对铁路改革发展提出新的要求。

（1）全面建成小康社会要求铁路增强服务保障能力。决胜全面建成小康社会，铁路发展要着眼满足人民日益增长的美好生活需要，增加有效供给，提升服务水平，保障和改善民生，补齐铁路网络和运输服务短板，把有效支撑精准扶贫、精准脱贫放在突出位置，加强革命老区、民族地区、边疆地区、贫困地区铁路对外运输通道建设，提升铁路服务水平和覆盖程度。

（2）推进实施国家重大战略要求铁路发挥引领带动作用。贯彻落实推进"一带一路"建设部署和区域发展总体战略及京津冀协同发展、长江经济带发展等战略，推进新型城镇化和军民融合深度发展，要求继续推进以中西部地区为重点的铁路建设，加快形成快速畅通的铁路大通道，进一步完善覆盖广泛的运输网络，缩小地区发展差距，推动更大范围更高水平更深层次区域协同合作。

（3）加强生态文明建设要求铁路绿色低碳发展。当前，我国资源约束趋紧、环境污染严重、生态系统退化等形势严峻，资源能源、生态环境约束更为突出，要求节约集约利用资源，优化交通运输结构，更加注重发挥铁路运量大、能耗少、排放低等比较优势，推动形成绿色高效交通运输发展方式，为建设美丽中国做出贡献。

（4）全面深化改革要求铁路着力强化改革创新。贯彻落实全面深化改革总体部署，要求铁路坚持创新发展理念，主动适应新需求，推进铁路供给侧结构性改革，深化铁路企业和客货运输改革，加快市场化运行机制建设，优化投资环境，拓展多渠道多层次多元化的投融资模式，加强政府监管和服务，推进治理能力现代化。

（5）全面开放新格局要求铁路提升国际竞争能力。我国正在构建以"一带一路"建设为重点的全面开放新格局，铁路作为国际合作的重要领域和优先方向，要拓展全球视野，统筹国际国内两个市场，强化与周边国家互联互通，加快铁路"走出去"，打造中国铁路技术、装备、标准、运输等品牌，提升国际影响力和竞争力。

（二）"十三五"铁路发展规划总体思路

1. "十三五"铁路发展规划的指导思想

深入学习贯彻党的十九大精神，以习近平新时代中国特色社会主义思想为指导，紧紧围绕统筹推进"五位一体"总体布局和协调推进"四个全面"战略布局，牢固树立和贯彻落实创新、协调、绿色、开放、共享的发展理念，主动适应引领经济发展新常态，坚持稳中求进总基调，以服务人民为根本，以供给侧结构性改革为主线，以构建现代综合交通运输体系为导向，以深化改革为动力，以创新驱动为支撑，加强铁路基础设施网络建设，发挥骨干优势作用，提升运输服务品质，促进军民融合深度发展，提升智能绿色安全发展水平，提高发展质量效益，增强国际竞争能力，为决胜全面建成小康社会提供有力支撑。

2. "十三五"铁路发展规划的基本原则

（1）协调发展，当好先行。加强铁路基础网络建设，突出重点，优化布局，协调区域、干支、站线能力，注重方式衔接，积极贯彻国防要求，加强统筹衔接，军民兼容、同步建设。尽力而为，量力而行，有序发展，科学确定规模标准，有效防控债务风险，更好发挥铁路对经济社会发展的支撑引领作用。

（2）改革引领，创新驱动。把改革创新贯穿于铁路发展各领域，完善市场环境和机制，激发市场活力和动力，增强供给结构适应性和灵活性。深入实施创新驱动，推进铁路技术、管理、服务和体制创新，培育铁路发展新动能。

（3）转型升级，提质增效。加快转变铁路发展方式，精准对接运输需求变化，全面提升服务品质和经营效益。加强与其他运输方式、现代物流等融合发展，延伸拓展服务链条，挖掘盘活存量资源，增强铁路持续发展能力。

（4）恪守红线，安全发展。始终坚持将安全作为铁路发展生命线，统筹发展与安全，强化安全质量，落实企业安全生产主体责任，健全政府安全监管体系，构建安全管理长效机制，强化运输安全及应急保障能力。

3. "十三五"铁路发展目标

到2020年，路网布局优化完善，装备水平先进适用，运输安全持续稳定，运营管理现代科学，创新能力不断提高，运输能力和服务品质全面提升，市场竞争力和国际影响力明显增强，适应全面建成小康社会需要。

1）路网建设

全国铁路营业里程达到15万公里，其中高速铁路3万公里，复线率和电气化率分别达到60%和70%左右，基本形成布局合理、覆盖广泛、层次分明、安全高效的铁路网络。

——高速铁路扩展成网。在建成"四纵四横"主骨架的基础上，高速铁路建设有序推进，高速铁路服务范围进一步扩大，基本形成高速铁路网络。

——干线路网优化完善。东部路网持续优化完善，中西部路网规模继续扩大，西部与东中部联系通道进一步拓展，区域内部联系更加紧密，中西部路网规模达到9万公里左右。对外通道建设有序推进，与周边国家铁路互联互通取得积极进展。

——城际、市域（郊）铁路有序推进。经济发达、人口稠密、城镇密集地区形成城际、市域（郊）铁路骨架网络，其他适宜区域因地制宜、量力而行布局建设，城际和市域（郊）铁路规模达到2 000 km左右。

——综合枢纽配套衔接。建成一批设施设备配套完善、现代高效的综合交通枢纽，建设支线铁路约3 000 km，铁路与其他运输方式一体衔接效率明显提升，基本实现客运"零距离"换乘和货运"无缝化"衔接。

2）运输服务

——覆盖范围更为广泛。全国铁路网基本覆盖城区常住人口20万以上城市，高速铁路网覆盖80%以上的大城市。

——旅客出行更为便捷。动车组列车承担旅客运量比重达到65%。实现北京至大部分省会城市之间2～8小时通达，相邻大中城市1～4小时快速联系，主要城市群内0.5～2小时便捷通勤。

——货物运输更为高效。货运能力基本满足跨区域能源、资源等物资运输需要，重载、快捷及集装箱等专业化运输水平显著提高，"门到门"、快速送达的全程物流服务体系初步形成。铁水、铁公、铁空等多式联运比重大幅提升。

3）信息化建设

——客货服务网络化。客运网上售票比例达80%，实现货物受理、电子支付、物流追踪等货运业务网上办理。

——运输组织智能化。以铁路地理信息平台为依托、服务铁路建设运营管理的数字化铁路基础框架加快建设，调度指挥智能化水平进一步提高，基本实现运输生产全过程信息化。

——安全监控自动化。集监测、监控和管理于一体的安全监管信息系统基本建立，实现安全生产动态信息的实时监测监控，提升铁路运输安全监测专业化、自动化水平。

"十三五"铁路发展规划主要指标见表4.4所示。

表4.4 "十三五"铁路发展规划主要指标

指　标	2020 年	五年增加值	年均增长率/%
营业里程/万公里	15.0	2.9	4.8
*高速铁路（营业里程/万公里）	3.0	1.1	11.6
客运量/亿人	40	14.6	9.5
货运量/亿吨	37	3.4	2.0
*国家铁路（货运量/亿吨）	30	2.9	2.1
旅客周转量/亿人公里	16 000	4 040	6.0
货运周转量/亿吨公里	25 780	2 030	1.7
*国家铁路（货物周转量/亿吨公里）	23 500	1 902	1.8
复线率/%	60	7	>2
电气化率/%	70	9	>2.5

注：*国家铁路又称国营铁路、国有铁路，指由中央政府主管部门管理的铁路。
　　*高速铁路参见本书相关章节。

（三）"十三五"铁路发展重点任务

1. 完善铁路设施网络

以推进"一带一路"建设、京津冀协同发展、长江经济带发展等重大国家战略为引领，按照分类建设要求，落实各类投资主体，以中西部干线铁路、高速铁路等建设为重点，推进重点地区和重点方向铁路建设，继续实施既有线及枢纽配套改造，发展城际和市域（郊）铁路，推动对外骨干通道建设，充分考虑国防需求，促进点线能力协调，提高综合效能，不断增强铁路对经济建设和国防安全的基础保障能力。

1）构建高速铁路网络

在全面贯通"四纵四横"高速铁路主骨架的基础上，推进"八纵八横"主通道建设，实施一批客流支撑、发展需要、条件成熟的高速铁路项目，构建便捷、高效的高速铁路网络，拓展服务覆盖范围，缩短区域间的时空距离。

高速铁路重点项目：建成北京至沈阳、北京至张家口至呼和浩特、大同至张家口、石家庄至济南、济南至青岛、郑州至徐州、宝鸡至兰州、西安至成都、商丘至合肥至杭州、武汉至十堰、南昌至赣州等高速铁路。建设沈阳至敦化、包头至银川、银川至西安、北京至商丘、太原至焦作、郑州至济南、郑州至万州、黄冈至黄梅、十堰至西安、合肥至安庆至九江、徐州至连云港、重庆至黔江、重庆至昆明、贵阳至南宁、长沙至赣州、赣州至深圳、福州至厦门等高速铁路。

2）完善干线铁路布局

优化干线铁路网络布局，推进主要城市群之间区际干线铁路建设，以中西部地区为重点，拓展中西部路网覆盖面。完善东部路网，实施既有线改造，盘活路网资源，提升路网质量和效益。研究推进沿边铁路建设。

干线铁路重点项目：建成哈尔滨至佳木斯、青岛至连云港、九江至景德镇至衢州、黔江至张家界至常德、怀化至邵阳至衡阳、南宁至昆明、重庆至贵阳、衢州至宁德、丽江至香格里拉、敦煌至格尔木、库尔勒至格尔木、蒙西至华中铁路煤运通道等干线铁路。建设西宁至成都、和田至若羌、拉萨至林芝、酒泉至额济纳、兴国至永安至泉州、金华至宁波、攀枝花至大理等干线铁路。实施成昆线、焦柳线、集通线、京通线、京原线等电化或扩能改造。

3）推进城际铁路建设

加快建设与新型城镇化发展相适应、服务城市群间及内部旅客运输的城际铁路，重点建设京津冀、长江三角洲、珠江三角洲等地区城际铁路，为构建轨道上的城市和城市群打好基础。统筹干线、城际铁路和城市交通的有效衔接及合理分工，鼓励适宜地区盘活存量资产、优先利用既有铁路提供城际、城市运输服务，有序新建市域（郊）铁路，强化城市群内部便捷高效连接。

4）统筹支线铁路建设

落实所有权、经营权的放开条件，鼓励地方政府和社会资本投资建设和运营一批地方开发性铁路和支线铁路。加快推进煤运通道集疏运支线、港口支线和普通支线铁路建设，着力解决铁水联运"最后一公里"问题，促进铁路支线向重要货源发生地延伸，扩大铁路覆盖范围，为干线铁路网的高效运营提供基础支撑。

5）强化综合交通枢纽功能

完善枢纽空间布局，加强各种运输方式规划衔接，一体化建设站场设施。构建多种运输方式和城市内外交通有机衔接的铁路综合客运枢纽，加强与城市功能有机融合，提高出行效率和换乘体验。加快推进铁路物流基地、物流中心、集装箱中心站建设，完善货运配套设施，加强信息共享平台建设，发展多式联运和铁路现代物流。实施一批枢纽联络线、疏解线等工程，进一步完善检修、维修配套设施，提升铁路枢纽衔接配套水平。

6）实施周边互联互通工程

贯彻落实推进"一带一路"建设部署和周边基础设施互联互通总体规划，加强国际合作，共同推进对外骨干铁路通道建设，加快建设带动双多边矿产及旅游资源开发、促进经贸往来等口岸铁路及配套设施，加强与境外陆路枢纽合作，构建联通内外、安全通畅的综合交通运输网络。

互联互通铁路及口岸铁路重点项目：建成同江铁路大桥，建设大理至瑞丽、玉溪至磨憨、防城港至东兴等铁路；规划研究中巴、中吉乌等铁路境内段，临沧至清水河等铁路。建成同江等铁路口岸，规划建设瑞丽、磨憨、东兴等铁路口岸；规划研究红其拉甫、吐尔尕特（伊尔克什坦）等铁路口岸。

7）推动军民融合深度发展

贯彻落实军民融合发展战略，根据国防安全需要，在铁路规划设计、建设运营全过程中积极贯彻国防要求。完善军民融合交通运输网络，强化铁路线路和站点配套设施国防功能，提高装卸载地域整体保障水平，推进国防信息通信网与铁路信息基础网络互联建设。

2. 提升技术装备水平

贯彻落实创新驱动发展战略和《中国制造 2025》，加强科技研发和自主创新，提高智能、绿色、高端装备比例，全面提升铁路装备现代化水平。

1）大力推进机车车辆装备升级

结合路网建设和运输需求，扩大动车组上线运行范围，推进智能动车组研发。建设国家高速列车技术创新中心，加快推进具有自主知识产权的系列化"复兴号"中国标准动车组研制及应用。研制先进适用和绿色智能安全的机车车辆装备，发展适合城际、市域（郊）铁路特点的新型动车组，优化普客车型结构。发展适应"门到门"、多式联运、国际互联互通运输等货运成套技术装备，不断提高适应重载、集装箱、特种运输等货运装备水平。

2）加快发展先进列车控制系统

加快通信信号装备升级改造，推进通信信号装备小型化、一体化和铁路下一代移动通信技术研究，优化完善通信基础网。加强系统集成和自主创新，提高列车控制系统核心技术水平和运营安全保障能力，逐步推广应用具有自主知识产权的高速铁路列车运行控制系统。全面提升普速铁路列车运行控制系统技术装备水平，开展基于列车运行控制系统的自动驾驶功能（ATO）研究和下一代列车运行控制系统的研究，逐步形成完善的技术标准体系。

3）着力强化监控检测保障能力

进一步健全完善高速铁路、普速铁路检测、监测和修理技术装备体系，提高检测养护机械装备水平，全面提升基础保障能力。构建覆盖全路主要干线基于卫星定位的测量控制网络，进一步完善高速铁路、城际铁路和重要干线路基沉降及轨道变形监测系统。加快综合视频监控系统建设，全面推广计算机联锁系统和编组站综合自动化系统。加强供电综合自动化与远动、诊断系统建设，构建供电综合监控系统，强化检测维修手段和能力，全面提升牵引供电系统智能化水平。

3. 改善铁路运输服务

突出便民、利民、惠民服务理念，不断拓展服务内涵，打造服务优势，创建服务品牌，努力实现服务品质与服务能力同步提升，运营效益和比较优势同步增强。

1）提高旅客运输能力

发挥高速铁路运输网络准点高效、快速通达、覆盖面广的优势，优化组织和调度，深度挖掘客运潜力，提升网络客运能力。加强对城际、市域（郊）及其他短途客运市场、旅游市场的开发和培育，充分利用既有能力开行城际、市域（郊）列车。加大客运产品开发，创新服务理念和服务模式，形成高速动车、城际列车、普速客车、市域（郊）列车等层次多样、能力协同、适应需求的客运系列产品，提高铁路有效供给能力和质量。

2）提升客运服务水平

适应一体化、高品质出行服务需求，修订完善铁路旅客运输服务质量标准体系，加强各种运输方式运力衔接与组织协同，积极开展旅客联程运输服务。优化售票组织和服务，进一步完善12306网络售票，积极采用互联网购票和手机APP购票等方式。完善动静态引导系统、图形标志及广播、视频监控等站车设施设备，提高信息服务能力，地市级车站全面实现自助实名验证和检票。提高旅客列车正点率，提升动车服务品质，改善普通旅客列车服务水平，为旅客提供更好出行体验。

3）拓展铁路货运市场

充分发挥铁路绿色环保和规模运输优势，盘活路网资源，扩大铁路在大宗货物运输中的市场份额。大力发展集装箱、铁路快运、冷链运输、商品汽车运输等新业务，构建快捷货运班列网络。引导培育多式联运市场主体，加强多式联运技术标准、服务规范、信息资源等有效衔接，推进铁水、铁公等多式联运发展，探索开展双层集装箱运输、驮背运输等。进一步简化货运办理手续，全面畅通货运受理渠道。强化运输环境治理，规范货运经营者收费行为，提高透明度，接受社会监督。

4）发展铁路现代物流

推进物流基础设施建设，依托主要经济中心、港口、铁路车站等打造铁路区域物流中心，加快形成京沪、京广、欧亚大陆桥等连通国内外主要经济区域、与其他运输方式有效衔接的物流大通道。大力发展铁路现代物流综合服务，加强铁路物流园区、货运场站及物流信息平台建设，促进各类平台之间的互联互通和信息共享，推进运输、仓储、加工、信息服务等融合发展。加强铁路与邮政、快递等物流设施衔接协同，积极发展高铁快运及电商快递班列等。进一步创新铁路运输组织模式，培育壮大一批竞争力强的现代铁路物流骨干企业。

4. 强化安全生产管理

牢固树立安全生产红线意识，提高铁路安全管理法治化水平，加快建立企业负责、政府监管、社会监督"三位一体"的铁路安全管理体系，强化铁路安全风险管理，确保铁路运输持续安全稳定。

1）突出抓好高速铁路安全

在统筹抓好普速铁路安全的基础上，全面提升高速铁路安全管理水平。严格执行有关标准规范和验收要求，确保高速铁路建设质量安全。强化高速铁路运输安全管理，加大重要领域、关键部位的安全设施设备投入，构建全方位的高速铁路安防体系，强化反恐防暴能力建设。加强高速铁路运行监测、监控、防灾预警等安全保障系统建设，强化设备运行状态检测，加强对运行数据采集分析和安全风险研判，实现可视、可监、可控，夯实安全保障基础。

2）强化企业安全生产主体责任

铁路运输、建设、装备等企业要健全安全生产管理长效机制，建立安全风险分级管控和隐患排查治理双重预防工作制度，同步强化安全意识和责任意识，同步落实领导责任和岗位责任，切实提高安全管理科学化水平和安全自控能力。规范建设运营管理各环节作业程序，严格施工、维修、新线开通、危险货物运输等安全管理，加强安全生产教育培训和考核，强化人才队伍建设。落实车票实名购买、查验制度和客运安全检查制度。加强铁路站车食品安全管理。

3）落实政府安全监管责任

强化政府监管职能，创新安全监管方式，健全安全监管体系和法规标准体系。加快高速铁路沿线环境安全综合治理地方性法规建设，制定铁路安全生产监管权力清单和责任清单，加强运输安全、建设工程质量和施工安全等重点领域安全生产行政执法和监督检查。强化铁路市场诚信体系建设，完善装备产品认证制度，严格实施设备产品、从业资质准入制度。完善事故调查体制机制。加快铁路线路安全保护区划定和"公跨铁"立交桥移交管理，推进城市重点道口"平改立"和线路封闭工作，加强铁路沿线安全综合治理。

4）加强应急救援体系建设

建立安全生产形势分析预警及突发事件预案机制，提高安全事故研判与预防能力。建立完善铁路行业监管部门与国家相关部门、地方政府、企业及社会共同参与、协同配合的铁路安全保障和应急救援体制机制，加快国家铁路应急救援基地建设和专业救援队伍组建，增强突发事件应急救援保障和处置能力，全面提升安全应急保障水平。

5. 推进智能化现代化

充分发挥信息技术基础性、引领性作用，发展物联网技术，实施大数据战略，加快推进新一代信息技术与铁路融合发展，大力促进数字化、信息化、智能化铁路建设。

1）加强信息化智能化建设

加快推动北斗系统在铁路领域的应用推广，完善铁路客货服务智能化信息系统，建立综合信息交换平台，推动与其他运输方式，以及气象、环境、地理、人文、媒体、快递等信息平台互联互通，为公众提供多渠道、全方位、普惠化服务信息。综合集成铁路运输组织和生产经营等信息系统，实现客货运输计划、调度指挥、行车作业、运输组织等业务全程运输智能化管理。以建设"精品工程、智能京张"高速铁路为示范，深入开展智能铁路技术顶层框架及关键技术研究。

2）提升安全监控自动化水平

应用物联网、移动互联和智能感知等技术，深化专业安全监测监控应用，建立集监测、监控和管理于一体的安全监管信息系统，实现安全生产动态信息实时监测监控。加快推进运输安全防灾系统建设，积极推动北斗卫星导航、地理信息和大数据分析技术在防灾预警、应急救援等方面的应用，完善对自然灾害的预警和监测。

3）推进信息综合集成应用

基本建成满足铁路需求的现代化绿色数据中心，建成覆盖全国铁路的大宽带高速通信网络，实现信息资源共享和便捷管理，提升信息服务能力。加快完善铁路行业云数据中心和灾备中心建设，进一步加强网络安全技术研究，促进铁路网络与互联网互联互通，强化安全风险管理，确保网络和信息安全。加大数据分析和研发力度，大力推进数据资源开发利用，提升决策的科学性，促进资源优化配置。推进公共资源交易信息共享。

6. 推动铁路绿色发展

按照生态文明建设要求，将生态环保理念贯穿铁路规划、建设、运营和养护全过程，节约集约利用资源，加大技术性、结构性及管理性节能减排力度。

1）发挥铁路比较优势

适应多样化、个性化市场需求，加强政策引导，提升物流运行效率和服务质量，降低物流成本，进一步夯实铁路货运比较优势。转变交通消费模式，倡导绿色出行方式，更好发挥铁路骨干运输作用，引导不同出行方式合理分工、优势互补，促进运输方式结构优化，加快构建以绿色铁路为骨干的复合型物流大通道和节能型综合交通运输体系。

2）加强生态环境保护

在铁路规划建设过程中，节约集约利用土地、线位、通道等资源，推进铁路场站及周边土地综合立体开发利用。依法开展区域路网规划和铁路建设项目环境影响评价，加强用地预审、水土保持方案编制等工作，严格落实各项环保要求。加强铁路环境保护管理，建立健全铁路环保技术标准、考核评价体系和产品认证制度。推广应用环保新技术、新材料、新工艺，加大环保治理投入和既有环保设施的更新改造力度，采取综合措施有效防治铁路沿线噪声、振动。加强铁路绿色通道建设。

3）加大节能减排力度

优化路网技术结构，加强既有铁路电气化改造，发展重载、快捷等高效专业化运输，提高电气化铁路承担运输量比重。加大既有建筑、设备节能改造，淘汰技术落后的机车设备，加强铁路建设工程及车站节能优化设计，广泛应用节能型的新技术、新装备、新材料。强化能耗管理，推广智能化节能管控，提高能源综合利用。优化运输组织，提高运输效率，进一步降低铁路运输能耗水平。

7. 加强国际交流合作

充分发挥我国铁路行业整体竞争优势，加强铁路对外交流合作，加快铁路"走出去"，推进中国铁路标准国际化进程，将中欧班列打造成为世界知名物流品牌。

1）推动铁路"走出去"

综合运用国际国内两个市场和两种资源，积极推进我国技术咨询、建设施工、装备制造、运输管理、人才培训及技术标准等全方位对外合作，促进铁路"走出去"向产业链、价值链高端方向发展。突出重点区域和重点项目，统筹安排资源投入，注重分类施策，强化政策支持，力求取得务实成果。培育满足全球市场需求的铁路装备技术、标准和服务能力，进一步提升铁路装备国际化水平。

2）打造中欧班列物流品牌

落实《中欧班列品牌建设方案》，创新中欧班列服务模式，增强综合服务能力，打造成为具有国际竞争力和良好商誉度的世界知名物流品牌，成为推进"一带一路"建设的重要平台。完善中欧铁路运输通道，在内陆主要货源地、主要铁路枢纽、沿海重要港口、沿边陆路口岸等规划设立一批中欧班列枢纽节点，强化货源支撑和运输组织，降低全程物流成本，推进便利化大通关，基本形成布局合理、设施完善、运量稳定、便捷高效、安全畅通的中欧班列综合服务体系。

3）提升中国铁路标准国际影响力

跟踪国际铁路标准发展动态，积极参与 ISO/TC269、IEC/TC9、 UIC 等国际标准化组织战略、标准、规范制定和修改，开展中外标准研究对比分析，积极转化适合我国国情的国际标准。加快我国铁路标准外文版翻译出版工作，结合海外工程承包、重大装备设备出口和对外援建等，多层面、多方式宣传和推介中国标准。健全知识产权管理体系，完善知识产权全球布局，提升知识产权保护水平。

（四）"十三五"铁路发展保障措施

1. 持续深化改革

按照全面深化改革的要求，继续转变政府职能，简政放权，进一步深化铁路企业内部改革，加快建立现代企业制度，推进企业优化重组和结构调整，建立健全有效制衡的法人治理结构。全面推进铁路投融资体制改革，落实各项鼓励社会资本建设经营铁路的重大政策措施，研究推动东部地区有稳定现金流、资产质量优良的高速铁路企业资产证券化和优质资产股改上市等相关工作。加快建立市场化清算和争议协调、仲裁机制，规范市场秩序，保障投资者合法权益，营造权利平等、机会平等、规则平等的市场环境。

2. 加强协同监管

建立健全铁路安全生产、运输服务质量和铁路工程质量监管体系和运行机制，强化部门协作和信息共享，推动多方联动、协同监管。强化政府公共服务职能，加强法规、政策、规划、标准等制定和实施，强化规划科学性和严肃性，严格按照规划推进项目实施，更好指导铁路行业长远发展。坚持放管结合，强化事中事后监管，创新监管理念和监管方式，以服务促监管，提高依法监管能力和科学服务水平。

3. 防控债务风险

贯彻落实党的十九大精神和全国金融工作会议精神，积极研究化解铁路债务措施，建立规范的地方政府举债融资机制，进一步规范铁路领域政府和社会资本合作，有效防范和化解财政金融风险。加大对铁路项目地方出资能力的审查力度，充分评估铁路项目建设可能带来的地方政府债务和风险隐患，合理控制建设规模和节奏，严控地方政府债务增量，确保建设时机、建设标准等与发展需求、筹资能力相适应。引导地方政府按照相关规定开展 PPP 项目，严禁通过 PPP 等形式违法违规变相举债。加快铁路优质资产盘活，对具有较好收益预期的高铁，按照市场化、法治化原则推进债转股。

4. 加大政策支持

加大国家对铁路支持力度，发挥好铁路建设债券融资支持作用，继续向社会资本推出一批市场前景较好、投资预期收益较稳定的铁路项目。拓宽铁路发展基金融资渠道，鼓励采用股权投资方式推进铁路混合所有制改革。研究出台具有公益性铁路和公益性运输特点项目的财政补贴政策，以及鼓励利用铁路运输的相关政策。支持铁路运输企业通过科学规划、有序实施铁路站点周边及沿线土地开发，提高物流服务及旅游、餐饮外延服务水平等，增强综合经济效益。

5. 健全法规标准

加快推进以《铁路法》《铁路运输条例》为重点的铁路法律法规制修订工作，完善政府监管规章制度和保障铁路持续健康发展的规章制度，协调推动铁路地方立法。积极推行法律顾问制度和铁路企业公司律师制度，深入开展"七五"法治宣传教育工作。加强铁路标准体系建设，完善高速铁路、城际铁路、市域（郊）铁路等技术标准，推进铁路与公路、民航、邮政等协调衔接的标准制修订，积极贯彻国防要求。完善铁路行业统计指标体系和统计工作。

6. 强化科技创新

建立健全国家、行业、企业高效协同的铁路科技创新机制，加大技术创新力度，加速重大科研成果转化应用，开展磁浮交通系统等重要技术研究，尽快实现高速铁路、高效货运、安全保障、互联互通和提质增效等关键核心技术突破及关联产业发展。加强铁路行业研究实验、创新平台建设，深化基础性、前瞻性、通用性研究，推动基础研究、应用研究、成果转化及产业化紧密结合。加强设计咨询、施工建造、装备制造、运营管理、科研院校以及"走出去"等人才队伍建设。

（五）"十三五"铁路发展环境影响评价

1. 综合评价

本规划紧密衔接《国民经济和社会发展第十三个五年规划纲要》《"十三五"现代综合交通运输体系发展规划》等，深入分析研判铁路面临的新机遇新挑战，充分发挥铁路绿色高效的比较优势，路网规模、布局和结构符合国民经济和社会发展对铁路的要求，符合国土开发、城镇布局和综合交通等相关规划，符合国家运输产业政策和调整能源结构及节能降耗政策，对建设"美丽中国"、支撑国家重大发展战略和实现全面建成小康社会具有重要作用。 规划坚持选址选线的环保避让原则，新增铁路用地约 13 万公顷，路网布局严格坚守重点生态功能区、生态环境敏感区和脆弱区等区域划定生态保护红线，确保生态保护与铁路建设有序推进，提升铁路沿线区域生态服务功能。在铁路规划及建设中，加强与区域环境功能区划和各类环境敏感区域的协调。规划坚持绿色、可持续发展理念，提升电气化率至 70% 以上，集约节约利用土地资源，采取有效措施减缓对声环境、水环境、大气环境等的影响，不断降低污染物排放，提高铁路环境污染防治水平，实施环境质量和污染排放总量的双控制，与国家及区域环境保护规划相协调，确保规划实施具有环境合理性。工程建设积极采用环保节能新技术、新设备、新工艺，加大新能源、新材料利用，从源头上控制污染物排放及能耗增长。

2. 环境保护对策和措施

一是加强生态保护。坚持科学布局，严守生态保护红线，按照"保护优先、避让为主"的选线原则，尽量避让自然保护区、风景名胜区、水源保护区及人口密集的居民区等环境敏感区，严格执行"三同时"制度，加强环境监理工作，做好水土保持和生态环境恢复工作。

二是节约集约利用土地资源。坚持源头控制，做到土地复垦与项目建设统一规划；保护耕地，优先利用存量用地，高效实施土地综合开发利用；铁路建设尽量共用交通廊道，适当提高桥隧比例。

三是强化能源节约。采取铁路综合节能与效能管理措施，提高铁路建设标准和技术装备现代化水平。发展先进适用的节能减排技术，加强新型智能、节能环保技术装备的研发和应用，加强再生制动能量利用技术和能耗综合管理系统研究，大力推广适用于生产实际的节能管理办法，提高铁路整体能效水平和铁路节能工作水平。

四是做好污染物排放控制。采用综合措施有效防治铁路沿线振动和噪声，改善铁路沿线声环境和振动环境质量，严格控制气体和固体污染物排放。

五是严格遵守环境保护相关法律法规。严格执行环境影响评价制度，严格项目审批和土地、环保、节能等准入。

"十三五"铁路网规划示意见图 4.8 所示，"十三五"高速铁路网规划示意见图 4.9 所示。

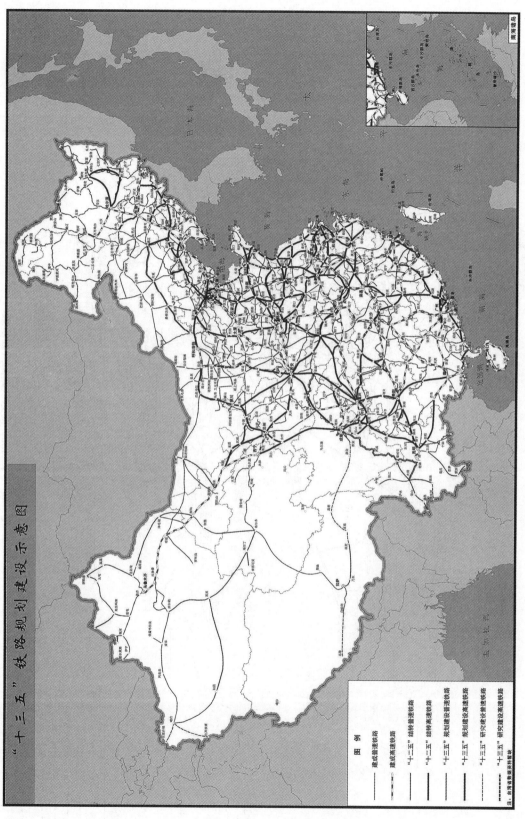

图 4.8 "十三五"铁路网规划示意

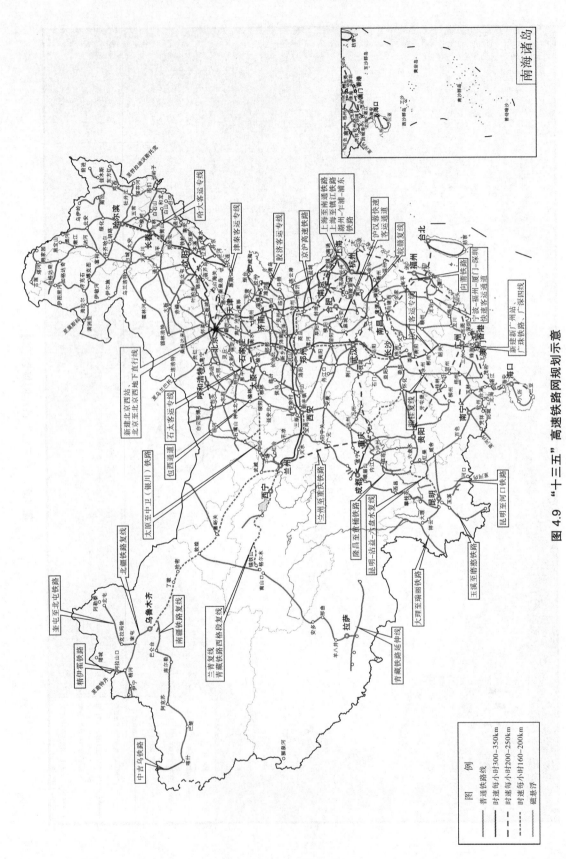

图 4.9 "十三五"高速铁路网规划示意

六、"十三五"现代综合交通运输体系发展规划

《"十三五"现代综合交通运输体系发展规划》是根据《中华人民共和国国民经济和社会发展第十三个五年规划纲要》,并与"一带一路"建设、京津冀协同发展、长江经济带发展等规划相衔接而制定的法规,2017年2月3日,由国务院印发,自2017年2月3日起实施。以下重点介绍与铁路运输部分的相关内容,以便大家能够更加深入理解铁路在综合运输体系中的地位与作用。

(一)总体要求

1. 发展环境

"十二五"时期,我国各种交通运输方式快速发展,综合交通运输体系不断完善,较好地完成了规划目标任务,总体适应经济社会发展要求。交通运输基础设施累计完成投资13.4万亿元,是"十一五"时期的1.6倍,高速铁路营业里程、高速公路通车里程、城市轨道交通运营里程、沿海港口万吨级及以上泊位数量均位居世界第一,天然气管网加快发展,交通运输基础设施网络初步形成。铁路、民航客运量年均增长率超过10%,铁路客运动车组列车运量比重达到46%,全球集装箱吞吐量排名前十位的港口我国占7席,快递业务量年均增长50%以上,城际、城市和农村交通服务能力不断增强,现代化综合交通枢纽场站一体化衔接水平不断提升。高速铁路装备制造科技创新取得重大突破,电动汽车、特种船舶、国产大型客机、中低速磁悬浮轨道交通等领域技术研发和应用取得进展,技术装备水平大幅提高,交通重大工程施工技术世界领先,走出去步伐不断加快。高速公路电子不停车收费系统(ETC)实现全国联网,新能源运输装备加快推广,交通运输安全应急保障能力进一步提高。铁路管理体制改革顺利实施,大部门管理体制初步建立,交通行政审批改革不断深化,运价改革、投融资改革扎实推进。

"十三五"时期,交通运输发展面临的国内外环境错综复杂。从国际看,全球经济在深度调整中曲折复苏,新的增长动力尚未形成,新一轮科技革命和产业变革正在兴起,区域合作格局深度调整,能源格局深刻变化。从国内看,"十三五"时期是全面建成小康社会决胜阶段,经济发展进入新常态,生产力布局、产业结构、消费及流通格局将加速变化调整。与"十三五"经济社会发展要求相比,综合交通运输发展水平仍然存在一定差距,主要是:网络布局不完善,跨区域通道、国际通道连通不足,中西部地区、贫困地区和城市群交通发展短板明显;综合交通枢纽建设相对滞后,城市内外交通衔接不畅,信息开放共享水平不高,一体化运输服务水平亟待提升,交通运输安全形势依然严峻;适应现代综合交通运输体系发展的体制机制尚不健全,铁路市场化、空域管理、油气管网运营体制、交通投融资等方面改革仍需深化。

综合判断,"十三五"时期,我国交通运输发展正处于支撑全面建成小康社会的攻坚期、优化网络布局的关键期、提质增效升级的转型期,将进入现代化建设新阶段。站在新的发展起点上,交通运输要准确把握经济发展新常态下的新形势、新要求,切实转变发展思路、方式和路径,优化结构、转换动能、补齐短板、提质增效,更好满足多元、舒适、便捷等客运需求和经济、可靠、高效等货运需求;要突出对"一带一路"建设、京津冀协同发展、长江经济带发展三大战略和新型城镇化、脱贫攻坚的支撑保障,着力消除瓶颈制约,提升运输服

务的协同性和均等化水平；要更加注重提高交通安全和应急保障能力，提升绿色、低碳、集约发展水平；要适应国际发展新环境，提高国际通道保障能力和互联互通水平，有效支撑全方位对外开放。

2. 指导思想

全面贯彻党的十八大和十八届二中、三中、四中、五中、六中全会精神，深入贯彻习近平总书记系列重要讲话精神和治国理政新理念新思想新战略，认真落实党中央、国务院决策部署，统筹推进"五位一体"总体布局和协调推进"四个全面"战略布局，牢固树立和贯彻落实新发展理念，以提高发展质量和效益为中心，深化供给侧结构性改革，坚持交通运输服务人民，着力完善基础设施网络、加强运输服务一体衔接、提高运营管理智能水平、推行绿色安全发展模式，加快完善现代综合交通运输体系，更好地发挥交通运输的支撑引领作用，为全面建成小康社会奠定坚实基础。

3. 基本原则

（1）衔接协调、便捷高效。充分发挥各种运输方式的比较优势和组合效率，提升网络效应和规模效益。加强区域城乡交通运输一体化发展，增强交通公共服务能力，积极引导新生产消费流通方式和新业态新模式发展，扩大交通多样化有效供给，全面提升服务质量效率，实现人畅其行、货畅其流。

（2）适度超前、开放融合。有序推进交通基础设施建设，完善功能布局，强化薄弱环节，确保运输能力适度超前，更好发挥交通先行官作用。坚持建设、运营、维护并重，推进交通与产业融合。积极推进与周边国家互联互通，构建国际大通道，为更高水平、更深层次的开放型经济发展提供支撑。

（3）创新驱动、安全绿色。全面推广应用现代信息技术，以智能化带动交通运输现代化。深化体制机制改革，完善市场监管体系，提高综合治理能力。牢固树立安全第一理念，全面提高交通运输的安全性和可靠性。将生态保护红线意识贯穿到交通发展各环节，建立绿色发展长效机制，建设美丽交通走廊。

4. 主要目标

到 2020 年，基本建成安全、便捷、高效、绿色的现代综合交通运输体系，部分地区和领域率先基本实现交通运输现代化。

（1）网络覆盖加密拓展。高速铁路覆盖 80% 以上的城区常住人口 100 万以上的城市，铁路、高速公路、民航运输机场基本覆盖城区常住人口 20 万以上的城市，内河高等级航道网基本建成，沿海港口万吨级及以上泊位数稳步增加，具备条件的建制村通硬化路，城市轨道交通运营里程比 2015 年增长近一倍，油气主干管网快速发展，综合交通网总里程达到 540 万公里左右。

（2）综合衔接一体高效。各种运输方式衔接更加紧密，重要城市群核心城市间、核心城市与周边节点城市间实现 1～2 小时通达。打造一批现代化、立体式综合客运枢纽，旅客换乘更加便捷。交通物流枢纽集疏运系统更加完善，货物换装转运效率显著提高，交邮协同发展水平进一步提升。

（3）运输服务提质升级。全国铁路客运动车服务比重进一步提升，民航航班正常率逐步提高，公路交通保障能力显著增强，公路货运车型标准化水平大幅提高、货车空驶率大幅下降，集装箱铁水联运比重明显提升，全社会运输效率明显提高。公共服务水平显著提升，实现村村直接通邮、具备条件的建制村通客车，城市公共交通出行比例不断提高。

（4）智能技术广泛应用。交通基础设施、运载装备、经营业户和从业人员等基本要素信息全面实现数字化，各种交通方式信息交换取得突破。全国交通枢纽站点无线接入网络广泛覆盖。铁路信息化水平大幅提升，货运业务实现网上办理，客运网上售票比例明显提高。基本实现重点城市群内交通一卡通互通，车辆安装使用 ETC 比例大幅提升。交通运输行业北斗卫星导航系统前装率和使用率显著提高。

（5）绿色安全水平提升。城市公共交通、出租车和城市配送领域新能源汽车快速发展。资源节约集约利用和节能减排成效显著，交通运输主要污染物排放强度持续下降。交通运输安全监管和应急保障能力显著提高，重特大事故得到有效遏制，安全水平明显提升。

（二）完善基础设施网络化布局

1. 建设多向连通的综合运输通道

构建横贯东西、纵贯南北、内畅外通的"十纵十横"综合运输大通道，加快实施重点通道连通工程和延伸工程，强化中西部和东北地区通道建设。贯通上海至瑞丽等运输通道，向东向西延伸西北北部等运输通道，将沿江运输通道由成都西延至日喀则。推进北京至昆明、北京至港澳台、烟台至重庆、二连浩特至湛江、额济纳至广州等纵向新通道建设，沟通华北、西北至西南、华南等地区；推进福州至银川、厦门至喀什、汕头至昆明、绥芬河至满洲里等横向新通道建设，沟通西北、西南至华东地区，强化进出疆、出入藏通道建设。做好国内综合运输通道对外衔接。规划建设环绕我国陆域的沿边通道。如图4.10所示。

2. 构建高品质的快速交通网

以高速铁路、高速公路、民用航空等为主体，构建服务品质高、运行速度快的综合交通骨干网络。如图4.8、图4.11～图4.16所示。

推进高速铁路建设。加快高速铁路网建设，贯通京哈—京港澳、陆桥、沪昆、广昆等高速铁路通道，建设京港（台）、呼南、京昆、包（银）海、青银、兰（西）广、京兰、厦渝等高速铁路通道，拓展区域连接线，扩大高速铁路覆盖范围。

完善高速公路网络，加强高速公路与口岸的衔接。完善运输机场功能布局。打造国际枢纽机场，建设京津冀、长三角、珠三角世界级机场群，加快建设哈尔滨、深圳、昆明、成都、重庆、西安、乌鲁木齐等国际航空枢纽，增强区域枢纽机场功能。增加中西部地区机场数量，扩大航空运输服务覆盖面。推进以货运功能为主的机场建设。优化完善航线网络，推进国内国际、客运货运、干线支线、运输通用协调发展。

3. 强化高效率的普通干线网

以普速铁路、普通国道、港口、航道、油气管道等为主体，构建运行效率高、服务能力强的综合交通普通干线网络。

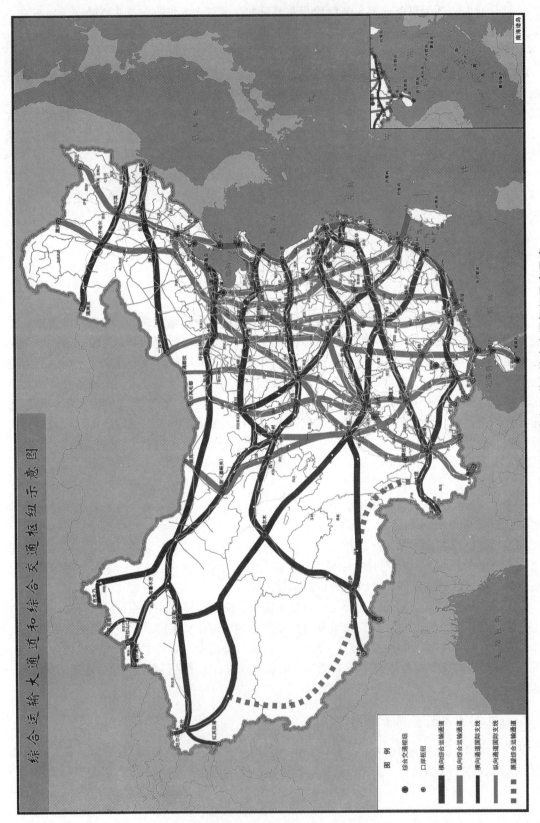

综合运输大通道和综合交通枢纽示意图

图 4.10 "十三五"综合运输大通道和综合交通枢纽示意示意

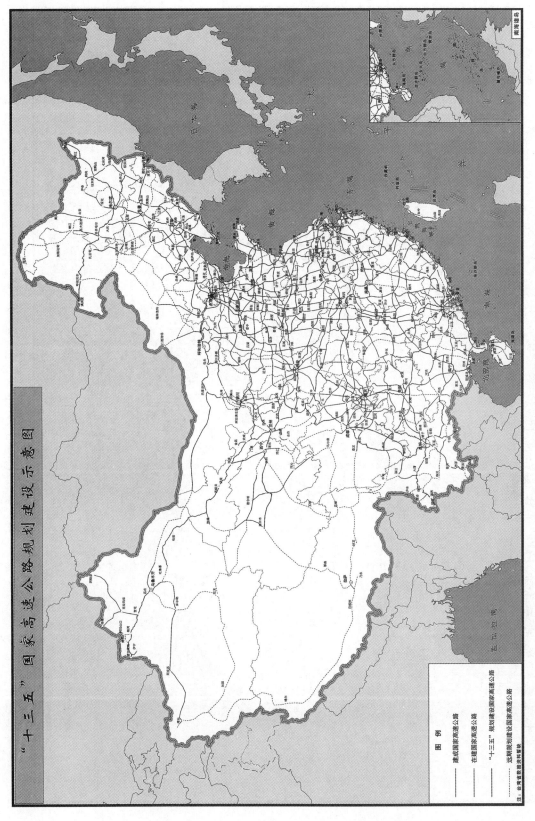

图 4.11 "十三五" 国家高速公路规划建设示意

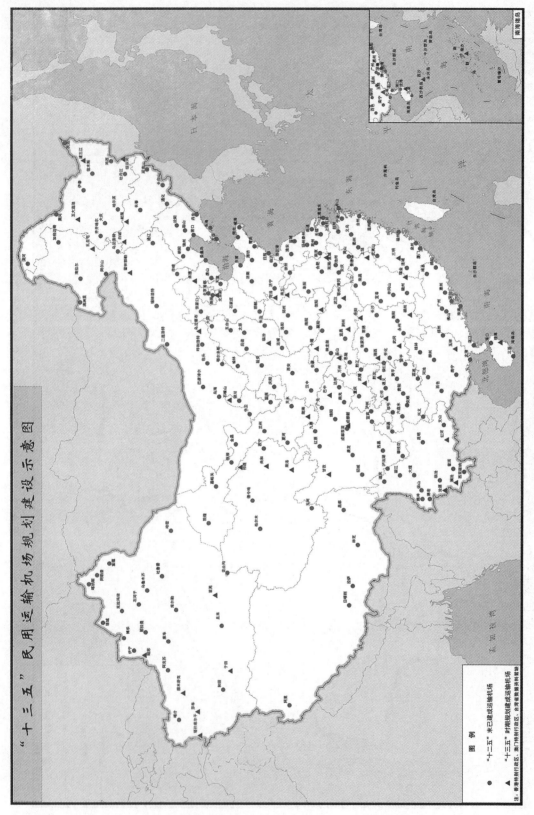

图4.12 "十三五" 民用运输机场规划建设示意

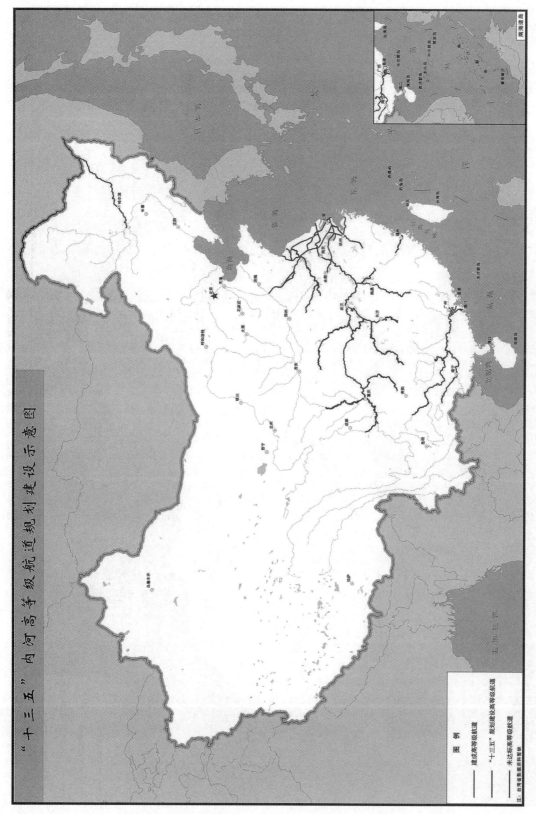

图 4.13 "十三五" 内河高等级航道规划建设示意

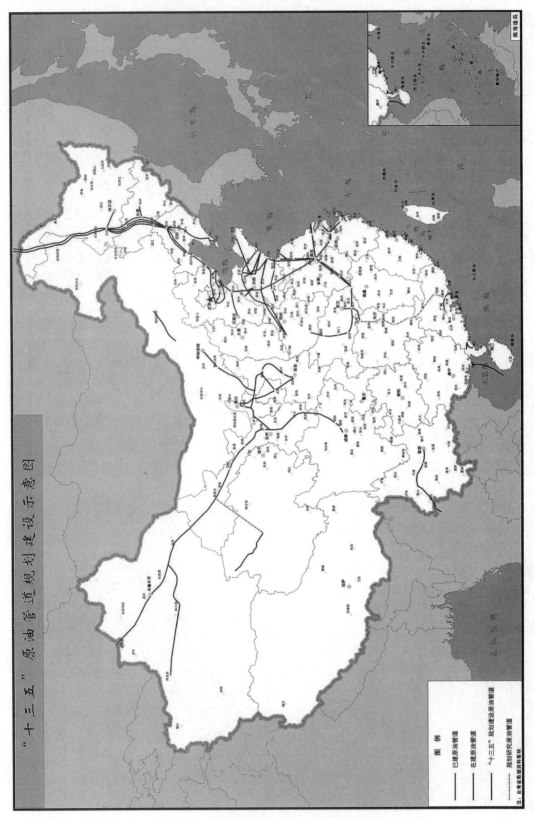

图 4.14 "十三五"原油管道规划建设示意

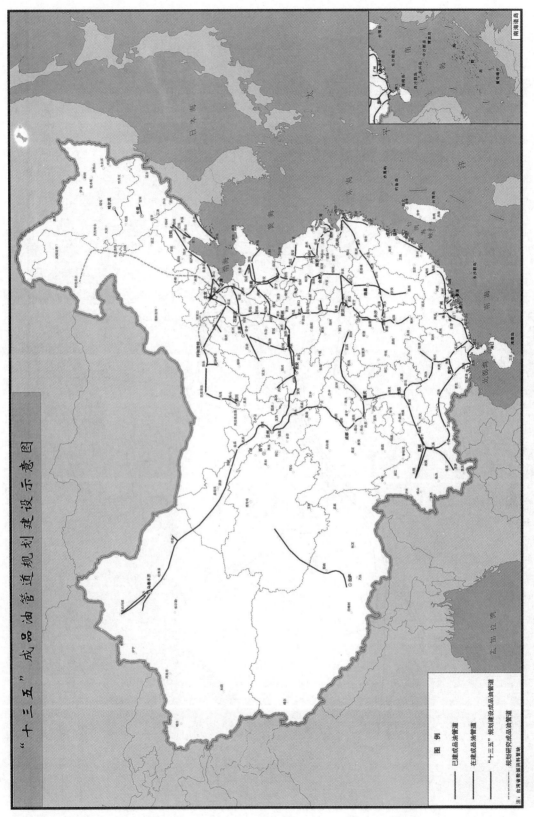

图 4.15 "十三五"成品油管道规划建设示意

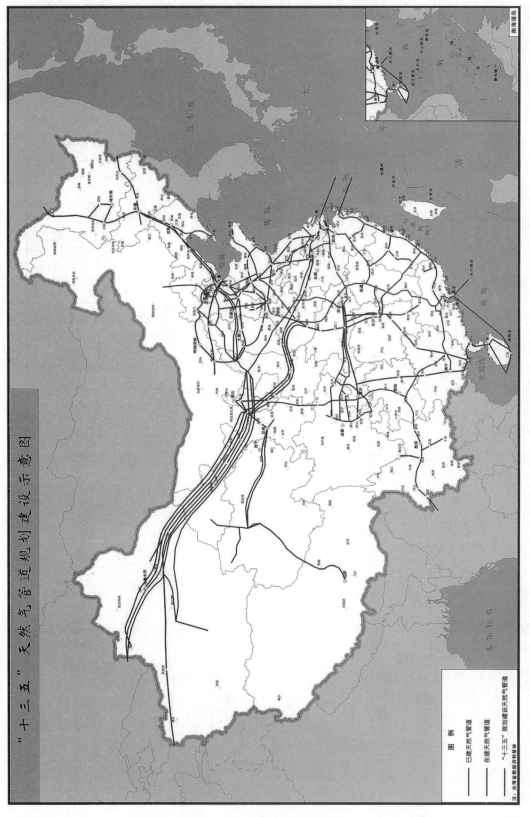

"十三五" 天然气管道规划建设示意图

图 4.16 "十三五" 天然气管道规划建设示意

完善普速铁路网。加快中西部干线铁路建设，完善东部干线铁路网络，加快推进东北地区铁路提速改造，增强区际铁路运输能力，扩大路网覆盖面。实施既有铁路复线和电气化改造，提升路网质量。拓展对外通道，推进边境铁路建设，加强铁路与口岸的连通，加快实现与境外通道的有效衔接。

推进普通国道提质改造，提高服务水平。完善水路运输网络，优化港口布局，推动资源整合，促进结构调整。强化油气管网互联互通，巩固和完善西北、东北、西南和海上四大油气进口通道。

4. 拓展广覆盖的基础服务网

以普通省道、农村公路、支线铁路、支线航道等为主体，通用航空为补充，构建覆盖空间大、通达程度深、惠及面广的综合交通基础服务网络。

合理引导普通省道发展，全面加快农村公路建设，积极推进支线铁路建设，加强内河支线航道建设，加快推进通用机场建设，完善港口集疏运网络。

（三）强化战略支撑作用

1. 打造"一带一路"互联互通开放通道

着力打造丝绸之路经济带国际运输走廊，加快推进 21 世纪海上丝绸之路国际通道建设。加强"一带一路"通道与港澳台地区的交通衔接。强化内地与港澳台的交通联系，开展全方位的交通合作，提升互联互通水平。

2. 构建区域协调发展交通新格局

（1）强化区域发展总体战略交通支撑。按照区域发展总体战略要求，西部地区着力补足交通短板，强化内外联通通道建设，改善落后偏远地区通行条件；东北地区提高进出关通道运输能力，提升综合交通网质量；中部地区提高贯通南北、连接东西的通道能力，提升综合交通枢纽功能；东部地区着力优化运输结构，率先建成现代综合交通运输体系。

（2）构建京津冀协同发展的一体化网络。建设以首都为核心的世界级城市群交通体系，形成以"四纵四横一环"运输通道为主骨架、多节点、网格状的区域交通新格局。重点加强城际铁路建设，强化干线铁路与城际铁路、城市轨道交通的高效衔接，加快构建内外疏密有别、高效便捷的轨道交通网络，打造"轨道上的京津冀"。加快推进国家高速公路待贯通路段建设，提升普通国省干线技术等级，强化省际衔接路段建设。加快推进天津北方国际航运核心区建设，加强港口规划与建设的协调，构建现代化的津冀港口群。加快构建以枢纽机场为龙头、分工合作、优势互补、协调发展的世界级航空机场群。完善区域油气储运基础设施。

（3）建设长江经济带高质量综合立体交通走廊。坚持生态优先、绿色发展，提升长江黄金水道功能。统筹推进干线航道系统化治理和支线航道建设，研究建设三峡枢纽水运新通道。优化长江岸线利用与港口布局，积极推进专业化、规模化、现代化港区建设，强化集疏运配套，促进区域港口一体化发展。发展现代航运服务，建设武汉、重庆长江中上游航运中心及南京区域性航运物流中心和舟山江海联运服务中心，实施长江船型标准化。加快铁路建设步伐，建设沿江高速铁路。统筹推进高速公路建设，加快高等级公路建设。完善航空枢纽布局与功能，拓展航空运输网络。建设沿江油气主干管道，推动管网互联互通。

3. 发挥交通扶贫脱贫攻坚基础支撑作用

强化贫困地区骨干通道建设，夯实贫困地区交通基础。实施交通扶贫脱贫"双百"工程，加快推动既有县乡公路提级改造，增强县乡城镇中心的辐射带动能力。

4. 发展引领新型城镇化的城际城市交通

（1）推进城际交通发展。加快建设京津冀、长三角、珠三角三大城市群城际铁路网，推进山东半岛、海峡西岸、中原、长江中游、成渝、关中平原、北部湾、哈长、辽中南、山西中部、呼包鄂榆、黔中、滇中、兰州—西宁、宁夏沿黄、天山北坡等城市群城际铁路建设，形成以轨道交通、高速公路为骨干，普通公路为基础，水路为补充，民航有效衔接的多层次、便捷化城际交通网络。

（2）加强城市交通建设。完善优化超大、特大城市轨道交通网络，推进城区常住人口 300 万以上的城市轨道交通成网。加快建设大城市市域（郊）铁路，有效衔接大中小城市、新城新区和城镇。优化城市内外交通，完善城市交通路网结构，提高路网密度，形成城市快速路、主次干路和支路相互配合的道路网络，打通微循环。推进城市慢行交通设施和公共停车场建设。

（四）加快运输服务一体化进程

1. 优化综合交通枢纽布局

（1）完善综合交通枢纽空间布局。结合全国城镇体系布局，着力打造北京、上海、广州等国际性综合交通枢纽，加快建设全国性综合交通枢纽，积极建设区域性综合交通枢纽，优化完善综合交通枢纽布局，完善集疏运条件，提升枢纽一体化服务功能。

（2）提升综合客运枢纽站场一体化服务水平。按照零距离换乘要求，在全国重点打造 150 个开放式、立体化综合客运枢纽。科学规划设计城市综合客运枢纽，推进多种运输方式统一设计、同步建设、协同管理，推动中转换乘信息互联共享和交通导向标识连续、一致、明晰，积极引导立体换乘、同台换乘。

（3）促进货运枢纽站场集约化发展。按照无缝衔接要求，优化货运枢纽布局，推进多式联运型和干支衔接型货运枢纽（物流园区）建设，加快推进一批铁路物流基地、港口物流枢纽、航空转运中心、快递物流园区等规划建设和设施改造，提升口岸枢纽货运服务功能，鼓励发展内陆港。

（4）促进枢纽站场之间有效衔接。强化城市内外交通衔接，推进城市主要站场枢纽之间直接连接，有序推进重要港区、物流园区等直通铁路，实施重要客运枢纽的轨道交通引入工程，基本实现利用城市轨道交通等骨干公交方式连接大中型高铁车站以及年吞吐量超过 1 000 万人次的机场。

2. 提升客运服务安全便捷水平

（1）推进旅客联程运输发展。促进不同运输方式运力、班次和信息对接，鼓励开展空铁、公铁等联程运输服务。推广普及电子客票、联网售票，健全身份查验制度，加快完善旅客联程、往返、异地等出行票务服务系统，完善铁路客运线上服务功能。推行跨运输方式异地候机候车、行李联程托运等配套服务。鼓励第三方服务平台发展"一票制"客运服务。

（2）完善区际城际客运服务。优化航班运行链条，着力提升航班正常率，提高航空服务能力和品质。拓展铁路服务网络，扩大高铁服务范围，提升动车服务品质，改善普通旅客列车服务水平。发展大站快车、站站停等多样化城际铁路服务，提升中心城区与郊区之间的通勤化客运水平。按照定线、定时、定点要求，推进城际客运班车公交化运行。探索创新长途客运班线运输服务模式。

（3）发展多层次城市客运服务。大力发展公共交通，推进公交都市建设，进一步提高公交出行分担率。强化城际铁路、城市轨道交通、地面公交等运输服务有机衔接，支持发展个性化、定制化运输服务，因地制宜建设多样化城市客运服务体系。

（4）推进城乡客运服务一体化。推动城市公共交通线路向城市周边延伸，推进有条件的地区实施农村客运班线公交化改造。鼓励发展镇村公交，推广农村客运片区经营模式，实现具备条件的建制村全部通客车，提高运营安全水平。

3. 促进货运服务集约高效发展

（1）推进货物多式联运发展。以提高货物运输集装化和运载单元标准化为重点，积极发展大宗货物和特种货物多式联运。完善铁路货运线上服务功能，推动公路甩挂运输联网。制定完善统一的多式联运规则和多式联运经营人管理制度，探索实施"一单制"联运服务模式，引导企业加强信息互联和联盟合作。

（2）统筹城乡配送协调发展。加快建设城市货运配送体系，加快完善县、乡、村三级物流服务网络，统筹交通、邮政、商务、供销等农村物流资源，推广"多站合一"的物流节点建设，积极推广农村"货运班线"等服务模式。

（3）促进邮政快递业健康发展。以邮区中心局为核心、邮政网点为支撑、村邮站为延伸，加快完善邮政普遍服务网络。推动重要枢纽的邮政和快递功能区建设，实施快递"上车、上船、上飞机"工程，鼓励利用铁路快捷运力运送快件。扩大服务网络覆盖范围，基本实现乡乡设网点、村村通快递。

（4）推进专业物流发展。加强大件运输管理，健全跨区域、跨部门联合审批机制，推进网上审批、综合协调和互联互认。加快发展冷链运输，完善全程温控相关技术标准和服务规范。加强危险货物全程监管，健全覆盖多种运输方式的法律体系和标准规范，创新跨区域联网联控技术手段和协调机制。

4. 增强国际化运输服务能力

（1）完善国际运输服务网络。完善跨境运输走廊，增加便利货物和人员运输协定过境站点和运输线路。有效整合中欧班列资源，统一品牌，构建"点对点"整列直达、枢纽节点零散中转的高效运输组织体系。加强港航国际联动，鼓励企业建设海外物流中心，推进国际陆海联运、国际甩挂运输等发展。拓展国际航空运输市场，建立海外运营基地和企业，提升境外落地服务水平。完善国际邮件处理中心布局，支持建设一批国际快件转运中心和海外仓，推进快递业跨境发展。

（2）提高国际运输便利化水平。进一步完善双多边运输国际合作机制，加快形成"一站式"

口岸通关模式。推动国际运输管理与服务信息系统建设，促进陆路口岸信息资源交互共享。依托区域性国际网络平台，加强与"一带一路"沿线国家和地区在技术标准、数据交换、信息安全等方面的交流合作。积极参与国际和区域运输规则制修订，全面提升话语权与影响力。

（3）鼓励交通运输走出去。推动企业全方位开展对外合作，通过投资、租赁、技术合作等方式参与海外交通基础设施的规划、设计、建设和运营。积极开展轨道交通一揽子合作，提升高铁、城市轨道交通等重大装备综合竞争力，加快自主品牌汽车走向国际，推动各类型国产航空装备出口，开拓港口机械、液化天然气船等船舶和海洋工程装备国际市场。

5. 发展先进适用的技术装备

（1）推进先进技术装备自主化。提升高铁、大功率电力机车、重载货车、中低速磁悬浮轨道交通等装备技术水平，着力研制和应用中国标准动车组谱系产品，研发市域（郊）铁路列车，创新发展下一代高速列车，加快城市轨道交通装备关键技术产业化。积极发展公路专用运输车辆、大型厢式货车和城市配送车辆，鼓励发展大中型高档客车，大力发展安全、实用、经济型乡村客车。发展多式联运成套技术装备，提高集装箱、特种运输等货运装备使用比重。继续发展大型专业化运输船舶。实施适航攻关工程，积极发展国产大飞机和通用航空器。

（2）促进技术装备标准化发展。加快推进铁路多式联运专用装备和机具技术标准体系建设。积极推动载货汽车标准化，加强车辆公告、生产、检测、注册登记、营运使用等环节的标准衔接。加快推进内河运输船舶标准化，大力发展江海直达船舶。推广应用集装化和单元化装载技术。建立共享服务平台标准化网络接口和单证自动转换标准格式。

（五）提升交通发展智能化水平

1. 促进交通产业智能化变革

（1）实施"互联网＋"便捷交通、高效物流行动计划。将信息化智能化发展贯穿于交通建设、运行、服务、监管等全链条各环节，推动云计算、大数据、物联网、移动互联网、智能控制等技术与交通运输深度融合，实现基础设施和载运工具数字化、网络化，运营运行智能化。利用信息平台集聚要素，驱动生产组织和管理方式转变，全面提升运输效率和服务品质。

（2）培育壮大智能交通产业。以创新驱动发展为导向，针对发展短板，着眼市场需求，大力推动智能交通等新兴前沿领域创新和产业化。鼓励交通运输科技创新和新技术应用，加快建立技术、市场和资本共同推动的智能交通产业发展模式。

2. 推动智能化运输服务升级

（1）推行信息服务"畅行中国"。推进交通空间移动互联网化，建设形成旅客出行与公务商务、购物消费、休闲娱乐相互渗透的"交通移动空间"。支持互联网企业与交通运输企业、行业协会等整合完善各类交通信息平台，提供综合出行信息服务。完善危险路段与事故区域的实时状态感知和信息告警推送服务。推进交通一卡通跨区（市）域、跨运输方式互通。

（2）发展"一站式""一单制"运输组织。推动运营管理系统信息化改造，推进智能协同调度。研究铁路客票系统开放接入条件，与其他运输方式形成面向全国的"一站式"票务系统，加快移动支付在交通运输领域应用。推动使用货运电子运单，建立包含基本信息的电子标签，形成唯一赋码与电子身份，推动全流程互认和可追溯，加快发展多式联运"一单制"。

3. 优化交通运行和管理控制

（1）建立高效运转的管理控制系统。建设综合交通运输运行协调与应急调度指挥中心，推进部门间、运输方式间的交通管理联网联控在线协同和应急联动。全面提升铁路全路网列车调度指挥和运输管理智能化水平。开展新一代国家交通控制网、智慧公路建设试点，推动路网管理、车路协同和出行信息服务的智能化。建设智慧港航和智慧海事，提高港口管理水平和服务效率，提升内河高等级航道运行状态在线监测能力。发展新一代空管系统，加强航空公司运行控制体系建设。推广应用城市轨道交通自主化全自动运行系统、基于无线通信的列车控制系统等，促进不同线路和设备之间相互联通。优化城市交通需求管理，提升城市交通智能化管理水平。

（2）提升装备和载运工具智能化自动化水平。拓展铁路计算机联锁、编组站系统自动化应用，推进全自动集装箱码头系统建设，有序发展无人机自动物流配送。示范推广车路协同技术，推广应用智能车载设备，推进全自动驾驶车辆研发，研究使用汽车电子标识。建设智能路侧设施，提供网络接入、行驶引导和安全告警等服务。

4. 健全智能决策支持与监管

（1）完善交通决策支持系统。增强交通规划、投资、建设、价格等领域信息化综合支撑能力，建设综合交通运输统计信息资源共享平台。充分利用政府和企业的数据信息资源，挖掘分析人口迁徙、公众出行、枢纽客货流、车辆船舶行驶等特征和规律，加强对交通发展的决策支撑。

（2）提高交通行政管理信息化水平。推动在线行政许可"一站式"服务，推进交通运输许可证件（书）数字化，促进跨区域、跨部门行政许可信息和服务监督信息互通共享。加强全国治超联网管理信息系统建设，加快推动交通运输行政执法电子化，推进非现场执法系统试点建设，实现异地交换共享和联防联控。加强交通运输信用信息、安全生产等信息系统与国家相关平台的对接。

5. 加强交通发展智能化建设

（1）打造泛在的交通运输物联网。推动运行监测设备与交通基础设施同步建设。强化全面覆盖交通网络基础设施风险状况、运行状态、移动装置走行情况、运行组织调度信息的数据采集系统，形成动态感知、全面覆盖、泛在互联的交通运输运行监控体系。

（2）构建新一代交通信息基础网络。加快车联网、船联网等建设。在民航、高铁等载运工具及重要交通线路、客运枢纽站点提供高速无线接入互联网公共服务。建设铁路下一代移动通信系统，布局基于下一代互联网和专用短程通信的道路无线通信网。研究规划分配智能交通专用频谱。

（3）推进云计算与大数据应用。增强国家交通运输物流公共信息平台服务功能。强化交通运输信息采集、挖掘和应用，促进交通各领域数据资源综合开发利用和跨部门共享共用。推动交通旅游服务等大数据应用示范。鼓励开展交通大数据产业化应用，推进交通运输电子政务云平台建设。

（4）保障交通网络信息安全。构建行业网络安全信任体系，基本实现重要信息系统和关键基础设施的安全可控，提升抗毁性和容灾恢复能力。加强大数据环境下防攻击、防泄露、防窃取的网络安全监测预警和应急处置能力建设。加强交通运输数据保护，防止侵犯个人隐私和滥用用户信息等行为。

（六）促进交通运输绿色发展

1. 推动节能低碳发展

优化交通运输结构，鼓励发展铁路、水运和城市公共交通等运输方式，优化发展航空、公路等运输方式。

2. 强化生态保护和污染防治

将生态环保理念贯穿交通基础设施规划、建设、运营和养护全过程。

3. 推进资源集约节约利用

统筹规划布局线路和枢纽设施，集约利用土地、线位、桥位、岸线等资源，采取有效措施减少耕地和基本农田占用，提高资源利用效率。

（七）加强安全应急保障体系建设

1. 加强安全生产管理、加快监管体系建设

构建安全生产隐患排查治理和风险分级管控体系，加强重大风险源动态全过程控制，健全交通安全事故调查协调机制。完善集监测、监控和管理于一体的铁路网络智能安全监管平台和信息传输系统。完善国家公路网运行监测体系，实时监测东中部全部路段和西部重点路段的高速公路运行情况，全面实现重点营运车辆联网联控。完善近海和内河水上交通安全监管系统布局，加强远海动态巡航执法能力建设，加强"四类重点船舶"运行监测。提升民航飞机在线定位跟踪能力，建立通用航空联合监管机制，实现全过程、可追溯监管。加快城市公交安全管理体系建设，加强城市轨道交通运营安全监管和物流运行监测。实施邮政寄递渠道安全监管"绿盾"工程，实现货物来源可追溯、运输可追踪、责任可倒查。加快实现危险货物运输全链条协同监管，强化应对危险化学品运输中泄漏的应急处理能力，防范次生突发环境事件。

2. 推进应急体系建设

加强交通运输部门与公安、安全监管、气象、海洋、国土资源、水利等部门的信息共享和协调联动，完善突发事件应急救援指挥系统。完善全国交通运输运行监测与应急指挥系统，加快建设省级和中心城市运行监测与应急指挥系统。加快建设铁路、公路和民航应急救援体系。完善沿海、长江干线救助打捞飞行基地和船舶基地布局，加强我国管辖海域应急搜救能力和航海保障建设。提升深海远洋搜寻和打捞能力，加强海外撤侨等国际应急救援合作。

（八）拓展交通运输新领域新业态

1. 积极引导交通运输新消费

促进通用航空与旅游、文娱等相关产业联动发展，扩大通用航空消费群体，强化与互联网、

创意经济融合，拓展通用航空新业态。

2. 培育壮大交通运输新动能

以高速铁路通道为依托，以高铁站区综合开发为载体，培育壮大高铁经济，引领支撑沿线城镇、产业、人口等合理布局，密切区域合作，优化资源配置，加速产业梯度转移和经济转型升级。基本建成上海国际航运中心，加快建设天津北方、大连东北亚、厦门东南国际航运中心，提升临港产业发展水平，延伸和拓展产业链。建设北京新机场、郑州航空港等临空经济区，聚集航空物流、快件快递、跨境电商、商务会展、科技创新、综合保障等产业，形成临空经济新兴增长极。

3. 打造交通物流融合新模式

打通衔接一体的全链条交通物流体系，以互联网为纽带，构筑资源共享的交通物流平台，创新发展模式，实现资源高效利用，推动交通与物流一体化、集装化、网络化、社会化、智能化发展。

4. 推进交通空间综合开发利用

依据城市总体规划和交通专项规划，鼓励交通基础设施与地上、地下、周边空间综合利用，融合交通与商业、商务、会展、休闲等功能。打造依托综合交通枢纽的城市综合体和产业综合区，推动高铁、地铁等轨道交通站场、停车设施与周边空间的联动开发。重点推进地下空间分层开发，拓展地下纵深空间，统筹城市轨道交通、地下道路等交通设施与城市地下综合管廊的规划布局，研究大城市地下快速路建设。

（九）全面深化交通运输改革

1. 深化交通管理体制改革

深入推进简政放权、放管结合、优化服务改革，最大程度取消和下放审批事项，加强规划引导，推动交通项目多评合一、统一评审，简化审批流程，缩短审批时间；研究探索交通运输监管政策和管理方式，加强诚信体系建设，完善信用考核标准，强化考核评价监督。完善"大交通"管理体制，推进交通运输综合行政执法改革，建设正规化、专业化、规范化、标准化的执法队伍。完善收费公路政策，逐步建立高速公路与普通公路统筹发展机制。全面推进空域管理体制改革，扎实推进空域规划、精细化改革试点和"低慢小"飞行管理改革、航线审批改革等重点工作，加快开放低空空域。加快油气管网运营体制改革，推动油气企业管网业务独立，组建国有资本控股、投资主体多元的油气管道公司和全国油气运输调度中心，实现网运分离。

2. 推进交通市场化改革

加快建立统一开放、竞争有序的交通运输市场，营造良好营商环境。加快开放民航、铁路等行业的竞争性业务，健全准入与退出机制，促进运输资源跨方式、跨区域优化配置。健全交通运输价格机制，适时放开竞争性领域价格，逐步扩大由市场定价的范围。深化铁路企业和客货运输改革，建立健全法人治理结构，加快铁路市场化运行机制建设。有序推进公路养护市场化进程。加快民航运输市场化进程，有序发展专业化货运公司。积极稳妥深化出租汽车行业改革，完善经营权管理制度。

3. 加快交通投融资改革

建立健全中央与地方投资联动机制，优化政府投资安排方式。在试点示范的基础上，加快推动政府和社会资本合作（PPP）模式在交通运输领域的推广应用，鼓励通过特许经营、政府购买服务等方式参与交通项目建设、运营和维护。在风险可控的前提下，加大政策性、开发性等金融机构信贷资金支持力度，扩大直接融资规模，支持保险资金通过债权、股权等多种方式参与重大交通基础设施建设。积极利用亚洲基础设施投资银行、丝路基金等平台，推动互联互通交通项目建设。

（十）强化政策支持保障

1. 加强规划组织实施

各有关部门要按照职能分工，完善相关配套政策措施，做好交通军民融合工作，为本规划实施创造有利条件；做好本规划与国土空间开发、重大产业布局、生态环境建设、信息通信发展等规划的衔接，以及铁路、公路、水运、民航、油气管网、邮政等专项规划对本规划的衔接落实；加强部际合作和沟通配合，协调推进重大项目、重大工程，加强国防交通规划建设；加强规划实施事中事后监管和动态监测分析，适时开展中期评估、环境影响跟踪评估和建设项目后评估，根据规划落实情况及时动态调整。地方各级人民政府要紧密结合发展实际，细化落实本规划确定的主要目标和重点任务，各地综合交通运输体系规划要做好对本规划的衔接落实。

2. 加大政策支持力度

健全公益性交通设施与运输服务政策支持体系，加强土地、投资、补贴等组合政策支撑保障。切实保障交通建设用地，在用地计划、供地方式等方面给予一定政策倾斜。加大中央投资对铁路、水运等绿色集约运输方式的支持力度。充分发挥各方积极性，用好用足铁路土地综合开发、铁路发展基金等既有支持政策，尽快形成铁路公益性运输财政补贴的制度性安排，积极改善铁路企业债务结构。统筹各类交通建设资金，重点支持交通扶贫脱贫攻坚。充分落实地方政府主体责任，采用中央与地方共建等方式推动综合交通枢纽一体化建设。

3. 完善法规标准体系

研究修订铁路法、公路法、港口法、民用航空法、收费公路管理条例、道路运输条例等，推动制定快递条例，研究制定铁路运输条例等法规。加快制定完善先进适用的高速铁路、城际铁路、市域（郊）铁路、城市轨道交通、联程联运、综合性交通枢纽、交通信息化智能化等技术标准，强化各类标准衔接，加强标准、计量、质量监督，构建综合交通运输标准体系和统计体系。完善城市轨道交通装备标准规范体系，开展城市轨道交通装备认证。依托境外交通投资项目，带动装备、技术和服务等标准走出去。

4. 强化交通科技创新

发挥重点科研平台、产学研联合创新平台作用，加大基础性、战略性、前沿性技术攻关力度，力争在特殊重大工程建设、交通通道能力和工程品质提升、安全风险防控与应急技术装备、综合运输智能管控和协同运行、交通大气污染防控等重大关键技术上取得突破。发挥企业的创新主体作用，鼓励企业以满足市场需求为导向开展技术、服务、组织和模式等各类创新，提高科技含量和技术水平，不断向产业链和价值链高端延伸。

5. 培育多元人才队伍

加快综合交通运输人才队伍建设，培养急需的高层次、高技能人才，加强重点领域科技领军人才和优秀青年人才培养。加强人才使用与激励机制建设，提升行业教育培训基础条件和软硬件环境。做好国外智力引进和国际组织人才培养推送工作，促进人才国际交流与合作。

七、西部陆海新通道总体规划

国家发展改革委于 2019 年 8 月 2 日发布了《国务院关于西部陆海新通道总体规划的批复》（国函〔2019〕67 号，简称《新通道规划》）。

西部陆海新通道位于我国西部地区腹地，北接丝绸之路经济带，南连 21 世纪海上丝绸之路，协同衔接长江经济带，在区域协调发展格局中具有重要战略地位。国务院的批复精神要求，把《新的通道规划》实施作为深化陆海双向开放、推进西部大开发形成新格局的重要举措，加快通道和物流设施建设，提升运输能力和物流发展质量效率，深化国际经济贸易合作，促进交通、物流、商贸、产业深度融合，为推动西部地区高质量发展、建设现代化经济体系提供有力支撑。以下摘要介绍铁路规划部分内容。

（一）规划背景

1. 基本情况

近年来，重庆、广西等西部省（区、市）积极参与共建"一带一路"，加强与新加坡等东南亚地区国家经贸合作，中新互联互通项目持续推进，通道建设取得积极成效。基本形成重庆、成都分别经贵阳、怀化、百色至北部湾港（钦州港、北海港、防城港港）的三条铁路运输线路，实现集装箱班列每日开行，并与中欧班列保持有效衔接；初步形成至中南半岛的跨境公路班车和国际铁路联运等物流组织模式；北部湾港口设施条件持续改善，航线网络不断拓展，为促进西部地区经济发展、外贸增长和产业转型升级作出了重要贡献。但与区域经济社会发展和扩大对外开放要求相比，既有通道仍存在交通运输瓶颈制约、物流成本偏高、竞争能力不强、缺乏有效产业支撑、通关便利化有待提升等突出问题。亟须加强通道建设顶层设计，研究完善总体方案，明确各阶段发展目标，协调推进国际合作，推动形成区域协调发展和对外开放新格局。

2. 重大意义

当前，世界正处于大发展大变革大调整时期，我国发展仍处于并将长期处于重要战略机遇期。随着区域协调发展战略深入推进，西部大开发依然面临艰巨繁重任务，需要进一步强化西部地区交通基础设施建设，扩大既有通道能力，协同衔接长江经济带发展，提升物流发展质量和效率。按照高质量高标准高水平共建"一带一路"的要求，我国与东南亚等地区经贸合作更加紧密，西部地区应进一步发挥毗邻北部湾港的区位优势，提升与东南亚等地区的互联互通水平，进一步扩大对外开放。加快西部陆海新通道建设，对于充分发挥西部地区连接"一带"和"一路"的纽带作用，深化陆海双向开放，强化措施推进西部大开发形成新格局，推动区域经济高质量发展，具有重大现实意义和深远历史意义。

（二）总体要求

1. 指导思想

以习近平新时代中国特色社会主义思想为指导，全面贯彻党的十九大和十九届二中、三中全会精神，统筹推进"五位一体"总体布局，协调推进"四个全面"战略布局，坚持稳中求进工作总基调，坚持新发展理念，坚持推动高质量发展，坚持以供给侧结构性改革为主线，认真落实党中央、国务院决策部署，着力加快通道和物流设施建设，大力提升运输能力和物流发展质量效率，深化国际经济贸易合作，促进交通、物流、商贸、产业深度融合，打造交通便捷、物流高效、贸易便利、产业繁荣、机制科学、具有较强竞争力的西部陆海新通道，为推动西部地区高质量发展、建设现代化经济体系提供有力支撑。

2. 战略定位

——推进西部大开发形成新格局的战略通道。发挥毗邻东南亚的区位优势，统筹国际国内两个市场两种资源，协同衔接长江经济带，以全方位开放引领西部内陆、沿海、沿江、沿边高质量开发开放。通过通道建设密切西北与西南地区的联系，促进产业合理布局和转型升级，使西部陆海新通道成为推动西部地区高质量发展的重要动力。

——连接"一带"和"一路"的陆海联动通道。纵贯我国西南地区，有机衔接丝绸之路经济带和21世纪海上丝绸之路，加强中国—中南半岛、孟中印缅、新亚欧大陆桥、中国—中亚—西亚等国际经济走廊的联系互动，使西部陆海新通道成为促进陆海内外联动、东西双向互济的桥梁和纽带。

——支撑西部地区参与国际经济合作的陆海贸易通道。支持和促进中新（重庆）战略性互联互通示范项目合作，带动东盟及相关国家和地区协商共建发展通道，共享通道资源，提升互利互惠水平，探索开拓第三方市场合作模式，深化国际经贸关系，使西部陆海新通道成为构建开放型经济体系的重要支撑。

——促进交通物流经济深度融合的综合运输通道。发挥交通支撑引领作用，以"全链条、大平台、新业态"为指引，打造通道化、枢纽化物流网络，大力发展多式联运，汇聚物流、商流、信息流、资金流等，创新"物流+贸易+产业"运行模式，使西部陆海新通道成为交通、物流与经济深度融合的重要平台。

3. 空间布局

统筹区域基础条件和未来发展需要，优化主通道布局，创新物流组织模式，强化区域中心城市和物流节点城市的枢纽辐射作用，发挥铁路在陆路运输中的骨干作用和港口在海上运输中的门户作用，促进形成通道引领、枢纽支撑、衔接高效、辐射带动的发展格局。如图4.17、图4.18所示。

——主通道。建设自重庆经贵阳、南宁至北部湾出海口（北部湾港、洋浦港），自重庆经怀化、柳州至北部湾出海口，以及自成都经泸州（宜宾）、百色至北部湾出海口三条通路，共同形成西部陆海新通道的主通道。

——重要枢纽。着力打造国际性综合交通枢纽，充分发挥重庆位于"一带一路"和长江经济带交汇点的区位优势，建设通道物流和运营组织中心；发挥成都国家重要商贸物流中心作用，增强对通道发展的引领带动作用。建设广西北部湾国际门户港，发挥海南洋浦的区域国际集装箱枢纽港作用，提升通道出海口功能。

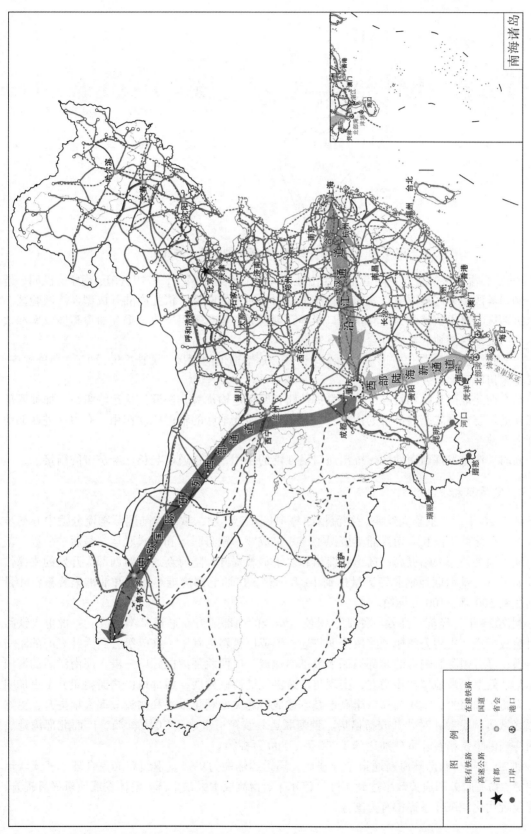

图 4.17 西部陆海新通道地理位置示意（全国）

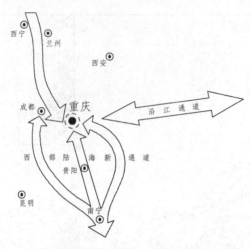

图4.18 西部陆海新通道地理位置示意（局部）

——核心覆盖区。围绕主通道完善西南地区综合交通运输网络，密切贵阳、南宁、昆明、遵义、柳州等西南地区重要节点城市和物流枢纽与主通道的联系，依托内陆开放型经济试验区、国家级新区、自由贸易试验区和重要口岸等，创新通道运行组织模式，提高通道整体效率和效益，有力支撑西南地区经济社会高质量发展。

——辐射延展带。强化主通道与西北地区综合运输通道的衔接，联通兰州、西宁、乌鲁木齐、西安、银川等西北重要城市。

结合西北地区禀赋和特点，充分发挥铁路长距离运输优势，协调优化运输组织，加强西部陆海新通道与丝绸之路经济带的衔接，提升通道对西北地区的辐射联动作用，有力促进西部地区开发开放。

同时，注重发挥西南地区传统出海口湛江港的作用，加强通道与长江经济带的衔接。

4. 发展目标

到2020年，一批重大铁路、物流枢纽等项目开工建设，重庆内陆国际物流分拨中心初步建成，广西北部湾港和海南洋浦港资源整合初见成效，铁海联运和多式联运"最后一公里"基本打通，通关效率大幅提高，通道物流组织水平显著提升，陆海新通道对西部大开发的支撑作用开始显现。铁海联运集装箱运量达到10万标箱，广西北部湾港、海南洋浦港集装箱吞吐量分别达到500万、100万标箱。

到2025年，经济、高效、便捷、绿色、安全的西部陆海新通道基本建成。一批重大铁路项目建成投产，主要公路瓶颈路段全面打通，形成以铁路为骨干、高等级公路为补充的陆路交通通道；具有国际影响力的北部湾深水港基本建成，广西北部湾国际门户港、海南洋浦的区域国际集装箱枢纽港地位初步确立，实现与广东湛江港协同发展；西部地区物流枢纽分工更加明确、设施更加完善，重庆内陆口岸高地基本建成，通关便利化水平和物流效率大幅提升，更好引领区域协调发展和对外开放新格局。铁海联运集装箱运量达到50万标箱，广西北部湾港、海南洋浦港集装箱吞吐量分别达到1 000万、500万标箱。

到2035年，西部陆海新通道全面建成，通道运输能力更强、枢纽布局更合理、多式联运更便捷，物流服务和通关效率达到国际一流水平，物流成本大幅下降，整体发展质量显著提升，为建设现代化经济体系提供有力支撑。

（三）加快运输通道建设

统筹各种运输方式，围绕建设大能力主通道和衔接国际运输通道，进一步强化铁路、公路等交通基础设施，提升沿海港口功能，着力构建完善的交通走廊。

1. 提高干线运输能力

（1）加快推进铁路建设。打造重庆、成都至北部湾出海口大能力铁路运输通道，实施一批干线铁路扩能改造项目，新建局部支线和联络线，畅通能力紧张"卡脖子"路段，形成东、中、西线合理分工、相互补充的铁路运输网络。中线着力提升通道能力，加快贵阳至南宁等新线建设；东线着力加快既有铁路改造提升，推进渝怀铁路增建二线等项目建设；西线加强补齐通道短板，建设黄桶至百色等铁路项目。研究建设双层集装箱运输通道。

（2）加快贵阳至南宁铁路、叙永至毕节铁路、渝怀铁路增建二线、焦柳铁路怀化至柳州段电气化改造等项目建设，推进黄桶至百色铁路建设，改造升级湘桂铁路南宁至凭祥段、成渝铁路成都至隆昌段、隆黄铁路隆昌至叙永段，研究建设黔桂铁路增建二线、重庆至贵阳铁路等项目。

2. 提升综合交通枢纽功能

（1）完善运输场站设施。加强铁路货运场站建设，新建和改扩建一批具有集装箱办理能力的铁路货运基地，增强铁路班列始发直达和集零成整的中转能力。完善边境口岸站、铁路换装站及其他交通设施，提高对公路跨境运输和国际铁路联运的保障能力。加强集疏运体系建设。统筹交通枢纽与各类园区的空间布局，按照无缝化衔接要求，加强直达港区、重点园区、大型企业的铁路专用线建设，推进装卸场站共用，打造一体化集疏运体系。加强铁路货运基地、主要港口集疏运公路建设，提高联运便捷性、安全性。推进港城融合、协调发展，合理建设重点港口城市绕城公路，减少疏港货物运输对城市交通的干扰。

（2）运输场站：推进重庆团结村集装箱中心站、重庆鱼嘴铁路货运站、云南河口滇越货场升级改造，建设成都天府国际机场空港铁路货站、成都龙泉驿铁路货站、钦州港东站铁路集装箱办理站、昆明南亚国际陆港物流园区公铁联运项目。

（3）集疏运体系：推进南宁—防城港铁路升级改造和钦州、北海铁山港区进港铁路专用线建设，加快重庆铁路枢纽东环线、成都铁路枢纽东南环线建设，建设洋浦港疏港公路二期工程，推进沟通广西西江至北部湾港的平陆运河研究论证。

3. 加强与周边国家设施联通

加强连接口岸交通建设。对接中南半岛铁路网，加快推进大理至瑞丽、玉溪至磨憨等铁路建设，实施湘桂线南宁—凭祥铁路扩能改造，扩大连接口岸铁路运输能力。加强通往口岸公路的新建和改造，提高技术等级和通行能力。加强与周边国家口岸功能衔接，完善口岸相关设施。推动与境外交通设施互联互通。加强与东盟国家合作，做好与澜沧江—湄公河、中越陆上基础设施等合作机制衔接，按照东、中、西三个方向，积极做好跨境交通基础设施改造提升，重点建设中老铁路，尽快实现设施互联互通。

（四）加强物流设施建设

结合腹地经济条件、区位特点和发展需求，优化物流枢纽布局，推动物流设施整合，提高信息化水平，打造现代化物流枢纽体系，推进通道物流规模化组织、区域化集散、专业化服务和网络化运行。

1. 优化物流枢纽布局

（1）加强通道两端物流枢纽建设。在通道两端城市和港口，有序推进物流设施建设，着力提升国际物流功能。支持重庆建设内陆国际物流分拨中心，提升国际物流集散、存储、分拨、转运等功能。提升港口服务能力和铁海联运水平，完善广西北部湾港和海南洋浦港仓储、中转、分拨等物流功能。完善通道沿线节点物流枢纽功能。在通道沿线重要节点，以开展地区分拨为主要功能，分类建设陆港型、生产服务型、商贸服务型等物流设施，完善相关服务。积极推进陆路边境口岸枢纽建设。加强陆路边境口岸物流枢纽建设，提供国际贸易通关、国际班列集散换装和公路过境运输等服务。

（2）两端枢纽：重庆、成都、广西北部湾港、海南洋浦港。

（3）沿线枢纽：南宁、昆明、西安、贵阳、兰州、乌鲁木齐、呼和浩特、银川、西宁、湛江、遵义、柳州等。

（4）边境口岸：防城港（东兴）、崇左（凭祥）、德宏（瑞丽）、红河（河口）、西双版纳（磨憨）等。

2. 完善物流设施及装备

（1）整合存量物流设施。依托便利衔接通道、物流设施优良、发展基础扎实的国家示范物流园区、大型货运场站和铁路物流基地等，优先通过统筹规划迁建等方式整合铁路专用线、专业化仓储、多式联运转运、区域分拨配送等物流设施。提高装备技术水平。积极推进新技术在通道沿线重点园区应用，支持重庆、成都等物流枢纽建设自动化场站、智能型仓储等智慧物流设施。加快推进现代化、信息化、智能化物流基础设施建设。优化调整高铁车站和动车货运功能，积极发展高铁快运。支持节能环保型仓储设施建设与设备、材料应用。积极推进内地重要物流枢纽"无水港"建设，高起点建设冷藏物流设施，重点发展产地冷库、流通型冷库、立体库等，加快冷藏集装箱、空铁联运装集箱等新型多样化载运工具和转运装置的研发与推广应用。

（2）国家级示范物流园区：重庆西部现代物流产业园、成都铁路局城厢铁路物流基地、中国西部现代物流港（遂宁）、云南腾俊国际陆港（昆明）、甘肃（兰州）国际陆港、陕西国际航空物流港（西咸新区）、广西防城港市东湾物流园区、广西凭祥综合保税区物流园等。

（3）大型货运场站：重庆南彭贸易物流基地、成都天府国际空铁公多式联运物流港、西部（成都）汽车物流多式联运中心、贵阳都拉营国际陆海通物流港、黔北（遵义）物流园、南宁玉洞交通物流中心、柳州西鹅铁路物流中心站等。

（4）铁路物流基地：南宁沙井、贵阳改貌、昆明王家营西、西安新筑等。

3. 提升物流信息化水平

加快建设公共信息平台。依托重庆运营组织中心，联合其他枢纽节点，统筹铁路、水运、海关等部门的行政管理、公共服务等方面的信息资源，建设统一开放的通道公共信息平台，开发信息查询、"一站式"政务服务、在线审批、联合实时监管等功能。支持拓展平台功能，强化大数据服务，开发数据分析业务，为政府和市场主体提供增值服务。

（五）提升通道运行与物流效率

充分发挥铁路长距离干线运输优势，加强通道物流组织模式创新，扩大开行铁路班列，积极开拓沿海港口近远洋航线，大力发展多式联运，鼓励发展物流新模式新业态，推进通关便利化，提高通道物流质量、效益和竞争力。

1. 加强物流运输组织

（1）优化铁路班列服务。加强货物运输组织，大力开行货物班列。鼓励推行大宗货物中长期协议运输，开行重庆、成都等至北部湾港口的高频次班列直达线和运量较大的其他物流枢纽至北部湾港口的班列直达线。鼓励其他地区结合发展需求，对接班列运输，引导货源向主通道集聚，开行至北部湾港口的班列直达线或中转线。做好国际铁路联运班列全程运行图的联合铺画，支持开行至中南半岛的国际联运班列。织密航运服务网络。

（2）织密航运服务网络。依托洋浦港积极发展国际集装箱中转业务，辐射广西北部湾港和沿海其他港口，组织开行至新加坡、越南、澳大利亚、新西兰等国家主要港口的国际中转或直达航线，培育至南亚、欧洲、美洲、中东等地区的远洋航线。依托广西北部湾港，持续开行至香港、新加坡"天天班"航线，推进常态化和规模化运营，开行至越南沿海港口的直达航线和至洋浦港的海上"穿梭巴士"。研究扩大沿海捎带和内外贸同船运输适用范围，降低货物物流成本。

（3）加强与中欧班列、长江航运衔接。统筹铁海联运班列与中欧班列等国际铁路联运班列的对接，有效发挥西部陆海新通道衔接东南亚地区和中亚及欧洲地区的陆桥纽带作用，减少货物中转时间。统筹协调铁路班列和长江航运的运营组织，提升铁水联运组织效率，促进通道与长江航运协同发展。

（4）扩大通道辐射范围。鼓励铁路运输企业在铁路物流基地与邻近园区、港口之间开行小编组、钟摆式、循环式的铁路货运列车。充分发挥公路短途集疏运的优势，普及公路甩挂运输。加强车货匹配，鼓励和规范公路信息港及相关平台型物流企业发展，推动向无车承运人经营主体转型。发展至中南半岛的跨境公路班车运输、航空物流和空陆联运。

2. 推动通关便利化

（1）深入推进通关改革。加强国际贸易"单一窗口"建设，实现一点接入、共享共用、免费申报。扩大"先期机检""智能识别"作业试点。在防城港港、湛江港等港口探索完善大宗商品"先验放后检测"检验监管模式。支持在通道沿线铁路主要站点和重要港口合理设立直接办理货物进出境手续的查验场所。在有效监管的前提下，科学设置肉类、冰鲜水产品、水果等指定查验场地，建立口岸进口商品负面清单管理制度。优化海关特殊监管区域、保税监管场所设置。支持重庆建设内陆口岸高地。

（2）强化国际通关合作。推动海关"经认证的经营者"（AEO）互认国际合作。探索安全智能锁在国际铁路班列和跨境公路运输中的应用。扩大中欧安全智能贸易航线试点范围，促进信息互换、监管互认和执法互助。

（3）推进跨境运输便利化。加强与周边国家在国际道路运输、国际铁路联运、国际班轮航线、国际航空航线等方面的相互对接，推进铁路等跨境运输标准与规范的协调，加强国际运输规则衔接，推动与东盟国际货物"一站式"运输。

3. 提升多式联运效率和质量

（1）培育壮大多式联运经营人。引导物流企业集群发展，有序推动干线运输、多式联运、仓储物流等资源集聚，鼓励港口和航运、铁路运输企业与第三方物流企业等以资本融合、资源共享为纽带，组建多式联运专业化经营主体，搭建海铁联运平台；鼓励航运、铁路企业加快推进跨运输方式的混合所有制改革，大力发展多式联运业务。引入具有全球运营网络的承运企业、国际供应链整合供应商，培育壮大通道沿线地区的物流企业。

（2）发挥大型企业骨干作用。鼓励大型运输企业参与通道建设运营，并在通道沿线重要枢纽设立区域总部，深度参与港口资源整合，探索海运和铁路集装箱共享管理机制，培育和拓展国内外市场网络，提升国际影响力。鼓励大型企业围绕拓展多式联运服务链条，牵头组建多种形式的企业联盟，积极发展跨区域、跨产业的集群式合作联盟。

（3）加快推进多式联运"一单制"。以铁路为重点建立健全内外贸多式联运单证标准，优化国际多式联运单证的陆上使用环境，推动并完善国际铁路提单融资工程，使其在国际贸易中更好发挥作用，完善运输保险服务。支持企业、协会、联盟加强业务协同，推动使用货运电子运单，推动全流程互认和可追溯，依托通道内具备条件的运输线路加快开展"一单制"探索。健全运输技术标准规范体系。

（4）健全陆上集装箱技术标准体系，加快研发45英尺（1英尺＝0.304 8米）等铁路宽体集装箱，探索在中国至东南亚的国际铁路联运中应用。推广条码识别、射频识别、电子赋码等信息化技术，提高物流装卸和通关效率。优先开展集装箱多式联运交接检查作业要求、集装箱设备交接单、国际集装箱运输货物交付单证等标准修订工作。鼓励国内龙头企业参与标准制定。

4. 积极发展特色物流

（1）大力推进冷链物流发展。用好广西、海南和东南亚地区热带水果、反季节蔬菜、海产品等农特产品丰富的优势，加快建设冷链物流体系，实现从生产到消费的全覆盖。大力发展铁路冷藏运输、冷藏集装箱多式联运，加强低成本冷藏载运箱具研发，加强全程温度记录和信息追溯，减少流通损耗，保障商品质量安全。鼓励企业建设面向城市消费的低温加工处理中心，开展冷链共同配送、"生鲜电商＋冷链宅配"等新模式。

（2）打造现代制造业物流。发挥我国与东南亚等地区在机电产品、商用车、摩托车等领域产业互补优势，结合热点商品消费需求，以重庆、四川、广西等制造业基地为重点，面向东南亚等市场，开展跨国跨区域生产物流组织，提供覆盖制造业全产业链的物流服务。研发铁路专用车辆，发展精益物流，提升附加值。

（3）积极发展大宗商品物流。发展金属矿石、煤炭、油品、粮食等大宗商品物流，探索煤炭、粮食等集装箱化运输，推动大宗商品物流向以国家物流枢纽为载体的集约模式转型，构建集在线交易、实物交割、物流服务、金融服务于一体的国际大宗商品交易平台，促进物流枢纽与相关生产企业仓储资源合理配置，进一步降低库存和仓储成本。

（4）加快推进电商物流发展。鼓励和支持物流企业、互联网企业依托通道建立完善电子商务物流服务平台，构建完善的区域分拨网络。鼓励通道公共信息服务平台、市场信息平台与电商平台对接，推动实现信息互联互通。支持重庆、成都、南宁、贵阳、昆明等城市跨境电商综合试验区发展，落实跨境电商零售进口相关政策。

（六）促进通道与区域经济融合发展

发挥通道对沿线经济发展的带动作用，促进区域产业结构优化升级，支持重要节点加快培育枢纽经济，优化改善营商环境，打造高品质陆海联动经济走廊，实现要素资源高效集聚与流动。

1. 发展通道经济

（1）推动新旧动能转换。充分发挥通道竞争优势，通过配置完善的物流设施，整合各类开发区、产业园区，引导生产要素向通道沿线更有竞争力的地区集聚。鼓励大型生产制造企业将自营物流面向社会提供物流服务。积极引导东部地区产业向通道沿线有序转移，形成一批具有较强规模效益和辐射带动作用的特色产业集聚区。实施制造强国战略，加强重大关键技术攻关，提升自主创新能力，培育一批品牌知名度高、技术水平领先、具有核心竞争力的企业集团，打造具有国际竞争力的新兴产业集群。

（2）发展国际合作园区。积极支持通道沿线省份加强与东南亚等地区合作，加快中新、中缅、中马、中印尼等国际合作园区建设。加大对边境地区合作园区建设支持力度，推进中越、中老等跨境经济合作区建设。加强国际产能合作，强化第三方市场合作，提升园区创新能力和区域开放合作水平。

2. 培育枢纽经济

（1）打造高品质陆港经济区。围绕陆港型国家物流枢纽，提升铁路物流设施功能，积极推进公路港建设，打造一批现代物流中心。完善重庆、成都、昆明、贵阳、南宁等铁路口岸通关设施，拓展国际商贸流通服务功能。强化口岸枢纽建设，推动保税监管场所等建设，促进沿边地区开发开放。

（2）加快发展航运经济。强化广西北部湾港、海南洋浦港、重庆港等航运和资源集聚功能，提升现代航运经济发展水平。依托广西北部湾港，积极推进临港工业、国际贸易发展。依托海南自由贸易港，设立洋浦航运交易所，研究建立洋浦港保税油供应中心，发展以保税船供油为特色的大宗商品贸易，培育修造船、油品加工与供应、特色产品加工和高端航运服务等产业。按照高质量发展要求，积极推进长江及珠江—西江沿线临港产业转型升级。

（3）推进临空经济区建设。强化重庆、成都、贵阳等临空经济示范区牵引带动作用，鼓励南宁、昆明等城市发展临空经济。依托航空货运网络，积极引进发展航空设备制造及维修、电子信息等高端制造业，发展壮大航空物流、专业会展、电子商务等现代服务业，促进专业化分工和社会化协作，打造各具特色的产业集群，形成以航空运输为基础、航空关联产业为支撑的高端产业体系。

（4）枢纽经济建设重点：

陆港经济区：重庆高新区、成都青白江经济开发区、成都经济技术开发区、昆明经济技术开发区。

临空经济区：重庆临空经济示范区、成都天府国际机场临空经济区、昆明长水临空经济区、南宁临空经济区、贵阳双龙航空港经济区。

边境经济合作区：广西东兴边境经济合作区、凭祥边境经济合作区，云南河口边境经济合作区、临沧边境经济合作区、瑞丽边境经济合作区、畹町边境经济合作区。

3. 优化营商环境

（1）降低制度性交易成本。以交通、物流、贸易、产业等领域为重点，深化"放管服"改革，对所有涉企经营许可事项实行"证照分离"改革，进一步压缩企业开办时间，加大审批权限下放或取消力度，优化审批流程，推行一站式审批，提高工作效率。

（2）营造良好市场环境。完善市场准入制度和标准，清理阻碍资源要素自由流动的地方性法规，清除市场壁垒，推动劳动力、资本、技术等要素跨区域自由流动和优化配置。建立公平、开放、透明的市场规则，加强市场监管合作，建立区域间质量、资质互认制度。有效解决执法任性、重复检查等问题，消除乱收费、乱罚款、乱设卡等推高物流费用的痼疾，加快收费清单"一张网"建设，重点清理规范交通物流环节不合理收费。

（七）加强通道对外开放及国际合作

进一步发挥中新互联互通项目示范作用，加强与周边国家协商合作，持续放宽外资准入，改善外商投资环境，带动相关国家共商共建共享国际陆海贸易新通道，提升我国西部地区与东南亚地区的互联互通水平。

1. 发挥中新互联互通项目示范效应

以共建"一带一路"为统领，在中新（重庆）战略性互联互通示范项目框架下，深化中国与新加坡战略合作，加强政策沟通、设施联通、贸易畅通、资金融通、民心相通等方面实践，进一步完善基础设施，提供便捷高效转运及配套服务，加强两国海关合作，营造高效便捷的通关环境。加大开放合作力度，建立和完善国际合作协商机制，吸引和带动其他国家和地区、企业等共同参与通道建设。

2. 进一步扩大对外开放

按照《外商投资准入特别管理措施（负面清单）》，认真落实准入前国民待遇加负面清单管理制度，营造内外资企业一视同仁、公平竞争的公正市场环境，鼓励引导外商以多种方式参与陆海新通道建设。持续推进服务业开放，深化农业、制造业开放，加快落实取消或放宽外资股比限制的政策措施。鼓励中外企业加强技术交流，保护外商企业知识产权等合法权益。

3. 用好开放合作平台

按照"政府引导、企业主体、市场运作"原则，鼓励西部省（区、市）依托陆海新通道和自身优势，大力实施"走出去"战略，开展经贸合作。充分发挥中国国际进口博览会、中国—东盟博览会、中国—南亚博览会、中国西部国际博览会和中国西部国际投资贸易洽谈会等合作平台功能，加强与周边国家商贸合作。鼓励支持西部地区物流企业通过并购、合资、合作等方式，加强国际物流基地、分拨集散中心、海外仓等建设，加强回程货源组织，发展国际物流业务。依托中国—东盟信息港，建设中新等沿线国家和区域国际数据通道，与重庆运营组织中心协同合作，促进信息资源互联互通与共享共用。

第五章 中国铁路自主创新发展战略

一、概 述

党的十六大以来，我国铁路在科学发展观的指导下，在推进铁路跨越式发展的实践中，通过原始创新、集成创新和引进消化吸收再创新，推动铁路整体技术水平跨上了一个新的平台，创造了一批具有世界一流水平的科技成果。

在机辆装备设计制造技术方面，我国通过技术引进和消化吸收，建立了世界上最先进的时速 200 km 及以上动车组和大功率电力、内燃机车技术平台，为自主设计制造具有国际先进水平的动车组和大功率机车奠定了基础。

在客运专线技术方面，我国掌握了客运专线建设和运营管理技术标准体系，掌握了桥梁、隧道修建技术，路基沉降控制技术，自主开发了无砟轨道、高速道岔、扣件和百米定尺钢轨等装备和产品，并以京津城际客运铁路为重点开展了系统集成，已经具备了修建和管理客运专线的能力。

在重载技术方面，以大秦线重载运输为平台，系统掌握了万吨级重载技术，实现了 2 万吨重载组合列车的系统集成创新，成功开行了万吨重载单元列车和 2 万吨重载组合列车，我国铁路重载运输已跨入世界先进行列。

在既有线提速技术方面，我国成功实施了六次大面积提速，主要干线客车运行速度达到了时速 200 km，部分干线区段达到了时速 250 km。我国铁路已掌握了时速 200 km 成套技术，形成了时速 200 km 提速技术体系，既有线提速技术达到了世界铁路先进水平。

在高原铁路建设技术方面，我国成功建成了具有世界一流水平的青藏铁路，在解决多年冻土、高寒缺氧、生态脆弱三大世界性工程难题上取得一系列重大突破，高原铁路建设技术达到世界先进水平。

在信息技术方面，我国自主创新形成了具有自主知识产权的 CTCS-2 列控系统，列车调度指挥系统（TDCS）覆盖了全路主要车站和线路，在胶济线建成新一代分散自律调度集中系统（CTC），客票系统、货运计划系统、货运大客户管理信息系统等进一步完善。

艰难山区、复杂地质条件下的铁路建设技术已趋成熟，芜湖长江大桥、秦岭特长隧道、北盘江大桥等一大批桥隧的建成，标志着我国桥隧建造技术和能力已跻身于世界先进行列。

截至 2005 年年底，我国已经建立了比较完备的技术创新体系，科技人才队伍不断发展壮大，技术创新能力不断增强，科学技术对铁路发展的贡献率显著提高，探索了一条具有中国铁路特色的技术创新道路。

到"十五"末期，与发达国家相比，特别是与先进技术的原创国相比，我国铁路技术装备水平仍然存在较大差距。机车车辆装备技术储备严重不足，基础理论研究滞后，产品设计、制造技术、材料工艺、自主研发和创新能力的差距明显；时速 300～350 km 的列控技术还没有完全掌握；时速 300 km 客运专线的设计和建造技术，在设计理念、施工工艺工法、原材料质量等方面还有很大差距；时速 300 km 及以上的客运专线系统集成技术尚处于起步和探索阶段；高速铁路综合检测技术和装备还处于研发阶段，先进大型养路机械还处于技术引进阶段，高速铁路综合检测、维修计划、施工作业智能一体化技术还没有起步；经营管理信息化差距较大。

铁路是国民经济的大动脉，交通运输体系的骨干。面对我国经济社会发展的迫切要求，面对世界铁路技术日新月异的客观现实，中国铁路必须立足高起点、高标准，树立全球型、开放型、学习型的观念，坚持自主创新，积极采用先进、成熟、经济、适用、可靠的技术，不断提高我国铁路技术装备水平，加快实现铁路现代化。

二、技术创新内涵及增强自主创新能力的重要意义

（一）重要意义

进入 21 世纪，科学技术日新月异，科技进步与创新愈益成为增强国家综合实力的主要途径和方式，依靠科学技术实现资源的可持续利用、促进人与自然的和谐发展愈益成为各国共同面临的战略选择。

我国已进入必须更多依靠科技进步与创新推动经济社会发展的历史阶段。科学技术作为解决当前和未来发展重大问题的根本手段，作为推动科学发展，促进社会和谐的强大动力，其重要性和紧迫性愈益凸显。按照党的十六大精神，国务院制定了《国家中长期科学和技术发展规划纲要（2006—2020 年）》。《规划纲要》以增强自主创新能力为主线，以建设创新型国家为奋斗目标，对我国未来 15 年科学和技术发展做出了全面规划与部署，是新时期指导我国科学和技术发展的纲领性文件。中央确定，全面实施《规划纲要》，经过 15 年努力，到 2020 年使我国进入创新型国家行列。建设创新型国家，核心就是把增强自主创新能力作为发展科学技术的战略基点，走出中国特色自主创新道路，推动科学技术跨越式发展；就是把增强自主创新能力作为调整产业结构、转变增长方式的中心环节，建设资源节约型、环境友好型社会，推动经济社会又好又快发展；就是把增强自主创新能力作为国家战略，贯穿到现代化建设的各个方面，激发全民族的创新精神，培养高水平的创新人才，形成有利于自主创新的体制机制，大力推进理论创新、制度创新、科技创新，不断巩固和发展中国特色社会主义伟大事业。走中国特色自主创新道路，建设创新型国家，是我们党综合分析国际形势和国内发展阶段提出的重大战略决策，是推动我国经济社会发展转入科学发展轨道的正确选择。

铁路作为国家的重要基础设施、国民经济的大动脉和大众化的交通工具，是国家综合交通运输体系的骨干，具有占地少、能耗低、污染小、成本低、运量大、全天候的比较优势，在建设创新型国家，推动我国经济社会发展转入科学发展轨道中，肩负着重大的历史责任。党的十六大以来，铁道部党组坚持以科学发展观和构建社会主义和谐社会战略思想为指导，立足经济社会发展全局，明确提出并全面推进以"运能充足、装备先进、安全可靠、管理科学、节能环保、服务优质、内部和谐"为主要内容的和谐铁路建设，不断提高铁路自主创新能力，运输能力和技术装备水平得到快速提升，我国铁路现代化建设事业进入新的历史时期。成功建成了具有世界一流水平的青藏铁路，在攻克多年冻土、高寒缺氧、生态脆弱三大世界性工程难题上取得一系列重大突破，我国高原铁路建设技术达到世界先进水平；成功实施了第六次大面积提速，形成了具有中国特色的时速 200 km 提速技术体系，我国铁路既有线提速技术达到了世界铁路先进水平；通过技术引进和消化吸收，建立了世界上最先进的时速 200 km 及以上动车组和大功率交流传动电力、内燃机车技术平台；大秦线成功开行了万吨重载单元列车和 2 万吨重载组合列车，我国铁路重载运输已跨入世界先进行列；掌握了客运专线建设和运营管理技术标准体

系，我国铁路已经基本具备修建和管理客运专线的能力。

在新的历史起点上，实现铁路又好又快发展，必须始终以科学发展观为统领，深入贯彻落实党中央、国务院建设创新型国家的重大战略部署，不断提高开放条件下的原始创新能力、集成创新能力和引进消化吸收再创新能力，走中国铁路特色的技术创新道路，加快推进铁路现代化进程，加快推进国家综合交通运输体系建设，为构建社会主义和谐社会，实现全面建成小康社会奋斗目标提供可靠的运输服务保障。

（二）铁路技术创新基本含义

技术创新大大推动了我国铁路运输生产力的发展，和谐铁路建设充满生机与活力。党的十六大以来这几年，是我国铁路现代化建设步伐最快、发展变化最大、成效最为显著的时期，也是铁路为经济社会发展做出突出贡献的时期。

铁路技术创新的丰硕成果和运输生产力发展取得的巨大成就，是党中央、国务院高度重视、亲切关怀的结果，是全国铁路干部职工团结协作、艰苦奋斗的结果，是广大专家学者和铁路科技工作者开拓创新、奋力攻坚的结果，是中国铁路工程、建筑、南车、北车、通号、铁通、物资总公司和清华大学、西南交通大学、北京交通大学和中南大学等高等院校积极参与、鼎力支持的结果。

我国铁路技术创新的基本经验是：坚持以科学发展观为统领，立足经济社会发展战略全局，以提高铁路自主创新能力为目标，以掌握先进装备核心技术为重点，着力构建以铁道部为主导，以企业为主体，面向铁路运输和铁路建设主战场，产学研相结合的铁路技术创新体系和保障机制，坚定不移地走中国特色铁路自主创新之路。这一基本经验的主要内涵是：

第一，技术创新必须瞄准世界一流水平。面对我国经济社会又好又快发展的迫切要求，面对我国人口、资源、环境问题日益突出的矛盾，面对实现铁路科学发展和安全发展的客观需要，我们的正确选择，就是抓住经济全球化的机遇，从我国国情和路情出发，高标准、高起点发展客运快速、货运重载铁路，大幅提升铁路运输效率和安全可靠性，把铁路的比较优势最大限度地发挥出来，使其真正成为综合交通运输体系的骨干。无论是青藏铁路建设、既有线提速、机车车辆装备，还是铁路重载运输，以及客运专线建设等关键领域的技术，我们的目标都定位在世界一流水平，并坚持不懈奋斗，要干就是最好的，要干就必保必成。

第二，技术创新必须坚持三种创新方式的有机结合。原始创新、集成创新和引进消化吸收再创新，是自主创新的三条重要途径。推进我国铁路现代化，完全依靠自己的力量，开展原始创新固然重要，但在世界铁路快速发展和铁路高新技术已经打开国界的背景下，特别是在改变我国铁路严重制约经济社会发展这块"短板"，刻不容缓、时不我待的形势下，必须在坚定不移地推动原始创新并取得一系列丰硕成果的同时，把集成创新、引进消化吸收再创新摆在更加突出的位置，依托重点工程项目，发挥后发优势，将世界铁路先进文明成果为我所用，从而在短短三年多时间掌握了先进动车组和大功率机车，以及其他一些重要装备的核心技术，取得了令世人刮目相看的业绩。

第三，技术创新必须充分发挥铁路管理体制优势。我国铁路管理体制的最大优势在于，能够统筹运用国内各种资源，集中力量办大事。对外，我们把所有市场需求集中起来，形成一个"拳头"，实现了对先进技术的低成本引进和核心技术的全面引进，确保了国家利益和铁路整体利益的最大化；对内，我们把铁路运输企业、装备制造企业、设计施工企业、科研院所等相关资源集中起来，以互利共赢为纽带，优化科技资源配置，形成了基础理论研究、应用研究开发、产品设计制造有机结合的发展格局。

第四，技术创新必须做强做大民族工业。无论是在原始创新、集成创新，还是在引进消化吸收再创新的过程中，我们不仅实现了铁路技术装备水平的快速提升，更重要的是以此为契机，围绕建设具有世界一流水平的国内装备制造业基地，把先进技术真正落户到国内企业，成功搭建了具有世界先进水平的机辆装备技术平台，快速提升了国内企业的研发、设计、制造、管理水平，培育造就了一大批具有先进理念、掌握先进技术的高级管理人才和高技能人才，极大增强了我国装备制造业的可持续发展能力，为我国铁路现代化建设提供了强大的技术装备保障。

铁路技术创新的成功实践告诉我们，只要坚定不移地走中国特色铁路自主创新之路，全面提高铁路自主创新能力，我们就一定能够不断破解铁路技术进步的新课题，不断攀登铁路科技创新的新高峰，不断开创铁路现代化建设的新局面。

三、铁路技术创新目标、原则和总体部署

2007 年 9 月 7 日，铁道部发布了《中共铁道部党组关于增强铁路自主创新能力，推进和谐铁路建设的决定》，《决定》提出了建设和谐铁路的要求，明确了以"运能充足、装备先进、安全可靠、管理科学、节能环保、服务优质、内部和谐"为主要内容的和谐铁路建设目标任务。根据这一目标任务，确定"十一五"期间铁路技术创新的总体目标和原则、中国铁路科技发展的十大目标以及总体部署。

（一）铁路技术创新总体目标和原则

铁路技术创新总体目标是：以科学发展观为指导，认真落实"自主创新，重点跨越，支撑发展，引领未来"的科技发展方针和"先进、成熟、经济、适用、可靠"的技术方针，以推进和谐铁路建设为目标，以增强自主创新能力为核心，坚持科教兴路战略和人才强路战略，全面推进原始创新、集成创新和引进消化吸收再创新，建立适应和谐铁路建设要求的铁路技术保障体系，培养一批具有世界水平的专家和创新团队，大力营造有利于科技创新的良好环境，探索一条具有中国铁路特色的技术创新之路，使铁路技术整体上达到世界先进水平，为加快实现中国铁路现代化提供强有力的技术支撑。

实现这一总体目标，要牢牢把握以下原则：一是以我为主。就是在技术引进中，要始终把转让核心技术、实现本土化生产、降低引进成本、使用中国品牌这"四位一体"作为重要前提和根本出发点，实现引进技术的集成创新和消化吸收再创新，真正掌握核心技术，形成自有知识产权。二是着眼发展。就是要有战略眼光和长远打算，坚持先进、成熟、经济、适用、可靠的技术方针，瞄准国际先进水平，实现技术水平的快速提升，尽快站在世界铁路技术的制高点上，坚决防止低水平重复和徘徊。三是服务运输。就是要把技术创新与运输需求紧密结合起来，切实把创新成果转化为运输生产力，使技术创新更好地为运输服务。四是系统优化。就是要充分考虑铁路多技术领域的特性，牢固树立系统论观念，对铁路技术创新工作进行统筹谋划，整体推进，尤其要做好客运专线技术的系统集成，保证各项技术装备有机衔接，实现系统最优、整体最优。

（二）铁路科技发展目标

根据铁路技术创新的总体目标和原则，"十一五"期间，铁路科技发展的目标：

一是建立起我国铁路客运专线建设和运营管理的成套技术体系。系统掌握客运专线修建技术、牵引供电技术、通信信号技术、运行控制技术、运营调度技术、旅客服务技术。

二是建立起我国动车组和大功率机车的技术标准体系。全面掌握时速 200 km 及以上动车组和大功率机车的核心技术，加快时速 300 km 及以上动车组的开发以及卧车、餐车、行李车等产品的开发，形成自主设计和制造能力，打造中国铁路动车组和大功率机车系列产品。

三是系统完善中国铁路既有线提速成套技术体系。完善既有线提速安全保障体系，确保提速持续安全稳定。在提速主要干线实现时速 200~250 km 动车组、时速 120 km 货车、双层集装箱列车共线运行，列车最小追踪间隔 5 min，列车最大密度每天超过 130 对。

四是系统掌握重载运输成套技术。研究制定重载货车技术标准，加快既有货车技术升级，在主要煤运通道开行万吨重载、2 万吨重载组合列车，主要货运通道开行 5 000 t 系列货运列车。掌握开行 3 万吨重载组合列车技术，开发轴重 25 t 及以上的新型重载货车及载重 100 t 的专用货车。

五是建立中国高原铁路成套技术体系。深化完善高原冻土工程技术，系统掌握高原铁路运营安全监控、保障技术，建立并完善高原铁路技术标准。

六是建成功能完善的铁路信息系统。以调度指挥智能化、客货营销社会化、经营管理现代化为重点，深入推进铁路信息化总体规划的实施，基本实现铁路信息化。

七是加快构建铁路安全技术体系。掌握综合检测技术、安全监测技术、安全评估技术、灾害预警技术、应急救援技术。

八是大力推广节能环保技术。全面开展资源节约和综合利用技术、环境保护技术的应用研究和推广工作，提高铁路节能环保的科技水平。

九是整合铁路行业科技资源，加强创新平台和基地建设，形成比较完善的铁路技术创新体系。

十是培养一批具有世界水平的专家和创新团队，在铁路基础理论和铁路应用技术领域达到世界先进水平。

（三）总体部署

2006 年以后的未来 5 年，我国铁路科技发展的总体部署：一是立足我国路情，确定若干重大技术领域，形成成套技术。二是明确各专业领域的关键技术，重点突破。三是超前部署铁路前沿技术和基础研究，提高持续创新能力。四是实施若干重大专项，实现重点跨越。五是制定若干政策配套措施，推进铁路技术创新体系建设。

（1）要把原始创新作为增强铁路自主创新能力的基础。以铁路工程技术、运营安全技术、重载运输技术为重点，加强基础研究和高技术研究，力争取得重大突破。要特别重视客运专线建设的原始创新，通过科技攻关和试验，解决复杂地质条件下客运专线路基、桥梁、隧道等基础工程的技术难题。

（2）要把集成创新作为增强铁路自主创新能力的重要方式。根据铁路发展实际，加强国外与国内先进技术装备、新技术装备与既有技术装备、不同专业技术装备间的有机融合，迅速提高集成创新能力，形成适应铁路发展需要的新产品、新产业。要以京津城际轨道交通项目和大秦铁路为依托，结合我国铁路特点，构建具有自主知识产权的中国客运专线和货运重载系统集成体系。

（3）要把引进消化吸收再创新作为增强铁路自主创新能力的紧迫任务。结合动车组、大功率机车核心技术和重点技术的消化吸收，大力推进再创新，构建我国铁路机车车辆先进的技术体系；依托客运专线建设和引进的相关技术，经过消化吸收再创新，构建我国客运专线运输调度指挥、工务工程和铁路通信信号系统技术体系。

四、铁路"十一五"科技发展战略

为了实现"十一五"铁路科技发展目标，决定以下几个方面开展自主创新工作。

（一）重点任务

1. 重大技术领域

重大技术领域主要是指对快速提升铁路整体技术装备水平具有重大带动作用的技术领域。"十一五"期间，重点开展客运专线、既有线 200 ~ 250 km/h 提速、重载运输成套技术的自主创新。

1）客运专线成套技术领域

客运专线成套技术领域包括：高速动车组技术、列车运行控制技术、修建技术、牵引供电技术、运营调度技术、旅客服务技术、系统集成技术。

（1）高速动车组技术。

在引进和掌握 200 km/h 及以上动车组技术平台的基础上，着眼 300 km/h 客运专线建设需要，加快时速 300 km 及以上动车组的开发以及卧车、餐车、行李车等产品的开发。重点开展动车组集成、轻量化铝合金车体、交-直-交牵引电传动、辅助供电、制动系统、高速转向架、列车控制及诊断、车辆连接、车辆环控、动车组综合试验等相关技术的消化吸收再创新工作。到 2008 年，制造出 300 km/h 及以上动车组；到 2010 年，掌握 300 km/h 及以上动车组相关技术，建立我国动车组技术标准体系，具备 300 km/h 及以上动车组成套设备的设计和制造能力，形成适应我国铁路客运专线需要的动车组系列产品，打造中国品牌。

把国外动车组先进的检修理念、检修标准和检修方式与我国动车组运用实际相结合，开展动车组检修基地、修程修制、检修设备及关键技术的研究与开发。到 2010 年，基本建立起我国动车组运用维修的技术体系。

（2）客运专线列车运行控制技术。

在京津客运专线引进消化国外先进的列控系统基础上，重点研究客运专线调度集中及列控系统技术方案、标准、规范和系统集成、系统测试方法及验收标准，完成京津客运专线系统试验及功能验证。到 2008 年，掌握客运专线调度集中及列控系统核心技术。

以京津客运专线列控技术为依托，重点研究：以高可靠、高安全计算机为核心，集车站联锁、区间闭塞为一体的信号系统，无线闭塞中心（RBC）以及相关子系统，列控系统各子系统间接口技术，GSM-R 在客运专线中应用技术，客运专线列控系统与既有线列控系统兼容技术，客运专线光纤传输网、综合业务的光纤接入网，智能化的专用通信系统，客运专线安全预警、防灾救援系统。到 2010 年，全面掌握客运专线调度集中及列控系统技术，形成集列车运行控制、安全监测和综合信息管理为一体，具有自主知识产权的客运专线列车运行控制技术体系。

（3）客运专线修建技术。

在京津客运专线引进消化无砟轨道技术基础上，重点研究：无砟轨道结构、轨道电路适应性和绝缘措施、无砟轨道与路基、桥梁、隧道工程匹配和接口集成技术，无砟轨道综合管线预埋及轨旁设备设置方案，软土地基加固处理、桥涵基础沉降控制、大跨桥梁变形控制、桥上无缝线路设计技术以及钢轨伸缩调节器，900 箱梁运架技术和装备。到 2008 年，掌握无砟轨道设计及建设技术，建成京津客运专线。

针对郑西、武广、石太、广珠等客运专线和城际铁路的线路、地质、环境、运输及轨道电路等技术特点，重点研究：无砟轨道技术的消化吸收和适应性试验，客运专线扣件、200 km/h ～ 250 km/h 大号码道岔，与无砟轨道高精度要求相适应的路基、桥梁、隧道等基础工程的设计理论、技术标准、修建技术等重大技术的试验，无砟轨道测量、防排水技术，软土、湿陷性黄土、膨胀土、红黏土等特殊土地基评价和处理技术，路基填料改良措施及填筑标准，路基与横向结构物过渡及沉降控制技术，动力作用下路基强度和变形规律，路基沉降监测、分析、评估技术，客运专线桥梁结构物的动力特性、行车平稳性、耐久性设计，桥上无砟轨道及桥梁的设计参数、结构形式、变形控制及合理构造等，箱梁架桥机、运梁车、造桥机、桥梁桩基等桥梁新型施工装备，铁路隧道空气动力学效应及其缓解措施，客运专线隧道合理断面形式与衬砌结构的设计理论，特长复杂隧道地质超前预报、运营通风与防灾救援技术，隧道防排水新技术，隧道新型检测和施工装备。到 2010 年，全面掌握客运专线工程建设技术，形成具有中国特点的客运专线建设技术和标准体系。

（4）牵引供电技术。

在系统引进国外高速铁路牵引供电先进技术的基础上，开展客运专线牵引供电设计、施工和养护技术消化吸收再创新，重点研究：我国牵引供电系列技术标准，牵引供电设备及器材，客运专线牵引供电系统检测技术及标准，接触网机械化施工装备和接触网综合检测装备。到 2008 年，基本掌握客运专线牵引供电技术及标准；到 2010 年，全面掌握客运专线牵引供电技术，形成具有自主知识产权的客运专线牵引供电技术标准体系。

（5）运营调度技术。

在京津客运专线引进消化国外先进的运营调度系统基础上，重点研究客运专线运营调度系统技术方案、标准、规范和系统集成，行车指挥软件，系统测试方法及规范，完成京津客运专线系统试验及功能验证。到 2008 年，掌握客运专线运营调度系统核心技术。

以京津客运专线运营调度技术为依托，重点研究：客运专线客流短期预测技术，客运专线旅客列车开行方案，列车运行图计算机自动编制技术，日常计划、动车组及乘务员运用计划编制技术，列车运行调整技术，客运专线与既有线合理分工及综合运用方案，综合维修天窗开设方式及相应的行车组织技术。到 2010 年，全面掌握客运专线运营调度系统技术，形成自主知识产权的客运专线运营调度系统。

（6）旅客服务技术。

在京津客运专线引进消化国外先进的旅客服务系统及管理理念基础上，重点研究客运专线旅客服务技术方案、标准、规范和系统集成、系统测试方法及规范，完成京津客运专线系统试验及功能验证。到 2008 年，掌握客运专线旅客服务系统核心技术。

以京津客运专线旅客服务技术为依托，重点研究：采用射频识别（RFID）技术的电子票证、宽带综合无线接入等综合集成技术，综合移动信息服务系统集成技术，高速动车组综合无线接入及其应用技术，引进的售-检票硬件平台与既有客票预订、发售系统的集成技术，客运专线的列车服务系统及列车服务设备的配置、规范及标准。到2010年，全面掌握客运专线自动售检票系统和站车旅客服务系统技术，形成具有中国特色的旅客服务系统。

（7）客运专线系统集成技术。

围绕京津客运专线六大系统技术集成，重点研究：客运专线系统设计技术和标准体系，客运专线各系统兼容匹配和接口技术，客运专线各系统总体联合调试技术，客运专线各系统的综合仿真技术，客运专线系统集成管理和质量控制技术。建设动态检测、数据集中、联网运行、远程监控、信息集成及共享的综合网络平台。研究制定适合我国客运专线特点的运输组织、管理模式和相应的规章制度。到2008年，实现京津客运专线系统集成。到2010年，全面掌握客运专线系统集成技术。

2）既有线200～250 km/h提速成套技术领域

既有线200～250 km/h提速成套技术领域包括：运输装备技术、线路强化技术、行车指挥与列车运行控制技术、运输组织技术。

（1）运输装备技术。

在已掌握引进的200 km/h及以上动车组技术的基础上，进一步开展200 km/h动车组系统集成、铝合金车体、交-直-交牵引电传动、辅助供电、制动系统、高速转向架、列车控制及诊断、车辆连接、车辆环控、动车组综合试验等相关技术的消化吸收再创新，以全面系统掌握200 km/h及以上动车组核心技术为目标，加大攻关力度，逐步提高动车组的国产化率，确保与国外整车具有相同的产品质量。

利用200 km/h动车组的技术平台，开发200 km/h新型提速客车和200～250 km/h的大编组动车组。

在引进和掌握大功率交流传动电力机车的技术平台上，开发200 km/h客运电力机车，120 km/h牵引质量满足5 000 t的货运机车。

在120 km/h货车可靠性试验的基础上，通过优化结构设计、强化工艺措施，提高部件技术标准和质量，全面掌握120 km/h货车的设计、制造及运用、维护成套技术。研究提速货车检修、运用管理的新模式。

完善23 t轴重、载重70 t级通用货车技术，重点研究制动系统、钩缓系统、新材料的应用技术，开展可靠性试验研究，新造货车全部达到120 km/h，实现货车的更新换代。

（2）线路强化技术。

完善既有线提速200 km/h相关技术标准，研究提速线路养护维修技术，研制大型养路机械，适应200 km/h客车、120 km/h货车混运的需要。

研究既有线不中断行车情况下路基状态检测、评估和加固技术。

完善并发展既有线提速区段及开行120 km/h货车和25 t轴重列车的运输区段内轨道结构、桥梁和路基的评估、改造与加固技术。

（3）行车指挥与列车运行控制技术。

在列控车载设备、应答器设备等关键技术引进的基础上，实现国产化；研究既有线列控中心核心技术；完善CTCS-2级系统规范和技术条件；开展CTCS-2级系统集成与应用、无线列控条件下GSM-R通信系统的应用研究。

研究统一标准、相互兼容、适应不同运输模式的既有线调度集中系统（CTC）。

研究专用通信网络以及信息安全传输技术。

（4）运输组织技术。

重点研究：提速条件下点线能力协调，开行 200 km/h 客车和 120 km/h 货车合理匹配技术，提速线路高等级列车连发追踪模式优化技术，不均衡条件下编组站工作组织优化技术，大型机械养护施工条件下行车组织技术，满足 23 t 轴重货车编组站作业需要的技术与装备。

3）重载运输成套技术领域

重载运输成套技术领域包括：机车同步控制技术、重载机车技术、重载货车技术、重载线路技术、重载运输组织技术、重载运输通信信号技术。

（1）机车同步控制技术。

在引进机车动力分布式无线同步操纵技术（Locotrol 技术）的基础上，通过消化吸收再创新，实现机车同步控制系统的国产化。开展提高 GSM-R 及 800 MHz 通信系统、车载通信终端、地面应用节点等设备可靠性研究，研究机车同步控制系统与机车控制系统、制动机接口技术，优化重载列车操纵技术，满足重载运输需要。

研究有线电控空气制动（ECP）技术和相关技术标准。

（2）重载机车技术。

在已掌握引进的大功率电力、内燃机车核心技术的基础上，进一步开展大功率机车柴油机、电传动系统、变流装置、主变压器、制动系统、大功率交流电机、网络控制、机车黏着利用控制、强化车体与转向架、机车防空转保护与防滑保护、关键零部件可靠性等相关技术的消化吸收再创新，实现大功率交流传动机车的国产化。

（3）重载货车技术。

研究制定重载货车相关技术标准，研究车体轻量化、减轻重载列车纵向冲动等技术，研制轮轨低动力作用、低磨耗、轴重 25 t 及以上新型转向架，研究开发新型重载车轮，开展新型车体材料应用研究。

（4）重载线路技术。

研究轴重 25 t 以上货运线路的路基、轨道、桥梁、隧道等设计标准、修建技术，研究制定轴重 25 t 以上货运线路的桥梁设计活载标准，研究重载线路钢轨伤损机理、检测方法和预防性打磨技术，重载线路轨道养修技术和规定。

（5）重载运输组织技术。

研究十大煤炭基地重载运输通道综合运输能力配套建设规划，万吨级煤炭装车基地建设及运输组织，装车地区万吨级重载列车运输组织方案设计，万吨级重载列车煤炭卸车基地能力配套建设规划，万吨级重载列车运行组织等技术。研制轴重 25 t 及以上车辆调速装置。研究大秦线年运量 4 亿吨重载线路运输组织、装卸组织技术。

（6）重载运输通信信号技术。

研究基于 GSM-R 的多司机无线通信技术和列车尾部风压检测信息传输技术，研究主体机车信号等通信信号设备抗大牵引电流干扰技术及电磁兼容技术，研究电气化区段 25 Hz 轨道电路的适应性。

2. 专业技术领域

在组织重大成套技术领域科技工作的同时，还要在以下各专业技术领域开展自主创新。

1）装备技术领域

研究机车、客车新型吸能结构、材料，研制带有吸能结构的机车、客车。研制新型调车机车。研究 160 km/h 快运机车、货车转向架和制动等关键技术，全面掌握 160 km/h 快运机车、货车的设计、制造技术。积极开发行包和行邮专列、集装箱班列、冷藏班列等快运专用车辆。研究开发载重 100 t 的运输矿石和钢铁专用货车，开展双层集装箱车性能优化研究，研制新型冷藏运输装备，研制适应青藏线高原运输的新型行李车，研制新型提速货车篷布，研制新型 D 型货车，研究既有 D 型货车提速改造技术、安全运行条件、检修技术条件及动力学、强度试验标准。

研究机车车辆材料应用、惯性质量问题和疲劳可靠性，提高机车车辆安全性和使用寿命。研究机车车辆装备全寿命成本，确定其合理的经济寿命和报废技术条件。

研究开发牵引供电系统变压器、真空开关、负荷开关、继电保护装置、功率因数补偿、综合自动化（SCADA）检测系统、接触网零部件、接触导线等关键装备。

2）信息技术领域

（1）行车调度指挥及信号技术。

完善铁路列车调度指挥管理信息系统（TDCS），研究适应繁忙干线的分散自律调度集中（CTC）系统，研究新一代编组站综合自动化系统。

开展电码化系统方案优化设计的研究，研究完善机车信号主体化系统及运行监控记录装置，研究完善信号设备的检测及远程诊断技术，研究信号设备维修体制。

（2）GSM-R 通信平台技术。

研究 GSM-R 网络技术、终端技术、分组数据业务技术（GPRS）、智能网络技术、固定用户接入技术，研究 GSM-R 应用技术条件、工程设计和验收标准、网络和终端互联互通技术，研究 GSM-R 路网规划，开展 GSM-R 可靠性研究及安全评估，研究高速运行条件下的无线数据传输质量、可靠性、技术标准，开展地面与列车旅客信息服务系统通信的研究与应用。

研究编组站综合移动通信技术，研究无线通信场强测量及服务质量（QOS）评价方法和测试系统。

（3）客货运营销技术。

研究完善客票发售与预订系统、客运服务系统、客运营销及分析系统、货运服务系统、货运营销辅助决策系统、大客户系统、货运营销及运力配置系统，研究客货流短期预测和客货运资源优化配置技术，研究铁路电子商务、物流管理体系与信息化物流、货运中心相关技术，研究车站流程再造、信息共享技术。

（4）专业信息系统和信息安全及共享技术。

研究开发铁路信息化各业务子系统及其安全保障技术，提高各专业领域的信息化水平。研究铁路地理信息系统关键技术。

研究专业信息系统间信息整合、交换、共享与服务平台框架体系、信息组织与集成技术，建设信息共享平台和公用基础信息平台，研究无线信息接入及应用技术，研究铁路数据仓库及决策支持技术。

研究铁路网络与信息安全统一平台和强化网络安全、灾难备份技术，研究增加网络覆盖，降低网络成本技术。

3）工程及工务技术领域

（1）勘测设计技术。

开展新型智能型测绘仪器及勘探技术应用研究，研究铁路地质综合勘探技术，建立基于地理信息系统的铁路勘测设计工程数据库。研究开发虚拟现实可视化选线设计辅助设计系统，研究铁路勘测设计一体化、数字化、智能化技术标准。

（2）工程建设技术。

研究不同等级铁路的建设标准，研究特殊复杂地理、地质环境条件下铁路工程的设计与施工技术。研究开发地基加固与边坡支挡新型结构，研究地质灾害的预测和防治技术，研究高墩、大跨、节段拼装、体外预应力等桥梁的设计与施工技术，研究长大复杂隧道、水底隧道的设计与施工技术，研究路基、桥梁、轨道、隧道等结构物耐久性的设计方法和施工工艺，研究综合客站大跨结构设计与施工技术，研究铁路工程精细化施工和科学管理技术。研究工程建设多项目管理体系和信息化系统。

（3）线路养修技术。

研究制定现代化铁路养修规程以及不同等级线路轨道管理标准。在引进消化吸收的基础上，研制客运专线、200 km/h客货共线等不同类型、不同等级线路养护维修设备和检测设备。研究隧道状态检测评定技术系统。研究开发道岔清筛、钢轨打磨和桥梁检查维修技术及设备，连续轨道弹性检测和高精度、数字化的检测技术与设备。研究和开发高速和重载铁路养护维修技术和标准、修程修制以及关键技术和装备。

研发适应青藏高原多年冻土环境条件下线路状态监测和检测技术，研究和开发高原多年冻土环境条件下线路养护维修技术和装备。建立多年冻土工程长期监测、预警系统，研究多年冻土工程病害防治技术。

（4）现代铁路客运站技术。

研究现代铁路客运站功能需求、站型选择、总体布局、建筑特征、结构特色、服务设施和节能环保等技术，系统掌握符合我国国情、适应时代发展要求的现代铁路客运站成套技术。

4）运输组织与客货服务技术领域

（1）运输组织技术。

研究计算机编制全国路网列车运行图技术，开发列车运行图信息管理系统。研究客运专线与既有线客车一体化开行方案，路网列车运行调整，主要货流方向统一牵引定数。研究货流与运力资源的最优化配置技术。研究铁路与相关运输方式合理衔接的联合运输组织技术、烟大等火车轮渡系统集成技术。研究青藏铁路等特殊线路运输组织技术。

（2）铁路网规划和路网运输能力协调配置技术。

研究铁路干线（含煤运通道）列车速度、密度、重量合理匹配。研究路网、通道运输能力匹配，路网结构规划，铁路枢纽规划，综合交通枢纽规划，路网客运中心站布局规划，重点客户及战略集中装车点布局规划、路网性编组站、路网战略装车点、物流基地的布局规划及能力配置，货物运输、货源货流、运力布局分析。研究编组计划和编组站作业优化技术。研究客货分线运行条件下既有线点线能力协调。

（3）提高客运服务质量技术。

在消化吸收的基础上，研制全路自动售、检票系统和智能化、多功能的站车旅客服务系统。研究大型客运枢纽站设计与运营管理技术。开展快速旅客列车开行方案的优化设计研究。研究旅客综合信息服务模式及系统。

（4）提高货运服务质量技术。

开展编组站布局、远程技术直达列车开行方案的优化设计研究。研究快捷货物运输组织技术，构建包括"行包专列""五定班列""集装箱班列"等为主要形式的快捷、准时货物运输系统。研究货运新产品全路统一报价系统和货运信息综合服务系统。

研究特种货物装载加固技术及运输安全保障技术，冷藏运输、超限超重货物运输组织方案。研制冷藏运输装备。

研究集装箱中心站布局，研究铁路集装箱中心及结点站的设计技术。开展站场设施、作业流程、组织管理的优化设计研究。研究智能集装箱运输技术，集装箱班列运输组织方式。

研究集装箱中心站综合无线接入技术，实现集装箱实时追踪。

研究特种车检修、存放基地和行包基地布局，制定物流中心、货运中心的建设标准。

5）安全技术领域

（1）行车安全综合监测技术。

① 综合检测列车研制。通过引进国外先进、成熟的检测技术和设备，进行系统集成，制造适合中国铁路客运专线的综合检测列车。

② 基础设施安全监测技术。研究开发铁路桥梁状态监测、长大隧道状态监测、道岔状态监测、无缝线路钢轨轨温监测等各类基础设施的安全监测技术。逐步建立全路统一的运输设备、基础设施技术状态数据库。研究适应提速、重载线路检测的钢轨探伤车、轨道等综合检测车以及在线无损检测技术与设备。

③ 列车运行安全监测技术。研究列车脱轨安全检测技术、旅客列车安全监测技术、走行部动态无损检测技术。研究货物列车装载加固技术与装载状态监测技术、危险品运输安全技术、超限超重货物运输安全技术和平交道口安全防护技术。

④ 行车安全信息技术。研究制定统一的各种行车安全监测设备信息的接入技术和数据接口标准。研究信息集成、综合评判和预警分析技术。开发全路行车安全监控网络信息系统，初步建立全路行车安全综合信息数据库。研制运行监控、在线检测、故障诊断等安全技术设备，实现对机车、车辆、线路、信号和列车运行状态的全面监测、预警和安全管理。利用信息技术推进修程修制的改革。

（2）铁路防灾减灾技术。

研究洪水、大风、滑坡、泥石流、地震等重大自然灾害的预测、预报和防治技术。研究开发雷电防护系统方案，增强信号系统的雷电防护能力。研究开发不同结构物受自然灾害的危险性预评估系统和工程安全验收评价体系。研究开发网络化、实时性自然灾害防治地理信息系统，实现对自然灾害的集中数据库管理、信息资源共享和系统综合集成。

（3）事故救援、快速抢险技术。

研究建立全路综合图像监控系统和应急通信指挥中心，研究各种情况下的事故救援预案。研究完善隧道火灾监测、救援技术及装备。研究综合客站安检、消防等技术。研究青藏线事故救援体系及应急救援方案。

研究灾后应急处理措施与快速抢修技术及装备。在引进国外技术的基础上，研制 160 t 液压伸缩臂式双回转结构救援轨道起重机。

（4）安全评估技术。

借鉴国外先进的铁路系统安全评估技术，研究开发适用于我国铁路新建线路与既有线改造，客运专线的系统安全评估的理论与方法、框架体系、技术及设备。

6）节能环保技术领域

（1）资源节约和综合利用技术。

研究推广内燃机车节油技术，提高电气化铁路电能效率和质量技术。研究推广分质供水节水技术，重点开发旅客列车上水自动关停技术。研究推广铁路利用新能源、可再生能源和资源回收再生利用技术。综合客站利用太阳能、地热能等节能技术研究。

（2）环境保护技术。

研究铁路减振、降噪技术；研究铁路固体废弃物处理技术。研究内燃机车废气排放和货物列车扬尘控制技术。研究旅客列车集便污水地面接收处理技术。研究长大隧道对区域水文地质影响及渗漏水防治技术。研究铁路电磁辐射防治技术。研究危险品运输事故环境影响应急处理机制、控制技术及专用设备。开展城区铁路与城市环境相容性和铁路运营环境保护的研究。

3．基础技术领域

"十一五"期间，要系统开展铁路基础理论研究，加强试验基地、试验手段和信息数据库建设，建立健全铁路技术标准体系，重视政策理论和管理科学研究，提高铁路持续创新能力。

1）基础理论

（1）研究高速、重载轮轨关系。

（2）研究高速弓网关系。

（3）研究高速外电电压等级及供电电能质量。

（4）研究高速自动过分相、综合接地技术。

（5）研究高速、重载轨道、车辆动力学以及车辆-线路-桥梁动力耦合作用，研究高速、重载铁路路基结构设计和动力学理论。

（6）研究机车车辆空气动力学、机车车辆防碰撞安全理论和重载列车的纵向动力学仿真研究。

（7）研究无砟轨道、大号码道岔设计理论。

（8）研究无砟轨道、无缝线路与桥梁的共同作用机理。

（9）开展可靠性设计、评估及疲劳寿命理论，结构物耐久性研究，RAMS（可靠性、可用性、可维护性和安全性）的理论与方法研究。

（10）研究铁路系统虚拟设计、虚拟制造、虚拟样机理论及计算机仿真技术。

（11）开展安全分析评估理论与信息安全技术的研究。

（12）开展运输安全基础参数及技术条件研究。

（13）开展列车编组计划、运行图多方案求解理论及模拟技术的研究。

（14）开展 200 km/h 及以上速度无线通信电波传播理论与测量技术的研究。

（15）开展轨道电路传输理论及测试技术的研究。

（16）开展综合检测技术研究。

2）试验基地、试验手段

研究铁路装备综合试验基地技术方案，建设铁路装备综合试验基地，提供速度试验、重载试验、功能试验、性能试验、耐久性试验、疲劳可靠性试验的条件。

建设轨道交通国家实验室，完善既有重点试验室，加快高速轮轨动力学、现代设计与制造、复合材料、综合仿真、列车运行控制与安全、GSM-R、GPS 等高新技术实验室建设。

3）技术标准、技术监督

建立和完善中国铁路技术标准体系，形成以《铁路主要技术政策》,《铁路技术管理规程》,各部门、各专业的相关技术管理办法，铁路局《行车组织规则》,《车站行车工作细则》,《段管理工作细则》为主构成的五级技术标准体系。修订、补充、完善相关技术标准、规范、规章，适应客运专线建设、既有线提速改造、重载运输的需要。针对消化、吸收国外先进技术的要求，研究扩大采标范围，完善行业标准。研究不同行车速度等级的铁路工程设计标准，研究编制客运专线铁路维修管理规程；开展制定标准所需各项参数的试验、研究。

研究建立健全质量监督体系，加强对铁路主要工业产品的监督管理，完善铁路工业产品质量认证和铁路工业产品生产许可制度。实行信号产品安全认证。

研究应用数字化、智能化计量器具；针对安全技术领域不断采用的新型铁路运输安全检测设备，研究完善计量检测设备的量值溯源系统。

4）政策理论与管理科学

开展铁路在我国综合交通运输体系中的作用，建设资源节约型社会、环境友好型社会对铁路发展的要求，在国家自主创新体系中铁路技术创新的新内涵等理论研究，为推进和谐铁路建设提供理论支撑。

开展铁路运输企业经营管理、成本管理、财务会计制度，铁路运输安全管理，铁路运输企业人力资源管理，客、货运营销等现代管理技术的研究。

5）铁路信息数据库

以满足我国铁路技术创新、管理创新的信息需求为目标，按照规范化、标准化要求，加强铁路信息数据库建设，完善信息化网络服务平台，逐步建成涵盖世界铁路高速、提速、重载、安全、信息化、管理等领域，具有网络化、智能化、信息化服务功能的信息数据库，为和谐铁路建设提供及时、准确的信息支撑。

（二）铁路"十一五"科技发展重大项目

为实现"十一五"铁路科技发展目标，落实科技发展重点任务，提出具有全局性、战略性、前瞻性的 12 项重大专项。这些重大专项的实施，铁道部将重点安排科研项目。

1. 动车组技术

动车组是铁路的核心技术装备，既有线提速 200 km/h 和客运专线将大量采用先进的动车组装备，系统掌握 200 km/h 及以上动车组技术，对推进我国铁路技术装备和制造业整体水平的快速提升，具有重要意义。其主要研究内容包括：

动车组技术标准体系；

动车组系统集成技术；

车体结构材质和轻量化；

交-直-交牵引电传动系统；

高速制动系统；

高速转向架；

列车控制及诊断技术；

动车组辅助供电系统；

动车组车辆连接系统；

车辆环境控制技术；

动车组综合试验及验收评估技术；

润滑与摩擦材料、车体及关键部件材料及工艺、阻燃及环保材料、减振降噪材料；

动车组管理、检修、整备体系；

检修基地主要检修设备的运用；

动车组乘务员模拟驾驶装置。

2. 列控技术

列车运行控制系统是实现既有线 200 km/h 提速和客运专线运营的核心装备，是开行 200 km/h 以上列车，保障行车安全的前提。其主要研究内容包括：

CTCS-3 技术规范及标准；

列控系统测试规范及测试技术；

铁路信号专用安全控制技术及设备；

列控车载设备；

列控中心系统；

查询应答器；

列控系统与 GSM-R 接口技术；

客运专线列控系统和国产轨道电路的匹配；

列控系统与既有计算机联锁、调度集中等信号设备间接口技术。

3. 运营调度系统技术

铁路运营调度系统是铁路运营管理的中枢，是保障铁路运输安全、正点，提高运输效率，实现铁路运输指挥智能化的重要系统。其主要研究内容包括：

运营调度软件系统；

客运专线和既有线运营调度系统集成创新；

适合我国铁路运输特点的分散自律调度集中系统（CTC）；

路网车流预测与调整优化技术；

路网的列车运行调整技术；

突发事件条件下行车组织与列车运行调整技术。

4. 旅客服务系统技术

旅客服务系统是实现铁路客运服务现代化的关键系统，引进国外铁路先进的旅客服务及管理理念，建设适合中国国情的旅客服务系统，对提高铁路客运服务质量，提升铁路形象具有重要意义。其主要研究内容包括：

先进售-检票硬件平台、站车旅客服务系统；

客运电子商务系统；

客户服务中心及面向社会信息服务系统；

新一代中国铁路客票发售、预订系统（客运专线和既有线一体）。

5. 牵引供电系统技术

牵引供电技术是客运专线和既有线电化的核心技术，加强牵引供电系统技术研究，对客运专线建设运营和既有线 200 km/h 提速，具有重要意义。其主要研究内容包括：

牵引供电系统集成技术；

牵引供变电系统；

接触网系统；

SCADA 系统技术；

牵引供电检测系统技术；

牵引供电调度信息监控系统。

6. 无砟轨道线路技术

无砟轨道具有轨道平顺性好、刚度均匀性高、轨道几何形状保持好、维修工作量少等特点，是世界高速铁路轨道技术的发展趋势，我国铁路客运专线将普遍采用先进的无砟轨道技术。其主要研究内容包括：

无砟轨道消化、吸收、适应性及综合试验；

无砟轨道线路刚度匹配及过渡段措施试验；

无砟轨道材料工艺及关键构件；

无砟轨道道岔区结构试验；

无砟轨道轨道电路传输特性及测试方法；

无砟轨道施工技术及成套装备；

无砟轨道混凝土耐久性设计和快速检测评定技术试验；

无砟轨道验收、评定及维修技术；

无砟轨道 250 km/h 和 300 km/h 大号码道岔成套技术试验；

铺设无砟轨道的大跨度桥梁结构设计及关键技术试验；

无砟轨道箱梁制造、运输、架设及质量评定技术试验；

无砟轨道桥梁、路基沉降控制技术及措施试验；

无砟轨道线下工程变形监测、评估技术试验；

无砟轨道软土地基处理与沉降控制技术的试验；

无砟轨道红黏土、膨胀土等路基防排水、变形特性及路堑边坡稳定性试验；

无砟轨道湿陷性黄土地基工程特性、防排水、填料的改良及地基处理试验；

无砟轨道大断面黄土隧道设计、施工方法与监控技术；

无砟轨道轨道电路传输特性；

软弱深层地基处理技术及装备。

7. 专用煤运通道重载装备技术

重载运输作为一种重要的运输组织方式，是提高铁路运输效率的重要手段，已在世界范围内得到了迅速发展。我国将大力发展铁路重载运输技术装备，促进铁路运输效率和能力的快速提升。其主要研究内容包括：

在引进技术的基础上，实现机车同步控制装置国产化；

在引进技术的基础上，实现新型计算机控制的机车制动机国产化；

在大功率交流传动电力、内燃机车技术引进的基础上，实现重载交流传动机车的国产化；

25 t 轴重、载重 80 t 的全钢运煤敞车；

适用于开行 2×1 万吨重载列车的 800 Mz 专用通信系统；

同步操纵装置与 GSM-R 网专用通信接口及设备（地面节点和 OCU 装置）；

重载列车用新型货车制动机；

机车、车辆用大容量弹性胶泥缓冲器；

轮轨低动力作用、低磨耗、轴重 25 t 及以上新型转向架及新型重载车轮；

新型牵引杆及高强度车钩；

重载列车优化操纵、纵向动力学及运行试验验证；

重载机车车辆纵向动力学性能设计、试验规范；

重载组合列车开行有关的技术规程、管理办法和应急预案。

8. 既有线提速技术

既有线提速是世界铁路发展的重要趋势，实现我国铁路既有繁忙干线客运 200 km/h、货运 120 km/h，将对提高我国铁路既有线运输能力、运输质量和运输效率具有重要意义。其主要研究内容包括：

200 km/h 客运机、客车；

120 km/h 满足 5 000 t 牵引质量的 6 轴货运机车；

列控系统设备、集成技术，测试技术；

既有信号设备可靠性、安全性；

提速线路养护维修技术和设备；

提速线路路基、桥梁等结构物在线状态检测、评估技术；

120 km/h 货车提速对线桥设备的适应性研究，以及维修标准、设备监测与评估、改造和加固措施；

客货混运线路损伤机理及养护维修技术。

9. 青藏铁路运营关键技术

2006 年，青藏铁路已全线建成通车。针对青藏铁路特殊、复杂的运营环境，开展运营关键技术攻关，对保证青藏铁路运营安全，具有重要意义。其主要研究内容包括：

高原机车车辆运用；

青藏线地理信息系统；

青藏线运营综合监控系统；

青藏线环境监测系统；

青藏线救援指挥系统；

ITCS 关键技术及系统国产化；

青藏线各业务系统综合集成；

青藏线轨道、桥梁检查设备和检测技术；

青藏线多年冻土工程长期监测和病害防治技术。

10. 铁路长大隧道、特大桥梁修建技术

长大隧道、特大桥梁是铁路建设的关键性控制工程。针对"十一五"期间建设的石太客运专线太行山隧道、广深港狮子洋水下隧道、天兴洲公铁两用长江大桥、南京大胜关长江大桥等标志性桥隧工程，开展相关修建技术攻关，对保证我国铁路建设进度，整体提升铁路桥隧建设技术水平，具有重要意义。其主要研究内容包括：

天兴洲长江大桥结构特性及抗风、抗震、列车走行性；

天兴洲长江大桥结构构造、整体节点试验；

天兴洲长江大桥钢梁制造、架设技术试验；

天兴洲长江大桥安全监测、桥墩防撞技术；

南京大胜关长江大桥桥梁结构特性及列车走行性、抗风及抗震技术；

南京大胜关长江大桥 Q420 桥梁钢试验；

南京大胜关长江大桥整体桥面系试验；

南京大胜关长江大桥梁端缓冲结构、轨道伸缩装置等试验；

南京大胜关长江大桥钢梁制造技术试验；

南京大胜关长江大桥修建技术；

大跨度混凝土桥梁结构设计及线形控制技术；

长大隧道、水下隧道综合勘察技术，制订水下隧道建设技术标准；

盾构法施工隧道的关键技术和装备；

水下隧道盾构段不均匀地层和结构刚度变化段沉降控制技术；

太行山特长隧道运营通风与防灾救援技术；

太行山特长隧道软弱围岩安全监测与变形控制技术；

长大运营隧道结构状态监测与养护维修技术；

超大断面黄土隧道设计施工综合技术；

城区修建铁路隧道的综合技术。

11. 安全保障与应急救援系统关键技术

安全保障与应急救援系统是保证铁路运输安全、加快事故救援、减轻事故危害的核心技术装备。加快安全保障与应急救援系统开发和推广应用，对保证我国铁路运输安全，提高应急救援速度和能力，具有重要意义。其主要研究内容包括：

全路行车安全保障与应急救援系统框架体系和技术标准体系；

一体化的铁路安全监控预警系统；

综合检测车；

铁路安全分析与模拟系统；

事故快速定位技术与事故救援技术及系统；

地面监测数据综合分析预测及维修管理系统；

基础设施检测、监测数据的综合分析及灾害预防和修理预测系统；

铁路通信网络共用平台；

快速救援起复的装备及机具。

12. 重大装备试验基地及关键技术平台建设

重大装备试验基地及关键技术平台是技术创新的重要基础，加强重大装备试验基地及关键技术平台建设，对提高我国铁路自主创新能力，具有重要意义。其主要研究内容包括：

重大装备试验基地；

高速轮轨动力学实验室；

现代设计与制造实验室；

复合材料实验室；

综合仿真实验室；

列车运行控制与安全实验室；

GSM-R 实验室；

GPS 实验室。

（三）铁路"十一五"科技发展保障措施

1. 创新体制机制，构建中国特色的铁路创新体系

按照国家的要求，继续推进科技体制改革，充分发挥政府的主导作用，充分发挥市场在科技资源配置中的基础性作用，充分发挥企业在技术创新中的主体作用，充分发挥国家科研机构的骨干和引领作用，充分发挥大学的基础和生力军作用，进一步形成科技创新的整合力。为增强铁路自主创新提供良好的制度保障，建立以企业为主体，市场为导向，产学研相结合的技术创新体系，优化整合铁路科技资源，树立大科研观念，通过重大项目将科研单位、高校、企业统领起来，支持企业同科研院所，高等学校联合建立研发机构，产业技术联盟等技术创新组织，建立开放、流动、竞争、协作的技术创新机制，形成强大的自主创新力量。

2. 采取有效措施，激励自主创新

贯彻国务院关于实施《国家中长期科学和技术发展纲要（2006—2020 年）》的若干配套政策，结合铁路实际，研究制定相应的落实办法与措施。

进一步加强科技投入，建立多元化科技投入体系，为科技发展创造良好物质条件，要确保科技投入的稳定增长，铁道部和铁路运输企业把科技投入作为预算保障的重点，从 2006 年开始，每年安排的科技研究与试验资金投入不低于铁路运输企业收入的 0.5%。铁道部科技投入主要用于铁路行业重大关键技术的自主创新、试验和科技成果推广应用，以及基础性、前瞻性、公益性研究工作。铁路运输企业科技投入主要用于企业技术创新的重点项目。积极争取国家及地方政府对铁路技术创新的支持，广开融资渠道，拓宽利用外资驱动，鼓励和吸引社会资金投向铁路科技研究开发领域。加大科技奖励工作力度，根据国家科技奖励办法的有关精神，针对铁路行业重大工程项目的实际，设立铁道部重大项目科技专项奖，表彰和奖励在铁路技术创新中做出重大贡献的团队和个人。

加强知识产权保护和技术标准体系建设，加大对先进技术装备知识产权的保护力度，研究制定我国铁路应掌握自主知识产权的关键技术和重要产品目录。铁道部加强对行业重要技术标准的指导与协调，支持行业技术标准的研究和国外先进技术标准向国内标准的转化，引导产学研联合研制技术标准，促使标准与科研、开发、设计、制造相结合，形成以我为主的技术标准体系。

3. 坚持以人为本，造就高素质铁路科技队伍

健全人才工作机制，加强高层次人才培养，为铁路自主创新提供人才保证和智力支持。结合客运专线、技术装备现代化等重大建设项目和重点科技计划，不断改进培训制度、内容和方法，进行分类分层培训，提高人才创新能力；通过科研项目开发，技术难题攻关，组织出国培训，开展学术交流等方式，培养造就一批具有世界水平的铁路专家，继续深化人事制度改革，推行以岗位管理为核心的聘用制；从铁路行业的特点出发，完善人才评价手段和人才评价方式，形成以能力和业绩为主的各类人才考核评价机制。建立以业绩、贡献为取向，收入分配向重点、关键岗位和优秀人才倾斜的收入分配制度；探索建立产权激励机制，对做出突出贡献的人才可以技术、专利等生产要素参与收益分配，或实行期权和股权激励。采取多种方式，积极引进高速、重载、安全、信息等新技术方面的急需国内外人才，通过参与项目开发，技术攻关，科技咨询、培训服务等多种方式引进智力。

4. 加强领导，营造有利于自主创新的环境

加强组织领导，切实把提高自主创新能力作为推进和谐铁路建设的大事抓紧抓好。各级领导干部必须深刻认识提高铁路自主创新能力的极端重要性和紧迫性，高度重视创新能力、创新体系和创新机制的建设，切实把科技工作摆上议事日程，不断加强和改善对科技工作的领导，带头学科学，用科学，把通过组织创新能力的成效作为落实科学发展观和正确政绩观的重要内容。做好人力资源开发和政策制定，协调服务工作，关心和爱护广大科技工作人员，充分发挥他们的作用，努力改善他们的工作生活条件。

加强协调配合，加大对自主创新的支持力度。加强领导最重要的是为自主创新创造良好的环境，铁路各级部门要切实履行职责，加强统筹协调，根据国家有关支持自主创新的政策要求，结合铁路实际，研究制定规定配套政策或实施细则，根据国内外形势的发展变化适时加以调整和完善。

动员全路干部职工，积极投身铁路自主创新工作，提高铁路组织创新能力，加快实现铁路现代化。

五、中国高速列车科技发展"十二五"专项规划

（一）国内外形势与必要性分析

1. 国际高速列车相关技术发展现状与趋势

世界上轨道交通技术发达国家一般按服务模式和路网技术特征对轨道交通系统进行分类，并在此分类基础上对其基础设施和列车分别进行体系化配置。一般情况下，运营速度 200 km/h

以上的导向运输系统（Guided Transportation Systems）均被称为高速运输系统，运营速度 200 km/h 以上的轮轨系统即为高速铁路。

自 1964 年日本首次开行高速列车以来，经过了 50 余年的发展，形成了以日本新干线 N700 系与 E5 系、法国 TGV 和德国 ICE 为代表的高速列车技术。高速列车的运营速度从最初的 210 km/h 提高到 320 km/h，日本新干线、法国 TGV 和德国 ICE 的运营速度分别为 300 km/h、320 km/h 和 300 km/h。

为获取安全性极限参数和进行安全评估，各国分别研制时速远高于运营列车的试验列车，试验速度逐步提高。2007 年 4 月 3 日，法国 AGV 的最高试验速度达到了 574.3 km/h，为保持技术和相关产业的领先与可持续发展提供了重要的研究、试验、数据和评估手段。

目前，世界各发达国家高速铁路的发展进入新一轮快速发展期，主要表现在如下几个方面：

（1）泛欧高速铁路网已见雏形，跨欧洲互操作技术与系统取得重大进展。

（2）适应于欧洲各类线网的轨道交通技术、装备、系统已成完整体系。

（3）建管、运营、服务与安全保障一体化技术架构已经形成并逐步实施。

（4）围绕"欧盟-国家-行业-企业-研究机构"主线已形成完备的技术创新体系、产业支撑体系、市场机制和法律机制。

（5）欧洲高速列车技术在谱系化、标准化、一体化、成熟性等方面总体上居世界前列，技术标准体系居世界制高点。

（6）日本高速铁路技术、装备、系统已形成完整体系，运输组织、安全保障与服务技术居世界前列。

（7）建立了以高速铁路为主干骨架的一体化、安全、绿色、高效、智能的泛欧轨道交通网：

① 扩能和能力保持技术发展加速；

② 高速列车形成谱系化、模块化和标准化发展趋势；

③ 运营管理、运输组织和服务技术水平不断提高；

④ 高速铁路清洁化、绿色化、智能化技术受到空前重视；

⑤ 轨道交通安全（Safety/Security）保障技术一体化（Holistic）已成技术发展趋势；

⑥ 高速铁路技术作为"走廊技术""替代技术"和"世纪技术"地位的加强。

（8）技术和装备的"清洁化""智能化"已成北美轨道交通领域的发展重点，大规模高速铁路建设已开始启动。

（9）网络化运输组织、安全保障与服务集成化技术成为日本轨道交通领域发展重点。

2. 我国高速列车技术发展历程与现状

铁路是国家重要基础设施、国民经济大动脉和大众化交通工具，对我国社会经济又好又快发展和国防起着不可替代的全局性支撑作用。大规模发展具有运能大、安全舒适、全天候运输、环境友好和可持续性等优势的高速铁路，不仅是党中央、国务院的重大战略决策，也是在能源和环境约束下解决我国交通运输能力供给不足的矛盾，带动形成一大批高新技术和相关产业及制造业提升与发展的必由之路和必然选择。

我国高速铁路和高速列车技术研究和建设经过了近 20 年的发展历程。第一阶段从 1990 年至 2007 年，经历了全国铁路五次大提速和德、日、法高速动车组的引进消化吸收；第二阶段从 2008 年至今，是以自主创新为主的阶段，其标志之一是"中国高速列车自主创新联合行动计划"的启动实施。

按照国家《中长期铁路网规划（2008 年调整）》，到 2020 年，全国铁路营业里程达到 12 万千米以上，复线率和电化率分别达到 50% 和 60% 以上，主要繁忙干线实现客货分线。其中，建设客运专线 1.6 万千米以上。

我国高速铁路网具有区别于欧洲和日本高速铁路的若干重要特征，主要表现为：路网规模大，覆盖地域辽阔；地理、地质、气候条件复杂多变；不同区域社会经济发展极不平衡，导致客运需求层次丰富；既有线提速和跨区域高速、区域快速和城际快速铁路等不同速度级客运专线具有完全不同的运营、需求条件，需要不同的运营模式和列车装备配套。

依托科技部和铁道部两部联合开展的"中国高速列车自主创新联合行动计划"和"十一五"国家科技计划项目，我国已建立了以政策为指导、市场为导向，以企业为主体、产学研用相结合的科技创新模式；以高速列车设计制造企业为龙头，联合国内多家高校、科研院所及高速列车零部件配套企业，发挥各自优势科技资源和产业资源，分工协作，突破高速列车关键技术，构建起高效的高速列车技术创新机制，推动我国高速铁路技术发展创新进入到一个新的阶段。在新一代高速列车设计、制造、试验过程中，国内 25 所重点高校、11 所科研院所、51 家国家级实验室和工程技术研究中心开展了广泛的技术合作与交流，快速攻克了关键技术问题，从而保证了新一代高速列车的成功研制。

2010 年 12 月 3 日，具有自主知识产权的 CRH380AL 新一代高速列车在京沪线先导段创造了 486.1 km/h 的世界高速铁路最高运营试验速度，列车各项性能指标完全满足设计要求，标志着我国高速列车技术已跻身世界高速列车技术先进行列。截至 2011 年，我国已投入运营的高速列车共计 786 标准列（8 辆编组），其中 200～250km/h 速度级 355 列（短编 290 列，长编 65 列），300～350 km/h 速度级 140 列，时速 380 km/h 速度级 133 列（短编 40 列，长编 93 列）。随着高速列车数量的不断增多，高速动车组的型号也逐渐丰富起来，由技术刚引进时单一编组（8 辆编组）、单一用途（座车）、单一速度等级的 4 种车型，发展到目前包括长短编、座卧车、多种速度等级的 12 种车型。

3. 专项实施的必要性

"十一五"期间，我国已建成 5 000 km 以上的高速铁路，居世界前列；到 2020 年，将建成 16 000 km 的高速铁路，届时我国高速铁路的总里程将位居世界第一。

实现不同速度、不同运营条件、不同运营模式下的高速列车谱系化，不仅是世界高速铁路技术的发展方向，更是我国高速铁路和高速列车装备的重大需求。我国已拥有规模居世界前列的高速铁路网，从整体上确保高速铁路的系统安全性和可持续性是我国高速铁路面临的重大挑战。

高速列车的安全平稳运行，取决于施于列车上的各种力的产生、相互作用与控制，因而高速运行条件下的列车力学行为、特性及其作用规律等构成了高速列车最重要的基础科学问题。研究并形成相应的理论和方法体系，对构造合理安全的流固、轮轨和弓网关系，以及在高速条件下使上述关系得以稳定保持的牵引、制动、材料、结构和控制技术，具有重要的基础性和全局性意义，是我国高速列车技术得以持续发展并保持领先地位的根本保障。

高速铁路作为一个由复杂技术装备组成、在复杂环境中运行、完成具有复杂时空分布特征的位移服务的整体，是一个复杂的网络化巨系统，其在不同尺度下安全行为的决定要素众多、耦合复杂、涌现丰富。因此，高速铁路安全相关要素辨识、要素间关联影响机理、涌现规律、异常行为预测及基于预警的主动安全控制，已成为高速铁路整体安全行为理解、系统安全保障和各尺度下安全保障策略形成的重大科学问题。研究并形成我国高速铁路系统安全理论和安全保障方法体系，对我国高速铁路体系化安全保障技术的形成，以及高速铁路整体安全水平保持与提高具有重要的基础性和战略性意义，也是我国高速铁路在保障安全前提下可持续发展的根本保障。

高速列车是高速铁路技术体系的核心，是国家相关高技术发展水平、相关制造能力、自主创新能力以及国家核心竞争力的综合体现。继续提高列车速度和实现高速列车谱系化、智能化是世界高速铁路技术的发展方向，也是我国高速铁路装备发展的战略需求。

研究并形成作为高速列车安全可靠运行的承载和支撑的基础设施建设、养护及服役状态检测技术体系是大规模高速铁路网能力形成、运营安全、能力保持和高效运营的全局性保障，是我国高速铁路网能力形成与保持的战略需求。

研究并形成符合我国国情的高速铁路减振降噪技术是高速列车环境友好性的保障，是我国高速铁路和谐健康和可持续发展的战略需求，是在我国大规模高速铁路网建设和运营条件下构建和谐社会的重要技术保障。

综上所述，我国高速铁路重大技术需求为：高速铁路体系化安全保障技术、高速列车装备谱系化技术、高速铁路能力保持技术、高速铁路可持续性技术。

（二）总体思路与目标确定

1. 总体思路

在"十一五"工作基础上，进一步落实科技部、铁道部《中国高速列车自主创新联合行动计划纲要》（2008 年），以高速列车谱系化、智能化和节能降耗相关技术为主线，以运营安全性、可持续性和提高我国高速列车装备适应性为重点，进行科学布局，确保我国高速列车核心装备技术在自主创新基础上的可持续发展，高速铁路整体安全水平的保持和提升，高速列车既有相关产业的技术进步和发展，高速铁路相关新兴产业的形成，进而支撑我国社会经济的高速可持续发展。

高铁专项规划整体设计思路如图 5.1 所示：

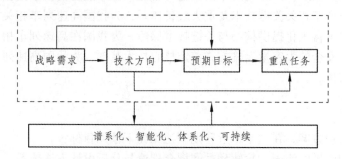

图 5.1 高铁专项规划整体设计思路

我国国民经济、社会发展与铁路行业对高速铁路和高速列车技术与装备发展有如下顶层战略需求：高速铁路运营安全性、高速列车装备自主化、高速铁路发展可持续、高速铁路建设运营高效率。

为满足顶层战略需求，"十二五"期间，我国高速铁路科技工作将沿如下四个重大技术方向展开：高速铁路体系化安全保障技术、高速列车装备谱系化技术、高速铁路能力保持技术、高速铁路可持续性技术。

上述战略需求所明确的四个重大技术方向构成了专项的顶层总体布局。四大技术方向对战略需求的支撑关系如表 5.1 所示。

表 5.1   四大技术方向对战略需求的支撑关系

	战略需求	高速铁路运营安全性	高速列车装备自主化	高速铁路发展可持续	高速铁路建设运行高效率
技术方向	高速铁路体系化安全保障技术	√		√	
	高速列车装备谱系化技术	√	√	√	
	高速铁路能力保持技术	√		√	√
	高速铁路可持续性技术	√	√	√	

在专项的规划和实施过程中坚持以下原则不动摇：创新模式、优势集成；科学规划、合理设计；需求牵引、目标导向；顶层设计、有序实施；创新支撑、应用拉动；横纵有序、适度超前。

通过国家重点基础研究发展计划（973 计划）、国家高技术研究发展计划（863 计划）和国家科技支撑计划的有序安排，做到"应用一代、试验一代、研究一代、储备一代"，使"十二五"的相关研究安排能够"承上启下"，支撑未来我国高速列车相关理论、技术与产业的可持续发展。

2. 战略目标

以高速铁路体系化安全保障技术、高速列车装备谱系化技术、高速铁路能力保持技术和高速铁路可持续技术为重点，以高速列车谱系化、智能化和节能降耗技术为核心，完善、提升并基本形成我国高速列车相关关键技术及重大装备体系，为我国高速列车相关技术与装备具备可持续发展能力和完全自主化提供核心与关键技术保障，为我国在高速列车相关领域的持续发展和高速铁路成为最安全的大容量运输方式奠定核心技术基础，为我国高速列车相关产业的形成和提升提供科技支撑。

3. 预期目标

通过实施该专项方案，在"十二五"期间达到如下预期目标：

（1）形成我国先进的流固、轮轨和弓网耦合理论与分析设计方法体系，从根本上保障我国高速列车技术持续发展并保持领先地位。

（2）形成我国高速铁路系统安全理论和主动安全保障核心技术体系，从根本上提升和持续保障我国高速铁路的整体安全性和保障能力。

（3）研制有自检测、自诊断、自决策能力的智能化高速列车系统，实现我国高速列车的安全可靠运行和全生命周期能力保持与优化，全面提升我国高速铁路运力资源能力保持水平和列车运行在途服务水平。

（4）形成基于永磁电机的新型牵引传动系统技术、标准和装备体系，从根本上提高我国高速列车的可靠性、安全性和能源效率，适应并引领世界高速列车牵引传动模式的技术和装备战略转型。

（5）形成符合我国国情的高速铁路基础设施建设、养护及服役状态监测、安全评估技术、标准和装备体系，从根本上解决我国高速铁路系统的可靠性、安全性和能力生成与保持等问题，从整体上确保我国规模居世界首位的高速铁路基础设施安全性和可用性。

（6）形成适应我国高速铁路布局、设施结构和环境影响特点的减振降噪技术、标准和装备体系，从技术上确保我国高速铁路的环境友好性，从而使我国高速铁路发展和运营满足国家和谐社会构建要求。

（7）形成我国自主的高速列车谱系化和适应性技术，构建高速列车设计制造一体化数字平台及定制化关键技术、标准和可规模产业化的车型系列，为我国高速铁路网在需求多样性和复杂地理环境下可持续运营提供完善的装备支撑。

（8）形成我国高速列车轻量化与整车性能提升技术体系，研制新型车体、转向架、制动摩擦副以及列车安全防护结构等高速列车轻量化相关关键零部件，为高速列车装备完全自主化和整车性能提升提供基础支撑。

4. 战略需求、技术方向、预期目标的相互关系

为满足我国高速铁路发展的战略需求，根据高铁"十二五"专项实施方案整体设计思路，确定了技术方向及预期目标，三者之间的逻辑关系如表 5.2 和表 5.3 所示：

表 5.2　预期目标满足战略需求（战略需求、技术方向与预期目标三者的逻辑关系）

预期目标		战略需求			
序号	目标内容	高速铁路运营安全性	高速列车装备自主化	高速铁路发展可持续	高速铁路建设运营高效率
1	形成我国先进的流固、轮轨和弓网耦合理论与分析设计方法体系，从根本上保障我国高速列车技术持续发展并保持领先地位	√	√	√	
2	形成我国高速铁路系统安全理论和主动安全保障核心技术体系，从根本上提升和持续保障我国高速铁路的整体安全性和保障能力	√		√	
3	研制有自检测、自诊断、自决策能力的智能化高速列车系统，实现我国高速列车的安全可靠运行和全生命周期能力保持与优化，全面提升我国高速铁路运力资源能力保持水平和列车运行在途服务水平	√	√		
4	形成基于永磁电机的新型牵引传动系统技术、标准和装备体系，从根本上提高我国高速列车的可靠性、安全性和能源效率，适应并引领世界高速列车牵引传动模式的技术和装备战略转型		√	√	

预期目标		战略需求			
序号	目标内容	高速铁路运营安全性	高速列车装备自主化	高速铁路发展可持续	高速铁路建设运营高效率
5	形成符合我国国情的高速铁路基础设施建设、养护及服役状态监测、安全评估技术、标准和装备体系，从根本上解决我国高速铁路系统的可靠性、安全性和能力生成与保持等问题，从整体上确保我国规模居世界首位的高速铁路基础设施安全性和可用性	√		√	√
6	形成适应我国高速铁路布局、设施结构和环境影响特点的减振降噪技术、标准和装备体系，从技术上确保我国高速铁路的环境友好性，从而使我国高速铁路发展和运营满足国家和谐社会构建要求			√	
7	形成我国自主的高速列车谱系化和适应性技术，构建高速列车设计制造一体化数字平台及定制化关键技术、标准和可规模产业化的车型系列，为我国高速铁路网在需求多样性和复杂地理环境下可持续运营提供完善的装备支撑	√	√	√	√
8	形成我国高速列车轻量化与整车性能提升技术体系，研制新型车体、转向架、制动摩擦副以及列车安全防护结构等高速列车轻量化相关关键零部件，为高速列车装备完全自主化和整车性能提升提供基础支撑	√	√	√	

表 5.3 技术方向支持预期目标（需求、技术方向、预期目标三者逻辑关系）

预期目标		技术方向			
序号	目标内容	高速铁路体系化安全保障技术	高速列车装备的谱系化技术	高速铁路能力保持技术	高速铁路可持续性技术
1	形成我国先进的流固、轮轨和弓网耦合理论与分析设计方法体系，从根本上保障我国高速列车技术持续发展并保持领先地位	√	√	√	√
2	形成我国高速铁路系统安全理论和主动安全保障核心技术体系，从根本上提升和持续保障我国高速铁路的整体安全性和保障能力	√		√	√

预期目标		技术方向			
序号	目标内容	高速铁路体系化安全保障技术	高速列车装备的谱系化技术	高速铁路能力保持技术	高速铁路可持续性技术
3	研制有自检测、自诊断、自决策能力的智能化高速列车系统，实现我国高速列车的安全可靠运行和全生命周期能力保持与优化，全面提升我国高速铁路运力资源能力保持水平和列车运行在途服务水平	√	√	√	
4	形成基于永磁电机的新型牵引传动系统技术、标准和装备体系，从根本上提高我国高速列车的可靠性、安全性和能源效率，适应并引领世界高速列车牵引传动模式的技术和装备战略转型		√	√	√
5	形成符合我国国情的高速铁路基础设施建设、养护及服役状态监测、安全评估技术、标准和装备体系，从根本上解决我国高速铁路系统的可靠性、安全性和能力生成与保持等问题，从整体上确保我国规模居世界首位的高速铁路基础设施安全性和可用性	√		√	
6	形成适应我国高速铁路布局、设施结构和环境影响特点的减振降噪技术、标准和装备体系，从技术上确保我国高速铁路的环境友好性，从而使我国高速铁路发展和运营满足国家和谐社会构建要求		√		√
7	形成我国自主的高速列车谱系化和适应性技术，构建高速列车设计制造一体化数字平台及定制化关键技术、标准和可规模产业化的车型系列，为我国高速铁路网在需求多样性和复杂地理环境下可持续运营提供完善的装备支撑	√	√	√	√
8	形成我国高速列车轻量化与整车性能提升技术体系，研制新型车体、转向架、自动摩擦副以及列车安全防护结构等高速列车轻量化相关关键零部件，为高速列车装备完全自主化和整车性能提升提供基础支撑	√	√		√

（三）重点任务与主要研究内容

1. 基础理论方面

在基础理论方面重点安排以下研究内容：

1）高速列车关键力学行为、特征与规律研究

依托时速 500 km 高速试验列车，开展高速列车气动行为、轮轨关系、弓网关系、车体结构振动及耦合动力学等关键力学行为研究；围绕未来更高速度高速列车的研制和运行，开展高速列车新型减阻技术、气动控制、姿态控制，以及大量新技术在高速列车中应用带来的系统动力学问题研究。

2）高速铁路系统安全行为机理及安全保障基础问题研究

研究高速铁路系统安全要素、要素相互作用及涌现演化行为机理分析和表达方法以及高速列车运行安全域动态估计理论；高速铁路系统失效涌现机理、失效链分析以及突发事件发生机理及时空演化规律；高速铁路系统隐患辨识、失效预测、风险评估和安全规划等主动安全保障理论方法，以及突发事件下高速铁路系统能力快速恢复机制与资源协同配置等理论。

2. 关键技术方面

在关键技术方面重点安排以下研究内容：

1）高速铁路重大关键技术及装备研制

为适应并引领世界高速列车牵引传动模式的技术和装备战略转型，研究形成基于永磁电机的新型牵引传动系统技术、标准和装备体系；为解决我国高速铁路作为整体的可靠性、安全性和能力生成与保持问题，研究和发展符合我国国情的高速铁路基础设施服役状态监测和安全评估技术、标准和装备体系；为确保我国高速铁路的环境友好性，研究和发展适应我国高速铁路布局、设施结构和环境影响特点的减振降噪技术、标准和装备体系。

2）高速列车谱系化关键技术及系列车型研制

为使高速列车装备满足我国多样化需求，研究形成满足我国不同地区、不同基础设施条件和不同速度等级的高速列车和常规铁路高速化关键技术、高速列车装备的国际适应性核心技术、高速列车设计制造一体化数字平台及定制化关键技术；研制高速列车系列车型、常规铁路高速化列车、我国出口型高速列车系列车型和我国高速列车定制化设计制造一体化数字平台。

3）高速列车系统综合节能关键技术

在保障高速列车系统安全可靠前提下，以大幅度降低高速列车系统能耗水平为目的，研究开发高速列车的轻量化、降低牵引传动损耗、节能型空调、车内废排能源回收、列车再生能力和黏着充分利用等关键技术，从整体上持续提高我国高速列车系统能源利用效率。

4）高速列车新型牵引动力系统关键技术研究

为满足新型高速列车牵引动力需求，进行轻量化、小型化、集成化、智能化的牵引传动系统相关基础理论研究；研究和探索满足高速列车更高速度运行及谱系化发展需求的新型牵引动

力、供电及受流传输、牵引传动等系统。

5）高速列车轻量化与整车性能提升关键技术研究

为满足高速列车高速运行和适应广域环境条件下轻量化以及整车机械性能提升发展需求，针对轻量化先进材料体系建立、相关材料制备、高性能结构设计与制造涉及的关键技术问题开展研究。

3. 集成技术与示范应用方面

在集成技术与示范应用方面重点安排以下研究内容：

1）智能化高速列车系统关键技术研究及样车研制

为全面提升我国高速铁路运力资源能力保持水平和列车运行在途服务水平，研究并集成应用传感网和物联网技术、全息化运行环境感知技术、高速列车系统数据传输与处理技术和智能化旅客在途服务技术；研制以全息化列车状态感知和动态数字化运行环境为基础，以信息智能处理与交互为支撑，具有自检测、自诊断、自决策能力的智能化高速列车系统及智能列车样车。

2）高速运行安全性移动试验测试技术与平台研制

为使超高速列车系统动力学、在超高速条件下列车系统动态行为和相互作用关系、列车及其边界条件的参数和性能设计等理论研究具备技术试验、验证和数据获取平台，和为开展以列车各系统参数匹配、结构强度优化、流场气压控制、振动、电磁干扰等技术研究及设计提供重要支撑，研究高速移动综合检测、试验和实时在途预警关键技术，研制最高试验速度 500 km/h 的高速试验列车和配套车载检测装备。

3）高速铁路基础设施运维及高可用性关键技术与装备研制

为解决我国大规模高速铁路基础设施的高效运营维护问题，应对我国高速铁路基础设施能力保持和安全保障重大技术和装备需求，依托京沪、武广、成兰和兰新等高速铁路，研究高速铁路轨道结构、桥梁结构、隧道结构、路基工程运营维护及高可用性关键技术，研制符合我国高速铁路基础设施高效运维和快速恢复的系列化装备。

4）艰险困难山区及特殊地区高速铁路建造技术与设备

为解决在艰险山区及特殊地区修建高速铁路的技术与设备难题，依托高速铁路建设重大工程，研究在山区及特殊地区高速铁路车站分布、高速铁路高墩、大跨桥梁、不良地质隧道、路基关键技术、无砟轨道、工程材料以及防风、防灾及安全监控关键技术，研制艰险山区及特殊地区高速铁路施工系列设备。

4. 重大技术方向部署

围绕高速列车科技发展"十二五"专项规划重大技术方向，分别从 3 个方向设置了 11 项主要研究任务。主要研究任务与重大技术方向之间的对应关系如表 5.4 所示。

表 5.4 按技术方向部署的重点任务（主要研究任务与重大技术方向之间的对应关系）

重点任务		技术方向			
序号	任务名称	高速铁路体系化安全保障技术	高速列车装备谱系化技术	高速铁路能力保持技术	高速铁路可持续性技术
1	高速列车关键力学行为、特征与规律研究	√	√	√	√
2	高速铁路系统安全行为机理及安全保障基础问题研究	√		√	
3	高速铁路重大关键技术及装备研制	√	√	√	√
4	高速列车谱系化关键技术及系列车型研制	√	√		√
5	高速列车系统综合节能关键技术		√		√
6	高速列车新型牵引动力系统关键技术研究	√			√
7	高速列车轻量化与整车性能提升关键技术研究	√	√		√
8	智能化高速列车系统关键技术研究及样车研制	√	√		
9	高速运行安全性移动试验测试技术与平台研制	√		√	
10	高速铁路基础设施运维及高可用性关键技术与装备研制	√		√	
11	艰险困难山区及特殊地区高速铁路建造技术与设备				√

5. 重点研究任务实现路径

围绕高速列车科技发展"十二五"专项规划设置的主要研究任务，按照"高速列车装备谱系化、运营与安全保障智能化、高速铁路技术体系化、高速铁路可持续化"战略路径，具体落实各重点任务的具体实施方案，主要研究任务与战略路径之间的对应关系，如表5.5所示。

表 5.5 按战略路径实现重点任务（主要研究任务与战略路径之间的对应关系）

重点任务		战略路径			
序号	任务名称	谱系化	智能化	体系化	可持续
1	高速列车关键力学行为、特征与规律研究	√		√	√
2	高速铁路系统安全行为机理及安全保障基础问题研究	√		√	√
3	高速铁路重大关键技术及装备研制	√		√	√
4	高速列车谱系化关键技术及系列车型研制	√		√	√

重点任务		战略路径			
序号	任务名称	谱系化	智能化	体系化	可持续
5	高速列车系统综合节能关键技术				√
6	高速列车新型牵引动力系统关键技术研究	√			√
7	高速列车轻量化与整车性能提升关键技术研究	√			√
8	智能化高速列车系统关键技术研究及样车研制		√	√	
9	高速运行安全性移动试验测试技术与平台研制	√			√
10	高速铁路基础设施运维及高可用性关键技术与装备研制		√		
11	艰险困难山区及特殊地区高速铁路建造技术与设备			√	√

（四）技术路线与主要预期成果

《高速列车科技发展"十二五"专项规划》的实施将按照"需求导向确定重大技术方向，预期目标满足战略需求，技术方向支持预期目标，按技术方向部署重点任务，按战略路径实现重点任务"的整体思路，以"十一五"取得的成绩为基础，以"十二五"规划实现为重点，以"十三五"及以后为中长期目标，设计由各重大技术方向路线图组成的专项规划技术路线图，如图 5.2 至图 5.5 所示。

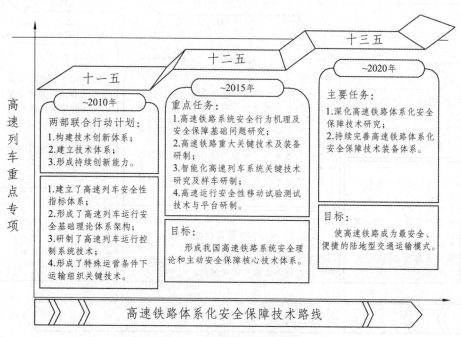

图 5.2　专项规划技术路线

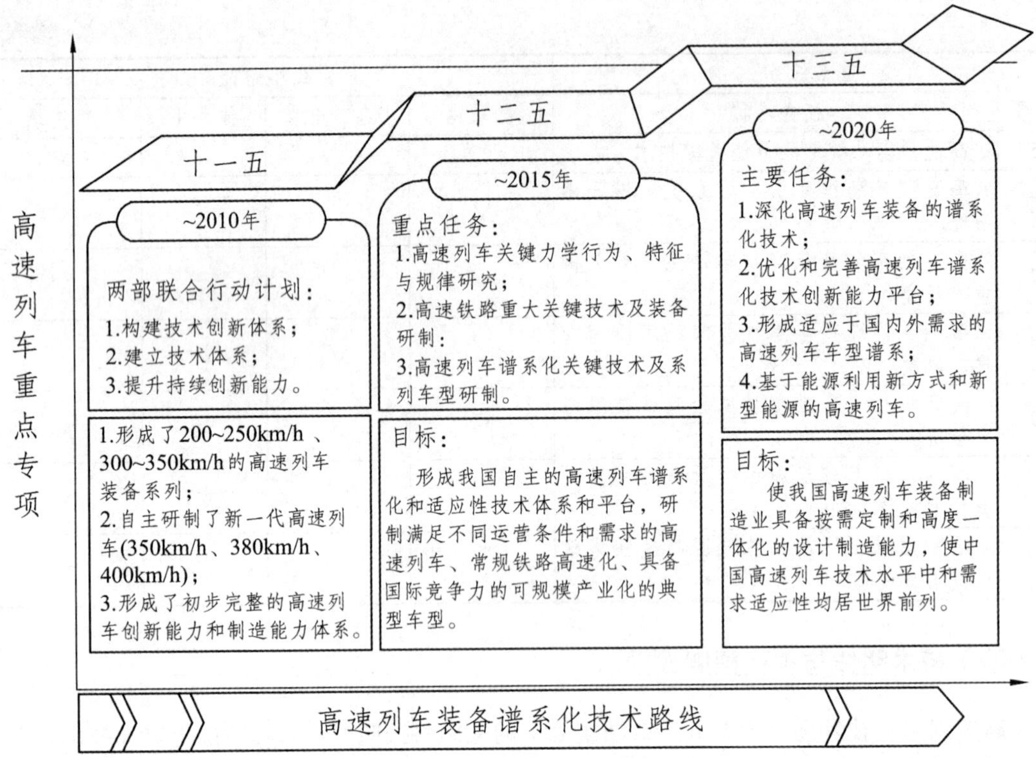

高
速
列
车
重
点
专
项

十一五

~2010年

两部联合行动计划:
1.构建技术创新体系;
2.建立技术体系;
3.提升持续创新能力。

1.形成了200~250km/h、300~350km/h的高速列车装备系列;
2.自主研制了新一代高速列车(350km/h、380km/h、400km/h);
3.形成了初步完整的高速列车创新能力和制造能力体系。

十二五

~2015年

重点任务:
1.高速列车关键力学行为、特征与规律研究;
2.高速铁路重大关键技术及装备研制;
3.高速列车谱系化关键技术及系列车型研制。

目标:
　　形成我国自主的高速列车谱系化和适应性技术体系和平台,研制满足不同运营条件和需求的高速列车、常规铁路高速化、具备国际竞争力的可规模产业化的典型车型。

十三五

~2020年

主要任务:
1.深化高速列车装备的谱系化技术;
2.优化和完善高速列车谱系化技术创新能力平台;
3.形成适应于国内外需求的高速列车车型谱系;
4.基于能源利用新方式和新型能源的高速列车。

目标:
　　使我国高速列车装备制造业具备按需定制和高度一体化的设计制造能力,使中国高速列车技术水平中和需求适应性均居世界前列。

高速列车装备谱系化技术路线

图 5.3　专项规划技术路线

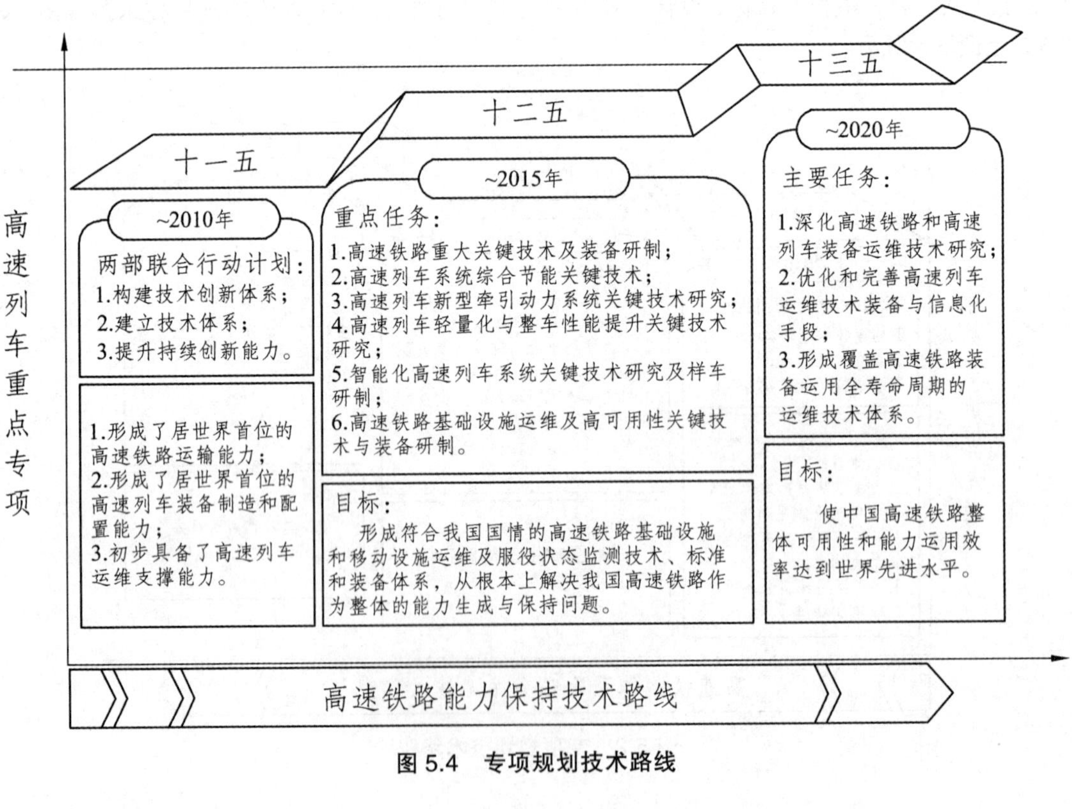

高
速
列
车
重
点
专
项

十一五

~2010年

两部联合行动计划:
1.构建技术创新体系;
2.建立技术体系;
3.提升持续创新能力。

1.形成了居世界首位的高速铁路运输能力;
2.形成了居世界首位的高速列车装备制造和配置能力;
3.初步具备了高速列车运维支撑能力。

十二五

~2015年

重点任务:
1.高速铁路重大关键技术及装备研制;
2.高速列车系统综合节能关键技术;
3.高速列车新型牵引动力系统关键技术研究;
4.高速列车轻量化与整车性能提升关键技术研究;
5.智能化高速列车系统关键技术研究及样车研制;
6.高速铁路基础设施运维及高可用性关键技术与装备研制。

目标:
　　形成符合我国国情的高速铁路基础设施和移动设施运维及服役状态监测技术、标准和装备体系,从根本上解决我国高速铁路作为整体的能力生成与保持问题。

十三五

~2020年

主要任务:
1.深化高速铁路和高速列车装备运维技术研究;
2.优化和完善高速列车运维技术装备与信息化手段;
3.形成覆盖高速铁路装备运用全寿命周期的运维技术体系。

目标:
　　使中国高速铁路整体可用性和能力运用效率达到世界先进水平。

高速铁路能力保持技术路线

图 5.4　专项规划技术路线

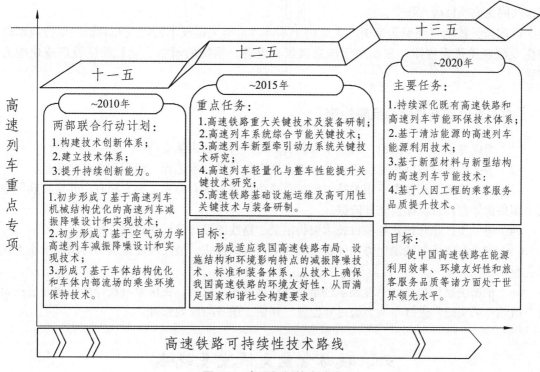

图 5.5　专项规划技术路线

通过实施《高速列车科技发展"十二五"专项规划》，预计将取得如下具有领先水平的成果：

（1）高速列车动力学基础模型、分析、设计和计算理论体系。

（2）高速铁路系统安全分析、预警与主动保障基础理论与方法体系。

（3）高速列车轻量化与整车性能提升关键技术体系。

（4）基于永磁电机的高速列车牵引传动系统技术和装备。

（5）中国高速列车元模型、谱系化技术及系列车型。

（6）高速铁路基础设施服役状态检测、综合评估及预警技术及装备体系。

（7）基于噪声源辨识的高速铁路减振降噪技术、材料、结构及装备体系。

（8）基于状态与运行环境综合感知的智能高速列车系统技术与智能列车。

（9）高速铁路基础设施运维及高可用性关键技术与装备。

（五）专项组织和投入模式

按照科技部、铁道部《中国铁路高速列车自主创新联合行动计划合作协议》（2008 年）和《中国高速列车自主创新联合行动计划纲要》（2008 年）所规定的联合创新机制，由科技部在铁道部和行业部门协同下组织实施，采用产学研用相结合的一体化组织方式，统筹规划，分步实施。

以国家战略需求为导向，根据专项项目性质，以技术、产业和基础研究领域龙头企业、研究机构及大学为主，联合核心配套企业与学术机构，协同相关科研院所、高校组成各项目联合体，共同完成项目研究任务。

以国家科技项目经费为牵引，主要用于基础理论与关键技术的研究和验证；以行业部门和企业配套经费为主体，主要用于成果装置、设备、系统的研制、运行验证及产业化能力建设。

（六）专项实施步骤与保障措施

（1）组成专项总体专家组，为专项规划实施提供有效的决策支持。

（2）进一步研究国际高速铁路相关技术发展态势及其技术选择，确保创新的自主性。

（3）进一步完整掌握专项相关技术创新及产业化能力现有布局，为专项有序开展时确保集成全国最优势创新资源提供充分依据。

（4）进一步优化和细化各项目技术架构定义、路线图设计及优先序列安排。

（5）充分发挥体制机制优势，创新专项和项目组织模式，最大程度集成和协同创新能力优势资源。

（6）依据国家科技计划管理改革创新总体思路及相关政策，在国家科技计划管理办法框架内，组织专项实施和进行专项实施过程监督、评估、服务与绩效管理。

六、铁路智能交通发展战略

（一）国外铁路数字化与智能化的发展

人工智能、BIM 等新技术与铁路融合后形成智能建造、智能装备、智能运营等成套理论和技术体系，将为实现智能铁路战略提供重要技术保证。依托智能京张、智能京雄、智能蒙华等重大工程建设，智能铁路的系统性研究成果将得以验证、应用、推广，形成既具有中国特色，又能为世界其他国家铁路发展参考的智能铁路成套理论技术体系。

通过新一代信息技术大幅提升铁路运输组织效率效益、优化客货运输服务品质、提高铁路运输安全水平成为各国铁路发展的必由之路，铁路智能化已是世界铁路发展的重要方向。在此背景下，德、英、澳、美、日等国铁路相继提出数字化与智能化发展战略规划，并制定了实施路线图和重点任务。

1. 国外铁路数字化战略

1）Rail Route 2050 战略规划

2011 年，欧盟发布《欧洲一体化运输发展路线图》白皮书，旨在将欧洲目前的运输系统发展为具有竞争力和高资源效率的运输系统。

欧洲铁路研究咨询委员会（ERRAC）同步制定《Rail Route 2050》，在智能移动、能源与环境、基础设施等方面，提出了一个高资源效率、面向智能化的 2050 年铁路系统发展蓝图，如图 5.6 所示。

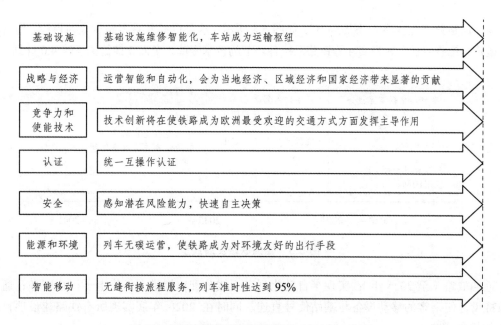

图 5.6　欧洲铁路系统发展蓝图（至 2050 年）

2）Shift2Rail 科技创新战略

数字化铁路已成为欧洲铁路一体化发展的首要任务，欧盟因此出台了一系列战略规划，在 2013 年提出了以市场为导向的 Shift2Rail 科技创新战略，如图 5.7 所示。

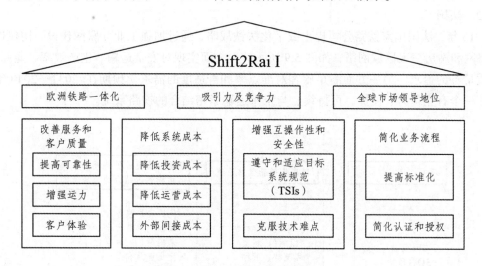

图 5.7　欧洲 Shift2Rail 战略目标

Shift2Rail 实施周期为 2014—2020 年，重点关注生命周期成本降低、路网容量增强、服务可靠性与准时性提高，最终实现欧洲铁路一体化、增强欧洲铁路的吸引力及竞争力、巩固欧洲铁路在全球市场中的领导地位等目标。

（1）德国。

2016 年，德国铁路公司（简称德铁）与德国联邦交通部、德国铁路工业联合会联合签署合作协议"铁路数字化战略"（铁路 4.0），如图 5.8 所示。这是以提升乘客满意度为目标，深入到生产、运营、维修养护、客户交互等铁路系统各环节的技术变革，全面支撑德国运输 4.0 计划。

图 5.8　德国铁路发展展望

近期战略（至 2025 年）：实现半自动化列车无线分配；提供下一代电子行程服务；通过列车独特设计使乘客的移动设备与基站信号直连。同时在 2020 年底实现所有铁路建设项目应用 BIM 的规划战略。

中期战略（2025—2035 年）：实现列车无人驾驶；能够提供更灵活、个性化的交通方式；机器人小汽车（Cab）研制成功并投入使用。

远期战略（2035—2045 年）：形成新型数字化车间；实现电子商务、3D 打印维护、运营过程全自动化；智能设备成为设备维护的日常工具。

（2）法国。

2015 年，法国国家铁路公司提出数字化法铁战略，通过加强工业互联网建设，构建连通列车、路网和站房三大区域网络，如图 5.9 所示。一方面实现对安全运输、生产效率、能源经济、工作质量等的追求，另一方面满足旅客对准点率和舒适度的需求。预期在 2031—2040 年为客户建立一个有竞争力、便捷、可持续、与未来运输紧密结合的铁路系统。

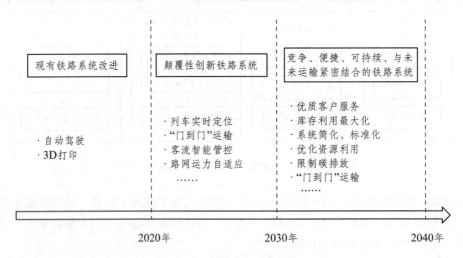

图 5.9　法国铁路发展展望

近期战略（至 2020 年）：对现有铁路系统改进，在郊区线路引入自动驾驶。推进 3D 打印技术，减少 20%零件制造时间和成本。

中期战略（2021—2030 年）：构建颠覆性创新的铁路系统，功能包括列车实时定位、"门到门"运输、客流智能管控、路网运力自适应等。

远期战略（2031—2040 年）：

- 为客户实时提供满足需求、可靠安全、易于访问的服务；
- 最大化路网和库存利用率以降低成本；
- 实现系统简化和标准化，缩短新技术实际应用时间；
- 通过优化资源利用和限制碳排放，完成公共服务使命；
- 将铁路系统纳入全球"门到门"运输服务，使车站变成集成服务和各项运输方式的站点。

（3）瑞士。

2017 年，瑞士联邦铁路提出瑞士 SmartRail 4.0 战略，旨在进一步提高铁路系统容量和安全性，有效地利用铁路基础设施，长期保持瑞士铁路的竞争力，如图 5.10 所示。

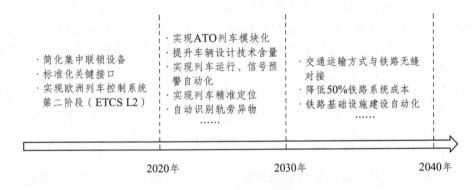

图 5.10　瑞士铁路发展展望

具体战略目标：

- 成本：每年节约 450 Mio CHF（百万瑞士法郎），为客户提供更优的价格和更好的服务质量。
- 能力：增加 15%~30% 的铁路网容量，为客户提供紧凑、灵活、互通的服务。
- 可用性：信号系统性能提升 50%，为客户提供准时、不受干扰的行程。
- 安全：铁路运营故障减少 90%，为客户提供更可靠的安全运输。
- 服务：铁路企业内部互联互通，为客户提供更好的在线旅行体验。

同时，SmartRail 4.0 将战略实施过程划分 3 个阶段，明确每阶段目标任务，对 ETCS L3+ 移动闭塞、集中简化联锁设备、基础设施建设自动化、列车模块化等技术进行规划。

（4）英国。

2018 年，英国铁路制定数字铁路战略，在人才技术与业务能力、列车运行控制、自动驾驶、交通管理与可靠性、移动通信数据互联、智能基础设施等领域布局，提出数字化铁路三阶段发展蓝图，从而实现资产可持续性、提高载运能力、增强安全性、加强用户体验、加速经济增长、改善环境等目标。

近期战略（至 2019 年）：基于现有成果，实施部署数字铁路项目（ETCS 试验轨道开发和 ETCS 车辆改装）；借鉴类似领域先进技术成果，开展创新技术，为下一阶段实施提供支撑。

中期战略（2019—2027 年）：重点关注安格利亚、伦敦东北、东南、威塞克斯和西部等五大铁路线的发展规划；确定数字铁路方案并按优先级排序；通过数字化方式大力提高受限的运力，并以较低的运营成本为铁路用户和英国经济带来更广泛利益。

远期战略（2027 年后）：随着数字化技术发展日趋成熟，预计在数字信号、智能基础设施和列车控制等方面将会大幅降低成本；未来数字化技术将成为铁路网的日常运营手段。

（5）日韩铁路数字化战略。

① 日本。

日本 JR 东铁路公司制定《技术创新中长期规划》，旨在实现安全保障、强化服务和营销、优化运用维护、注重能源和环境等四方面目标。

• 安全保障。积极推进技术改造、设备更新研发及安全教育培训技术研发。建立安全辅助系统。未来的旅客服务系统可提供客流和车辆设备信息，实时提供公交车、出租车等其他交通工具及气象等信息，为旅客提供个性化定制信息服务

• 优化运用维护。逐步推进"状态修"体系实用化，加快自动驾驶技术及利用智能机器人和人工智能的辅助技术研发。通过技术创新来改变运用和维修成本的结构，实现"人与系统"密切结合的工作模式

• 注重能源和环境。建立从发电到输变电和配电的全过程能源管理网络平台，综合利用可再生能源和节能蓄能技术，实现 2030 年铁路能耗降低 25%、二氧化碳排放量减少 40% 的管理目标（以 2013 年为基准）。

② 韩国。

韩国铁路重点关注基础设施 BIM 技术应用，并构建面向 2030 年的铁路基础设施 BIM 发展路线图，将 BIM 发展划分为 1.0、2.0、3.0、4.0、5.0 等阶段。

BIM 1.0（至 2018 年）：初始阶段，基于 BIM 的公众展示和设计审查。

BIM 2.0（至 2020 年）：成长阶段，基于 BIM 的设计、工程、误差监测。

BIM 3.0（至 2022 年）：成熟阶段，基于 BIM 的综合项目与设施管理。

BIM 4.0（至 2024 年）：高级阶段，智能工厂和非现场组装。

BIM 5.0（2030 年后）：智能阶段，智能建造 4.0 和基于人工智能的项目及设施管理。

（6）澳大利亚铁路数字化战略。

澳大利亚铁路结合本国国情与全球经济发展形势，并充分考虑物联网、大数据、人工智能等先进技术发展，从材料与制造、运行控制与管理、节能减排等方面制定铁路创新战略规划。

近期规划战略（至 2020 年）：利用新方法、新手段提高铁路规划设计水平；基本实现列车少人驾驶、实现系统化全覆盖；采用列车智能化驾驶降低能源消耗。

中期规划战略（至 2030 年）：重点发展先进制造业，利用高性能重载材料，克服铁路货运物理限制；利用大数据、人工智能实现铁路运行安全风险自动检测与控制；实现列车先进制动系统，实现机车交流牵引及电子电力系统改造。

远期规划战略（至 2040 年）：实现铁路建设与装备材料轻量化；利用运行数据实现更高级别的铁路运行与控制；充分实现可再生能源在铁路领域的应用，降低碳排放量。

（7）北美铁路数字化战略。

① 加拿大。

加拿大国家铁路公司制定了信息化发展战略并稳步落实，近期利用数字化技术对铁路运营进行多项创新实践。

• 精确化运输。为支撑"准时制"运输，建设货运服务可靠性系统，实现订单、货票、列车运行、场站作业、车辆配置、机车周转、货物联运等所有与铁路货物运输相关业务的一体化管理。

• 数字化商务。建立标准化客户服务流程，并通过电子商务、电子数据交换及客户服务系统，实现数字化商务。

• 数据城市。将数据作为关键的企业级资产，将高质量数据作为实现高质量铁路运输作业和客户服务的根本，基于统一的数据管理和企业级数据仓库前提下，构建 DataCity 系统以有效支撑铁路业务分析与决策。

② 美国。

美国铁路以货运为主，在预测性维护、客户服务等方面进行数字化技术探索。

• 2011 年，美国货运铁路启动"资产健康战略计划"（AHSI），对各铁路公司收集和存储的数据进行分析，并由此解决行业内最关键的铁路设备管理与维护问题。

• 美国 Strukton 公司开发了预测性维护和故障诊断系统 POSS，优化维修间隔，减少维修成本和故障。

• 美国 Amtrak 公司利用大数据提升乘客的互动和体验，将列车运行图与谷歌地图相结合，开发实时列车定位地图，通过该网站访客可以访问有关列车的最新信息。

2. 分析启示

国外铁路积极探索信息新技术，在铁路融合应用的发展方向纷纷制定一系列中长期战略规划，加快新技术与铁路业务场景深度融合和创新应用，促进大量项目的立项与推进，在工程建设、安全保障、列车控制等领域积极布局，如图 5.11 所示。

各国铁路的数字化和智能化发展战略主要分为 2020 年、2025 年、2035 年三个里程碑节点。在战略内容设计上呈现出如下发展趋势：

• 自动驾驶成为铁路智能化重要内容，德、法、澳及瑞士铁路均列为重点任务之一。

• 面向全球的铁路运输"门到门"服务、跨多种交通方式的无缝化运输成为未来铁路运输智能化的重要目标。法、德、日及瑞士铁路均作为战略目标之一。

• BIM 技术成为基础设施智能化的重要手段，德、韩及瑞士铁路均制定了相应目标。

• 新一代列车控制与调度系统得到多国铁路高度关注。法、德、英、澳铁路等均着力研发集中联锁、移动闭塞、ETCS、列车实时定位等新一代列车控制系统设备，以便实现装备智能化。

• 绿色低碳成为未来铁路运输的重要指标之一。法、澳、日及瑞士铁路等均制定了相应指标。

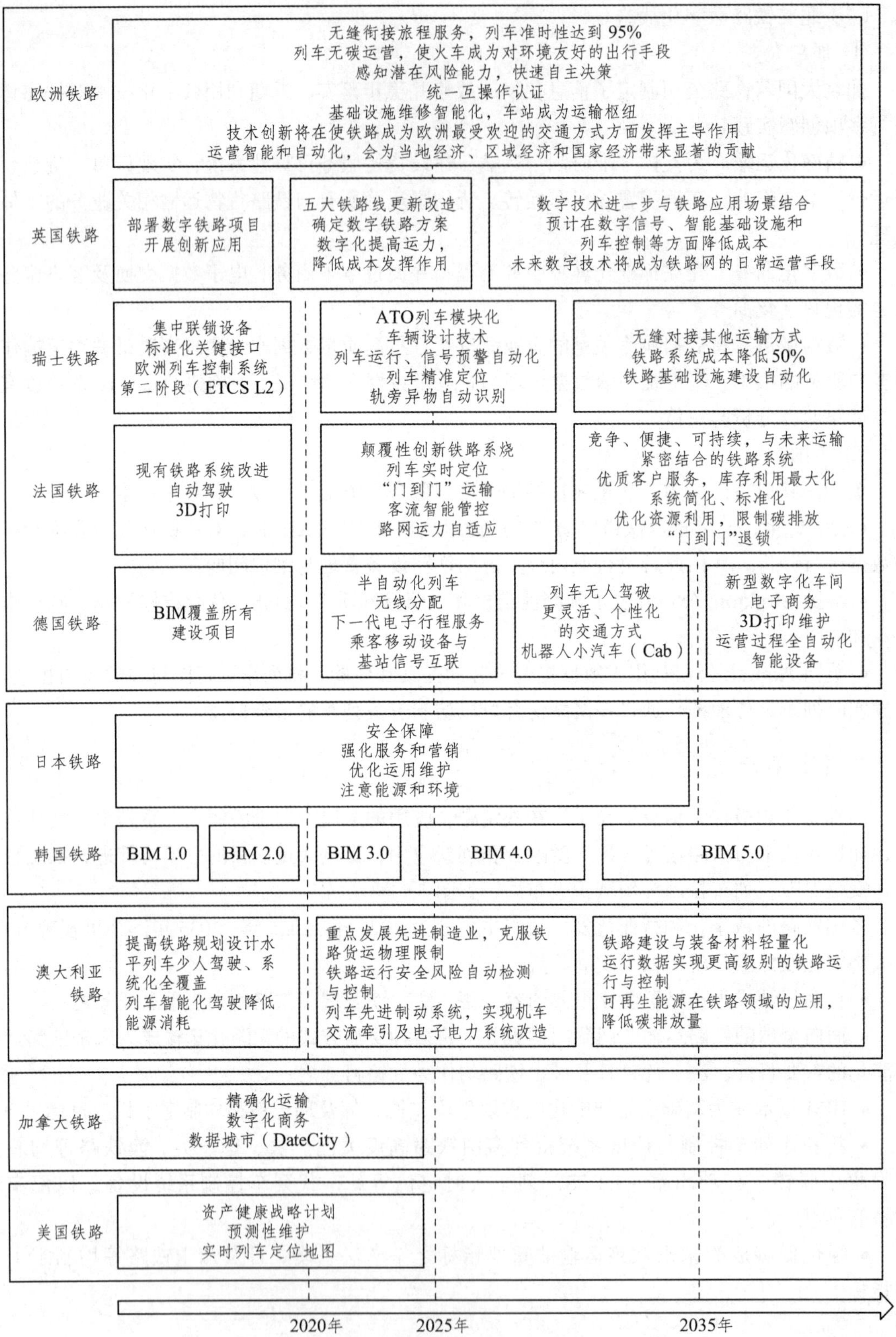

欧洲铁路	无缝衔接旅程服务，列车准时性达到 95% 列车无碳运营，使火车成为对环境友好的出行手段 感知潜在风险能力，快速自主决策 统一互操作认证 基础设施维修智能化，车站成为运输枢纽 技术创新将在使铁路成为欧洲最受欢迎的交通方式方面发挥主导作用 运营智能和自动化，会为当地经济、区域经济和国家经济带来显著的贡献		
英国铁路	部署数字铁路项目 开展创新应用	五大铁路线更新改造 确定数字铁路方案 数字化提高运力， 降低成本发挥作用	数字技术进一步与铁路应用场景结合 预计在数字信号、智能基础设施和 列车控制等方面降低成本 未来数字技术将成为铁路网的日常运营手段
瑞士铁路	集中联锁设备 标准化关键接口 欧洲列车控制系统 第二阶段（ETCS L2）	ATO列车模块化 车辆设计技术 列车运行、信号预警自动化 列车精准定位 轨旁异物自动识别	无缝对接其他运输方式 铁路系统成本降低 50% 铁路基础设施建设自动化
法国铁路	现有铁路系统改进 自动驾驶 3D打印	颠覆性创新铁路系统 列车实时定位 "门到门"运输 客流智能管控 路网运力自适应	竞争、便捷、可持续，与未来运输 紧密结合的铁路系统 优质客户服务，库存利用最大化 系统简化、标准化 优化资源利用，限制碳排放 "门到门"退锁
德国铁路	BIM覆盖所有 建设项目	半自动化列车 无线分配 下一代电子行程服务 乘客移动设备与 基站信号互联	列车无人驾驶 更灵活、个性化 的交通方式 机器人小汽车（Cab）	新型数字化车间 电子商务 3D打印维护 运营过程全自动化 智能设备
日本铁路	安全保障 强化服务和营销 优化运用维护 注意能源和环境		
韩国铁路	BIM 1.0　　BIM 2.0	BIM 3.0　　　BIM 4.0	BIM 5.0
澳大利亚 铁路	提高铁路规划设计水 平列车少人驾驶、系 统化全覆盖 列车智能化驾驶降低 能源消耗	重点发展先进制造业，克服铁 路货运物理限制 铁路运行安全风险自动检测 与控制 列车先进制动系统，实现机车 交流牵引及电子电力系统改造	铁路建设与装备材料轻量化 运行数据实现更高级别的铁路运 行与控制 可再生能源在铁路领域的应用， 降低碳排放量
加拿大铁路	精确化运输 数字化商务 数据城市（DateCity）		
美国铁路	资产健康战略计划 预测性维护 实时列车定位地图		

2020年　　2025年　　　　　2035年

图 5.11　国外铁路智能化发展趋势对比

（二）中国铁路数字化与智能化的发展

2012 年 7 月 31 日，中国交通运输部发布了《交通运输行业智能交通发展战略（2012—2020年）》，为未来中国智能交通的发展指明了方向。

2019 年，我国铁路自主创新能力全面提升，初步构建起了智能铁路技术体系。中国国家铁路集团有限公司（以下简称国铁集团）认真贯彻落实国家创新驱动发展战略，积极推进铁路科技创新，铁路技术标准体系不断完善。

国铁集团以智能京张、智能京雄等为依托，初步构建了覆盖智能建造、智能装备、智能运营 3 个领域的智能铁路技术体系、数据体系和标准体系。同时，成功研制时速 350 km 京张智能动车组、时速 250 km 复兴号动车组，自主化 C3 列控系统和自动驾驶系统试用考核顺利推进，时速 350 km 复兴号自动驾驶功能进一步优化。研发智能综合调度系统，开展浩吉铁路智能关键技术试验验证。在高铁全面推广电子客票，大幅提高旅客检票速度，降低了运营成本，促进了绿色发展。

国铁集团依托重大工程项目，研究掌握了千米级超大跨度桥梁设计施工技术，攻克软岩大变形和高地温、高地应力条件下隧道建造、深埋地下车站等建造技术难题取得新进展。特别是围绕川藏铁路规划建设，开展系统性重大科研课题研究，形成阶段成果 140 余项。中国铁路主数据中心全面投入运用，铁网护栏工程扎实推进，铁路信息化应用水平和网络安全防护能力进一步增强。发布企业技术标准和标准性技术文件 138 项，铁路技术标准体系不断完善。

1. 中国高速铁路信息化现状及智能化发展

进入新世纪以来，中国高速铁路发展迅猛，并取得了举世瞩目的成就。在高速铁路快速发展的过程中，信息化建设功不可没。在高速铁路客运服务、安全防护、工程建设、动车组维修等领域，中国已形成成套的、体系化的信息系统，包括新一代铁路客票系统、铁路旅客服务系统、铁路工程管理平台、动车组管理系统等，在高速铁路运营中发挥了举足轻重的作用。

1）中国高速铁路建设成就

铁路是综合交通运输体系的骨干和主要交通方式之一，在中国经济社会发展中的地位和作用至关重要。特别是近年来，中国高速铁路从无到有、从弱到强，实现了跨越式发展。2004 年，国务院批准实施《中长期铁路网规划》，翻开了中国高速铁路建设的新篇章，先后建设了一大批适应各种特殊气候环境、复杂地质条件和不同运输需求的高速铁路。

在"十三五"期间，中国高速铁路保持快速发展，规划贯通哈尔滨至北京至香港（澳门）、连云港至乌鲁木齐、上海至昆明、广州至昆明高速铁路通道，建设北京至台北、呼和浩特至南宁、北京至昆明、宁夏银川至海口、青岛至银川、兰州至广州、北京至兰州、重庆至厦门等高速铁路通道，拓展区域连接线。预期到 2020 年，铁路网规模达到 15 万千米，其中高速铁路 3万千米，覆盖 80% 以上的大城市。形成以"八纵八横"主通道为骨架、区域连接线衔接、城际铁路补充的高速铁路网。同时，中国在高速铁路的勘察设计、装备研制、施工建设和运营管理均处于国际先进水平，形成了具有中国特色的高速铁路技术标准体系，尤其是具有完全自主知识产权的"复兴号"动车组列车于 2017 年 6 月 26 日，在京沪高铁正式双向首发，标准时速可到达 400 km，标志着中国高速铁路已达到国际领先水平。

信息化是现代化的基础，没有信息化就没有高速铁路的现代化。高速铁路信息化广泛利用于现代通信和信息技术中，构建技术先进、功能完善、经济适用、安全可靠的，具有中国特色的高速铁路信息系统，实现调度指挥智能化、客货营销社会化、经营管理现代化，为提高运输效率、扩大运输能力、优化资源配置、保障运输安全、改进服务质量、提升管理水平、提高经济效益提供支撑。

2）高速铁路信息化现状

高速铁路是一个多专业、综合的、复杂的系统工程。目前，信息化建设已全面覆盖高速铁路各个领域，对于支撑日常业务开展发挥了重要的作用。高速铁路信息化总体架构如图5.12所示。公共基础平台包括：硬件及网络平台、基础数据平台、信息共享平台及大数据分析平台。

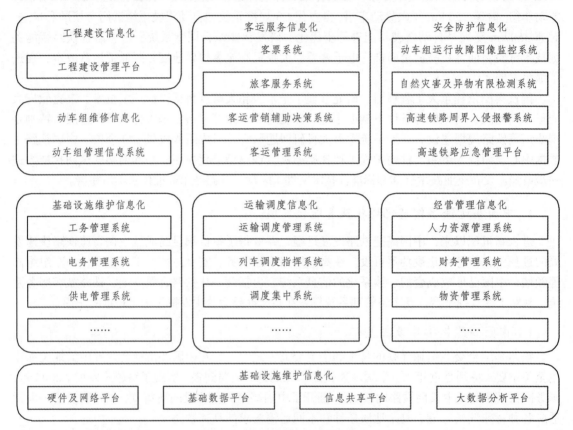

图 5.12　高速铁路信息化总体架构

（1）工程建设信息化。

2013年，铁路总公司确定将建筑信息模型技术（Building Information Modeling，BIM）作为铁路工程建设信息化的主要技术发展方向。在此基础上，大力推进铁路工程管理平台建设。铁路工程管理平台以标准化管理为依托，以铁路工程设计、建设、运营全生命周期管理为目标，以BIM技术为核心，以建设项目为载体，按照"一门户，三平台，四维度"模式搭建，建立统一开放生态圈，实现铁路工程实体、从业人员、社会环境等各要素共生共治、协同创新，有力地支撑了铁路工程建设全过程调度指挥、施工组织、质量安全风险监控、预警和分析。

作为平台的支撑技术，BIM技术是对工程建筑物的三维数字化，突破了原有的二维模型所不具有的立体组合拼装能力，利用标准族库快捷组装进行自动化组装和基于时间的推演分析，能够适应不同项目阶段、不同项目参与方的工程建设协同应用。同时针对在工程建设过程中，产生的设计数据、施工过程数据等大量异构数据，实现基于模型化的数据集成、管理与分析。目前，铁路工程管理平台覆盖铁路总公司所有在建铁路项目，同时延伸至济青、汉十、合安九、金台等地方铁路，以及北京地铁、深圳地铁等国内城市轨道交通领域。

（2）客运服务信息化。

高速铁路客运服务领域信息化建设已覆盖售票、营销、自动售检票、候车、列车服务等出行全流程，形成了成套的产品体系，主要包括：新一代铁路客票系统、客运营销辅助决策支持系统、铁路旅客服务系统和客运管理信息系统等。

① 新一代铁路客票系统：铁路客票系统自 1996 年开始建设，经过 10 余年的发展，先后完成 5 次大规模升级，已建成覆盖全国的超大型售票网络，即 1 个铁路总公司客票中心、18 个铁路局地区客票中心，拥有窗口、代售点、自动售票机、电话等多个售票渠道。车站和代售点售票窗口近 2.5 万个，自动售/取票机 4 000 余台，电话订票线数近 11 万线。新一代铁路客票系统包含车站服务、互联网/手机售票、电话订票、电子支付前置、列车服务、票务管理、客户关系管理、监控子系统、订餐服务，以及交易服务集成平台和数据共享集成平台，为旅客出行提供了方便服务。面向海量数据存储和超大规模并发交易的应用需求，新一代铁路客票系统广泛地采用了移动互联网、云计算平台、内存数据库及弹性计算架构等新技术，并在车票实名制、电子支付、票额预分、席位选择、通退通签等领域深入研究、持续创新，不断强化服务和运维效率，提升服务品质。

② 客运营销辅助决策系统：全面应用历史数据仓库与实时数据仓库相结合的混合数据仓库技术、基于时间序列与神经网络的客流预测模型与技术、业务主题建模技术、基于客流预测模型与票额自动分配模型的票额自动预分及预警技术、客运业务整合模型及可视化展现技术等技术手段，构建全面、灵活的数据分析决策平台，以铁路运力资源为基础，以客运市场变化为依据，为铁路客运管理部门提供有关旅客的客户分析、产品设计、产品销售以及外延相关服务的全过程营销活动决策的支持。本系统采集全国铁路客运实际生产数据，每天加工处理原始数据 10 GB、衍生数据 20 GB，交易记录 1 200 万条，席位记录 15 000 万条、订票记录 2 800 万条，为各级营销管理人员把握市场动态、完善产品设计、优化运能利用、提升社会和经济效益提供决策支持。

③ 铁路旅客服务系统：作为铁路客运服务的窗口，针对查询、订票、进站、候车、乘车、出站等环节，为旅客提供出行全流程的信息服务，并为客运工作人员提供业务服务支撑。旅客服务系统采用 SOA 架构（Service-Oriented Architecture，面向服务的架构）设计，利用虚拟化服务技术，实现业务流程和应用服务的灵活组织编排、业务数据的动态负载均衡；自动接入调度和售票信息，实现自动调图、客运计划自动调整；基于语音识别技术、智能视频分析技术，实现旅服客运作业的智能校对和便捷操作；基于人工智能学习算法，实现旅客服务平台辅助决策应用；基于物联网技术，实现外声场广播模拟信号的实时监测与闭环管理；基于故障日志自动分析，实现旅客服务集成平台远程故障自诊断。

④ 铁路客运管理信息系统：以先进的信息技术为支撑，适应铁路快速发展的需求，覆盖铁路总公司、铁路局、客运站段等层级，满足铁路客运管理部门的值乘计划管理、在途列车监控、客运组织与作业管理、列车办公与服务管理的功能需求，规范铁路客运管理作业流程，提高工作效率。系统在基于无线网络的在途列车追踪技术、备品备件编码及标识技术、值乘计划编制及优化技术等多个方面取得了突破。

（3）动车组维修信息化。

建成并应用了动车组管理系统。该系统覆盖铁路总公司、铁路局、动车（客车）段、动车运用所的业务需求，兼容多种车型动车组技术管理，适应不同动车维修基地站场布局、工艺流程和生产组织模式，实现动车维修基地生产、作业、技术、物流、设备、安全、质量、生产成本、经营决策等信息的全路调配运用和网络化维修管理，达到"作业高效率、管理现代化、决策科学化"目标。系统采用了基于状态修、故障修、计划修的综合可靠性维修技术，以及基于动车组部件分解模型的动车组故障管理技术、动车组运用与检修计划一体化自动编制技术、动车组车载信息与基地检测信息融合应用技术、基于物联网与射频识别（Radio Frequency Identification，RFID）的动车组及关键部件全生命周期跟踪管理技术、动车组应急处理与维修知识库技术，为动车组安全高效运用维修提供了支撑。

（4）基础设施维护信息化。

建成并应用了工务管理系统、电务管理系统及供电管理系统，主要负责管理各专业日常检测监测和维修管理等相关工作，实现日常检修维修作业计划管理、检修维修调度和作业全过程管理、基础设施设备的检测监测数据管理、检测监测设备的管理等。

① 铁路工务管理系统：提供工务设备管理、状态检查、专题管理和综合展示等功能，可以及时掌握铁路工务设备的情况，准确反映轨道的质量和设备状态，及时测量出工务安全隐患，确保行车的安全性。

② 铁路电务管理系统：实现电务系统管理手段由制约型向适应型转变为目标，功能包括生产管理、安全调度、应急抢修、设备动态监测、设备维护、天窗修管理等。

③ 铁路供电管理系统：利用新一代信息技术对供电部门的日常工作进行信息化管理，为建立科学、高效的管理体系提供技术支持。其主要功能包括：设备履历管理、供电调度、生产指挥管理、远动系统复视、视频系统复视、接触网巡视管理等。

（5）运输调度信息化。

运输调度是高速铁路运输组织的指挥中枢，在高速铁路信息化建设中具有非常重要的地位。我国全面建设了列车调度指挥系统（Train Operation Dispatching Command System，TDCS）、调度集中系统（Centralized Traffic Control，CTC），运输调度管理系统（Transporting Dispatching Management Information System，TDMS）不断升级，高速铁路运输调度信息化水平大幅提升。

① 运输调度管理系统：以运输生产过程的业务流程为导向，以计划编制为基础，以运行管理为核心，组织和协调运输生产过程各相关专业调度的业务流程，对运输生产过程（列车进路、列车运行和牵引供电）进行全面监控，对主要运力资源进行综合调度，对安全状态进行全面监控和快速响应。

② 列车调度指挥系统：实现铁路各级运输调度对列车运行实行透明指挥、实时调整、集中控制，覆盖全路的现代化铁路运输调度指挥和控制系统。系统利用信息技术、网络技术、控制技术等现代科学技术手段取代了传统落后的行车指挥手段，实现了铁路运输组织的科学化、现代化，增加运能，提高效率，减轻了调度人员的劳动强度，改善了调度指挥的工作环境。

③ 调度集中系统：在列车调度指挥系统基础上构建，由铁路局、车站两级构成。调度集中除实现列车调度指挥系统的全部功能外，还实现列车编组信息管理、调车作业管理、综合维修管理、列/调车进路人工和计划自动选排、分散自律控制等功能。

（6）安全防护信息化。

符合高速铁路安全防护信息化领域主要包括：动车组运行故障图像监控系统、自然灾害及异物侵限监测系统、高速铁路周界入侵报警系统等。

① 动车组运行故障图像监控系统。该系统是对动车组运行状态图像进行实时监控的综合联网监控管理系统，设计了规范统一的多型设备数据接口和通信协议，实现了高铁正线关键节点上多型图像检测设备的集中联网；设计了基于视觉质量差异的高分辨率图像高保真压缩方法与数据传输方案，满足了海量监控数据实时显示的应用需求；提出了动车组运行故障的图像联网诊断方法，实现了动车组关键配件运行故障隐患的高效识别和及时预警；设计了负载均衡的监控作业分配方法和状态监控方法，实现了有限时效内数据处理资源的均衡利用。该系统已应用于全路 18 个铁路局，构建动车段集中监控中心 22 个，联网接入正线运行检测设备 147 台套，实现了全路在线运行动车组的综合联网监控及应用管理，日监控运营动车组 7 000 余组次，多次发现及预报在线运行动车组的严重故障隐患，在保障动车组运行安全、维护铁路运输稳定方面发挥了重要的作用，具有良好的社会经济效益。

② 自然灾害及异物侵限监测系统。该系统是铁路行车安全的重要基础保障系统，负责对危及列车运行安全的自然灾害（风、雨、雪、地震等）及异物侵限等进行实时监测、采集、汇总、报警及紧急处置，为调度指挥及维护管理提供报警、预警信息，有效防止或减少灾害对高速铁路列车运行安全的影响。系统采用地震预警 P 波与 S 波复合自动快速识别技术、基于超声波与热场式工作原理的风监测技术、基于微波与压电式工作原理的雨量监测技术、基于激光式工作原理的雪深监测技术、基于数字强震仪的地震监测技术、基于双电网的异物侵限监测技术，为灾害信息的准确、及时获取提供技术保障。目前系统已在京津、京沪、武广等得到了广泛使用。

③ 高速铁路周界入侵报警系统。该系统利用传感器技术和电子信息技术，对非法侵入高速铁路周界的行为进行监测（阻拦），并产生报警信息。在既有人防（巡逻）、物防（防护栅栏）的基础上，通过加强技防手段，提高铁路安防水平。技防手段包括：视频监控、振动光纤、脉冲电子围栏、光波对射等。系统实现了多种类型现场设备（振动光纤、脉冲电子围栏、光波对射等）报警信息的融合及展示，通过采用智能识别技术，有效降低现场环境引起的误报率。

（7）经营管理信息化。

我国建成并应用了人力资源管理系统、财务管理系统、物资管理系统、综合办公系统等，以统一基础数据、规范业务流程，打破部门信息沟通壁垒，实现企业经营资源的优化配置。信息系统在企业经营管理中发挥了重要作用。

（8）公共基础平台。

公共基础平台主要包括：基础硬件及网络设施、基础数据平台、信息共享平台、大数据分析平台等。

初步建成两级的信息处理平台，支撑各级信息系统的安全、稳定运行。对于总公司一级关键信息系统，建立同城双活机房，确保灾难发生时的业务连续性。

基础数据平台包括：主数据管理平台及地理信息平台（GIS 平台）。主数据管理平台初步建成，实现公用基础编码及主数据的集中管理、统一服务，确保公用基础编码及主数据的规范、统一及共享。地理信息平台正在建设过程中，为用户及业务系统提供统一的国家基础地理信息和铁路专业公用地理信息服务。

信息共享平台在各业务系统之间提供数据交换及数据共享服务。目前，已面向不同业务领域建设了局部的信息共享平台，包括面向旅客服务的信息共享平台、面向安全监督的信息共享平台、TDCS 与 TDMS 的信息共享平台以及运输信息集成平台等。

大数据分析平台提供面向全数据类型的数据接入、数据存储及计算能力，提供数据综合分析能力，支撑各领域大数据分析应用的开展，盘活数据资产，深挖数据价值，为提升铁路生产经营能力、客户服务能力和开放共享能力提供支撑。

2. 智能高铁的概念及特征

1）智能高铁的概念

高速铁路集现代高新技术于一体，是现代科技革命的重要成果。相比于普速铁路，高速铁路运行速度更快、技术条件更高、故障影响更大、生产节奏更快、环境要求更严，对于安全保障、运行效率及服务质量等提出了更高的要求，推动高速铁路信息化全面深化，系统全面集成、信息高度共享、资源充分整合、技术与业务深度融合，并向着更加自动化、智能化的方向发展。同时，信息技术日新月异，人工智能出现重大突破，进一步加快了利用新技术改造传统铁路的进程，推进高速铁路向智能高铁转型。

国外对于智能高铁研究普遍集中在铁路数字化、智能化发展。其中在战略规划方面，典型代表有欧洲 Shift2Rail、德国铁路 4.0、瑞士 SmartRail4.0 等。虽然各侧重点不相同，但是均取得了一定的成果。从中可以看出，铁路智能化已成为全球铁路未来发展方向。欧洲、日本、法国、德国、瑞士、英国等国家或地区提出了一系列战略规划以推动本国（地区）铁路转型，积极探索铁路技术发展趋势，推动一系列措施或任务在不同业务领域进行布局。

智能高铁是基于云计算、大数据、物联网、移动互联、人工智能、卫星导航、BIM 等新技术，综合高效利用资源，实现铁路移动装备、固定基础设施及内外部环境间信息的全面感知、泛在互联、融合处理、主动学习和科学决策，实现全生命周期一体化管理的新一代智能化高速铁路交通系统，从而实现更加安全可靠、更加经济高效、更加温馨舒适、更加方便快捷、更加节能环保的目的。

2）智能高铁的主要特征

智能高铁的主要特征包括：全面感知、泛在互联、融合处理、主动学习及科学决策。全面感知指对铁路运输系统中移动设备、固定设施、自然环境、其他相关要素等进行全面透彻的信息感知。泛在互联指对各类信息进行广泛、深度、安全可信的交互，实现信息的共享。融合处理指充分利用不同时间、空间的多源、异构传感器数据资源，解决数据的不一致、不完整问题，为综合决策提供充足的依据。主动学习指积累大量数据和知识，不断迭代，适应铁路外部市场和环境的变化。科学决策指基于大数据分析、知识推理等方法，从海量数据中提出决策信息，辅助运营管理和经营决策。

3）智能高铁发展

中国智能高铁建设以引领世界轨道交通发展为目标，以大数据、云计算等新技术为支撑，以智能京张高铁和京沪高铁标准示范线建设为突破口，致力于实现覆盖高速铁路规划、设计、建设、运营和维护全业务流程、全价值链条、全生态体系的智能化，强有力支撑中国高铁"走出去"战略和"一带一路"伟大倡议。随着智能高铁建设的推进，智能高铁体系架构、内涵特征、关键技术等相关研究受到关注。中国智能高铁总体框架包括：智能建造、智能装备和智能运营。智能装备包括智能列车、智能基础设施，智能运营包括智能调度、智能安防、智能养护维修、智能客运和智能经营管理（图 5.13）。

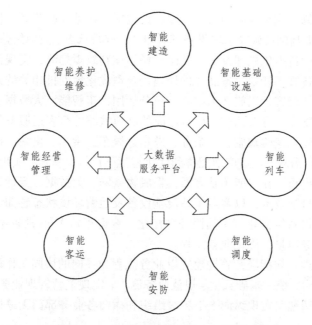

图 5.13　中国智能高速铁路总体框架

（1）智能建造。智能建造是围绕工程建设实体，集成以传感器和 RFID 电子标签为载体的物联网及移动互联技术，完成施工现场数据的自动、按需获取，实现生产及试验现场、工作人员、管控平台及管理人员的信息互联，并且将 BIM 技术运用于勘察设计及建设管理的各个环节，依托 BIM 模型，完成设计协同、竣工交付，形成工程建设质量的全寿命可追溯闭环管理体系，实现工程建设精益化管理，为业主、管理者、施工单位、监理单位等提供安全、高效、便捷的智能工程建设生态环境。

（2）智能基础设施。基于物联网、卫星导航、地理信息、大数据等技术，实现高速铁路基础设施状态的自感知、自诊断、自决策和协同互动，强化通信信号、牵引供电等基础设施的科学管理及优化配置，保持基础设施的良好使用状态，提高资产运用效率，提升经营效益。

（3）智能列车。智能列车以工作状态自感知、运行故障自诊断、导向安全自决策为目标，通过高速列车全方位态势感知技术及智能感知网络、事故预测技术，实现自动驾驶、列车联网、在途故障预警、安全状态自感知及远程运维等功能。通过车载 WiFi、车内显示查询终端、智能交互终端设备，提供人性化、多样化、自助化旅行服务。

（4）智能调度。智能调度全面掌握高速铁路行车环境中各类运输生产信息，科学编制运输计划，并依据运输计划自动生成与运输资源状态相匹配的各生产作业计划；动态预演分析路网车流状态，发现实际运行与计划的偏差以及潜在的行车安全风险，实现计划调整、行车调度、资源调配的综合协调控制，确保高效、安全的行车组织。

（5）智能安防。智能安防广泛采用物联网、RFID 等技术，运用智能化、信息化手段，实现对关键运输设备不安全状态、自然灾害、作业岗位不安全行为以及安全履职情况等的全面感知；通过打造覆盖全路的一体化高速铁路运输安全监测与监管平台，实现关键运输设备不安全状态的实时监控预警、事故故障规律分析、事故故障预测与健康管理、作业过程安全监控、应急响应与处置等功能；通过搭建多级、动态的高速铁路安全风险和隐患数据库，实现安全风险管控和重大隐患排查治理双重预防，逐步形成人防、物防和技防一体化的智能运输安全保障体系。

（6）智能养护维修。应用物联网、云计算、大数据、移动互联等新一代信息通信技术和智能检测检修设备，采集基础设施及运输设备基础履历、服役状态、故障维修等全生命周期数据，掌握基础设施及运输设备劣化机理及演变规律，科学预判故障趋势，实现预测性维修，并基于设备状态自动生成设备维护计划、备品备件计划，合理优化地安排相关的人、财、物资源。

（7）智能客运。智能客运以旅客为中心，充分运用人工智能、大数据、云计算、物联网等核心技术，构建可自感知、可自调整、可自适应的高速铁路综合客运服务集成系统，围绕旅客乘坐列车全过程，预先准确感知旅客在票务、进站、候车、乘车、出站、换乘等各个客运环节的多样化、个性化出行需求，自适应地配置和优化客运生产服务资源，实现高速铁路旅客安全、快捷、舒适、绿色地出行。在智能车站方面，集成物联网、大数据、云计算、人工智能、机器人、虚拟现实等现代科学技术，以客运车站设施设备及运营环境状态感知、故障诊断、智能决策为基础，实现车站设备智能化、车站服务多样化、客运车站人员-设备-作业的协同联动，提高管理效率，提升服务质量，优化业务流程。

（8）智能经营管理。智能经营管理建立以业务流程为导向的协同工作模式和人力、财务、物资资源管理集成平台，统一基础数据、规范业务流程，实现经营管理业务在一个平台上运行，打破部门间信息沟通壁垒，实现纵向上下各级组织和横向各业务部门无缝衔接，实现企业经营资源的优化配置。

进入新世纪以来，中国高速铁路发展迅猛，并取得了举世瞩目的成就。目前中国已成为世界上高速铁路投产运营里程最长、在建规模最大的国家。高速铁路已成为中国外交的一张新名片。在高速铁路快速发展的过程中，信息化建设功不可没。在高速铁路客运服务、安全防护、工程建设、动车组维修等领域，中国已形成成套的、体系化的信息系统，包括新一代铁路客票系统、铁路旅客服务系统、铁路工程管理平台、动车组管理系统等，在高速铁路运营中发挥了举足轻重的作用。

工业化、信息化之后，智能化将是人类社会发展的必然趋势。目前，中国高速铁路正处在一个关键的转型期，高速铁路成网运营，对内要求提升运输组织效率，提高经营效益；对外要求优化服务品质，提高安全水平。高速铁路势必向着更加自动化、智能化的方向发展。未来20年，通过云计算、大数据、人工智能、卫星导航等新一代技术的广泛应用，构建基于BIM的智能建造标准、基于量子、区块链等的智能安全、旅客无障碍出行服务、面向复杂路网综合协同指挥的智能调度等体系，突破列车无人驾驶、列车移动闭塞、极端复杂情况下，高铁智能容错理论与技术、可储能源的绿色无线供电、动态近距离的列车移动追踪等关键技术，研发谱系化智能动车组、自修复型智能动车组等高速列车，建设基于信息物理系统（CPS）的智能高铁大脑，实现高速铁路建设运营全过程、设施设备全生命周期的全面自主操控、无人化。

由此可见，世界铁路大数据技术发展突飞猛进，如法铁以大数据为核心提出数字化战略，美国联邦铁路局开展数据决策，日本铁路基于大数据开展牵电设备状态修等等。近些年，我国铁路也取得了新的进展。未来，中国高速铁路将向着创新、开放、绿色、温馨、平安的方向发展，全面建成智能高铁，并为经济社会发展作出新的贡献。

基于大数据技术的发展，中国学者提出了智能铁路的发展战略并持续不断开展了研究与实践活动，取得了不少成果。中国高铁广泛应用云计算、物联网、大数据、人工智能、机器人、下一代通信、BIM等新技术，通过对铁路移动装备、固定基础设施及相关内外部环境信息的全面感知、泛在互联、融合处理和科学决策，高效综合利用铁路所有移动、固定、空间、时间和人力等资源，以实现铁路建设、运输全过程、全生命周期的高度信息化、自动化、智能化，打造更加安全可靠、更加经济高效、更加温馨舒适、更加方便快捷、更加节能环保的新一代铁路运输系统。其中，人工智能、大数据、云计算、双网融合、物联网是智能铁路的核心技术。

2020年，国铁集团将坚持以应用需求为牵引，持续深化铁路科技创新，为铁路高质量发展提供科技支撑。

一是着力抓好重点领域应用型技术创新。深化勘察设计、施工建造、客站建设等技术创新，提高铁路工程建造水平。深化高铁运维、安全保障、应急救援、运输组织和服务、经营管理、防灾减灾等关键技术研究攻关，不断提高铁路运营管理水平。同时结合我国铁路建设运营及创新实践，持续完善铁路技术标准体系。

二是加大关键核心技术攻关力度。推进铁路关键技术装备自主研制，加强新一代复兴号高速列车、新型机车车辆、高速列车轻型化技术、新一代列控技术、通信技术、牵引供电技术研发，全面增强自主创新能力。

（1）加强网络安全和信息化建设。完善网络安全管理体制机制，强化风险防控和监督检查，建设全路信息系统运维调度和应急指挥中心、铁路网络安全技术中心和灾备中心，完成铁网护栏工程建设，全面提升铁路网络安全防护能力。推进新一代铁路信息基础设施建设和应用，用好中国铁路主数据中心，整合铁路各领域应用管理信息系统，全面提升信息化运维管理水平。推进铁路业务数据共享，提升数据治理能力和应用水平，发挥大数据技术在提高企业经营管理水平中的作用。

（2）加强基础前瞻理论研究。深化高速轮轨关系、弓网关系、空气动力学、减振降噪、电磁兼容等基础理论研究，开展北斗、区块链、量子通信、5G等新技术以及新材料、新工艺在铁路领域的应用研究，强化重大综合试验验证。

七、中国铁路科技创新成果丰硕

（一）科技创新领先世界

科学技术是第一生产力，科技创新一直以来都是支撑我国经济持续发展的一把"金钥匙"和核心力量，尤其是现代科技的突飞猛进，有力地推动了经济和社会的发展。在中国高速铁路的发展进程中，每一项进步，都伴随着科学技术的进步，为中国高铁和城市化进程开辟了更为广阔的空间。"一带一路"联通了中亚、南亚、西亚、东南亚和中东欧等地区，让更多的国家认识了中国，众多高铁线路的开通，以高科技、速度快、里程多、安全运行赢得了全世界的掌声，也让更多的国家知道一个响亮的名字"中国高铁"。

1909年，从美国学成归国的"中国铁路之父"詹天佑历尽千辛万苦，主持修建的"中国人自建的第一条铁路"京张铁路开通。100年后，也是大洋彼岸的国度，被突飞猛进的中国高速铁路技术所折服："要向中国学习，建设发达的高速铁路网。"

从无到有，从落后到先进，中国的铁路技术装备水平已经达到了世界一流。包括美国在内的多个国家，纷纷表达了引进我国高速铁路技术装备、开展相关合作的意向，要求与我国加强铁路合作。隧道超前地质预报技术及产品、高速铁路隧道空气动力学研究、兰新铁路百里风区风沙灾害防治技术等一系列创新技术居国际先进水平，这样的事实已经向世界证明了：中国铁路不再是"万国牌"铁路，它已经以建设的规模、速度、质量领跑全球，尽收多项"世界之最"，成为全世界铁路发展的"领跑者"。

中国铁路的发展历程，从开始引进吸收，到后来自主研发，独立向前的步伐从未停止。通过努力，用质量、诚信、效益、环保打造出自己的品牌，走出国门的铁路充分展示了中国铁路建设发展取得的丰硕成果，也得到了世界各国的充分肯定。中老铁路全线采用中国技术标准和中国设备，印尼高铁、雅万高铁、中泰铁路等中外合作项目的建设也充分表明了世界各国对中国铁路和中国技术的肯定，证明了科学的发展观让中国高铁走向了世界舞台。

如今中国高速铁路运营里程已达到 3 万千米，未来还有一定的提速空间和规划需求。高铁效应带动着相关经济、旅游、餐饮等领域的蓬勃发展，高速列车的开行拉近了城市之间的距离，让人们的回家路不再遥远。随着中国高铁在印度、美国等国的项目取得突破性进展，中国高铁的身影将遍布亚洲、欧洲、美洲，遍布全球各个经济体，为全球各地的经济发展做出贡献，也将拉近世界人民之间的距离，促进全球经济的一体化进程。

改革开放以来，我国铁路紧紧抓住具有战略性、全局性、关键性的技术创新项目，积极组织科技攻关，加强自主创新，不断提升技术装备水平。特别是党的十六大以后，铁道部瞄准世界先进水平，明确提出"先进、成熟、经济、适用、可靠"的技术方针，以增强铁路自主创新能力为核心，全面推进原始创新、集成创新和引进消化吸收再创新，建立了拥有完全自主知识产权的高速铁路技术标准体系。

我国高原铁路技术创造了世界一流水平，在解决了多年冻土、高寒缺氧、生态脆弱三大世界性难题后，实现了建设世界一流高原铁路的目标；在引进世界上先进技术的基础上，拥有了自主知识产权，实现了机车车辆装备水平的重大跨越；成功搭建了具有自主知识产权和世界一流水平的时速 350 km 动车组技术平台。截至 2018 年年底，中国铁路共配属动车组 2 827 组，折合标准组（以 8 节编组为一个标准组）3 303.25 组，全路动车配属折合标准组首次突破 3 000 组大关。其中：时速 160~250 km 动车组共计 1 182 列，折合 1 274 标准组；时速 300 km 及以上 1 626 列，折合 2 013.25 标准组。其中复兴号动车组已累计配属 280 列，折合 380.25 组。中国高速动车组数量比全世界其他国家所有高速列车总数还要多一倍，已占世界高速列车总数的四分之三以上（数据包含检测车，不含动力集中动车组和专运车，不含香港、台湾地区），如图 5.14~图 5.16 所示，动车组覆盖整个快速客运网。大型养路机械的国产化率大幅提升，作业精度和运用水平不断提高。

我国铁路还有多项技术达到世界先进水平。通过京津城际铁路的建设和运营，在高速铁路建设的一些难题攻克上取得显著成果，为建设京沪高速铁路等一大批客运专线提供了有力的技术支撑；在既有线提速方面，我国铁路全面掌握了时速 200 km 及以上线路的设计、施工、养护和牵引供电、通信信号、列车控制等成套技术；大秦铁路运量逐年大幅度增长，2007 年达 3 亿吨，2008 年达到 3.4 亿吨，2009 年达到 3.8 亿吨，2010 年达 4 亿吨，创造了世界铁路重载运输的奇迹；运输调度也实现重大技术创新，信息系统广泛应用，促进了运输生产和经营管理效率的提高。

图 5.14　京张智能动车组"瑞雪迎春"

图 5.15 京张智能动车组"龙凤呈祥"

图 5.16 2019 年投入运营的新型动车组

插上科技的翅膀，比肩世界高科技水平，在实践中不断创新、进步和改善，未来的发展任重而道远，相信凭着顽强拼搏和创新精神，中国铁路走出国门、走向世界并引领世界铁路高科技指日可待。

（二）运输指标刷新纪录

党的十六大以来，我国铁路运输业整体水平显著提升。

2002 年到 2006 年是新中国成立以来我国铁路建设投资最多的时期，特别是 2006 年我国铁路基本建设投资达到 1 553 亿元，比 2002 年增长了 149.0%，年均增长 20.4%，比"七五"和"八五"十年完成投资的总和还要多。巨大的投资完善了铁路基础设施，实现了我国铁路机车和客车、货车的更新换代。

2002 年到 2006 年，国家铁路正线延展里程由 8.4 万公里增加到 9 万公里，增长 7.3%；国家铁路复线里程由 2.3 万公里增加到 2.5 万公里，增长 9.1%。截至 2006 年年底，全国铁路营业里程达到 7.7 万公里，位居世界第三，比 2002 年末增加了 0.5 万公里，增长 7.2%。

2006 年年末，在全国铁路机车中内燃、电力机车比重达到 99.0%，主要干线全部实现内燃、电力机车牵引；国家铁路电气化里程达到 2.3 万公里，电气化铁路比重由 2002 年年末的 29.2% 提高到 37.0%，增加了近 8 个百分点。2006 年年末，全国铁路机车拥有量为 1.8 万台，比 2002 年末增长 11.1%；客车拥有量为 4.3 万辆，货车拥有量为 56.5 万辆，客车、货车分别比 2002 年年末增长 8.2% 和 23.1%。

由于基础设施的更新和管理水平的提高，铁路运输能力显著增强。2006 年，全国铁路客运量为 125 656 万人，旅客周转量为 6 622 亿人公里，货运量为 288 224 万吨，货物周转量为 21 954 亿吨公里，分别比 2002 年增长 19.0%、33.3%、41.1% 和 41.5%。

2006 年全国铁路客货运输量、国家铁路运输收入、运输生产主要指标在连续三年大幅度增长的高起点上再创历史新高，客运量、货运量、换算周转量、运输密度四项指标均居世界第一，我国铁路以占世界铁路 6% 的营业里程，完成了世界铁路约四分之一的换算周转量。

2009 年春运，铁路部门在 40 天的时间里，发送旅客总数达 1.92 亿人次，相当于将世界排名第五的人口大国的全部人口运送一遍；2009 年"五一"小长假，5 月 1 日当天发送旅客 654 万人次，创下单日旅客发送量的历史新纪录。

在加快建设发展的同时，铁路部门不断深化内涵扩大再生产，先后六次大面积提速，客货运量连年大幅度增长，运输效率和效益大幅提升。从 2003 年至 2008 年，我国铁路旅客发送量、货物发送量、日均装车数和总换算周转量客分别增长 38.4%、61.1%、50.7% 和 59.4%。

在大幅度增加客货运输能力的同时，铁路部门还积极推进增长方式的转变，力促节能减排。2008 年，国家铁路单位运输工作量综合能耗为 5.6 t 标准煤/百万换算吨公里，比 2002 年下降 26.6%；国家铁路运输业化学需氧量排放量为 2 305.5 吨，二氧化硫排放量为 4.23 万吨，分别比 2002 年下降 10.7%、22.8%。

在运输能力十分紧张的情况下，铁路部门把 90% 以上的运力用于煤炭、粮食、冶炼、农用物资等重点物资运输。目前，占全社会 85% 的木材、85% 的原油、60% 的煤炭、80% 的钢铁及冶炼物资是由铁路运输的，确保了国民经济平稳运行和人民群众生产生活需要。

铁路部门坚持把"三农"物资作为铁路运输的重点，还多次集中开展煤炭、粮食、化肥、抢险救灾等重点物资抢运活动，在缓解煤炭紧张状况、平抑粮食价格、稳定石油供应中发挥了特殊的保障作用。2008 年年初，在抗击低温雨雪冰冻灾害斗争中，铁路系统用 10 天时间完成了广州地区 350 万旅客的疏运任务，创造了铁路应急运输的奇迹。汶川大地震发生后，铁路系统以最快的速度抢通受损线路，恢复运输秩序，累计开行抗震救灾专列近 3.8 万列，运送救灾人员 53.5 万人次、救灾物资 6 172 万吨，为抗震救灾和灾后恢复重建作出了重要贡献。

从 1949 年到 2008 年，铁路旅客发送量由 1.04 亿人次增长到 14.6 亿人次，增长 14 倍；货物发送量由 0.58 亿吨增长到 32.9 亿吨，增长 58 倍；总换算周转量由 184.6 亿吨公里增长到 25 106.29 亿吨公里，增长 136 倍。60 年来，铁路共完成旅客发送量 461.5 亿人次，年均完成 7.7 亿人次，共完成货运量 674.4 亿吨，年均完成 11.2 亿吨。

新中国成立 70 年来，中国铁路坚决贯彻落实党中央、国务院决策部署，秉持人民铁路为人民的宗旨，不忘初心、牢记使命，努力奔跑，追梦前行，创造了一个又一个人间奇迹。

据铁总宣传部介绍，截至 2018 年年底，全国铁路营业里程达到 13.1 万公里以上，比新中国成立时的 2.2 万公里增加了 10.9 万公里，其中高铁 2.9 万公里以上，建成了世界最现代化的铁路网和最发达的高铁网。2018 年，中国铁路日均开行旅客列车 8 000 多列，全年完成旅客发送量 33.7 亿人次，其中动车组发送旅客 20.05 亿人次，占旅客发送量的 60% 以上；日均开行货物列车 20 000 列，2018 年全年完成货物发送量 40.22 亿吨；电气化率、客运周转量、货运发送量、换算周转量、运输密度等指标位居世界第一。

（三）铁路建设速度屡创新高

中国以区际干线、煤运通道、国土开发性铁路为重点，建设了一大批适应各种复杂地质条件、特殊气候环境和不同运输需求的普速铁路。有世界上海拔最高的高原铁路——青藏铁路，有年运量世界第一的重载铁路——大同至秦皇岛铁路，有运营里程最长的戈壁沙漠铁路——乌鲁木齐至喀什、包头至兰州铁路，有跨越崇山峻岭的山区铁路——南宁至昆明、重庆至怀化铁路。

被联合国称为"象征二十世纪人类征服自然的三大奇迹之一"的成昆铁路，沿线崇山峻岭、奇峰耸立、深涧密布、沟壑纵横、地势陡峭、风景怡人，是一条架设在地质博物馆上的铁路。建设时期，成昆铁路凝聚了无数铁道兵的心血甚至是生命，开通运营后，一代又一代成昆人十年如一日地坚守，为铁路安全奉献着青春。随着社会经济的发展，仅有单线铁轨的老成昆铁路即将迎来她的接班人——成昆铁路复线，这条设计时速 160 km 的双线铁路将延续老成昆线的使命，有效缓解西南地区运力紧张的局面。

在建设普速铁路的同时，自 20 世纪 90 年代，中国就开始了对高速铁路的技术研究和工程实践，1999 年 8 月开工建设、2003 年 10 月投入运营的秦皇岛至沈阳高速铁路，和对既有铁路的大面积改造升级，为中国高速铁路发展积累了经验。

2004 年以来，特别是党的十八大以来，中国高速铁路建设突飞猛进，一大批领先世界的高速铁路相继开通运营。

中国第一条设计时速 350 km、穿越松软土地区的北京至天津高速铁路，世界上运营列车试验速度最高、时速达 486.1 km 的北京至上海高速铁路，世界上第一条穿越高寒季节性冻土地区的哈尔滨至大连高速铁路，中国最北端、纬度最高的哈尔滨至齐齐哈尔高速铁路，世界上运营里程最长、跨越温带亚热带、多种地形地质和众多水系的北京至广州高速铁路，世界上一次建设里程最长、穿越沙漠地带和大风区的兰州至乌鲁木齐高速铁路，世界上第一条热带环岛高铁——海南高速铁路，首条穿越秦岭、让蜀道不再难的西安至成都高速铁路，一次次刷新了世界纪录。

中国成为世界上高速铁路运营里程最长、速度最高，唯一能在各种气候环境和复杂地质条件下建设运营高速铁路的国家。

中国具有完备、成套的铁路技术，形成了一大批具有自主知识产权、世界领先的技术创新成果，高速铁路、既有线提速、高原铁路、高寒铁路、重载铁路等技术均达到世界先进水平。

中国建设了世界上数量最多的长大铁路隧道，架设了世界上跨度最大的公路铁路两用桥；自主研制了各种型号的动车、客车、机车和货车，能够满足不同速度、不同线路、不同运输条件对装备的要求；成功实现了不同等级列车的混合运行、高速铁路与普速铁路的互联互通。

2017 年 6 月，中国自主研发、具有完全自主知识产权的新一代高速列车"复兴号"投入运营，为世界高铁建设运营树立了新标杆。积极推进系列化"复兴号"研制，初步形成了覆盖时速 350 km、时速 250 km、时速 160 km 等不同速度等级，涵盖不同编组形式和动力牵引模式，适应各种运营环境需求的"复兴号"系列产品。截至 2018 年年底，中国装备动车组 3 285 组，其中"复兴号"动车组 292 组，通达 23 个省会以上城市及香港特别行政区。

长三角铁路地处经济发达地区，是"一带一路"和长江经济带的重要区域，公铁航水等多式联运呈现强劲发展的态势，对服务区域和国家重大战略的实施，发挥了不可替代的作用。近十年来，长三角铁路持续推进大规模铁路建设，建成运营 18 条高铁，铁路营业里程突破 1 万千米，达 10 560 km，其中高铁里程达 4 171 km，成为全国最为密集完善的高铁网，高铁成网，区域形成"1至3小时交通圈","同城效应"梦想变为现实。

中国铁路正在加快推进智能高速铁路建设，2018年3月1日，中国在北京至沈阳高速铁路辽宁段开启自主化智能高铁关键技术综合试验，正在建设的北京至张家口高速铁路、北京至雄安新区城际高速铁路，将开启中国智能高铁新篇章。

在"一带一路"倡议的指引下，中国铁路积极"走出去"，与世界各国分享建设发展成果。目前，印尼雅万高铁、中老铁路、匈塞铁路、巴基斯坦拉合尔橙线轻轨等一批国际铁路合作项目顺利推进。中欧班列成为"一带一路"沿线国家经贸合作的标志性成果，已累计开行15 000多列，通达15个国家50余个城市。

面向未来，中国将加快建设以"八纵八横"主通道为骨架、区域连接线衔接、城际铁路补充的高速铁路网。到2020年，基本建成布局合理、覆盖广泛、高效便捷、功能完善、世界上最现代化的高速铁路网，高铁营业里程达到3万千米以上，覆盖中国80%以上的大城市；到2025年，高铁营业里程达到3.8万千米左右；到2035年，率先建成发达完善的现代化铁路网，基本实现内外互联互通、区际多路畅通、省会高铁连通、地市快速通达、县域基本覆盖，形成以特大城市为中心覆盖全国、以省会城市为支点覆盖周边的高速铁路网，实现相邻大中城市间1至4小时交通圈，城市群内0.5至2小时交通圈，为基本实现社会主义现代化提供强大运输保障。

（四）全面体制改革助推铁路大发展

在加快建设发展的同时，铁路部门推进改革，坚持有利于保持路网完整性、有利于运输集中统一指挥、有利于提高运输效率等三项原则，取得了显著成效。

铁路管理体制实现创新。2005年3月，实施了铁路局直接管理站段的改革，撤销了铁路分局，变四级管理为三级管理，提高了管理效率，释放了运输生产力。

运输生产力布局实现重大变革。运输站段数量由1 491个减少到627个，减幅58%，扩大了站段管理跨度，运输效率和劳动生产率大幅度提高。

社会职能基本完成移交，主辅分离取得重要进展。铁道部将铁路物资、通信、设计、施工企业移交国资委及所属企业管理，将铁路中小学校、医院全部移交地方政府管理，达到了精干运输主业和拓宽辅业发展空间的双赢效果。

投融资体制改革取得重大突破。按照"政府主导、多元化投资、市场化运作"的思路，2003—2008年，全路新组建合资铁路公司76家，吸引了地方政府、战略投资者的大量资金，改变了铁路建设仅靠中央政府投资的局面。按照"存量换增量"股权融资模式推进铁路股改试点，大秦铁路公司成功上市，广深铁路公司首发A股成功，不仅搭建了铁路市场融资的平台，而且探索和积累了铁路运输企业建立现代企业制度的宝贵经验。

2013年3月，铁道部正式撤销，政企分开迎来关键一步，中国铁路总公司（简称"铁总"）成立，并履行铁道部原来的企业职能。铁总成立后，企业负债高企、市场化程度不够、大规模铁路建设对资金需求若渴，但社会资本进入意愿较低。因而，铁总混改于2015年提出，国家发改委明确表示，将在铁路领域开展混改试点。

2017年，中国铁路管理体制改革推出重大举措。党的十八大之后，铁路改革推进力度逐渐提升。在中央大力推动下，2017年7月，铁总推出了《铁路总公司本级、铁路局和总公司所属非运输企业的公司制改革方案》。2017年11月起，各地方铁路局集团有限公司陆续挂牌。

中国铁路总公司所属18个铁路局均已完成公司制改革工商变更登记，并正式挂牌。此举标志着铁路公司制改革取得重要成果，为国铁实现从传统运输生产型企业向现代运输经营型企业转型发展迈出了重要一步。在实施铁路局公司制改革过程中，铁总坚持创新体制机制，努力构建体现中国制度优势、符合铁路行业特点、具有现代企业特征、落实加强党的领导要求的公司法人治理结构。主要包括：由铁路总公司行使出资人职责，不设股东会；设立党委会、董事会、经理层和监事会；依法建立职工董事、职工监事制度，健全以职工代表大会为基本形式的企业民主管理制度。在领导体制方面，改制后的公司坚持党的领导，实行"双向进入、交叉任职"的领导体制。在决策机制方面，将党委会研究讨论作为董事会、经理层决策重大问题的前置程序，充分发挥党委会把方向、管大局、保落实的领导作用以及董事会的决策作用、经理层的经营管理作用、监事会的监督作用。

在2018年年底的中央经济工作会议上，中央又明确提出"加快推动中国铁路总公司股份制改造"。同年12月5日，国家市场监督管理总局公告显示，中国国家铁路集团有限公司通过名称变更核准名单。此次中国铁路正式挂牌成立，改制后成立的中国铁路成为国有独资公司，可谓是落实中央部署的重要举措，也是深化铁路体制改革的关键一环。

在坚持政企分开、政资分开和公平竞争的原则下，以铁总股份制改造为牵引，将进一步深化铁路管理体制和运行机制改革，这将为铁路进一步深化改革提供制度基础和方向。

铁路的全面体制改革将加强中国铁路现代企业治理结构建设，健全完善公司治理体系，规范决策制度程序和日常运行机制，为构建符合公司治理要求的管理制度体系提供制度基础。

铁路的全面体制改革也将进一步加强国铁企业运行机制建设，有助于推进以经济效益为导向的制度改革；同时，也有助于推进合资公司机构重组整合和股权置换工作，并且深化非运输企业重组整合，增强企业市场化经营能力。

2019年6月18日，经国务院批准同意，中国铁路总公司改制成立中国国家铁路集团有限公司，在北京挂牌，这标志着深化铁路体制改革又迈出重要一步。2018年，国铁集团整体营收为1.1万亿，净利润20.45亿。2019年10月1日，全国铁路发送旅客1713.3万人次，同比增加88.6万人次，增长5.5%，创国庆假期单日旅客发送量历史新高，铁路运输安全平稳有序。

坚持铁路市场化改革的方向。铁路存在一定代表正外部性的公益性，但铁路在本质上也是一个能够市场化的领域，也是一个必须遵从市场经济规律的行业。如何确定政府职能与市场的合理界限是一个行业能否健康发展的关键因素。

控制与化解铁路的债务风险。铁路是国家的重要基础设施，促进行业财务良性化是政府的重要责任之一，也是非常重要的铁路政策目标，但要警惕铁路负债规模和投资效率问题，长期高杠杆铁路建设债务的巨大风险已经开始暴露，不能再靠高杠杆债务搞建设。

有效规制行业性行政垄断。铁路行业改革的当务之急，是要尽快打破行业性行政垄断，构建适合多层事权、多元主体、多网融合、责权明晰的现代企业治理体系。

同时，铁路部门积极推进与周边国家铁路建设的合作，开展铁路对外经济技术合作，支持相关企业开拓境外铁路市场。目前，我国企业在境外承揽的铁路项目涉及50多个国家和地区，出口的铁路机车车辆装备已进入亚洲、非洲、澳洲和美洲等市场。2003年以来，先后开行了通往蒙古、俄罗斯、芬兰、德国等国际集装箱直达列车，铁路的国际影响力显著提升。

第六章　重载铁路运输规划与建设

铁路重载运输是指增加货物列车编组辆数，大幅度提高牵引吨数，采用单机、双机或多机牵引的大功率内燃或电力机车，实现重载列车的运输方式。采用重载运输可以有效地增大运输能力、提高运输效率、降低运输成本，有利于提高铁路的经济效益。随着铁路技术装备的改善，世界工业发达国家都根据本国的国情路情，努力发展铁路的重载运输。

一、世界重载运输的发展情况

世界各国铁路在改善运输组织和提高经济效益的过程中，总是力争用最少的投入，取得最经济合理的运输效果，以适应日益增长的运输需要。由于各个国家的货流特点、平均运距不同，原有铁路的设备和能力利用率各异，且要求实现的运输效果也不尽相同，所以世界上技术比较先进的国家，大致形成三种不同的运输方式。

（一）牵引吨数大、行车密度小运输模式

这种运输方式以美国等国家为代表。加拿大、澳大利亚、巴西、南非等国在煤炭、矿石的运输中，也日益广泛地采用重载列车直达运输的行车方式。

如美国一级铁路 1980 年货物列车平均牵引吨数高达 3 902 t，为世界最高，而平均行车密度仅 7.6 列/d，其中货运密度为 6.7 列/d，客运为 0.9 列/d，每列车平均载运人数仅 181.5 人；1995 年货物列车平均牵引吨数高达 4 657 t，而平均行车密度仅 10.8 列/d，其中货运密度为 10.0 列/d，客运为 0.8 列/d。而 1995 年我国铁路货物列车平均牵引吨数为 2 597 t，平均行车密度为 57.2 t 列/d，其中货运密度为 39.4 列/d，客运密度为 17.8 列/d，可见由于铁路线路数量少，我国运输密度要大得多。美国形成这种运输方式与其国情、路情有关。

1. 美国重载运输的形成背景

（1）美国疆域辽阔，领土面积达 783.8 万平方千米，比我国的 959.7 万平方千米略小，东部地区工业集中用煤量大，但所产煤含硫量高，而西部地区煤贮量丰富，含硫量低，大量煤炭需要东运。美国东部五大湖的水运比较方便，且运费低廉。为了降低铁路长距离运输的成本，提高与水运的竞争能力，铁路公司在不改建铁路、不过大增加投资的前提下，采用多机牵引的重载列车，组织专列直达运输，牵引吨数很高。运送煤炭、矿石、粮食、石油的万吨列车很普遍，有的运煤或矿石的列车牵引吨数高达 3 万吨。

（2）美国铁路运输密度不大，1980 年一级铁路客货运合计仅 7.6 列/d，客运密度仅 6 万人，货运密度仅 462 万吨；我国 1980 年全路平均行车密度为 38.8 列/d，客运密度为 290 万人，货运密度为 1 199 万吨；美国仅为我国的 1/5.1、1/48 和 1/2.6。这就为美国铁路开行多机牵引的直达超重列车，减少途中停站交会与越行次数提供了可能。

（3）美国垄断资本高度集中，工矿企业规模甚大，产销两地货运品种单一、运量大、运距长，且装卸机械化自动化程度高，为组织始发直达列车创造了车辆集结时间短、中途不需改编的条件，同时也使固定车底循环运转于一定径路的一个货种、一个货主、一种车型的专列运输

成为可能。

（4）美国冶金和制造工业基础雄厚，为铁路技术装备的重型化提供了物质保证，使铁路装备大型内燃机车、大型专用货车、重型轨道、机械化自动化装卸设备比较容易和迅速。美国内燃机车可靠性强，功率为 2 200～2 900 kW。1981 年各类货车的平均装载质量为 71.2 t，1977 年新造货车平均装载质量为 89 t（我国货车 1980 年平均标记装载质量约 50.8 t）。主要线路普遍铺设 60～70 kg/m 钢轨，桥梁活载标准达到轴荷载 363 kN 的 E-80 级，车站到发线一般有 2.4～2.7 km 长。

（5）美国职工工资高，故美国铁路在运输密度较低的情况下，采用提高货物列车牵引吨数的措施，以减少车次，压缩定员，提高劳动生产率，从而降低运输成本。1988 年，美国一级铁路每营业公里的运输人员仅 1.36 人，约为日本、德国、英国的 1/6.8，法国的 1/4.6，为我国的 1/27.8；美国一级铁路的全员劳动生产率为每人每年 480 万换算吨公里，是全世界最高的，为苏联的 1.9 倍，日本的 4.3 倍，为德国、英国、法国的 9～14 倍，为我国的 7.1 倍；美国一级铁路每换算吨公里的运输成本仅为日本、德国、英国、法国的 1/5 左右，但为我国的 6.7 倍。

美国铁路重载货运的发展，是从组织煤炭、矿石等大宗货物的超重直达货物列车开始，并向单一货种、固定车底组织循环运转发展，以进一步提高运输效率。

2. 多机牵引超重列车

多机牵引的超重列车，头部的机车数量受车钩强度的限制，美国车钩的允许拉力一般限制在 25 万磅，即 1 112.5 kN 以内，因之超重列车就需要在中部与后部加挂补机，但是因列车过长，而往往由于主机与补机的操作不能很好配合，以致发生断钩事故。为了克服这种缺陷，美国采用无线电遥控。补机无人驾驶，由主机司机通过遥控盘将主机手柄位置变为无线电信号，借助遥控设备转换为补机的操作动作，从而使补机与主机同步操纵。减速与停车时，主机与补机能同时减压制动，这也就解决了长大列车制动主管过长、减压过程缓慢的问题，同时节省了补机乘务人员的开支，降低了运营支出。

1966—1967 年间，美国东部宾夕法尼亚中央铁路与诺福克西方铁路曾进行超重列车的竞赛。前者曾开行总质量 32 000 t、总长 2.9 km、挂车 341 辆的铁矿石列车，后者曾开行一列总质量达 48 584 t、挂车 500 辆的创纪录超重列车，列车由 6 台 2 650 kW（3 600 马力）的内燃机车牵引，头部三台，300 辆之后挂补机三台，运行速度为 48 km/h。

1969 年加拿大太平洋铁路西段在罗伯茨班克港（温哥华南边）至卡尔格里间，长约 500 km，跨越落基山，最大坡度 22‰。为了增加向日本出口的煤炭，加拿大将牵引吨数由 7 500 t 提高到 12 300 t，列车由载重 91 t 的 105 辆货车组成，采用 2 200 kW（3 000 马力）的内燃机车牵引，头部 4 台，全长 2/3 处无人驾驶的补机 2～4 台，由主机无线电遥控；通过 22‰ 的陡坡时，列车尾部再加 4～5 台有人驾驶的补机推送。牵引吨数提高后，解决了该路输送能力不足的困难，但机车运用复杂化，操作需要熟练司机，确保行车安全仍有困难。

3. 单元列车

20 世纪 50 年代以来，美国开始出现一个货种、一个货主、一种车型的所谓"单元列车"。单一货种的重载运输开始于 1958 年的美国南太平洋铁路，由矿区运送铁矿石直达钢厂，运程 272 km，列车由载重 9.7 t 的矿石车 85 辆组成，总质量达 10 000 t。以后美国、加拿大铁路公司争相采用，逐渐推广，如加拿大东部拉布拉多半岛上运送铁矿砂的铁路，长 640 km，由矿区至圣劳伦斯河口装船，铁路最大坡度重车方向为4‰，平均区间距离约16 km，会车股道长度能容纳260辆货车组成的专列，最长的达6.5 km。车辆荷载909～1 016 kN，最大轴荷载为300 kN，钢轨质量为65.5 kg/m。最重列车由260辆编成，总重达30 000 t，由5台2 200 kW（3000马力）的内燃机车牵引，3台在头部，2台在列车2/3长度处，由无线电遥控操纵。

单元列车采用固定车底，循环运转于某一固定径路上，若两端车站配有容量大、速度快的装卸设备，并配备适应卸车方法的车辆，则可更好地加速车辆周转，提高运输效率。如在大型矿点铺设环行线，整列空车可不分解，不停车，在装料漏斗下徐行通过来装车，采用装车自动控制设备，一般可保持每小时列车徐行800 m，装料7 000 t。卸车地点有的铺设环行线，采用底开门车辆在行进中卸车。美国一个铁矿砂中转港接入一列140辆车的列车，只要8～9 min即可卸完。有的采用可翻转车钩的车辆，用翻车机卸车，每辆车的卸车时间仅为15 s，甚至可缩短到10 s。

组织始发直达单元列车，运输效率大为提高。美国联合太平洋铁路在运距为1 240 km间运送煤炭，车辆周转时可由混编列车的16～20 d缩短为4 d。海岸铁路公司统计，每年的货车走行公里可由28 800提高到144 000，达5倍之多。所以单元列车运输发展很快，自1958年至1977年的10年间，美、加两国开行单元列车的径路（一条径路可通过几条铁路）数目，由45路增加到225路。运距一般为数百公里，最长的达3 000 km，编车数目以100辆左右者为最多，其牵引吨数在万吨以上。

米轨铁路运送煤炭与矿石出口，也有采用循环运转单元列车的。运能最高的是巴西的维多利亚·阿·米纳斯铁路，该路长550 km，为1 000 mm轨距的复线，主要运送铁矿石出口。出海的重车方向最大坡度为3‰，采用功率为2 900 kW（3 900马力）的内燃双机牵引，挂车160辆，总长1 700 m，总质量14 000 t，车辆载重72 t，总质量90 t，轴荷载225 kN，钢轨67.5 kg/m，1975年完成货运6 500万吨，客运156万人。牵引吨数最大的是南非的锡申至萨尔丹哈港的出口铁矿石的专用铁路，该路长864 km，轨距为1 065 mm，重车方向最大坡度为4‰；初期设9处会车站，站线长3.08 km，1976年用6台功率为1 940 kW（2 636马力）的内燃机车，牵引矿石车202辆，总质量17 000 t，每日开行3列。电化后准备用3台功率为3 780 kW的电力机车，牵引吨数为21 000 t，列车总长为2.2 km，列车由202辆重型矿石车组成，每辆总质量101.5 t，轴荷载260 kN。

另外澳大利亚西北部皮尔巴拉地区，自1964—1972年间先后建成4条出口铁矿石的专用铁路，每年约运送1亿吨铁矿石，其中哈默斯利和纽曼山铁矿两专线运量较大，牵引吨数高达18 000～23 000 t，是比较成功和出名的。

（二）牵引吨数小、行车密度大运输模式

这种运输方式以西欧各国为代表，日本的铁路运输也具有这种特点。

这些国家国土面积较小，大城市间的距离较近，货物运距一般较短，发送货物的批量一般也不大，因此，提高牵引吨数的客观必要性并不十分迫切。同时原有铁路的设备标准较低，如站线长度较短，货车装载能力较低，装卸设备能力也不够强大，都不大能适应重载列车的需要。改建和更新这些设备，投资巨大且较困难，所以这些国家的货物列车牵引吨数都不高。据1987年统计，货物列车平均牵引吨数，德国联邦铁路为803 t，法国国营铁路为797 t，英国不列颠铁路为482 t，意大利为664 t（1972年），日本国营铁路为740 t。

但是这些国家的铁路,复线所占百分比较高,据 1987 年统计,德国为 45.4%,法国为 44.8%,英国高达 70.1%,意大利为 34.4%,日本为 37.2%。同时通信信号设备也很先进,铁路的通过能力都有较大富余,就可能用增大行车密度的办法来适应运量的增长,所以这些国家的行车密度都是比较高的。1987 年,铁路客货列车的平均行车密度,德国联邦铁路为 58.3 列/d,英国不列颠铁路为 64.6 列/d,法国国营铁路为 37.1 列/d,日本国营铁路为 82.3 列/d。在 20 世纪 70 年代到 80 年代之间,这些国家铁路的客运行车密度有逐渐增大、货运行车密度有逐渐减小的趋势。

这些国家的铁路,为了和公路、航空竞争,客运上积极发展时速大于 200 km 的高速铁路,货运上也大力开行时速 120 km 左右的快速货物列车,以适应客观需要。

但是开行直达超重列车,毕竟运输效率高,运输成本低,经济效益十分显著,所以西欧各国在运送矿石、煤炭等大宗货物时,也积极创造条件开行直达超重列车,这种超重列车牵引质量一般为 4 000 ~ 5 500 t,如德国 1977 年起,由汉堡至派纳和萨尔茨吉特钢厂间的 200 km 运距中,用 2 台 6 轴电力机车牵引 5 400 t 的矿石列车,这是迄今为止西欧各国中最重的列车。据 1978 年统计,德国每日开行直达专列 580 列。又如瑞典为了出口铁矿石,也在其北部的干线上组织重载专列运输,牵引吨数东去波罗的海的为 3 800 t,西去挪威海口的可达 5 200 t。又如日本积极组织散装货物的直达专列运输,每日平均开行的直达专列近年来增加较快,1971 年为 551 列,1975 年增为 728 列,完成的运量为总运量的 31%。

(三)牵引吨数大、行车密度高运输模式

这种运输方式以苏联为代表,中国铁路也具有此特点。

1. 形成背景

苏联国土广阔,铁路客货运量在整个交通运输业中所占比重较大,客货周转量分别在 1/2、1/3 以上。加之铁路网的密度不算太高,客货运量集中,且大宗货流的运距也较远,如煤运 1988 年达 8 亿吨,平均运距为 850 km。这样就形成苏联铁路客货密度较高的特点。1988 年,运输密度高达 2 960 万换算吨公里/km;客运密度为 280 万人公里/km,平均行程为 94.1 km;货运密度为 2 680 万吨公里/km,平均运距为 957 km。

2. 发展重载运输的两个阶段

牵引吨数的提高是增大输送能力的重要措施。苏联提高牵引吨数,大致经历了两个阶段。

第一阶段自 1928 年至 1955 年,以改建旧线更新机车车辆为主要手段。将大量二轴车换为四轴车,装备自动车钩和空气制动,提高了车辆载重能力;采用菲德型大功率机车与双机牵引,增大了机车的牵引力;并延长站线有效长度,加强轨道构造,换铺重轨,使全路平均的牵引吨数由 1928 年的 817 t 提高到 1955 年的 1 958 t,平均货运密度也由 120 万吨提高到 310 万吨。

第二阶段自 1956 年开始,以改革牵引动力,用电力、内燃机车代替蒸汽机车为主要措施。自 1955 年至 1988 年的 33 年间,每年平均电化里程达 1 400 km 以上。1988 年铁路电气化达 5.29 万公里,电化里程仅占通车里程 36%,但完成的货物周转量却高达 63%。大量制造了功率较大的电力和内燃机车,将重要干线的车站到发线有效长度延长为 850 m 以上,加强了轨道结构(钢轨平均约 53 kg/m),大量安装了自动闭塞和调度集中,使铁路能力进一步提高。货物列车平均

牵引吨数也由 1955 年的 1 958 t,提高为 1960 年的 2 099 t,1975 年的 2 732 t,1980 年的 2 819 t,1988 年达 3 120 t。

3. 发展情况

苏联铁路繁忙的重要干线上,货物列车牵引吨数一般已达到 4 000 t 以上,运送煤炭、矿石、石油等大宗货物的长大重直达列车,已达 6 000 t 以上,个别的高达 10 000 t,普通货物列车也有高达 6 000 t 的。

苏联铁路为客货共线,行车密度较大。总运量约 8 亿吨的煤运,供应地点相当分散,电站等重点用户的煤源也不固定,且散装货物的装卸机械化自动化程度也不够强大。所以苏联的一个货种、一个货主、固定车底、循环运输的单元列车发展不大。但是直达运输的发展还是较快的,1970 年直达列车运送货物的比重为 39.2%,1975 年增加到 46.1%。

为了适应日益增长的运量需要,进一步提高牵引吨数,苏联发展了双节 8 轴的货运电力机车,ВП10 型功率为 5700 kW,ВП80 型功率为 6 300 kW,ВП84 型功率为 7 600 kW;试制的三节 ВП840С 型电力机车小时功率高达 9 780 kW,并生产了单节功率为 3 000~4 500 kW 的大型内燃机车。

苏联的大型车辆,轴重为 21 t。63 t 的四轴车,每延米总质量为 6.11 t,制造的 94 t 的六轴车、120~130 t 的八轴车,每延米总质量已增加到 7.7 t 与 8.7 t。因为主要干线通过总量有的超过 1 亿吨,故大量铺设 65 kg/m 与 75 kg/m 重轨;大修周期 65 kg/m 钢轨通过总质量为 5 亿吨(热处理后可增加为 7.5 亿吨),75 kg/m 钢轨为 9 亿吨。

苏联车站股道也相应加长,据 1977 年统计,有效长在 850 m 以上的编组线约占 41.5%,有效长在 850 m 以上的到发站约占 55%。主要干线上已基本达到 1 050 m,若车辆每延长质量为 6~8 t,则可适应 6 000~8 000 t 的牵引吨数。

苏联 1974 年动工兴建、1985 年投入运营的贝(加尔)—阿(穆尔)铁路,长为 3 145 km,年运量约 3 500 万吨,按开行重载列车设计。线路和建筑荷载提高到每米 10 t,线路最大坡度为 18‰,站间平均距离为 20 km,站线有效长为 1 050 m。陡坡地段采用大功率电力机车双机牵引,使用装载 120~130 t 的八轴油罐车,轴荷载 210~220 kN,每延米总质量可高达 9.45 t,运油列车的牵引吨数初期为 7 000 t,远期为 9 000 t。

4. 组合列车

在运能紧张区段,将两列货物列车联挂、合并运行,称为组合列车;组合列车的牵引吨数为普通货物列车的 2 倍,但只占用一条列车运行线,可以提高区段的输送能力。

这种运输组织措施,首先在苏联铁路上采用。开始时为线路大修时的临时措施,即在大的中间站或区段站外正线上,将两列车合并,不停车地通过繁忙路段,驶向前方区段站或编组站,在站外停车摘钩,两列车再分别进入前方大站。单线上开行组合列车可追踪运行,对向正规列车停站,交会组合列车。双线上开行组合列车,双方向俱可合并,不妨碍列车交会。这种行车方式逐步发展完善,成为克服某些路段运能不足的过渡措施。20 世纪 80 年代在一些单线与复线上,大量组织渐臻成熟。组合列车有三种组合方法,一为在装车站组合的始发组合列车,一为在编组站组合的技术组合列车,一为在技术站编成一列,在前方中间站再合并另一列的阶梯组合列车。有关的运行组织和计算方法,已纳入苏联的《行车组织学》和《通过能力计算》等书。

单线区段上组织列车合并运行,应在起讫车站站外铺设复线插段,两列车的合并和分开在此复线插段上进行。应将区段内少数中间站的一股到发线延长，以保证双方向上的组合列车在车站上交会，或同方向的客运快车越行合并列车；一般车站不需延长站线，普通列车待避，组合列车通过就可以了。为了不使延长站线的工程过大，线路坡度平缓时优越性更大。两列车合并运行，两个机车的操纵要协调配合，这可用无线电话或无线遥控解决；采用电力与内燃牵引，同步操作较易，更为方便。

5. 超长货物列车

苏联莫斯科铁路局于 1979 年初开始试验、组织超长列车的运行，超长列车是在通过能力接近饱和的区段，挖掘潜力提高输送能力的一种措施。这种列车利用起讫编组站的较长股道进行编发与到达；中间站站线有效长度不足时，一般不停车通过。

首先要选定可开行超长列车的区段，基本问题是分析线路纵断面情况、轨道状态、机车牵引性能、车站到发线和有效长度数量等；区段内还要有稳定的货源和车流；轨道、机车、车辆、通信、信号都必须安全可靠，并加强维修与检查工作；司机的操作技术也需要训练提高，以保证操纵正确及不发生坡停与断钩等事故。

超长列车的牵引吨数和列车长度，按每个区段的具体情况分别确定，一般为 6 000 ~ 10 000 t。在编组站上指定几条较长股道为超长列车专用，在双线区段只有在站线长度足够的车站才办理旅客列车越行超长列车，在单线区段只有在站线长度足够的车站超长列车才停站，办理交会或越行。为此，需在运行图上铺画了超长列车的特别运行线。为了鼓励组织超长列车的运行，制定了对有关人员包括调车员、机务人员、列调、分局与车站值班员、列检和机车乘务员等开行列超长列车的奖励制度。

组织超长列车这种挖潜措施，得到苏联中央和交通部的支持。自 1979 年至 1981 年的两年半时期内，莫斯科铁路局已组织 58 万多列超长列车，牵引吨数为 6 000 ~ 10 000 t，多运了 2.15 亿吨货物，1981 年该局每昼夜开行 1 000 多列超长列车。组织超长列车由于停站次数大大减少，可以减少动力消耗，提高区段速度。据莫斯科铁路局估计，开行超长列车可使该局每昼夜节省 100 条运行线、30 台机车、90 个司机包乘组，每年可节约电能 700 万千瓦时、运营费 530 万卢布。

以上三种运输方式是各国具体情况不同和铁路技术装备各异的客观反映。研究我国的货物列车牵引重量，生搬硬套国外经验是不当的，必须从我国的实际出发，国外的经验可以借鉴，教训应当吸取。铁路现代化的举措要和实事求是的科学态度结合起来。我国国土辽阔，铁路运量大，运距也较长，和苏联情况相似，也应当采用牵引吨数大、行车密度高的运输方式。

（四）世界重载运输发展趋势

自国际重载运输协会（IHHA）1985 年正式成立以来，世界范围内的货物列车重载运输技术发展犹如雨后春笋，生机勃勃。中国、澳大利亚、巴西、加拿大、印度、俄罗斯、南非、瑞典、挪威、美国都是 IHHA 成员。这些国家都满足了成为会员必须要满足的以下标准中的两个或以上：定期运行，或者是正在计划开行 5 000 t 以上的单元或组合列车；运量，或计划运量在不短于 150 km 的运输区段每年不少于 2 000 万吨；定期运行，或者正在计划运行轴重 25 t 及以上的运载设备；所有 IHHA 成员国都向重载运营方提供了最优质的又各不相同的高效率服务，无论是通常装运在双层集装箱货车的矿石、煤炭等货物还是普通货物。

重载运输代表了铁路货物运输领域的先进生产力，在多个重载运输国家，如美国、加拿大、澳大利亚、南非、巴西、瑞典等国，由于推行重载运输极大地提高了铁路劳动生产率，目前他们的铁路货运收入均达到了历史上的最高水平。像俄罗斯、印度等一些大国在重载运输方面也在奋起直追，并已取得良好的效果。

我国铁路的重载运输与提速战略相配合，近几年来在客运列车大面积提速前提下，5 000 t重载列车的开行范围已遍及五大繁忙干线，重载新线也正在修建。

1. 重载运输技术是铁路货运发展的方向

自 1978 年第一届国际重载大会在澳大利亚佩思召开以来，重载运输从概念的提出到蓬勃发展经历了一个技术不断进步的过程，已被国际上公认是铁路货运发展的方向。至今发展重载运输的国家已经遍及五大洲和几乎所有的铁路大国。重载所取得的效益可由下列各国的实际数据充分证实。

北美铁路是重载运输发展最早的地区，20 世纪 70 年代末美国一级铁路开始了重载运输。由于大力发展重载运输技术，以 1980 年为指数 100%，1999 年北美一级铁路生产率（即每一美元运营成本所获得的吨英里周转量）提高了 171%（达到 271%）。货车平均容量提高 15.1%，事故率降低了 64%，运行成本（10 亿吨英里的支出）下降了 65%，在北美货运市场的占有份额从1980 年的 37.5%增加到 1999 年的 40.3%，其他运输方式是公路 29.4%、石油管道 16.8%、水运13.1%、航空 4%。目前北美一级铁路的货运收入已经达到历史上的最高水平。

1）澳大利亚

澳大利亚有许多重载铁路，采用了世界领先的重载、窄轨铁路技术。

（1）纽曼矿山铁路：全长 427 km，是一条单线内燃牵引准轨铁路，建于 1969 年，BHP 公司经营铁矿、铁路及港口，从 1973 年开始研究采用重载运输技术，劳动生产率逐年提高，成本逐年下降。以 2000 年与 1980 年相比，燃油消耗下降 43%，每百万吨矿石运输所需人力从 30 人减少到 5 人，下降了 5/6 倍。机车车辆无故障运行时间由 300 万千米上升到 920 万千米，可靠性上升 3 倍，机车车辆利用率提高了 36%。车轮、钢轨寿命提高了 3～5 倍。2000 年 BHP 矿山公司的今年效益（利润）高达 500 亿澳元，创造历史上最高水平，其中重载运输发挥了重要作用。2001 年 6 月 21 日，澳大利亚纽曼山—海德兰铁路线，8 台 AC 6000 型机车牵引 682 辆货车，列车全长 7 353 m，总重 99 734 t，净载重 82 000 t，创造了重载列车新的试验记录。如图6.1 所示。

图 6.1　澳大利亚纽曼山—海德兰重载铁路

（2）昆士兰煤运重载铁路：全部是轨距为 1 067 mm 的窄轨铁路，它连接着昆士兰 6 大煤矿系统 56 个矿井与煤炭输出港口的 6 个大煤码头、8 个出口煤炭的终点站和 8 个国内客户，煤运重载铁路全长 2 000 km，其中 70% 是电气化铁路。澳大利亚昆士兰煤矿是世界上最大的煤矿之一，煤产量逐年上升，1994 年为 8 500 万吨，1997 年上升到 9 500 万吨，1999 年上升到 11 450 万吨，2000 年达到 12 600 万吨，在 2007—2008 年，它运输了 18 400 多万吨煤往返于昆士兰州和新南威尔士州之间。

在窄轨条件下，澳大利亚煤运重载列车采用交流传动的电力或内燃机车牵引轴重 26 t 的重载敞车，每列车牵引质量达万吨，采用底开门运煤敞车自动卸煤，每个卸煤站每小时可卸煤 4 000 t。在 GLADSTONE 煤码头，共 2 条卸煤列车灯泡线，长度为 3.3 km，每年可卸煤 3 600 万吨，煤码头上采用全自动传输装置装船，每个船位年装船量可达 4 000 t/h，2 个船位年装船量达 3 000 万吨以上，经济效益十分显著。

2）南非铁路

南非重载运输线路主要集中在两条矿运线——理查兹湾煤炭线和石山—萨尔达尼亚铁矿石出口线。虽然这两条线路里程只占南非 Transnet 铁路货物运输网络 20 400 km 的 7%，但货物运输总量却占整个网络运量的 62%。这两条铁路均采用 1 067 mm 轨距，即窄轨，电气化铁路系统。

（1）理查兹湾煤运线全长 580 km，全程高度落差 1 700 m，对于重达 22 000 t 的运煤列车埃尔莫洛以北线路限制坡度为 1∶100，埃尔莫洛以南线路限制坡度为 1∶160。在 20 世纪 70 年代末采用重载运输技术，运量与效益逐年提高。以 2000 年与 1980 年相比，该煤运线年运量从 1 900 万吨提高到 6 800 万吨。2008 年该线共运输 6 300 万吨的出口煤炭和 1 100 万吨的普通货物。

埃尔莫洛以北，至矿山的支线均采用 3 kV 直流电源供能，拖运 100 节车厢。然后在埃尔莫洛组合为 200 节车厢的组合列车，并改用 25 kV 交流输电技术供电，最终抵达理查兹湾煤炭码头。Class19E 交流/直流机车正在该线上投入使用，以替代当前的 7E 和 10E 机车解决目前的运力不足和分散问题。电控气动（ECP）刹车和无线分散动力同步控制技术正在该线安装使用，以增加运能，减少与列车操控相关的出轨、列车断裂等事故，改进周转时间，并增加列车的安全系数。

（2）石山—萨尔达尼亚铁矿石出口线，全长 861 km，起源于海拔 1 295 m 的石山铁矿，终点为萨尔达尼亚港口，限制坡度为 1∶250。在 20 世纪 70 年代末采用重载运输技术，运量与效益逐年提高。以 2000 年与 1980 年相比，该铁矿线年运量从 900 万吨提高到 2 600 万吨，2008 年运输了 3 600 万吨出口铁矿石。铁矿运输列车重 41 000 t，由 342 节轴重 30 t 的矿石车组成，全长 4.1 km，是世界上最长的重载运输列车。列车由三列 114 节编组的子列车连接而成。牵引动力采用无线控制技术分散在整个列车中，使用了 3 台 9E 型电力机车和 7 台 34-ClassGE 柴油机车。一个电动机车和两个柴油机车安装前两列子列车的头部、一台电力机车和一台柴油机车设置在第三列子列车头部，最后两台柴油机车安置在整列车的尾部。整列车由计算机通过无线电通信控制。Class15E 机车已在 2010 年投入使用。

运量成倍的提高也使效益成倍地增加。现在南非铁路已经在其他普通窄轨线路上将轴重从 16～18 t 提高到 20～22 t，并也开行长大编组重载列车。南非重载列车的牵引质量一般为 18 500～20 000 t。如图 6.2 所示。

图 6.2　南非重载铁路

3）瑞典铁路

北部的挪威—瑞典矿山铁路全长 540 km，是瑞典北部专用的矿山铁路，1888 年开通时，轴重才 11 t。该线起自从挪威海沿岸的纳尔维克港，穿越挪威/瑞典边境，通过基律纳和 Malmberget 地区的矿山，到达波的尼亚湾的吕勒欧港。该线瑞典部分即是众所周知的 Malmbanan 线。Malmbanan 铁路横贯北极圈，由于其漫长的冬季，常常伴随极度的寒冷和频繁的严重降雪。线路贯穿非常崎岖的复杂地形，包括山脉、挪威峡湾的泥炭阶地、众多的桥梁、涵洞等。寒冷的天气、大雪和重载的等级要求给该线的运行提出了苛刻的挑战。

1915 年该线电气化（15 kV、15 Hz，是瑞典第一条电气化铁路）。1997 年前开行 25 t 轴重、每列车 52 辆编组、全列车质量 5 200 t 的重载列车，1997 年开始提高轴重到 30 t。瑞典 LKAB 公司对这条线的全部 114 座桥梁进行检测与试验，对一座已使用 30 年的混凝土桥跨用 30 t 轴重进行疲劳试验，发现混凝土梁的真实强度高于计算假定值。试验表明所有既有混凝土桥梁均可使用 30 t 轴重。对某些路基段进行了加强，对某些道床、曲线进行修整，隧道内加厚了道砟层。由于原来使用 50 kg/m 钢轨，已经到了大修期，60% 的钢轨已更换为 1100 号材质的 50 kg/m 钢轨，增加线路维修成本约为 3%。为此，瑞典对线路进行了改造，并于 2000 年购置了 Adtranz 公司的三轴径转向架轴重 35 t、功率 5 400 kW 交流传动电力机车及南非制造的轴重 30 t 新型运矿石敞车，并开始开行轴重 30 t 的重载列车，全长 740 m、68 辆编组、8 500 t 牵引质量，开行提高轴重的重载列车使 LKAB 公司的运输成本降低 35%，年运量从 2 000 万吨提高到了 3 000 万吨，使 LKAB 公司有能力与澳大利亚、巴西、加拿大同业进行竞争，直接对公司 26 000 名员工及挪威、芬兰间接有关的 80 000 名员工产生重大影响。

该线与大多数重载线路的运营方式相比采用了不同方式，即线路基础设施和运营列车"垂直分离"的运营方式。在这种情况下，基础设施是由两家公司（瑞典的 Jernbaneverket 公司和挪威的 Banverket 公司）负责；然而，列车及其运营业务由铁矿石开采商 LKAB 公司的全资子公司负责。这些企业之间的协调，显然是线路成功运营的一个非常重要的因素。

1988 年该线开始升级改造，以将线路可承载轴重从 25 t 提升至 30 t，该工程已在 2010 年完工。此外，运营方也投入资金购买了新机车，其中第一台机车（IORE 型）已由庞巴迪公司于 2000 年交付。2002—2004 年又逐步交付了 8 台机车。这 9 台 IORE 型机车替代了原有的 Dm3 型机车，自 2004 年起开始正式规范化运行。

LKAB 公司与瑞典 K-Industrier 公司一起已经开发出一种新的、更大的矿石车，最高轴重 32.5 t 和最大载重 108 t。目前该车的运营轴重和载重分别为 30 t 和 100 t。第一辆车是在 2005 年秋交付的。一旦线路的 Kiruna-Narvik 部分完成 30 t 轴重升级改造，所有的车站等终端包括新的 Narvik 矿石港口投入使用，准备好接受新货车，该线的运输能力将大大提高。每列货车牵引的车厢将由 52 节提升到 68 节，总运载量将由 5 200 t 提升到 8 160 t。

4）美国铁路

美国的重载铁路几乎服务于所有行业，运行线路超过 22.5 万千米，占据了 43% 的美国国内城际货运市场。一级铁路，占到美国铁路里程的 67%，雇佣员工的 90% 以及货运收益的 93%。目前主要有 7 家一级铁路运营公司：伯灵顿北方圣达菲铁路（BNSF）公司、美国 CSX 运输公司、GrandTrunk 公司（隶属于加拿大国家铁路）、堪萨斯城南铁路公司、诺福克南方铁路公司、SooLine 铁路公司（加拿大太平洋铁路所有）和联合太平洋公司（UP）。

区域性铁路公司经营着超过 563 km 的铁路线，在 2007 年美国共有 33 家区域性铁路公司。2007 年美国有 324 条地方铁路线在运营。几乎所有美国的货运铁路均为私人所有和经营，铁路的修建和维护也是私营公司自己进行。

美国的大多数铁路线都可以归类为重载线。然而由于煤炭是货运量最大的商品，以怀俄明州宝德河流域（PRB）大型煤矿的外运线路为例重点介绍。由于 20 世纪 70 年代开始发运的伯灵顿北方铁路公司（BN）无法满足电力部门对西部低硫燃烧洁净的煤炭的需求的问题日益严重，联合太平洋铁路公司（UP）1984 开始运营 PRB 地区次烟煤外运的业务。和中国的情况一样，美国煤炭运输量随着需求而大幅增加。仅 UP 公司的年运量即从 1984 年的 1 200 万吨增长至 2007 年的 3 亿吨。运能的增长主要通过以下几个运能扩建项目来实现的：20 世纪 90 年代的复线建设和 175 km 的 3 线主干线建设，其中有 24 km 甚至采用了 4 线主干道。电煤往东沿东西大通道运抵吉本、内布拉斯加州，再从吉本、内布拉斯加运往东北部或者继续运往南部和东部。

美国已在高速既有铁路东北走廊上开行 30 t 轴重重载列车。另一个重要标志是美国重载列车开始在东北走廊高速铁路上运行。2003 年美国在东北走廊高速铁路的巴尔的摩和 Rerryville 间不仅开行 240 km/h 的 Acela 高速列车，还同时开行轴重为 30 t、平均速度为 80 km/h 的重载列车。Acela 高速列车的动力车轴重为 25.5 t，高速客车轴重为 15.9 t。这是世界既有线高速铁路同时开行重载货物列车轴重最大的一条铁路，其年货运量达 3 700 万吨，年客运量 2 650 万人，每天开行 122 列客货列车。美国的重载列车编组通常为 108 辆货车，牵引质量为 13 600 t。如图 6.3 所示。

图 6.3　美国重载铁路

5）加拿大铁路

加拿大有两家一级铁路公司，加拿大太平洋（CP）铁路公司和加拿大国家（CN）铁路公司；同时也有大约40家短途铁路公司。加拿大的典型单元重载列车编组为124辆货车，牵引质量为16 000 t。如图6.4所示。

CP公司拥有21 887 km的铁道线路里程，是北美最大的铁路公司之一，同时也是唯一一个横贯美洲大陆的承运人，同时提供直达美国东部沿海地区的货运服务。它的业务网络从蒙特利尔到温哥华，遍布加拿大以及美国中西部和东北部。与其他运营商的商业联盟拓展了CP公司的市场范围，其业务遍布加拿大和美国乃至墨西哥，为大陆东部和西部海岸的各港口提供服务。CP公司连接北美与欧洲和泛太平洋地区市场，同时也是全球领先的多式联运行业提供商。

2007年，总部位于卡尔加里的CP公司经营收入超过40亿美元，雇佣近13 000员工、运营着1 201台机车、35 368辆货车。多式联运业务是CP公司增长最快的业务，主要是运载制成消费品集装箱。散货包括粮食、煤散货集运、肥料和硫。CP的业务商品包括整车和汽车零部件、森林产品和工业产品，如化工、塑料、柴油、丙烷等。

图6.4　加拿大重载铁路

CN公司由加拿大政府创建于1919年，1995年被私有化。2007年，CN公司完成了200万吨整车的货物运输，拥有15 346名雇员，1 393台机车，超过47 000辆货车。CN公司的北美铁路网络超过23 020 km，横跨加拿大、美国中部，业务遍布从大西洋、太平洋到墨西哥湾的广大区域。它连接的港口包括：温哥华、王子城、蒙特利尔、哈利法克斯、路易斯安那州、新奥尔良、亚拉巴马州、多伦多、野牛、纽约、芝加哥、伊利诺伊州、底特律、密歇根州、德鲁斯、明尼苏达、绿湾、威斯康星州、明尼阿波利斯/圣保罗、田纳西州、圣路易斯、密苏里州、密西西比州、杰克森市等，能连接到北美所有的地方。

6）巴西铁路

自从1996年开始私有化以来，巴西铁路业务在税收增长、生产力和安全方面取得了很大的成就。在巴西有3条备受关注的重载铁路。第一条，MRSLogistica, S.A.，自从1996年以来就已经被投入运营，有1 674 km长的铁轨，轨距1 600 mm，最大轴重32.5 t。98%的轨枕横木间距为540 mm。该铁路连接着巴西的4个主要港口和3个最大的工业区。Vale（在网络图上标示为CVRD）是另两个重载铁路公司Estradade Ferro Carajás（EFC）和Estradade Ferro Vitóriaa Minas（EFVM）的母公司。自从1985年以来，EFC已经在这个国家的北部区域运营，将Carajás矿井连接起来直通SãoLuis的主要区域港口。EFC当前每年运输铁矿石大约10 000 t。巴西维多利亚-米纳斯铁路标准编组列车为 320 辆编组，列车牵引质量 31 000 t。如图 6.5 所示。

7）欧洲铁路

德国从 2003 年开始在客货混运的既有线路（如汉堡—萨尔兹特）上开行轴重 25 t、牵引质量 6 000 t 的重载列车，最高运行速度 80 km/h（重车），同时开行 200～250 km/h 速度的旅客列车。2005 年 9 月开始，法国南部铁路正式开行 25 t 轴重的运送石材的重载列车。芬兰铁路正在研究开行 30 t 轴重的重载列车。欧盟经过研究认为，欧洲铁路客运非常发达，每年运送 90 亿人次、6 000 亿人公里。但欧洲铁路货运同样也很繁忙，货运量占全世界铁路货运总量的 30%，而且每年还以 4.4%～7.5% 的速度增加。欧洲铁路的货运量中有 30% 重载运输潜力。2001 年以欧洲铁路为主体的国际铁路联盟（UIC）以团体名义加入国际重载运输协会（IHHA），成为团体理事成员。由此可见欧洲铁路发展重载运输的战略已定局。

图 6.5 巴西维多利亚–米纳斯重载铁路

8）俄罗斯铁路

俄罗斯铁路公司是 100% 的国有控股铁路公司。它是世界上第三大的铁路网，有 88 500 km 长的铁轨，仅次于美国、中国。每年运输 13 亿吨货物，大约是俄罗斯所有货物的 83%，此外还包括重要的部分客运。这个公司占据了俄罗斯约 3.6% 的国内生产总值。俄罗斯铁路公司的线路运营里程是 85 155 km，铁轨里程是 184 396 km。大约 70 000 km 铁轨位于混凝土轨枕上。在近 8 年内，俄罗斯铁路公司货运密度增加了 51%。在 2003 年，俄罗斯铁路公司有大约 20 000 台机车。现正俄罗斯在全国积极推进重载运输。

9）印度铁路

印度铁路线路运营总里程为 63 327 km，大部分为宽轨（1 676 mm），大约 27% 的线路为电气化。大部分线路承担客货兼运的职责。印度铁路为了应对增加的交通量所带来的挑战，一种解决方案是打造货物专运走廊（DFC）。西部货物专运走廊和东部货物专运走廊已经被批准。货物专运走廊将以 25 t 轴重运行，而当前为 20.3 t 标准，要达到所需的这一标准需要一个很大的增加幅度。印度也已开始发展重载运输，创造条件在干线上开行重载列车。

10）重载铁路的效益显著

美国铁路自 1980 年全面发展重载运输以来，铁路货运占领美国货运市场的份额直线上升，从 1980 年的 35% 增加到 2000 年的 41%，车辆的平均载重增加了 15.1%，虽然运价已降至 1.6 美分/吨公里，运行成本却还下降了 60%，线路维修成本下降了 42%，劳动生产率提高了 2.71 倍，创造的年利润已达美国铁路历史上的最高水平（81 亿美元）。美国最大的铁路公司之一联合太平洋铁路（UP）2002 年重载运输收入已达 107 亿美元，其中煤炭运输收入占 22%。

西澳大利亚的 BHP 重载铁路公司从 1980 年到 2000 年由于开行重载列车，动力用油耗下降 43%，机车利用率提高 36%，车轮、钢轨寿命提高 3～5 倍。劳动生产率提高 5 倍，达到 6 000

万吨公里/（人·年），居世界铁路之首位。创造的年利润达 500 亿澳元。昆士兰铁路营业里程 1 万公里（基本是窄轨 1 067 mm），2004—2005 年度货物发送量 1.76 亿吨，其中重载煤运达 1.425 亿吨，每周开行 1 万吨重载列车 460 列，年营业总收入 23 亿澳元。税前利润 1.91 亿澳元。

综上所述，重载运输技术在越来越多的国家推广应用。不仅在幅员辽阔的大陆性国家（如美国、加拿大、澳大利亚、南非等国）重载铁路上大量开行重载列车，而目前在欧洲传统以客运为主的客货混运干线铁路上也开始开行重载列车。

世界各国重载铁路借助于采用高新技术，促使重载列车牵引质量不断增加，最高牵引质量的世界纪录已达 10 万吨，最高平均牵引质量达 3.9 万吨。2001 年 6 月 21 日澳大利亚西部的 BHP 铁矿集团公司在纽曼山—海德兰重载铁路上创造了重载列车牵引总重 99 734 t 的世界纪录。2004 年巴西 CVRD 铁矿集团经营的卡拉齐重载铁路上，开行重载列车的平均牵引质量已达 39 000 t。南非石山—萨尔达尼亚铁矿重载线是窄轨铁路（1 067 mm 轨距），开行重载列车的平均牵引质量为 25 920 t。美国最大的一级铁路公司联合太平洋铁路（UP）经营的铁路里程为 54 000 km，其所有列车的平均牵引质量已达 14 900 t，一般重载列车的牵引质量普遍达到 2 万～3 万吨，其复线年货运量在 2 亿吨以上。世界各国重载铁路年运量普遍在 1 亿吨以下，超过 1 亿吨的重载铁路仅有几条，主要是：巴西维多利亚—米纳斯铁路（898 km），年运量为 1.3 亿吨；澳大利亚纽曼山—海德兰铁路（426 km），年运量为 1.09 亿吨；南非姆普马兰加—理查兹铁路（580 km），年运量为 1.05 亿吨。

重载铁路为全世界提供了最安全、最有效的环境友好型货运方式。由于铁路通常比任何其他的运输方式能运载更多的货物，因此许多国家的经济依赖于高效的铁路运输。无论是作为纵横交错的铁路网，在国家综合运输网络中长距离转运货物，还是将煤或铁矿等矿产资源转运至港口的专用铁路线，重载铁路都致力于用绿色环保的方式运输货物。利用技术创新、重载铁路继续提高效率，重载运输的增长在过去的 20 年中引人瞩目，而且这种趋势将会在未来的岁月里继续，新的载重铁路不断建设和既有的在扩大运营规模和运输能量。

2. 提高轴重是重载运输采用的重要举措

列车质量的提高是铁路重载运输技术发展总体水平的体现。重载运输发展 40 多年来，一些国家列车牵引试验牵引质量的纪录不断被刷新突破：

（1）1967 年 10 月，美国诺克福西方铁路公司（n&w）在韦尔什—朴次茅斯间开行重载列车（编组 500 辆、6 台内燃机车、全长 6 500 m、总重 44 066 t）。

（2）1989 年 8 月，南非铁路在锡申—萨尔达尼亚间开行重载列车（编组 660 辆、16 台内燃机车、总长 7 200 m、总重 71 600 t）。

（3）1996 年 5 月 28 日，澳大利亚在纽曼山—海德兰港间开行重载列车（编组 540 辆、10 台 dash-8 内燃机车）。

（4）2001 年 6 月 21 日，澳大利亚 BHP 公司开行重载列车（编组 682 辆、8 台机车、总重 99 734 t、总长 7 300 m），全列只有 1 名司机，另外 7 台机车由 GE 公司生产的哈里斯机车遥控系统控制。

提高轴重是重载列车降低运行成本的最有效的措施。美国所有一级铁路的标准轴重 1990 年后已是 33 t。加拿大一级铁路标准轴重已于 1995 年改为 33 t。通过长期的运行考核，在 33 t 轴重作用下，美国一级线路的维修成本从 1990 年的 1 020 亿美元下降到 1999 年的 837 亿美元，降低了 25%。值得注意的是美国、加拿大的一级线路如柏林顿北方及圣太菲铁路、联合太平洋铁路等，其运输密度是很高的，每日要运行万吨级重载煤运列车 90～325 列，年运量达 2.2 亿～

2.5 亿吨。据 1998 年 AAR 统计，北美重载运输收入主要有 3 项：煤运收入 80 亿美元；化学产品运输收入 47 亿美元；汽车及设备运输收入 32 亿美元。

澳大利亚 BHP 重载线路的轴重已经提高到 35 t，巴西卡拉齐斯重载铁路的轴重已经达到 30 t，南非重载铁路的轴重已经达到 26 t（窄轨），瑞典重载铁路已将轴重由 25 t 提高到 30 t，俄罗斯铁路正在将货车轴重提高到 27 t，并且在加紧研究适用于 35 t 轴重的轨道零部件。印度铁路在 2001 年开始计划将重载列车轴重提高到 25 t。

3. 新技术、新装备是推进重载运输的保证

铁路技术装备是发展重载运输的物质技术基础。世界各国铁路都在发展重载运输过程中，积极研究开发重载运输技术装备。重载运输对铁路技术装备的要求主要有：

1）重载运输对铁路工务、电务设备的要求

（1）重载运输对铁路工务设备的要求。为保证重载列车的安全运行，减少维修成本，必须强化重载线路和桥梁的承载能力，使其具有高度的耐久性、可靠性和平顺性。

（2）重载运输对铁路供电设备的要求。根据重载运输的特点，重载运输要求发展完善电气化铁路。电气化铁路供电系统由"外网"（国家电力供电系统）和"内网"（牵引供电系统）两网组成。在外网供电能力充足的情况下，铁路部门要加强内网的改造，大幅度提高铁路供电设备供电能力。根据重载列车牵引质量标准、列车追踪间隔时分等对牵引供电的需求来设计变电所容量和供电臂长度，保持供电区间长度和行车区间大小的适配关系，便于运营和检修作业的配合。

2）重载运输对铁路机务设备的要求

开行重载列车必须采用大功率的电力或内燃机车，牵引机车应采用电空制动方式、无线遥控同步运转的"Locotrol"系统等技术方法及技术设备；同时还应具有能牵引或顶送重载列车的调车机车。

3）重载运输对铁路车辆设备的要求

重载货车通常采用载重量大、强度高、自重系数小的大型四轴货车。货车车体大量采用耐腐蚀的钢结构和铝合金材料，高强度、低自重、浴盆式车体，低动力作用的转向架或径向转向架，装备新型的空气制动装置、高强度车钩和大容量高性能缓冲器。

（1）提高车辆轴重。国际重载协会于 1994 年把重载货车的轴重标准从 21 t 提高到了 25 t，有的国家已将货车轴重提高到 25 t，有的高达 35 t。更大轴重的货车经济性和适用性也在进一步研究之中。

（2）降低车辆自重。这是提高货车净载重的有效措施，主要是通过采用耐候钢、低合金钢及铝合金等轻型高强度的车体结构材料，以及采取改进车体承载形式和优化结构设计的手段来实现。

（3）降低货车动力作用。可通过车辆结构合理优化来实现。

4. 新世纪重载技术

进入新世纪以来，各国铁路已纷纷拟订重载技术研究开发的新计划，力图在 21 世纪初在高的起点进一步强化新技术、新装备的研究开发，以便在更大的范围内推进重载运输，取得更大的经济效益。根据各国专家的分析论证，国际上于 21 世纪初研究开发的重载新技术主要包括以下各方面。

1）铁路重载牵引机车新技术

（1）采用 IGBT、IPM 大功率变流器的交流传动技术。

南非、瑞典等国的重载铁路大都采用了电力机车，而美国、加拿大、澳大利亚等国重载铁路多采用内燃机车。德国生产的 BR185 型重载电力机车，美国生产的 SD80MAC、SD90MAC 和 AC4000CW、AC6000CW 等型号内燃机车，都采用了交流传动技术、径向转向架和计算机控制防滑防空转系统。重载电机车的功率普遍在 5 000 kW 以上，最大达到 9 600 kW，内燃机车的最大功率可达 4 476 kW。

20 世纪 70 年代末欧洲开始发展交流传动技术，至 20 世纪 90 年代，大功率交流传动内、电机车已成为世界重载牵引动力的发展趋势。美国铁路已拥有 4 000 多台重载交流传动内燃机车，GM-EMD 公司生产了 SD70Ace、SD90MAC、GT46MAC、DE30AC/DM30AC 等型交流传动内燃机车，GE 公司生产了 ES44AC、AC6000CW、AC4400CW 等型交流传动内燃机车，已在美国、加拿大、澳大利亚、巴西等国重载铁路批量投入运营。GE 公司制造的 AC6000 型机车主发电机输出功率达 4 476 kW，持续牵引力达 738 kN，超动牵引力 800 kN，黏着系数利用值可达 0.37 以上。德国西门子公司为欧洲制造的 BR186 型及 BR189 型重载交流传动电力机车，轴功率已达 1 400 kW，在欧洲批量投入运营。最近西门子公司为满足中国重载运输牵引动力需求而设计的 DJ4 型交流传动电力机车，轴功率已达 1 600 kW。

重载机车交流传动采用的新技术包括：

① 三相交流异步电机轻量化。电机单位质量功率已达 0.81 kW/kg，甚至可达 1 kW/kg，机车单位质量功率可接近 75 kW/t。

② IGBT（IPM）大功率牵引变流器的采用。同等容量的 IGBT 变流器的体积和质量比 GTO 变流器减少 1/3 ~ 1/2，IGBT 具有驱动简单、保护容易、不用缓冲电路、开关速度高等优点，目前 BR185.2 型电力机车、SD70MAce、ES44AC 型内燃机车均批量采用 IGBT 变流器。

③ 采用基于网络（现场总线）的控制系统。其特征是：采用基于网络通信的控制，通信协议大多采用 TCN 国际标准，用模块化、通用化、分布式将主变控制、辅变控制和计算机网络控制统一在一个平台上，并具有智能化故障诊断功能。

（2）径向转向架技术。

大功率交流传动内燃机车和电力机车采用径向转向架成为国际重载机车发展趋势，尤其在美国、加拿大、澳大利亚等国的大轴重的重载线路上，径向转向架技术越来越成熟。GE、GM-EMD 等大公司生产的机车基本均采用径向转向架。我国主要机车制造厂如大连、戚墅堰、紫阳等工厂均开始小批量生产带径向转向架的重载机车。

据美国 GM-EMD 公司的 HTCR 径向转向架长期运营数据表明，径向转向架减少轮对与轨道间的冲角，比传统的转向架的轮轨冲角减少 75%，有效地降低轮轨间横向作用力，减少轮轨磨耗及阻力，提高运行稳定性；机车车轮寿命延长 10%，在 0.35 黏着系数利用值条件下，转向架的轴重转移从 35% 减少到 10%。

（3）重载列车网络控制技术。

随着重载运输发展，新型重载机车越来越多采用先进的列车网络控制系统，借助于网络传递重联控制信息，逻辑顺序控制信息及牵引、制动和速度控制信息。而重载列车中各车辆或部件的工作状态也需要通过网络传送到主控机车上以用于状态监视和故障诊断。实际运用表明基于计算机网络的列车控制与故障检测技术的运用，不仅可以提高重载列车系统的集成度、可靠性和可维修性，而且可以节省列车连线，减轻列车重量。

重载列车网络控制系统在国际上主要有两种发展模式：一种是欧洲模式，其列车通信网络速度较高，实时性较强，具有代表性的是 TCN 网络，已形成 ICE61375 列车通信网络的国际标准。一种是北美模式，可以分为有线列车通信网络和无线列车通信网络两种。有线车载网络基于 LonWorks 现场总线，基础标准是 IEEE1473 列车通信网络协议。主要供应商有 Webtec 和 NYAB 公司；无线车载网络供应商主要是 GE 公司。

（4）重载内燃机车柴油机节油技术。

先进的重载内燃机车上均采用柴油机泵管嘴式电子控制喷射系统，对降低柴油机燃油消耗和排放有良好的效果。如美国 GM-EMD 公司的 16-854H 型柴油机燃油消耗率 199.5 g/（kW·h），美国 GE 公司 GEVO12 柴油机为 198 g/（kW·h），美国 Cat 公司 Cat3616 柴油机为 198 g/（kW·h），而我国批量生产的柴油机没有安装电子控制喷射系统，燃油消耗率一般为 204~208 g/（kW·h）。美国对重载内燃机车进行过统计，在 1980 年未装电子控制喷射系统时，内燃机车 1 加仑（约 3.79 L）燃油平均产出 325 英里吨（约 523 吨公里）；而目前安装了电子控制喷射系统，内燃机车 1 加仑燃油平均可产出 405 英里吨（约 652 吨公里），提高了 72%。

（5）重载机车故障遥测监控技术。

2001 年美国 GM-EMD 公司为重载机车开发了 IntelliTrain 机车故障遥测监控系统。采用这套新型的无线遥测遥控系统，可以对每一台机车实施全寿命服务，大大提高了机车使用率，降低全寿命周期成本。2003 年 IntelliTrain 系统正式投入使用，安装了这一系统的机车不论在何处出现了故障，机车上的传感装置能自动检测故障并通过无线通信系统将故障情况、机车车号等信息直接发送到服务中心。服务中心立即通知就近的维修工程师携带备件去机车现场更换备件并检测性能。在消除故障后 IntelliTrain 系统发出信息告之服务中心，机车已能正常投入使用。根据 2 年多使用经验，这套系统已能发现机车 80% 的潜在运行故障，比预期的修理期提早 7~21 d 发现故障，延长了机车使用周期。所有故障中 50% 是在乘务人员从未报告过的情况下发现，2 年多来机车的总故障率已下降 70%。

（6）重载机车无线遥控操纵系统（Locotrol）。

1959 年，美国 GE-Harris 公司首先研发成功机车无线同步操纵系统（Locotrol）。该系统由安装在头部本务机车上的主控设备和安装在从控机车的受控设备及无线通信系统组成，当时全部装备要用一辆平车才能装下。通过 40 多年的不断改进，Locotrol 系统产品已发展到第四代产品，采用无线通信闭环控制方式在前后部机车间传输命令及反馈信息，其性能不断完善，可靠性不断提高，性价比较好，在世界铁路上，仅 GE 公司的产品就推广应用约 7 000 台套。我国大秦线开行 2 万吨重载列车，在机车上均采用 Locotrol 系统。

Locotrol 系统的基本工作方式是前部机车通过 GSM-R 系统，向中、后部机车发布同步牵引和制动命令，实现前、中、后部机车的牵引及动力制动同步操纵及空气制动系统同步制动与缓解。同时采用制动管压力自动检测，可以对系统的无线通信状态进行监控。

采用 Locotrol 系统的优点是：有效减轻重载列车的牵引车钩力；在弯道上减少列车阻力，减轻轮轨磨耗，降低燃油成本 5%~6%；中、后部机车同步参与了全列车的列车管排风与充风，加快了列车的充排风速度，提高制动波传播速度，有利于减轻列车制动纵向力作用，减少断钩的危险。

2）铁路重载牵引车辆新技术

大轴重、低自重、低动力作用的重型化货车是当前重载货车发展的方向。在轴重方面，美国、加拿大、澳大利亚等为 32.5~35.7 t，巴西、瑞典为 30 t，南非为 26 t，俄罗斯计划提高到

27 t。在车体材料方面，国外普遍采用了低合金钢及铝合金、不锈钢，美国90%的重载货车采用了铝合金车体。在转向架方面，南非、瑞典采用了谢菲尔自导向径向转向架，加拿大、美国、澳大利亚等国也研制了导向臂式货车转向架，大大降低了轮轨间的磨耗。在货车车钩缓冲装置方面，国外车钩强度已提高到3 000 kN以上，缓冲器容量多在50 kJ以上，美国E级钢车钩的破坏强度为3 342 kN，Mark 50型缓冲器的容量为53.8 kJ。部分国家重载货车还采用了牵引杆技术，制动采用了ABDW和DB60重载阀和高磨闸瓦等新技术。

（1）提高轴重，最高轴重已达39 t。

美国通过1988—1995年在普韦布洛FAST环线上进行35.4 t轴重的重载列车与线路相互作用运行试验，累计运量达10亿吨，对开行35.4 t轴重的重载列车安全性和经济性进行了研究，重点对制约增加轴重的主要因素，如桥梁、钢轨、道砟、路基、焊接接头等进行详细的检测，试验结果表明在北美开行35.4 t轴重是可行的、安全的。目前，美、加、澳已普遍采用35.4 t轴重，巴西、瑞典已采用30 t轴重，南非、澳大利亚昆士兰铁路均是窄轨，已采用28 t（旧车26 t）轴重。俄罗斯重载列车轴重提高到27 t。欧洲铁路重载列车也已向25 t轴重迈进。目前美国正在普韦布洛FAST环线上进行39 t轴重的安全性运行试验，累计通过运量已达12.5亿吨。

（2）采用新型转向架及悬挂系统。

美国对重载车辆的三大件转向架进行了改进并研制各种新型转向架悬挂系统，1999—2001年已试验了4种具有新型悬挂系统的转向架，并在FAST环形线上进行了3年多的性能试验，取得良好的结果。这些新型转向架在35.4 t轴重下，与30 t轴重的三大件转向架相比，曲线区段的横向力降低50%，直线区段阻力降低15%，曲线区段阻力降低50%，点头、沉浮加速度小于$1.0g$，最高运行速度可达100 km/h。加拿大研究试验一种可控制型转向架，也取得较好的效果。美国TTCI通过试验旁承承载方式可以提高重载货车的高速稳定性，减少蛇行、空车爬轨倾向，提高货车运行速度24～32 km/h。

（3）采用铝合金或不锈钢车体降低空重比。

降低车辆自重可以增加载重，同时节约能源，提高效益，美国重载货车中90%采用了铝合金车体，其成本仅比钢车体增加1/3，但使用寿命大大延长，而且提高了载重量，取得很好的经济效益。

（4）采用双层集装箱车辆。

北美、澳大利亚等重载国家广泛开展双层集装箱运输，其在铁路公司运输收入的比重中日益增长，现在双层集装箱重载列车已占重载列车总数1/4左右，双层集装箱平车发展很快，成为重载车辆中的新品种。

（5）改进车轮材质，提高车轮耐剥离性能。

重载车辆在运用中最突出的问题是车轮踏面剥离严重。由于轮轨接触应力的增加，车轮制动热负荷上升，引起车轮剥离失效。美国TTCI正在系统研究轨顶润滑，钢轨打磨，监测轮轨间动力作用，改进转向架附件及维修，心盘涂油润滑等方法降低轮轨间应力，但关键问题是要提高车轮材质的抗剥离性。为此美国已研制成功一种新合金材质的车轮，与传统车轮相比，相同运量条件下车轮踏面上的剥离长度可减少59%，深度可减少43%。

（6）高强度旋转车钩及大容量高性能缓冲器。

开行重载列车最大隐患是由于列车纵向力过大发生断钩脱轨事故，这种事故占美国重载列车全部事故总数的90%左右，因此提高车钩强度及缓冲器的容量特性是保证重载列车安全的重要措施。目前美国AAR标准规定的E级车钩，破坏强度可达9 342 kN，Mark50型缓冲器，容量达 53.8 kJ，行程可达 83mm，能量吸收率达 90%。

（7）车辆高效装卸装备。

研究高效率的漏斗装煤设备及其他装煤设备（如底开门煤车的传送带装煤机）等是保证重载列车均衡装煤，缩短装卸周期的重要设备，目前世界各国 1 万吨重载列车装煤时间普遍为 40 min ~ 1 h，翻车机卸煤设备可以三车、四车同时翻转、不摘钩作业，1 万吨煤在 1 h 内能全部卸完。

3）铁路重载列车制动新技术——ECP

1995 年，美国开始研制列车电控空气制动系统 （ECP），1997 年 ECP 在北美开始装车试验。ECP 电控空气制动系统由机车和每辆车辆上的控制单元及列车网络组成。目前，美国、加拿大、澳大利亚、南非等国已在重载铁路上采用了该项技术。

（1）ECP（电控空气制动系统）对重载列车的重要性：

20 世纪末超过 1 万吨的重载列车存在的最大隐患是：由于空气制动波速无法超过 300 m/s，重载列车在常用、紧急制动时经常发生前后制动力不一致，造成断钩、脱轨事故；重载列车在长大下坡道上由于没有阶段缓解作用，再充气时间过长，容易造成列车失控等对安全产生严重威胁。

1995 年美国首先研究 ECP 技术，1997 年开始在美国、加拿大装车试验取得成功，1999 年美国 AAR 开始制定 ECP 规范标准。目前 ECP 已在美国、加拿大、澳大利亚、南非等国 1 万吨以上重载列车上批量装车运用达数万辆。

（2）ECP 的功能、优点：

ECP 主控机车通过网络直接控制列车中各辆车的副风缸向制动缸充风制动或制动缸排风缓解，空气是制动力产生来源，但空气不作为控制指令传递的介质，达到整列车的车辆同时响应制动、缓解信息，具有严格的同步性。同时还具有阶段制动和阶段缓解性能，利用贯通全列车的电缆可同时实现机车动力分散牵引控制（即 Locotrol）。

各国采用 ECP 系统后，取得良好的效果：平均车钩力降低 25%，断钩事故基本消灭，消除制动工况下脱轨的危险；制动距离可缩短 50% ~ 70%；消除意外紧急制动现象；车辆平均周转时间至少缩短 9%；压力空气消耗降低，节能 23%；车辆维修费用降低，车轮磨耗减少 7%，闸瓦磨耗减少 27%；车轮踏面剥离大大减轻；车体疲劳载荷降低。

（3）ECP 技术发展前景：

国际铁路权威人士对其评价是，"ECP 是威斯汀豪斯发明自动制动机后的 100 多年来货车制动系统的最大改革"，"ECP 取代货车传统制动系统的意义就像内燃机车取代蒸汽机车一样"。美国 AAR2006 年已宣布将全力推广 ECP 系统。

4）铁路重载线路养护维修新技术

（1）采用多品种专业化的大型养路机械。

重载线路的养护维修是保证重载列车安全运行的基础，重载发达国家均以大型养路机械来保证重载线路达到技术标准，采用多元化、多品种、专业化的大型机械配套覆盖全部修程。各种大型养路机械由于采用了全新的技术与工艺，达到更高的效率和性能，包括捣固车、道砟清筛车、线路稳定车、边坡整形车、道岔捣固车、线路大修列车等。普拉查公司最新型的 09-3X 型连续走行式三枕捣固车集连续捣固、轨道稳定、道床整形三种功能于一身，作业速度达到 2 200 km/h，比双枕捣固车效率提高 47%。RM900 型道砟清筛车具有 1 000 m^3/h 的道砟处理能力，比 RM80 型效率提高 54%，1 年可铺砟 35 万立方米，60 万吨。

（2）钢轨断面形状的控制及钢轨打磨技术。

预防性钢轨打磨技术已经成为线路养护技术的重要组成部分。美国诺福克铁路公司（NS）2002 年试验表明，采用预防性打磨比修理性打磨，钢轨年伤损率降低 65%。澳大利亚采用了预防性钢轨打磨技术，半径小于 450 m 的曲线区段，每通过 8 MGT 总重打磨一次，半径大于 4 000 m 的直线区段，每通过 30 MGT 总重打磨一次，合理费用是每千米打磨支出 10 000 澳元，而钢轨寿命延长 50% ~ 58%。巴西 MRS 铁路采用了预防性循环打磨技术，在 1 674 km 线路上，节油 3%，钢轨寿命延长 1 倍，断轨率降低 45%。南非对道岔采用定期预防性打磨，改善了道岔接触应力状态，打磨前接触应力为 3 300 MPa，横向力达 43 862 N，打磨后接触应力降至 2 376 MPa，横向力为 42 545 N。

（3）用轨顶润滑技术降低轮轨接触应力和横向力。

加拿大 QCM 铁路公司有 418.4 km 线路是曲线，其开行的铁矿石重载列车经常在曲线区段发生脱轨事故，2003 年 7 月就发生 28 辆车严重脱轨的事故。此后采用轨顶润滑的技术，没有再发生曲线脱轨事故。美国采用两种轨顶润滑方式，通过试验，采用道旁润滑装置，每 1 000 辆喷油 0.35 L，轮轨横向力下降 32% ~ 38%。采用机车润滑装置，2003 年 7 月没有润滑时，轮轨横向力为 90 kN；2003 年 9 月采用一个喷嘴润滑后，轮轨横向力降至 60 kN；2003 年 12 月采用 5 个喷嘴润滑，轮轨横向力降至 40 kN。加拿大 CP 铁路采用轨顶润滑管理 5 年，曲线区段钢轨磨耗下降 43% ~ 58%，轮轨横向力降低 40% ~ 45%，并节省燃油 1% ~ 3%。

5）采用新型重载铁路轨道结构

国外重载线路普遍铺设 60 kg/m 及以上的重型钢轨，采用钢轨涂油润滑和打磨技术，通过强化钢轨材质等措施来提高钢轨的强度、延长钢轨使用寿命和减少维修工作量。同时，各国重载线路基本上铺设了无缝线路，以提高线路的稳定性、平顺性。各国重载线路还通过增加道砟厚度和密实度，来改善线路结构的整体承载能力和提高线路的稳定性，美国、加拿大、南非等国的重载线路道床厚度一般都在 30 cm 以上，巴西道床厚度达 40 cm。

（1）新型轨道结构。

美国、加拿大、澳大利亚、南非等国家在重载线路上均采用无缝线路，提高重载列车运行平稳性，减少对线路的动力作用。一系列新型轨道结构，包括无砟轨道、梯形轨道都在美国普韦布洛环线上进行大运量试验，考核其安全性及可靠性，以利于在重载线路上推广采用。

（2）采用可动心轨道岔及其他新型道岔。

美国、加拿大、南非、澳大利亚、巴西等国家在重载线路上正在普及采用可动心轨道岔及新型菱形辙叉，有利于减少线路道岔区间的动力作用，提高可靠性。据美国 2004 年试验证明，新型的菱形辙叉替代旧有的辙叉，使重载列车对线路的动载荷系数从 3.0 降至 1.3，全美国由于采用新型菱形辙叉，节省维修费用 1 亿美元。各种新型缓冲式轨下垫板正在普韦布洛环行线上进行试验比较。

（3）研究开发耐磨、防表面裂纹、防轨内裂纹的新型钢轨。

美国已经针对重载线路最经常出现的钢轨表面裂纹、轨内裂纹故障进行大量的研究试验，目前已经开发一种新型 HE（Hyper Eutectold）型钢轨，具有耐磨、抗表面裂纹及轨内裂纹生成的特殊性能。在现场试铺证明，这种钢轨在曲线地段比普通的钢轨耐磨性提高 38%。俄罗斯研究的巴氏钢轨也取得较好的结果。其主要指标 R_m = 1 600 N/m^2，$R_{p0.2}$ = 1 270 N/m^2，K_{cu20} = 0.35 ~ 0.40 MJ/m^2，K_{cu60} = 0.26 ~ 0.30 MJ/m^2。

（4）采用铝热焊新技术。

无缝钢轨的焊接接头是重载线路的薄弱环节，经常发生焊接接头断裂事故。法国已研发一套新型的铝热焊技术装备，保证接头部分的材质强度比钢轨母体还好。

6）铁路重载运输安全监测技术

（1）集成型路旁安全监测系统。

美国已研发的路旁安全监测系统包括：路旁轴承声学探测系统（ABD）、转向架性能监测系统（TPD）、车轮扁疤检测系统（SWD）、车轮冲击载荷测试系统（WILD）、车轮外形监测系统（WPD）、车轮温度测试系统（WTD）、红外轴承温度探测系统（HBD）。路旁轴承声学探测系统采用拾音器采集通过列车的噪声，应用高频共振原理，分辨出轴承的工作状态。这种装置已有90%正确判别率，可有效防止轴承故障。我国大秦线及繁忙干线已引进美国的这套系统。集成型路旁安全监测系统用远程信息服务系统进行管理。

（2）先进的轨检车及钢轨探伤车。

美国、加拿大、澳大利亚、巴西、南非等国均采用了先进的轨检车技术，应用惯性制导系统，矢量化计算方法，自行标定与自检，对轨道的各种几何形状参量、线路不平顺及钢轨断面磨耗进行检测，提高重载路网的安全性和使用效率。钢轨探伤车在超声波探伤工作原理基础上，又开发了探伤速度更高的新技术，美国已研制了新型低频涡流钢轨探伤车，探伤速度可达80 km/h以上。

（3）采用地面探测雷达对路基状态作出评价。

路基是重载线路的承载基础，但其发生病害不易检测。美国已经采用新型地面探测雷达装置，安装在高轨车辆上，采集的数据可以直接处理路基横断面图像，确认道砟囊、软黏土、底砟深度及湿土区等病害问题，有利于路基病害的及时处理。

（4）接触网状态监测。

南非、澳大利亚、巴西等国对重载线路牵引供电接触网系统进行状态监测，采用力测量法原理，测量弓网之间的垂直、纵向、横向三维接触力，接触导线相对轨面的高度、拉出值、磨耗等参数，保证接触网处于正常工作状态。

7）铁路重载列车控制技术

（1）采用调度集中控制中心（CTC）。

美国、加拿大、巴西、澳大利亚等重载铁路的运营都由调度集中控制中心来指挥。美国伯灵顿北方圣太菲铁路公司（BNSF）、联合太平洋铁路公司（UP）等都有一个先进的调度集中控制中心指挥5万千米左右线路上重载列车的运营。CTC的设备先进，有指挥中心、车站系统、数据传输系统、监测维护系统等。保证重载路网具有很高的效率和安全性。

（2）基于无线通信的列车自动运行控制系统。

美国、加拿大在2000年开始实施一项列车自动运行控制系统的研究计划，投资7 500万美元，研究基于无线通信的列车自动运行控制系统，名为CBTC系统。整个系统是以基于GPS的局部决策系统（LDS）为核心，包含了决策管理，速度自动控制，列车故障控制，路旁集成检测监控，道口报警，机车动力控制及安全警报、车站进路优化，列车自动操纵（无司机）等子系统。

综上所述，重载技术的发展包括以下几方面：

（1）采用IT技术改进整个重载运输管理服务系统，包括电子商务、电子咨询与追踪、电子预告及快捷可靠的运输服务系统。

（2）采用 IT 技术（包括 GPS 技术）改进重载运输的通信信号及自动控制系统，保证指挥系统有效决策，并满足客户的各种需求。

（3）采用 IT 技术建立轨道与设备的连续自动监测诊断系统，包括改进钢轨探伤技术，建立优化的轨道维修体系。

（4）建立车载及道旁的机车车辆安全性能参数监测系统，包括应力应变式、声学检测、图像显示式等。

（5）广泛地应用系统工程的观点深入研究轮轨相互作用、列车与线路桥梁的相互作用，用系统工程观点优化设计货运机车和货车，而不单纯是各部件的组装集成。以市场和维修的需求而不是用技术来决定重载列车的性能参数标准。

（6）加强重载铁路节约能源与环境保护的研究。

（7）进一步研究 40 t 轴重的系统问题。

（8）交流传动重载机车进一步提高黏着力，提高整体效率与可靠性的研究。

（9）重载列车电控空气制动系统（ECP）的深化研究。

（10）重载列车遥控及无人驾驶的研究。

（11）货车车体新型材料（复合材料、铝合金、不锈钢等）的研究。

（12）新一代钢轨材料研究。

（13）重载单元列车缩短周转时间的系统研究。

（五）世界铁路重载标准与主要运输模式

铁路重载运输（railway heavy haul traffic）是指行驶列车总重大、行驶轴重大的货车或行车密度和运量很大的铁路运输。世界各国铁路由于运营条件、技术装备水平不同，采用的重载列车运输形式和组织方式也各有特点。为推动世界重载运输的发展，1985 年，中国、美国、澳大利亚、加拿大、南非等 5 国铁路发起成立了国际重载协会。目前，该协会有澳大利亚、巴西、加拿大、中国、印度、南非、俄罗斯、瑞典/挪威和美国等 9 个常任理事国。

1. 重载铁路标准

国际重载协会先后于 1986 年、1994 年和 2005 年三次修订了重载铁路标准。1986 年 10 月，在加拿大温哥华召开的第三届国际重载铁路会议上，通过了铁路重载运输的定义：线路年运量在 2 000 万吨及其以上，列车牵引质量至少为 5 000 t，列车中的车辆轴重达到 21 t，具备以上条件之二者，皆可视为铁路重载运输。1994 年修订标准的要求重载铁路必须满足以下 3 条中的至少 2 条：一是列车质量至少达到 5 000 t；二是车辆轴重达到或超过 25 t；三是在长度至少为 150 km 的线路上年运量不低于 2 000 万吨。在 2005 年国际重载协会（IHHA）理事会上，对新申请加入国际重载协会的重载铁路，要求满足以下 3 条标准中的至少 2 条：一是列车质量不小于 8 000 t；二是车辆轴重达 27 t 以上；三是在长度不小于 150 km 线路上年运量不低于 4 000 万吨。

目前，我国大秦线满足国际重载协会 2005 年的重载铁路新标准，朔黄、京广、京沪、京哈等干线满足 1994 年的标准。

2. 重载铁路运输模式

重载运输在运送大宗货物上显示出高效率、低成本的巨大优势，是铁路运输规模经济和集约化经营的典范。铁路重载运输已成为许多国家追求的现代化货运方式。按重载列车的作业组织方法区分，铁路重载运输有以下 3 种模式。

1）重载单元式列车

列车固定编组，货物品种单一，运量大而集中，在装卸地之间循环往返运行。这种列车以北美铁路为代表，我国在大秦线采用 C63、C70、C76、C80 等开行这种重载列车。

它是把大功率机车双机或多机与一定编成辆数的同类专用货车固定组成一个运输"单元"，并以此作为运营计费的单位。机车操纵采用无线遥控同步运转系统，运送的货物品种单一，在装、卸站间往返循环运行，中途列车不拆散，不进行改编作业，机车车辆固定编挂位置，车底固定回空，两端车站装卸设备配套，是装、运、卸"一条龙"的运输组织形式。

在路网规模大、行车密度小、货运比重大、运能较富裕的美国、加拿大、澳大利亚等国，组织开行从装车地到卸车地之间的重载单元列车，通过货物集中发送、快速装卸、加速机车车辆周转来降低成本，从而获得较大的效益，提高了与其他运输方式的竞争能力。美国的重载单元列车，牵引总重在 10 000 t 以上，是名副其实的万吨列车，并曾创造总重达 44 066 t 的世界最高纪录。

2）重载组合列车

是由两列及其以上同方向运行的普通货物列车首尾相接、合并组成的列车，使列车的运行时间间隔压缩为零。机车分别挂于各自的货物列车首部，由最前方货物列车的机车担任本务机车，运行至前方某一技术站或终到站后，分解为普通货物列车。它实质上是在线路通过能力紧张的区段，利用一条运行线行驶两列及以上的普通货物列车的一种扩大运输能力的方式。这种列车以俄罗斯为代表，我国大秦线开行的 $4 \times 5\ 000$ t 和 $2 \times 10\ 000$ t 列车为这种重载列车。

苏联铁路是客货混用，列车数量多、行车密度大，运能与运量的矛盾比较突出，为扩大运输能力、挖掘现有设备潜力，即组织开行超重、超长列车或组合式列车，并成功地试验开行了总重 43 047 t 的重载列车。

3）重载整列式列车

重载整列式列车是由大功率单机或多机重联牵引，列车由不同形式和载重的货物车辆混合编组，达到规定重载标准（牵引质量达到 5 000 t 及以上）的列车。目前，中国京沪、京广、京哈等繁忙大干线开行的 5 000 t 货物列车为这种重载列车。

二、中国铁路重载运输的发展

（一）中国铁路重载运输发展背景

1. 我国社会经济快速发展对铁路货物运输提出了迫切需求

我国铁路的平均客货行车密度，1996 年已高达 55.3 列/d，平均运量密度已高达 2 868 万换算吨，居于世界前列，但运输能力和运输需求的矛盾仍很突出，单纯依靠增加行车密度，潜力有限；大力发展重载运输，以提高铁路的输送能力，是我国铁路的战略决策。1983 年铁道部首次颁布了我国铁路发展的纲领性文件——《铁路主要技术政策》，其中提出"逐步提高列车重量，增加行车密度，在此基础上适当提高行车速度"；1988 年改为"大力提高列车重量，积极增加行车密度，适当提高行车速度"，以实现"大重量、高密度、中速度"的运输模式；1993 年修订时改为"大力提高列车重量，积极增加行车密度，努力提高行车速度"，以实现重量、密度、速度的优化组配。2004 年 7 月 13 日，新颁布的《铁路主要技术政策》，明确货物运输重载化是我国铁路技术的发展方向，首次提出"运煤专线可开行 1 万吨或 2 万吨的重载货物列车"。这确定了我国铁路发展重载运输的方向，发展重点运输既可有效地增大运输能力，又能降低运输成本，提高经济效益。

2. 发展铁路重载运输符合我国的国情路况

我国疆域辽阔，东部工业发达、人口密集，而资源、能源都集中于中西部，决定了我国铁路大运量、长距离的运输特点。铁路货运量中，煤炭、石油占 49% 左右，钢铁、矿石占 21% 左右，矿建材料、木材、水泥约占 11%，粮食、化肥约占 6%，总量达 14 亿吨以上，货源稳定、流向集中；煤炭年运量已达 7.2 亿吨，基本上是由西向东、由北向南运送，平均运距 562 km。这些大宗货运为发展重载运输提供了可靠的货源基础。

3. 我国不断发展的机车车辆工业奠定了铁路重载运输的基础

20 世纪 80 年代以来，我国电力、内燃机车有了长足的发展。功率为 4 800 kW 的 SS_6、SS_7 型和功率为 6 400 kW 双节 SS_4 型电力机车已批量生产；功率为 4 260 kW 的 DF_{10}、功率为 4 860 kW 的 DF_{4E} 双节内燃机车和功率为 3 676 kW 的 DF_8 等大功率内燃机车也已大量制造。适用于重载运输载重 60 t 以上的货车已大量生产，1996 年全路载重量 60 t 以上的货车已达 81%，载重 70 ~ 75 t、轴重 25 t 的低动力作用大型货车已投产；货车的车钩强度、缓冲器容量和制动装置都有了很大改进；货车每延米质量也相应有所提高，机车车辆的大型化和性能改进为发展重载运输奠定了设备基础。

1996 年以来，全路正线绝大部分已铺设 60 kg/m 以上的钢轨，正线的无缝线路里程已达 30%，正线铺设钢筋混凝土轨枕的比重已接近 80%；需要开行重载列车的繁忙干线基本上都达到了上述要求。繁忙干线的站线有效长度都有计划地延长为 1 050 m。在工务工程方面正为发展重载运输积极创造条件。

《铁路主要技术政策》明确：一般货物列车的牵引吨数为 3 000 ~ 4 000 t，到发线有效长度采用 850 m；重载列车为 5 000 t 及其以上，到发线有效长度采用 1 050 m；煤运专线可开行 10 000 t 及其以上的重载列车，部分车站到发线有效长度采用 1 700 m 或 2 100 m。能力接近饱和区段或施工地段应创造条件开行部分组合列车。

（二）中国铁路重载运输发展历程

同世界各国相比，我国铁路重载运输起步较晚，1984 年经国务院批准，决定在北京局管辖的丰沙大和京秦电气化铁路试验开行重载列车，从此开始了我国的铁路重载运输。自 20 世纪 80 年代中期以来，学习国外经验，通过科学试验，逐步开行重载列车。中国铁路重载运输的发展，大体上可归纳为：通过两种途径，经历了三个阶段和采用三种不同的运输组织模式。

1. 发展重载运输的两个途径

采用两个并举的途径：一是对既有干线铁路进行配套改造，在既有主要繁忙干线上开行 5 000 t 级整列式重载列车；二是新建能力大、标准高的重载运输专线，如大同—秦皇岛双线电气化重载运煤专线。

2. 发展重载运输的三个阶段

第一阶段（1984—1990 年）为改造旧线、开行组合式重载列车模式阶段。1984 年 11 月在大同—沙城—丰台—秦皇岛间首次开行了由两列普通货物列车合并的重载列车，采用内燃机车双机牵引 7 400 t，使用缩短型敞车和装有配套技术的新型车辆。根据货流的特点，采取了固定车底、固定机车、固定发到站、固定运行线，从大同西站出发直达秦皇岛东站，卸车后原列空车返回，进行循环拉运。随后又在山海关至沈阳间开行了"非固定"的 7 000 ~ 7 600 t 的组合式重载列车，在石家庄至德州和石家庄至济南间开行"非固定"式组合列车，以后又在平顶山至武汉间开行双机牵引 6 500 t、在徐州北至南京东间双机牵引 7 000 ~ 8 000 t 的组合列车。组合式重载列车对扩大晋煤外运数量，缓解沿海繁忙干线能力紧张，促进国民经济的发展作出了重要贡献。

第二阶段（1990—1992 年）为新建大秦铁路，开行单元式重载列车模式阶段。1991 年建成的大同—秦皇岛铁路是借鉴加拿大、澳大利亚等国开行重载单元列车的经验，在国内新建的第一条双线电气化重载运煤专线，全长 653 km。1988 年试验开行了单机牵引 6 000 t、双机牵引 10 000 t 单元式重载列车。1992 年年底正式开行列车质量为 6 000 t 和万吨的单元列车。它是中国铁路重载运输发展的重要标志。

第三阶段（1992 年以后）为逐步改造既有繁忙干线，开行整列式重载列车模式阶段。为在全国既有路网推行重载列车技术，铁道部有计划、分步骤地在一些主要干线（包括京广线、京沪线、京哈线等）繁忙区段组织开行了 5 000 t 级的整列式重载列车。1992 年 8 月 6 日在徐州北至南京东间，利用 2 台内燃机车牵引 64 辆货车，总重 5 134 t，8 月 12 日在石家庄至郑州北间由 2 台北京型机车牵引 65 辆货车，总重 5 119 t，两线均试验成功。实践说明，只有因地制宜，不拘一格，综合采用不同重量级别、不同组织形式的重载列车，才能最大限度地提高列车平均牵引质量，取得最佳的经济效益。这种扩能效果显著的重载运输方式，已成为中国发展重载运输的主要方式。

3. 重载运输的三种模式

1）组合式重载列车

在 1985 年至 1990 年间，在繁忙干线上开行组合式重载列车，可称为第一阶段。

组合式重载列车是把两列开往同方向的普通货物列车，首尾联在一起，占用一条列车运行线的列车。可在装车站或编组站组合，在卸车站或编组站分解，既可作为线路大中修时封锁线路的应急措施，也可作为季节性客货运量增长时的临时措施，也可作为常规的运输方式，能收到扩能效果。它只需要在少量车站延长到发线长度，以保证列车的越行、会让、组合与分解，工程量不大，而且可以边开行、边改造，在单线和双线铁路上都可采用；若货流组织得当，具有推广价值。

1984 年 11 月 25 日，北京铁路局开行了我国第一列试验性的组合列车，以后铁道部大力推广，在大同—秦皇岛间（经丰沙线、京秦线）、太原—石家庄—济南间、山海关—沈阳间等双线铁路上，都开行过 7 400 t、7 000 t 的组合列车；1988 年在兰新线单线上也开行过组合列车。自

1985 年至 1990 年，全路共开行组合列车 10 339 列，多运货物 2 385 万吨。

2）单元式重载列车

大秦铁路是以运煤为主、开行单元式重载列车的双线电气化铁路，于 1991 年建成通车。1992 年经过一系列综合试验后，从大同湖东编组站至秦皇岛柳村站（秦皇岛港三期煤码头）先后开行了总重 6 000 t 和 10 000 t 的单元式重载列车，称为第二阶段。

单元式重载列车由机车车辆编成一列固定的运营单元，固定到发站，固定运行径路，在装卸站间往返循环运行，中间不进行改编作业。在装车地机车不摘钩、不停车装车，在卸车地利用翻车机卸车，因之要求货主单一，货物品种单一。牵引动力采用大功率机车，双机或多机牵引，辅机挂在列车中部或列车长度 2/3 处，列车最好整列入段检修。单元列车可以大幅度增加铁路运力，提高运营效率，降低运输成本；适用于货流量大，运品单一、流向集中的铁路。除大同—秦皇岛线外，规划中的神木—黄骅港线，大同—准格尔线都准备开行单元式重载列车。

3）整列式重载列车

1992 年以来，对东部京沪、京广等繁忙干线进行加强，将到发线有效长度延长到 1 050 m，改造站场、配备大型机车，以大幅度提高货物列车的牵引吨数，开行整列式重载列车，是谓第三阶段。

整列式重载列车的到发、编组和装卸作业与普通货物列车完全一样，只不过是列车质量有显著提高。列车由大功率的单机或双机牵引，在线路最大坡度和站线有效长度的可能条件下，最大限度地增大列车质量，在平原丘陵地区列车质量达到 5 000 t，山岳地区达到 3 000 t、4 000 t。它是大面积、大幅度提高繁忙干线输送能力的有效措施，是今后发展重载运输的主要形式。

1995 年，京沪线每日开行 5 000 t 级整列式重载列车 12 列，京广线开行 10 对；自 1992 年至 1996 年 6 月底，共开行 5 000 t 级整列式重载列车 29 300 多列。其他繁忙干线也将逐步开行重载列车。

（三）开行重载列车的技术条件

1. 重载列车对到发线有效长的要求

到发线有效长是重载运输的重要技术条件，直接关系到重载线路的列车质量。一般与到发线有效长 1 050 m 系列相适应的列车质量是 5 000 ~ 5 300 t；与到发线有效长 850 m 系列相适应的列车质量是 4 000 ~ 4 200 t。

随着高吨位、大轴重、缩短型车辆不断投入运用和低吨位车辆的加速淘汰，全路货车每延米质量有了一定的提高。据统计，20 世纪 90 年代初，货车平均载重为 51.5 t，运用中车辆每延米实际质量为 5.18 t/m；到 2004 年年底，货车载重提高到 57.2 t，运用中车辆每延米实际质量为 5.97 t/m，这无疑为提高到发线容车数和单位质量创造了良好条件。

若按运用车辆每延米实际质量 5.97 t/m，机车长 215 m 计算，1 050 m 到发线可容纳的最大列车质量可提高到 5 700 t。若要使有效长 1 050 m 到发线容纳 6 000 t 列车，则车辆每延米质量至少应达到 6.28 t/m。

2. 重载列车对机车车辆及线路坡度的要求

重载列车与大功率牵引动力和大轴重大容量车辆是紧密联系的。根据铁道部机车车辆装备现代化发展要求，要重点发展单机牵引 5 000 t，速度 120 km/h 的内燃、电力机车和货车。为提高机车牵引性能，要加快研制具有自主知识产权的多机联控系统和电控空气制动系统，提高设备的可靠性。加快生产轴重 23 t 和 25 t、载重 70 t 和 80 t、运行速度 120 km/h 的缩短型车辆，加快淘汰载重 60 t 以下的旧型和杂型车辆，提高车辆每延米质量。按此要求，"十五"末，我国铁路系统引进了大功率交流传动内、电机车，电力机车单机功率达 7 200 kW，内燃机车单机功率达 4 413 kW，可满足单机牵引 5 000 t 的要求。采用新型的电力机车 SS_4 型和内燃机车 DF_{8n} 型做线路试验。

线路坡度也是重载运输发展必须考虑的一个方面。参考 SS_3、SS_4、DF_4、DF_8 等机型的牵引计算结果，单机牵引 5 000 t 时，线路坡度一般应在 6‰ 以下，高坡地段需要双机牵引或采取软化坡度等方式。

3. 整列式重载列车的技术条件

整列式重载列车在编挂方式和行车组织上与普通货物列车相同，其牵引吨数的制约因素仍是机车功率、车钩强度、制动能力以及线路的最大坡度和到发线有效长度。通常以机车计算牵引力和线路最大坡度所决定的牵引吨数为基础，并用其他制约因素加以检算，取最小的牵引吨数作为牵引定数。

4. 开行重载列车的配套措施

电力、内燃机车目前一般都采用持续制牵引力计算牵引吨数，在持续大上坡道上不会发生电机过热问题；若采用小时制牵引力计算牵引吨数，则应对持续大上坡道上的机车电机温升进行检算，若电机过热，可采用降低牵引吨数或其他措施。

开行重载列车尚需加强轨道结构，改铺重型钢轨。平交道口要尽量改建为立体交叉，京沪、京广、京沈等繁忙干线，已作了布置，在 1999 年前全部道口改建为立交。

随着重载列车牵引吨数的提高，站间距离有加长的趋势。目前大功率的电力、内燃机车，计算速度都较高，电力机车在 50 km/h 左右，内燃机车也在 25 km/h 以上，其技术速度会相应提高，在保证小功率机车相同的通过能力前提下，可设置较长的站间距离。同时，站间距离较短时，重载列车停站减速与出站加速频繁，既要增加运营开支，也会降低运输效率，从经济上考虑也有加长站间距离的必要。

5. 单元式重载列车的配套技术

单元式重载列车在固定径路的专线上行驶，其配套技术除满足上述整列式重载列车的技术条件外，尚需运输组织和其他技术的协调配套。

在运输组织上，要处理好产、运、销之间的协调关系，加强装、运、卸三个环节和铁路本身点线之间的能力匹配，密切路矿、路港、路厂之间的协作。

在机车的同步操纵上，美、加等国都采用无线电遥控装置，列车要加挂控制车，把主机的操作方式变为电信号，借助控制车，使辅机同步操纵，以避免紧急制动等突发情况下列车车辆间的冲撞，而造成断钩事故。我国机车上虽装有无线电话，但确保同步操纵仍有一定困难。加紧研制同步操纵装置是开行单元式重载列车的重要课题。

装卸地点要配置容量大、速度快的装卸设备，以更好地加速车辆周转，提高运输效率。装卸地点都应铺设环形线，装车时整列空车不分解、不停车。在装料漏斗下或高架装车溜槽下徐徐通过装车，因之车辆类型要统一，以便自动控制装载量。卸车时，可用翻车机不摘钩（车辆安装旋转车钩）翻车，亦可在高架轨道上用自动启闭的底开门车辆在行进中卸车。美国联合太平洋铁路在运距为 1 240 km 的径路上，车辆周转时间可由普通混编列车的 16～20 d 缩短为 4 d，效率提高 4～5 倍。我国大秦线上秦皇岛三期煤码头处设有环形卸车线，有两台不摘钩连续翻车机，可将装有旋转车钩的大型货车不摘钩翻转，卸车效率大为提高。翻车机前方设有解冻库，冬季列车通过解冻以利卸车。其他配套技术正日渐完善中。

6. 组合式重载列车的配套设施

开行组合列车的配套技术除应满足整列式重载列车的技术条件外，其配套设施主要是待避站的分布、组合站与分解站的配置、同步操纵设备等，另外还需考虑组合列车对通过能力的影响。

（1）关于待避站的分布。繁忙双线客货列车对数多，特别是特快、直快旅客列车多，使组合列车的停站待避不可避免。组合列车待避就要设置待避站，其到发线有效长度要有一股加长 1 倍，一般由 850 m 延长为 1 700 m。根据我国的实践经验和理论研究，待避站不宜设置过多，一个区段内一般以设置 2～3 个为宜，否则对组合列车开行列数并不能显著提高，但却使投资增大。我国丰（台）沙（城）大（同）线与京秦（皇岛）线开行组合列车 10 对/d，全线长 600 多千米，有 12 个车站延长了股道，平均 50 多千米有一个车站延长了股道。

（2）组合站与分解站的选定。繁忙双线的组合站可选在装车站、编组站或编组站的前方车站，分解站可选在卸车站、编组站或编组站的前后方车站。其到发线有效长度要有一股加长 1 倍。线路大中修开行组合列车作为应急措施时，亦可在组合站和分解站的正线上进行组合和分解。

（3）机车同步操纵问题。组合列车的主机和中部机车在运行中，特别是在紧急制动时，保证同步操纵，非常重要。美国、加拿大等国都采用无线电遥控技术；要加挂控制车，把主机的操纵变成电信号，通过控制车，控制辅机同步操纵，技术较先进，我国铁道科学研究院已研制成功。在未装备前，采用无线电话，主机指挥辅机操作，但列车通过隧道时，通话困难。

（4）开行组合列车，牵引供电负荷增加，牵引变电站的容量要相应加强。轨道结构也要加强。

（5）组合列车的扣除系数一般为 1.15～1.50，与追踪间隔时间有关，还受特快直快旅客列车对数多少影响。追踪间隔时间为 10 min 时，扣除系数为 1.15～1.20；追踪间隔时间为 6～7 min 时，扣除系数一般为 1.4～1.5。组合列车的开行对数，一般不宜超过 10～15 列/d，也与特快、直快旅客列车对数有关。

（四）引领世界重载铁路发展方向的大秦重载铁路

1. 大秦铁路概况

大秦铁路自山西省大同市至河北省秦皇岛市，横贯山西、河北、北京、天津，是中国西煤东运的主要通道之一，也是目前（截至 2011 年）世界上年运量最大的铁路。大秦铁路西起与同蒲铁路相交的韩家岭站站外，东至秦皇岛港，全长 653 km（另有秦皇岛港内的连接线 5 km 多），是中国的国铁 I 级线路，沿线共设 37 个车站，如图 6.6 所示。

大秦铁路是我国修建的第一条重载铁路。这条铁路拥有许多个中国第一。它是中国第一条开行重载单元列车的线路，是中国第一条双线电气化一次建成的铁路，是中国第一条全线采用光纤通信系统的铁路。

中国煤炭生产和消费的结构决定了北煤南运、西煤东运的基本格局。三西（山西、陕西、内蒙古西部）是中国重要煤炭基地，其煤储量、煤炭生产量、煤炭净调出量如图 6.7、图 6.8 所示。

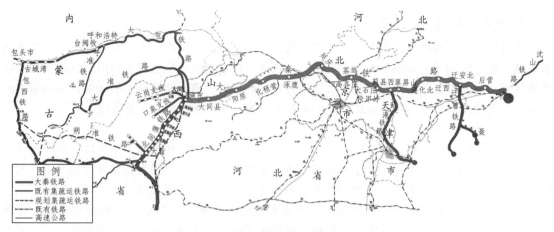

图 6.6　大秦铁路线路与集疏运体系示意

图 6.7　中国三西煤炭基地煤储量、生产量、净调出量示意

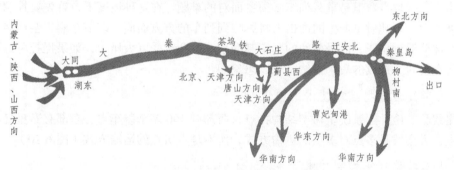

图 6.8　中国三西地区煤炭外运示意

　　大秦线多山区、多曲线、多隧道，最长的军都山隧道 8.4 km（图 6.9），重车方向有两段长大下坡道，分别为 47 km 和 50 km，坡度分别为 8.2‰ 和 9.1‰，最大坡度达 12‰。

图 6.9　大秦铁路军都山隧道洞口

2. 大秦铁路提重改造前期技术论证

说起中国的重载铁路，就不能不提大秦线。大秦线有着辉煌的历史，不仅是我国第一条重载铁路，而且在 30 多年的运营和发展过程中，已经形成一套具有完全自主知识产权的重载运输技术体系。在技术装备水平和管理运营能力等方面的提升，离不开铁路人的巨大付出与努力。其中包括 3 万吨组合车实验、重载车辆配套技术以及机车自动过分相装置等创新成果，创造了世界重载铁路史上独一无二的巨大成果。

早在 1992 年，大秦铁路全线开通运营，到 2002 年十年时间就达到了年运量 1 亿吨的设计目标。运量还能不能再提高？再加上全国各地对煤炭的运送需求量很大，在这种情况下，大秦铁路便着手提升重载技术装备，把扩能改造的相关方案提上了议事日程。

在列车速度、密度合理匹配的同时，将大秦铁路列车质量由 5 000～6 000 t 提高到 1 万吨和 2 万吨，年运量可以由设计能力 1 亿吨提高到 4 亿吨。与新建一条重载线路相比，可以节约 2/3 的投资，节约 1 600 hm² 土地。因此，确定立足既有大秦铁路，走重载运输技术创新之路，是大幅度提高运输能力的最佳选择。

在铁路上工作过的人们都知道，运量不同的铁路其需要的相关技术储备以及支持也是大为不同的。原先大秦铁路的机车牵引质量为 6 000 t，要达到 1 万吨并非仅仅是对车头的牵引力进行加码，要对机车车辆、通车信号、工务工程以及运输组织和系统集成等多个方面进行全新改造设计和升级。尤其像是大秦线，要跨越从山西到河北，再到北京和天津，其中大半为山区，线路坡道陡峭、地质情况复杂是它的重要特点。像是从茶坞到大同，海拔要从 1 000 多米直降到 100 多米，斜坡、弯道是重载列车必须要面对的难题。在这种坡度下，首先要控制的就是列车的下坡惯性，万吨质量产生的冲击力将影响到列车的方方面面，多节车厢将会前堵后拥，中间的列车部分受到挤压，而最前面的列车制动系统也会承受巨大压力，如果操控不好，这么重的列车将会脱轨，造成的后果显然是难以想象的。

1）大秦线运输特点对技术的要求

大秦线集、疏、运系统呈树型结构特点，西部有 100 多个装车点，东部有秦皇岛港等十几个卸车点，大秦线是多点对多点的运输方式，而不是点对点的运输方式（图 6.10）。

2）大秦铁路列车控制技术

2003 年 12 月，中国铁道部组织考察组对美国和南非铁路重载技术研究和应用进行考察，对 Locotrol 和 ECP 技术进行了对比分析。

与 ECP 技术相比，Locotrol 系统由于采用无线同步控制方式，牵引动力分布在列车不同位置，有利于列车按不同目的地解编；Locotrol 系统结构简单，只需对机车进行加装改造，成本较低，易于维护和管理。在保证无线通信可靠性的前提下，采用 Locotrol 技术开行 2 万吨重载组合列车更适应中国的国情、路情和大秦铁路的实际。为此，中国铁道部决定采用 Locotrol 技术开行 2 万吨重载组合列车。

开行 2 万吨重载组合列车需重点解决三大技术难题

（1）山区铁路通信信号可靠性：必须保证在山区、隧道等恶劣地形条件下无线传输指令的安全可靠。

（2）长大下坡道周期循环制动：必须通过空气制动与电制动配合使列车减速，以保证在重载方向长大下坡道上的下次制动时有足够制动力（图 6.11）。

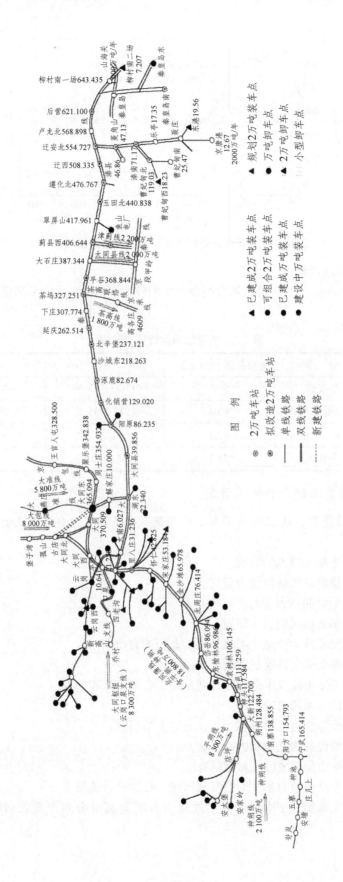

图 6.10 大秦铁路集、疏、运系统树型结构

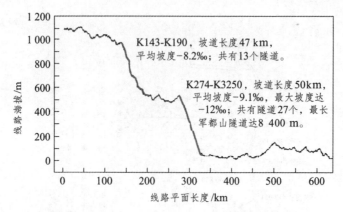

图 6.11　大秦铁路重载方向长大下坡道路段示意

（3）长大列车纵向冲动。

必须解决好 2 700 m 的长大重载组合列车产生的较大纵向力。大秦铁路运行试验数据如表6.1 所示。

表 6.1　大秦铁路运行试验数据

公里标	地　形	制动初速 /（km/h）	最大车钩力/kN	最大纵向加速度 /（m/s²）
K357+163	平直道	80.3	−1160（67 位）	−3.8（103 位）
K64+113	−12‰下坡道	80.4	−1512（85 位）	−9.4（85 位）
K180+166	−12‰下坡道	82.1	−1074（52 位）	−3.1（103 位）
K84+456	平直道	78.1	−1931（106 位）	5.3（52 位）

3. 大秦铁路提重改造成套技术研发

围绕三大技术难题等，从 2003 年开始，铁道部系统开展了大秦线重载运输科学研究和技术创新工作。包括：

① 大秦重载列车相关技术的研究。

② 大秦线牵引供电系统适应能力研究。

③ 大秦重载列车纵向动力学的仿真研究。

④ 大秦重载列车运输组织技术研究。

⑤ 大秦大功率交流传动货运电力机车牵引动力配置研究。

⑥ 大秦线万吨列车牵引性能试验的研究。

⑦ 大秦线采用 Locotrol 技术开行 2 万吨重载组合列车试验研究。

⑧ 大秦线通信信号系统研究。

⑨ 大秦、侯月线等煤运通道运输组织优化方案的研究。

⑩ 大秦铁路线桥设备强化对策的试验研究。

⑪ 大秦重载线钢轨伤损成因及对策研究。

⑫ 超长重载列车纵向动力学、牵引及制动统一测试平台的研究。

在上述试验研究基础上,构建了大秦铁路 2 万吨重载组合列车重载运输技术体系(图 6.12)。

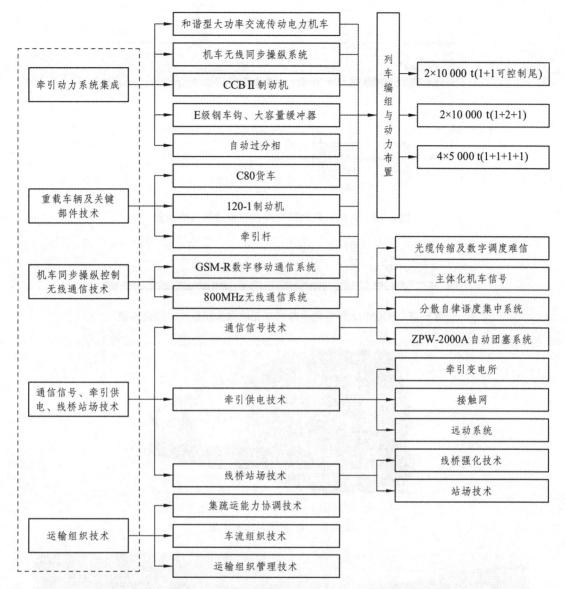

图 6.12　大秦铁路 2 万吨重载组合列车重载运输技术体系示意图

（1）网络化无线同步操纵系统。在世界上首次实现了 Locotrol 技术与 GSM-R 技术的结合，并成功应用于 2×10 000 t 重载组合列车。可实现列车编组内机车台数、主控和从控机车距离以及控制的列车对数不受限制。如图 6.13 所示。

（2）实现 800 MHz 数据电台与机车无线同步操纵技术结合，通信传输距离由 450 MHz 的 650 m 提高到 800 MHz 的 790 m。如图 6.14 所示。

（3）研制采用和谐型大功率机车。其额定功率为 9 600/10 000 kW，最高速度为 120 km/h，最大牵引力为 700/760 kN，电传动方式为交-直-交，电制动方式为再生制动。如图 6.15 所示。

（4）研制采用 25 t 轴重、载重 80 t 的 C80 型铝合金运煤专用敞车、C80B 型不锈钢运煤专用敞车。如图 6.16 所示。

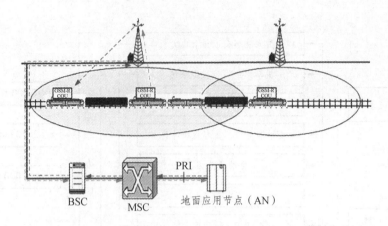

图 6.13　大秦铁路网络化无线同步操纵系统示意

图 6.14　800MHz 数据电台与机车无线同步操纵技术结合示意

图 6.15　和谐号大功率机车

图 6.16　C80 型运煤专用敞车

（5）研制采用 120-1 制动阀、中间牵引杆、E 级钢车钩和大容量弹性胶泥缓冲器等配套技术装备，使列车纵向冲击力减少了 35%。如图 6.17~图 6.19 所示。

图 6.17 E 级钢车钩

图 6.18 120-1 制动阀

图 6.19 牵引杆

（6）研制采用机车自动过分相装置，可实现单台机车自动过分相、双台外重联机车自动过分相和无线分布式组合列车机车自动过分相功能。如图 6.20 所示。

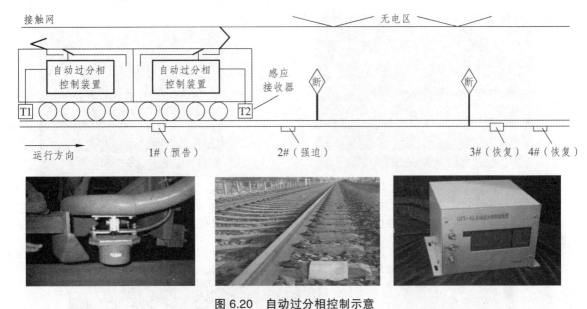

图 6.20 自动过分相控制示意

（7）研制开发了可控列尾装置，可节省 1 台尾部机车，提高了制动效能，减少了列车纵向冲动。如图 6.21 所示。

可控列尾装置主机及司机操作显示控制盒

图 6.21 可控列尾装置

（8）对机车、Locotrol、制动机的控制保护进行优化，大幅减少紧急/惩罚制动保护数量。

（9）改进机车制动机和车钩缓冲器性能，优化组合列车操纵，提高组合列车运行安全性。

（10）进行不同型号机车混合牵引 2 万吨重载组合列车的技术改造和试验验证。

（11）研制采用大容量牵引变压器、重载电气化铁路 150 mm² 承力索、接触线及 16 种配套的接触网零件。如图 6.22～图 6.25 所示。

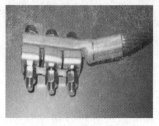

图 6.22　电线连接夹

图 6.23　定位线夹

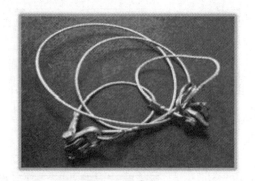

图 6.24　承力索座

图 6.25　大容量牵引变压器

（12）研究了重载铁路桥涵加固技术和延长钢轨使用寿命技术，研制了新型 75 kg/m 钢轨，强化了线桥设备。如图 6.26 所示。

图 6.26　重载铁路线桥设备

（13）开发了大秦铁路分散自律调度集中系统（CTC），确保运输安全，提高运输效率。如图 6.27 所示。

（14）研制采用 5T 车辆运行安全监控系统，利用红外测温、力学检测、声学诊断、图像检测等检测手段和信息化技术，对运行中的车辆进行动态检查，确保安全，提高运输效率。如图 6.28～图 6.30 所示。

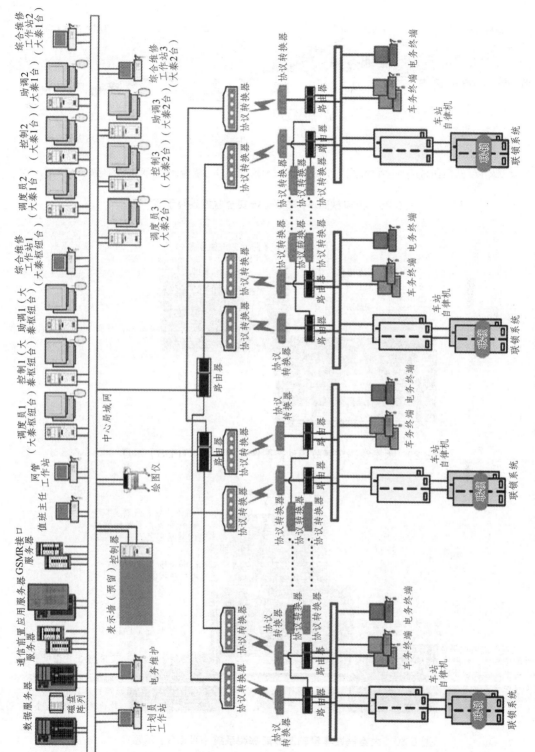

图 6.27 大秦铁路分散自律调度集中系统（CTC）

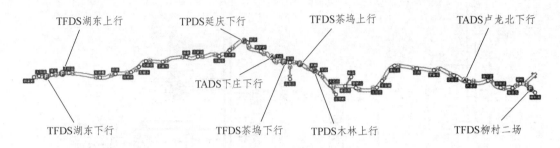

TFDS湖东上行 TPDS延庆下行 TFDS茶坞上行 TADS卢龙北下行

TADS下庄下行

TFDS湖东下行 TFDS茶坞下行 TPDS木林上行 TFDS柳村二场

大秦线安装了THDS 63套、TFDS 5套、TPDS 2套、TADS 2套，全部联网运行，保证了运输安全畅通。

图6.28 大秦铁路5T车辆运行安全监控系统示意

利用轨边高速摄像装置，对运行货车安全关键部位进行动态图像检测，实时传输到列检监测终端，及时发现故障，防止事故。

车辆故障动态图像检测系统（TFDS）

沉箱

侧箱

车辆故障动态图像检测中心

图6.29 大秦铁路车辆故障动态图像监测系统（TFDS）示意

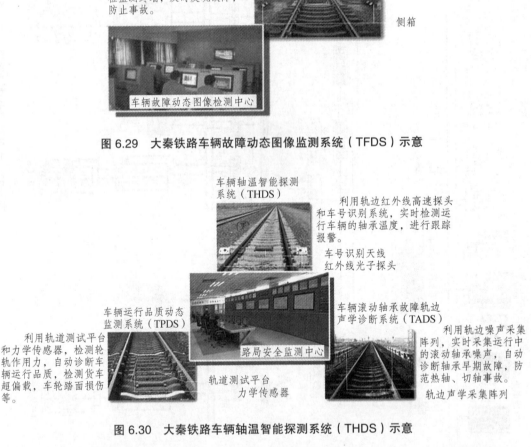

车辆轴温智能探测系统（THDS）

利用轨边红外线高速探头和车号识别系统，实时检测运行车辆的轴承温度，进行跟踪报警。

车号识别天线
红外线光子探头

车辆运行品质动态监测系统（TPDS）

利用轨道测试平台和力学传感器，检测轮轨作用力，自动诊断车辆运行品质，检测货车超偏载，车轮踏面损伤等。

路局安全监测中心

轨道测试平台
力学传感器

车辆滚动轴承故障轨边声学诊断系统（TADS）

利用轨边噪声采集阵列，实时采集运行中的滚动轴承噪声，自动诊断轴承早期故障，防范热轴、切轴事故。

轨边声学采集阵列

图6.30 大秦铁路车辆轴温智能探测系统（THDS）示意

（15）对牵引供电、信号设备、站场进行了必要的技术改造。如图6.31～图6.33所示。

牵引供电改造

增设了5座牵引变电所，更换了8台容量不足的主变压器。

采用增压变压器，可调电容无功补偿等装置增容改造了牵引供电系统。

图 6.31　大秦铁路牵引供电设备技术改造示意

JT1-CZ2000主机

制式信号

计算机联锁设备

图 6.32　大秦铁路信号设备技术改造示意

线路全封闭

路肩全程加宽

图 6.33　大秦铁路站场设备技术改造示意

信号采用四显示制式，区间设置通过信号机，15 个站场改造为计算机联锁，道岔转辙机采用电液转辙机。

大秦铁路增加和延长了站场到发线，更换了道岔，实现了线路全部封闭，路肩全程加宽1.5m，排水系统全面完善。

（16）创新运输组织，实现大秦线集、疏、运一体化，适应运量大幅增长的要求。如图 6.10所示。

4. 大秦铁路提重改造技术试验

从 2003 年开始，先后进行了 100 多次试验（全程综合试验 32 次），取得了大量科学数据，为重载列车的成功开行提供了技术支撑，为形成铁路重载运输体系奠定了基础。如图 6.35～图6.37 所示。

各种试验列车编组方案：

（1）SS₄+50C80+SS₄+50C80+SS₄+50C80+SS₄+50C80

（2）SS₄+102C80+2SS₄+102C80+SS₄

（3）HXD₁+102C80+HXD₁+102C80+可控列尾

（4）HXD₂+102C80+HXD₂+102C80+可控列尾

（5）HXD₁+102C80+HXD₂+102C80+可控列尾

（6）HXD₂+102C80+HXD₁+102C80+可控列尾

（注：SS₄为韶山4型电力，HXD₁、HXD₂为和谐号货运机车，C80为80吨铝合金运煤专用敞车；数字为车辆辆数）

试验测试技术数据见图6.34所示。

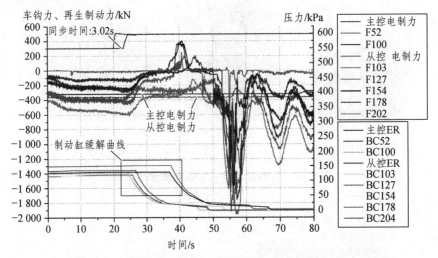

备注：图中数据为K64处调速制动缓解时车钩力实测曲线（HXD₁与HXD₂互联互通）

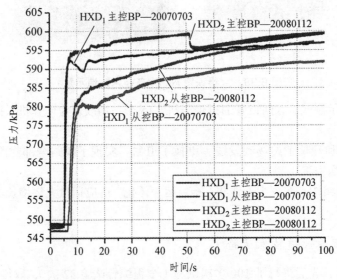

备注：HXD₁机车与调整后HXD₂机车初制动后再充气特性比较

图6.34　大秦铁路提重改造技术试验数据

大秦铁路提重改造技术试验分布式测试系统如图 6.35 所示。

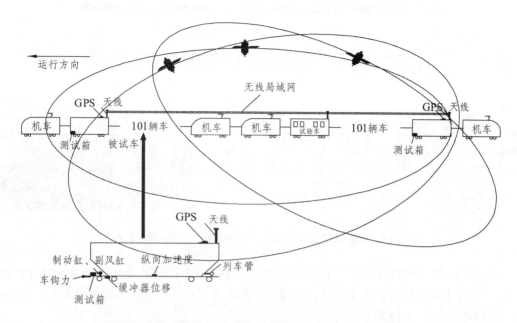

图 6.35　大秦铁路提重改造技术试验分布式测试系统示意

运行试验前进行计算机仿真计算，如图 6.36 所示。

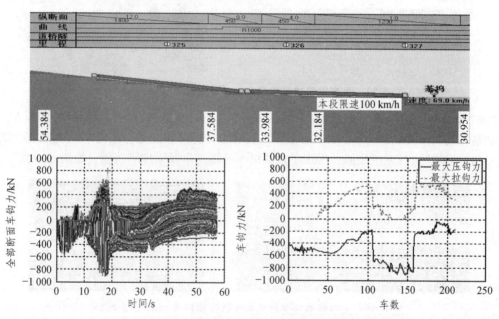

图 6.36　大秦铁路提重改造技术运行试验计算机仿真计算

5. 大秦铁路提重改造技术试验运行

2004 年 12 月 12 日，成功开行了中国第一列 2 万吨（4×5 000 t）重载组合列车。如图 6.37 所示。

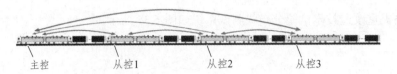

主控　　　　　从控1　　　　　从控2　　　　　从控3

通过800MHz数据电台和机车无线同步操纵系统的集成，实现了4×5 000 t
重载组合列车的主控和从控机车之间控制命令实时、可靠地无线数据传输。

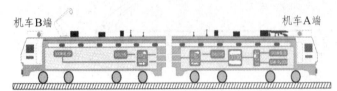

机车B端　　　　　　　　　　　　　　　　　机车A端

采用单套机车无线同步操纵设备和CIOM模块，实现了主控机车
双端同步操纵控制功能以及GSM-R与800MHz电台的自动切换功能，
可节约投资1亿元人民币。

图 6.37　大秦铁路提重改造技术试验运行（2004 年 12 月）

2006 年 3 月，成功开行了 2 × 10 000 t 重载组合列车（1 + 2 + 1 编组）。在太原建立移动交换中心，在大秦铁路沿线设置了基站，在隧道区段设置了光纤直放站，加强和完善了 GSM-R 无线双网系统。如图 6.38 所示。

图 6.38　大秦铁路提重改造技术试验运行（2006 年 3 月）

2007 年 8 月，成功开行了 2 台和谐型机车牵引 2 万吨重载组合列车。和谐型机车 A、B 端同时加装无线同步操纵设备、800MHz 数据电台和自动过分相装置，在机车 A 端加装 GSM-R 车载 OCU 模块，进行系统集成，实现了重载机车无线同步操纵控制功能。如图 6.39 所示。

图 6.39　大秦铁路提重改造技术试验运行（2007 年 8 月）

2009 年 10 月，成功开行两种、三种不同机车混合牵引的 2 万吨重载组合列车（即：HXD_1 + HXD_2、HXD_1 + HXD_2 + SS_4）。

Locotrol 系统在中国铁路装车情况：① 运行机车：SS_4，200 台；HXD_1，180 + 40 台；HXD_2，180 台。② 运用区段：大秦线、北同堡、大包线等。

6. 大秦铁路提重改造技术成果与社会经济效益

（1）掌握了 2 台和谐型机车牵引 2×10 000 t 重载组合列车的成套技术，掌握了韶山 4 型机车牵引 2×10 000 t 和 4×5 000 t 重载组合列车的成套技术。如图 6.40 所示。

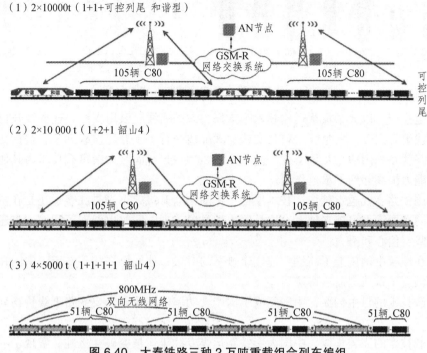

图 6.40　大秦铁路三种 2 万吨重载组合列车编组

为有效解决山区铁路中的通信可靠性问题、长大下坡道的周期制动问题和长大列车的纵向冲动问题，大秦铁路在世界重载铁路领域率先实现了 Locotrol 技术和 GSM-R 平台的有机结合，把机车分布式同步操纵 Locotrol 技术由过去的点到点通信传输，依靠改进 GSM-R 综合数字移动通信系统，发展为系统网络通信传输，使得近 3 km 长的重载车辆，实现了前后同步控制，操纵误差仅为 0.6 s。在这 2 年半的时间里，大秦铁路前后历经了 63 项技术改造，先后攻克了万吨和 2 万吨重载列车不明原因紧急制动和车钩分离惯性故障等技术难题，使列车分离事故锐减 90%，让重载列车的相关配套达到最优，多个创新成果不仅达到了国内领先，而且还填补了国际空白。我国重载技术一跃跻身世界铁路重载先进行列！

（2）实现集疏运系统一体化。加强集运系统和疏运系统的配套能力建设，创新货流、车流组织和集疏运流程，实现集疏运系统一体化。可实现 2 万吨重载组合列车和 1 万吨重载列车以 80 km/h 运行、日均开行 100 对、日均运量 100 万吨以上的运输组织模式，达到国际领先水平。如图 6.6 所示。

（3）运量增长，效益显著。大秦铁路依靠内涵挖潜、自主创新等措施，精彩地实现了铁道部制定的每一个阶段性目标：2004 年大秦铁路实现年运量 1.5 亿吨，2005 年达到 2 亿吨，2006 年达到 2.5 亿吨，2007 年达到 3 亿吨，2008 年达到 3.4 亿吨，2009 年达到 3.8 亿吨，2010 年达 4 亿吨，创造了世界铁路重载运输的奇迹。如图 6.41 所示。

2008 年初，面对中国南方雨雪冰冻灾害，大秦铁路依靠重载运输技术突击抢运电煤，日均运量从 2007 年的 83.2 万吨提高到 100 万吨以上，为战胜灾害发挥重要作用。

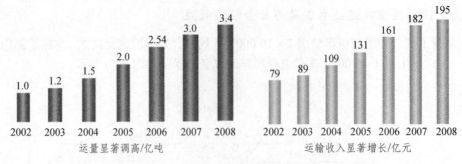

图 6.41　大秦铁路运量与运输收入增长示意

（4）示范推广。以大秦重载运输技术为支撑，北同蒲线、云岗支线、迁曹线开行了 1 万吨和 2 万吨重载组合列车，大包线、口泉支线、大准线开行了 1 万吨重载列车，包括瓦日铁路在内的重载铁路就是采用的"大秦经验"或者叫"大秦标准"。同时大秦重载技术为其他煤运通道建设和运输能力提高起到了示范作用。

随着中国铁路步伐越走越快，技术层面上不断创新升级，不管是在客运还是在货运方面，其表现出来的发展潜力也越来越大。这是国力的具象表现，同时也展现了我们"交通强国、铁路先行"的坚定信心和努力。

当世人在惊叹中国创造了高铁"速度奇迹"的时候，他们也许并不知道，中国在短短几年时间里，也创造了重载"运输奇迹"：

依托重载技术的自主创新，中国完成了国产大功率机车覆盖主要铁路干线货物列车牵引的"动力革命"。

依托重载技术的完美集成，中国大秦铁路运煤专线年运量突破 4 亿吨，实现了一条变四条的"魔术变身"。

依托重载技术的多元利用，中国实现了世界重载强国中拥有亿吨以上年运量重载铁路的"条数之最"。

依托重载技术的充分释放，中国以占世界铁路 6% 的营业里程，完成了世界铁路 25% 的工作量，运输效率"世界第一"。

中国在迅疾跨入引领世界"高铁时代"的同时，也迅疾跨入了引领世界的"重载时代"！2010 年的中国大地，475 组"和谐号"动车组列车飞驰在 7 531 km 的高速铁路线上，3 676 台和谐型大功率机车牵引着重载货物列车穿梭在 16 144 km 的重载铁路线上，勾勒出中国铁路客货共舞、多拉快跑、风景独好、和谐发展的壮阔画卷。

来自世界重载铁路创始国美国、国际重载协会联合主席罗伊·艾伦，2009 年 6 月 22 日在四年一度的首次于中国举行的上海第九届国际铁路重载运输大会上，情不自禁地赞叹："中国铁路开创了世界铁路重载史的新篇章！"

在具有 80 多年重载运输历史、拥有 120 多个成员的世界铁路大家庭中，中国人掌握铁路重载运输技术仅有 20 多年。大秦铁路创下了铁路运营密度、运输效率、干线年运量等多项世界之最。这在世界上任何一个国家，都应该是一个奇迹。它高高地举起令世人交口称赞的重载铁路"中国牌"。

在大秦铁路上，一前一后两台"和谐"型大功率电力机车，前拉后推着 220 节亮丽的银色车厢隆隆前行——每节车厢装满煤。沿着 2 万吨煤炭重载列车从头走到尾，2 800 m，比绕天安门广场一周还多 40 m。

煤炭是我国最主要的能源之一。铁路以运量大、速度快、成本低、全天候、环保减排的运输优势而著称，不但是我国综合交通领域的主力军，也是国家电煤运输的主攻手。大秦铁路的上游连接着煤炭储量达 6 000 多亿吨的货源地，下游连接着世界最大的煤炭外运港口——秦皇岛港。它为全国四大电网、五大发电公司、十大钢铁公司、368 家电厂和 6 000 多家企业输送生产用煤，同时把温暖送进千万家。1 年运输 4 亿吨煤炭是什么概念？这些煤炭，可为国家生产 2 亿吨钢铁或 2.6 亿吨化肥，可满足全国 4 亿城镇居民 1 年的生活用电所需。

发展铁路重载运输需要应用多项科技手段，体现的是一个国家科技水平和制造业水平的综合实力，是国际上公认的铁路运输尖端技术之一，代表着铁路货物运输领域的先进生产力。有报道称，美国民用和国防工业的许多关键技术，都直接来自于对阿波罗技术的消化、优化和二次开发。作为一项高技术集成的系统工程，重载铁路也具有这样的技术带动作用。大秦铁路集纳了钢铁冶金、机械加工、车辆制造、电子技术、自动化控制技术、电力牵引技术等多学科的成果，成为我国技术经济综合实力的代表。

如同"嫦娥一号"卫星集成了国内大量高精尖技术成果一样，重载铁路技术也是一项综合性极强的系统工程。在我国发展重载铁路，要解决列车制动、多机牵引操作和遥控、牵引动力、装货车辆、线路结构、站场设置、电力供应等技术装备问题。

大秦铁路创造的诸多世界第一，彰显出铁道部统一指挥、精细调度的重要。车、机、工、电、辆协调配合，相关铁路局、相关行业之间联劳协作。铁道部为被称为"我国重载第一路"的大秦铁路，提供了最好的发展环境。同时也因为大秦铁路职工能吃苦、有办法，做到了国外重载铁路做不到的事情。正是他们的智慧、创意，让大秦铁路不断创造着奇迹。在世界上没有任何类似经验可循的大秦铁路上，大秦铁路职工凭着勤奋学习，掌握了先进的重载技术，研究并摸索出科学的工作方法。

（五）中国第二条煤运大通道——朔黄重载铁路

朔黄铁路（神黄铁路组成部分）西起山西省神池县神池南站，与神朔铁路相联，东至河北省沧州市黄骅港口货场（图 6.42），正线总长近 598 km，设计为国家 I 级干线、双线电气化铁路，重载路基，设计年运输能力为近期 3.5 亿吨（2013 年），远期 4.5 亿吨。朔黄铁路 1997 年 11 月 25 日正式开工，1999 年 11 月 1 日全线建成，总投资 150 亿元，是我国目前投资与建设规模最大的并一次性建成双线电气化的一条合资铁路，也是我国西煤东运第二大通道和神华集团矿、路、港、电、航、油一体化工程的重要组成部分，在全国路网中占有重要地位，特别是对加快沿线地方经济发展，保证华东、东南沿海地区能源供应，扩大我国煤炭出口能力具有极其重要的战略意义（图 6.43）。

经过 10 余年的追赶，重载铁路已成为我国铁路装备技术的优势领域，而机车车辆的轴重是衡量铁路运输重要标准之一。2014 年 8 月 27 日，国内首列 30 t 轴重重载列车在朔黄铁路开行，编组 110 辆 KM_{98} 型车辆，由神池南站发车，历经 11 小时 21 分钟的安全运行，顺利到达黄骅港站，标志着我国在重载铁路技术上又填补了一大空白。此前，我国最大的重载铁路列车是在大秦线上运行的 27 t 轴重货运列车，而我国已经能生产 40 t 轴重的矿石列车，并已出口澳大利亚。该列车由"神华号"十二轴大功率交流电力机车单机牵引，全列采用 KM_{98} 型 30 t 轴重 100 t 级煤炭漏斗车辆编组，总长 1 573 m、载重 11 000 t、总重 13 420 t。如图 6.44、图 6.45 所示。

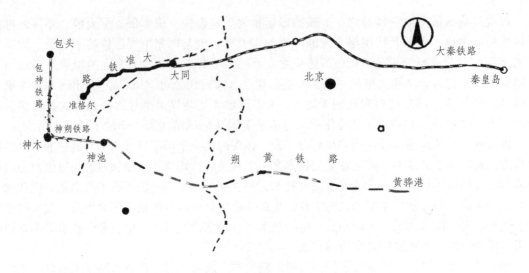

图 6.42　朔黄铁路线路示意

图 6.43　朔黄铁路集疏运体系示意

图 6.44　KM$_{98}$型 30 t 轴重 100 t 级煤炭漏斗车

图 6.45　神华号十二轴电力机车

神华号十二轴电力机车，最大功率 14 400 kW，是世界上最大功率电力机车，网友亲切地称之为"三节棍"。神华号是中国性能最先进、配置最高端的重载货运电力机车。

KM₉₈ 系列列车最大载重 100 t，自重约 22 t，自重轻、载重大。单车载重量较此前最大的 C80 型 80 t 级通用敞车提高 23%～25%。采用 5 辆一组、短牵引杆时，车辆平均长度 14 m（国际通用车型为 16 m），在 1 700 m 站场长度条件下，每列车较 C80 型敞车多运输 1 720 t 煤炭，运能提高 18.5%。车体采用铝合金，内部平滑，卸净率高，创新自卸式底门机构，实现正反向边走边卸、底门自动开闭。设有二级锁闭功能，安全可靠性高。

30 t 轴重万吨重载列车运行是朔黄铁路发展公司承担的"十二五"国家科技支撑计划项目"轴重 30 t 以上煤炭运输重载铁路关键技术与核心装备研制"的一项重要研究内容。它的成功开行填补了国内轴重 30 t 铁路重载技术的空白，将有效提升神华铁路的运输能力，并为研制轴重 30 t 以上煤炭运输重载铁路核心装备，建立我国具有自主知识产权的既有重载铁路 30 t 及以上轴重条件下成套技术体系打好基础，还将为我国既有铁路扩能提供技术和设备支撑。

朔黄铁路是我国西煤东运的第二大通道，自开通运营之日起，年运量持续增长。2009 年开行万吨列车以来，年运量以千万吨级的速度增加。截至 2012 年 12 月 31 日，这条重载煤运通道已累计运煤 13.476 亿吨，为国家的能源运输作出了重大贡献。

重载铁路是世界各国铁路货运发展的重要方向，此前，世界上铁路发达的国家如美国、俄罗斯、澳大利亚等开行了重载列车。进入 21 世纪来，我国铁路积极开展重载列车研究和试验，2003 年 8 月，首次在大秦线开行了万吨重载列车，走出了一条既有线挖掘运输潜力的新路子，为世界铁路同行所瞩目。

发展重载铁路是我国解决目前铁路运输能力紧张的重要举措。经过 10 余年发展，重载铁路已经成为我国铁路装备技术的优势领域，我国重载铁路的运输效率也高居世界第一。然而，受既有铁路线路条件的局限，30 t 及以上大轴重的重载铁路运输技术在国内仍是空白。与此同时，国外大轴重重载运输技术相对成熟，但其应用条件与我国重载铁路年运量大、列车开行密度高、运输组织模式多样化的国情有较大差异，不可能直接套用。

2013 年 6 月，"十二五"国家科技支撑计划"轴重 30 吨以上煤炭运输重载铁路关键技术与核心装备研制"项目在北京启动。该项目在大幅度提高运能的同时，可以避免因运能不足而增建二线、三线，节省大量投资与用地；同时，大轴重、高牵引质量的重载铁路运输可提高机车车辆的运转效率，降低牵引能耗和机车车辆的养护维修费用，提高经济效益。由于重载铁路技术体系研究是一个系统工程，涵盖机车车辆、通信信号、运输组织等多专业，涉及新材料、电力电子等高新技术的应用。大轴重铁路运输技术体系的研究，还将带动我国相关领域技术创新能力的提升。

2013 年 8 月，重载铁路 30 t 大轴重实车综合试验在神华集团朔黄铁路公司取得圆满成功。这是我国首次在既有铁路运营线上进行该实验，对朔黄铁路公司研制自主知识产权的轴重 30 t 铁路重载运输成套装备、形成我国轴重 30 t 铁路重载运输技术体系有积极的推动作用，如图 6.46 所示。

图 6.46 KM₉₈型 30 t 轴重 100 t 级煤炭漏斗车编组

2014 年 1 月 25 日，神华铁路 KM₉₈系列万吨组合列车在神朔铁路朱盖塔站进行开行前的静态、开行中的动态试验，试验取得圆满成功。当时的列车编组为 2 台神华 8 轴交流机车+KM₉₈型 55 辆重车+2 台神华 8 轴交流机车+KM₉₈ₕ型 55 辆重车，换长 143，载重 8 800 t，总重 11 220 t。本次试验是继神华铁路成功开行 C64、C70、C80 万吨重载列车后，又一次革命性技术和能力的突破，将极大提高我国铁路运载能力。

世界最大轴重的铁路货车是由中国北车齐齐哈尔轨道交通装备有限责任公司研制的 40 t 轴重不锈钢矿石车，已经向澳大利亚出口。但受国内既有线路的制约，40 t 轴重货车无法在中国国内开行，如图 6.47 所示。

北车新型 40 t 轴重矿石车，最大运用轴重 44 t，最大载重达 154.4 t

图 6.47 中国北车向澳大利亚必和必拓公司交付新型 40 t 轴重不锈钢矿石车

此外，2014 年 6 月，一列长达 1 408 m 的万吨重载列车从大秦铁路湖东二场发车，满载煤炭驶向秦皇岛港口。这列由 27 t 轴重新型 80 t 级通用敞车组成的重载列车，车辆单车载重量比 60 t 级货车提升 33%，比 70 t 级货车提升 14%，标志着我国铁路迈入国际重载铁路先进行列。

（六）中国最长的北煤南运大通道——浩吉（蒙华）铁路

1. 浩吉铁路概况

浩吉铁路（2014 年立项时为蒙华铁路，2018 年更名）是我国最大规模的运煤专线，投资概算 1 700 亿元。它是继大秦线（山西大同至河北秦皇岛）之后国内又一条超长距离的运煤大通道。

蒙华铁路线路图（图 6.48）显示，蒙华铁路全长 1 837 km，跨越内蒙古、陕、晋、豫、鄂、湘、赣七省区。它从内蒙古浩勒报吉出发，沿途经过的城市主要有：鄂尔多斯、陕西榆林、陕西延安、陕西渭南、山西运城、河南三门峡、河南洛阳、河南南阳、湖北襄阳、湖北荆门、湖北荆州、湖南岳阳、湖南长沙、江西宜春、江西新余，终点到达江西省吉安。

图 6.48　浩吉铁路线路走向示意

2. 浩吉铁路建设意义、建设方案与主要技术标准

按照国家发展改革委关于新建蒙西至华中地区铁路煤运通道可行性研究报告（发改基础〔2014〕1642 号）的批复精神，该线建设意义、方案与技术标准、规划运输能力为：

1）建设意义

蒙西至华中地区铁路煤运通道工程（简称蒙华铁路）建设有利于构建我国"北煤南运"铁路新通道、完善路网布局，开发蒙陕甘宁地区煤炭资源、保障鄂湘赣等华中地区能源供应，促进沿线经济社会发展、吸引民间投资建设铁路。

蒙华铁路是纳入国家"十二五"发展规划、"十三五"发展规划纲要和《中长期铁路网规划》的重大项目，被列为首批基础设施等领域鼓励社会投资的 80 个示范项目之首。它衔接多条煤炭集疏运线路，是点网结合、铁水联运的大能力、高效煤炭运输系统，也是"北煤南运"新的国家战略运输通道。

2）建设方案及主要技术标准

（1）建设方案：线路北起内蒙古自治区鄂尔多斯境内浩勒报吉南站，经乌审旗、陕西省靖边、延安、宜川、韩城，山西省河津、万荣、运城，河南省三门峡、卢氏、西峡、邓州，湖北省襄阳、荆门、荆州、江陵、公安、石首，湖南省华容、岳阳、平江、浏阳，江西省铜鼓、新余，终至京九铁路吉安站，线路全长 1 806.5 km，其中浩勒报吉南至岳阳段双线长 1 375.3 km，岳阳至吉安段单线长 431.2 km。全线共设车站 84 个，近期开站 78 个。新建邓湖机务段、车辆段、大机维修基地等运输生产配套设施，鄂尔多斯、延安、三门峡、襄阳、岳阳、新余等地生产生活配套设施及北京综合配套基地。

（2）主要技术标准：铁路等级：国铁 I 级；正线数目：浩勒报吉南至岳阳段为双线，岳阳至吉安段单线预留双线条件；最小曲线半径：1 200 m、困难地段 800 m；限制坡度：浩勒报吉南至纳林河段 6‰，纳林河至襄阳段下行 6‰、上行 13‰，襄阳至吉安段 6‰；牵引种类：电力；牵引质量：浩勒报吉南至襄阳段 10 000 t、部分 5 000 t，襄阳至吉安段 5 000 t；桥涵设计列车竖向静活载：1.2 倍 ZH 活载（2005 年）；到发线有效长度：浩勒报吉南至襄阳段 1 700 m，襄阳至吉安段 1 050 m、部分车站预留 1 700 m 条件。其他技术标准执行《铁路线路设计规范》（GB 50090—2006）、《铁路车站及枢纽设计规范》（GB 50091—2006）。

（3）规划输送能力：2 亿吨/年以上。

3. 集疏运系统规划与建设

统筹规划、配套建设集疏运系统是保证蒙华铁路充分发挥作用，提高投资效益的重要前提。同意蒙华铁路通道配套规划集疏运系统，包括集运项目 30 个、疏运项目 39 个。其中，11 处与路网其他线路的联络线和 4 个煤炭集运站工程纳入本线一并实施；浩勒报吉北矿区集运线等 6 个集运项目、荆门煤炭综合货场等 6 个疏运项目，由相关企业分别投资建设，与本线同步建成；其他 42 个集疏运项目作为规划项目，在本线预留接轨条件，适时开工建设。

根据前期工作情况，王家岭铁路专用线联络线、荆门煤炭综合货场、荆州煤炭铁水联运储备基地、华容煤炭铁水联运储配基地、新余煤炭储备基地等 5 个集疏运项目已完成相关前期准备，条件较为成熟，按建设方案进行建设，与通道项目同步建成。其他集疏运项目待完成相关前期工作后，按有关规定办理并积极吸引社会资本投资建设。

4. 投资估算、资金来源

（1）投资估算：本项目投资估算总额为 1930.4 亿元（含公安长江公铁两用特大桥和三门峡黄河公铁两用特大桥公路桥部分投资共 16.4 亿元），其中工程投资 1851.2 亿元，机车车辆购置费 79.2 亿元。其中，征地拆迁费用以项目股东认可后的实际发生数额计列。

（2）资金来源：项目资本金占总投资的 35%，由蒙西华中铁路股份有限公司（简称蒙华公司）各股东按公司章程规定出资。中国铁路建设投资公司出资 20%；神华能源股份有限公司、中煤能源股份有限公司、国投交通公司、陕西煤化工集团有限公司、淮南矿业（集团）有限责任公司、内蒙古伊泰煤炭股份有限公司均按 10% 出资；河南铁路投资有限责任公司、湖北省客运铁路投资有限责任公司、内蒙古蒙泰煤电集团有限公司、榆林统万投资有限责任公司、湖南省铁路投资集团有限公司、中国华能集团燃料有限公司、中电投物流有限责任公司、山东能源国际物流有限公司、江西省铁路投资集团公司分别按 3.5%、3.3%、3.2%、2.5%、2.1%、1.4%、1.4%、1.4%、1.2% 出资。各股东出资通过自筹解决。资本金外的资金使用国家开发银行、中国银行、中国建设银行、中国工商银行等国内银行贷款。

公安长江公铁两用特大桥公路桥部分投资由湖北省自筹解决，三门峡黄河公铁两用特大桥公路桥部分投资由山西、河南省自筹解决。

5. 建设安排及项目法人

本线建设工期为 5 年，部分配套集疏运项目同步建成。

蒙华公司作为项目法人负责蒙华铁路项目策划、资金筹措、组织建设、生产经营、债务偿还及资产的保值增值等。

6. 发挥好本项目在铁路投融资体制改革中的试点和示范作用

（1）本项目作为重要的资源开发性铁路和重大交通基础设施项目，已列入国务院在基础设施等领域首批推出的鼓励社会资本参与建设营运的示范项目。

（2）本项目开创了铁路领域积极发展混合所有制经济的新模式，要按照铁路投融资改革和构建现代企业制度的要求，开放线路经营权，创新建设和运营管理方式。

（3）蒙华公司作为项目业主要按照批复抓紧组织开展初步设计，经公司股东大会批准决策。各股东单位要依法履行出资人职责，履行出资承诺，确保项目顺利建设。

（4）蒙华公司要强化市场主体责任，自主决策、自负盈亏；严格按《公司法》及公司章程规范运作，涉及招投标、物资采购、工程建设、运营管理等重大事项要依法履行决策程序；切实发挥好股东大会、董事会作用，确保股东权益。

（5）蒙华公司要重视土地综合开发和企业多元化发展，开展项目风险管理专题研究，加强风险防范和化解措施，提高项目抗风险能力、市场竞争力和企业效益。

（6）按照"坚持市场化取向，完善铁路运价机制"的要求，本项目开通运营后，其货物运输价格由市场调节，企业自主确定具体运价水平。

7. 浩吉铁路项目进展情况

2012年1月，国家发展改革委批准了新建蒙西至华中地区铁路煤运通道工程项目建议书。

2014年7月，国家发展改革委批复《新建蒙西至华中地区铁路煤运通道可行性研究报告》。

2015年12月3日，荆州长江公铁特大桥顺利实现主跨钢梁精确合龙，这标志着我国首条跨江的重载铁路成功跨越长江荆江江段，蒙西至华中铁路通道建设取得重要进展。

2017年4月14日，会议明确规定（荆州市至岳阳市）速度为200 km/h，由原普通列车更改为动车组，2019年建成通车。

2018年3月17日，中国在建最长的重载铁路蒙华铁路开始全线铺轨；6月4日，蒙华铁路汾河特大桥合龙。

2018年9月9日，新建蒙西至华中地区铁路煤运大通道在延安东站立下电气化第一杆，标志着蒙华铁路全线施工进入最后冲刺阶段。

2019年3月6日，中国铁建电气化局集团有限公司在蒙华铁路构林南至襄州区间成功建设首条承力索；与此同时，蒙华铁路襄州综合维修基地首座房屋封顶。蒙华铁路四电工程建设迈入快车道。

2019年7月2日，我国最长运煤专线蒙华铁路完成全线铺轨。

2019年8月，浩吉铁路开始动态检测。

2019年9月28日早上6点30分，由内蒙古鄂尔多斯乌审旗浩勒报吉南站开出的万吨煤炭专列71001次，启程开往江西吉安方向，标志着我国一次性建成的北煤南运大通道浩吉铁路，正式开通运营。

三、中国铁路重载运输发展规划

根据铁路"十一五"发展规划，2010年，南北通道过江货运总能力将达到4亿吨以上，进出关通道货运能力将达到1.2亿吨，进出西南西北地区货运能力达到5亿吨，围绕十大煤炭基地建设，煤炭运输总能力要达到15亿吨。因此，建设大能力、高效率、功能完善的煤炭运输通道，加快发展重载运输对确保完成运输任务、促进国民经济发展、保证人民生活所需物资运送，有着十分重要的作用。

（一）"十五"末全国铁路重载运输网现状

我国重载运输起步于 20 世纪 80 年代初，当初为缓解繁忙干线运输能力紧张状况，以开行组合列车为主。最近 10 年来，我国重载技术得到了迅速发展，重载运输已初具规模，整列式重载列车在繁忙干线普遍开行，单元式重载列车和组合式重载列车主要在大秦线开行。到 2006 年年底，大秦线开行 1 万吨和 2 万吨列车，并先后实施了 2.5 亿吨、3 亿吨和 4 亿吨配套改造工程，极大提高了大秦铁路煤炭运输能力。2006 年大秦铁路年运量突破 2.54 亿吨，2007 年达 3 亿吨，2008 年达 3.4 亿吨，2009 年达 3.9 亿吨，2010 年突破 4 亿吨，大秦铁路成为世界上年运量完成最多的一条重载铁路。

京沪线、京哈线等铁路繁忙干线普通开行 5 000 t 重载列车，部分线路达到 5 500 t 至 6 500 t，据初步估算，全国 5 000 t 以上重载铁路里程已达 1 万多千米，约占全国铁路总营业里程的 15%。2006 年货物列车平均牵引总重达 3 105 t，比 2000 年 2 675 t 提高了 16%，重载运输在我国已初具规模，其技术水平居世界重载运输前列。

（1）车站到发线有效长。铁路到发线有效长是重载铁路关键技术标准之一，直接关系到重载铁路行车安全、运输能力、工程造价、运营支出和经济效益。我国铁路货物列车到发线有效长系列有 1 050 m、850 m、650 m 等。根据我国单元重载列车运行实际情况，万吨重载列车到发线有效长为 1 700 m，2 万吨重载单元列车到发线有效长为 2 800 m。5 000 t 及以上重载货物运输主要受车站到发线有效长影响，车站到发线有效长应达到 1 050 m 及以上。据初步统计，截至 2005 年年底，全国铁路车站到发线有效长 2 800 m 线路约 653 km，占铁路总里程的 0.8%；到发线有效长 1 700 m 线路 130 km，占铁路总里程的 0.2%；到发线有效长 1 050 m 线路约 9 200 km，占铁路总里程约 12%；到发线有效长 850 m 线路里程约 3.5 万千米，占铁路总里程的 47%；到发线有效长 650 m 线路约 1.2 万千米，占营业里程的 16%；其他系列到发线有效长线路约 1.2 万千米，约占铁路总里程的 24%。大秦线各站到发线有效长都达到 2 800 m，大准线车站到发线有效长 1 700 m：北同蒲线大新—韩家岭间部分车站达到 1 700 m。

（2）重载列车的机车车辆装备和技术。目前，适于牵引 5 000 t 重载列车的机车主要有 SS 系列电力机车和 DF$_{8B}$ 内燃机车，部分线路采用双 DF$_4$ 系列内燃机车和双 ND$_5$ 内燃机车，牵引质量达到 5 300 t。

为了适应重载运输需要，我国铁路正在不断提高车辆载重，目前载重 60 t 及以上的车辆约 45 万辆，占车辆总数的 85.7%，其中轴重 23 t 载重 70 t 的车辆已达到 2 万多辆，轴重 25 t 载重 80 t 的车辆已有 8 400 多辆。

经过多年的研究，重载列车的多机重联控制技术、制动装备和技术、车钩强度和缓冲能力等，都得到全面提高和加强。

（3）重载列车开行情况及其效果。线路设备的改善和机车车辆装备性能的提高，为开行重载列车提供了基本条件。目前津浦线、沪宁线、京山线、沈山线、哈大线、京广线北京至武汉、陇海线徐州至郑州、侯月线已普遍开行 5 000 t 级重载列车，孟宝线、京秦线段甲岭—秦皇岛开行部分 5 000 t 级重载列车，北同蒲线大新—韩家岭开行部分 1 万吨和 5 000 t 重载列车，神朔黄线列车质量部分 5 000 t、部分 6 000 t，大准线列车质量部分 5 000 t、部分 1 万吨，大秦线列车质量已统一为 1 万吨和 2 万吨，每天开行 1 万吨列车 70 对、2 万吨列车 12 对。

（二）我国铁路重载运输存在的主要问题

（1）铁路部分干线主要技术标准不适应开行重载列车的需要。如部分已实施5 000 t以上重载运输的线路，到发线有效长尚未全线延长到1 050 m：部分既有线高坡地段受机车牵引和制动条件限制，很难实现开行同一等级的重载列车。

（2）大部分线路轨道结构、路基强度不适应开行重载列车。开行重载列车对轨道结构和路基强度要求较高，需要配备与重载运输相适应的钢轨、轨枕、道岔等设备，需要对线路进行机械化维修。限于经济等多种原因，某些线路未完全达到要求，这在一定程度上限制了重载列车的开行。

（3）现有主要移动设备不完全适应开行重载列车的要求。我国用于牵引重载列车的内燃、电力机车全部为交-直传动，单机功率普遍偏小，特别不适应货物列车牵引5 000 t运行速度提高到120 km/h的要求，还没有完全掌握多机牵引分散连挂的同步操纵和ECP电控空气制动的关键技术。对于车辆，目前载重60 t的车辆是主型车辆，其自重大、载重小，不适应重载运输的需要：载重70 t轴重23 t的车辆才投入运用，要形成规模还需要相当长一段时期。

（4）大宗货物装卸基地（站）设备不完善，不适应发展重载运输。组织大宗货物始发直达列车，可以提高线路输送能力，提高铁路运输效益。但基地站的装卸设备能力与组织重载运输能力不匹配，使重载列车的开行存在困难。

（三）我国铁路重载运输发展规划

发展重载运输是解决铁路运输能力紧张，适应国民经济发展最有效的方式之一。随着我国解决的快速发展，铁路货运量将进一步增长。据有关部门预测，2010年铁路货运量将达到35亿吨，其中煤炭运量达15亿吨以上；2020年铁路货运量将达到40亿吨，其中煤炭运输量将达到16亿吨以上。作为我国能源主体的煤炭运输必将稳步增长，西煤东运、北煤南运的任务量仍将持续增加。根据煤炭运输发展需要，围绕十大煤炭基地外运需要，建设大能力、高效率、功能完善的煤炭重载运输通道是非常必要的。

1. 铁路重载运输网通道规划的总体思路及主要原则

我国铁路重载运输网规划的思路和原则是：根据《中长期铁路网规划》和大宗货物流量、流向，结合新线建设和既有线改造，合理布局重载运输网，积极组织重载直达列车，尽量减少中途换重次数，提高铁路运输效率。

根据我国未来经济社会发展和大宗货物流向特点，在流量大、流向集中地区，结合新线建设和既有线改造，建设重载运输通道，构建重载运输网络，起止点应选择在大宗物资集散地，如煤炭生产基地和港口等。在客货共线的重载运输通道，统筹规划6 000 t和5 000 t重载运输网络；运煤专线列车质量达到1万吨，甚至2万吨及其以上，并各自与到发线有效长的各种系列相匹配。

2. 2020年铁路重载运输发展规划

2020年是我国铁路加快发展的重要时期，铁路在加快客运专线建设的同时，要加快建设货物运输大能力重载运输通道，积极发展重载运输，逐步形成不同等级的重载铁路运输网络，满足国民经济发展对铁路货物运输快速增长的要求。在铁路"十一五"发展规划中，要加快全国各大区域之间大能力货运通道建设，南北通道过江货运总能力达到 4 亿吨以上，进出关通道货运能力达到 1.2 亿吨，进出西南西北地区货运能力达到 5 亿吨，围绕十大煤炭基地建设，建设大能力、高效率、功能完善的煤炭运输通道，煤运总能力达到 15 亿吨以上。

1）2020 年铁路重载运输网络总体设想

2020 年将形成八纵九横的网络格局。重载运输网络总规模将近 3 万千米，占铁路总规模的 13 万千米的 23%。其中：

（1）南北重载运输通道。

南北重载运输通道主要由京沪、京广、京哈（包括京秦、沈大、沟海）、京九、华东二通道、包西、平齐大郑、大同至长沙等 8 条通道构成，规划里程约 1.32 万千米，占重载运输总里程的 46%。其中：万吨及以上重载里程 130 km，即大同至长沙通道上北同蒲线大同至朔州间，占南北运输通道里程约 1%；6 000 t 重载里程约 8 070 km，占南北运输通道里程的 61%，主要包括京哈通道（包括京秦、沈大、沟海）、京沪通道、华东二通道中的阜淮线和淮南线、京九通道的北京至向塘西间、京广通道的北京至武汉段、大同至长沙通道的朔州—宁武—太原北—榆次—侯马—月山—襄樊和太焦线以及包西通道等；5 000 t 重载里程约 5 000 km，占南北运输通道里程的 38%，主要包括京广通道的武汉至广州段、京九通道的向塘西至东莞段和向莆线、华南二通道的皖赣线、宣杭线和萧甬线，平齐大郑通道，大同至长沙通道的襄樊—石门—长沙段等。

（2）东西重载运输通道。

东西重载运输通道主要由大秦（包括迁曹线、准朔线、大准线、蓟港线）、神朔黄、陇海线、绥德—太原—石家庄—济南—青岛（包括邯长线、邯济线、胶黄线）、滨洲滨绥、北京至石嘴山、月山日照、沿江通道（襄樊—武汉—九江—合肥—南京）、宁西、沪杭浙赣线等 10 条运输通道构成，规划里程约 9 000 km。其中：万吨及以上重载里程 1 400 km，占东西通道总里程的 16%，主要由大秦通道（包括迁曹线、准朔线、大准线、蓟港线）和神朔黄通道组成；6 000 t 重载里程约 5 100 km，占东西通道总里程的 56%，主要包括绥德—太原—石家庄—济南—青岛通道（包括邯长线、邯济线、胶黄线）、月山日照通道、陇海线郑州以东、滨洲滨绥通道、北京至石嘴山通道的石嘴山—包头—大同、宁西通道；5 000 t 重载里程约 2 500 km，占东西通道总里程的 28%，主要包括北京至石嘴山的丰沙大线、陇海通道的郑州以西、沿江通道（襄樊—武汉—九江—合肥—南京）、宁西线以及沪杭浙赣线。

（3）其他重载运输线路。

其他重载运输线路约 6 000 km，其中集疏运重载线路总里程约 4 300 km，主要包括大秦铁路和神朔黄铁路的集疏运线，以及林东线、勃七线、临策线、甘包线、东乌线、呼准线、通霍线等；重载联络线里程约 1 500 km，主要包括武九线、孟宝线和蓝烟线等。

"十一五"期间，将结合新线建设，并通过对不具备重载运输条件的主要线路实施到发线有效长延长、软化坡度、关闭运量较小的车站等改造措施，以及采用新型大功率机车和大容量车辆，实现全国铁路 2.8 万千米重载运输网络，覆盖全国除贵州煤炭基地外的 9 个煤炭基地，承担铁路煤炭运输量的 80% 以上。这将极大缓解铁路货物运输紧张局面，保证国家重点物资运输畅通，提升铁路运输能力。

2）2020 年铁路重载运输规划

根据我国煤炭运输发展需要，围绕十大煤炭基地外运需要，建设大能力、高效率、功能完善的煤炭重载运输通道是建设和谐铁路的必然选择。

（1）合理规划到发线有效长适应不同等级牵引质量铁路的需要。

对大宗货物运输主要通道通过合理规划到发线有效长，形成不同等级的重载运输通道。根据我国目前单元式重载列车运行实际情况，万吨重载列车到发线有效长度为1 700 m，2万吨重载列车到发线有效长度为2 800 m（大秦线标准）；5 000 t重载列车车站到发线有效长度为1 050 m。考虑未来科技进步和移动设备发展，既有线车站到发线有效长850 m，低限制坡度区段，采用单机大功率机车牵引，C70货车编组，单机牵引也可以实现牵引5 000 t的目标。根据货物运输发展需要，对既有货运主通道，通过强化线路标准，延长必要的车站到发线有效长，逐步形成不同等级的重载运输网络，满足国民经济发展对铁路货物运输快速增长的运输需求。

（2）新建大能力货物运输通道。

随着经济和社会的发展，运输格局的形成，未来货物运输需求仍将主要集中在各经济区域之间的繁忙干线和煤炭外运线上。因此，货物运输应加强铁路区域主通道建设和煤炭外运通道建设，使其成为高质量、大能力、运输畅通的双线大能力货运主通道，将是今后相当长时期内铁路建设的主要任务。为此加强区域间主通道和煤炭外运通路建设，是完善重载运输网的关键。如包神通道作为我国"三西"煤炭运输的主要通道，"十一五"期间通过新建包神铁路、神木至西安段复线电气化改造，形成牵引质量6 000 t的重载运输通道，满足陕西煤炭外运要求。

（3）加强煤炭运输专线配套工程和集疏工程建设。

国民经济持续快速增长和工业化进程的加快，对能源、原材料需求处于持续上升阶段。根据能源部门的规划，我国煤炭资源开发的总体布局是：稳定东部煤炭生产规模，巩固自给能力；加快中部煤炭开发强度，增加对东部的补给能力。能源、原材料等大宗物资运输问题将是铁路货物运输的重中之重，加强煤炭运输专线配套工程和集疏运工程建设势在必行。如山西省地处我国煤炭工业基地，"十一五"期间，结合山西新型能源和工业基地建设，重点加强晋煤外运通道建设的同时，在北同蒲线和南同蒲线及地方铁路干支线建设若干个配套大秦线的万吨、2万吨列车的装车基地；配套侯月线的5 000 t列车装车基地。基本摆脱以运定产、铁路运输限制山西经济发展的局面，进入一个自由运输能力与运输需求较为适合的良性循环阶段。

（4）既有线改造注重提高铁路运输能力。

铁路既有线改造中，通过采用必要的改造手段，满足重载运输条件，提高既有线路能力。对铁路线路一些不具备重载运输条件，但规划中已经安排改造项目的主要货物线路，要充分考虑货运因素，通过到发线有效长延长、关闭一些运量较小的车站、部分坡度的软化等改造措施，使我国主要货运通道可以达到牵引5 000 t及以上的牵引质量要求，提高线路输送能力，满足运量增长的需要。如南同蒲线是我国主要的煤炭运输线路，现为内燃机车牵引，到发线有效长850 m，"十一五"期间安排其电气化改造项目，为缓解山西中南部运力矛盾，满足侯月线扩能改造的需要，可在电气化的同时，对车站进行到发线有效长1 050 m改造，满足牵引6 000 t的需要。

（5）根据大宗货物流量和流向合理组织重载始发直达车。

结合我国煤炭运输流量流向运输需求，在货运专线和以货为主的大宗物资主通道，应当尽量多组织始发直达列车，并通过采用先进的机车设备，提高每列车的装载质量，从而提高货运主通道输送能力，使铁路运输发挥最大效益。

（6）加快推进技术装备现代化适应重载运输发展需要。

国外发达国家重载运输依靠现代新材料、新工艺、计算机控制及信息技术等高科技手段实现了单元式列车牵引4万吨以上的重载运输。我国"十五"末期着手系统引进大功率交流内燃机车及 ECP 列车制动系统等正在重载运输关键技术，在此基础上，以大秦铁路作为我国重载运输综合技术示范线，力争用较短的时间全面掌握 1 万吨级、2 万吨级重载运输全套技术，逐步形成具有我国自主知识产权的重载运输技术体系。

到"十一五"末期形成大秦铁路重载列车牵引质量达到 1 万吨、2 万吨及以上，部分繁忙干线建成牵引 5 000 t、6 000 t 重载系列，牵引动力实现交流传动，通用货车实现 60 t 至 70 t 过渡，时速 120 km 的局面，基本实现了铁路的现代化。

（7）构建完善的重载运输网大力提高铁路运输效益。

2020 年通过对京九等通道改造，形成南北重载运输主通道；通过对侯马日照等通道改造，形成东西重载运输主通道，以及建设必要的联络线和集疏运线。东西南北重载运输主通道的建成，将构成我国铁路比较完善的重载运输网络，网络将覆盖全国除贵州煤炭基地外的 9 个煤炭基地，可承担铁路煤炭运输量的 80% 以上。我国铁路东西南北之间的货运将实现大出大入。铁路重载运输主通道的实现，可极大缓解铁路货物运输能力，保证国家重点物资运输畅通，提高铁路运输效益，从整体上提升铁路现代化水平。

第七章　铁路提速规划与发展战略

一、国外铁路列车速度的发展

19 世纪蒸汽机的发明，使铁路成了最新的交通工具。内燃机车、电力机车的发明，使铁路这一"夕阳"产业焕发了青春，列车运行速度有了质的飞跃。20 世纪初，德国列车试验速度达到了时速 209.3 km，1955 年法国创造了时速 331 km 的试验速度。此后试验速度不断被刷新。1981 年 2 月法国把试验速度提高到时速 380 km，1988 年 5 月德国把试验速度提高到时速 406.9 km，半年后法国又达到了 482.4 km。1990 年 5 月法国的试验速度先后达到了时速 510.6 km 和 515.3 km，创造了世界铁路试验速度的世界纪录。2007 年 5 月 13 日法国的试验速度达到了时速 574.8 km，再次刷新铁路试验速度的世界纪录。

纵观世界各国铁路的发展历程，从根本上说，就是一个不断地创新、不断发明、不断地提高列车运行速度，以满足社会经济发展需要的过程。

铁路的行车速度是随着经济发展和科技进步逐步提高的；特别是第二次世界大战以来，世界发达国家经济复苏，对交通运输提出了新的更高的要求。便捷的公路运输、高速的航空运输的大发展，打破了铁路的垄断地位，使运输进入了竞争的时代。在各种运输方式的激烈竞争中，迫使铁路改变技术停滞、速度落后和在竞争中处于衰落的状态，重新认识提高铁路速度的意义，提高铁路客运速度便成为铁路求生存、图发展的重要举措。

在不同经济发展水平的地区，铁路采用不同层次的技术和装备，使世界各国铁路旅客列车速度都有不同程度的提高。1948—1962 年间，世界各国旅客列车平均技术速度增加了 12 km/h，增长最快的是法国，平均增长了 25 km/h，见表 7.1 所示。特别引人注目的是，一些国家在经济发达地区各大城市间的运输中，首先改造客货运输繁忙的既有干线，使旅客列车最高速度提高到 140～160 km/h。1963 年世界铁路列车达到这种速度的营业里程线路总长度达 13 000 km，继而又发展修建了高速铁路。

表 7.1　一些国家客车平均技术速度（km/h）统计

国　家	1948 年	1955 年	1962 年
法国	29	92	104
联邦德国	47	76	90
英国	73	83	85
美国	81.5	86	84
荷兰	59	74	82
比利时	65	73.5	81.5
瑞士	69.5	72	79
意大利	66	73	78.5
瑞典	69	73	78
加拿大	57	66	67
民主德国	38	54	65
日本	64		
西班牙	47.5	54	58
苏联	33	42	54
中国	29	37	48
世界平均	50	57	62

世界上铁路客运最高速度达到 200 km/h 以上的国家，主要有欧洲的法、德、意、英、俄、奥、西班牙、瑞典等国，亚洲的日本，美洲的美国等国家。铁路客运最高速度达到 140~160 km/h 的有 16 个国家，欧洲有 9 个，澳洲的澳大利亚，北美的加拿大，北非的埃及和摩洛哥，亚洲有中国、韩国和印度。印度于 1969 年开始，把主要干线客运最高速度提高到 120 km/h，80 年代初提高到 130 km/h，1988 年提高到 140 km/h，1995 年达到 160 km/h。

美国铁路以货运见长，但近些年来，也曾尝试在东北走廊进行旅客运输提速和高速铁路的发展工作。

1956 年，美国通过州际高速公路法之后，兴建了四通八达的高速公路，伴随着汽车与航空业的迅速发展，美国的铁路运输业，尤其是客运业务逐步萎缩。

20 世纪 80 年代后，人口和居民收入的不断增长，刺激了旅游业的发展。城市间的航空和汽车运输的晚点、阻塞现象日益严重。在大都市地区、机场周围，每逢节假日或坏天气，这种现象更为突出。运输服务质量的下降对旅客、承运人及广大公众都产生了不良影响。为了扭转并消除这种趋势，需要不断地增加运能，如扩展机场或新修公路，但这又会引起环境污染等其他问题。

到了 20 世纪 90 年代，美国出台了一系列法律，如 1991 年的《美国联合地面运输法》、1993 年的《高速铁路发展法》、1994 年的《快速铁路法》以及下一代高速铁路发展规划，这些都表明美国交通部已经着手考虑高速地面轨道运输的价值问题。

在美国，提速铁路是指在既有铁路线上提高城际客运铁路速度的系统，提速范围包括最高速度为时速 145 km、177 km、200 km、240 km 四个等级。在较低的提速区以内燃牵引为主，较高提速区主要采用电气化，也可以采用非电气化方案。

1994 年 11 月，美国颁布了快速铁路发展法后，批准了 1.84 亿美元用于对高速走廊进行规划和技术改进的经费。但此项目进展迟缓，实际用于计划、管理及技术改进的费用仅为 6 781 万美元。

美国运输部于 1997 年完成了美国高速地面运输的可行性研究，根据全国布局和具体地域等参数，分别对 11 条走廊和路段的 8 种高速地面运输方案的运输指标、运营效率、效益和成本比较等 108 项指标进行了详细的分析、对比和预测。研究表明：在研究的 11 条走廊中，多数走廊的年运营收入除满足未来运营和维修支出外，还能收回一部分初期投资。对东北走廊和帝国走廊延伸线的提速方案评估表明，该方案具有最佳的投资回报率。在各种方案中，只有提速铁路时速 145 km 和时速 177 km 的方案，其社会效益大于政府承担的成本费用。如果进行中等规模的初期投资，时速 200 km 以下的三种速度选择最具潜力。

美国铁路客运公司（Amtrak）在其所有的东北走廊线路上开展客运业务，该走廊是美国人口密度最大的运输市场之一，自华盛顿哥伦比亚特区南端延伸穿过紧密连接的一系列城市，包括巴尔的摩、威尔明顿、费城、纽约和波士顿等。美国铁路客运公司在纽约和华盛顿之间占有最大的运输市场份额，大约为 45%，公司一直为建立一个从华盛顿到波士顿的无平面交叉的走廊而努力。

华盛顿—纽约—波士顿（732 km）之间的东北走廊从 1978 年开始进行改造工程，工程的重点是大规模换铺或新铺混凝土枕，采用高速道岔，并对曲线进行改造；在纽黑文—波士顿之间进行电气化、信号以及行车控制设备的改造。另外，华盛顿—纽黑文之间的平交道口全部被取消，纽黑文—波士顿之间的 16 处平交道口被封闭或设置防护装置，剩下的 11 处平交道口被列入改造计划之内。

为实现铁路升级，对东北走廊的整体服务以及设施等方面都进行了改善，更新客票预售系统，对 4 000 多名从业人员进行提高顾客服务水平的培训，对华盛顿、费城、纽约、波士顿等车站进行了重新装修。

为了达到时速 240 km 的速度，线路的某些部分进行了升级，到 1999 年年底，整个东北走廊完全实现了电气化。这条铁路线成为美国唯一的一条电气化城间铁路线，也是该公司在美国客运量最大的一条客运专线。

美国第一代提速列车的速度达到了时速 193 km，其商业名称为 Metroliner 特快。为了与北美航线争夺繁忙的"东北走廊"市场，美国铁路客运公司策划在华盛顿与波士顿之间推出"超速特快"客运服务，该计划的核心是在东北走廊引进新的高速列车。采用的新型高速列车 Acela 为机车推挽牵引方式，为提高曲线通过速度，在车辆部分安装了车体倾摆装置，4 辆普通车，1 辆一等车，最中间为咖啡车。虽然法国 TGV 的制造商和阿尔斯通（Alstom）参加了 Acela 设计和制造财团，但 Acela 不是 TGV 的一个车型，许多部件都不相同。

1993 年美国铁路曾在运输繁忙的纽约—华盛顿既有线改造后分别试验过 X-2000 摆式列车和 ICE 列车，为在华盛顿—纽约—波士顿之间运营高速列车设备收集资料、编制规章做准备。在东北走廊改造过程中，美国铁路客运公司获得了 20 辆新的高速摆式列车（时速 240 km），用于既有线路上的运营。东北走廊有很多曲线，特别是在纽约和波士顿之间，选择摆式列车可以保证旅客的舒适性。

国外铁路在提高旅客列车速度的同时，也努力相应提高货物列车的速度，以适应货主的需要并减少客运的扣除；目前快运货物列车最高速度达到 120 km/h 的有法国、德国、美国和俄罗斯等国，西欧不少国家货运最高速度都在 100 km/h 左右，法国少数特快货物列车的最高速度达到了 140 km/h。

二、国外铁路提高既有线列车速度的技术决策

（一）列车速度目标值的选择

普遍认为，铁路既有线列车提速的目的是：缩短旅行时间，提高与其他交通工具的竞争力，增加铁路收入。世界铁路在 190 多年的发展过程中，许多国家积累了既有线列车提速的丰富实践经验，值得学习和借鉴。几个观点：

（1）瑞士布莱顿博士等认为，在飞机平均速度为 600 km/h（等待、转机和办理登机手续等需 90 min），汽车平均行驶速度为 80 km/h，铁路的等待、换车时间为 30 min 的条件下，在距离 300 km 以内时，如果铁路的平均速度达不到 100 km/h，则无法与汽车竞争；在距离 500 ~ 600 km 时，如果铁路的平均速度达不到 250 km/h 以上，将不能与飞机竞争。

（2）欧洲经济委员会（ECE）：1985 年 5 月，对铁路行车速度制订了定义，规定最高运行速度，客运高速专线为 300 km/h，客货混运高速线为 250 km/h，既有线为 160 ~ 200 km/h。

（3）日本运输省技术审议会：1991 年 6 月提出"展望 21 世纪技术政策"中，有关铁路既有线改造的速度规定为，1990—2000 年实现既有线的最高速度为 160 km/h 左右，21 世纪实现 200 km/h。

（4）苏联研究结论：对客货混运的既有线，客车最高速度可在 200 km/h 以内，而用有轨机车车辆实现的客运专线技术可实现客车最高在 350 km/h 的范围内。

综上可见，世界上对繁忙铁路干线的提速，速度目标值大多在 140～160 km/h。如华盛顿—波士顿的东北走廊、伦敦—爱丁堡的东海岸干线和莫斯科—列宁格勒（圣彼得堡）干线，其距离分别为 733 km、443 km、650 km。

若要将速度目标值提高到 200 km/h，则要相当大的投资。如华盛顿—波士顿的东北走廊，计划投资 21.9 亿美元，其中改造线路为 8.06 亿美元（桥梁为 2.52 亿美元，电气化为 2.52 亿美元，信号为 3.23 亿美元，通信为 900 万美元，其他为 5.5 亿美元），以实现华盛顿—纽约 361.7 km 的最高时速 201 km，旅行时速 157.3 km。华盛顿—波士顿特快列车的平均旅速也仅为 102.5 km/h。英国的东海岸的 443 km 干线，线路改造花费 5.46 亿英镑，实现最高时速 210 km。苏联莫斯科—列宁格勒（圣彼得堡）650 km 干线，最高时速从 160 km 提到 200 km，共花了 20 年（1964—1983 年）时间，平均旅速为 130.4 km/h，平均改造费用为 3 400 万卢布/km。

采用摆式列车可在不改造或少改造线路条件下，使列车最高速度达到 160～200 km/h，这是 30 多年来开辟的既有线提速的一条新途径。意大利、西班牙、瑞典、瑞士等国都已相继采用。我国广深线也已采用。

（二）既有线客车提速也要提高货车速度

由于列车速度不同，为会让快速列车要占用很多的能力，因此客车提速后扣除系数急剧增大，要减少这种扣除，最有效的办法就是提高货车速度，以便更合理地铺划列车运行图。世界各国资料见表 7.2 所示。

从表 7.2 中可以看出，当客车最高时速达到 160～200 km 时，货运列车时速为 80～140 km。苏联与我国相似，在繁忙干线客货流量都很大，质量、密度并重。所以，在莫斯科—列宁格勒（圣彼得堡）客车提速至 160～200 km/h 时，货车速度为 100 km/h，列车质量为 3 800 t，列车对数 1975 年为 80 对，1990 年增至 114 对。

表 7.2　一些国家既有干线改造后客货车最高速度　　　　　　单位：km/h

国　别	客运最高速度			货运最高速度		
	特　快	快　车	慢　车	特　快	快　车	慢　车
苏　联	160～200	100～130	120	100		
法　国	200	140～160	100～140	140～160	100～120	80～90
联邦德国	160	120～140	120	120	100	80
英　国	160				90	
美　国	201	130～170	140	100～120	89	
瑞　典	200	160				90

（三）既有线提速宜分步实施

各国铁路实践证明，既有线上客车最高速度为 140 km/h 时，运营机车车辆、线路和通信信号设备等改造工程量较小，投资少，见效快。最高时速为 160 km 时，可利用现有的技术装备，稍许改造线路断面，改进机车车辆的走行部分，提高牵引力和制动力，并应采用自动闭塞等。最高时速提到 200 km 时，对既有客货混运的线路，需要改善线路断面，采用多显示机车信号，更好地提高制动力（如采用电阻制动、磁轨制动）以及平交道口改为立交等。

苏联就是这样做的。在莫斯科—列宁格勒（圣彼得堡）既有线全长 650 km，1958—1963 年 4 月客车最高时速由 120 km 提高到 160 km，旅行时速从 82.3 km 提高到 119 km，到 1975 年提高到 130.4 km。

（四）既有线提速不是单一追求提高最高速度

铁路运输系统通常由以下 4 部分组成：

（1）基础设施：铁路运输的固定设施部分，如铁路线路、路基、轨道、车站、枢纽站等，即为铁路运输网络部分。

铁路运输网络是由节点（枢纽站等）和连线（公路、航道等）组成的。现代交通运输网络具有立体性，即不再是单一结构，而是五种运输方式相互补充、相互配合、相互竞争的综合运输网络。

（2）载运工具：交通运输的移动设施部分，如铁路机车、货车、客车等。

（3）管理与控制系统：机车车辆管理控制系统（主要指技术方面的管理与控制，如行车调度与控制等）与交通流量管理控制系统。

（4）交通流：物流和客流两部分，即社会经济发展对运输业运送货物和旅客的需求产生的交通流量。

从国内外铁路既有线列车提速实践来看，提速涉及铁路交通系统的各个组成部分，提速是一项系统工程。提高客车速度需要考虑以下主要因素：

一是要提高以机车车辆、地面设备（线路、桥梁、供电和信号设备）的性能、养护维修水平等硬技术能力，包括最高速度，通过曲线、道岔、坡道和桥梁、隧道等的速度，以及加减速度。

二是要考虑营业政策、运输设备等条件而编制的列车运行图，即软技术能力，包括停车站的设置、接续、列车间速度差、待避和列车交会等。

以上各种因素对旅行速度的影响程度是随不同线路区段而异的，应当特别注意解决占该线路区段距离长度比重大的一些因素。如日本的三条既有线最高速度提高到 120 km/h，影响提速的各种因素的程度，即影响距离占全长线路的比重见表 7.3 所列。

表 7.3　各种限制速度的因素所影响距离占全程的比重

线　路	影　响　因　素				
	最高允许速度值	曲线限制	信号限制	加、减速度	其他限制
中央线（八王子—小渊泽）	2.9%	54.3%	10.8%	16.2%	7.9%
湖西—北陆线（山科—敦贺）	56.1%	6.7%	6.0%	1.6%	3.4%
北陆段（敦贺—金泽）	35.0%	19.6%	7.5%	16.3%	3.9%

从表 7.3 可以看出，对于中央线（120 km），提高最高允许速度不如提高曲线速度效果明显。湖西—北陆线（88.6 km）则以提高最高允许速度和坡度限制效果最好。对于北陆线（130 km）除提高最高允许速度外，提高曲线限制、坡道限制和加、减速度都有明显效果。总之，对于

不同线路区段，首先要搞清楚各种限制速度的因素所影响距离占全程的比重情况，抓住效果最好并适合该线路区段情况的因素来制定提速政策，尤其不能单一追求列车最高速度。

各国既有线提速证明，列车最高速度相同，但旅行速度相差很大。最典型的是瑞典的舍夫德—哈尔斯贝里和摩洛哥的拉巴特—卡萨布兰卡两条铁路，列车最高速度为 160 km/h，而旅行速度分别为 142.3 km/h 和 108.3 km/h，相差 34 km/h。芬兰的塞伊奈约基—帕尔卡诺与埃及的开罗—西迪加贝尔，列车最高速度同是 140km/h，而旅行速度分别是 103.2 km/h 和 101 km/h，相差 29.2 km/h。而且芬兰的这条铁路的旅行速度比很多国家最高速度为 160 km/h 铁路的旅行速度都高得多。而旅行速度的提高才是提高列车速度的真正目的，只有旅行速度的提高才对旅客有吸引力，经济效益才显著。20 世纪 80 年代初，原联邦德国研究指出，旅行速度由 100 km/h 提高到 130 km/h，每年可增加约 10 亿马克的经济效益。

三、中国铁路客货列车速度的发展

（一）中国铁路列车速度发展历程

旧中国铁路先天不足，基础薄弱，不仅数量少、分布偏，而且标准低、质量低，多为日、俄、英、德等外国承修和经营，设备五花八门，同一条线路标准也统一；同时管理分割，运营落后，铁路行车速度低。新中国成立后，党和政府对铁路的发展十分重视，铁路建设取得了很大成就，铁路科技水平有了很大提高。由于设备更新、技术进步，我国铁路行车速度有了一些变化，见表 7.4 所示。

表 7.4　我国铁路列车旅行速度（km/h）变化情况

年　度	货物列车		旅客列车	
	技术速度	旅行速度	技术速度	旅行速度
1949	36.5	25.5	34.9	28.2
1952		25.5		33.4
1957	37.2	25.2	43.1	34.8
1962	39.1	26.1	46.2	
1965	42.0	28.1	47.8	38.5
1970	44.4	30.3	52.6	42.1
1975	43.6	28.5	52.8	42.2
1980	43.5	28.7	54.2	43.4
1985	43.3	28.1	55.1	43.9
1990	44.0	29.2	56.6	46.3
1995	44.3	30.2	58.3	49.0
1996	44.1	30.4	58.7	49.5
1997		31.4		53.3

我国铁路列车速度不高的原因分析：

由于提高行车速度的举措近几年才提到议事日程，所以新中国成立以来铁路行车速度提高缓慢，如表所列。以旅客货主得到实惠的旅行速度分析，1949—1970 年的 21 年间，旅客列车由 28.2 km/h 提高到 42.1 km/h，增加 13.9 km/h；货物列车由 25.5 km/h 提高到 30.3 km/h，增加 4.8 km/h。提高幅度较大。主要原因是 1949 年的速度水平很低，而当时新造的机车功率加大，旅客列车仅编挂 12 辆左右，货物列车牵引吨数也仅有 1 000～2 000 t，且线路维修质量有很大提高，区间通过能力也较为富裕，所以提高速度较易实现。

1970 年以后，货物列车的旅行速度因提高牵引吨数的客观需要和区间通过能力接近饱和的实际困难，所以徘徊不前，1995 年仅达到 30.2 km/h。旅客列车的旅行速度，由 1970 年的 42.1 km/h 提高到 1985 年的 43.9 km/h，15 年提高 1.8 km/h，增加很少。主要原因是旅客列车陆续扩编，客运机车功率相对偏小；加之区间通过能力接近饱和，为了扩大运能，有的旅客列车不得不按平行运行图运行，所以总体上提高很慢。

1986—1995 年的 10 年间，旅客列车的旅行速度由 43.9 km/h 提高到 49.0 km/h，增加了 5.1 km/h，这与大功率电力、内燃机车大批投入运营，且短途普通旅客列车因公路分流而减少，旅客特别快车比重加大有关，使速度提高略有加快。

80 年代以来，铁路运输能力日趋紧张，大力提高运能成为铁路运输的中心任务，对提高行车速度不得不置于次要地位。反映在自 1983 年铁道部首次颁布实行的《铁路主要技术政策》上。

1983 年《铁路主要技术政策》指出"逐步提高列车重量，增加行车密度，在此基础上适当提高行车速度"。

1988 年《铁路主要技术政策》指出"大力提高列车重量，积极增加行车密度，适当提高行车速度"，以实现"大重量、高密度、中速度"的运输模式。

1993 年修订《铁路主要技术政策》时，才把提高速度放在应有的地位，而改为"大力提高列车重量，积极增加行车密度，努力提高行车速度"，以实现重量、密度、速度的优化组配。同时提出，"在沿海经济发达、客流集中的东部走廊，发展最高速度 250 km/h 及其以上的高速客运专线"，"繁忙干线上旅客列车最高速度 140 km/h、货物列车最高速度 90 km/h"，"其他线路上旅客列车最高速度逐步提高到 80 km/h～90 km/h"。

2000 年《铁路主要技术政策》中则有"普遍提高行车速度，积极增加行车密度，合理确定列车重量"，"提高列车速度是提高铁路运输质量及技术发展的重点。继续实施提速战略，扩大提速范围。在经济发达、客流集中的运输通道，修建速度 300km/h 左右的高速铁路，其线、桥、隧等主要固定设施要预留进一步提高速度的条件。以客运为主的快速铁路旅客列车最高速度 200 km/h，繁忙干线旅客列车最高速度 140 km/h～160 km/h，其他线路旅客列车最高速度 120 km/h。快运货物列车最高速度 120 km/h，普通货物列车最高速度 90 km/h"。

我国铁路的客货运速度还是很低的。到 1995 年，货运最高速度仅 75 km/h 左右；客运最高速度，除准高速的广深线达到 160 km/h 外，其他繁忙干线仅 110 km/h 左右。旅客列车的旅行速度，特快列车最高的仅 86 km/h 左右，有的仅 50～60 km/h，直快列车最高的仅 60 km/h 左右，有的仅 40 km/h 左右。在高速公路和民用航空的激烈竞争中，很多铁路干线客运量都有不同程度的流失。

（二）中国既有铁路实施大提速的必要性

1. 国民经济发展需要铁路大提速

我国正处在新一轮经济增长周期，国民经济发展势头迅猛，对交通运输的需求与日俱增，迫切需要铁路提供强有力的运输支持。但铁路运输目前的紧张状况对国民经济发展形成了严重的"瓶颈"制约，而且这种状况将随着经济增长显得更加突出。解决铁路运输的"瓶颈"问题，近期必须从实际出发，走内涵扩大再生产之路，立足现有基础扩充运力，尽最大努力挖掘运输能力，提高运输效率，扩大运输能力。

2. 铁路大提速是铁道部义不容辞的责任

我国综合交通运输经过多年来的建设与发展，已经发生了很大的变化，运输方式间竞争愈演愈烈，铁路在运输市场中的主导地位不断受到冲击。尽管铁路面临航空、公路、水运等运输方式的激烈竞争，但由于我国铁路依然是国家重要基础设施和国民经济的大动脉，其发展必须优先考虑国家利益和社会利益，使得铁路公益性任务难于减弱，虽然铁路经营性目标较前有所突出，但我国铁路仍处在社会性目标和经营性目标混合且以社会性目标为主的约束条件下。在铁路产业公益性目标非常突出的前提条件下，铁道部主导是义不容辞的责任。

世界铁路史表明，在铁路产业运输能力不适应全社会日益增长的运输需求的情况下，特别是在市场经济本身无力承担铁路产业建设发展任务的情况下，一般都需要由某一具有高度公益性质的公共机构来供给，采取公共治理方式来建设铁路网络和供给铁路运输产品，社会公众的利益、旅客货主的利益、国民经济发展的利益等都通过公共机构和公共治理加以实现。美国铁路从1840年开始进入大规模建设和经营阶段，铁路是当时最重要的基础产业，也是当时最重要的经济部门，美国联邦政府通过公共机构向铁路赠送了大量土地，提供了铁路勘测费用，减免了铁路物资进口税，以及为铁路贷款及债券担保等，可以说，美国铁路的高速发展是公共治理方式下公共部门间接参与的结果。法国高速铁路和日本新干线建设也都需要政府的大规模投入。我国铁路目前的基础设施建设和大提速是由铁道部这一公共机构来直接供给的，与美国公共部门的间接供给有所差异，但其公共提供和公共治理的共性却是一致的。实际上，日本和韩国的铁道建设公团、运输设施整备事业团等公企业设立的目的，就是为了能够按照公共治理方式由公共提供新干线业务。法国近年来开始大规模建设高速铁路，其中的大部分投资也是由政府来承担。

我国特殊的国情路情无疑加重了铁路产业的公益性，更需要由铁道部这样的公共机构来提供。我国是大陆型国家，人口数量众多，春运高峰日旅客发送量达到了430多万人次；我国工业布局和资源分布空间结构不平衡，货物运输能力普遍紧张，日申请车皮数量只能满足50%左右，西南地区甚至只有17%左右。根据预测，2020年，我国铁路旅客发送量将达到40亿人次，全国铁路货物发送量将达到40亿吨，平均每个公民每年乘坐火车次数不足3次，铁路运输在可预见的将来仍然是我国国民基本出行和工业化发展的骨干支撑力量。从整体上和全局上来看，这种经济社会背景约束导致了铁路运输资源的高度稀缺性，由铁道部这一公共部门集中社会资源提供铁路运输这种公共产品就是一种必然的结果。我国铁路大提速工程作为一项缓解铁路运输能力稀缺性的重要措施，其内核具有高度的公益性和社会性，由铁道部来供给有其必然性。这也是铁路大提速会以运输安全为中心，以适应旅客货主需求为中心，却提速不提价，把提速带来的实惠让利于广大旅客货主的原因。

3. 提速是铁路企业生存发展的客观要求

铁路作为国民经济和社会发展的重要基础设施，经过多年的发展，虽然资产和实力比较雄厚，但是历史包袱沉重，设备陈旧老化，技术装备落后。加快科技进步，提高服务质量，改善旅客的乘车环境，是"人民铁路为人民"的服务宗旨的具体体现。

1997 年以来,铁路运输收入年均增长 100 多亿元,但每年的赢利微乎其微。实施大面积提速调图,将进一步增强铁路的市场竞争能力和自我发展能力,提高铁路的经济效益,使铁路在竞争激烈、变化迅捷的市场经济中,不断调整、掌握主动、适应挑战,为铁路跨越式发展创造良好的经营环境。

随着经济发展和社会进步,广大旅客货主对运输质量,特别是快捷性、舒适性提出了更高的要求。通过连续六次大面积的提速调图,不断提高铁路运输质量,进一步缩短了客车旅行时间,增开的夕发朝至、直达特快列车、大宗货物直达列车等,进一步适应了旅客货主高质量的运输需求,提高人们的生活质量。

4. 提速是增强铁路市场竞争能力的有效手段

铁路提速有利于发挥铁路快捷高速的运输服务特点,是铁路最引以为自豪的核心竞争优势。铁路大提速本质就是对铁路运输资源质量的提升,是铁路运输产品质量的改进,是增强铁路企业核心竞争力的具体手段。

我国铁路产业迫切需要通过大提速来优化基础设施,改善运输装备技术水平,提高铁路产业市场竞争力。统计数据显示,我国铁路客货周转量的市场份额已经由 1980 年的 60.5% 和 71.1% 下降到目前的 36.3% 和 54.6%,美国铁路货运市场占有率从 20 世纪 20 年代的 75% 下降到目前的 40.3%,客运市场占有率不足 1%。日本 1987 年民营化改革时,国铁客运市场占有率仅为 13%,目前占到了 28%。应该说,随着工业化和运输化的发展,其他运输方式逐渐对铁路产业形成了严峻的挑战,只有通过提速工程才能提高铁路产业的竞争能力,保持铁路产业在中长途客货运输市场上的优势。法国现有的 3 条高速新线和列车运行网络,承担了一半以上的旅客周转量,日本 4 条新干线承担了铁路旅客周转量的约 1/3,德国的高速铁路也承担了 50% 的旅客周转量。可以说,通过修建高速铁路和既有线提速方式,铁路线路、桥梁等固定运输资源的轴重承载能力不断提高,机车车辆等可移动运输资源的交路和周转率日益改善,为市场提供的运输产品更加优质,因而现在世界各国的铁路运输市场份额呈现出了不断扩大的趋势。

随着市场经济的发展和人民生活水平的不断提高,人们对运输快捷、便利、舒适的要求日益提升。通过连续六次大规模的提速,铁路在适应市场需求方面取得了重大突破。全路以提速为支持,以市场为导向,开发了快速列车、夕发朝至列车、旅游列车、假日列车、行包专列、"五定"班列等运输新产品,较好地满足了旅客货主的需求,大大增强了铁路运输的市场竞争能力,不仅巩固扩大了铁路在中长途运输中的优势,而且在短途运输市场竞争中,也取得了一些主动。1997 年提速调图后,直通客运量大幅度增长,旅客周转量持续攀升,运输收入不断创历史新高。1999 年全路提前一年实现扭亏;2000 年继续扩大扭亏成果,实现了盈利目标。

同时,广深准高速铁路的建成,为实施大规模提速储备了技术,积累了经验。先后在沪宁、京秦、沈山、郑武等繁忙干线及铁科院环行试验基地多次成功地进行了提速试验,取得了多项试验成果,掌握了与旅客列车时速 160~200 km 等级相适应的一整套技术。事实证明,提速大大加快了技术创新的步伐,每一次大提速,铁路技术创新都迈上了一个新台阶;同时,技术进步的加快也为实施提速提供了强大的支持。

5. 通过提速促进铁路技术装备水平的提高

铁路提速首先需要改造与行车相关的设备,需要自行投入巨大的资金。提速前,大部分线路使用的是 25 m 或 50 m 长的短钢轨,这既降低了旅客的舒适度,也容易对钢轨、车轮、轴承等造成损害。提速后，线路全部采用无缝钢轨，目前最长的无缝钢轨已经达到 30 km。在基础线路改造中，小曲线半径线路要全部改造成大半径曲线或直线，更换的提速道岔全部为新型大号码道岔，具有电动操作、平稳、快速等特点。

（三）中国既有铁路的六次大提速

1. 提速准备

1991 年 12 月，我国第一条准高速铁路在广深线开工建设，迈出了中国铁路提速之路。

为适应运输市场的客观需要，自 1994 年起，一些繁忙干线开始努力提高行车速度。

1994 年 7 月 1 日沈阳大连间开行辽东半岛号列车，由 2 节 DF_4 型内燃机车牵引 16 节客车，实现了 100 km/h 的旅行速度。

1994 年 12 月 22 日，广深准高速铁路投入运营，开行了最高时速 160 km 的列车，由 DF_{11} 型内燃机车牵引 8～9 节客车，实现了 124 km/h 的旅行速度。全程时间由 2 h 48 min 压缩到 1 h 12 min，大大缩短了旅行时间。

1995 年拟定的"九五计划"也把"重视解决客运问题"以及"从实际出发，因地制宜、区别对待，采取普遍提高与局部突破相结合的方针"，把提高旅客列车速度作为四大战略部署之一。

1995 年 6 月 28 日，铁道部召开部长办公会议，确定铁路提速的原则、目标与实施原则，决定到 2000 年，铁路将在京沪、京广、京哈等繁忙干线进行旅客列车行车 140～160km/h 提速试验，然后进行技术改造。并制订了我国铁路既有线提速的基本原则：

（1）速度目标值：旅客列车最高时速 140～160 km，货物列车最高时速 85 km。

（2）客货列车同时提速。

（3）原则上既有线的平、纵断面不予改造，个别处所改造后能取得较大提速效果的予以改造。

（4）安全是第一位的，所有设备及行车组织在提速过程中必须确保安全。

1995 年 11 月在京秦线上，试验用 DF_{11} 型内燃机车，牵引经过改装的双层客车 12 辆，总重 776.4 t，最高时速达 175.7 km。从此以后，开始了繁忙干线旅客列车提速战略的实施。

首先，在沪宁线上进行提速试验。经过对机车车辆、线路、桥梁等设备改造和加强后，于 1996 年 4 月 1 日沪宁线开行了最高时速 140 km 的"先行号"列车，由 DF_{11} 型准高速内燃机车牵引 11 节准高速客车，总重 585 t，最高时速达 173.5 km，旅行时速 108 km；此后，10 月 1 日又把最高速度提到 160 km/h，旅行时间由 4 h 缩短到 2.5 h，旅行速度达到了 121 km/h。

其次，1996 年 7 月 1 日北京秦皇岛间也开行了最高时速 140 km 的"北戴河"号快速列车，由 DF_{11} 型机车牵引 12 节双层客车，总重 776.4 t，最高速时达 175.7 km，旅行时速 110.8 km。使北京—北戴河的旅行时间由 3 h 38 min 缩短到 2 h 30 min。

1996 年 6、7 月间，在沈山线上试验用 DF_{11} 型内燃机车，牵引 25 型客车 6 辆，总重 306 t，最高速度达 183.5 km/h。

1996 年 10 月 8 日，由北京经京秦、沈山、沈大线到大连，开行了编挂 12 辆新型双层客车、最高时速 140 km 的长距离、跨局界的快速列车。运行时间缩短近 5 h。

1996 年 11 月，在京广线郑（漯河）武段电气化铁路上，用 SS_8 电力机车，牵引 7 辆客车，总重为 395 t，实现了最高速度 185 km/h。

1996 年 10 月 3 日，铁道部提速领导小组制定了《"九五"期间全路提速规划》，把速度目标值更具体为：京沪、京广、京哈三大干线快速旅客列车为 140～160 km/h，一般旅客列车为 120 km/h，货物列车为 80～85 km/h。这标志着已将提高行车速度作为铁路发展的战略任务，加快实施。

2. 提速战略的实施

第一次大提速（1997-04-01）——始于京沪、京广、京哈三大干线

1997 年 1 月在北京环行试验线上，用 SS_8 型电力机车，牵引 1 节试验车、2 节客车，实现了最高速度 212.6 km/h，在我国铁路上首次达到了 200 km/h 的高速指标。这些试验，对改进机车车辆性能和加强线路设施，取得了大量的宝贵资料，为我国在繁忙干线上推广客运 140～160 km/h 的最高速度，提供了保证行车安全和设施完善配套的决策依据。

1997 年 4 月 1 日起实施的新列车运行图，大量开行了最高时速 140 km、旅行速度在 90 km 以上的快速列车，增开了很多旅游列车和特快列车，使重要干线的客运速度有了较大幅度的提高，既有线客运提速的势头方兴未艾形势喜人。主要特点及收获：

首次大面积提速，面对众多从来未遇到的难题和大量基础性工作。在短时间内中国机车车辆工业和科研院所联合攻关研制出第一批 96 台提速机车和 266 辆提速客车。工程总公司、通号总公司所属的 10 个工厂，生产了几百台电动转辙机、近 1 000 组提速道岔、1 000 多套道口预警设备和近万根道岔枕木。各铁路局和集团公司数万职工，夜以继日按期完成提速道岔更换、曲线超高调整、补砟、桥梁的加固、新型道口报警设备安装和培训道口监护人员的工作。

主要干线客车速度全面提高，线路允许时速达 120 km 的线路延长 1 398 km，其中时速 140 km 的线路延长为 588 km，时速 160 km 的线路为 752 km。

新运行图实现了客货同步增长的目标。统计资料显示，提速当年，客运周转量较 1996 年增长了 6.7%，运输收入增长 10.1%，客货收入获得双丰收。铁路提速得到路内外的一致肯定。

第二次大提速（1998-10-01）——速度更高、范围更大

1998 年 6 月 15—24 日，在京广线漯河—许昌间，进行了时速 200 km 的提速试验，检验机车车辆提速能力和安全性能，最高试验时速达 240 km。为第二次大提速提供了科学依据。

第二次提速，在运力资源配置上大胆创新，京九线以货运为主，京广线以客运为主。京广、京沪、京哈三大主要干线快速列车最高运行时速达到 140 km，非提速区段的快速列车运行时速也普遍达到了 120 km 以上。夕发朝至列车从第一次提速时的 64 列增加到 228 列，提高了 2.5 倍。

以北京为中心，1 500 km 范围内均可实现 15 h 内到达。1 000～1 500 km 夕发朝至；500 km 范围内朝发夕归，1 天内往返。在京津、京石间，每天 10 多班，采用动车组的城际特快崭露头角。

旅游列车、假日列车、民工专列、球迷专列应运而生。加上行包专列、五定班列、集装箱班列、冷藏快运和大宗直达列车，形成了新的铁路运输产品系列。

线路允许时速达 120 km 的线路延长 6 449 km，其中时速 140 km 的线路延长为 3 522 km，时速 160 km 的线路为 1 104 km。

经过两次提速，铁路旅客周转量 3 年年均增长率达到 6.8%，超过了公路、民航、水运的增长速度，直通客运量每年递增 10.2%，客票收入每年增长率达 11.9%。3 年累计增加收入近 500 亿元。铁路一举甩掉戴了 5 年的亏损帽子，提前 1 年实现了 3 年扭亏为盈的目标。

第三次大提速（2000-10-21）——提速范围扩大到西部的陇海、兰新线

世纪之交，在中央做出了西部大开发战略之后，铁道部又做出了第三次全面提速的决定。

第三次提速重点集中在我国西部地区的陇海、兰新线，以及京九线和浙赣线。这样做的结果：一是支持和服务于西部大开发，方便我国东西部地区的人员往来和物资交流；二是有利于经济结构的调整，为西部地区加快技术进步，改变传统产业创造运输条件；三是使亚欧第二大

陆桥成为一条安全快捷的铁路大通道，加强对外经济贸易和往来，促进对外开放。陇海、兰新线穿越茫茫戈壁、漫漫荒沙、黄土高原，自然环境恶劣，基础工程艰巨。

铁路第三次大面积提速还包括京广、京沪、京哈、京九和浙赣等六大干线全面提速。第三次大提速后，线路允许时速达 120 km 的线路延长 9 581 km，其中时速 140 km 的线路延长为 6 358 km，时速 160 km 的线路为 1 104 km。备受旅客、货主欢迎的夕发朝至列车、特快列车、旅游专列、行包专列和五定班列等精品列车数量增加，品牌效应更加显著。根据客流变化，铁道部允许各有关铁路局以变应变，实施旺季、淡季两套编组方案，自我调节直通旅客列车的编组，以期在满足旅客出行和保证货物运输的前提下减少能耗，降低成本，与此同时，对列车等级和车次重新进行了分类，并做了较大调整。将铁路客车的 7 个等级调整为 3 个等级：特快（T字头）、快速（K字头）、普通。400 多个较大车站可办理相互异地发售车票业务，同时全国铁路实行计算机联网售票。

第四次大提速（2001-10-21）——范围进一步扩大到西部的成都地区

2001 年 10 月 21 日，我国铁路又进行了第四次大提速。提速范围主要是京九线、武昌至成都（经汉丹、襄渝、达成线）、京广线南段、浙赣线、沪杭线和哈大线，涉及 17 个省市和 9 个铁路局。提速里程 4 257 km，使我国提速总里程达到 1.3 万千米，基本覆盖了全国主要地区。

通过提速，全路旅客列车平均旅行时速达到 61.92 km。比 2000 年平均提高 2 km/h。其中特快列车平均技术时速 92.67 km。此次提速扩大了长途旅客列车能力，不少列车运行时间进一步压缩。全路共开行旅客列车 1 194.5 对，其中特快列车 188.5 对。

线路允许时速达 120 km 的线路延长 13 166 km，其中时速 140 km 的线路延长为 9 779 km，时速 160 km 的线路为 1 104 km。

第四次大提速，使提速资源得到有效利用。一是哈大线、京广线南段电气化工程均在新图实施前开通，但都作为提速的重点线路进行了安排，使得电气化开通之日就是提速实施之时。二是单线铁路第一次实现真正意义上的提速。三是合资铁路公司管辖的线路第一次纳入了提速工程，如达成线等。四是山区铁路列车运行速度有所提高，提速范围进一步扩大，如浙赣线、襄渝线等列车运行速度都有较大提高。五是京九线再次实施提速，北京至深圳旅行速度缩短 5 h。

四次大提速对我国铁路发展产生了重大而深远的影响。提速成为铁路增强运输市场竞争能力的手段，提速成为加快铁路技术创新步伐的推进器，提速成为拉动铁路整体工作上水平的强大动力。

第五次大提速（2004-04-18）——范围进一步扩大到西部的成都地区

在前四次铁路大提速基础上，第五次铁路提速着重客运产品的全面升级，除新增客车外，重点提高列车等级，全面优化客车开行方案。提速线路网络达到 16 000 km，其中时速 160 km 及以上的线路达 7 700 km。

第六次大提速（2007-04-18）——速度提高至 250 km/h

从 2007 年 4 月 18 日起，全国有超过 6 000 km 铁路的列车运行速度将超过 200 km/h，主要城市间的运行时间将大大缩短。第六次铁路大提速，铁道部投资 600 亿元，范围覆盖 17 个省市。提速后，时速 200 km 线路延展里程将达到 6 003 km，分布在京哈、京沪、京广、陇海、武九、浙赣、胶济、广深等干线，其中京哈、京广、京沪、胶济线部分区段时速达到 250 km，届时北京到上海只需要 9 h 59 min。时速 120 km 及以上线路延展里程达到 2.2 万千米，比第五次大提速增加 6 000 km。其中，时速 160 km 及以上提速线路延展里程达到 1.4 万千米，分布在京哈、京沪、京广、京九、武九、陇海、浙赣、兰新、广深、宣杭等干线；提速之后，铁路的货运能力增长 12%，客运能力增长 18%。第六次大提速和前几次大提速有一个不同点，提速要分三个阶段逐步到位。原因是随着动车组（自带动力的、固定编组能够两端驾驶的旅客列车单元）需要陆续出厂逐步安排开行。预计到 2008 年年底，将有 120 组以上的动车组投入运用，能够开行动车组列车在 600 列以上。根据国务院批准的《中长期铁路网规划》，到 2020 年中国铁路要形成 32 000 km 的快速客运网，这个网络能够覆盖我们国家大部分地区，受益的人口约为 7 亿 ~ 8 亿。

四、中国铁路提速的基本思路

（一）中国铁路的特定路情决定了提速的特殊性和复杂性

目前我国铁路营业里程居世界第二位，完成的货物发送量和客运周转量居世界第一位，货运周转量居世界第二位。我国铁路营业里程虽然只占全世界的 6%，但却完成了全世界铁路工作总量的将近四分之一，运输密度为世界之最，铁路运输效率非常高。京沪、京广、京哈、京九、陇海、浙赣等六大铁路主要干线的运输能力已经饱和，长期处于超负荷运转状态。以京沪线为例，这条铁路以占全国铁路 2% 的营业里程，完成了全路 10% 的旅客周转量和将近 8% 的货物周转量，是世界上客货运输最繁忙的干线。

中国铁路具有世界上最高的运输强度，运输能力高度饱和，在线路上客货共线运行，不同等级列车混跑。在高强度的运输中，不同等级列车的速度、密度、重量对于运输组织、轨道结构、信号系统和牵引动力等技术和装备的要求截然不同，实施提速所面临的情况十分复杂，处理不好不仅会降低效率，还会给行车安全带来严重影响。

我国铁路是客货共线，不同种类列车共线运行，客货争占线路能力的问题十分突出。实施提速，快速的客车要不断越行慢行的货车，必然造成列车密度的下降，列车速度与密度相互影响。重载列车对线路的破坏力大，而快速客车则对线路的平顺性要求很高。

列车的"重量、密度、速度"是扩能提速提效中相互关联的三个重要因素。长期以来，我国铁路进行技术装备更新的扩能改造都是遵循提高列车重量和增加行车密度的原则，对列车速度的储备能力不足。实施提速，原先的"重量、密度、速度"的匹配关系不能适用。列车速度提升的影响，不仅涉及行车组织，而且关系到铁路各方面的基础设施，线路轨道标准、牵引动力、车辆性能、机车车辆制动能力、行车安全设施、道口防护等各个方面都必须进行提速改造。

在中国的铁路上实施提速工程，是对铁路原有运输模式的重大突破，是从"大重量、高密度、中低速度"的运输模式向"快速度、大重量、高密度"运输新模式的重大转变。这一转变在中国和世界铁路发展史上都是极为罕见的。中国铁路大提速必然打破原有的运输模式，通过科学的管理、先进的技术装备和高效的运输组织，探索出一条中国特色的，实现列车速度、密度、重量最佳匹配的既有线提速挖潜改造之路。

（二）坚持走中国特色的提速之路

提高我国既有铁路客货列车的行车速度，应借鉴国外铁路提速的成功经验，审时度势，必须从我国的国情、路情、民情出发，需要与可能、近期与远期相结合，重点考虑以下几方面问题。

1. 在高强度运输前提下提速，必须兼顾速度、密度、重量

我国铁路数量少，客货共线，运输强度居世界之首。在大量开行重载列车的情况下，又要将旅客列车时速提高到 160～200 km，难度很大。快速与重载对技术装备要求不同，相互制约，甚至相悖。必须不断研究、探索和实践，逐步形成具有中国自己特点的技术体系和管理办法，而不能照搬照抄外国的运输模式。

2. 立足于挖潜改造，注重投入产出

由于我国铁路投资有限，提速改造不可能有大量资金投入，必须将投入产出摆在突出的位置。全路应立足于在核心部位积极采用新技术，重视发挥已有装备的潜力，一般不搞大的工程，达到以较少投入在较大范围内提高列车速度的效果。

3. 坚持自主研究与引进国外先进技术相结合的道路

为了提速，一方面要积极引进先进技术特别是我国迫切需要的高新技术，尽快缩小与国外铁路的差距；另一方面必须坚持自主开发，主要技术装备应具有自己的知识产权。我国铁路对机车车辆及其技术装备的需求量巨大，依靠进口是难以满足需求的，实际上关键技术也很难买到。针对我国铁路提速的实际需要，铁道部积极组织自主研制，先后开发了一系列提速机车、新型内燃（电力）动车组、提速客车，以及适应提速需要的信号系统、轨道结构和安全装备，并掌握了核心技术的自主知识产权。只有高度重视自主开发，才能在较短的时间内以较少的投入，大幅度地提高我国铁路的技术装备水平，为我国铁路大面积提速创造更好的条件。

4. 在路网规划和铁路设计中要客货并重

过去在计划经济体制下重生产轻生活，铁路建设长期以来以货物运输为主线，来研究线路走向、设计能力和技术标准，这种设计思想在经济不很发达、人民生活水平较低的过去，还是无可非议的。但是随着改革开放和市场经济的发展，人民生活水平提高，运输需求增长、质量要求提高，铁路界的传统观念也要随之改变。

客运增长速度尽管会受票价调整而有所波动，但总的趋势高于货运。从客货运列车占用平图能力上看，全路 1994 年旅客列车已占用平图通过能力的 45%，京广、京沪、京哈三大干线客运繁忙区段已高达 57%。从铁路运输收入的比重上看，1994 年客运收入已占总收入的 36.1%，上海局和广州局客运收入已超出货运收入。

由此可见，铁路的规划和设计必须把客运放在应有的地位，在路网规划中要重视客运通道的建设，特别是裁弯取直的通道建设。在铁路设计中，新建铁路应把远期客运提速作为拟定最小曲线半径、缓和曲线长度等线路标准的依据；如最小曲线半径，在平原丘陵地区对可以发展为双线铁路与以客运为主的干线，不宜小于 2 000 m、1 600 m，单线铁路不宜于小于 1 200 m，以分别适应 160 km/h、140 km/h 和 120 km/h 的最高速度；山岳地区不宜小于 600 m、400 m，以适应 100 km/h 和 80 km/h 的最高速度。

5. 在客运需求上既要满足量的增长又要适应质的提高

过去铁路的旅客运输在各种运输方式中居于垄断地位，旅客出行非铁路莫属，几乎很少有选择余地，铁路设计主要考虑满足数量的要求，铁路只要能把旅客运走就是完成客运任务。随

着人民生活水平的不断提高，对运输质量如快速、方便、舒适等要求会越来越高，高速公路、民用航空的发展，又给旅客提供了选择旅行方式的较大余地，铁路要适应旅客需求，必须重视运输质量的提高，以满足不同层次旅客的多种要求。

客运提速以节省旅途时间是客运质量的重要标志，已成为铁路发展的长期战略任务。

在方便旅客方面，如减少旅客购票排队时间，改善车站购票难的现象都有待逐步解决。旅客列车扩编对增大客运能力作出了重大贡献；但对那些客流量很大的繁忙干线，也应逐步创造条件探索旅客列车少编多开的可能性，以减少旅客候车时间，吸引更多客流。

在提高客运服务质量上，如开水供应、餐车价格、质量等等，都亟待加以重视，切实加以改善；其中领导重视、人员素质、规章制度和群众监督可能是相当重要的。

我国铁路发展应当以扩能为中心，提高客运速度要考虑扩能需要，不能太多地影响铁路通过能力。货运速度要力争和客运速度协调提高，才能收到既提高速度又适当增大通过能力的双重效果。

（三）提高客运速度要统筹兼顾

1. 繁忙干线需要提速，一般干线也需要提速

目前不少繁忙干线因面临平行高速公路的竞争，旅客流失比较明显，因之提速问题更容易得到铁道部和铁路局的重视和支持，这是完全必要的。一般干线客运速度更低，特快列车的旅行速度仅 50~60 km/h，也存在客流流失的潜在危机，也需要提高客运速度。当然两者提速的幅度不同，采取的措施各异，一般干线需要的投入要少得多，可以大范围普及推广，所以不能忽视一般干线的普遍提速问题。

繁忙干线提速的目标一般为 140~160 km/h，需要进行土建工程的相应改造，如少量曲线半径的加大、缓和曲线的延长、正线道岔的更新、信号设备的改制、平交道口要改为立交等；提速列车的机车车辆也要更新，需要相当大的投入，在铁路建设资金紧缺的情况下，应当选择线路条件较好的路段率先实施。这些提速列车的开行具有示范作用，既可发现提速中的问题，又可总结提速经验，为将来逐步普及奠定基础。繁忙干线通过能力都比较紧张，提速列车开行对数少时，总体效果并不显著；开行对数多时，势必要使扣除系数增大，降低总的列车对数。若要不降低总的行车量，则需要相应提高货物列车的行车速度，在运输能力紧张货物列车需要重载的前提下，难度是较大的。因之，在目前资金紧缺、能力紧张，且新型机车车辆数量不足的情况下，在既有线上大面积推广大幅度提速的措施是有一定困难的。

一般干线上，采用挖掘潜力办法，在基本不改建土建工程的前提下，采用功率较大的电力、内燃机车，将客运速度适当提高还是大有可为的。特别是那些能力有富余的干线，如兰新线、宝成线成都阳平关段，已建成复线或二线即将铺通，提高客运速度不会影响线路能力，更有提高客运速度的独特优势。

2. 提高客运速度的同时，要相应提高货运速度

旅客列车与货物列车的速差过大，则曲线外轨超高设置困难，且客车扣除系数增大，不利于提高行车密度；一般认为客货列车的速度比不宜小于 0.60。据此匡算，当客运速度达到 200 km/h、160 km/h、140 km/h、120 km/h 时，货运速度宜相应提高为 120 km/h、95 km/h、80~85 km/h、70~75 km/h。

3. 新建铁路要满足远期提速需要

新建铁路要按远期客运速度需要，拟定线路标准。在主要繁忙的通道上，远期宜修建客运专线，以提高最高速度为主要目标。

新建铁路的曲线半径选择，要为远期客运提速创造条件，平丘地区要尽量设置大半径曲线，一般不宜小于 2 000 m，以适应 160 km 时速行车；山丘地区曲线半径尽量不小于 400 m，以适应 90 km 左右的时速；小半径曲线应尽量集中设置，以免客运列车频繁地加速、减速，降低旅行速度。

曲线半径大小要和纵断面坡度协调，因为上坡时行车速度受机车牵引力制约不会很高，下坡时行车速度受到制动条件限制，不能超过制动限速；曲线半径和线路坡度相匹配是经济合理的决策。

新建铁路的站间距离可适当加长，以适应客运提速和货运重载的双重需要。信号机布置应按新定的主要技术政策规定，予以加长。

（四）提高客运速度要依靠科学技术

既有线上提高客运速度，要力争节省投资、讲究经济效益，对土建工程不能大拆大改，而应当把更新机车车辆作为基本举措，还可考虑采用摆式客车来提高曲线半径限速。要加大技术决策中的科技含量，体现科教兴路的思想。

既有铁路因铁路建设资金紧缺，不能为了提高客运速度而大量改建线路，加重投资负荷；而只能主要依靠更新机车车辆，改进闭塞设备，完善行车组织，去实现提高客运速度的目的。某些路段改建困难，可以保持现状限速运行。

既有铁路提高客运速度，要以提高旅行速度为主，使旅客得到实惠；要以提高最高速度为辅，以尽量减少铁路的投入，提高铁路的经济效益。

提高客运速度的关键是提高客运机车的功率和构造速度，并改进客车的制动装置，新造机车车辆的构造速度，一般要达到 140～160 km/h，机车功率不宜小于 3 200 kW，以适应扩编和提速的双重要求；客运列车的制动限速制约了客运速度的提高，应从改进客车制动装置和加长新建铁路的制动距离两个方面研究解决办法。动车组构造速度可达 200 km/h。

摆式客车约可提高曲线限速 35% 左右。山区铁路最小曲线半径多为 300 m，有的仅 250 m，且曲线毗连数量很多。加大曲线半径，投资巨大，很难实现；在基本不改建线路标准的前提下，采用摆式客车提速，是经济合理的决策。

客运速度提高是一个逐步发展的过程，速度目标值要根据国家财力可能与旅客客观需要分期拟定。实现拟定的速度目标要考虑土建工程等固定设施与机车车辆等移动设备的协调配套，以较少的投入取得预期的经济效益。

（五）提高客运速度要区别对待

提高客运速度不能一刀切。客运速度要根据不同类型铁路、不同地形条件划分路段分别拟定。客运提速的目标值，平丘地区客运繁忙的双线铁路可定为 160～200 km/h，其他双线可定为 120～160 km/h；一般单线可定为 120 km/h，山区单线可定为 80～100 km/h。

一条铁路地形条件不同的路段，曲线半径和线路坡度不同，所能实现的速度也不相同，应分路段拟定其速度目标。2006 年颁布的《铁路线路设计规范》（GB 50090—2006）（2017 年，该规范由国家铁路局以编号 TB 10098 发布），除规定了各级铁路的最高行车速度外，提出当沿线运输需要或地形、营业条件差异较大，并有充分技术经济依据时，可分路段选定旅客列车设计行车速度，被称为"路段设计速度"。

要制定提高客运速度的激励机制。对运营部门来说，原有的一些激励机制，都不适用于客运提速；如提高客运速度后，能耗（煤、电、油）要加大，成本要提高，行车安全保障体系更要加强，保证正点率的难度更大等。为了使客运提速能长期持续地成为运营部门全体职工的自觉行动，建立铁路客运提速的激励机制是必要的。

（六）由铁道部来主导铁路提速资源配置是现阶段的必然选择

我国铁道部是全国铁路资产的管理者，也是铁路运输经营的监管者，铁路局经济效益的好坏直接关系到铁路产业的兴衰，直接关系到铁道部国有资产管理的绩效考核，也直接关系到铁道部运输调度指挥中心、财务等职能部门的业绩成果。因此，无论是从国有资产管理的角度，还是从现实市场竞争的角度，铁道部都能够感受到来自方方面面的压力，包括铁路局经济效益的压力，铁路产业维持简单再生产和扩大再生产的压力，国家公益性线路建设的压力等等。特别地，随着我国加入世贸组织，铁路产业做出了开放货运市场的承诺，我国铁路产业还将面临来自国外投资者的压力。

因此，在铁道部主导下，通过连续的大提速工程来提高铁路产业的竞争力水平，完成国有资产保值增值要求也就是必然的选择。

目前我国铁路采用的三级管理组织与沿袭多年的路网行政划分模式，以及客货流向的空间分布，是铁道部需要直接掌控重要财政资源、人力资源、业务资源和管理资源的根本原因。如，京沪之间点点直达的客运量不到客运总量的10%，京沪沿线各车站沿途上下的客运量占35%，来自京沪线之外的铁路运输网络结点的客运量占55%。我国铁路第五次提速调图后，安排旅客列车1 172对，直通列车达到了407对，铁路局间分界口中，有21个增加了列车对数，这种大量涉及两个或多个铁路局的提速调图工程，是铁道部出面协调、组织和实施的根本原因之一。

在企业缺乏独立完成生产经营全部活动的组织结构下，铁路新建线路、技术改造、大提速等生产经营活动会涉及诸多铁路局利益，会经常性地出现效益外溢到其他铁路局这种正外部性不可内部化的情况。在投资等行为具有明显的外部性的情况下，直接由某一铁路局负责是难以实现的。如2003年，我国铁路全行业基本建设投资完成528.6亿元，完成新线铺轨1 575 km，复线铺轨223 km，电气化铁路投产617 km，另外运输设备更新改造完成投资128.7亿元。涉及整体铁路网络的提速工程，投资数额大，在投资成本与收益难于细化到各个铁路局的情况下，只能通过铁道部适度采取集中配置的措施来分配投资成本与利润，通过资源集中规划来消化提速带来的成本增长。通过大提速构建覆盖全国的快速客运网络等一系列活动，只能由铁道部主导来实现。

（七）中国铁路提速的速度目标值及原则

中国铁路提速是顺应历史，改革机制，谋求发展的需要，在不同时期、不同运输条件下，采取不同的措施，做到重点突破、远近结合、客货结合、一线几速。现在既有线提速，应以市场需求为导向，提高服务质量为重点，结合线路实际，提高经济效益，在少投入，多产出，少动土建工程，多从移动设备改造和提高科技含量方面来进行。因此，在制订提速目标值时，应客货结合、远近结合。

1. 旅客列车速度目标值

我国铁路客运速度目标值的提升可采取分三步走战略。

第一步：140～160 km/h。

这一步的速度目标值考虑了以下几个因素：

（1）在既有繁忙干线上提速，既要考虑货车速度，又要考虑客车速度，但两者速差不能过大，速度差过大，将影响能力。中国客货列车是在同一线路上混跑，货车速度在不超过85 km/h时，客车的提速最高在160 km/h为宜。

（2）现在既有线的改造，如果要求改造的速度高于160 km/h，造成投入加大，也没有必要。

（3）世界上各经济发达国家，对既有线改造也采用了160 km/h以下的速度，如美国、苏联、日本等。

（4）从机车、车辆和信号等的硬件生产来看，客车提速的第一步速度目标值在140～160 km/h也是合适的，可以运用比较成熟的技术。

第二步：200 km/h。

这一步速度目标值主要考虑中国要发展客运专线。秦皇岛—沈阳铁路开创了中国第一条客运专线，这是中国将来修建铁路的方向。很多干线客货混跑、能力饱和，想提速也提不起来，因此，修建客货分流的客运专线已成当务之急。这种客运专线，既可以缓解能力的不足，又可以组织客货分流，解决货运能力的不足。它的速度目标值，既不像高速铁路那样要求过高，又有别于运行速度的一般铁路，还可以解决客车速度太低的问题。继秦沈客运专线之后，已大规模建设石家庄—太原、郑州—西安、武汉—广州、哈尔滨—大连客运专线等。

第三步：300～350 km/h。

这一速度目标值主要考虑了以下因素：

（1）中国将修建高速铁路，运营速度定为300～350 km/h，这不是改造既有线路所能达到的速度。中国铁路提速、修建秦沈客运专线，都是为修建高速做准备。这是中国铁路现阶段的最高目标。

（2）世界各经济发达国家已经在高速铁路方面领先于我们，他们的实践证明，在轮轨式的高速铁路中，300～350 km/h的运行速度是比较适宜的，因此，采用已有成熟经验，不会走弯路。

2. 货运列车速度目标值

中国铁路提速是客货列车同时提速。这一决策的确定，是考虑了我国铁路客货混跑，必须避免由于速度差过大而影响能力的问题。其次，客车要求速度高，货物列车市场上同样要求速度高，以加速货物的送达。但是中国铁路客车提速已经进行了10年，而货运列车提速进展缓慢，原因何在？一是货车数量众多，改造较困难；二是货车提速转向架的研究改进需要时间。

第一步：80～90 km/h。

货车提速的第一个目标值定在80～90 km/h，是根据中国货车的目前现状提出的。目前货车所用转8A型转向架是我国20世纪初研制成功的三大铸钢转向架，约占货车总数的78%。转8A型转向架结构简单、便于制造、对线路适应性能好，但在运用中，特别是运行速度超过80 km/h时，出现了抗菱刚度较低、不能保证转向架正位、空车动力学性能较差、零部件磨耗严重、车辆横向动力学性能和曲线通过性能差等问题。因此，改造转8A型转向架是实现货车提速目标值的关键所在。

第二步：90～120 km/h。

这一速度目标值是考虑快运货车提速的需要提出的。随着市场经济的建立，附加值高的货物需要快速送达，有些货物列车速度要达到才能满足需求，因此需要重新研究试制新的货车转向架。各国提高列车走行性能的研究，都是以开发转向架为先导，以轮轨关系系统研究为基础。稳定性是评定转向架走行性能的最重要指标。这是我们今后提速工作中要下功夫解决的关键问题。

3. 铁路提速原则

不同的提速阶段将有不同的原则，在1995年中国铁路刚开始提速时，提出了提速的原则，但有些原则是一直要坚持的。

（1）既有线提速，是在充分利用既有设备，少量技改，更换提速道岔，加大牵引能力，采用新型客车，改进管理方式，以各区段的实际条件提高最高行车速度，有效地提高旅客列车的旅行速度，适当提高部分货物列车旅行速度，达到提高运输质量和经济效益的目的。

（2）提速工作要精打细算，节约投资。选择条件好的区段先行改造，取得线路提速资源，逐年增加快速客运机车、快速客车的数量，逐步扩大最高速度140～160 km/h快速客车比例，取得更好的社会、经济效益。

（3）提速必须确保安全，尤其是旅客列车的绝对安全，速度在140～160 km/h的区段要对线路进行封闭，道口要尽量改为立交，机车车辆等设备要保证万无一失。

（4）既有线提速，必须发挥铁道部、铁路局两个积极性，路局要按照铁道部的统一规划，充分发挥主观能动性，根据财力、物力和市场需求，加大路局管内线路改造的投入。

五、既有线提速中的技术决策

（一）道口改造

既有线提速，安全是至关重要的问题，特别是道口安全必须采取多种措施加以解决。过去，列车运行速度较低，既有线上保留着大量的无人看守的平交道口。当列车速度提高以后，与横过道口的车辆相撞的机遇增加，即使是有人看守的平交道口，报警距离不变，由于列车速度提高，从报警到列车到道口的时间缩短了，有可能机动车辆没出清道口，火车就到了，会发生事故，给人民的生命财产造成损失。因此，在既有线提速中，对平交道口的改造采取了各种措施，以保安全。

1. 拆并道口

在既有线上原有的平交道口中，有一部分其存在是不合理的。一是太密，在有的线路上不到长度范围内设三四个道口，有的不到长度范围内设两个道口。因此，对这种情况下的道口，要与地方基层单位和群众进行商量，取得谅解，拆除一些道口，或把两个靠近的道口进行合并。二是车流量太少的道口，在三大干线（京广、京沪、京哈）提速过程中，进行适当处理。

2. 平交改立交

在既有线提速中，解决平交道口安全问题的最彻底办法，就是把平交道口改为立交道口。改为立交的条件：一是机动车流量大，一般要考虑立交；二是旅客列车运行速度在140 km/h及以上，而且快速列车密度较大时，要把平交道口改为立交；三是平交道口改为立交还要取得地方政府的积极配合。国家规定，在铁路线上面的正桥，由铁路负责投资修建，引桥及道路由地方政府负责。

在三大干线提速改造的立交多用简易的顶涵，有 4 m×4 m、4 m×5 m、4 m×6 m 的几种，事先预制成涵管，然后从线路下面顶入。施工时只要用军便梁将上部轨道结构固定，下面顶进施工较为方便。这种能通过机动车辆的涵管造价便宜，施工简便，适用于农村车流量不太大，而且很少有超限货物通过的简易立交。

3. 设立有人看守及监护道口

有些道口机动车流量很大，本应进行平交改立交，但是由于地形所限或动迁量太大，地方配套建设投资有困难，一时无法实现修建立交。这种道口必须昼夜派人看守，并按道口标准设置标志、预警及通信设备。

另外有一种道口，机动车流量不大，尚不需修建立交。但考虑客车密度大、速度高，道口必须确保安全。因此，这类道口要派人昼夜监护，也可组织地方农民监护。

（二）机车技术对策

1. 研制 DF_{11} 型快速客运内燃机车

1）DF_{11} 型机车主要特点

DF_{11} 型机车是为提速研制的客运内燃机车。它以其功率大、速度快、技术新的优势，已成为我国铁路繁忙干线客运提速的主型内燃机车。其主要特点为：

（1）功率大。DF_{11} 型机车是目前国内单机功率最大的客运内燃机车。柴油机装车功率 3 610 kW（4 910 马力）。

（2）速度快。DF_{11} 型机车最大运用速度 170 km/h，最高试验速度达 186 km/h。

（3）技术新。DF_{11} 型机车率先采用了许多新技术。

① 准高速架悬式转向架：轮对空心轴式两级弹性六连杆驱动装置、高柔度圆弹簧旁承、新型单元制动器三大新技术。

② 计算机控制系统：恒功励磁控制，防空转防滑行控制，故障诊断、显示和保护。

③ 轴温监测。

④ 电空制动。

⑤ 速度监控。

2）DF_{11} 型机车主要技术参数

轴式	C_0-C_0
轴重	23 t
计算整备质量	138 t
机车标称功率	3 040 kW
柴油机装车功率	3 610 kW
机车速度（按动轮直径半磨耗计算）	
最大速度	170 km/h

最大恒功率速度	160 km/h
持续速度	65.6 km/h
机车轮周牵引力	
最大起动牵引力	245 kN
持续牵引力	160 kN
通过最小曲线半径	145 m

3）DF$_{11}$型机车运用区段及所发挥的作用

DF$_{11}$型机车 1992 年研制成功，南到广深、东到京沪、北到京沈、西到兰新，主要担当繁忙干线客运提速列车和准高速列车的牵引任务。

（1）为广深准高速铁路的顺利开通作出了贡献。

1994 年 12 月 22 日，由 DF$_{11}$型机车担当牵引动力的广深准高速列车顺利开行，广州—深圳的运行时间由 2 h 压缩到 67 min。

（2）为既有线客运提速试验作出了贡献。

1995 年 10 月，DF$_{11}$0005 号机车牵引试验列车在沪宁线的最高试验速度达到 173.5 km/h。

1995 年 11 月，DF$_{11}$0005 号机车牵引试验列车在京秦线的最高试验速度达到 175.7 km/h。

1996 年 11 月，DF$_{11}$0019 号机车牵引试验列车在沈山线的最高试验速度达到 183.7 km/h。

这三次提速试验的成功，为我国铁路既有线客运提速打下了良好的基础。

（3）率先担当牵引快速旅客列车。

1996 年 4 月 1 日，DF$_{11}$型机车牵引我国第一列快速旅客列车"先行号"在沪宁线投入商业运行。运行时间从一般列车的 4 h 12 min 缩到 2 h 48 min。

1996 年 7 月 1 日，DF$_{11}$型机车牵引"北戴河号"快速列车在京秦线投入商业运行。运行时间从一般列车的 3 h 38 min 缩短到 2 h 30 min。

（4）已成为京沪、京沈等干线快速旅客列车的主要牵引动力。

现已配属广深、上海、济南、北京、山海关、郑州、嘉峪关、柳园和乌鲁木齐机务段，担当快速列车的牵引任务。

4）DF$_{11}$型机车在提速中显示出的技术优势和发展前景

DF$_{11}$型机车在提速中充分显示出了以下几大技术优势：

（1）功率大，起动加速快。这大大缩短了列车运行时分。

（2）动力学性能优良。这表现在对线路的动作用力小、牵引电动机振动加速度小，因而可靠性高、机车高速运行平稳性好三个方面。

（3）机车控制技术先进，基本质量可靠。

这些技术优势，预示着 DF$_{11}$型机车将有良好的发展前景，现已被选为兰新线提速列车的牵引动力。

2. 研制 SS$_9$型快速客运电力机车

这是"八五"国家重点科技攻关项目。SS$_9$型机车的试制成功，解决了电气化区段客运提速用牵引动力的需求。

SS$_9$型机车于 1994 年完成了 2 台样机，2 台样机共计运行考核 20 万千米。

1996 年 5 月至 10 月，样机在北京环行铁道试验线进行型式试验，最高试验速度达到 187 km/h，各项性能指标符合设计任务书要求。1996 年 11 月在郑武线的郑州—漯河间通过了提速试验和动力学性能试验，正线最高试验速度达到 185.3 km/h，创既有线路的运行最高纪录。

1997 年 1 月，在北京环行铁道试验基地进行了高速综合性能试验，创造了最高试验运行速度 212.6 km/h，成为当时中国铁路机车第一速，使中国铁路机车冲过了国际高速标准线，进入了高速领域，成为铁路机车发展史中的一个新里程碑。SS₉ 型机车高速试验中表现了良好的技术状态和技术性能。

SS₉ 型机车为适应铁路提速需要于 1997 年 4 月前已生产 35 台，供郑州—武昌间牵引快速列车之用。

3. 时速 200 km 动车组的引进消化吸收再创新

1）引进行国外高速动车组的必要性

2004 年 1 月 7 日，国务院常务会议讨论并原则通过了《中长期铁路网规划》，明确了我国铁路网中长期建设目标和任务，描绘了铁路网至 2020 年的宏伟蓝图。提出在铁路技术装备方面，到 2020 年，以客运高速、快速和货运快捷、重载为重点，使我国铁路机车车辆技术达到国际先进水平。

实现上述目标，机车车辆装备制造业将面三项艰巨的任务：一要稳定既有机车车辆产品的性能和质量；二要积极完善机车车辆型谱，充分体现交流传动技术的优势；三要面向提速和高速发展需要积极开展新产品研制。要达到这些目标根本上要培养铁路装备制造业的创新能力、培养创新人才。

在高速列车方面，国外走过了几十年的发展历程，经历了几代车的研制，新一代高速列车均采用交流传动。并且随着目标速度的提高，时速 270 km 以上的高速列车均采用动力分散型高速列车，过去我国在高速技术方面的探索，实际上仍是以德国第一代动力集中型高速列车为主。

面临铁路装备制造业的现状，面临国际铁路机车车辆技术的飞速发展，面临《中长期铁路网规划》的发展要求，通过引进技术消化吸收推动自主创新，是铁路机车车辆装备制造业实现跨越式发展，迅速缩短与国外先进水平差距，是一条正确的道路。

引进国外高速动车组，满足高速客运专线运输需要，是铁路引进技术的一部分。在几年内，依靠自主技术实现高速客运是不现实的，但是我们在高速列车方面已经进行了十多年的探索，具备了一定的基础，引进高速动车组一方面将直接满足运输需要，另一方面通过对引进技术消化吸收，可以在设计、工艺、标准、可靠性、性能分析等全方位提升国内高速列车的认识水平。并在此基础上进一步通过项目促进国内创新产品的开发。

2）高速列车转向架国产化实施方案

（1）借鉴先进设计思想，稳定和改善既有产品性能国外高速动车组技术经过了几十年的历程，并且随着 20 多年来交流技术的发展，各国高速动车组都形成了几代产品。各国分散动力的高速动车组均具各自特点，例如日本高速动车组的轻量化、低轴重，德国高速动车组的先进传动技术、法国高速动车组的相对集中动力等等。通过引进技术，吸引国外机车车辆先进设计思想，体会其中的技术诀窍，针对国内机车车辆在提速当中暴露出的性能与可靠性方面的问题，提出稳定和改善产品性能的技术措施。

（2）提升工艺水平、完善标准化与质量保证体系。十多年来，国内铁路机车车辆工艺装备有了很大的提高，但工艺设计水平相对滞后。先进的设计思想需要先进的工艺水平来实现。国内机车车辆在提速当中所暴露的问题，有些是系统集成的问题、有些是设计方面的问题，但是不断出现的一些部件可靠性问题实际上很多与工艺设计水平有关。

例如我们可以通过参照德国第一代高速列车，设计出高速动力车转向架，掌握其设计思想，但是我们无法掌握其工艺设计思想。又比如，在铁道部引进美国径向转向架项目中，国内企业收获最大的不是径向转向架的设计本身，而是工艺设计水平的提高，它将惠及企业的所有产品。除了设计与工艺之外，机车车辆产品可靠性还决定于标准化与质保体系。通过引进，借鉴国外先进标准和质量保证体系,完善国内铁路机车车辆装备工业标准化与质量保证体系也非常重要。

（3）以项目推动创新，以创新求得发展。搞好引进技术消化吸收和国产化再创新，需要项目来拉动，只有围绕具体的项目才能深入开展好各项工作。因此在国产化中应强调"以项目推动创新，以创新求得发展"的思想。铁路机车车辆装备工业，在国产化与自主创新方面要取得大的成就，首先要确定具体的目标，根据目标确定具体的项目，以项目推动各项工作的开展。引进高速动车组为我们提供了一个很好的平台，我们已在高速列车方面进行了有益的探索，尽管还存在很多问题和不足，但应坚持以高速列车的研制为战略目标，以推动铁路的技术进步和创新。

（4）以引进为契机，研制国内第一代高速列车。在"十一五"期间开展"国内第一代高速列车"研制。围绕这个重点项目制订各项科学研究和研制计划，以此推动铁路全面技术进步和创新，争取在"十一五"末期形成标准性成果。根据我国在交流传动、提速和高速方面的前期工作，这样一个目标是可以达到的。其中充分消化吸收引进高速动车组的技术，也是实现国内第一代高速列车研制项目的重要内容。

六、中国铁路快速网建设构想

"八五"期间中国修建了广深准高速铁路，使旅客列车运行速度达到 160 km/h。"九五"期间中国铁路组织大提速，对京广、京沪、京哈、兰新、陇海等干线普遍改造，提高列车速度，博得了社会的好评。1999 年铁道部决定修建 160 km/h 以上速度的秦沈客运专线。所有这一切都说明，中国铁路在下决心改变列车速度长期徘徊在 100 km/h 左右的状态，追赶世界高速先进技术，使铁路在国经济建设中当好先行官，使铁路企业扭亏为盈，在运输市场中发挥更大的作用。

根据中国经济的发展，铁路快速网的建设要经历四个阶段。

（一）第一阶段：改造既有线，将旅客列车速度提到 140～160 km/h

从"九五"开始即着手开展这一决策的实施，如沪宁线提速、京秦线提速、沈山线提速。经过实践后，逐步扩大到京沪、京广、京哈三大干线大部分区段提速，相继在陇海、兰新、京九线等线改造提速。各铁路局对提速积极性很高，争先恐后在西安—宝鸡、大连—沈阳、济南—青岛、上海—杭州等线组织提速，改革运输组织方法，压缩技术作业时间，千方百计提高客车运营速度，提高在运输市场上的竞争能力。

为什么在这一历史时期出现改造既有线提高列车速度呢？

（1）国家经济发展、人民生活水平提高的需要。人们不仅要求能坐上火车，而且要求火车开得要快，服务质量要高。时间就是金钱的观念开始被人们认识。

（2）国家由原来的计划经济体制改为建设社会主义的市场经济体制。长期以来，计划经济为代表的铁路运输业受到了很大的冲击，特别是高速公路像雨后春笋般地出现，铁路在运输市场中所占的份额下降，客、货运周转量占现代化运输比重从 1980 年的 60.5%、71.7%，下降到 1990 年的 34.9%、54.6%，货源、客源丢失，前景堪忧。铁路如不提速，将无竞争能力。

（3）铁路连续 5 年亏损 180 多亿元。建设市场经济体制，运输市场中的铁路，再也不是过去的皇帝女儿不愁嫁了，一些高附加值的货物，一些旅客为了在市场竞争中取胜，把目光转向了航空、高速公路。因此，铁路要生存、要扭亏、要发展，就必须提速。也可以说提速是在市场竞争条件下，为了自身的生存发展逼出来的。

（4）追踪世界科技进步的需要。自日本 1964 年高速铁路投入运营以来，到 1998 年已经 34 年。在这 34 年中，法国、德国、西班牙等国家，相继在高速铁路方面取得了新的成绩，法国高速列车试验速度达到 515.3 km/h，而中国列车速度还在 100 km/h 徘徊。我们要承认这个落后，当然更主要的是要着手改变这种落后。因此，中国铁道部在 1995 年 6 月 28 日做出了在繁忙干线提速的决策，是适时的，是正确的。

这一阶段实施提速的特点：

（1）先从繁忙干线提速，因为主要干线都是运量大，客货争能力，总的能力不足。当时力图通过提速，既达到争夺市场之目的，又可增加能力，缓解主要干线能力不足的矛盾。实践结果，后一目的没有达到。

（2）原则是少投资、少动土，对既有线更换提速道岔，对桥梁进行加固，提高线路维修养护质量，就能把旅客列车速度提起来。

（3）先易后难，既有线原来平面条件好、曲线半径大的地段，换完提速道岔后就提速，花钱多、改造量大的先不提速。并非全线提到一个速度标准。

（4）先客后货。线路提速资源有了，先把客车速度提起来，但货车改造（转向架）尚需大量投资和时间。货物列车一时很难全部提速，运行速度相差较大，同一线路上客车跑 160 km/h，货车跑 75 km/h 左右。

（5）这一阶段提速，不全是靠改造线路、机车、车辆取得的成果，而是注意了运输组织的改革，着眼于旅行速度的提高，不是一味追求瞬时运行速度，而是注意压缩技术作业时间，如压缩换挂机车时间、停站次数等时间，使旅客时间得到了压缩。开行"夕发朝至"列车，深受社会欢迎。

通过这一阶段提速后，取得了企业的经济效益。从 1997 年到 1990 年，客运增收了 180 多亿元。但尚有一些问题需要研究解决，例如：

（1）山区铁路如何提速。

（2）客货列车速度差过大，影响线路通过能力的充分发挥。

（3）货车如何提速。

因此，既有线提速在 1996 年到 2000 年工作的基础上，进一步扩大提速范围，进行做好以下 5 件工作：

（1）扩大繁忙干线的提速范围，进一步压缩旅客列车旅行时间。在三大干线（京沪、京广、京哈）上进一步对既有设备进行改造，把大部分线路的速度提到 140～160 km/h。

（2）其他干线相继提速，如陇海线、兰新线、京九线、哈大线、湘黔线、浙赣线、滨洲线、滨绥线……

（3）支线和山区铁路提速，如杭州—上海、济南—烟台、沈阳—大连、杭州—宁波、西安—宝鸡、成都—重庆、南昌—九江……

（4）发展摆式列车。整体引进价格太高，要以引进关键技术自己生产为主，减少线路的改造，节约投资，以摆式列车解决小半径线路旅客列车提速问题。

（5）组织货车提速技术攻关，重点解决转向架问题，逐步在"十五"期间把货物列车提高90 km/h，快运货物列车速度提高到120 km/h。

（二）第二阶段：新建铁路，提高速度目标

中国自有铁路以来，新建铁路的容许运营速度均在120 km/h以下。新中国成立后，新建了几十条铁路主要干线，其质量都有很大程度的提高，但在速度目标值一直没有变化。直到广深铁路开始突破，在中国铁路建设史上，第一次修建了160 km/h的新线，当时人们称为"准高速"。

1. 提高建设新线的速度目标值技术条件已经具备

铁路列车的速度，是一个国家各种技术水平的综合反映。工业生产水平的高低决定生产的机车和车辆运行速度的高低。如新中国成立初期我们只能生产蒸汽机车，利用蒸汽机车把列车的速度提高到160 km/h、200 km/h是不可能的。后来技术进步了，工业生产水平提高了，我国能够生产内燃机车、电力机车，提速才成为可能。

机车的生产水平又取决于炼钢技术水平，我国生产不了轴承钢，就制造不出轴承，所以车辆和机车的轴只能采取滑动摩擦的轴瓦，在使用轴瓦的条件下，要让列车跑200 km/h也是不可能的。

铁路列车跑得快还要有一套通信信号技术来保证，还要有一套制动技术来保证。列车速度高低对信号和列车制动的要求是不同的。过去用的是地面信号，现在用的是色灯信号、机车信号，地面不设信号机。这些技术的进步、工业制造水平的提高，使列车提速具备了条件。

线路是列车提速的基础。列车跑120 km/h、160 km/h、200 km/h速度，对线路平纵断面、路基、道床厚度、桥梁、隧道、轨道、扣件的技术标准要求是不一样的。经过几年来对既有线的改造，中国积累了修建速度200 km/h新线的经验和技术，随着运输市场竞争的需要和提高人民生活水平提高的要求，中国今后再建新铁路，必须把速度提高到160～200 km/h作为一个重要问题加以考虑。因为筑路、建桥等技术条件已经具备。

2. 提高新建线路速度目标值重点应解决的问题

首先，要考虑平面技术条件，放大曲线半径。大量的提速实施是我们深深体会到，曲线半径小而且均匀分布，是限制既有线提速的主要因素。所以，在修建新线时要尽量把曲线半径放大，而且避免小曲线半径分散使用，做到具备几十千米范围内能提速的条件。

其次，要考虑纵断面技术条件。在新建的准高速线路中，要选好坡度，避免出现双机坡，否则在运营中既浪费机力，也浪费人力。当然坡度并非限制速度的重要条件，它可以用动力来调节，坡度大要想保持速度就必须采用大功率机车来牵引，但这会造成动力的浪费或运输组织工作的繁复。

3. 根据铁道部"十五"建设要求，"强化八纵八横，构筑快速网络，扩大西部路网，提高线路质量"

这主要是以适应运输市场为前提，加快繁忙通道客货分线，完善区际通道，提高综合运输能力。建设计划包括：新线6 000 km，既有线复线改造3 000 km，既有线电气化5 000 km，地

方铁路新建 1 000 km。

按照这个计划逐步形成的八纵为：京哈通道（北京—哈尔滨）、东部沿海通道（沈阳—大连—烟台—无锡—杭州—温州—厦门）、京沪通道（北京—上海）、京九通道（北京经深圳达九龙的复线运输）、京广通道（北京—广州全线电气化）、大湛通道（大同—洛阳—湛江）、包柳通道（包头—重庆—柳州扩能改造）、兰昆通道（兰州—昆明电气化）。

八横为：京兰通道（北京—呼和浩特—兰州）、煤运北通道（大同—秦皇岛、神木—黄骅）、煤运中通道（太原—德州、长治—济南—青岛）、煤运南通道（侯马—月山—新乡—兖州—日照）、路桥通道（连云港—兰州—乌鲁木齐—阿拉山口）、沿江通道［上海（启东）—南京—芜湖—九江—武汉—重庆］、沪昆通道（上海—株洲—贵州—昆明）、西南出海通道（昆明—南宁—茂名—广州—深圳）。

4. 在"十五"期间将建设、改造既有线为快速通道

这些通道是：北京—上海—杭州通道、北京—广州通道、北京—哈尔滨通道、连云港—兰州通道、兰州—阿拉山口通道、哈尔滨—大连通道。还有，继续修建秦沈客运专线，改造京秦、大秦线为 200 km/h，形成京秦客运专线。

争取京沪高速将在"十五"开工，力争建成南京—上海段。

进行天津—沈阳间电气化改造，形成京哈与京沪快速客运大通道。

沈阳—大连改造为快速客运通道。

北京—九龙改造为快速大通道。

进行丰沙、京包、包兰线提速改造，提高经呼和浩特、银川至兰州的客运速度。

在新线建设中，除考虑完善路网外，还要考虑新线的提速。在西南铁路建设中要考虑西南铁路的快速通道。如新建遂渝线、渝怀线要加大线路的半径，建成西南客运快速通道。这两条新线应按（大部分）速度 140～160 km/h 或 200 km/h 来设计、建设。这样成都出来的客流经达成、遂渝、渝怀、湘黔的怀化至株洲段，可上京广，去沪杭，形成西南客运快速通道。

在西北线路改造中，要考虑兰州—宝鸡复线的快速通道（按 140 km/h 设计、施工）。从西北现状看，兰新复线提速，陇海线的郑州—徐州段已提速，郑州—西安段已提速，整个线路速度卡在兰州—宝鸡段。如果宝兰复线改造不提速，将制约兰新线、陇海线提速效益的发挥。

（三）第三阶段：建立全国快速网

中国的高速铁路在短时间内难以形成网络。但中国的铁路快速网既包括 300 km/h 及以上速度的高速线，也包括速度速 160～200 km/h 的快速线，由这两种线路构成铁路快速运输网络。这也是中国铁路特色决定的。原来的既有线路应改造到 160 km/h 或 200 km/h。然而在中国既有的 6 万多千米线路中，这只是少数区段，所以前期的提速是一段一段提，我们尚不可能、也没有必要把所有既有线都花巨资改造为提速线路。因此在新建线路中要考虑提速的需要。中国的路网尚不完善，路网的通过能力还满足不了运量的要求，无论是提高运能还是提高速度，都要建设新的路网，而在新的路网中，必然要建设快速路网。

1. 改造既有线继续提速

中国现在的既有线提速，是根据中国现时国情、国力（财力、物力）提出来的，将来随着

运输市场的竞争，国力的增强，中国必须在新的干线上继续提速，这需要根据市场的需求，根据国力、财力、人力的可能而随时做出决定。至 2050 年，中国既有线改造达到提速之目的，设想以下既有线必须进行提速改造：

哈尔滨—牡丹江	张家口—呼和浩特
哈尔滨—齐齐哈尔	呼和浩特—银川
哈尔滨—佳木斯	太原—焦作
长春—白城子	济南—青岛
长春—吉林	北京—南昌
四平—通辽	郑州—襄樊
四平—梅河口	杭州—南昌
沈阳—本溪	南昌—长沙
天津—秦皇岛	株洲—贵阳

2. 新建快速提速线

（1）延长京沈客运专线至哈尔滨。在秦沈开通后，京秦改造完成，形成北京—沈阳的客运专线，但不能就此停止，要延长京沈客运快速线到哈尔滨，速度与京沈匹配，构成京哈客运专线。

（2）修建京沪高速铁路。京沪线现有能力已经饱和，即使电气化也增加不了多少能力，修建京沪高速势在必行。可分步实施：先建成沪宁段高速，然后再修建京宁高速，预计在"十一五"中，把京沪高速修通。

（3）修建京广高速铁路。京广线是中国铁路客货运输主要干线，运能和运量矛盾突出，实行客货分流已势在必行。因此要加快京广客运专线的修建，以便改善客运条件和增加既有线的货运能力。京广客运专线，已经在"十五"筹划开工建设，分段实施。

（4）修建重庆—怀化快速通道。这条线已于 2000 年开工，局部地段建设速度可超过 120 km/h，地形困难地段，为避免投资过大，可保证 120 km/h。这条西南唯一的客运快速通道一定要建成，这样由成都出发，经过遂宁到达重庆，由重庆到怀化，由怀化到株洲，南可通京广，东可达沪杭。

（5）修建上海到杭州客运专线。华东地区客流密集，人口密度大，沪杭既有线软土路基，客货互争能力，因此，尽快修建沪杭客运专线是客观需要。

（6）修建郑州—徐州客运专线。

（四）第四阶段：发展摆式列车

1. 摆式列车在国外的运用实践

意大利 Pendolino、西班牙 Talgo 和瑞典 X2000 摆式列车在 20 世纪 80 年代的成功经验和在既有线路提速的欲望，引起了欧美许多国家对摆式列车的极大兴趣。进入 90 年代，随着计算机、通信和控制技术的飞速发展，摆式列车的技术也日趋成熟。包括已拥有高速铁路的德、法、意、日在内的各国铁路开始看好摆式列车的广阔运用前景，纷纷以各种方式来发展和运用摆式列车，并取得了较好的经济、社会效益。从这些国家的运用经验来看，摆式列车主要适用于曲线较多、通过能力相对较富余的山区线路。而线路标准较高的主干线和新建的高速铁路则不能有效地发挥摆式列车的优势，因此不宜采用。目前多数欧洲国家运用的摆式列车的单向的运行里程一般在 100 ～ 800 km。因为 800 km 运行里程一般为欧洲铁路单程的上限，而以下则难以体现出其效果。实践证明，摆式列车的运行速度越高，站间距离越长，越能发挥其优势。

根据欧洲国家的运用经验，摆式列车的主要缺点是购置和维修费用高于普通列车约 15%，用于摆式列车的线路通常也要进行一次大的整修。但比起新修线路来说，其投资是微不足道的。从运用情况看，由于其提高速度 30%，缩短旅行时间约 25%，因而增加了对乘客的吸引力，故其经济社会效益是极为可观的。如瑞典由于采用 X2000 摆式列车，旅客数量平均每天增加了 900人。德国的 VT610 则使客流量在非上下班时间增加了 20% ～ 30%，在上下班时间增长了 10%左右。美国 Amtrak 公司购买的 18 列加拿大 Bombardier 公司和 Alstom 公司联合设计和制造的美国飞人号摆式列车，于 2000 年开始交付使用。该车用于波士顿经纽约到首都华盛顿的东北走廊铁路，全程 734 km，最高速度为 240 km/h。它使纽约—波士顿的旅行时间由 4.5 h 缩短为 3 h，纽约—华盛顿的旅行时间由 3 h 缩短为 2.5 h。英国 GNER 公司订购公司向 Fiat 公司订购的 8 列11 辆编组的摆式列车，于 2000 年开始在东海岸干线伦敦—爱丁堡运行；另外的 55 列由 Fiat公司与 Alstom 公司联合制造的 7 辆编组摆式列车也于 2001 年用于西海岸线。

2. 摆式列车在中国的运用实践

作为一种尝试，中国的广深铁路集团公司于 1998 年向瑞典租赁了一列 1 动 6 拖的摆式列车，每日共次往返于广州—深圳（139 km）和 1 次广州—九龙（181 km），运行时间分别为 55 min和 92 min。全年走行总里程约为 55 万千米，平均日行程超过 1 500 km。尽管在该线路上公路运输较为发达，但铁路仍能同公路在客运市场的激烈竞争中平分秋色，这为正在市场化的中国铁路运输的未来树立了典范。该列车的年收入近 1 亿元，扣除租金约 1 500 万元及运营维修等费用，利润极为可观，远远超过我国的准高速列车和欧洲多数国家的平均水平，取得了较好的经济效益和社会效益。当然，应该看到，摆式列车在广深铁路上取得的成就，不仅归功于采用了先进和舒适的高速摆式列车，还应归功于相应的高质量配套服务。X2000 摆式列车在广深铁路运行几年来，以其运行快速和平稳、舒适的乘坐环境、良好的车内设施和经过严格培训的高素质乘务队伍得到了乘客的普遍认可。同欧洲国家一样，摆式列车在广深铁路的成功经验，在中国铁路也引起了极大的反响。

3. 摆式列车在中国的发展前景

中国是一个多山的国家，山地、高原和丘陵约占国土面积的 70%，既有山区线路的等级一般较低且曲线多。因此，发展摆式列车在中国有着极为广阔的前景。目前，国内的一些铁路局和铁路公司已预测到摆式列车的广阔运用前景，正纷纷进行运用摆式列车可行性的论证。与此同时，一些机车车辆厂也在进行摆式列车的前期研制和开发。

我国西部十省市面积占全国的 57%，山地和丘陵占了相当大的比例；到 1999 年，通车铁路约为 16 400 km，铁路营业里程仅占全国的 23%；铁路网的密度为 0.3 km/100 km^2，仅为全国平均值的 40% 和美国的 12%。其中重庆市与云、贵、川三省铁路为 7 240 km，这些铁路大部分都分布在山区，因此，曲线占了相当大的比例。仅以成渝、黔渝、成昆及贵昆等主要干线为例，其线路就有一半左右是曲线，且大多数的曲线半径都小于 800 m，最小曲线半径不足 300 m。在这些线路上，旅客半径不足。在这些线路上，旅客列车的运行速度大都低于 80 km/h，国内的两次大提速几乎与这些地区无缘。为发展自然条件落后和交通相对闭塞的西部地区经济，国家于 2000 年提出了西部大开发的战略决策。综观美国等发达国家的经验：地区要大开发，铁路首当先行。随着经济的不断发展，社会生产和人们的生活节奏加快，时间价值也会大大提高。高速客运在这些地区对人们愈来愈具有吸引力。铁路的现状，将有可能对西部开发起到限制的作用。为实施西部大开发，除铁路路网需要大力发展外，还必须在现有的条件下挖掘潜力，提高运输能力和效率。但在这些地区，通过改造线路来提速，无论是在经济上还是在技术上都是难以实现的。与此同时，在西部的一些地区，不断发展的高速公路和航空运输，也使铁路面临十分严峻的挑战，西部地区旅客列车提速已到了刻不容缓的地步。

参照欧洲国家摆式列车的运营经验，摆式列车在中国会更适用于山地和丘陵占大部分面积的西部地区。在这些曲线较多的地区，采用摆式列车是目前世界上在这类线路上提速最为有效的方法。例如，现有的成渝铁路是新中国成立后修建的第一条铁路，最小曲线 285 m，全线共有 77 处。该线全长 505 km，旅客列车的运行时间约为 10.5 h。而高速公路全长约 340 km，旅行时间约为 3.5 h。尽管乘坐公路客车的票价是铁路硬座票价的 2 倍左右，但结果仍然还是大量的客流通过高速公路来输送。铁路在运输市场的占有份额从过去的近 70% 下降到 30% 左右。

在经过多年的论证后，铁道部决定研制和开发我国第一列最高速度为 160 km/h、具有自主知识产权的摆式内燃动车组，并下达了相应的科技研究开发计划项目。该车采用 2 动 6 拖的编组形式，装备有目前国际上先进的机电式倾摆装置和径导向转向架，于 2002 年投入使用。

七、铁路大提速的经济效益和社会效益

（一）通过提速提高铁路经济效益

据统计，铁路经过 6 次大提速后，客车平均运行速度提高了 25%，特快列车最高时速提高到了 140～160 km，广州—深圳最高时速已经达到 200 km。铁路经过 6 次大提速后，开行了"夕发朝至"列车、"城际列车"等快速列车，使距离 2 000 km 左右的城市，1 天即可到达。在提速的同时，安全正点率、服务质量也在明显提高，做到了提速与提高服务质量同步进行。提速后的铁路客流大幅度攀升。据统计，提速后客流年均增长 6.8%，超过了公路、航空和水运的增长速度。客票收入年均增长率为 20%。铁路在与航空、公路、水运竞争中的优势越来越得以显现，增强了铁路的市场竞争能力和自我发展能力，提高了铁路的经济效益，为铁路跨越式发展创造了良好的经营环境。

（二）铁路大提速使整个社会受益

铁路大提速不仅仅是列车速度的提高，同时全面提高了工作效率和质量，提高了管理水平，缩小了与世界先进水平的差距。1993 年以前，人们出门 80% 靠坐火车，铁路是人们外出选择的主要运输工具。20 世纪 90 年代以来，我国客运市场逐步形成铁路、公路、民航三方竞争的局面，铁路在竞争中，市场份额逐步下降。1994 年铁路客运量降至最低点。1996 年，公路客运量首次超过铁路。随着京沈、京沪高速公路的全线贯通，全国国道主干线已建成过半，高速公路网正在形成。北京—沈阳、北京—上海、成都—重庆、广州—深圳、济南—青岛等大城市间，都可通过高速公路出行。高速公路的快速发展，使运输市场竞争更加激烈，也给铁路运输带来巨大的压力。同时，广大旅客货主对运输质量和服务质量，特别对快捷性和舒适性提出了更高的要求。

铁路实施提速调图，进一步缩短了客车的旅行时间，开行"夕发朝至"列车、直达特快列车，增加大宗货物直达列车等，适应了旅客货主对铁路运输高质量的要求。通过五次大提速，铁路在许多方面有了明显的改进和提高，使整个社会从中受益。

（三）提速促进了安全基础的加强

几年来，为了实施提速，全路完成了大量的提速基础工程。更换提速道岔、Ⅲ型轨枕、优质道砟，改造小半径曲线、平交道口，延展无缝线路长度，在线路两侧设封闭栅栏，推广大型养路机械，整治线桥隧病害，使线路基础得到了明显加强。购置配备新提速机车客车，更换202、206型转向架。改进检修手段，提高检修能力和水平，使移动设备的性能和质量得到了明显提高。推广应用一批功能先进的监控装备、检测设备，加强了对移动设备和固定设备的动态监控和检测。加强人员培训，提高了职工适应提速需要的技能。

（四）提速推动了铁路运输改革

全路以提速为契机，积极调整生产，撤并一批行车站段，改革客车乘务制度，实现了减员增效。提速也促进了经营方式的转变，"我开车，你来坐"的封闭型生产组织方式发生了变化，运输企业开始注重研究市场，按照市场需求来配置运力资源、调整产品结构。几年来运行图编制工作不断改进，推动了运输组织的改革，优化了运力资源的配置，挖掘了运输潜力，提高了运输效率。提速促进了观念的转变和服务质量的提高，提速的实践使干部职工进一步认识到，决定企业生存发展的是市场，而要赢得市场就必须改变以自我为中心的"铁老大"形象，提高服务质量，满足旅客货主的需求。

（五）铁路大提速改善了铁路运输资源的内在素质

铁路大提速是顺应社会经济发展需要、改善铁路技术装备水平、应对市场竞争的反应。我国铁路无论是按国土面积计算，还是按人口计算，其路网密度都落后于发达国家，而铁路承担的负荷却高居世界首位。2002年我国铁路运输密度为2 869.06万换算吨/km，而居第二位的俄罗斯仅为1 854.14万换算吨/km。我国产业结构所处的阶段决定了铁路运输市场跟国外有所不同，适宜于铁路运输方式承担的大宗货物份额占很大比重，也就是说，铁路运输市场占国内运输市场的份额比重很大，特别是铁路货运占全国运输市场的份额达54.6%。第五、六次大提速前，全国铁路货运遇到了空前的紧张局面。煤炭、粮食、化肥等重点物资的运输都受到了相当的影响。不仅运送重要物资的线路能力紧张，像进出关、进出川的线路和六大铁路干线都全面告急。全国总缺口近2/3。煤炭、有色金属行业是近年铁路运力瓶颈的最大受损者，有些货物滞留车站不能及时发出，给客户造成损失，一些企业甚至还出现了以运定产的现象。由于铁路运输资源的高度稀缺性，而铁路运输企业又没有能力和激励去提供社会需要的基础设施投资和技术改造，因此，由铁道部这一公共部门集中社会资源来供给铁路运输这种公共产品就是一种必然的选择。我国铁路大提速工程作为一项缓解铁路运输能力稀缺性的重要措施，其内核具有高度的公益性和社会性，也是应对民航、公路、水运等运输方式间竞争，发挥比较优势充分争夺市场份额的结果。

从20世纪90年代初起，铁道部开始进行提速试验，广深铁路、沪宁铁路、沈大铁路等繁忙干线的提速试验相继取得成功。铁路大提速给铁路运输业带来了前所未有的喜人前景，获得多方面的赞誉，提升了铁路的正面形象。经过第六次大提速，提高了以往停滞不前的货车运行速度，据测算整个铁路货运能力提高了 12% 以上，铁路客运能力增长了 18% 以上。自 1997 年到 2006 年，全国铁路旅客发送量从 9.33 亿人增长到 12.6 亿人，增长 34.7%，货物发送量从 17.20 亿吨增长到 28.72 亿吨，增长 66.9%，换算周转量从 16 838 亿吨公里增长到 28 579 亿吨公里，增长 69.7%。提速的成功在客运方面的体现更为显著，提速后乘坐长途列车的旅客人数创造了历史最高纪录，产生的经济效益十分可观。通过六次提速，铁路产业竞争能力明显增强，运输收入连年大幅度增长。

铁路行业在进行大提速的同时，也为优化运输产品奠定了物质基础和技术基础。如客运方面，增加了夕发朝至和朝发夕归的列车数量；货运方面，增开了特快行包邮政专列、冷藏快运专列和集装箱快运专列、"五定班列"、大宗货物直达列车和远程直达列车、重载列车；设备方面，采用了新型车辆、优化了列车编组、调整了软硬座及卧席比例；运输组织方面，进一步优化了客车到发时刻和站停时间。

铁路提速的外部效益体现在下面两个方面：一方面，截至 2007 年年初，随着铁路路网规模的扩大、路网结构的完善和路网质量的提高，特别是随着几次较大范围的铁路扩能提速工程的实施，铁路产业在保持运价基本不变的前提下，通过提速加大了铁路产业的竞争力，获得了良好的经济效益与社会效益，这些总效益并没有完全合理地划分给各相关的铁路局。另一方面，铁路提速调图的成果基本被各铁路局无偿享用了，铁路提速、信息化建设、调度指挥跨局调整、生产力布局整合等重大举措是有利于各铁路局提高市场竞争力，扩大其占有的运输市场份额的，但由于没有合理的成本收益测算机制，使得大提速工程成为类似于"公共物品"的性质，也就是说，铁道部提供的提速等产品具有较大的社会效益，由铁道部供给有其内在必然性。

八、铁路大提速的若干启示

（一）铁路大提速工程成功的要素

中国目前正处于经济起飞阶段，处于工业化和运输化阶段，铁路超前发展更有其逻辑上的必要性和紧迫性。我国铁路以占世界铁路 6% 的营业里程，完成了占世界铁路近 25% 的总运输量；京沪、京广、京哈、陇海和浙赣等六大主要干线能力利用长期处于饱和状态。在建设客运专线等需要较长时间的情况下，通过大提速这种内涵式扩大再生产方式，可以在短期内以较少的投入，产生较大的产出，在储备高速铁路技术的同时，也在很大程度上缓解了我国铁路运输能力不足与社会经济发展之间不适应性的矛盾。

领导有力、组织严密是铁路提速的成功保证，也是改善铁路运输资源、优化铁路运输组织的重要保证。铁道部领导将铁路大提速作为铁道部的核心任务来抓，从提速工程试验、提速资金筹措、既有线基本建设和更新改造、提速组织管理、安全控制，到提速项目监管考核、平推式验收，甚至到新闻发布和市场营销等活动，铁道部都参与领导和组织。

同时，各铁路局按照路网的总体要求，舍小顾大，确保了大提速工程的如期实施。若没有各个铁路局的密切配合与上下协调，铁路大提速是难以实现的。铁路提速涉及铁路基础网络改造、移动设备配置、运输组织管理、列车开行方案、车底周转运用以及运营养护维修等诸多生产环节，具有"牵一发而动全身"的系统性特征。有效协调好铁路系统内部的统一运输生产，加强固定设施与移动设备的密切协作，是铁路提速成功的主要因素之一。

（二）技术改造是铁路大提速高效实施的物质基础

技术改造资金的有效投入是铁路提速成功的重要因素，也是铁路提速资源得以拓展的重要保证。铁路提速对铁路的某些技术创新要求很高，技术创新和技术改造是必要保证。铁路提速不仅要求在软件方面配合一致，如司机、维护、运营和培训标准的统一性，还要在硬件上达到相当的条件，如高度配套的先进调度技术，保证列车、线路、动力供应和信号设备等的整体统一性，先进的列车运行控制及检测系统、列车状态监测与诊断系统、环境检测与报警系统、事故应急处理系统等的安全保障体系。

提速，不是简单地将列车开快一点，而是要进行较大的资金投入和设备的技术改造。列车提速每向前迈进一步，都要求技术创新率先达到一个新水平。每一次大提速，都是用新的技术改造老铁路的过程，通过连续提速，我国铁路基础设施和整体装备水平得到了大幅提高。六次提速，提速机车和车体基本全部更换为我国自行研制的新型快速列车，部分线路进行了电气化改造，线路更换了我国自行研制的具有国际先进水平的 4 500 组新型提速道岔，大批线路桥梁进行了加固维修，提速线路两侧设置了安全防护栏等。基础线路改造中，将小半径线路全部改造成大半径或直线，使列车运行的离心力和平顺度得到了有效控制和保证。更换的道岔，全部为国际先进水平的新型大号码道岔，具有电动操控，自动锁闭和平稳、快速转换等功能。安装配置了车地一体的监督装置，能够在快速行车下测量车辆的脱轨系数、超载、偏载、车门开闭、车轮探伤等运行情况，并具备报警功能，使行车安全始终处于动态监控之下。列车调度采用先进的 CTC、TDCS 等列车调度指挥系统，提速列车的安全性更加有了保障。

如果没有铁路基本建设、机车车辆购置更新和技术改造的紧密配合和有机衔接，就不可能有如此大规模的提速线路等基础设施的迅速形成，铁路安全性、快速送达等运输服务的优势发挥将受到限制。提速不同于新建铁路，基本采取对既有线路基础设施进行设备更新和技术改造，并使用新型快速列车，其资金的投入远远低于新建铁路。通过小半径曲线改造、CTCS 2 列控系统、平交改立交、线路封闭、行车安全和信息化建设等项目的实施，充分发挥了技术改造投资少、见效快、充分利用既有技术装备的特点，从技术储备上和资金保障上满足了铁路大提速工程的要求。

提速是手段，通过改善运输资源质量来提高客货运输能力是目的。通过铁路大提速这种内涵式扩大再生产方式，使我国铁路客运能力增加了 18% 以上，货运能力增加了 12% 以上，全路的运输能力得到了大幅度提高，总之，铁路大提速产生了良好的经济效益和社会效益，对国民经济和社会发展起到了重要的作用，进一步适应了国民经济和社会发展对铁路快速、高效、便捷、舒适的客货运输多样性需求。

中国铁路提速战略的实施，在国内外引起了很大的反响。提速规模之大，涉及范围之广，运行效率之高，在中国运输生产力发展史上前所未有，在世界上也是罕见的。铁路大提速是我国运输生产力领域的重大技术创新，是运输组织和运输管理的重大创新，是我国运输生产力领域的重大经营创新，实现了运输生产力领域的安全控制创新。中国铁路通过实施提速战略，适应了市场经济发展的要求，加快了铁路走向市场的步伐，焕发了铁路新的生机，展现了铁路新的形象，探索出了一条中国特色的运输生产力创新之路，将对我国铁路的发展产生了重大而深远的影响。

第八章　高速铁路规划与建设

一、世界高速铁路的诞生与发展

1765 年英国人瓦特改良蒸汽机，带来了人类历史上第一次产业革命。1825 年英国建成以蒸汽机车为动力的世界上第一条铁路，使铁路成了最新的交通工具，形成了铁路的"第一个新时代"，对推动社会和经济的发展与繁荣发挥了重要作用。当时的列车牵引质量不足 200 t，时速亦未超过 40 km。随着科技进步和社会经济的不断发展，铁路牵引动力亦由蒸汽牵引发展为内燃牵引和电力牵引，目前全世界共修建了 130 多万千米铁路。

速度高低是一个具有时间性的相对概念，不同的历史时期具有不同的科技水平和技术装备，形成了该时期速度高低的标准。1825 年英国建成世界第一条公用铁路，4 年后的 1829 年，在这条铁路（利物浦至曼彻斯特）上，举行了火车速度比赛，斯蒂芬孙父子制造的"火箭号"蒸汽机车取得了冠军，"火箭号"速度之高，快如火箭，但仅拉了 17 t 重的车辆，平均速度虽仅 22 km/h，但要比当时马拉车在木轨上行驶快得多。又如 1948 年我国在沪宁线上也开行过称之为"飞快"的列车，用蒸汽机车牵引 8 节空调客车，全程运行 5 h，旅行速度达到 60 km/h，这在当时已经是中国了不起的速度了，故名为"飞快"列车。

速度是现代交通运输的命脉，交通运输方式的发展史，从根本上说是不断提高运输速度的创新历程。190 多年的铁路发展史就是速度不断提高的历史。世界各个国家的铁路总是不断利用其先进技术，在试运行中探索提高速度的可能性，以便为正规运营提高速度累积经验。英法两国在 19 世纪末就先后用蒸汽机车创造了 145 km/h、144 km/h 的试验速度；美国 1893 年在纽约中央铁路创造了 181 km/h 的试验速度；德国 1903 年用电力机车创造了 210 km/h 的试验速度，1931 年用内燃动车组在柏林—汉堡间作高速试验，最高速度达 230 km/h，平均速度达 154 km/h；意大利 1939 年在佛罗伦萨—米兰间 314.5 km 距离内，用电动车组试验，平均速度达到 164 km/h 的水平。

第二次世界大战后，铁路遇到了汽车和航空运输的激烈竞争，管道运输的发展也很快，更促使铁路努力探索提高速度，提高列车速度是铁路赖以生存和适应社会发展的唯一出路。悲观者认为铁路已是"夕阳工业"，不用太久就会和马车一样进入历史博物馆了；而另一些有识之士则不然，他们应用当时世界上各种电子技术、新设备、新材料和新工艺，实现铁路现代化。为此，从 20 世纪初至 50 年代，德国、法国、日本等国都开展了大量的有关高速列车的理论研究和试验工作。1955 年 3 月 28 日法国用两台电力机车牵引 3 节客车试验时速达到了 331 km，刷新了世界高速铁路的纪录。

铁路高速技术，至 20 世纪 60 年代已进入实用阶段。1964 年 10 月 1 日，第 18 届奥运会在日本东京开幕前夕，东京至新大阪 515 km、时速 210 km 的世界第一条高速铁路客运专线——东京至大阪新干线通车，全线运行时间从 6 h 30 min 缩短为 3 h 10 min。90 年代初它又将时速提高到 270 km，进一步缩短了运行时间。20 世纪 80 年代至 90 年代又取得了一系列铁路高速技术新的突破。1981 年法国用 TGV-PSE 电动车组创造了 381 km/h 的新纪录；1988 年德国 ICE 电动车组又创造了 406.9 km/h 的纪录；1989 年法国 TGV 大西洋线铁路又以 300 km 时速正式投入运营，率先冲上了当代高速竞逐的浪尖。1990 年 5 月法国用 TGV-A 创造了 515.3 km/h 的世界最高试验速度，2007 年 4 月 3 日又以 TGV-V150 创造了 574.8 km/h 的新世界纪录，展示了高速铁路的美好前景。1993 年 12 月日本在上越新干线用 STAR21 型电动车组曾达到 425 km/h 的速度，1996 年日本新干线的实验列车"300X"达到了 443.0 km/h 的速度。另外日本的磁浮车，1979 年在宫崎试验线上曾达到 517 km/h 的速度。中国在 2008 年 6 月 24 日用国产"和谐号"CRH₃ 型动车组在京津城际铁路运行试验中创出 394.3 km/h 的新纪录，2010 年 9 月 28 日用国产"和谐号"CRH380A 新一代高速动车组在沪杭高铁试运行创下 416.6 km/h 纪录，2010 年 12 月 3 日用该高速动车组进行综合试运行实验，再次刷新最高时速达 486.1 km 的新纪录。虽然试验速度要到若干年后才能在正规运营中实现，但也充分说明了世界铁路努力攀登速度高峰的趋向。

高速行车是铁路现代化的重要标志，行车速度指的是正规运营中实现的速度而不是试验速度。关于高速铁路有多种定义，高速有相对性，时代不同标准有异。由于铁路时速的发展，高铁的标准有提高，各国有不同的规定。

欧洲：在 20 世纪中期，国际铁路联盟（UIC）于 1962 年把旧线改造时速达到 200 km、新建时速达到 250～300 km 的定为高速铁路；1985 年联合国欧洲经济委员会在日内瓦签署的《国际铁路干线协议》规定，新建客货运列车混用（简称客货共线）型高速铁路时速为 250 km 以上，新建客运列车专用（简称客运专线）型高速铁路时速为 350 km 以上。

日本：作为世界上最早开始发展高速铁路的国家，日本政府在 1970 年发布第 71 号法令，为制定日本新干线铁路发展的法律时，对高速铁路的定义是，凡一条铁路的主要区段，列车的最高运行速度达到 200 km/h 或以上者，可以称为高速铁路。

美国：美国联邦铁路管理局曾对高速铁路定义为最高营运速度高于 145 km/h（90 mph）的铁路，但从社会大众的角度，"高速铁路"一词在美国通常会被用来指营运速度高于 160 km/h 的铁路服务，这是因为在当地除了阿西乐快线（最高速度 240 km/h）以外并没有其他营运速度高于 128 km/h（80 mph）的铁路客运服务。

国际上专家们做学术研究采用时速分类的八档法：时速 120 km 以下为普速（常速）；时速 120～160 km 称为快速；时速 160～250 km 称为准高速；时速 250～400 km 称为高速；时速 400 km 以上称为超高速；时速 600 km 以上称为特高速；时速 1 000 km 以上称为音速；时速 1 260 km 以上称为超音速。

现实建设里，各国一般采用三档法分类，即普通铁路、中速铁路、高铁的三分法。

国际铁路联盟（UIC）认为高速铁路的定义相当广泛，包含高速铁路领域下的众多系统。高速铁路是指组成这一"系统"的所有元素的组合，包括：基础设施（新线设计速度 250 km/h 以上，提速线路速度 200 km/h 甚至 220 km/h）、高速动车组和运营条件。当前各国新建的高速铁路，大多把最高速度定位在 250～350 km/h。我国 2014 年年底发布、2015 年 2 月 1 日起实施的《高速铁路设计规范》（TB 10621—2014）把高速铁路的定义为：新建设计开行 250 km/h（含预留）及以上动车组列车，初期运营速度不小于 200 km/h 的客运专线铁路。

高速铁路是世界铁路的一项重大技术成就，它集中反映了一个国家铁路牵引动力、线路结构、高速运行控制、高速运输组织和经营管理等方面的技术进步，也体现了一个国家的科技和工业水平。高速铁路是社会经济发展和运输市场竞争的需要，它促进了地区经济的发展和城市化进程，在经济发达、人口密集地区的经济效益和社会效益尤为突出。

据不完全统计，截至 2019 年年底，全世界拥有或正在建设高速铁路的国家和地区已经达到 20 多个，已经建成高速铁路新线长达 4 万多千米，正在建设的线路有近万千米。全球已通高铁国家主要集中在欧洲（西班牙、法国、德国等）、亚洲（中国、日本等），非洲、北美、拉丁美洲以及澳洲修建高铁的潜力巨大。可以预见，21 世纪的铁路运输业将会出现轮轨系统高速铁路的全面发展，全球性高速铁路网建设的时期已经到来。

（一）世界高速铁路的发展阶段

自 1964 年日本建成东京至大阪世界上第一条高速铁路 50 多年来，高速铁路从无到有经历了不同的阶段。归纳起来，高速铁路的发展可以划分为 四 个不同的阶段。

1. 世界高速铁路发展初期阶段（1964—1990 年）

在这期间建设并投入运营的高速铁路有：日本的东海道、山阳、东北和上越新干线，法国的东南 TGV 线、大西洋 TGV 线，意大利的罗马至佛罗伦萨线以及德国的汉诺威至威尔茨堡高速新线。这期间，日本建成了遍布全国的新干线网的主体结构。除了北美外，世界上经济和技术最发达的日本、法国、意大利和德国推动了高速铁路的第一次建设高潮，见表 8.1。

表 8.1　初期已经建成的高速铁路新线

时　期	国　家	项　目	建设年代	线路长度/km
初期高速铁路建设	日　本	东海道新干线	1959—1964	515
		山阳新干线	1967—1975	554
		东北新干线	1971—1982	270
		上越新干线	1971—1985	497
	法　国	TGV 东南线	1976—1983	417
		TGV 大西洋线	1985—1990	282
	德　国	汉诺威—威尔茨堡/曼海姆—斯图加特	1988—1991	427
	意大利	罗马—佛罗伦萨	1970—1992	254
总　计	4	9	1970—1992	3 216

日本东海道新干线和法国 TGV 东南线的运营，在技术、商业、财政以及社会效益上都获得了极大成功。东海道新干线在财政收支上已经成为主要支柱，法国 TGV 东南线也在运营 10 年的期限里收回了投资。因此，高速铁路最初的建设成就极其显著。随后，德国和意大利各国都先后修建了适合本国国情的高速铁路，并取得了较好效益，成为当今世界上高速铁路技术的保有国。

2. 世界高速铁路网建设的第二次高潮（1990 年开始）

高速铁路建设在日本和法国所取得的成就影响了很多国家，促进了各国对高速铁路的关注与研究。1991 年瑞典开通了 X2000 摆式列车，1992 年西班牙引进法、德两国的技术建成了 471 km 长的马德里至塞维利亚高速铁路。1994 年英吉利海峡隧道把法国与英国连接在一起，开创了第一条高速铁路国际联络线。1997 年，从巴黎开出的"欧洲之星"又将法国、比利时、荷兰和德国连接在一起。在这一时期的日本，因早已完成了新干线路网骨干结构的建设，高速铁路网的建设开始向全国普及发展。日本于 1996 年起开通了福岛、山形两条小型新干线，为既有线的提速改造指出了一条新路。法国和德国则在修建高速铁路的同时，实施既有线的改造。具体见表 8.2。

表 8.2　第二次高潮已经建成的高速铁路新线

时　期	国　家	项　目	建设年代	线路长度/km
第二次高潮 高速铁路建设	西班牙	马德里—塞维利亚	1987—1991	471
	法　国	TGV 北方线	1990—1993	333
		英吉利海峡隧道	1990—1994	50
		TGV 东南延伸线	1992—1994	148
		TGV 路网联结线	1994—1996	102
	日　本	北陆新干线	1989—1997	117
	德　国	柏林—汉诺威	1992—1998	172
	比利时	布鲁塞尔—里尔	1989—1997	83
总　　计	5	8	1987—1998	1 426

在这个时期内,日本、法国、德国以及意大利对发展高速铁路进行了全面规划。日本于 1971 年通过了新干线建设法,并对全国的高速铁路网做出了规划,根据 1987 年的计划,日本将再修建 5 条新干线,总长达 1 440 km。1986 年意大利政府批准了交通运输发展规划纲要,准备修建横连东西(都灵—米兰—威尼斯)、纵贯南北(米兰—佛罗伦萨—罗马—那不勒斯)、长达 1 230 km 的"T"形高速铁路网。法国于 1992 年由政府公布了建设全国高速铁路网的规划。根据规划,未来 20 年内高速铁路网将由 4 700 km 新线(其中 1 282 km 已于 1997 年开通投入运营)构成。德国于 1991 年 4 月由联邦政府批准了联邦铁路公司改建/新建铁路 2 000 km 的计划,计划包括 13 个项目,其中涉及新建高速铁路的有 4 项。

1991 年欧洲议会批准了泛欧高速铁路网的规划中提出的在各国边境地区实施 15 个关键项目,将有助于各个国家独立高速铁路线之间的联网。在这些项目中选定了 9 个优先建设的工程项目。它们是:① 高速铁路南北贯通线(德国—意大利之间);② 连接欧洲五国首都的高速铁路线;③ 高速铁路南方线(西班牙—法国之间);④ 高速铁路东部连接线(法国—德国之间);⑤ 高速/普速铁路综合运输线(法国—意大利之间);⑥ 既有铁路连接线(英伦三岛之间);⑦ 丹麦—瑞典固定连接线;⑧ 北欧三角地带;⑨ 英国西海岸干线。

在这一时期高速铁路表现出了新的特征:

(1)已建成高速铁路的国家进入了高速铁路网规划和建设的年代。

(2)修建高速铁路网已经不仅仅是铁路部门的需要,而成为地区之间相互联系的政治上的需求。

(3)由于能源和环境的要求,需要发展无污染的高速铁路。

(4)出现了国内和跨越国境的高速铁路网。

3. 世界高速铁路网建设的第三次高潮(20 世纪 90 年代中期至 21 世纪初)

1998 年 10 月在德国柏林召开的第三次世界高速铁路大会 Eurailspeed98 上,美国 Calgary 大学公共政策研究所的教授 Anthony·Perl 做了一篇题为《高速地面交通系统的全球化和普及》的发言,将当前高速铁路的发展定为世界高速铁路发展的第三次高潮。这次高潮波及亚洲、北美、澳洲以及整个欧洲,形成了世界交通领域中铁路的一场复兴运动。自 1992 年至 2008 年,俄罗斯、韩国、中国、澳大利亚、英国、荷兰等国家和地区均先后开始了高速铁路新线的建设。据不完全的统计,为了配合欧洲高速铁路网的建设,东部和中部欧洲的捷克、匈牙利、波兰、奥地利、希腊以及罗马尼亚等国家正对干线铁路进行改造,全面提速。具体见表 8.3 所示。

表 8.3　第三次高潮已经建成的高速铁路新线

时期	国家或地区	项　目	建设年代	线路长度/km	备注
第三次高潮高速铁路建设	法　国	地中海线	1995—1999	303	欧洲
	德　国	莱茵/美茵—科隆 纽伦堡—茵戈施塔特—慕尼黑	—2000 1997—2003	204 171	
	意大利	罗马—那不勒斯 博洛尼亚—佛罗伦萨	—2001 —2005	204 78	
	英　国	海峡隧道联结线（一期）	1998—2003	69	
	西班牙	马德里—巴塞罗那	1998—2004	300	
	荷　兰	安特卫普—阿姆斯特丹	1999—2005	95	
	俄罗斯	莫斯科—圣彼得堡	1997—	654	
	日　本	北陆、九州、东北新干线		390	亚洲
	韩　国	首尔—釜山	1992—2006	426	
	中国台湾	台北—高雄	1997—2003	345	
	澳大利亚	悉尼—堪培拉	2000—2003	270	澳洲
总　计	11	13	1987—1998	3 509	

除了以上这些已经开工建设的项目，该时期对高速铁路开展规划与筹建工作的国家还有土耳其、美国、加拿大、印度、捷克等。

参与第三次高速铁路建设的各个国家与前两次高速铁路建设不同，其特征主要表现为：

（1）大多数国家在高速铁路新线建设的初期拟定了修建高速铁路的全国规划。

（2）虽然建设高速铁路所需资金数额较大，但从社会效益、节约能源、治理环境污染等诸方面分析，修建高速铁路对整个社会具有较好的效益，这一点得到各国政府的共识。

（3）高速铁路促进了地区之间的交往和平衡发展，欧洲国家已经将建设高速铁路列为一项政治任务，各国呼吁在建设中携手打破边境的束缚。

（4）高速铁路从国家公益投资转向多种融资方式筹集建设资金，建设高速铁路出现了多种形式融资的局面。

（5）高速铁路的技术创新正在向相关领域辐射和发展。

这个时期，全球投入运营的高速铁路有 2 万多千米，分布在日本、法国、德国、意大利等近 20 个国家和地区，世界高速铁路发展已进入一个新的高潮时期，全球正步入高速铁路发展的黄金年代。

4. 世界高速铁路网建设的第四次高潮（21 世纪初至今）

中国在连续实施既有线六次大提速战略的基础上，开始快速大规模规划建设高速客运专线和城际客运专线。中国自 2008 年 8 月 1 日开通时速达 350 km 的当时世界运营速度最快的高速铁路——京津城际客运专线以来，到 2010 年 12 月 7 日在中国北京召开的第七次世界高速铁路大会（首次在欧洲以外地区召开）上，已开通运营高速铁路达到 7 531 km，2010 年年底达 8358 km，2018 年底达 29 000 km，2019 年底突破 30 000 km。可见，从 2008 年至 2019 年的 10 多年时间内，中国高速铁路以每年投入运营近 3 000 km 的建设速度，已成为世界上高速铁路系统技术最全、集成能力最强、运营里程最长、运行速度最高、在建规模最大的国家。

在此时期，其他国家仍然在不断推进高速铁路建设。目前，全球投入运营的高速铁路近 5

万千米，分布在中国、日本、法国、德国、意大利等 20 多个国家和地区，如表 8.4 所示。

表 8.4　截至 2019 年年底已经投产的高铁运营里程数

排名	国家/地区	运营里程/km	施工长度/km	最高速度 / （km/h）	统计截止时间
1	中国大陆	35 000	>7 000	350	2019-12-30
2	西班牙	3 100	1 800	310	
3	德　国	3 038	330	300	
4	日　本	2 765	681	320	
5	法　国	2 658	135	320	
6	瑞　典	1 706	0	205	
7	土耳其	1 420	1506	250	
8	英　国	1 370	0	300	
9	意大利	923	125	300	
10	韩　国	880	552	305	
11	俄罗斯	645	770	250	
12	芬　兰	610	0	220	
13	中国台湾	349.5	0	300	
14	乌兹别克斯坦	344	256	250	
15	奥地利	292	210	250	
16	比利时	209	0	300	
17	荷　兰	120	0	300	
18	波　兰	85	322	200	
19	瑞　士	137	0	250	
20	挪　威	64	54	210	
21	美　国	44.8	0	240	
22	丹　麦	5	60	200	
合　　计		55 641.3	>13 800		

备注：1. 表中数字是不完全统计的粗略数据，在统计时间和统计口径上有一些差异，仅供参考。
　　　2. 表中仅中国高铁运营里程数据是截至 2019 年 12 月 30 日，其余各国的统计数据均在 2018 年年底以前。

按照各国高铁发展规划，预计到 2020 年，世界高速铁路总里程将超过 5 万千米，由此带来的高铁直接投资将超过 1 万亿美元，如果按全产业链的增加值计算，高铁发展对世界经济的带动作用则十分巨大。

（二）世界各主要国家和地区高速铁路发展概况

1. 日本新干线的规划与建设

1）新干线规划与建设概况

日本高速铁路早在 1946 年就酝酿修建，但战后迫于百废待兴，无力顾及。20 世纪 50 年代中叶，日本国民经济在复兴后得到高速发展，全国范围内的旅客运输量和货物运输量急剧增长，而东海道既有线（轨距 1 067 mm）运输能力又面临全面饱和。在这种条件下，如任其继续下去将严重阻碍日本经济发展。修建新的东海道铁路运输通道、提高铁路运输能力已成为迫在眉睫的决策问题。

20世纪50年代后半期，日本经济迅速恢复，发展速度明显加快，而工商和流通业尤其发达的京滨、中京、阪神地区成了带动整个日本经济发展的火车头。连接这些地区的东海道铁路线虽只占日本铁路总长的3%，却承担着全国客运总量的24%和货运总量的23%，而且运输量的年增长率超过全国平均水平，运输能力已达到极限。当时，日本经济已开始从战后复兴向高速增长过渡，为促进经济发展，实现富国目标，全面加强连接这三大工商业地带及周围地区的东海道铁路干线已成迫切需要。为此，运输省于1957年设立了由专家学者组成的"日本国有铁路干线调查会"，就如何增强东海道铁路线运输能力问题进行探讨。1958年12月，日本内阁会议批准了修建东海道新干线的设想。"日本国有铁路干线调查会"当时提出三种方案：一是将已经复线化的原有窄轨铁路线再复线化；二是铺设窄轨新线；三是修建标准轨新线。经过多方研究，要实现最大限度地提高东海道铁路线的"速达性"，修建标准轨新干线成了理所当然的选择。具体地讲，主要有如下一些理由：一、与原有的窄轨相比，标准轨能运行大型车辆，可确保运输量的扩大；二、铺设新干线，可通过扩大曲线半径来设定高速行驶的列车，从而最大限度地缩短到达时间；三、修建标准轨新干线可大幅度减少通过城市市区的部分，从而降低建设成本；四、可运用最新技术，彻底实现现代化。这样，修建世界上第一条时速200 km的高速铁路"新干线"的计划终于落实了。

从1958年开始，经过5年多时间的建设，1964年10月1日，正当第18届奥运会的火炬在日本东京点燃之时，世界铁路运营史上的第一块高速金牌诞生了。"光"号列车以210 km/h的最高速度行驶在日本东海道新干线上。东海道新干线（轨距1 435 mm）全长515.4 km，使东京—大阪的运行时间从6 h 30 min缩短到3 h 10 min，票价比飞机便宜，从而吸引了大量旅客，迫使东京—名古屋的飞机航班停运，这在世界上也是首例。东海道新干线的建成和运营，使"铁路是夕阳产业"的论调破产，给世界铁路的复苏带来了生机，促进了高速铁路发展的进程。继东海道新干线之后，日本又陆续建成了山阳新干线（全长 553.7 km）、东北新干线（全长 496.5 km）、上越新干线（全长 269.5 km）、长野新干线（全长 117.4 km）以及长度为275.9 km的山形、秋田小型新干线（小型新干线是在既有线上增设第三轨，拓宽轨距，使新干线列车能直通运行到更多城市）等。

截至2016年年底，日本新干线营业里程已达 3 000 多千米，是世界上高速铁路总延长里程较多的国家。日本铁路客运量已占全国总客运量的30%，而其中新干线约占铁路总客运量的30.3%，收入约占总收入的45%。在准时性方面，尽管接连不断地发生地震等自然灾害，新干线列车平均晚点仍保持在1 min之内，业绩非常突出，成为日本陆地交通运输网的主力。高速新干线已不仅仅是速度高的现代化铁路，且是日本铁路的发展核心，是支持日本经济发展的支柱，也成为人民日常生活和文化生活中不可缺少的一部分。日本高速铁路规划与建设情况见图8.1、图8.2（截止到2001年）和表8.5、表8.6（截止到2016年）所示。

2）新干线动车组概况

长期以来，日本在高速列车的研究与制造方面占有相当高的技术优势，这与大量技术投入是分不开的。为了追求更高的速度和更优良的舒适性，日本不惜投入巨资研制了一系列作为试验和技术储备的试验性车辆。见图8.3和表8.7所示。

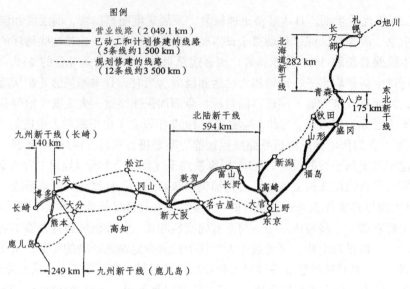

图 8.1　日本新干线示意

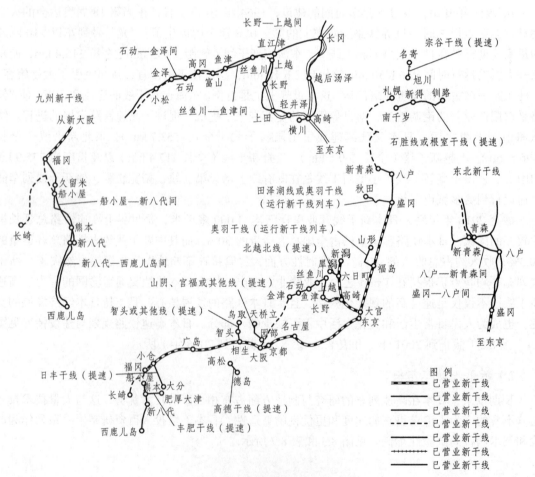

图 8.2　日本新干线规划与建设示意

表 8.5　日本高速铁路概要

项目	东海道新干线	山阳新干线	东北新干线	上越新干线	长野新干线	山形新干线	秋田小型新干线	东北新干线（延伸线）	北陆新干线	九州新干线	北海道新干线
起讫点	东京—新大阪	新大阪—博多	东京—盛冈—新青森	大宫—新潟	高崎—长野	福岛—新庄	盛冈—秋田	盛冈—八户	长野—上越妙高—金泽	新八代—鹿儿岛中央、新八代—博多	新青森—新函馆北斗
营业里程/km	515.4	553.7	713.7	269.5	117.4	148.6	127.3	96.6	345.5	288.9	148.8
营业时间	1964-10	1975-03	1991-06	1982-11	1997-10	1999-12	1997-03	2002-12	2015-3	2004-3/2014-3	2016-3
车站数量	18	18	23	9	6	6	6	4	13	12	4
车站平均距离/km	36.8	32.6	29.2	33.7	23.5	17.4	25.4	32.2			
最高运行速度/(km/h)	270	300	320/260	245	275	130	130	275	260	260	260
运输模式	客运高速	客运高速	客运高速	客运高速	客运高速			客运高速	客运高速	客运高速	客运高速
高速列车类型	0、100、300、500、700系、N700	0、100、300、500、700、N700	E2、E3、E4、E5、E6、E7、H5、W7	200、E2、E3、E4、E7、W7	E7、W7	E3	E6	E2-1000	W7、E7	800、N700	H5、E5
牵引方式	电动车组	电动车组	电动车组	电动车组	电动车组	电动车组	电动车组	电动车组	电动车组	电动车组	电动车组
动车轴重/t	16/14	15/11.3	17/11.3	17	11.3		17	17	11.3	11.3	11.3

表 8.6　日本新干线的主要几何参数

线路	最小曲线半径/m	最大坡度	线间距/m
东海道新干线	2 500	15‰	4.20
山阳新干线	4 000	15‰	4.30
东北新干线	4 000	15‰	4.30
上越新干线	4 000	15‰	4.30

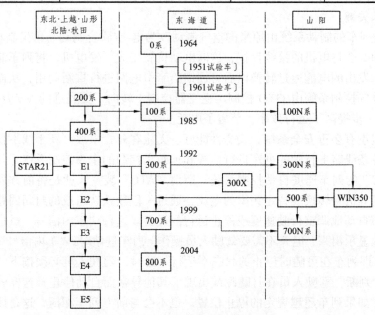

图 8.3　日系动车组型号发展示意

表 8.7 日本的高速列车

列车型号	最高速度/（km/h）	总功率/kW	长度/m	定员/人	编组形式	运营年份
0 系	210	11 840	400.3	1 340	16 动	1964
100 系	220	12 960	402.1	1 321	12 动 4 拖	1985
200 系	275	11 040	400.3		14 动 2 拖	
300 系	270	12 000	402.1	1 323	10 动 6 拖	
400 系	240	5 040	148.7	379	6 动 1 拖	1992
500 系	300	18 240	404	1 324	16 动	1997
700 系	285	13 200	404.7	1 323	12 动 4 拖	
E1 系	240	9 840	302.7	1 235	6 动 6 拖	
E2 系	275	7 200	201.4	630	6 动 2 拖	1997
E3 系	275	4 800	107.7	270	4 动 1 拖	
E4 系	240	6 720	200.1	817	4 动 4 拖	1997

3）日本高速铁路主要技术特点

（1）新干线采用动力分散的运行方式，不断降低轴重，全面提高列车性能。所谓动力分散，就是每节车厢的车轮都安装了驱动装置——电动机，将列车的动力分散到各节车厢。传统的机车牵引方式需要依靠机车提供牵引力，是以较少的驱动轮对带动整列列车行走，为了有效利用牵引功率和防止机车主动轮空转，就需要在机车上加上很大的重量，从而加大了对轨面的压力，增加了建设和维修成本。不断降低轴重，可减少轮轨作用力、降低建设成本和维修费用、提高经济效益。新干线采用动力分散方式，以每节车厢的车轴作为驱动，不需要沉重的机车，轴重从 17 t 降到 12 t 左右，由此车厢的轴重便可大大减轻，不仅易于加减速和在大坡度线路上平稳行驶，也降低了噪声和振动，大大提高了旅行舒适性；同时，降低对轨面的压力，既降低了建设成本，又提高了经济效益。

（2）新干线线路中桥、隧比重不断增加，线路标准不断提高；建立了工程试验段，通过试验研究解决技术关键。

（3）新干线列车的制动系统由原来的空气制动改为电-空联合制动与再生制动。使用再生制动的列车在制动时会将电机的接线反接，这时电动机就变成了发电机，将列车制动时的巨大动能转化为电能，发出的电能通过转换以后可回馈给牵引电网进行重新利用，从而可节省能源。同时，列车的电气控制系统由 GTO 控制（逆变器控制）转向了更先进的 VVVF 控制（交流电变频控制），进一步提高了运行效率，节省了电耗。

（4）新干线设有多重安全系统，安全性能好、无旅客死亡事故。新干线不仅在东京和大阪分别设置了对各条线路上行驶的列车进行监视和远距离控制的中央控制系统，每条线路还安装了被称为"ATC"的列车速度自动控制系统。所谓"ATC"装置，就是将前方列车的位置、分辙器和路轨状况等信号转换成特定频率的电流，通过一段段铁轨组成的封闭回路传给车载信号器，列车据此而自动地调整行驶速度或停止运行的设备。这种"车内信号"虽也通过驾驶台上的显示盘同步地显示出来，但并不需要驾驶人员操作。列车进站时，"车内信号"提示的速度是 30 km/h 以下，即列车在可随时停止的状态下运行。这时，驾驶人员必须按下"确认"钮，否则"ATC"将"判断"驾驶人员在打瞌睡或出现了其他异常而自动停止，这样就不能准确地停到规定的位置。如果列车超越规定的停止位置，也不会与前方列车相撞，这是因为，当后方列车接触到设在距前方列车 1 500 m 处的"绝对停止信号"时，就会自动地紧急刹车。由此可见，新干线是可以实行无人驾驶的，之所以要配置驾驶员，是为了使进站的列车能根据站内情况，准时停到规定的位置，防止因紧急刹车而给乘客带来不舒适感。

由于日本地震频发，紧急地震检测和警报系统于 1992 年引进，它使高速列车在发生大地震时能够自动制动。

（5）新干线运输组织特点与模式。新干线列车运行密度高、定员多、旅客输送量大，而且采用同一速度等级的客运专线运输模式，以增加服务设施、提高服务质量、方便旅客换乘。

（6）采用中央控制系统进行运行监控。在各条线路上设置列车行驶监视和远距离控制的中央控制系统。

日本开发新干线的首要目标是增强客运能力，其次才是提高速度。东海道新干线开始运行，每天的客运量是 6 万人次，10 年后增加到每天 30 万人次，全国 8 条新干线每天客运达 75 万人次。乘客如此之多，依靠电话预约和手工售票，无论如何也适应不了。日本早在开发新干线的同时就研制出了综合自动售票系统，经过多年的不断改进，每天可处理 160 万张车票，基本无差错。

2. 法国高速铁路规划与建设

1）法国高速铁路概况

法国铁路在历史上对高速行车一直是情有独钟，并且还占有相当明显的优势。据统计，从 1890 年到 1990 年的 100 年间，世界铁路共创造了 17 次铁路行车最高纪录，其中有 9 次是由法国铁路创造和保持的。1955 年，法国利用普通的电力机车牵引一节客车和一节试验车所创造的 331 km/h 当时世界纪录，直到 20 世纪 70 年代才由它自己的 TGV-01 试验型电动车组以 380 km/h 的速度打破。法国铁路于 1990 年 5 月用 TGV 大西洋电动车组创造了 515.3 km/h 的世界纪录；于 2007 年 4 月 3 日用 AGV（法文 "Automotrice à grande vitesse" 即高速动车组的缩写，运营速度 360 km/h）动力分散式永磁电机驱动动车组，创造了 574.8 km/h 铁路高速列车试验速度世界纪录，该纪录一直保持至今，无人能望其项背。

法国 TGV 大西洋高速列车的 300km/h 运营速度也长期保持了世界最高运营速度的纪录。在国际市场上，法国 TGV 系列列车也是最成功的，西班牙、韩国等都引进了 TGV 技术。

多年以来，铁路作为一种安全快速的公共交通工具，一直是法国交通系统中的骨干。但到了 20 世纪 70 年代，迅速发展起来的公路和航空运输打破了这一格局，在这种情况下，传统运输政策受到冲击，行车速度长期徘徊在 160 km/h 的法国铁路也如其他欧洲国家铁路一样，面临着严峻挑战，形势迫使人们向速度要效率、要市场、要出路。同时，科技进步使大幅度提高列车速度成为可能，日本新干线建成并投入运营，大大激发了法国铁路建设积极性。

法国是世界上从事提高列车速度研究较早的国家，在日本建成东海道新干线之后，他们开始从更高起点研究开发高速铁路并确定了适合本国国情的速度目标值。其目标是要研制一种高性能、高速度并面向大众的新型列车，建造一条高质量的铁路新线，向旅客提供一种安全、舒适、快速的出行方式，解决铁路干线运输能力饱和问题并要获得显著的经济效益。基于上述考虑，1976 年法国开始了东南线高速铁路（TGV）的建设，从此以后，TGV 高速铁路系统走上了迅速发展的道路，在技术、经济、商业等方面都取得了巨大的成功，30 多年来，一直居于世界铁路运输的前沿。

法国高速铁路对速度目标值的追求是独具特色和遥遥领先的。1981 年，TGV 高速列车在东南线南段部分投入运营，试验时速达 380 km，打破了传统铁路运行速度的概念。20 多年来，它从未停止过为实现更高的速度目标而进行的一切努力，1990 年 5 月，TGV 列车在大西洋线上创造的 515.3km/h 的世界纪录，更令世界瞩目。1990 年建成并投入运营的大西洋高速线及 1993 年建成并投入运营的北方高速线，列车运行速度均为 300 km/h；2001 年建成并投入运营的地中海高速线，列车运行速度可达 350 km/h；同时，时速 300 km 的高速双层列车也已问世。法国已研制出性能更高、速度达 350 km/h 的第四代动力分散式 AGV 型高速列车。

法国在 1981 年建成了它的第一条高速铁路（TGV 东南线），该线包括联络线在内全长 417 km。东南线上运行的 TGV-PSE 型高速动车组允许最高速度为 270 km/h，超过了当时日本东海道新干线最高速度 220 km/h.之后，1990 年 10 月大西洋线全部投入运营，该线全长 282 km。大西洋线 TGV-A 型高速动车组允许最高速度为 300 km/h，该线采用的高速动车组是第二代 TGV，515.3 km/h 的世界纪录就是 1990 年在大西洋 TGV 西南支线上创造出来的。

1993 年 TGV 北方线（也称北欧线）全线开通，全长 333 km。北方线由巴黎以北的喀内斯到里尔，在里尔分为两条支线：一条向西穿越英吉利海峡隧道到达英国伦敦；另一条通向比利时的布鲁塞尔，东连德国的科隆，北通荷兰的阿姆斯特丹，成为一条重要的国际通道。被称为"欧洲之星"的高速列车于 1994 年 11 月在法、英、比三国首都间正式投入运营。1997 年 12 月以巴黎、布鲁塞尔、科隆、阿姆斯特丹四个城市字首命名的 TGV-PBKA 高速列车开始运行。

1994 年 5 月大巴黎区外环线建成后，北方线、东南线和大西洋线可绕过巴黎相对联结成为一个高速铁路网系统。法国的高速铁路后来居上，在一些技术、经济指标上超过日本而居世界领先地位。从法国第一条高速铁路 TGV 东南线全线通车至今已近 40 年，这一期间，法国高速铁路获得了前所未有的飞跃发展，1999 年已拥有高速铁路新线 1280 km，2001 年地中海高速线开通，法国高速铁路新线里程达 1576 km，2014 年达 2036km，2018 年达 2658km，高速列车 TGV 可提供服务的路网范围达 5900 km。至 2002 年法国国铁拥有高速动车组已达 600 列，其中欧洲之星 38 列。具体见表 8.8 所示。2002 年法国高速铁路网如图 8.4 所示。

表 8.8　法国高速铁路概要

项　目	东南线	大西洋线	北方线	东南延伸线	地中海线	巴黎联络线
起讫点	巴黎—里昂	巴黎—勒芒 巴黎—图尔	巴黎—里尔/巴黎—英吉利海峡	里昂—瓦朗斯	瓦朗斯—马赛	环巴黎
营业里程/km	390	282	333	148	295	128
营业时间	南段 1981 北段 1983	到勒芒 1989 到图尔 1990	到里尔 1993 到加莱 1994	北段 1992 南段 1994	2001	南部 1994 西部 1996
最高运行速度 /（km/h）	270	300	300	300	350	300
运输模式	客运专线	客运专线	客运专线	客运专线	客运专线	客运专线
高速列车类型	YGV-PSE	TGV-A	TGV-R TGV-TMST	TGV-2N	TGV-2N	TGV-R
牵引方式	电动车组	电动车组	电动车组	电动车组	电动车组	电动车组
动车轴重/t	16	17	17			

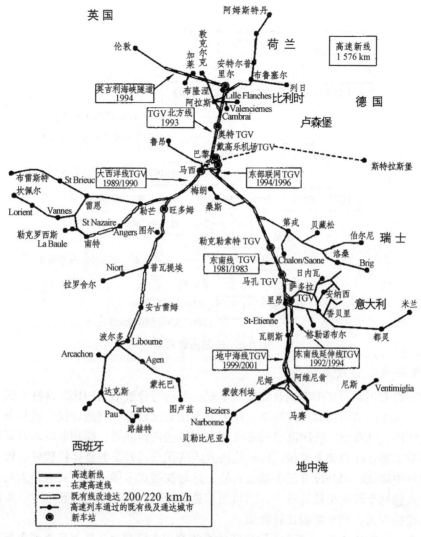

图 8.4　2002 年法国高速铁路网

2）法国高速列车

法国运营的高速列车主要有 5 种（表 8.9 和图 8.5），其中 TGV-P 为第 1 代高速列车，TGV-A、TGV-R、EuroStar 等是第 2 代列车，TGV-D 双层列车是第 3 代列车，AGV 是第 4 代列车。

表 8.9　法国铁路运营中的高速列车

型 号	功率/kW	最高速度 /（km/h）	编 组	长度/m	定员/人	运营时间
TGV-P	6 500	270	2 动 8 拖		368	1981
TGV-A	8 800	300	2 动 10 拖	237.6	485	1989
TGV-R	8 800	300	2 动 8 拖	200.2	377	1993
TGV-D	8 800	300	2 动 8 拖	200.2	545	1996
EuroStar	12 200	300	2 动 18 拖	393.7	794	1994
AGV	7 600	360	1 单元 3 辆	175（3 单元）	359	2008

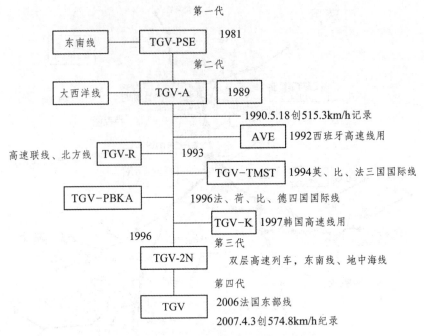

图 8.5 法国高速列车

3）法国高速铁路技术特点

（1）动车组采用动力集中方式及铰接式车厢。与动力分散形式相比，这种方式的列车的最大轴重较大，客车的结构相对比较简单，技术上也相对比较容易制造。仅高速列车 AGV 采用动力分散式倾摆式动车组。法国高速列车全部采用铰接式转向架，即相邻的两节车辆共用一个转向架，两节车厢在转向架上连接。这种连接方式的优点是列车的整体性较好。曾经有一列高速列车在运行中脱轨，但是没有发生颠覆事故，这与铰接式车体连接方式有很大关系。另外，铰接连接方式的列车转向架数量较少，因而列车总重较轻；但是因为轴数也少，所以平均轴重较重。采取铰接方式，列车解编比较麻烦。

（2）除第一代 TGV-P 高速列车采用传统的直流牵引电动机外，其他高速列车都采用交流无换向器同步电动机作为牵引电动机。与直流电动机相比，这种电动机功率大，重量轻。与交流异步电动机相比，它的控制电路相对比较简单。

（3）多电流制供电与简单链型悬挂接触网，能使用一般线路的 1 500 V/3 000 V 直流供电，也能使用高速线 25 kV 交流供电。

（4）采用符合 ETCS 标准的 TVM 列车控制系统。

（5）注重系统的安全性与可靠性。

（6）高标准、高质量的线路。

3. 德国高速铁路

1）德国高速铁路概况

铁路在德国建成以来，已有 180 多年历史。随着历史的变迁，德国铁路的发展经历了不同阶段，早在 1901 年，西门子公司和哈尔斯科公司生产的四轴三相交流试验用电力机车，就在马林佛尔德—措森间就创造了 162.5 km/h 的世界纪录。1936 年 5 月 11 日，德国用建设系列 05

型 Borsin 流线型蒸汽机车牵引新型客车，从汉堡到柏林，又创造了最高速度 200.4 km/h 的世界新纪录。但直到 20 世纪 80 年代中期，原联邦德国政府才认识到以往交通政策的失误，同时由于欧洲共同体统一市场的形成，欧洲国家之间的联系正愈来愈密切。为了适应这一国际形势，建立一个欧洲高速铁路网络已势在必行。

高速问题的解决方案是建立 ICE 系统，这是一个从列车、接触网、牵引供电、安全系统、线路（曲线、桥梁、隧道）、道床直到检测系统各个环节都相互关联和匹配的整体工程。ICE 是一项由原联邦德国工业界与铁路合作研制的成果，以不污染环境、快捷迅速为其突出优点，它以 250～300 km/h 的速度将两方面的优点理想地结合在一起。作为高速铁路（ICE）系统，如今 400 km/h 的运行速度在技术上已经不是不可逾越了。但人们从经济上权衡的速度目标值为：在客货两用的高速线路上，最高速度应为 280 km/h；在 ICE 客运专线上，应为 300 km/h，甚至为 350 km/h。

1999 年德国已建成的高速铁路共有 4 条，见图 8.6、图 8.7 和表 8.10 所示。

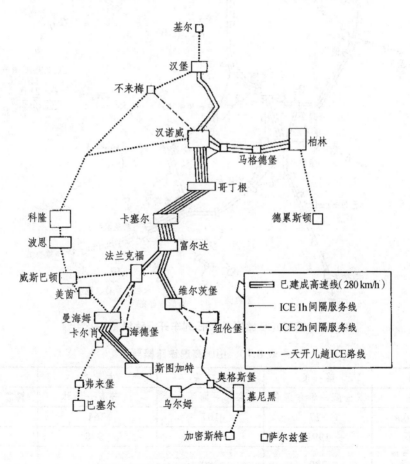

图 8.6　德国高速铁路（至 1999 年）

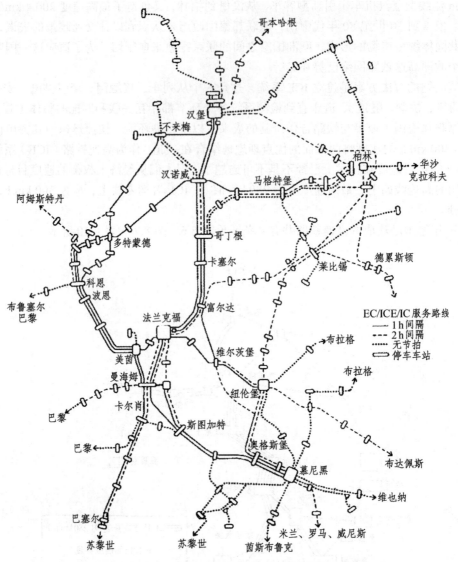

图 8.7　德国 ICE 路网及 ICE 列车开行路线（1998 年）

表 8.10　德国高速铁路概要

项　目	第一条	第二条	第三条	第四条
起讫点	汉诺威—维尔茨堡	曼海姆—斯图加特	汉诺威—柏林	科隆—法兰克福
营业里程/km	327	107	264	219
营业时间	1991	1991	1998	2002
最高运行速度 /（km/h）	280	280	280	330
运输模式	客货混运	客货混运	客货混运	客运专线
高速列车类型	ICE$_1$	ICE$_1$	ICE$_2$	ICE$_3$
牵引方式	电力机车/动车组	电力机车/动车组	电力机车/动车组	电力机车/动车组
动车轴重/t	19	19	19	19

（1）汉诺威—维尔茨堡线全长 327 km，1991 年全部投入使用。

（2）曼海姆—斯图加特线全长 107 km，其中新线 99 km，1991 年投入使用。

这两条线均采用客货混合运输模式。最小曲线半径 7 000 m（特殊地段 5 700 m），最大坡度 12.5‰。客运采用 ICE_1 型动车组，运行速度最高 280 km/h，一般为 250 km/h。货物列车运行速度为 80～120 km/h。除 ICE_1 型列车外，传统的 IC 列车和地区间的列车也在新线上运行。

（3）汉诺威—柏林高速铁路总长 264 km，1998 年 9 月竣工投入运营。此线也采用客货混合运输模式，全线中 170 km 为新建双线，曲线半径为 4 400 m，最大坡度为 12.5‰，最高列车速度为 280 km/h。沃尔夫斯堡区段为既有线改造，适应 200 km/h 速度，而沃尔夫斯堡—柏林为新线，与既有线平行，从环境保护观点考虑，这是最好的解决办法。因为，这样对自然的破坏程度降低到最小，并尽力避免破坏运输走廊的风景。在这条高速铁路上运行的是 ICE_2 型高速列车。

（4）科隆—法兰克福高速铁路全长 219 km，包括科隆机场线 15 km，于 2002 年 12 月正式投入商业运营。这条无砟线路，最小曲线半径为 3500 m（特殊情况下 3350 m），最大坡度为 40‰，在科隆—法兰克福新线上运营 ICE3 型高速列车，最高运行速度可达 330 km/h。该条线路上有 30% 是国际运量。此外，德国正在修建纽伦堡—慕尼黑高速铁路，其中纽伦堡—因戈尔施塔特区段 89 km 为新建高速线，最高速度为 300 km/h；因戈尔施塔特—慕尼黑进行既有线改造，里程 82 km，改造后速度 200 km/h。

与日本和法国的高速铁路不同，德国高速铁路是按客货车混跑的原则而设计的。德国高速铁路新线的几何参数如下：

最小曲线半径：7 000（5 100）m

最大坡度：12.5‰（科隆—法兰克福/美因线为 40‰）

线间距：4.50～4.70 m

设计速度：280～300 km/h

除了近 900 km 的设计速度为 280～300 km/h 的高速新线外，德国还有约 700 km 的最高允许速度达到 200 km/h 的经过改造的既有线。因此，德国的高速铁路包括新线和速度达到 200 km/h 的既有线，2002 年总长 1 570 km 左右，2018 年达 3 038 km。这里需要指出的是，与法国一样，ICE 高速列车不但在高速新线上行驶，也在经改造的和未经改造的既有线上行驶（速度达到或未达到 200 km/h），这些行驶 ICE 高速列车的线路都可以称作 ICE 线路，总长达 3 200 km。

德国 2002 年以后建设的高速铁路线共有 600 多 km（表 8.11）。另外，德国铁路远景规划还要建设三条高速新线，长度约 200km。德国高速铁路网见图 8.6。

表 8.11　德车 2002 年以后建设中的高速铁路

线　路	长度/km	原计划开通时间
纽伦堡—因戈尔施塔特	90	2004
卡尔斯鲁厄—奥芬堡	70	2005
莱比锡—里希特费尔	190	2005
汉堡—柏林（改造线）	286	2005

2）德国高速列车

如同法国高速列车都是 TGV 系列一样，德国铁路的高速列车都是 ICE 系列［为 Inter City Express（城际快车）的缩写］。ICE 试验型列车诞生于 1985 年，曾经于 1988 年 5 月达到 406.9 km/h

的试验速度，是世界铁路上首次突破 400 km/h 速度的高速列车。1989 年 12 月，德国 ICE 列车又以 480 km/h 的速度打破了法国 TGV 高速列车当时创造的世界列车最高速度纪录。

ICE1 高速列车于 1991 年正式投入运营。由于德国早在 20 世纪 60 年代就开始研制开发新型的三相交流异步传动技术，并在 20 世纪 70 年代研究成功，在交流异步传动方面具有技术优势。ICE 系列列车一开始就都采用了这种先进的传动技术。第一代 ICE$_1$ 和第二代 ICE$_2$ 都采用了动力集中方式，它们的最高设计速度都是 280 km/h，但是实际运营中考虑到环境保护（主要是噪声）的需要，速度都限制在 250 km/h。只有当列车晚点需要赶点时，才把速度提高到 280 km/h。第三代 ICE$_3$ 高速列车则改为动力分散形式，最高运营速度也提高到 330 km/h。

ICE$_3$ 于 2000 年春季在汉诺威世界博览会上开始商业运行。同年 11 月，开始在法兰克福－科隆－阿姆斯特丹线上进行商业运行。科隆－法兰克福/美因线通车后，ICE$_3$ 也在该线上运营。德国高速列车主要技术参数见表 8.12。

表 8.12　德国高速列车主要参数

列车名称	功率/kW	最高速度 /（km/h）	编组	定员/人	开始运营时间
ICE$_1$	9 600	280	2 动 12/14 拖	669/759	1991
ICE$_2$	4 800	280	1 动 7 拖	393	1997
ICE$_3$	8 000	330	4 动 4 拖	404	2000

3）德国高速铁路技术特点

（1）运输组织采用客货混跑模式，对高速铁路线路的要求更高。

（2）高速列车动力采用三相交流传动技术、计算机控制机车牵引与列车制动技术，采用统一调度指挥。

（3）ICE 高速动车采用轻型车体构造和列车自诊断技术，可以降低轴重、减少轮轨相互作用，保证列车安全高效运行。

（4）高速线路大量采用无砟轨道技术，提高了线路稳定性，大量减少了养护维修工作量，可以做到少维修、免维修。

4. 西班牙高速铁路

1）西班牙高速铁路概况

20 世纪 80 年代中期，西班牙加入欧洲共同体。随着欧洲共同体国家经济的发展，高速铁路成为世界铁路客运技术发展的一个重要方向。欧洲地区高速铁路网的建设和发展规划，要求欧共体成员国要采用现代铁路技术改造和加强本国铁路，各国间相互协调、统一标准，形成有机的整体，为建立欧洲统一大市场创造必要条件。在此期间，法国、德国相继建成高速新线。这些高速铁路的建设和运营，展示了当代高速铁路技术的最新成就，并且取得了明显的社会和经济效益，为西班牙铁路建设提供了有益的借鉴。鉴于这种情况，特别着重于考虑国家经济发展的实际需要，西班牙重新调整了国家交通运输发展政策，尤其是 1992 年 4 月在塞维利亚举办国际博览会和 1992 年 7 月在巴塞罗那举办第 25 届奥运会，西班牙政府力图利用这一契机，向全世界展现自己的国家形象和经济、技术实力，推动了马德里—塞维利亚高速铁路的加速建设。

马德里—塞维利亚高速铁路，全长 471 km。1992 年国际博览会开幕前夕投入运营。该线采用标准轨距（西班牙既有铁路都是宽轨铁路），按高中列车混跑、客货车混运的原则设计。在这条高速线上，主要开行 AVE 高速列车（速度 250～270 km/h），以及经高速线向两端延伸至其他城市的 Talgo 摆式车体列车（速度 160～200 km/h）。新建马德里—塞维利亚高速铁路与既有线走向基本一致。在马德里—赫塔费段（19 km）与既有线共线，以后的全部线路均参照现代国际标准设计修建新线，全线比既有线缩短 103 km。马德里—塞维利亚高速铁路运行速度为 250～270 km/h，线路的最小曲线半径为 4 000 m（个别地段 3 200 m），线路最大限制坡度为 12.5‰，线路铺设 UIC60 型钢轨、无缝线路、双块式钢筋混凝土轨枕。

在马德里—塞维利亚高速铁路线上开行的 AVE 型动车组，是通过国际招标，采用引进消化国外高速列车先进技术，并逐步过渡到由本国生产的方式制造的。除了 AVE 高速列车外，在马德里—塞维利亚高速线上还开行了由机车牵引的速度为 160～200 km/h 的中、高速 Talgo 摆式车体列车，以适应与既有线共线式列车的运行。

西班牙马德里—塞维利亚高速铁路建设获得了巨大的成功，为全世界提供了根据本国国情，借鉴国外经验，依靠自己的力量在较短时间内优质、高效建成高速铁路的范例，见图 8.8 和表 8.13 所示。

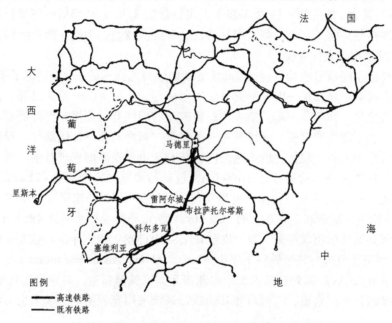

图 8.8　西班牙马德里—塞维利亚高速铁路示意

表 8.13　西班牙高速铁路概要

项　目	马德里—塞维利亚
起讫点	马德里—塞维利亚
营业里程/km	471
营业时间	1992 年 4 月
最高运行速度 /（km/h）	300
最大坡度	12.5‰
最小曲线半径	4 000 m（困难区段可以为 3 250 m）
线间距/m	4.3
运输模式	高、中速混跑
高速列车类型	AVE 型高速动车组，Talgo 摆式车体列车共线运行
牵引方式	内燃机车
动车轴重/t	16.8

马德里—塞维利亚高速铁路的造价是 730 万美元/km，是 20 世纪 80 年代欧洲造价最低的高速铁路（法国 TGV 大西洋铁路是 850 万美元/km，德国两条高速铁路高达 2 770 万美元/km）。

为了最大限度地提高服务质量，以吸引客流。自 1994 年 9 月 11 日起，西班牙国家铁路公司（RENFE）决定实行延误补偿的承诺——只要是公司原因造成 AVE 高速列车延误超过 5 min，将票价的全部金额返还给乘客。

这一措施是为保证 AVE 列车的正点率而制定的。AVE 列车自 1992 年 4 月投入运营以来，其准时率已达 99%。1997 年上半年，马德里—塞维利亚运行的 5671 列高速列车，准时率达到 99.51%（以 3 min 误差范围为界）。

因此，这条高速铁路吸引了很多客流。1994—1997 年期间，高速铁路的运输量增长了 22.6%，而同期其他运输方式的增长仅为 10.7%。这一期间，AVE、Talgo200 列车旅客运输量的年平均增长率达到了 7%。1996 年，高速铁路运量占 RENFE 长途旅客运量 21% 的份额，1997 年占 RENFE 旅客总运量 9% 的份额。1997 年起（正式运营仅 5 年），马德里—塞维利亚高速铁路开始盈利，比计划整整提前 1 年，获得了很好的社会和经济效益。为此，西班牙国营铁路获得了 1998 年欧洲质量管理基金优秀奖。

在第一条高速干线运营成功以后，西班牙继续加快高速列车的发展，制定了新的路网规划。陆续修建的新干线有：马德里—巴塞罗那—法国西南部、萨拉戈萨—毕尔巴鄂、洛格罗尼奥—法国西南部、马德里—葡萄牙首都里斯本。将要改造的旧线有马德里—巴伦西亚、马德里—莱昂、巴利亚多利德—洛格罗尼奥、塞维利亚—韦尔瓦、塞维利亚—加的斯等。经过新建和改建以后，西班牙铁路形成一个现代化的高速路网，跻身于世界铁路的先进行列。到 2018 年年底，西班牙已建成高速铁路总运营里程达 3 100 km，包括马德里—塞维利亚 471 km 的高速线（包括改造科尔多瓦—塞维利亚和马德里—赫塔费既有线路区段）、马德里—托莱多 74 km 的高速线（包括改造马德里—塞维利亚高速线的 20.5 km 线路）、马德里—莱里达 481 km 的高速线（马德里—巴塞罗那高速线的组成部分）等，装设 ETCS/ERTMS-1 级列车运行控制系统，最高运行时速 350 km。西班牙境内的高速铁路主要由 Alaris、Alvia、Anant 和 Euromed 多条列车线路组成。这些线路上开行 AVE 系列高速列车，由西班牙国家铁路营运，时速可达每小时 300 km。该系统使用标准轨及专用轨道，与西班牙其他铁路系统采用宽轨不同，未来也可以与其他地区的铁路相连接。

2）西班牙高速列车

按照西班牙的科技和工业实力，很难在短短几年内独立开发出自己的高速列车，只能走引进国外铁路先进技术的道路。西班牙政府通过宏观调控和干预，采取技贸合作、技术转让、合资建厂、组建跨国集团公司等多种形式，改造和重建机车车辆工厂，从国外引进先进技术为己所用。同时，又对本国的民族工业加以扶持和保护。经过招标，1998 年 3 月，西班牙国家铁路公司与法国阿尔斯通公司为首的集团签订了购买 24 列 AVE 高速列车的合同。阿尔斯通购买了西班牙 Meinfesa、MTM 和 ATEINSA 三家公司的股份，组成一个新的国际集团。在这个集团公司中，阿尔斯通占 55% 股份，三家西班牙公司各占 15% 的股份。

AVE 高速列车是由新成立的阿尔斯通国际集团在法国 TGV-A 列车的基础上，按西班牙铁路的条件和要求进行改进设计而成的。原先的三家西班牙公司进行现代化改造，但仍保留各自的生产特点和产品范围，成为阿尔斯通集团公司在西班牙的机车车辆生产基地。根据它们各自的专长，MTM 主要分工生产 AVE 的动车（包括牵引设备和转向架），Meinfesa 生产一部分牵引设备，ATEINSA 和一家西班牙独资公司 CAF 则负责生产 AVE 的客车。

按协议，24 列车的前 4 列和后 4 列的 8 节动车在法国制造。其他动车及客车将由阿尔斯通国际集团和 CAF 公司在西班牙制造。AVE 高速列车的主要技术参数如下：

最高速度：　　　　　300km/h
列车功率：　　　　　8800kW
编组形式：　　　　　2 动 8 拖
动力配置：　　　　　两端集中
连接方式：　　　　　铰接式
定员：　　　　　　　329 人

在供电设备和通信信号系统方面，马德里—塞维利亚高速铁路则引进了德国的技术。供电系统包括接触网由德国西门子公司负责设计、提供和安装。接触网为德国 Re-250 改进型，适应列车速度 300 km/h。

信号系统采用德国的调度集中、LZB 列车自动控制以及电子联锁设备，对高速列车实行自动化管理。系统由西门子公司总承包，Alcatel-SEL 公司提供部分设备及参与系统集成。

因为马德里—塞维利亚高速铁路的设计原则是客货混运和中、高速列车混运型，除了 AVE 高速列车外，还要开行跨线行驶的 Talgo 摆式列车，所以，西班牙铁路还同时向以西门子为首的德国—瑞士—西班牙跨国集团订购了 75 台 S252 三相交流传动电力机车。这种机车的持续功率 5 600 kW，最高速度 220 km/h。参加 S252 机车项目的有德国的 Krass-Maffei、Thyssen-Henschel、ABB，西班牙的 CAF 以及已经并入阿尔斯通的西班牙 Macosa 公司等。15 台机车在德国制造，60 台在西班牙制造，其中 Macosa 负责制造 45 台，CAF 制造 15 台。

西班牙马德里—塞维利亚高速铁路从 1992 年通车运营以来，开行的高速列车从最初的每天 6 对增加到 1999 年的每天 19 对，并从 1997 年起开始盈利。

5. 意大利高速铁路

1）意大利高速铁路概况

意大利是一个具有悠久历史的文明古国，每年有大量国内外游客。此外，由于工业和人口分布不均，一些铁路干线承担了铁路总运量的绝大部分，尤其以米兰—博洛尼亚—佛罗伦萨—罗马—那不勒斯这条南北主干线以及都灵—米兰—威尼斯这条东西主干线的运输非常紧张。这两条干线占路网总长仅 20%，所承担的运量几乎占铁路全部运量的 80%，既有铁路的通过能力已趋饱和。1964 年后，意大利才选定把米兰—博洛尼亚—佛罗伦萨—罗马—那不勒斯南北高速干线、都灵—米兰—维罗纳—威尼斯东西大干线作为意大利高速铁路的 T 字形骨架，再加上从米兰—热那亚的一条高速支线，全部高速路网总长约 1 200 km。

整个高速铁路网工程将分阶段执行。南北高速干线中罗马—佛罗伦萨的高速铁路已于 1997 年完工通车，全长为 254 km。罗马—那不勒斯高速铁路 2004 年开通运营。其余线路在 2007 年完工。东西高速干线中，都灵—米兰段大约在 2008 年完工。米兰—威尼斯段大约在 2011 年完工。米兰—热那亚的西南支线在 2010 年完工。

由于意大利是一个多山区的国家，历史悠久，人口密度高，环境保护的紧迫性更高，工业发达但布局偏于北部，又处于整个欧洲交通的枢纽地位，这种国情决定了意大利高速铁路定位在部分为山区、丘陵地形，总体地质条件比较差的地形地貌上修建一个适应旅客列车最高速度为 300 km/h、货物列车轴重达 18 t、最低速度为 80 km/h 的客货混用的 T 字形高速铁路网络。这种需要决定了意大利高速铁路总体技术特点为：

（1）隧道、高架桥与桥梁占整个线路长度的很大比例。如：罗马—那不勒斯段线路 39 km（占 18%）；佛罗伦萨—米兰段线路长度约 478.4 km，其中隧道 373.3 km（占 93%），高架桥与桥梁 1.1 km（占 4.6%）。所以，高速铁路标准要考虑山区的地形地质条件。

（2）高速铁路与既有线之间联系非常密切。在高速线上每隔 50 km 左右就有一段联络线与既有线相连，使高速铁路网与既有线铁路网能紧密地结合成为一个网，能完美地实施高度的集中控制和最大限度地发挥高速铁路与既有线铁路各自的效能。

（3）为保护历史文化遗产，不得不修建大量的隧道，特别是大量的人工防噪声隧道，从而增加了建设的投资（高速铁路在环境保护方面的投资约占全部基础设施投资的 12%）。

（4）根据国情开发和使用摆式列车，使既有线大面积提速，也使意大利的摆式列车技术在欧洲以至世界各地得到了较大面积推广，成为世界上最成熟的摆式列车技术之一。

意大利高速铁路网见图 8.9 和表 8.14 所示。

图 8.9　意大利高速铁路网示意

表 8.14　意大利高速铁路概要

项　目	南北高速干线			东西高速干线		西南干线
起讫点	罗马—佛罗伦萨	罗马—那不勒斯	佛罗伦萨—米兰	米兰—都灵	米兰—威尼斯	米兰—热那亚
营业里程/km	254	204	206.4	124.5	236	126
营业时间	1997	2004	2007	2008	2011	2010
最高运行速度/（km/h）	250	300				
运输模式	客货混运	客货混运				
高速列车类型	ETR450 型摆式车体	ETR500 型非摆式车体				
牵引方式	电动车组	电动车组				
动车轴重/t	12.5（客）/24（货）	16.7（客）/17.6（货）				

2）意大利高速列车

（1）Pendolino 摆式列车。

20 世纪 60 年代中期，英国、法国、德国、意大利、瑞典、加拿大等国先后开始研究摆式列车技术。其目的是不对线路设施进行重大改造，而仅对机车车辆进行改造，以提高列车行车速度，以期大幅度降低改造费用。

摆式列车的原理是列车在通过曲线区段时，车体自动向曲线内侧倾斜，以补偿一部分欠超高，减少乘客的不舒适度，从而可以提高列车通过曲线的速度，进而提高列车的旅行速度。在曲线区段越多的线路上，摆式列车的提速效果越好。

根据车体倾摆原理的不同，摆式列车有主动式和被动式两种。主动式是通过安装在头车前转向架上的传感器发出即将进入曲线区段的信号，车载计算机进行计算、处理控制液压或电动机构使车体倾斜。而被动式摆式车体则是使车体的摆动支点远远高于其重心，因而列车通过曲线时，车体下部向外摆，而上部则向内摆。主动式摆式车体技术较复杂，但是提速效果较好，可以提高曲线通过速度 30% 以上，因此列车的平均旅行速度能得到提高。

由于技术难度较大，英国、法国、德国等纷纷放弃这项研究。而意大利、瑞典、加拿大、西班牙等国终于获得成功。

主动式摆式列车以意大利的 Pendolino（ETR450、ETR460 等）、瑞典的 X2000 为代表。被动式以西班牙的 Talgo Pendular 为代表。

意大利经过 10 多年努力，于 1975 年试制出第一列 ETR401 列车——意大利第一代 Pendolino 摆式列车。经线路试验，提速效果不错。德国、芬兰、捷克、波兰等欧洲国家，都纷纷引进意大利的 Pendolino 技术。

1988 年，第二代 Pendolino——ETR450 投入使用，这是第一种正式生产的摆式列车。1994 年，第三代 Pendolino——ETR460 投入运营，它采用了 GTO 控制的交流异步电传动技术。ETR 460 摆式列车如图 8.10 所示。

图 8.10 正在通过弯道的 ETR 460 摆式列车

ETR460 的主要技术参数：

最高速度：　　　250 km/h

功率：　　　　　6 000 kW

编组形式：　　　6 动 3 拖

列车长度：　　　236.6 m

定员：　　　　　458 人

这两种摆式列车在意大利的干线铁路，包括罗马—佛罗伦萨高速铁路线上开行，行车速度可以达到 250 km/h。

意大利 Pendolino 摆式列车在速度 200 km/h 以上的国际摆式列车市场上，占据了 70% 的份额，德国、芬兰、瑞士、法国、西班牙、美国、英国都引进了这种列车。此外，意大利还生产了用于国际运输的 ETR470 和 ETR480 摆式列车。

（2）ETR 500 高速列车。

20 世纪 80 年代中期，意大利在决定建设 T 字形高速铁路网的同时，开始研制在高速专线上行驶、最高速度可以达到 300 km/h 的非摆式车体的高速列车。经过近十年努力，1995 年第一列 ETR 500 高速列车试制成功并投入使用。ETR 500 摆式列车如图 8.11 所示。

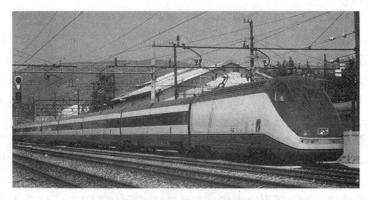

图 8.11 意大利 ETR 500 高速列车

与德国的 ICE 高速列车一样，ETR 500 采用了 GTO 控制的交流异步电传动技术和普通的车钩连接技术、动力集中编组形式、客车采用铝合金车体结构。ETR 500 最高设计速度 300 km/h，试验速度达到了 319 km/h。由于意大利既有的高速铁路——罗马—佛罗伦萨线的最高允许速度只有 250 km/h，所以，ETR 500 目前在运营中最高速度只达到 250 km/h。目前，意大利铁路的 ETR 500、ETR 460 和 ETR 470 等列车，提供了被冠以"意大利欧洲之星（EuroStar Italia）"这个品牌的优质优价服务。

ETR500 的主要技术参数：

列车功率：　　　8 800 kW

最高速度：　　　300 km/h

编组形式：　　　2 动 11/14 拖

列车长度：　　　327.6 m/404 m

定员：　　　　　594 人

ETR500 的技术指标不算低，但因为它问世较晚，又没有很多机会在实践中经受考验，所以，到目前为止在国际市场上还没有打开局面。

6. 瑞典高速铁路

1）瑞典高速铁路概况

瑞典铁路始建于 1856 年，至 2003 年铁路总长为 12 000 km 左右，电气化铁路长度为 7 500 多千米，约占 63%。瑞典铁路和世界上其他国家铁路一样，在 20 世纪中叶也面临着航空与高速公路的严峻挑战。由于瑞典国内人口稀少，客运市场并不很大，但 85% 的人口居住在瑞典南半部。因此，瑞典铁路部门面对这样的具体国情，认真地对运量、投资、效益进行了分析比较，最后得出的结论是在瑞典这样人口稀少的国家修建高速客运专线并不经济，但瑞典既有铁路的基础设施较好，如果在既有铁路条件下探索出一种办法，既投资不大，又能采用新技术提高列车的平均速度，缩短旅行时间，则能达到在主要大城市间与公路、航空竞争的目的，以更短的旅行时间吸引旅客到铁路上来。瑞典国营铁路早在 20 世纪 70 年代就开始与 ABB 公司（当时称 ASEA 公司）合作研究有关摆式车体与径向转向架的技术，20 年的研究试验使瑞典在摆式列车上取得了成功，从 X2 型到 X2000 型高速摆式列车技术达到实用化。

1986 年，瑞典铁路开始对斯德哥尔摩—哥德堡的西部干线实行改造，揭开了瑞典铁路在既有干线上通过适量改造，采用摆式列车新技术来实现 200 km/h 以上高速运行的序幕。1990 年瑞典西部干线上 X2000 型高速摆式列车正式投入运营，最高速度达到 200 km/h，旅行时间大大缩短，斯德哥尔摩到哥德堡由原来需要 4 h，到 1996 年已缩短为 2 h 54 min。

随着西部干线改造成功，1991 年以来，瑞典铁路部门继续对南部干线（斯德哥尔摩—马尔默）、西海岸干线（哥德堡—马尔默）等线路加以改造，使之适应 X2000 型高速摆式列车的开行。至 1999 年瑞典铁路已在 5 条干线上开行了 X2000 型高速摆式列车（斯德哥尔摩—哥德堡、斯德哥尔摩—马尔默、哥德堡—马尔默、斯德哥尔摩—松兹瓦尔、斯德哥尔摩—莫拉），见图 8.12 和表 8.15 所示。到 2018 年瑞典高速铁路运营里程达 1 700 km。

瑞典高速铁路不同于其他国家修建的高速铁路。它是利用既有线加以适当改造（包括信号系统、平交道门、接触网及站场），并采用 X2000 型摆式列车的高速运行的一种模式。而采用高速摆式列车技术具有许多优点：

（1）可提高列车运行速度 20% ~ 30%。

（2）可提高旅客的旅行舒适度。

（3）可减少线路的磨损、剥离及维修工作量。

（4）由于投资适量，铁路的经济效益可较快增长。

（5）由于高速摆式列车的单位能耗为飞机的 1/5，旅行安全性比汽车高 100 倍，社会效益大大提高。

（6）污染排放量比飞机、汽车低很多，有利于环境保护。

2）瑞典高速列车

瑞典国家铁路股份公司 SJ AB 拥有约 40 组最高速度可达 200 km/h 的 X2 型电力动车组（之前叫作 X2000），并在 SJ 高速列车（瑞典语：SJ Snabbtåg）的品牌下运营。同时 SJ 还拥有约 40 组双层列车类别的 X40 型电力动车组。此外，SJ 也保有一些车龄较大的 X12 和 X14 型电力动车组。SJ 并未运营柴油动车组。

SJ AB 已订购了 20 组 X55 型电力动车组（最高速度同样为 200 km/h），于 2012 年初投入运行。它采取与 X2 类似的内饰及座椅布局，也会被冠以 SJ 高速列车的品牌。SJ 还宣布计划订购 20 组最高速度达 250 km/h 的新型高速列车，至 2013—2014 年左右交付。

图 8.12　瑞典 X2000 型高速摆式列车运营线路（1999 年）

表 8.15　瑞典高速铁路概要

项　目	西部干线	南部干线	西海岸干线	东海岸干线	干线	支线	支线
起讫点	斯德哥尔摩—哥德堡	斯德哥尔摩—马尔默	哥德堡—马尔默	斯德哥尔摩—松兹瓦尔	斯德哥尔摩—莫拉	斯德哥尔摩—卡尔斯特	斯德哥尔摩—乔可平
营业里程/km	456	600	326	413	350	329	412
营业时间	1990	1996	1996	1996	1996	1999	1999
最高运行速度/（km/h）	200	200	200	140	140	200/160	200/140
运输模式	客货混运	客货混运	客货混运	客货混运	客货混运	客货混运	客货混运
高速列车类型	X2000 型	X2000 型	X2000 型	X2000 型	X2000 型	X2000 型	X2000 型
牵引方式	电动车组	电动车组	电动车组	电动车组	电动车组	电动车组	电动车组
动车轴重/t	17						

7. 韩国高速铁路

韩国面积 99 000 km²，人口 4 450 万。1991 年其国民生产总值 2 800 亿美元，人均 6 500 美元；1994 年国民生产总值 4 400 亿美元，人均达到 10 000 美元，在世界经济大国中排名第 11 位。首都首尔，人口超过 1 000 万；第二大城市釜山，人口 300 万；大邱市人口 160 万；这三座城市均在已建成的首尔—釜山高速铁路线上。首尔—釜山既有铁路干线全长 445 km，内燃双线客货运输极其繁忙，仅客运量 1985 年为 5 700 万人次/年，1993 年骤增到 1.23 亿人次/年，特快列车时速 150 km，全程需要 4 h 10 min。1991 年首尔—釜山既有铁路仅旅客列车已高达 136 对，达到饱和。双向四车道高速公路也拥堵不堪，不仅行驶时间需要 8~10 h，而且每年因公路堵塞造成的经济损失高达 15 000 亿韩币（相当于 22 亿美元）。全国范围的交通拥堵和运输秩序混乱，使运输费用急剧上升，达到发达国家的 1.6 倍以上（运输费用占国民生产总值的比例：美国为 10.5%，日本为 8.8%，韩国则达到 17.5%）。根据预测，至 2011 年，京釜通道的客运量将是 1989 年的 1.7 倍，货运量将是 1989 年的 2 倍，其中集装箱的运量是 1989 年 3.8 倍。因此，整个京釜通道面临扩能的迫切需要。

为了解决这一走廊的交通问题，1983—1984 年，韩国进行了京釜高速铁路可行性研究论证，并确认必须修建高速铁路新线。1986 年，韩国政府将京釜高速铁路所需资金纳入第六个"五年计划"。1989 年 7 月，韩国高速铁路工程委员会正式成立，基本规划及设计工作正式展开。1990 年京釜高速铁路修建方案已由总统签字批准。1991 年确定线路走向，并开展了环境评价。1992 年韩国高速铁路工程局宣告成立，并于 6 月正式开工建设天安—大田间 57.2 km 试验线的土木工程。

韩国高速铁路的走向见图 8.13 所示。线路选在首尔—釜山之间符合如下五条原则：大量稳定增长的客流；成熟的技术；雄厚的资金；国民生产总值高，人均国民收入较高，因此有较高承受能力；适当的距离。首尔—釜山之间高速铁路运行时间由 4 h 10 min 缩短至 1 h 56 min。除此之外，建设高速铁路还有如下优点：

（1）高速铁路机车车辆、通信信号等技术的引进和国产化，能提高韩国高新技术水平，促进国内科技发展。

（2）通过建设韩国高速铁路，可以促进韩国国内土木工程界设计、施工和监理等技术的发展。

（3）促进沿线城市发展和国土的均衡发展。

（4）节约能源、减少对石油的依赖，减少环境污染、促进环境保护。

（5）建成首尔—釜山高速铁路后，整个京釜通道的运能大大提高，高速铁路和既有铁路的日客流量可达 52 万人次，集装箱年运量可达 300 万个标准集装箱，达到交通先行，不影响国民经济的发展。

图 8.13 韩国高速铁路

首尔—釜山高速铁路联结天安、大田、大邱、釜山等城市。韩国全国 71% 的人口居住在这一走廊上，国民生产总值占全国 75%，客运量占全国的 86%，货运量占全国的 70%，是一条经济、文化、科技大动脉。全长 412 km，其站间距离为：首尔—天安 96.3 km，天安—大田 62.9 km，大田—大邱 122.4 km，大邱—庆州 48.2 km，庆州—釜山 81.8 km。线路最高运行速度 300 km/h，最小曲线半径 7 000 m，高峰时最小运行时间间隔为 3 min。最大坡度 25‰，线路设计速度 350 km/h；路基总延长

110.8 km，占 27%；桥梁 148 座，延长 111.8 km，占 27%；隧道 83 座，总延长达 189.4 km，占 46%。

首尔—釜山高速铁路建设原则是：高速列车及部分通信、信号和供电设备从国外引进，线路、桥梁和隧道等土木工程立足于国内，自行设计、自行施工。后因在试验段的设计、施工中发生了严重失误，德国 DEC 公司的技术人员在审查施工图、监理工程施工中发现大量设计文件存在技术问题，建议高速铁路工程局聘请外国工程咨询公司对设计文件进行一次全面审查。故只好支付高额评估费，聘请法国高速铁路咨询公司对韩国高速铁路土木工程设计文件进行一次全面技术评估，评估结果是法方提出了 40 多本评估建议书，总的结论是韩国高速铁路设计思想还停留在 150～200 km/h 的水平，特别对高速列车在 300 km/h 运行时的桥梁、路基和轨道结构等固定设施的动力响应没有进行充分的研究和采取相应措施。1997 年韩国高速铁路工程局认同了法国咨询公司的评估结论，决定对原设计进行修改和补充。使已经开工的现场只好停工待图，有些桥梁桩基只好废除或加固。修改后的土木工程造价大幅增加，达到 175 028 亿韩元，比估算投资（58 000 亿韩元）增加了 202%，比预算投资（107 400 亿韩元）增加了 63%。全线建设工期延长，由原计划的 6 年 7 个月（1992-06—1998-12）延长到 13 年 6 个月（1992-06—2005-11）。这个严重的事件在韩国国内，乃至全世界都引起了震动。

8. 中国台湾高速铁路

中国台湾西部交通走廊的南北长途交通工具，除了高速公路及既有窄轨铁路（轨距 1 067 mm）外，虽然还有民航，当时预测到 2010 年，南北长途客运量将达到 20 万人次/d，如要靠民航来服务，台湾地区许多机场必须扩建，占地将扩充数倍，而且也很难如数获得所需土地。况且空中走廊的容量已经饱和，空中交通管理问题更难解决。如果靠高速公路，南北间最快也需要 4 h，而且社会成本很高。为改善联结台湾两个最大城市的铁路交通状况，曾设计了 3 种方案，并与修建高速铁路相对比，见表 8.16 所列和图 8.14 所示。

表 8.16　台湾修建高速铁路与改建既有铁路方案比较

项　目	方案一	方案二	方案三	修建高铁方案
方案概述	改善原窄轨（1 067 mm）路线；速度提高至 160 km/h	原路线改标准轨（1 435 mm）；速度提高至 200 km/h	另建标准轨新线，速度 200 km/h	高速标准轨新线，速度 300 km/h
投资经费	795 亿（1980 年币值）台币	2 820 亿外（1980 年币值）台币	与修建高速铁路相当	3 700 亿（1980 年币值）台币
改善内容概述接触网	曲线改善（281 处）；更新车辆；信号部分更新；平交道改善	曲线改善（350 处）；车辆、轨道、接触网全部更新，平交道改善	铺设新线；车辆、机电、信号设施全部新设	同方案三
台北—高雄行车时间	3 h 5 min	2 h 45 min	2 h 45 min	1 h 30 min
与现行快车行车时间比较	缩短 39 min	缩短 1 h	缩短 1 h	缩短 2 h 15 min
与高速公路 4 h 行车时间比较	省 55 min	省 1 h 15 min	省 1 h 15 min	省 2 h 30 min
2010 年运量	增加 3 万 8 000 人次/天	增加 5 万 7 000 人次/天	增加 5 万 7 000 人次/天	增加 18 万 7 000 人次/天
综合评述	施工时必须中断台铁运营，执行成本极高，尚未计入投资经费	（1）同方案一；（2）东西干线变成无法贯通	投资成本与修建高速铁路相当，但效益明显较低	投资较大，但效益最高

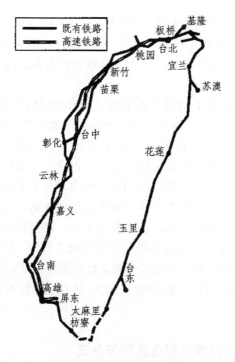

图 8.14　台湾高速铁路

1990 年台湾成立了"高速铁路工程筹备处"，由"交通运输部门"牵头积极开展综合规划工作。1991 年高速铁路规划全部完成，所做建成前后运量预测如表 8.17 所列。并随后发布了"工程投标者的资格要求"。此后，"高速铁路工程筹备处"改为"台湾高速铁路工程局"。

表 8.17　台湾修建高速铁路运量预测

年　度	2000	2005	2010	2020	2030
最高运量/（人/天）	214 074	250 761	292 654	381 173	482 754
商务旅行所占比例/%	33.6	33.7	33.9	34.0	34.3
非商务旅行所占比例/%	66.4	66.3	66.1	66.0	65.7
市场占有率/%	11.2	11.6	12.1	13.3	14.9

注：2000 年为高速铁路建成前的运量。

1998 年承包台湾高速铁路项目的中标者是台湾高速铁路股份有限公司（简称 THSRC），它由台湾几家大公司（陆地工程有限公司、长荣海运集团有限公司、福保保险有限公司、太平洋电缆电源有限公司、秦康电力机械设备有限公司）联合组成。它获得了特许权，可经营铁路 35 年，有权在 5 个新建车站附近开发房地产 35 年，并在靠近这些车站附近的地方获得了 50 年房地产开发权。

台湾高速铁路线路全长 345 km，共设 10 个车站：台北、板桥、桃园、新竹、苗栗、台中、云林、嘉义、台南、高雄。在台北城区地下段 15 km，有 242 km（占全长 73%）桥梁或高架桥，其中 157 km 为连续高架桥、48 km（占 15%）为隧道，只有 40 km（占 12%）为路堑或路堤。线路为双线准轨，线间距 4.5 m，最小曲线半径为 6 250 m，最大坡度为 25‰，采用 60 kg/m 长钢轨轨道及跨区间无缝线路结构，无砟轨道长 155 km，占 45%。线路设计最高设计时速 350 km，最小行车间隔时分 3 min，列车最高运行速度 300 km/h。供电系统为 25 kV、60 Hz 单相交流电源。从台北到高雄（中间站台中停一站）运行时间不超过 90 min。

截至 1998 年，台湾高速铁路工程预计投资 170 亿美元，其中土建工程占 43.5%，轨道部件占 3.9%，车站工程占 3.5%，维修基地占 2.4%，车辆及机电系统占 16.9%，购地拆迁占 17.0%，工程设计及管理占 12.8%。

按原计划，台湾高速铁路预计 1997 年招标后立即开始建设工程，通过 5 年建设期，到 2002 年年底基本建成，2003 年 7 月开始投入运营。但是在征地方面遇到了困难，直到 2000 年 3—5 月才破土动工，全线分成 12 段，由 12 个承包商承包，于 2005 年建成。

在日本、法国修建高速铁路取得成效的基础上，世界上许多国家都开始考虑高速铁路的建设，就连过去曾因铁路不景气拆掉一部分线路而被称为"汽车王国"的美国，也在重视并着手高速铁路的规划建设。目前，高速铁路技术在世界上已经成熟，高速化已经成为当今世界铁路发展的共同趋势。现在，世界铁路总长度约 130 万千米，如包括运行时速 200 km 的既有线路，高速铁路总共已达 5 万多千米，约占世界铁路总长度的 1.15%，但却承担着各拥有国的相当大的客运量。如：日本的 4 条新干线，约占其铁路总营业里程的 9%，却承担着约 1/3 旅客周转量；法国 3 条新建高速铁路和 TGV 通行网络分别占其营业里程的 4% 和 18%，但承担着 50% 以上的旅客周转量。

（三）高速铁路规划建设模式和高速列车形式

目前，世界上已经有一些国家正在修建和正在准备修建高速铁路，但他们都会十分重视本国国情的需要，可以说有不同的类型。归纳起来，当今世界上建设高速铁路有下列几种模式：

（1）新建双线高速铁路，专门用于旅客快速运输，如日本新干线和法国高速铁路。

（2）新建双线高速铁路，实行客货共线运行，如意大利罗马—佛罗伦萨高速铁路，客运列车速度 250 km/h，货运列车速度 120 km/h。

（3）部分新建高速线与部分既有线混合运行，如德国柏林—汉诺威，承担着客运和货运任务。

（4）既不修建新线，也不对旧有线进行大量改造，而是在既有线上采用摆式车体的车辆组成的动车组运行，旅客列车和货物列车混用。这在欧洲国家多见，如瑞典采用 X2000 型摆式列车实现高速行车。

高速铁路进一步的发展趋势是连线成网。原来欧洲各国已经建成的和正在修建的高速铁路都是各自独立的，现已在几个国家间沟通，今后将进一步发展成国内、国际的高速铁路网，并与既有线相衔接；提出了"速度比小汽车快 1 倍，票价比飞机便宜一半"的目标，以充分发挥其优势。由于这将涉及欧盟等十几个国家，因此在轨距、信号、供电、机车车辆等技术设备方面都制定了统一的标准，使欧洲的高速铁路网不仅是欧洲各国高速铁路的总和，而且能形成一个综合性整体。计划分 3 个阶段进行，于 2015 年完工，新建或改建 1.9 万千米，可满足时速 250 km 以上的高速铁路的要求；并新建或改建 1.1 万千米的时速 160 ~ 200 km 的联络线和支线，以便连接欧洲所有的主要城市。届时欧洲将出现世界上最方便、最经济的地面高速运输系统，各大城市间都可通过高速铁路连接起来，还将向亚洲延伸，形成洲际的高速铁路网。

目前，高速列车有不同的形式。

（1）按动力配置方式分为：动力分散型和动力集中型。

（2）按转向架形式分为：铰接式和独立式。

较为典型的如：日本各系高速列车，属动力分散型、独立式转向架；法国的 TGV 高速列车，属动力集中型、铰接式转向架；德国的 ICE 高速列车，属动力集中型、独立式转向架；此外，还有瑞典和西班牙的摆式列车。

（四）高速铁路发展前景

1. 高速铁路的经济速度

西欧各国在筹建高速铁路之初，都对其经济速度进行过研究。因为速度提高，一方面可以吸引更多客流，增加运营收入；但另一方面要增加投资，且成本上升，票价也要相应提高，又成为制约客流的不利因素。其中必然有一种速度可使铁路盈利最好，所谓经济速度也就是高速铁路盈利最高的速度。

提高速度可以节省旅途时间，但速度越高，因停车而增加的加减速附加时分就越长，所能节省的旅行时间相对减少，图 8.15 是法国东南干线的研究结果，ΔT 为最高时速每提高 50 km 所能节省的旅途时分。

最高时速增大，因旅行时间缩短所创造的价值可用旅客小时数乘以平均工时价值衡量；同时因旅行时间缩短，可吸引更多旅客乘车，从而增加铁路的收入和盈利。

但最高时速增大，则建筑标准要提高，技术装备要先进，这必然使铁路投资增加；

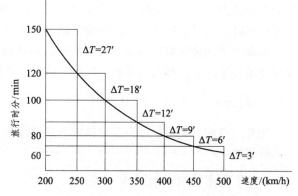

图 8.15　最高速度与旅行时分关系曲线

同时，在运营中对线路和机辆的维修质量要提高，大量的能量消耗于空气阻力，这又必然使运营费用增加，运输成本提高。

20 世纪 70 年代前后，西欧各国根据本国的具体情况，研究出基本接近但有所出入的各自国家的经济速度。英国为 230 km/h，法国为 280～300 km/h，德国为 270 km/h。国际铁路联盟（International Union of Railways）的研究结果则是 300 km/h。经济速度对各个国家拟定其高速铁路的最高时速有指导作用，一般最高速度都要略高于经济速度。

2. 轮轨黏着铁路的极限速度

借助轮轨间的黏着作用而产生牵引力的铁路，可能实现的最高速度称为极限速度。因为牵引力受轮轨黏着条件的限制，牵引力与机车（或动车组）黏着重量的比值不能大于轮轨间的黏着系数，而黏着系数则随速度的提高而降低。20 世纪 70年代的研究，当速度提高到 300 km/h 以上时，黏着系数可能降低到 0.03～0.05。也就是说机车（或动车组）能产生的最大牵引力，仅为其本身重量的 3%～5%。同时，当速度提高时，空气阻力加大，其值与速度平方成正比。据德国研究，当速度达 300 km/h 以上时，空气阻力要消耗机车功率 95%。所以当速度提高时，牵引力逐步减小，而阻力逐步增大，当两者相等时，速度就不能再提高了，此时的速度即称为极限速度，如图 8.16 所示。

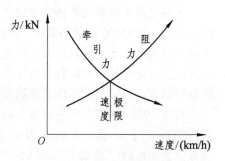

图 8.16　极限速度示意

国外早期研究，一般认为黏着铁路的极限速度约为 350 km/h。但是随着机车转向架构造的改善，并采用交流电机驱动，以及轨道结构的加强和轮轨材质的提高，黏着系数可以增大；随着高速列车流线型程度的提高，空气阻力也可相应减小；极限速度也会随着科学技术的进步而有所增大。

3. 气垫车

地面运输的最高速度要达到 500 km/h 左右，黏着铁路很难实现，就需要研制新的运输工具。20 世纪六七十年代，最早着手研制的就是气垫车。

气垫车一般用燃气轮作动力产生高压喷气，在导轨与车辆间形成气垫使车辆浮起，并用喷气机驱动车辆前进，英法两国研制 10 年，制成了试验车。法国试验的飞行列车，车长 26 m，质量 20 t，可载客 80 人，用 530 kW（720 马力）的燃气轮机产生气垫，用 2×956 kW（$2 \times 1\,300$ 马力）的动力驱动，在 18 km 长的高架轨道试验线上试运转时，最高时速达 422 km。1974 年能源危机时，为了紧缩开支，且因喷气机污染环境、噪声太大，该研究计划被取消了。

苏联、美国都曾对气垫车进行过研究，未取得显著成就，后亦停顿。20 世纪 70 年代起，世界技术先进国家，都先后停止了气垫车的进一步探索，而转为对磁浮车的研制。

4. 磁浮车

磁浮车有两种类型，一为常导体吸引式磁浮车，一为超导体相斥式磁浮车，两种磁浮技术都渐臻成熟。

1）常导体吸引式磁浮车

常导磁浮车的车辆跨座在导轨之上，车上安装集电设备向供电轨供电，导轨相应部位安装感应轨，利用两轨间磁场的吸引力将车辆吸起 10 mm 左右，然后利用线性电动机驱动车辆前进。这种磁浮车需要外部供电，因之速度受到一定制约。

美国 1974 年 8 月曾在普通轨道中心加铺铝感应轨，用线性电动机驱动，起动时用喷气机驱动，最高时速达 410 km。日本 1977 年在 1.3 km 长的试验线上曾实现 150 km 的时速。

德国 1979 年在汉堡世界交通博览会上，曾进行载人磁浮车运行表演，计划修建城市间的磁浮线路。

英国伯明翰在机场到铁路车站间的 0.4 km 距离内，建成了磁浮高架线路，并正式投入商业运行。由于距离太短，最高时速限制为 50 km，全程需时 1.5 min。每辆车载客 40 人，每小时可运送旅客 1500 人。

2）超导体相斥式磁浮车

超导磁浮车的车辆跨座在导轨上，车上装置超导电磁线圈，超导体线圈一般由铌钛合金制成，浸入 – 268.8 ℃ 的氦溶液中，线圈电阻即接近于零，一旦有电流通过，即可保持一直通电，不再需要供电。车下导轨相应部位也安装线圈，当车辆通过时，导轨上的线圈产生感应电流，出现磁场。超导体线圈的磁场与导轨上线圈的磁场产生相斥力，可使车辆浮起 100 mm 左右，适合于高速运行。驱动车辆前进仍采用线性电动机。

日本 1979 年 12 月在宫崎县 7 km 长的试验线上，实现了 517 km 的最高时速，持续时间 5 s，运行距离 0.7 km，其余 6.3 km 用于加减速。试验车长 13.5 m，宽 3.8 m，高 2.7 m，质量约 10 t，磁浮力为 100 kN，驱动力为 44 kN，每吨车辆具有 4 400 N 之推力。日本 1980 年又对磁浮车的车型和导轨进行改进，1982 年开始在宫崎县试验线上进行载人运行，最高时速达 262 km，1987

年 2 月最高时速达 375 km 和 408 km，日本磁浮车技术已接近实用阶段。

日本计划修建东京大阪间最高时速 500 km 的磁浮干线，估计造价不会高于新干线，而能耗仅为飞机的 60%。于是又在山梨县修建 42.8 km 新的试验线。1996 年已建成 18.4 km，其中隧道总长 16 km；最小曲线半径为 8 000 m，最大坡度为 40‰，复线线间距为 5.8 m。制造了 MLX-01 号超导磁浮列车，两端头车长 28 m，中间车一辆长 21.6 m，列车宽 2.8 m，高 2.65 m，长度为 77.6 m，质量为 80 t，可载客 146 人。为了减轻重量，车体采用铝合金的筒形结构，具有流线型外形、客室密闭。计划 1997 年开始试验，最高试验速度要求达到 550 km/h。当速度小于 100 km/h 时，用胶轮支承车体运行；速度大于 100 km/h 时，车体浮起与轨道保持 100 mm 间隙；停车时将胶轮放下，利用盘形制动使列车停止。

我国上海磁浮列车（Shanghai Maglev Train）是服务于中国上海市的磁浮系统；2006 年 4 月 27 日，其首条线路上海磁浮列车示范运营线开通运营，也是中国首条磁浮线路。上海磁浮列车的车型与德国 TR08 型磁浮列车基本一致，有 4 列列车可投入运营，共分别为 3~5 节编组，其中 1 列为国产化列车。

截至 2006 年 4 月，上海磁浮列车共开通 1 条线路，线路总长 30 km，单程行驶 8 min，采用磁浮系统，共计 2 座车站投入运营。截至 2017 年 9 月 5 日，上海磁浮列车总计运输乘客 5 000 万人次、安全运行 1 688 万千米。

2000 年 6 月 30 日，上海市原市长和德国磁浮铁路国际公司总经理在德国签署了《中华人民共和国上海市和德意志联邦共和国磁浮国际公司（TRI）共同开展上海市磁浮列车示范运营线可行性研究协议书》；8 月，上海磁浮交通发展有限公司成立；8 月 24 日，国家发展和改革委员会经国务院批准，批复了上海市磁浮列车示范运营线工程项目建议书。

2001 年 1 月，上海磁浮列车工程项目启动；3 月 1 日，上海磁浮列车示范运营线工程举行开工仪式；9 月，上海磁浮列车工程进入技术攻坚关键性阶段；11 月，上海磁浮列车龙阳路站架梁成功。

2002 年 2 月，上海磁浮列车系统设备安装全面展开；7 月，进行系统调试，轨道梁制作完成；8 月，首批三节车厢运抵上海；9 月，首列上海磁浮列车上线参加综合调试；11 月 2 日，上海磁浮列车示范运营线首根轨道梁起运；12 月 31 日，上海磁浮列车示范运营线举行了通车典礼。

2003 年 10 月 11 日，上海磁浮列车示范运营线开始开放运行。2004 年 1 月 29 日示范运营线开始全天对外试运行，2006 年 4 月 27 日正式投入商业运营。2007 年 4 月 26 日，上海磁浮列车示范运营线通过国家验收。

电磁悬浮是对车载的悬浮电磁铁励磁而产生可控制的电磁场，电磁铁与轨道上长定子直线电机定子铁心相互吸引，将列车向上吸起，并通过控制悬浮励磁电流来保证稳定的悬浮间隙。电磁铁与轨道之间的悬浮间隙一般控制在 8~10 mm。

上海磁浮列车的车型与德国 TR08 型磁浮列车基本一致，采用普通导体通电励磁，产生电磁悬浮力和导向力，采用了长定子直线同步电机牵引。列车可分为首、尾端车和中间车，包括悬浮架和其上安装的电磁铁、二次悬挂系统和车厢，此外还有车载蓄电池、应急制动系统和悬浮控制系统等电气设备；一次性可乘坐 959 人，首车定员 52 人，中间车每节定员 110 人，尾车定员 78 人。

轨道悬空距离地面可达到 12~13 m。在上海磁浮列车上试运行的列车单程行驶大约需要 8 min，其中有 80% 的路段速度可以超过 100 km/h；60% 的路段速度可以超过 300 km/h；另外，还有 10 km 的超高速路段，速度可以超过 400 km/h。

运行控制系统包括所有用于安全保护、控制、执行和计划的设备，还包括用于设备之间相互通信的设备。运行控制系统由运行控制中心、通信系统、分散控制系统和车载控制系统组成。

供电系统包括变电站、沿路供电电缆、开关站和其他供电设备。磁浮列车供电系统通过给地面长定子线圈供电提供列车运行所需的电能。首先，从 110 kV 的公用电网引入交流高压电，通过降压变电器降至 20 kV 和 1.5 kV，然后整流成为直流电，再由逆变器变成 0 ~ 300 Hz 交流电，升压后通过线路电缆和开关站供给线路上的长定子线圈，在定子和车载电磁铁之间形成牵引力。磁浮列车系统的整流、变流及电机定子等设备均在地面，对设备的体积和重量以及抗振性能没有严格要求。

5. 高速管道磁浮

地面高速运输要克服巨大的空气阻力，当速度超过 500 km/h 后，空气阻力就非常大，所以产生了真空管道磁浮线路的设想。据说将磁浮车系统置于空气稀薄的管道中，时速就几乎可以无限制地提高。美国兰德公司设想一种管道高速运输系统，预计在 21 世纪有可能成为现实。

该设想的轮廓是：横贯美国东西，由纽约到洛杉矶修建一条长 3 950 km 的地下隧道，隧道内抽成相当于 1‰ 个大气压的真空，将磁浮系统安装在隧道内，悬浮力和驱动力都由超导电磁形成，据说时速可达 22 500 km，这个速度实际受 3 950 km 加速与减速距离限制，3 950 km 的一半用于加速，一半用于减速，中间速度最高为 22 500 km/h。即令采用中速 13 000 km/h，平均速度为 6 750 km/h，由纽约到洛杉矶也只要 36 min 30 s 的旅行时间。

隧道当然不宜转弯，转弯时曲线半径要达到 700 ~ 800 km。20 世纪 80 年代估算，隧道造价要 1 850 亿美元，包括磁浮系统总费用约需 2 500 亿美元。

二、高速铁路技术经济优势

高速铁路克服了普通铁路速度较低的不足，是解决大量旅客快速输送问题的最有效途径，已成为世界各国铁路普遍发展的趋势。高速铁路是高新技术在铁路上的集中反映，它使交通运输结构发生了新的重大变化，与高速公路的汽车运输和长途航空运输比较，高速铁路在各项技术经济指标中只有明显的优势，主要表现在以下几方面。

（一）输送能力大

目前各国高速铁路几乎都能满足最小行车间隔时间 4 min 及其以下（日本可达 3 min）的要求，扣除维修时间 4 ~ 6 h，则每天可开行的旅客列车约为 280 对；如每列车平均乘坐 800 人，年均单向输送能力将达到 8 200 万人；如果采用双联列车或改用双层客车，载客高达 1.65 亿人。4 车道高速公路客运专线，单向每小时可通过小轿车 1 250 辆，全天工作 20 h，可通过 25 000 辆。如大轿车占 20%，每车平均乘坐 40 人；小轿车占 80%，每车乘坐 2 人，年均单向输送能力为 8 760 万人。航空运输主要受机场容量限制，如一条专用跑道的年起降能力为 12 万架次，采用大型客机的单向输送能力只能达到 1 500 万 ~ 1 800 万人。可见，高速铁路的运能远大于航空运输，而且一般也大于高速公路，这是显而易见的。

（二）速度快，旅行时间短

中长途旅客选乘交通运输工具首要考虑的是消耗的旅行总时间，即旅客从甲地到乙地的

"门到门"时间。假设由居民点到火车站或长途汽车站平均需 0.5 h，到机场需 1 h。检票、托运货物、提取行李以及等候所需时间，铁路为 0.5 h，长途汽车为 0.25 h，飞机为 1.5 h。从途中运输来看，目前高速列车的运行时速，中国、法国、日本、德国、西班牙和意大利分别达到了 350 km、320 km、300 km、280 km、270 km 和 250 km，如果作进一步改善，运行时速可以达到 350 ~ 400 km。由于速度高，可以大大缩短全程旅行时间。以北京—上海为例，在正常天气情况下，乘飞机的全程旅行时间（含市区至机场、候检等全部时间）为 5 h 左右，如果乘高速铁路的直达列车，全程旅行时间则为 4 ~ 5 h，与飞机相当。

（三）安全性好

安全和舒适也是旅客最为关心的因素。有资料表明，从各国交通运输中，铁路、公路、民航运输的事故率（每百万人公里的伤亡人数）之比大致为 1∶24∶0.8。高速铁路由于在全封闭环境中自动化运行，又有一系列完善的安全保障体系，如采用先进的 ATC 列车速度控制系统，它能自动控制列车运行速度、调整列车运行间隔，按照允许行车速度的要求，自动使列车制动减速或停车，所以其安全程度是任何交通工具无法比拟的。截止到 2019 年高速铁路问世 50 多年来，日本高速铁路保持没有一例旅客伤亡事故的纪录。2001 年 1 月 14 日晚，在山形新干线的道口上，当时大雪深达 40 cm，一辆私人小轿车驶入新干线而与高速列车发生碰撞，造成小汽车内的人死亡，高速列车上 140 名旅客无一人受伤，只是车身被撞凹。这是日本高速铁路第一次发生严重事故，而且是路外侵入造成撞车事故。

1998 年 6 月 3 日，一辆从德国慕尼黑开往汉堡的特快列车在途中突然出轨，造成世界高铁历史上第一次严重的伤亡事故，导致 101 人死亡，6 节车厢损毁，原因是为保证稳定舒适而采用的组合式车轮，因为长期高速运营造成轮毂钢圈产生金属疲劳破坏而断裂，轮毂钢条又插入道岔护轨底部，掀起车轮脱轨，再往前车辆又与桥梁桥墩相撞，进而造成车毁人亡大事故，打破了德国制造的神话。2011 年 7 月 23 日晚，我国甬温线浙江省温州市境内，由北京南站开往福州站的 D301 次列车与杭州站开往福州南站的 D3115 次列车发生动车组列车追尾事故，造成六节车厢脱轨，40 人死亡、172 人受伤，中断行车 32 小时 35 分，直接经济损失 19371.65 万元。这是一起因列控中心设备存在严重设计缺陷、上道使用审查把关不严、雷击导致设备故障后应急处置不力等因素造成的特别重大责任事故。

虽然发生了个别高铁安全事故，但从 50 多年的世界高铁运营实践经验来看，高速铁路事故率是极低的，总体上被认为是最安全的。

（四）气候变化影响小，正点率高

高速铁路全部采用自动化控制，可以全天候运营，即使在日本较为恶劣的自然条件下，如在大风情况下，由于有先进的设备作保障（最为完善的地震和台风预警系统），高速列车只需减速行驶，而无须停运。根据日本新干线风速限制的规范，若装设挡风墙，风速达到 25 ~ 30 m/s 时，列车限速 160 km/h；风速达 30 ~ 35 m/s 时（相当于 11 ~ 12 级大风），列车限速在 70 km/h，照常运行。而机场和高速公路在浓雾、暴雨和冰雪等恶劣天气情况下，则必须关闭停运。

正点率高也是高速铁路深受旅客欢迎的原因之一。所有旅客都希望正点抵达目的地，只有列车始发、运行和终到正点，旅客才能有效安排自己的时间。由于高速铁路系统的可靠性和较高的运输组织水平，可以做到旅客列车极高的正点率。西班牙规定高速列车晚点超过 5 min 就要退还旅客的全额票款；日本规定到达或出发列车超过 1 min 就算晚点，晚点超过 2 h 就要退还旅客的加快票款。1997 年东海道新干线列车平均晚点只有 0.3 min。高速列车极高的准时性深得旅客信赖。

（五）旅行方便、舒适

方便、舒适也是旅客极为关心的因素。高速铁路一般每 4 min 发出一列车，日本在旅客高峰时每 3.5 min 发出一列客车，旅客基本上可以做到随到随走，不需要候车。为方便旅客乘车，高速列车可以达到运行规律化、站台按车次固定化等。此外，高速铁路列车内装饰豪华，工作、生活设施齐全，车厢宽敞，座席舒适，每一旅客所占有的活动空间比其他运输工具都大得多，高速列车运行平稳，振动摇摆幅度很小。乘坐高速列车旅行无疑是一种十分方便而又愉快的享受。中国已经建成了四纵四横的高铁运输网络，全国换乘出行都十分方面、舒适、快捷。

（六）能源消耗低

根据有关方面的统计，各种交通运输工具平均每人公里的能耗，高速铁路 571.2 J，普通铁路 403.2 J，高速公路公共汽车 583.8 J，小轿车 3 309.6 J，飞机 2 998.8 J。如以普通铁路每人公里的能耗为 1.0，则高速铁路为 1.42，公共汽车为 1.45，小汽车为 8.2，飞机为 7.44。这也是在当今石油能源紧张的情况下，选择发展高速铁路的原因之一。况且高速列车利用电力牵引，不消耗宝贵的石油等液体燃料，可利用多种形式的能源。

（七）对环境污染小

在旅客运输中，各种交通工具有害物质的换算排放量，一氧化碳：公路每人公里为 0.902 kg，铁路为 0.109 kg；一架喷气式客机平均每小时排放 46.8 kg 二氧化碳、635 kg 一氧化碳、15 kg 三氧化硫，这些物质在大气中要停留 2 年以上，是造成大面积酸雨、使植被生态遭到破坏和建筑物遭到侵蚀的主要原因。高速铁路电气化后，铁路基本上消除了粉尘、油烟和其他废气污染；而噪声污染铁路也是最低的，日本以航空运输每千人公里产生的噪声为 1，大轿车为 0.2，高速铁路仅为 0.1，高速铁路比高速公路低 5 ~ 10 dB。现在的交通运输，特别是汽车运输造成的环境污染日益严重，汽车排出的废气及噪声对生态环境和人民健康的影响越来越大，长期生活在噪声环境小，会使人听觉器官受损害，甚至耳聋。因此，法、日等国都在高速铁路两侧修建隔音墙，降低噪声。人们认为，为防止地球上臭氧层被破坏而造成的气候异常现象，除应力争使汽车排放的废气减少 25% 和控制高速公路无计划的发展外，应力争以高速铁路网逐步代替国内和国际大城市间的航空运输。

（八）占地少

四车道的高速公路路面宽 26 m，一个立交桥占地 13.3 hm^2 左右，而高速铁路路基面宽度仅 13.0 m 左右，仅为高速公路的一半。一个大型飞机场，包括跑道、滑行道、停机坪、候机大楼及其他设施，要占地 20 km^2 左右，面积很大又多为市郊良田。而高铁大多采用高架桥形式，占地较少。

（九）效率高，效益好

高速公路的交通堵塞和事故给国民经济带来了巨大的损失，欧共体国家用于解决公路堵塞的费用约占国民生产总值的 2.6% ~ 3.1%，总金额为 900 亿 ~ 1 100 亿美元，相当于整个欧洲高速铁路网的全部投资；用于处理公路事故的费用也占国民生产总值的 2.5%。

高速铁路不仅有旅行时间缩短、运输量大、运行准点率高、占用土地少、能源消耗低、对环境污染小、外部运输成本低、安全可靠等优点，社会经济效益良好更是一个突出的特点，也是高速铁路蓬勃发展的主要原因。如法国 3 条高速铁路每年输送旅客 2 000 多万人次，均取得赢利，17 年运营（1980—1996 年）高速列车客运量增长了 90%，占法国铁路干线总运量 55%。1994 年法国投入运营的高速线，客运周转量 204 亿人公里，最后所得纯利润为 26.96 亿法郎。由于北部高速线的兴建使里尔车站近 20 万平方米的地区发展成商业办公中心，里尔附近夕阳工业地带正逐渐形成新兴的产业地区，TGV 带来的社会发展机会是明显的。统计资料表明：每投资 10 亿法郎，即可创造出 3 500 人·年的就业机会。日本 4 条高速铁路仅东海道新干线年运量已达 1.3 亿人，营业收入达到 9 330 亿日元，自开业以来客流量增加 6 倍多，取得非常好的经济效益。若将产生的旅行时间的缩短换算成货币价值的方法与原有的运输手段进行比较，则一目了然。例如，东京—大阪间，1960 年东海道新干线修建前，旅行时间为 7 h 19 min，而东海道新干线投入运营后，旅行时间缩短到 3 h 10 min，现在仅需要 2 h 30 min。一天可往返 1 000 多千米，给人们带来了方便，提高了办事效率，创造了社会时间价值。从各条新干线图定时间差上可以算出每年节约旅行时间为 4 亿小时，以国民总收入计算，4 亿小时的价值约为 5 000 亿日元。如此算来，每年节省的时间效益相当于当时修建东海道新干线所需全部费用的 3.3 倍多，仅计算东海道新干线从开通至 1996 年，累计节约的时间价值高达 1.7 万亿日元，说明新干线的社会效益是相当惊人的。其他国家高速铁路也同样取得了满意的社会效益和经济效益。

高速铁路是用高新技术改造、更新传统铁路的一项创新工程体系，在世界运输市场激烈的竞争中取得了较好的市场份额，推动了国民经济的发展与国土的开发，客运高速化已是当今世界铁路发展的共同趋势。

三、高速铁路的主要技术条件与经济指标

世界几条主要高速铁路的主要技术条件如表 8.18 所列。在此仅就其中最大坡度、最小曲线半径和线间距离等技术标准加以说明。

表 8.18　世界主要高速铁路的技术条件

项　目	德国		法国		日本				意大利
	曼海姆—斯图加特	汉诺威—维尔茨堡	TGV东南线	TGV大西洋线	东海道新干线	山阳新干线	东北新干线	上越新干线	罗马—佛罗伦萨
路网连接	与既有线联网运行		与既有线联网运行		新干线独立路网				与旧线联网
运营方式	客货混运		TGV 电动车客运专用		新干线电动车组客运专用				客货混运
设计速度/（km/h）	280		295	330	210	260	260		300

项　目	德国		法国		日本				意大利
	曼海姆—斯图加特	汉诺威—维尔茨堡	TGV东南线	TGV大西洋线	东海道新干线	山阳新干线	东北新干线	上越新干线	罗马—佛罗伦萨
实现速度/（km/h）	（250）		（270）	（300）	（220）	（230）	（240）		（250）
最小曲线半径/m	一般	7 000	4 000		2 500	4 000	4 000		3 000
	困难	5 100	3 250		2 000	3 500			
最大超高/mm	150		180		180				125
允许欠超高/mm	60		90	86	90				92
允许过超高/mm	20								92
最大坡度/‰	12.5		35	25	20	15			8.5
竖曲线半径/m	一般	25 000	25 000	（凸形）14 000	10 000	15 000			3 000
	困难		16 000	（凹形）12 000					2 000
线间距离/km	4.7		4.2（4.5）		4.2	4.3			4.0（4.3）
车体宽度/m	3.27		2.80		3.38				3.02
车体间距离/m	1.43		1.4（1.70）		0.82	0.92			0.98（1.28）
路基面宽度/m	13.50～13.70		11.35～13.0	13.60	10.70	11.00～11.60	11.60～12.20		11.00
线路构造	道砟		道砟		道砟	板式占50%	板式占90%		道砟
钢轨	UIC60		UIC60		60 km/h				UIC60
轨枕	钢筋混凝土		双块钢筋混凝土		预应力混凝土				预应力混凝土
道床厚度/cm	30		35	≥30	25	25～30	30	30	35
信号系统	自动控制+地面信号		列车自动控制		列车自动控制				列车自动控制+地面信号
供电系统	15 kV，162/3 Hz		25 kV，50 Hz		25 kV，60 Hz				3 kV 直流

（一）最大坡度

法国东南干线通过丘陵地区，采用了35‰的最大坡度12处，但长度均较短；全线无隧道，桥梁长度仅占1.2%，工程量不大，造价是高速铁路中最低的。其设计思路是TGV列车的总功率较大，可以利用列车在坡脚的动能，配合机车的牵引力，以较高速度冲上坡顶（称为动能闯坡），下坡时又可利用列车位能很快加速，不致过多地增大运行时分，但可取得大量节省工程的效果；经测算，若坡脚速度为260 km/h，则冲上拔起高度122 m的坡顶，即采用3.5 km长的35‰坡度，坡顶速度为220 km/h，运行时间仅比维持260 km/h等速运行多用4 s。这个思路很有启示性，如日本东海道新干线设计时，考虑白天走客车，晚上走货车，为了不致引起货物列车的机车电机过热，采用了15‰的最大坡度、持续长度不超过7 km，坡度为20‰时，长度不超过1 km。以后借鉴法国经验，日本北陆新干线，虽然最大坡度仍按高速旅客列车运行需要定为

15‰，但在一段 20 km 长的距离内，采用了 30‰ 的坡度；九州新干线采用了更大的坡度。

德国两条客货共线的高速铁路，最大坡度定为 12.5‰，是考虑了快运货物列车牵引定数 1 200 t、最高速度 120 km/h 的需要。意大利罗马—佛罗伦萨客货共线的高速铁路，最大坡度定为 8.5‰，个别路段用到 30‰；由罗马向南至巴蒂帕利亚的高速铁路，因地形困难，采用 18‰ 的最大坡度。

（二）最小曲线半径

高速客运专线的最小曲线半径 R 是根据客运最高速度 V_k 以及最大超高值 h 和允许欠超高 h_q，按下式算得的：

$$R \geqslant \frac{11.8 V_k^2}{h + h_q} \quad (\text{m}) \tag{8.1}$$

法国和日本的高速客运专线最大超高都采用 180 mm，法国东南干线和大西洋干线以及日本的东北新干线和上越新干线，其最小曲线半径都定为 4 000 m。但客运最高速度却不同，法国约 300 km/h，日本为 260 km/h，原因是体现乘车舒适度的欠超高值不一样，法国取 90 mm，日本仅取 35 mm。

法国： $R \geqslant \dfrac{11.8 \times 300^2}{180 + 90} = 3\ 933 \approx 4\ 000 \quad (\text{m})$

日本： $R \geqslant \dfrac{11.8 \times 260^2}{180 + 35} = 3\ 710 \approx 4\ 000 \quad (\text{m})$

很明显，法国所定的最小曲线半径进一步提高速度的潜力不大，所以法国修建北欧干线时，就将最小曲线半径放大为 6 000 m。

客货共线高速铁路的最小曲线半径 R 是根据客运最高速度 V_k 和货运最高速度 V_H，以及允许欠超高 h_q 和允许过超高 h_g，按下式计算的：

$$R \geqslant \frac{11.8(V_k^2 - V_H^2)}{h_q + h_g} \quad (\text{m}) \tag{8.2}$$

德国和意大利的客货共线高速铁路，客、货运的最高速度都采用 250 km/h、120 km/h，但最小曲线半径却分别定为 7 000 m 和 3 000 m。原因是所取的允许欠超高（体现舒适度）和允许过超高（体现轮轨磨耗程度）不同，两者之和，德国取 80 mm，意大利取 184 mm（允许欠超高和过超高各为 92 mm）。

德国： $R \geqslant \dfrac{11.8 \times (250^2 - 120^2)}{80} = 7\ 095 \approx 7\ 000 \quad (\text{m})$

意大利： $R \geqslant \dfrac{11.8 \times (250^2 - 120^2)}{184} = 3\ 085 \approx 3\ 000 \quad (\text{m})$

两种高速铁路在大站前后速度本来就不高的路段，都可采用更小的曲线半径，如日本东海道新干线用到 400 m，山阳新干线用到 1 000 m。

（三）线间距离

高速铁路上对向运行的两列车相遇时，正面压力、侧面吸力都很大，线间距离不足时将危及行车安全。线间距离与行车速度、车体宽度、列车流线型化程度等因素有关。表 8.18 所列的线间距离，可保持对向列车内侧的间距，最小为 0.82 m，最大为 1.70 m；速度越高，线间距离应越大；客货共线铁路应和客运专线有所不同。表列数据出入较大，应通过空气动力学的研究和风洞试验，并经过运行实践的验证，决定合理取值。

（四）高速铁路的经济参考数据

世界上修建高速铁路的国家，由于国情路况不同，工料价格出入甚大，修建时采用的技术措施也各具特色，运营中的营销策略也不尽相同。在此仅根据相关资料做简要对比分析。

1. 高速铁路造价

表 8.19 为高速铁路路基、桥、隧的长度比重，表 8.20 为按 1992 年价格换算的高速铁路造价，表 8.21 为高速铁路各类工程的造价构成情况。

表 8.19　世界各国高速铁路路基、桥、隧的长度比例

国别	铁路起讫点	里程/km	路基/%	隧道/%	桥梁/%	高架线路/%
日本	东海道：东京—新大阪	515	54	13	11	22
	山阳：冈山—博多	398	15	54	7	22
	东北：大宫—青森	471	5	24	16	55
	上越：大宫—新潟	275	1	39	10	50
法国	东南：巴黎—里昂	417	98.8	0		1.2
	大西洋：巴黎—勒芒、图尔	282	92	6		2.0
德国	汉诺威—维尔茨堡	327	54	36		10
	曼海姆—斯图加特	99	65	30		5
意大利	罗马—佛罗伦萨	236（新线）	55.8	32.5		11.7

表 8.20　世界各国高速铁路造价估算

国　别	铁路名称	里程/km	造价/亿美元	每千米造价/万元		
				美元	人民币	
					1992 年	1996 年
日　本	东海道新干线	515.4	188	3 650	20 075	30 332
	山阳新干线	554	479	3 240	17 820	26 924
	东北新干线	493	226	4 590	25 245	38 143
	上越新干线	270	175	6 500	35 750	54 015
法　国	东南干线	417	21	500	2 750	4 155
	大西洋干线	282	24	850	4 675	7 064
	北欧干线	333	34	1 020	5 610	8 476
德　国	汉诺威—维尔茨堡	327	118	2 770	15 235	23 019
	曼海姆—斯图加特	99				
西班牙	马德里—塞维利亚	471	35	730	4 020	6 066
韩　国	首尔—釜山	411	122	2 970	—	24 681

注：韩国首尔釜山线造价系 1993 年价；表列美元价均折合为 1992 年价（1 美元＝5.5 元人民币）与 1996 年价（1 美元＝8.31 元人民币）。

表 8.21 世界各国高速铁路各类工程造价比重估算（%）

国 别	铁路起讫点	土地购置	土建工程	轨道	通号、供电
日 本	东海道：东京—新大阪	18.9	62.4	6.8	11.9
	山阳：冈山—博多	13.3	68.2	7.5	11.0
	东北：大宫—青森	11.4	70.5	6.5	11.6
	上越：大宫—新潟	9.0	78.3	4.5	8.1
法 国	东南：巴黎—里昂	4.8	56.8	21.4	17.0
	大西洋：巴黎—勒芒、图尔	7.0	61.6	14.9	16.5

2. 高速电动车组的购置费

高速电动车组的动力分布，有集中和分散两种布置方式。集中式是前后两台动力车、中间编挂客车，如法国的 TGV、德国的 ICE、意大利的 ETR500；分散式是将动力分散布置于客车下方，车上仍可乘坐旅客，如日本的电动车组和意大利的 ETR450。动力分散式轴功率相对较小，技术难度不大，但维修费用高；随着技术的进步，一般认为集中式优势较大。

电动车的牵引传动技术，初期多采用直流牵引电机，如日本的 0 系、100 系、200 系，法国的 TGV-PSE，意大利的 ETR450 等电动车组。以后法国的 TGV-A 采用了交流同步牵引电机。最新研制的电动车，如德国的 ICE、日本的 300 系、意大利的 ETR500、法国的 TGV-N 都采用了交流异步牵引电机，其牵引特性、轮轨间的黏着性能等更加优越，体现了传动技术的发展方向。

至于高速电动车组的购置费用，与其运行特性、制造材料、车内装修、编挂辆数有关，还受国内国外购置、购买数量多少、技术转让条件、外汇汇率变化等多种因素影响。表 8.22 所列价格为 1992 年价，可供对比分析参考。

表 8.22 世界各国高速电动车组价格参考

国别	高速动车组	编组方式	动车组长度/m	定员	最大功率/kW	最高运营速度/（km/h）	运营车组/列	运营年份	每列价格/万元 美元	每列价格/万元 人民币
法国	TGV-PSE	M+8T+M	200	368	6 800	270	170	1981	1 600	8 800
	TGV-A	M+10T+M	238	485	8 800	300	105	1989	1 700	9 350
	TGV-N	M+8T+M	200	545	9 800	300～330	100	1995	2 400	13 200
	TGV-PBKA		200	377	8 800	300	27	1996	3 500	19 250
	英法隧道电动车组	2M+18T	394	794	12 000	300	34	1994	4 000	22 000
日本	新干线200系	12M+4T	400	1321	14 720	240	43	1985	3 200	17 600
	新干线300系	10M+6T	400	1323	118 400	275	15	1992	3 200	17 600
德国	ICE	2M+14T	411	759	9 600	250～280	60	1991	3 400	18 700
意大利	ETR450	10M+T	184	344	4 700	250	25	1988	2 200	12 100
西班牙	AVE	M+8T+M	200	329	8 800	300	24	1992	2 900	15 950

3. 高速铁路的票价

日本、法国、德国的高速铁路票价都是按普通客车的基本价再加高速加价构成的。为了更多地吸引客流，体现铁路在运输市场的竞争优势，各条路线的人公里票价是不相同的。西欧德法两国的票价高于日本，日本的票价约为我国快车票价的10多倍，如表8.23所列。

表 8.23　日本、德国、法国高速铁路票价

国别	年度	起讫车站	计费里程/km	全程票价		每人公里票价			
				本国货币		折合人民币			
				一等	二等	一等	二等	一等	二等
日本	1988	东京—新大阪	552.6	13 100		23.7		0.70	
		东京—博多	1 176.5	20 700		17.6		0.52	
		东京上野—盛冈	535.3	13 000		24.3		0.72	
		东京上野—新潟	333.9	9 600		28.8		0.85	
德国	1991	汉诺威—维尔茨堡	327	166	112	0.51	0.34	1.64	1.09
		曼海姆—斯图加特	99	66	44	0.67	0.44	2.15	1.41
法国	1991	巴黎—勒芒	176	265	179	1.51	1.02	1.43	0.96
		巴黎—图尔	211	281	190	1.33	0.90	1.26	0.85

注：1. 法国的高速加价波动幅度甚大，表中票价按高速加价的平均值计列。
　　2. 1988年日元汇率按1日元＝0.029 56元人民币折算。
　　3. 1991年德国马克汇率按1马克＝3.208 8元人民币折算。
　　4. 1991年法国法郎按1法郎＝0.944元人民币折算。

日本1988年高速铁路票价，为普通客车基本价加上高速加价得出，高速加价与基本价的比值为61.7%～84.6%，各线不同；高速铁路票价约为航空票价的76.4%（东京—新大阪）和84%（东京—博多），越远递减以加强竞争能力；普通工薪人员的日平均工资，大约相当于450 km高速铁路的票价。这个票价水平公众是可以接受的，据1993年统计，东京新大阪间公共运输完成的旅客运量中，高速新干线承担了88%，航空承担了12%，选择公共汽车的旅客比重极小。日本东海道新干线的票价是不断调整的，自1964年10月投入运营，到1989年4月的25年中，先后调整了17次，平均一年半调整一次。

德国高速铁路的1991年的票价，一等车票价约为二等车票价的1.5倍，ICE高速列车的票价较IC快速列车票价，二等车提高26%，一等车提高30%，是根据乘车舒适度提高、旅行时间缩短等因素确定的。

法国高速铁路1991年的票价，也是基本票价加上高速加价拟定的，高速加价一般为基本票价的20%～65%，根据不同发车时间、客流分布情况，机动灵活地调整加价幅度，以平衡各次客车的客流量，提高客座利用率，表8.20中所列票价，是按高低加价的平均值填列的。法国高速铁路票价一等车约为二等车的1.5倍。

四、中国高速铁路规划与建设*

我国铁路作为交通运输的骨干，在国民经济发展中起着重要的作用。根据各国高速铁路发展的实践，中国也需要高速铁路运输。

编者注：本节所述统计数据不包括台湾。

（一）修建高速铁路的必要性

1. 经济及社会发展的需要

我国是发展中国家，幅员辽阔，人口众多，而人均资源不丰，产业配置和经济发展不均衡。改革开放以来，由于市场经济迅速发展，诱发了大量潜在的客流，其数量是惊人的。今后一段时间仍是我国经济快速发展时期，同时也是运输需求高速增长时期。城市化进程的加快，人民物质文化生活水平的提高，人际交流将更加频繁，这些预示着客运需求的潜力很大；而且旅客运输需求的增长将高于货物运输，尤其是几条运输大通道上客货运输的需求呈持续增长趋势，旅客需要高质量、高速度的旅行服务。研究表明，修建高速铁路是解决上述需求矛盾的最佳选择。

2. 客流特点适宜发展高速铁路

我国铁路客流呈现三大特点：

一是数量大。这是我国人口众多决定的。今后 10～15 年，即使每人每年坐一次往返的火车，铁路旅客发送量将达到 26 亿人次以上。据预测，京沪高速铁路客流密度将达到 7 000 万人以上，繁忙区段接近 9 000 万人。作为一个长 1 318 km 以上的运输通道，这样大的运量在世界上也是少有的。

二是客流集中。这是人口分布和工业布局主要集中在东部沿海的必然结果。我国客流主要集中在京沪、京广、京沈、哈大、陇海、浙赣等主要干线上。由于我国的城市群也主要分布在这些铁路干线沿线，客流集中的趋势还将加剧。

三是运输行程长。这是广阔的疆域，人们的活动范围较大所形成的。1 000 km 以上的旅客70% 是乘火车。

3. 客货分线为发展高速铁路创造了条件

客流集中的线路也正是货运繁忙的线路，这是我国铁路运输的基本特点。这些线路目前已是双线自动闭塞。由于今后客货运量的增长仍将集中在这些线路上，进一步的扩能只能是修建第二双线，实行客货分线运输。由于货运系统（专用线、货场等）已定型，难以挪动，一般既有线将主要承担货运任务，新建第二双线以客运为主。这样就为发展高速铁路创造了条件。

4. 修建高速铁路有利于促进我国铁路装备水平的提高和科学技术进步

铁路是我国国民经济的大动脉，在我国交通运输体系中居于主导的骨干地位。但我国铁路的现状是路网不发达，技术装备较落后，运能与运量的矛盾比较突出，一些主要干线的能力利用程度已经趋于饱和，铁路负荷水平居世界首位。长期以来，我国铁路往往只偏重于增加列车重量和行车密度，忽视了列车速度的提高。直到 1997 年，全国铁路旅客列车才开始普遍提高速度，受到广大人民的欢迎和好评。因此，为了改变铁路落后、被动的局面，根本出路就在于依靠科技进步，大力发展高速技术。它是一个涉及多学科、多专业的综合性先进技术，集中反映了新型牵引动力、高性能轻型车辆、高速线路结构、高速度高密度列车运行控制、高速度旅客运输组织等方面的技术进步，关系到电子、信息、控制、机械、能源、环保、原材料、土木建筑等的科学技术和工业发展水平。抓住高速化这一主题，不仅将有力地推动我国铁路技术装备现代化的进程，促进运输组织水平和服务质量的提高，彻底改变我国铁路技术落后的局面，还可带动我国多项高科技的进步与发展，缩小与技术先进国家的差距，为我国国民经济的腾飞和社会进步创造更好的条件。

（二）中国高速铁路发展之路

我国铁路发展快速运输，是从既有铁路提速开始的。20 世纪 90 年代，铁路面临着与高速公路和航空运输的竞争，为了大量吸引客流，铁路提速势在必行。1991 年开始对广深铁路进行技术改造，于 1994 年 12 月建成。该铁路设计速度目标值为客车时速 160～200 km，货车 100～120 km，为双线电气化铁路，客货共线，最小曲线半径为 1 400 m，最大限制坡度 8‰。修建广深准高速铁路是在我国铁路发展快速运输迈出的第一步，为中国高速铁路建设积累了经验。广深准高速铁路建成投入运营后，经不断配套完善，又从瑞典引进 X2000 摆式列车，客车的实际运行时速已超过 200 km。同时也为研究筹建京沪高速铁路打下了基础。

我国铁路自 1997 年 4 月 1 日以来，已经进行了 6 次大面积提速调图。在线路基础设施改善、技术装备进步和客货服务质量提高等方面取得了明显成效，特别是第 5 次大面积提速调图，大幅度增加和利用时速 160 km 提速线路资源，进一步提高了固定设备质量和移动设备技术水平，积累了丰富的技术管理和运输组织经验，为中国铁路第 6 次向既有线时速 200 km 的提速目标平稳迈进打下了坚实的基础。对既有线进行必要的改造，提速到时速 200 km，是世界上发达国家铁路的普遍做法，有成功的经验。从我国铁路来看，与国际标准接轨，2007 年既有线列车时速提高到 200 km，实践证明，在技术上是可行的，在经济上也是合理的。部分既有干线提速目标达到时速 250 km，与未来客运专线、城际铁路等结合起来，将形成中国铁路快速客运网络。

我国铁路发展快速和高速运输主要采用以下几种方式：

（1）对既有铁路研究改造措施，发挥原有线路能力，在不进行大的土建工程的条件下，提高行车速度。

（2）对路网中的繁忙区段进行重大改造提高速度，适合客货共运。

（3）选定路网中客运量大的干线路段，修建客运专线。

我国铁路运输能力十分紧张，负担过重。高速铁路的建设，必须考虑到国情、路情，要与扩能结合起来，通过合理组织客流、车流，充分发挥新建高速线与既有线的作用；根据技术先进、适用和经济合理，确定速度目标值。不能为高速而高速，而要把提高速度与增加运能，节省旅行时间，方便旅客，适应运营模式，确保安全，有利环保，降低能耗，节约投资和运营费用，提高效益，缩小与先进国家的差距等因素结合起来，经过综合论证后确定。

运输繁忙的大通道，是建设高速铁路的首选场所。为缓解大通道运能紧张状况，修建高速铁路是有效途径。特别是连接大经济区、大城市的主要干线，尤能发挥高速铁路的优势。发展高速铁路的宏伟蓝图，已遍及欧洲、亚洲、北美和澳大利亚。可以说，高速铁路代表了世界铁路现代化发展的大趋势。

自 20 世纪 90 年代以来，我国一直密切跟踪世界高速铁路技术的发展，研究并制定了我国中长期铁路网规划。

中国高速铁路发展之路可以用四句话来概括，即：做出重大决策、编制发展规划、探索创新模式、强化工程管理。

1. 做出重大决策

从 1990 年原铁道部提出京沪高速铁路线路方案构想，到 2008 年 1 月京沪高速铁路开工建设，历时整整 17 年，经历了反复论证，最终将发展高速铁路确定为国家战略。其间经历了以下三大研究阶段，开展三大问题的争论，探索了三大工程实践。

1）三大研究阶段

（1）工程技术研究阶段（从 1990 年至 2002 年）。

一方面，继续跟踪世界高速铁路技术，开展高速铁路基础性技术研究。1993 年由国家科委、计委、经贸委、体改委和铁道部（简称"四委一部"）共同组织完成了《京沪高速铁路重大技术经济问题前期研究》。1998 年后，高速技术体系论证又重点转向了高速轮轨技术体系、高速磁浮技术体系的研究论证。

（2）重大技术突破阶段（2003 年至 2007 年）。

① 通过广泛开展国际工程咨询（特别是针对三个高铁技术原创国日本、德国、法国的国际高速铁路技术工程咨询），研制得出了《京沪高速铁路设计暂行规定》，确定了京沪高速铁路设计方案。

② 通过 1997 年到 2007 年的中国铁路既有线 6 000 km 大提速规划与实践，掌握并建立了速度 200 km/h 的成套铁路技术体系（固定设施技术规范、技术标准、运营养护管理办法、机车车辆、牵引供电、通信信号等移动设备技术规范、技术标准等）。

③ 通过系统性研究，编制高速铁路工程技术规范，研究形成中国高铁技术体系，包括系统集成技术、工程建造技术、高速列车技术、列车控制技术、客站建造技术、运营维护技术等。实现高铁目标，高速铁路系统规划设计尤为重要，它是高速铁路建设项目的龙头和灵魂。

在构建中国高速铁路技术体系时，重点参考了两个典型实例的经验与教训：一是德国科隆—法兰克福高速铁路系统规划与建设经验；二是中国大秦客运专线规划与建设实践经验。

A. 科隆至法兰克福高速铁路系统设计启示。

20 世纪 70 年代初期，德国计划在最大居民区和经济区莱茵/鲁尔—莱茵/美因间修建新线，以减轻沿莱茵河两岸运输负荷已饱和的两条双线铁路的运输压力。

预可研新线客货列车共线运行，客车速度 300 km/h；货运产品是运载卡车的快速驼背运输、固定编组、200 km/h 的直达货物列车。为此，线路最大坡度由开始的 18‰ 减小为 12.5‰，牵引质量由 1 200 t 提高到 2 500 t。

70 年代中期，情况发生变化，开始研究科隆—法兰克福之间的选线方案，并研究莱茵/美因机场连接线（该线在交通政策方面得到很高评价）。

到 80 年代中期，制定德国交通线路发展规划时，重新确认这条新线：原则上定为客运专线，线路走向紧靠 A3 号高速公路，设置去机场的连接线及连接威斯巴登和法兰克福铁路总站，速度 250 km/h，最大坡度 25‰，最小曲线半径 3 250 m。

80 年代末期，为响应欧经委高铁定义并适应竞争需要，加大选线灵活性，确定速度 300 km/h，最大坡度 40‰，与 80 年代中期方案相比，约节省工程投资 10%（按 2002 年价计）。

采用陡坡线路，要求列车具有较大起动力，当一个动力转向架发生故障时，列车仍必须以最大的功率起动，达到牵引电机冷却装置容许的最大速度；要求精确分析在制动过程中有关设备的发热和冷却情况，把制动力自动分配到各制动系统。通过反复研究，20 世纪 90 年代中期找到了线路-列车匹配的解决方案，即采用动力分散式动车组 ICE_3 型列车。这就是研发、设计、制造 ICE_3 型速度 330 km/h 列车的依据。

采用陡坡线路，科隆—法兰克福高速铁路系统设计取得显著成果，大坡度和新线全部采用无砟轨道，采用单电流制和多电流制结构的 ICE_3 列车，尽管没有装备 ETCS 系统，但考虑了互联互通技术标准中若干重要因素。

系统设计结合了穿越德国中部山脉的地形、地貌、地质条件，妥善处理了需求关系、轮轨关系、车控关系、弓网关系、互通关系，实现了运营目标，总体上展示了高速铁路的当时水平。

B. 中国第一条客专——秦沈客运专线系统设计的启示。

该线南起秦皇岛起，经绥中、兴城、锦州、北宁、新民，北至沈阳，全长 405 km，共设13 座车站，设计速度 250 km/h，列车最高运营速度 210 km/h。1999 年 8 月 16 日全线开工建设，2002 年 6 月 16 日完成全线铺轨，2003 年 10 月 11 日竣工运营，2006 年 12 月 31 日并入京哈铁路。该线的轨道类型为有砟轨道、无砟轨道（部分）、无缝钢轨；正线间距为 4.6 m；最小曲线半径为 3 000 m（困难地段）、3 500 m（一般地段）；最大坡度为一般 9‰，特殊 12‰；牵引质量为 860 t；闭塞类型为自动闭塞；信号系统为 GSM-R（无线通信）、CTCS-2（调度指挥）、综合调度集中。车辆设备：2003 年至 2006 年期间，秦沈客运专线主要使用韶山 9 型电力机车和"中华之星"电动车组；现阶段主要运行和谐型系列电力机车以及和谐号电力动车组。

在秦沈客运专线建设过程中，原铁道部成立了科技领导小组，对 24 项路基、桥梁、跨区间无缝线路和"四电"工程科研课题进行科技攻关并取得突破，主要技术创新有：

a. 路基基床表层首次采用了增设一层 0.6 m 级配碎石，路桥过渡段采用级配碎石填筑；软土路基和松散土路基采用了排水固结法和粉喷桩等处理措施，严格控制路基工后沉降；采用高于普通铁路的路基填筑压实标准和施工工艺并研制使用新的路基质量检测装置。

b. 轨道结构首次新线一次铺设跨区间 60 kg/m 钢轨无缝线路和 38 号道岔，部分特大桥采用无砟轨道。

c. 行车指挥实现调度集中，信号采用列控、联锁一体化设备，区间不设地面通过信号机，以车载信号为行车凭证；全线设置数字调度通信、数话兼容无线列调和集中监测监控系统，首次采用双径路光缆，组成具有自愈保护功能的光传输、800 MHz 的 TETRA 数字集群公务移动通信系统和区间光纤射频直放技术。

d. 建立具有全程联网、信息共享和全线集中视频监控、集中广播功能的先进客运管理信息系统。

e. 电气化工程采用单工频交流制，直供带回流线供电方式，全线按远动化设计，实现遥控、遥测、遥信和遥视自动化功能；采用牵引变电所远程安全监控装置，具有联锁和闭塞功能的列车运行安全防护系统。

该线全面探索和积累了高速客运专线的修建技术和经验。

2003 年 8 月，秦沈客运专线正式运营。实践证明，其系统设计取得重大成果，达到了国家要求的建设目标；同时，也给我们的高速铁路系统设计提供了若干启示：

a. 客专如何满足旅客舒适度要更多考虑。最小坡段长 ≥400 m，设计时为节省土石方工程，短坡、碎坡取得较多，列车达速运行过程中上下起伏频繁，乘客舒适度不理想；个别缓和曲线长度的取值、竖曲线和圆曲线重叠等问题，影响运行平稳性。

b. 客专如何充分考虑旅客乘车安全、方便，尤其残疾旅客便捷上下车，节省站停时间。由于列车类型未定，车厢中间开门的双层客车下层车底板高度为 347 mm，25 型单层客车车底板高度为 1 293 mm，国产动车组车底板高度为 1 210 ~ 1 345 mm，难于做到站台高度与客车底板高度基本一致，不得不设为 500 mm。

c. 路基标准、基底填料、沉降、观测、防冻、排水等问题必须得到足够重视，客专对路基工后沉降要求高，尤其要改变先修桥隧后填路基传统习惯，使路基有合理沉降压密时间，即置放期。

d. 桥涵设计应进一步重视改善耐久性，适应现场制梁或桥位制梁，桥梁结构形式应深入进行技术经济比选，并有利于检查与养护维修。

e. 每站设 4 组 38 号大号码道岔，侧向开通机会少，建设投资多，运营养护维修量大，成本高。

f. 采用双红灯防护方案，在一定程度上影响了股道有效长度和行车间隔。

g. 多专业、系统化综合工程实施中，常发生桥梁与路基、桥梁与轨道、站场与信号、站场与轨道、路基与排水、通信与运调及旅服、信号与信息化的接口界面不明，甚至设计参数的测定和提出也相互推诿，验收中发现问题各有托词，这是专业接口和系统设计尤其要注意的。

C. 高速铁路系统设计总体原则。

a. 符合安全适用、技术先进、经济合理要求。考虑设备兼容性，使得具备本线和跨线客车共线运行、正线双方向行车的运输组织条件。即应充分发挥新建线路骨干作用和既有线路网络作用，扩大服务范围，使高速、提速的成果惠及广大城镇百姓。中国铁路新线、既有线、枢纽是一张完整的路网，高速、快速客运必须覆盖更大的地区和更多的人口。

b. 线路基础设施和不易改建建筑物和设备，应适应长远发展要求；对易改建的建筑物和设备，宜按近期运量和运输性质设计，预留发展条件。

c. 最小曲线半径、最大坡度、到发线有效长度、动车组类型、列车运行控制方式、运输调度方式、追踪列车最小间隔时间，须根据行车速度、沿线地形地质条件、输送能力和用户需求等，以及经济技术比选后确定。

d. 车站位置根据沿线城市的经济、客运量、铁路运输组织、通过能力和技术作业需要，结合工程条件等综合研究确定。车站的布局、规模，根据铁路技术政策，结合城市规划等统筹考虑。

e. 选线设计宜避开高填、深挖和长路堑等路基工程，并绕避不良地质条件地段。无法避开时，采用桥涵通过或选用其他适宜的工程措施处置。

f. 路基、桥涵、隧道、轨道等各类结构物的设计要满足强度、刚度、稳定性、耐久性要求，并加强各结构物的协调和统一，使车、线、桥（或路基、隧道）的组合具有良好的动力特性，严格控制结构物的变形及工后沉降。

g. 认真执行国家节约能源、节约用水、节约材料、节约用地等有关方针政策，因地制宜地利用太阳能、风能、地热能等可再生能源，提高能源、资源的利用效率，减少污染。

h. 坚持科学用地、合理用地、统一规划的原则，在满足运输生产和安全防护要求的基础上，节约用地，少占耕地。

i. 重视保护生态环境、自然景观和人文景观；重视水土保持，生态环境敏感区、湿地的保护和防灾减灾及污染防治工作。选线、选址宜绕避自然保护区、风景名胜区、饮用水源保护区、国家重点文物保护单位等环境敏感区；通过城市或居民集中地区时，应采用适宜的速度值或降噪减震措施，满足国家环保标准和要求。路基边坡宜采用绿色植物与工程相结合的防护措施，兼顾美观与环保、水保、节约土地等要求。

j. 加强对桥、隧和路基上电缆槽、接触网、声屏障，综合接地线、通信、信号电缆过轨等设备的系统设计，充分考虑综合利用设施。

k. 按全封闭、全立交设计。设置防灾安全监控系统，根据需要对自然灾害和异物侵限等进行监测。

l. 统筹运作、详细研究、科学论证工务工程、牵引供电、通信信号、信息系统、电动车组、运用维修各子系统的协调配合及系统优化和集成，实现高速度、高密度、高安全性。

（3）实现跨越发展阶段（2008年至今）。

该阶段的成果主要是一批200~250 km/h及300~350 km/h高速铁路开通运营。2010年10月26日，沪杭高铁最高试验速度达416.6 km/h；2010年12月3日，京沪高铁最高试验速度达到486.1 km/h。

2）三大问题的争论

（1）要不要修建高速铁路的争论。

有些专家不赞成修建京沪高速铁路。其理由为：京沪铁路技术改造潜力很大，不需要修建京沪高速铁路。认为高速铁路不符合中国国情，中国经济不发达，人均GDP远未到1 000美元，人们消费水平低。

经过反复论证，最终确认了京沪高速铁路修建的必要性、技术可行性、经济合理性、资金筹措可能性。

（2）轮轨技术与磁浮技术之争——是否采用轮轨技术的问题。

有中科院院士致函国务院领导，认为不应采用轮轨技术。认为磁浮高速技术有许多优点，如：

A. 速度快，日本MLX系列500 km/h、德国TR系列430 km/h；

B. 易转弯、能爬坡、曲线半径较小、纵坡可达10%、选线很有利；

C. 灵活适应地形、减少工程量、噪声小，无轮轨间摩擦；

D. 安全舒适。

主要缺点为：

A. 德国、日本均未投入商业运行；

B. 磁浮技术体系造价高；

C. 与现有交通兼容性差，形成网络需要很长时间。

经多次论证，决定采用轮轨高速技术。

（3）是否引进动车组技术的争论。

有些专家不赞成引进动车组技术，认为应支持民族工业，完善提高"中华牌"。

国务院研究作重大决策：同意引进动车组技术，通过引进掌握200 km/h及以上动车组生产核心技术兼顾开发300 km/h动车组。

3）三大工程实践

（1）广州到深圳准高速铁路的规划与建设实践。

该线全长147 km，1992年9月批复广深准高速铁路技改可研报告，1994年12月23日开通运营160 km/h，开创了我国铁路大幅度提速的先河，取得了良好经济效益和社会效益。

（2）中国铁路既有线六次大提速战略的实施。

1997年至2007年先后开展中国铁路六次既有线改造提速规划与建设实践，主要干线最高运行速度从120 km/h提高到140 km/h、160 km/h、200 km/h，部分区段达250 km/h。运营速度达到120 km/h以上的提速线路总里程达2.2万千米，大量采用新技术、新设备，开行夕发朝至、朝发夕至旅客列车，"五定"货运列车，取得了良好经济效益和社会效益。

（3）秦沈客运专线规划与建设实践。

秦沈客运专线全长404.6 km，项目建议书设计速度160 km/h，可研批复：设计速度线上为160~200 km/h，线下为250 km/h。如前所述，秦沈客运专在铁路工程技术跨上一个新的台阶，一是设计施工新标准，二是关键技术有新的突破，三是工程管理上升到了一个新水平。该线首次采用客货分线运输组织新模式，以形成大能力客运通道。

2. 编制发展规划

1）发展规划研究

1999—2000 年在研究编制"十五"规划时，铁路部门制定了 2020 年铁路网规划并报国务院批准，这是我国第一个中长期铁路网规划。确定的战略目标是扩大路网规模、完善路网结构、提高路网质量；确立战略方向为客运高速化、货运重载化、管理信息化。研究明确了高速铁路规划与建设的意义：适应国家经济社会发展需要，运能紧张的繁忙干线实现客货分线，经济发达人口稠密地区修建城际铁路，加强区域之间便捷客运通道建设，在综合运输中发挥骨干作用。规划研究确立了路网性客运中心——北京、上海、广州、武汉、成都、西安，区域性客运中心——100 万人以上的城市和省会城市为路网主要连接点。2004 年颁布实施了《中长期铁路网规划》，为适应铁路大发展形势的需要，2008 年又对规划进行了适当调整。

2）发展规划的特点

（1）建设规模大、标准高。按路网布局法计算采用实际铺画法检验。新建干线高速铁路建设规模为 1.2 万千米以上；规划建设的六大城际铁路 7 000 km 左右；规划新建长大干线高速铁路 350 km/h，部分以客为主兼顾货运的铁路干线 200~250 km/h。这是至今为止，世界上绝无仅有的铁路发展规划。

（2）突出"四纵四横"大通道。

（3）加强区域间联系。在"四纵四横"基础上进一步扩大高速铁路覆盖范围以促进区域协调发展。

（4）建设城际铁路。规划提出在经济发达和人口稠密地区，如环渤海地区、长江三角洲、珠江三角洲、长株潭关中等城市群建设城际铁路。

（5）构建综合交通枢纽。规划提出新建和改造铁路客运站与地铁、公共汽车、民航等交通无缝衔接成为现代化综合交通枢纽。

3）发展规划的实施

"十一五"期间完成新建客运专线 4 322 km，2016 年全国铁路营业里程达 12 万千米。我国投入运营的高速铁路营业里程 2010 年达到 7 431 km，2016 年底达 2.0 万千米，居世界第一位。我国高速列车最高运行时速达 416.6 km；一个长编组的列车可以运送 1 000 多人，运输能力强大；高速列车可以适应环境全天候运行，节能环保，非常适应节能减排的要求。我国高速铁路主要的发展历程为：

（1）2004，中国在广深铁路首次开行时速达 160 km 的国产快速旅客列车。广深铁路被誉为中国高速铁路"试验田"。

（2）2004 年至 2005 年，中国南车青岛四方、中国北车长客股份和唐车公司先后从加拿大庞巴迪、日本川崎重工、法国阿尔斯通和德国西门子引进技术，联合设计生产高速动车组。

（3）2007 年 4 月 18 日，全国铁路实施第六次大提速和新的列车运行图。繁忙干线提速区段达到时速 200~250 km。这是世界铁路既有线提速最高值。同时，"和谐号"动车组从此驶入了百姓的生活中。

（4）2008 年 2 月 26 日，铁道部和科技部签署计划，共同研发运营时速 380 km 的新一代高速列车。

（5）2008年8月1日，中国第一条具有完全自主知识产权、世界一流水平的高速铁路京津城际铁路通车运营。

（6）2009年12月26日，世界上一次建成里程最长、工程类型最复杂的武广高速铁路开通运营。

（7）2010年2月6日，世界首条修建在湿陷性黄土地区、时速350 km的郑西高速铁路开通运营。

（8）2010年5月6日，成灌快铁正式运行进入倒计时，都江堰车站、和谐号列车正在进行试运行。

（9）2010年7月1日，沪宁城际高速铁路开通运营。

（10）2010年9月28日，沪杭高速铁路从杭州到上海虹桥试运行途中，最高时速达到416.6 km，再次刷新世界铁路运营试验最高速度。

3. 探索创新模式

中国高速铁路技术体系的研究探索，归纳为高铁技术创新指导思想、高铁技术创新模式、高铁技术创新成果等方面。

1）高铁技术创新指导思想

我国高铁采用的创新指导思想为：以我为主，博采众长，瞄准世界一流水平，发挥后发优势，实现"弯道超车"，创出中国高铁发展新路子。

2）高铁技术创新模式

我国高铁采用的技术创新模式为：政府部门统筹，市场机制引导，以企业为主体，政产学研用相结合，协同创新，开放创新。

（1）政府统筹。

由中央政府主管部门、行业主管颁布高铁发展规划、技术政策，激励企业技术创新。

完全避免低水平、重复性研究，发挥社会主义制度优势，整合各方资源，形成市场优势、资金优势、联合优势，集中力量办大事，这是我国高速铁路成功的重要法宝。正如2019年7月10日世行发布的《中国的高速铁路发展》报告的评价：长期规划与设计标准化是中国高铁成功的关键要素，中国高铁的发展经验值得别国借鉴。

（2）市场引导。

市场引导包括运输需求牵引、技术进步推动、市场竞争选择。

（3）协同创新。

企业是技术创新主体，同科研机构、高等院校密切合作，联合攻关，取得重大突破，实现技术创新，如图8.17所示。

（4）开放创新。

研究制定了我国引进高铁技术指导方针为：引进先进技术、联合设计生产、打造中国品牌。国内研究力量实行合理分工，采购200 km/h及以上动车组大清单向国内企业招标，外国企业只能作为国内企业的合作方，并承诺转让核心技术、分步实施国产化。

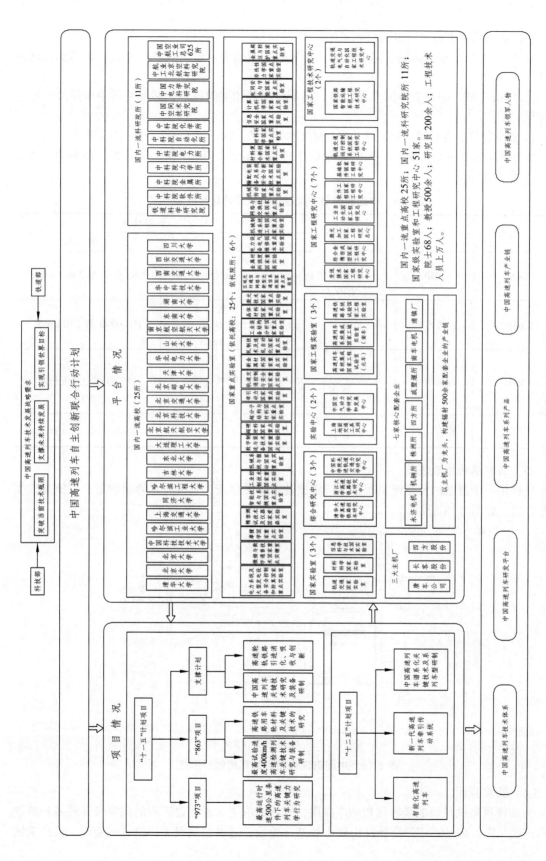

图 8.17　中国高速列车自主创新联合行动计划示意

原铁道部动车组技术引进的技术策略：

① 统一招标、整合市场、需求量大，对外商有吸引力。市场只有一个入口，不搞"诸侯混战"。

② 约法三章：必须有中国合作伙伴、必须全面转让关键技术、必须使用中国品牌、本土化生产。

③ 竞争择优：在承诺三项原则基础上对技术、经济、转让技术和生产制造等进行综合评价。

自主研制的高速动车组统一采用简称 CRH（即 China Railway High-speed），命名为"和谐号"。如表 8.24 所示。

表 8.24　中国高速动车组型号与技术转让与配套厂家

中国型号	中国企业		合作伙伴	
	主机厂	配套厂	外国公司	转让技术
CRH₁	BSP	四方股份 庞巴迪常州 ABB 中国	庞巴迪	Regina 型 200 km/h
CRH₂	四方股份	南方电机 浦镇厂 株洲所 spc	川崎重工 （6 企业）	E2-1000 型 270 km/h
CRH₅	长客股份	大同公司 永济电机 四方所 铁科院	阿尔斯通	A220 型 220 km/h
CRH₃	唐山工厂	永济电机 铁科院	西门子	Velaro E 型 350 km/h

（5）高铁系统集成创新。

高铁是一个复杂的巨系统工程，包括集成技术单元创新、集成技术界面创新、系统集成创新等方面，如图 8.18 所示。

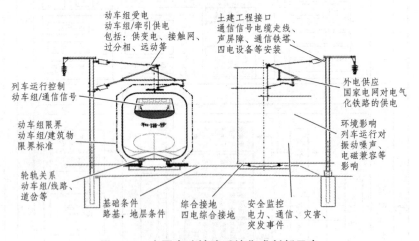

图 8.18　中国高速铁路系统集成创新示意

（6）实验验证。

为加速将高铁科研成果转化和推广应用，先后选取了大量在建工程的试验段开展各种高铁技术试验工作，包括：京沪高铁昆山软土地基试验段、遂渝线铺设无砟轨道试验段、武广高铁武汉综合试验段、郑西高铁湿陷性黄土试验段、合宁线膨胀土工程试验段。

此外，在已经建成的高铁线路上线开展技术试验工作，如北京东郊环形道试验线、秦沈客专及新建高速铁路。

3）高铁技术创新成果

高铁技术创新工作的开展，在高铁系统工程各个方面均取得了大量丰硕的创新成果。

（1）高速列车技术系列创新成果，如表 8.25 所示。

表 8.25　中国"和谐号"CRH 系列

型　　号	速度 /（km/h）	编组	牵引总功率 /（kW）	轴重/t
CRH$_1$	200～250	5M3T	5 300	< 16
CRH$_2$	200～250	4M4T	4 800	≤15
CRH$_5$	200～250	5M3T	5 500	≤17
CRH$_3$	300～350	4M4T	8 800	≤17
CRH380A	300～380	6M2T	9 600	≤15
CRH380AL	300～380	14M2T	20 440	≤15
CRH380B	300～380	4M4T	9 600	≤15
CRH380BL	300～380	8M8T	18 400	≤15

备注：表中 CRH380A、CRH380AL、CRH380B、CRH380BL 为自主创新成果。

（2）构建了中国高速铁路技术体系和技术标准化体系。中国高速铁路技术体系如图 8.19 所示，中国高速铁路系统及其子系统如图 8.20 所示。

中国高速铁路技术标准化体系，主要包括：高速铁路产品技术标准 593 项、高速铁路技术标准 152 项、高速铁路运营技术规章 111 项。

经过 50 多年的发展，高速铁路技术逐渐形成以德、日、法三个技术原创国为代表、适合各自国情和发展状况的技术格局，成为各自独立、各具特点的技术体系。

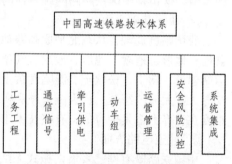

图 8.19　中国高速铁路技术体系

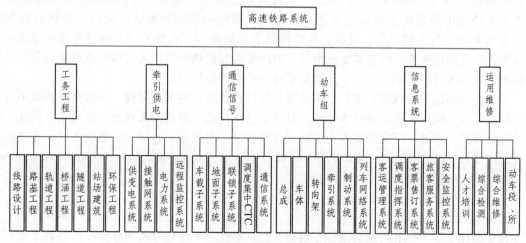

图 8.20　高速铁路系统及其子系统示意

中国高铁按照"先进、成熟、经济、适用、可靠"的技术方针，从发展的起步阶段便瞄准世界最先进的高速铁路技术，通过原始创新、集成创新和引进消化吸收再创新，系统掌握了集设计施工、装备制造、车辆控制、系统集成、运营管理于一体的高速铁路成套技术，形成了具有自主知识产权和世界先进水平的高速铁路技术体系。

20世纪90年代以来，我们在学习消化吸收世界高速铁路先进成熟技术的基础上，系统总结了多年来我国客运专线工程技术、科研试验成果，针对高速铁路建设的关键技术问题，又进一步开展了研究、试验、验证、预设计、工程设计咨询，技术装备的自主创新和各系统集成研究攻关，形成了适合中国国情路情的高速铁路自主技术体系。

① 路网结构方面。

将铁路客运专线按经济社会发展需要和市场需求，分别定位为：时速300~350 km档次高速铁路和时速200~250 km以客为主兼顾货运（甚至是双层集装箱通路）档次高速铁路（这类客货混跑的线路有甬福深、石太、宁合汉、昌莆等）；环渤海、长江三角洲、珠江三角洲地区的城际轨道交通以及长吉、昌九等城际轨道交通，时速不小于200 km；经过提速改造，东、中部地区既有线已形成的时速≤200 km的线路。这些线路构成了一张完整的快速客运铁路网，时速200~250 km动车组可上时速300~350 km的线路运行，时速≥120 km客车可上时速200~250 km的线路运行，这样的旅客列车运行模式，可获得最高的运输效率和最大的运输效益。大量旅客列车跨线运行，是中国国情、路情、路网兼容性需要的，也是欧盟希望做到而正在努力的事情，这正是中国铁路路网统一性的最大优势。

② 轨下基础方面。

我国幅员辽阔，从东北平原高寒地区到珠江三角洲亚热带地区，从滨海至陇中高原、四川盆地，地形、地貌、地质、地震、气象、水文等自然特征多样。高速铁路的选线，综合交通客运站建设，软土、松软土、湿陷性黄土地基处理，大面积沉降区的工程措施，长江、黄河、珠江等大江大河的跨越，长大隧道顺利实施通过等，都需要保证轨下基础的可靠性和耐久性，其难度在世界上也是少有的，有些技术难题在高速铁路技术原创国也未曾遇见，没有成熟经验。

③ 轨道电路方面。

中国铁路既有网已发展谐振式无绝缘轨道电路，无砟轨道道床内部的钢筋网与轨道电路存在电磁感应，对钢轨阻抗参数构成影响，严重抑止了谐振式轨道电路的技术能力，处理不成功就会影响到"ZPW2000A + 点式 + ATP"列控系统稳定、可靠地工作。我国在赣龙线枫树排隧道延长轨道电路传输长度试验验证，采用纵、横向钢筋间加绝缘措施后，钢轨阻抗参数已趋近标准值。为做到成熟、可靠，我们将轨下橡胶垫板、铁垫板下绝缘缓冲垫板加厚，弹条与钢轨间由铸钢轨距板改为尼龙轨距板，锚固螺栓与铁垫板间从无绝缘件改设绝缘套等。以上措施在遂渝线开展了试验验证，关键是要解决路网兼容性问题。

正是这些新的、特殊的要求，也正是这些与国外高速铁路的差异性，中国高速铁路不可能完全照搬任何一国的高速铁路技术体系，只有立足于自我，坚持博采众长，把借鉴、消化、吸收国际上先进、成熟、可靠的技术与研发、试验验证、自主创新相结合，系统集成，才能形成符合我国国情、路情的世界一流高速客运专线技术体系，才能经得起运营的考验，历史的检验。

④ 中国高速客运专线技术体系内涵。

中国铁路时速300~350 km客运专线技术体系主要内容如下所述。

a. 运输组织。

按不同速度的本线和跨线高速列车混合运行，本线列车运行时速300 km，跨线列车运行时速≥200 km。

列车追踪间隔时间 3 min；综合调度所集中设置，与动车检修基地和生产布局相一致。

b. 工务基础设施。

最小曲线半径 7 000 m，最大曲线半径 ≤ 14 000 m。夹直线和圆曲线最小长度一般 ≥ 0.81V_{max}。区间正线最大坡度 ≤ 20‰，动车组走行线 ≤ 30‰。区间正线设计较长坡段，最小坡段长度一般 ≥ 900 m。相邻坡段坡度差 ≥ 1‰ 时，设竖曲线，竖曲线半径 ≥ 25 000 m。车站数量按大中城市、枢纽和著名旅游胜地分布设置。始发终到客站到发线数量按满足高峰小时列车密集到发的需要设置。

高速、城际、普速列车共站的车站，原则分场布置，设必要的联络进路；站台长 450 m，站台高出轨面 1.25 m。

以无砟轨道作为主要结构形式，在地质灾害和地质活动活跃断裂带地段，以及不宜铺设无砟轨道地段，采用有砟轨道结构；无砟轨道铺设精度，高低和轨向 ≤ 2 mm/10 m，水平 ≤ 1 mm，轨距 ± 1 mm；有砟轨道采用特级道砟，道床厚 350 mm，铺设精度高低和轨向 ≤ 2 mm/10 m，水平 ≤ 2 mm，扭曲 ≤ 2 mm，轨距 ± 2 mm。到发线采用混凝土宽枕。

采用跨区间无缝线路。采用 100 m 长定尺无螺栓 60 kg/m 钢轨。

无砟轨道采用弹性分开式扣件，节点间距 ≤ 650 mm，调高量 30 mm，调距量 − 12/ + 10 mm，桥上抗拔力 ≥ 80 kN，其他地段 ≥ 100 kN。

正线道岔直向通过时速 350 km，进出站侧向通过时速 80 km，跨线联络线道岔侧向通过时速 ≥ 160 km。

无砟轨道正线区间直线地段路基面宽度 13.6 m。严格控制路基工后沉降、不均匀沉降和过渡段差异沉降，保持路基纵向刚度的均匀性和良好的动力特性，稳定安全系数 ≥ 1.5；工后沉降量 ≤ 3 cm，路基与结构物间的工后差异沉降量 < 0.5 cm，工后不均匀沉降 ≤ 2.0 cm/20 m。

地基加固处理措施根据地基的物理力学性质、岩土层分布厚度及其特性、路基高度等因素优选。软土、松软土地基，以复合地基法加固为主，地基处理后须有合理的放置时间，确保本体和地基沉降变形稳定，布置沉降观测设备进行沉降观测，并实时分析处置。

采用 ZK（0.8UIC）作为设计活载。桥梁结构按满足 100 年使用年限要求，主要措施采用耐久性混凝土，加强构造细节设计和桥面防排水系统设计，布置合理的检查和维修设施。

在路基填方大于 5 m 的地段、地基处理困难地段，为节省用地，确保工后沉降控制，采用以桥代路通过。

桥梁结构采用预应力混凝土简支、连续刚构、钢筋混凝土连续框构、钢筋-混凝土连续结合梁、简支钢桁梁等，已编制了通用设计参考图。

单洞双线隧道断面有效面积 100 m²，单线隧道断面有效面积 70 m²，隧道洞口若有特殊环境要求的可设置洞口缓冲结构，隧道内设防灾与救援设施。

c. 电气化及供电。

牵引变电所的布点，接触网和牵引变电所外部电源供电方案的确定，均按满足最高时速 350 km 和 3 min 追踪运行间隔进行设计，牵引变压器的安装容量按运输需求确定。

高速正线采用 2 × 27.5 kV（AT）供电方式，牵引变压器采用单相接线，外部电源采用 220 kV，接触网标称电压 25 kV，长期最高电压 27.5 kV，短时（5 min）最高电压 29 kV，设计最低工作电压 20 kV（电压质量 20 ~ 29 kV）。

牵引变电所设 2 台（20/2 × 27.5 kV）单相变压器，二者互为备用；27.5 kV 设备采用户内布置方式；27.5 kV 侧母线采用电动隔离开关分段；馈线备用方式 100% 备用。

AT所、分区所2台电动隔离开关内侧设2台自耦变压器，互为备用。

牵引变电所、开闭所均按无人值班设计，AT所、分区所均按无人值班、无人值守设计。

各所保护、测量、控制设备采用综合自动化系统，纳入综合调度系统中的牵引供电调度子系统。

接触网悬挂类型采用全补偿简单链型悬挂。

接触线悬挂点距轨面高度5 300 mm，导线最低高度5 150 mm，结构高度1 400 mm；张力接触线25 kN，承力索20 kN；支柱侧面限界：路基地段有砟轨道3.1 m、无砟轨道3.0 m，桥梁3.0 m。

采用综合接地系统。接触网与通信、信号、信息等专业共用沿线敷设的贯通综合地线（截面95 mm² 铜线）。车站接触网支柱与车站综合接地网相连，距综合地线15 m以外的支柱及其他金属物可单独接地，接地电阻≤10 Ω。同时，各牵引变电所、AT所、分区所、开闭所内的接地网与沿线贯通的综合接地系统相连。

具有一级负荷的变配电所，采用两路独立电源受电，一般为两路专屏专线。

采用SCADA系统（数字采集监控系统），对牵引供电设备、电力供电设备及供电安全监控系统进行一体化监控管理。

d. 通信、信号及信息化。

有线通信以光纤传输、接入为基础，通过电路交换、数据交换系统，为沿线站段提供话音、数据及图像传输业务，光缆中为信号提供独立光纤，作为安全信息传输通道。

无线通信采用GSM-R综合移动通信系统，为列车运行控制系统提供安全数据传输通道，并提供移动环境下的话音、数据等通信业务。利用光纤接入和移动无线技术，构成具备话音、数据及图像传输的应急通信系统。

目前建成的大秦、青藏、胶济三条线GSM-R，正研究解决互联互通问题，同时启动全路核心网的建设。沿线无线电波覆盖满足列控系统的接收标准。

设置综合网管系统、同步及时分配系统、综合监控系统。

列控系统按满足时速350 km、列车最小追踪间隔3 min设计；采用基于GSM-R无线传输方式的CTCS-3级（相当于欧洲ETCS-2级列控系统）和ZPW2000（含UM2000系列）轨道电路与点式应答器构成的CTCS-2级组成冗余配置的列控系统。CTCS-2级系统与既有时速200 km提速线列控系统兼容，其中的轨道电路、点式应答器等在CTCS-3级中作为列车占用检查和列车定位对标的平台。

列控系统CTCS-2级由车站列控中心、轨道电路、点式应答器及车载列控设备等组成；CTCS-3级在前者基础上，增加RBC无线闭塞中心、GSM-R无线通信网络、无线通信传输模块及车载无线接收模块等设备。

运营调度系统必须与我国的路情、运输组织方式、运营管理模式紧密结合，坚持运输集中统一指挥，坚持通道为主、兼顾区域，统筹规划、分步实施的原则。

e. 其他。

全路前期建设北京、上海、武汉、广州四大动车组检修基地，承担客运专线动车组一至五级检修，后期随着高速铁路建设规模的不断扩大，动车组检修基地也在全国布设了。客运站按需求配属动车运用所，承担动车组整备和不大于二级检修。

沿线铁路噪声采取设置声屏障降噪的措施；结构设计、材料选择要满足脉动力检算要求。桥梁声屏障与梁部一体化设计。采用在轨道和梁体之间加设弹性层等综合措施减振。

铁路客站是连接铁路与城市的桥梁，是沟通铁路与旅客的纽带，是诠释铁路服务内涵的载体，是代表铁路形象的标志性建筑。要全面、综合、系统地体现"功能性、系统性、先进性、文化性和经济性"（五性）建设理念，注重太阳能照明、地源热泵、中水的利用。

铁路建设技术体系，内容丰富，在这里透视了一个速度档次的技术博大精深，也需要随着经济、社会发展、科技进步不断进行完善、提升。尤其值得强调的是，在实施过程中，一定要下功夫解决轨下基础工后沉降达标控制、无砟轨道系统精度及寿命期耐久性、列车运行控制系统可靠性、运营调度系统完整性和高效性，以及系统之间、专业之间、系统和专业之间接口集成等关键技术，以不断完善我国铁路的技术体系。

自 2004 年至 2010 年，中国用 6 年左右的时间跨越了世界铁路发达国家一般用 30 年的历程，形成了具有完整自主知识产权的高速铁路技术体系。以上是以无砟轨道为主的高速铁路技术体系。2019 年 12 月 30 日开通运营的世界上首条时速 350 km 的智能高铁——京张高铁是以有砟轨道为主的高速铁路技术体系的代表。

4. 强化工程管理

强化工程管理主要包括：规范建设程序和管理主体、优化项目决策和工程设计、实施动态管理和有效控制等。

1）规范建设程序和管理主体

原铁道部负责组织项目立项决策研究、勘察设计和竣工验收。

项目法人负责组织项目建设和运营，资本金不低于总概算的 50%，其余资金包括：直接融资（如发行铁路债券）、间接融资（如银行贷款），推行"小业主、大咨询"工程项目管理模式。来源稳定的铁路建设基金（每年 600 多亿元）是偿付本息的根本保证，铁路的战略重要性、运输增长性及政府政策支持，具有较好偿债能力。中诚信国际评定中国铁路总公司主体信用等级 AAA。如图 8.21 所示。

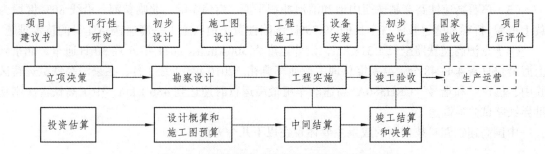

图 8.21　高速铁路建设程序和管理主体示意

2）优化项目决策和工程设计

（1）项目决策依据为：铁路发展规划、项目建议书、可行性研究报告。

（2）工程设计包括：初步设计、施工图设计（或扩大初步设计），特殊工程增加技术设计。建设单位委托咨询单位完成施工图审查。

3）实施动态管理和有效控制

（1）确立目标管理体系。

建设管理模式主要采用：DBB（设计-招标-施工建造）、EPC（设计-采购-施工建造）、Partnering（伙伴合作模式）。其中大量采用 EPC 模式。

项目总目标（五大控制）包括：工程质量、环境保护、职业健康安全、工期、投资等目标。

（2）建立支撑保障体系。

支持保障体系主要包括：合同管理、风险管理、资源管理、技术创新管理、信息管理、文化管理等，还包括 GIS 技术、BIM 技术的推广使用。

（3）推行标准化管理。

标准化管理主要包括：管理制度标准化、人员配备标准化、现场管理标准化、过程控制标准化等方面。

（4）严格竣工验收和安全评估。

竣工验收包括：初步验收（由原铁道部组织，正式验收是运营一年以上由国家有关部门组织）、静态验收（要求文件完整性、准确性，实体质量和环境影响等符合验收标准）、动态验收（对各专业系统进行常规检测，对特别重要的设备进行专项检测）、高速列车运行（包括安全评估）。

5. 中国高速铁路技术创新成果

从 2008 年以来，时速 300 km 以上的京津城际、武广、郑西、京武、京沪、哈大、沪杭、沪宁城际、兰新，以及时速 250 km 的石太、胶济、合宁、合武及东南沿海高铁等一大批高速铁路的开通运营，集中展示了我国高速铁路科技创新的成果。

（1）京津城际铁路：最高运营时速 350 km，最高试验速度为 394.3 km/h，采用大容量、高密度公交化的运输组织模式，大量开行动车组列车，全程直达运行时间 30 min，列车最小行车间隔 3 min。运营速度达世界第一，节能环保、运输能力、综合舒适度等方面处于世界领先。

（2）武广高速铁路全长 1 068.6 km，其中路基 323 km、桥梁 684 座 468 km、隧道 226 座 177 km，桥隧比 66.7%。武广高速铁路桥梁和隧道技术创造多项世界第一；动车组、列控、节能环保技术均处于世界一流水平；运输组织世界最优。

（3）郑西高速铁路穿越豫西山地和渭河冲积平原，南倚秦岭，北临黄河，沿线 80% 区段为黄土覆盖，桥梁和隧道长度占全长的 59.75%，湿陷性黄土地区施工是高速铁路建设的技术难题。

（4）京沪高速铁路全长 1 318 km，设计速度为 300 km/h，2011 年 6 月 30 日通车，北京到上海最快只需 4 时 48 分，温家宝总理主持通车典礼。2010 年 12 月 3 日，在京沪高铁试运营试验中，国产"和谐号"CRH380A 高速动车组最高运行时速达到 486.1 km，中国高铁再次刷新世界铁路试验最高速。

中国高速铁路科技创新的成果主要体现在以下几个方面：

1）工务工程技术创新

高速铁路工务工程的特点：一是采用基床和路基强化技术、无砟轨道、无缝道岔、跨区间超长无缝线路等，提高平顺性和刚度均匀性，减少维修量，满足旅客舒适度要求。二是大量采用高架线，以桥代路，解决与既有公路、道路立交问题，节约宝贵土地，减少拆迁，适应复杂地形、地貌、地质情况，有效控制工后沉降。如京津城际铁路采用双线混凝土箱梁高架桥，桥梁占全线总长 87%，实现了与公路全立交，有效控制了工后沉降。

郑西高速铁路在湿陷性黄土地区开展了大量地质处理和沉降控制试验研究。

武广高速铁路成功研制了 18 号高速道岔、扣件和钢轨伸缩调节器；突破了岩溶地基处理和地基填筑技术，有效控制了工后沉降；首次实现了大跨度钢桥铺设无砟轨道。

车站建筑充分体现功能性、系统性、先进性、文化性、经济性，系统考虑了车场、站房、广场、轨道交通及其他公共交通，构建了以人为本、可持续发展的综合客运交通枢纽。

2）牵引供电技术创新

高速铁路牵引供电具有以下特点：良好的高速弓网匹配；动车组自动过分相；供电可靠、稳定；免维护、少检修、抵御自然环境侵害强；供电能力满足高速度、高密度、大功率；具有综合一体化远程监控能力。

京津城际铁路接触线张力为 27 kN，武广高速铁路接触线张力为 30 kN，有效提高了接触网振动传递波速、控制了接触线动态抬升。列车速度 350 km/h，受电弓滑行速度 100 m/s。

中国电气化铁路采用"工频单相 25 kV 交流制"。德国、瑞典、瑞士等国采用"$16\frac{1}{3}$ Hz 低频单相交流制"。意大利、西班牙、波兰等国采用 3 000 V、6 000 V、20 000 V 直流电。最高工作电压 27.5 kV，最高工作电压 20 kV，瞬间最大值最高工作电压 29 kV，非正常情况下不得低于 19 kV。

3）通信信号技术创新

国外高速铁路列控系统发展趋势：德国、日本和法国现有的三种高速列控系统自成体系，相互不兼容，技术不开放。欧洲铁路欧盟为实现各国铁路互联互通，确定了欧洲铁路列车运行控制系统统一的技术平台，即 ETCS 。其中，基于 GSM-R 无线传输的 ETCS-2 用于高速铁路，现已成功投入商业运营，代表未来高速列车运行控制技术的发展方向。

（1）中国 CTCS-2 列控系统介绍。

CTCS-2 级列控系统通过轨道电路和应答器为列车提供控车信息，由轨道电路提供行车许可，用于提速既有线和时速 250 km 高速铁路。

（2）中国 CTCS-3D 列控系统介绍。

CTCS-3D 列控系统通过轨道电路和应答器提供控车信息，闭塞分区入口设置有源应答器，由应答器提供行车许可，用于京津城际铁路。

GSM-R 无线通信：京津城际铁路采用 GSM-R 数字专用移动通信系统，全线单网交织覆盖，实现了移动话音通信和无线数据传输。武广、郑西高速铁路实现了 GSM-R 数字专用移动通信系统，车地双向无线传输列车运行控制信息。

4）高速动车组技术创新

高速铁路是当今世界高新技术的集成，是国家科技实力和综合实力的集中体现，高速动车组是高速铁路的核心装备之一。高速动车组普遍采用了轻量化铝合金车体、高可靠性无摇枕转向架、大功率交直交牵引传动、计算机控制的电空联合制动、基于计算机和网络技术的列车控制和旅客信息系统等。为适应我国高速铁路的需要，先后开发了和谐号系统动车组产品（CRH$_1$、CRH$_2$、CRH$_2$-300、CRH$_3$、CRH$_5$ 和 CRH380A、CRH380AL、CRH380B、CRH380BL 型动车组）和复兴号动车组。

宽车体技术创新：车体由 2.9 m 加宽到 3.3 m，断面面积由 9 m^2 增加到 11.4 m^2，二等车座椅采用 2+3 布置，定员增加 100 余人。

牵引系统组成：CRH$_3$ 型动车组 4 动 4 拖，由两个动力单元组成。起动牵引力 300 kN，轮周功率 8 800 kW。

5）运营调度技术创新

坚持路网完整性和调度集中统一指挥，建立以北京、上海、武汉、广州为中心的调度指挥系统，构建运营调度技术体系，实现高速铁路运营调度现代化。

6）客运服务技术创新

建立网上售票订票系统提高服务效率，设立客流引导显示系统，方便旅客乘车，建立空乘化运营服务模式。

7）综合检测技术创新

京津城际铁路采用自主研制的高速综合检测列车定期检测，利用先进的检测手段对线路、牵引供电、通信、信号等基础设施进行综合检测和评估。

综合检测技术实现了设施检测自动化、综合维修一体化、维修手段机械化，维修效率高，运营成本低。

6. 中国高速铁路技术创新成果推广价值

从 2007 年中国铁路第六次大提速引进时速 200 km 高速列车技术，到自主开发时速 350 km、380 km "和谐号"和时速 400 km "复兴号"动车组，从 2008 年以来开通京津城际铁路、武广、郑西高铁和沪宁、沪杭城际高速客专的运营，到 2011 年京沪高铁开通，中国迅疾跨入引领世界的"高铁时代"。

京津城际铁路是我国第一条客运专线意义上的城际高速铁路，是国际范围内先进科技的产物。以京津城际为代表的高速铁路技术是我国工业化和城市化发展到一定阶段的产物，是都市带和经济圈发展的结果。我国高速铁路体现出的技术创新模式，是在特定条件下的最优选择。依托国内国际市场，通过政府、企业和科研机构的互动，缩短了我国铁路技术创新时间，降低了关键核心技术创新成本。从经济学理论分析表明，我国铁路产业技术创新模式既有其特殊性，也有其普适性。

1）高速铁路技术创新是一个系统工程

所谓技术创新，是指为了适应技术革新、市场需求和国家竞争的变化，经济体引进某种新技术的过程。它包括产品创新、工艺创新、组织创新、市场创新和材料创新等。技术创新是一个从创新思想的形成到创新成果被广泛应用的全过程，制度构建是先导，技术引进是过程，市场应用是结果。我国铁路产业高铁技术创新本质上是一个系统工程，包含各个专业的子系统，涵盖设计施工、装备制造、系统集成、运营管理全过程。按照 2004 年国务院确定的"引进先进技术、联合设计生产、打造中国品牌"的总体要求和"先进、成熟、经济、适用、可靠"的基本方针，在不断提高自主创新率的情况下，我国在铁道部主导下，构建了技术创新的制度载体，搭建了技术引进、消化、吸收和再创新的科研团队，组建了一系列高精尖科技研发平台，使我国铁路产业高铁技术自主创新率不断提升（图 8.22），构建了完整的高速铁路技术体系，走出了一条中国特色自主创新之路，在主要技术领域达到世界先进水平，许多技术已位居世界领先水平。

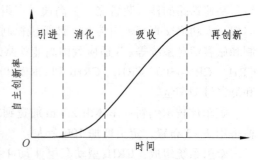

图 8.22　中国高速铁路技术自主创新率曲线

2）中国铁路技术的先进性

从产业特性上来看，铁路产业可以划分为基础设施层、移动设备层、运营组织层和政策体制层。我国高铁在这四个层次上都有技术创新，如表 8.26 所示。

表 8.26　中国高速铁路技术的先进性表

技术层次	技术项目	中国对该技术掌握程度	技术水平
基础设施层次	无砟轨道技术	掌握无砟轨道绝缘处理措施和 ZPW-2000 轨道电路传输性能、路基沉降控制、线下工程变形控制、测量控制、扣件、道岔、施工工艺、施工装备和无砟轨道技术经济适用条件	国际水平
	铁路勘察技术	掌握采用航测、物探、遥感、卫星定位测量、计算机辅助设计、人工智能等一批高新技术	国际水平
	工务工程技术	自主研发钢轨、重型轨枕等新装备新技术，桥梁、隧道工程技术	国际水平
	一体化交通枢纽技术	掌握系统考虑车场、站房建筑、广场、轨道交通及其他公共交通设施的衔接，集多种交通方式于一体的大型客运综合交通枢纽建设	国际先进
	施工工艺	掌握长轨道工地焊接施工工艺，跨区间铺设长大无缝线路，主要结构均采用高性能混凝土，线下结构与无砟轨道系统实现了高精度	国际领先
移动设备层次	列车运行控制技术	掌握有效解决不同速度列车高密度混合运行、动车组跨线运行、系统设备互联互动等技术	国际水平
	300～350 km 时速的高速动车组技术	掌握高速动车组在供电、车型、牵引、制动、减振、列车控制、检测等专业技术	国际第一
	动车组系统集成、转向架、牵引电机、牵引变压器、牵引变流器、制动系统、牵引控制系统、列车网络控制系统、铝合金、不锈钢车体等九大关键技术		国际水平
运营组织层次	不同速度值列车运输模式	掌握不同速度目标值、不同运行交路共线、跨线运输组织模式并有相应的调度指挥系统的保障	世界领先
	旅客服务系统	掌握网上售票技术，实现售票方式民航化	世界先进
	建设管理模式	京津城际采用"小业主、大咨询"建设管理模式，主要进行合同管理，把大量业务外包给国内外具有技术专长的企业，实现了成本节约	世界水平
	运营管理模式	采用委托运输管理方式	世界水平
政策体制层次	节能环保工程		世界先进
	铁路主要技术政策		世界领先
	铁路技术管理规程		世界领先
	钢轨、道岔等技术标准、条件		世界领先
	工程测量、工程设计、施工技术、质量验收等规范、规定、标准、指南		世界领先
	动车组试验、试运行、运用检修等技术条件，管理办法、操作规程		世界领先
	列车控制系统（CTCS）相关规范、技术条件		世界领先
	构建混成组织，实现产学研结合的制度安排		世界第一

由表列可见，我国铁路产业在科技难题和关键技术上取得了一些重大创新成果，在基础设施、移动设备、运营组织、政策体制等方面有力保障了技术创新。我国铁路在系统设计与系统

集成、轨道高平顺与高稳定、高速列车安全与舒适、运行控制可靠与高效等关键技术上取得的一系列进展，实现了曼斯菲尔德意义上的社会效应和经济效应，不仅是一种技术的掌握和提升，更是工艺的和商业化的实现过程，并促使新产品的市场实现和新技术工艺与装备的商业化应用。

3）中国高铁发展模式的经济学内涵

在原铁道部主导下形成的政府、科研机构、企业及市场构成的混成互动关系，是我国高铁技术创新的内在制度原动力，并在技术创新模式等方面得以反映。

（1）中国高铁技术创新符合"三螺旋"技术途径理论。

彼得·德鲁克认为，创新是一种可以组织并需要组织的系统工作，是一种需要知识积累作为后盾的实践，是一种赋予资源以新的创造新财富能力的行为。在他看来，技术创新是一种内置于特定组织制度装置中的系统活动过程。就我国高铁而言，其技术创新也是一种系统组织过程，涉及政府、科研机构、企业及市场等。"三螺旋"技术途径理论认为，在企业创新能力不足的情况下，把政府、企业和科研机构等力量综合起来，由政府主导发展高新技术，是一种可选的技术创新模式。在国内铁路产业技术发展水平相对落后的情况下，政府主导引入国外先进技术，国内产业消化吸收后，再利用国内市场扩大使用范围，进一步创新后再推向国际市场，是一个螺旋上升的过程。

（2）中国高铁技术创新符合政府市场融合理论。

随着政府在现代经济社会中作用的增强，那种把政府和市场割裂开来的看法越来越不适应需要，综合政府职能和市场职能的融合理论越来越得到认可。铁路产业中政府职能和市场职能的变化，是由铁路产业发展阶段决定的。在铁路产业的不同发展阶段，政府职能和市场职能的作用不尽相同。在我国高速铁路技术尚未成熟、国内相关技术市场有待培育、产业链有待整合的情况下，发挥政府的拉动作用，形成产学研联盟组织，充分实现政府职能与市场职能的对接，有利于我国高铁技术创新。

（3）中国高铁技术创新符合国际分工合作理论。

亚当·斯密的分工理论以及以后的比较优势理论认为，不同国家和地区在不同时段具有不同的比较优势，有的国家和地区具有人力资源优势，有的国家和地区具有技术优势，而有的国家和地区具有资本优势等。我国经济学家林毅夫教授认为，只有发展我国的相对比较优势，把我国人力资源、土地资源、企业家才能等资源与国外先进科技相结合，才能在较短时间内掌握先进技术，并不断培育向国外出口高科技产品的实力。我国高铁创新模式就充分利用了国内外两种资源、两种市场和两种机制。按照引进消化吸收再创新模式进行技术创新，把原始创新、集成创新、引进消化吸收再创新有机整合起来，是符合我国铁路技术水平现状的，也是符合国际分工合作理论的。

4）中国高铁发展模式的普遍适用性

百年铁路，铁路百年，铁路承载了我国民族复兴的伟大梦想。我国铁路以占世界铁路6%的营业里程完成了世界铁路1/4的工作量，旅客周转量、货物发送量、换算周转量、铁路运输密度均占世界第一，是世界上效率最高的铁路。高原铁路、既有线提速铁路、重载铁路、高速铁路、机车车辆装备、运营管理等技术达到世界水平，这对我国铁路产业以及国家创新战略，都具有十分重要的普适价值。

第一，高铁发展创新模式的普适性。从理论上讲，创新分为原始创新、集成创新、模仿创新、引进消化吸收再创新等，原始创新模式适用于对于铁路的重要技术等的原始性创新活动；集成创新模式适用于将国内外各种先进铁路技术进行有效融合，来制造出新的铁路产品，如机车车辆等；引进消化吸收再创新模式适用于引进国外先进的铁路技术，对技术进行消化吸收，在充分吸纳的基础上，在铁路轨道车辆等方面作出进一步创新；模仿创新模式适用于较浅层次的技术改进。高铁模式综合了各种创新模式的优点，可以为我国航空、汽车等其他产业提供有益借鉴。

第二，高铁发展创新平台的普适性。铁道部从行业及国家科技创新需求出发，构建了一批国家级创新平台，建设了一批行业创新基地，如高速列车系统集成国家工程实验室、高速铁路系统试验国家工程实验室、高速铁路建造技术国家工程实验室等，广泛吸纳包括清华大学、浙江大学、西南交通大学、北京交通大学、中国科学院等在内的国内最优良的科技资源。这些创新平台具有很强的技术外溢作用，为提升我国整体研发能力、培养科研人才梯队、发挥科技集聚效应奠定了坚实基础。

第三，高铁发展创新制度的普适性。经济学理论认为，技术创新的本质是制度创新，制度创新的结果是技术创新。我国高铁模式的一个重要特点是密集的制度创新，产学研联盟、中国高速列车自主创新联合行动计划、两部支撑计划等一系列制度创新，为我国高铁技术发展奠定了坚实的制度基础。

百年前，孙中山先生提出了铁路实业计划；百年前，詹天佑先生主持完成了中国人自己勘察设计和施工建设的京张铁路；百年前，中国大多铁路技术及经营管理权被列强控制。百年后，博观而约取，厚积而薄发，以 2008 年 8 月 1 日京津城际铁路通车运营为标志，中国铁路迈入了高速时代；随着 2019 年 12 月 30 日世界上首条时速 350 km 智能铁路——京张高速铁路的开通，中国登上了世界高速铁路技术制高点。

兼具技术创新与制度创新的中国高铁规划与建设模式，对吸纳西方先进科技、整合国内外研发资源、运用政府和市场两种机制优势、发挥产业创新示范效应等，具有重要的理论和实践价值。

五、京沪高速铁路规划与建设

北京—上海的铁路运输通道，在我国的经济建设中有着举足轻重的作用。随着经济持续快速的发展，原有铁路运输逐渐显示出不适应运输增长的需要，在这条通道上，再修建一条高速铁路显得越来越迫切。经过长达 16 年的项目可行性研究和论证，京沪高速铁路的建设，终于获得国务院批准立项。

（一）京沪高速铁路立项论证历程

2007 年 10 月 31 日，国务院宣布，京沪高铁建设领导小组正式成立，国务院副总理曾培炎任组长，至此，这条论证了十余年的京沪高速铁路建设的步伐又向前迈出了一大步。

1990 年，修建京沪高速铁路的相关可行性研究提上日程。

1992 年 5 月，铁道科学研究院提交一份《京沪高速铁路可行性研究报告》。

1994 年年底，铁道部联合当时的国家科委、国家计委、国家经贸委和国家体改委共同推出《京沪高速铁路重大技术经济问题前期研究报告》。

1997 年 3 月，铁道部向国家计委正式上报了《新建北京至上海高速铁路项目建议书》。中国国际咨询公司于 1999 年 12 月通过评估。

1998 年，提出是否可采用磁悬浮技术问题，从而出现"高速轮轨"和"磁悬浮"之争。

2006 年 3 月，温家宝主持国务院常务会议，讨论并原则通过了《京沪高速铁路项目建议书》，届时，京沪高铁正式立项。

2007 年 9 月，经过国务院批准，国家发改委正式批复京沪高速铁路可行性研究报告。

2007 年 10 月 22 日，国务院办公厅宣布成立以国务院副总理曾培炎为组长的京沪高速铁路建设领导小组。统筹指导京沪高速铁路建设工作，协调解决建设中的重大问题。

（二）京沪高速铁路的建设背景与历程

1. 建设背景

京沪线既有铁路全长 1463 km，既是客运快速线路，也是货运重载铁路，大部分区段客车最高允许速度达 140~160 km/h，货运牵引定数 5300 t，是全国铁路装备水平最高、客货运输最繁忙的干线，在铁路网中作用突出，主通道地位明显，是我国北方各省区通往华东地区的必经之路，是北煤南运的重要通道。

2003 年，华东地区经京沪铁路向区外发送旅客 5 100 万人，占该地区铁路对外发送量的 89%；2005 年向区外发送旅客 5 470 万人。从京沪铁路向华东地区输送货物的总量来看，输送煤炭 11 200 万吨，占 56.3%；石油 1 060 万吨，占 79.2%；非金属矿石 1 120 万吨，占 67.6%；木材 740 万吨，占 80.3%；粮食 1 020 万吨，占 68.4%。2005 年，全线平均客运密度双向 4 512 万人/km，平均货运密度为 6 181 万吨，分别为全路平均的 4.9 倍和 2.1 倍，运能缺口高达 50% 左右，运能与运量的矛盾极为突出，一直处于限制型运输状态。

为扩大运输能力，提高列车运行速度，努力适应沿线经济与社会发展对铁路运输要求，铁道部自 20 世纪 80 年代起以重载和提速为目标，不断对京沪线进行强化改造，使其运输能力得到了一定提高。区间最大运行图确定列车对数由 107 对提高到 137 对，货物列车牵引定数由 4 000 t 提高到 5 300 t，旅客列车运行速度由 100 km/h 提高到 140~160 km/h。但是，这一系列提速改造措施只是缓解了运能的紧张，并不能从根本上解决运能缺口大的问题。

我国经济持续的发展、人们生活水平的提高和人口的增长及城市化进程的加快，促使我国旅客运输需求保持快速增长势头，且呈现出多元化发展趋势，进而促使运输服务向扩大运输能力、提供多样化产品、多元化功能以及多层次服务方向发展。随着运输市场的不断发育，各种运输工具的旅行速度、旅行环境、服务质量、管理水平、方便程度等，将成为影响人们选择出行方式的主要因素，提高运输服务质量的需求已经日趋重要。

我国和世界各国的经济发展规律告诉我们，交通基础设施的供应水平和能力必须适度超前，否则就会影响社会经济持续、稳定和健康发展。因此，铁路也必须实现跨越式发展。据预测，到 2020 年全国铁路旅客和货物运输需求将分别达到 40 亿人和 40 亿吨，年均增长速度分别为 7% 和 4%。我国铁路将面临运量快速增长、运输质量要求越来越高的双重压力，必须提供足够的运输能力和高质量的运输服务，才能满足这一需求。因此，新建一条京沪高速铁路变得越来越紧迫。

由于上述诸多重要原因，建设京沪高速铁路得到了党中央与国务院的重视，并纳入了我国"十一五"规划。2006 年 3 月 13 日，国务院正式批准京沪高速铁路项目建设立项。

2. 修建历程

截至 2008 年 11 月底，开工建设里程 1 203 km，占设计正线里程的 91%。

2009 年 2 月 19 日下午，在国家拉动内需的龙头工程——京沪高速铁路工程建设工地上，大型架桥机凭借着近 70 m 的长臂，将 32 m、880 t 的箱梁稳稳地吊装到桥墩上，这标志着全面开始了京沪高速铁路架桥施工，施工技术实现了跑步与世界铁路建设高端对接的目标。

2009 年 2 月 25 日，京沪高铁测量棱镜招投标开始。

2009 年 4 月 18 日，中国京沪高速铁路开工建设 1 年，工程整体进展顺利。全线开工里程占设计线路里程的 99%，完成投资 668 亿元人民币。京沪高铁计划 2009 年上半年完成全线路基施工，年内完成全部桥梁下部工程、贯通全线所有隧道等工程。

2010 年 1 月 7 日，京沪高铁累计完成投资 1 224 亿元，为总投资的 56.2%。

2010 年 4 月，建设中的京沪高铁已进入轨道板铺设阶段，预计 8 月中旬铺设钢轨，11 月底完成铺设，12 月进行联调联试，2011 年 6 月建成通车。

2010 年 5 月 14 日上午 11:18，京沪高铁沧州段最后一孔长 32.6 m、重 900 t 的梁缓缓落在青沧特大桥 245 号和 246 号墩柱上，标志着京沪高铁沧州段全长 137.8 km 架梁全线贯通。

2010 年 7 月，施工进度最快的山东枣庄至安徽蚌埠段——先导段开始铺轨，11 月轨检车上线调试，12 月份在全线率先通车试运行。

2010 年 7 月 19 日，京沪高铁先导试验段北段开始率先从徐州向蚌埠铺轨，南段将于 8 月中旬从南京向蚌埠铺轨，10 月底将完成试验段铺轨。

2010 年 11 月 15 日全线铺通，大动脉开启京沪新时代。

（三）京沪高速铁路的技术经济优势

高速铁路是高新技术在铁路上的集中反映，它使交通运输结构发生了新的重大变化，是当代经济、社会、科技、交通发展的必然产物。它与汽车和民航等运输方式相比较，输送能力大，安全可靠，旅行舒适度高，较少受气候变化的影响，又具有节省石油和土地资源、保护生态环境、摆脱交通堵塞等优势，是解决大通道上大量旅客高速输送问题的最有效途径，已成为世界各国铁路的发展趋势。高速铁路具有的一系列技术经济优势，得到了世界各国的高度评价，京沪高速铁路亦然。京沪高速铁路技术经济优势主要表现在以下方面。

1. 输送能力大

输送能力大是京沪高速铁路的主要技术优势之一。目前各国高速铁路几乎都能满足最小行车间隔 5 min 的要求，京沪高速铁路的最小行车设计间隔为 4 min，一列车可载客 1000 人到 1200 人，每天在京沪之间可发出 120 ~ 130 对高速列车，输送旅客能力强大。

据统计，日本九州新干线开通运营第三年，沿线旅行者的数量就增加了 1 倍多，其中上班、上学的通勤人群比开通前增加了 11 倍。由于旅行时间缩短，赴鹿儿岛观光的中长途旅客也明显增加了 10% ~ 15%，带动了当地旅游业的发展。

高铁的影响并不仅局限于铁路范围内，它优化了大交通的运力结构，降低了百姓旅行的综合成本。在欧洲，法国是最早拥有高速铁路的国家，其 TGV 高速列车于 2007 年创造了 578.4 km 的最高测试时速。由于安全、准时、快捷、低价，法国高铁成网后便抢占了中短途的航空市场，每年的收入达到 15 亿欧元。

截至 2019 年 9 月 30 日，京沪高速铁路全线（含本线和跨线）累计开行列车 99.19 万列，累计发送旅客 10.85 亿人次，取得了良好的社会效益和经济效益。

2. 运行速度快

速度是高速铁路技术水平的最主要标志，各国都在不断提高列车的运行速度。法国和日本高速列车的最高运行时速达到了 300 km，意大利也达到了 250 km。京沪高速铁路设计时速为 350 km，从北京到上海只需 4～5 h 就能到达。与民航相比，在正常天气情况下，乘飞机的京沪旅行全程时间（含市区至机场、候检等全部时间）为 5 h 左右，高铁与飞机相当。与高速公路比较，以北京到天津城际高速铁路为例，汽车平均时速 85 km，行车时间为 1 h 40 min，加上进出京、津两市区一般需 1.5 h，旅行全程时间超过 3 h，而乘高速列车仅需 30 min。

3. 运行安全性好

京沪高速铁路由于在全封闭环境中自动化运行，又有一系列完善的安全保障系统，所以其安全程度是任何交通工具均无法比拟的。从国外的情况看，高速铁路问世 50 多年来，除德国 ICE 高速列车行驶在改建线上发生一次事故外，各国高速铁路都未发生过重大行车事故，也没有因事故而引起人员伤亡。这是各种现代交通运输方式所罕见的。因此，高速铁路被认为是最安全的。与此成对比的是，据统计，全世界由于公路交通伤亡事故每年死亡 25 万～30 万人，全球民用航空每 10 亿人/km 的平均死亡数高达 140 人。

4. 受气候变化影响小，正点率高

京沪高速铁路全部采用自动化控制，可以全天候运营，除非发生地震。根据风速限制规范，若装设挡风墙，即使风速达到 25～30 m/s，列车也可跑到 160 km/h。飞机、机场和高速公路等，在浓雾、暴雨和冰雪等恶劣天气情况下，则必须关闭停运，由于高速铁路系统设备的可靠性和较高的运输组织水平，可以做到旅客列车极高的正点率。

5. 乘车舒适、方便

京沪高速铁路设计为每 4 min 发出一列车，旅客基本上可以做到随到随走，不需要候车。为方便旅客乘车，高速列车运行规律化，站台按车次固定化等，这是其他交通工具无法比拟的。高速列车车内布置科学合理、设施齐全、座席宽敞舒适，走行性能好，运行非常平稳。高速列车还能减震、隔音，车内很安静。

6. 能源消耗低，环境影响小

根据专家研究测算，以“人公里”（即将 1 个人运输 1 km）为单位能耗进行比较，高速铁路为 1，则小轿车为 5，大客车为 2，飞机为 7。高速列车利用电力牵引，可不消耗不可再生的石油等液体燃料，可利用多种形式的能源。其环境影响明显优于汽车和飞机。

很多国家还将高铁视为能源安全与环境保护的“绿色屏障”。高速铁路占地小，有利于耕地保护与城市建设发展。双向 4 车道高速公路占地面积是高铁的 1.6 倍；大中型飞机场占地面积相当于建 1 000 km 高铁。高铁的能耗与排放也比其他交通工具更小。日本新干线的人均碳排放量仅是私人小轿车的 1/10、公共汽车的 1/3、飞机的 1/6。此外，高铁项目与相关产业的投入产出比为 1∶10。高铁不仅加大了钢铁、水泥、精密仪器、新材料等产业的需求，还创造了大量的就业岗位，对应对国际金融危机冲击、保持经济增长、扩大国内需求，有着明显的作用。

（四）京沪高速铁路对沿线经济带的影响

京沪高速铁路位于中国东部地区的华北和华东地区，线路两端连接环渤海和长江三角洲两个经济区域。全线贯穿了北京、天津、上海三大直辖市和河北、山东、安徽、江苏四省，这些省市是我国经济基础最好、发展速度最快的经济带。它们不仅是我国东部地区带动中西部地区

经济发展的龙头，也是我国经济对外开放、参与国际经济竞争的前沿阵地，在整个国民经济和社会发展中具有重要的战略地位。京沪高速铁路所经区域面积占国土面积的 6.5%，人口占全国地 26.7%，人口 100 万以上城市 11 个，国内生产总值占全国的 43.3%，是中国经济发展最活跃和最具潜力的地区，也是中国客货运输最繁忙、增长潜力巨大的交通走廊。

由于京沪高速铁路的设计是客运专线，线下最高设计速度为 380 km/h，技术速度最高达到 288 km/h，本线新增运力每天达 30 万~35 万人。届时，既有铁路线和新建的客运专线分开运营。因此，它的建成将产生 5 个主要方面的影响。

（1）促进京津唐、环渤海、胶东半岛、长江三角洲、长江中下游经济区域的快速发展，形成一条以北京为政治文化中心，上海为国际经济、金融、贸易、航运中心的经济带，加快沿线地区的城市化进程，提前实现城市化。

（2）加强东部地区对西部地区乃至全国的经济辐射与带动效应，带动铁路及其相关产业的技术进步，进而促进相关产业快速发展乃至全国经济的全面快速增长。

（3）从根本上缓解京沪沿线地区交通运输的紧张局面，大幅度缩短沿线城市之间的旅行时间，激发人们的出行频次，提高人们的旅行质量。

（4）沿线地区时空距离的变化，有利于改善沿线的投资环境，促进沿线土地升值，加速经济增长。

（5）根据初步研究预测，京沪高速铁路建成后，可使沿线地区 GDP 增长率提高 19%~21%。

京沪高速铁路所经的 4 省 3 市面积仅占全国的 6.5%，人口却占全国的 26.27%，沿线分布着全国 4 大直辖市中的 3 个，省会城市 2 个，共有 11 个人口超过 100 万的大城市，构成了一条经济实力雄厚、辐射能力极强的经济轴线。其 2005 年国内生产总值占全国的 46.70%，人均 GDP 是全国平均的 1.80 倍，其中，北京、天津、济南、南京、常州、镇江、无锡、苏州、上海等市的人均 GDP 超过 3 000 美元。

京沪高速铁路的建设，可将京津唐、环渤海及长江三角洲经济区域紧密连接起来，根据各自资源优势，优化生产力布局，增强对东部地区乃至全国的辐射与带动效应。因此，京沪高速铁路建设，对促进东部地区保持快速的经济增长势头，创造新优势，实现新突破，率先实现现代化，从而带动全国的经济增长，具有重要的战略意义。

（五）京沪高速铁路对综合交通运输的影响

建设京沪高速铁路（运输能力可达年单向输送乘客 8 000 余万人），是扩大京沪通道运输能力，提高通道运输质量的需要。京沪运输通道主要由公路、铁路、民航、水运和管道等 5 种运输方式承担，是我国交通比较发达的地区，也是运输最繁忙、运能最紧张的地区。

20 世纪末，京沪通道公路、民航运能与运量大幅度增长，而铁路增长极其有限。公路方面，通车里程由 1990 年的 15.6 万千米增加到 2005 年的 36.9 万千米，年均增加 5.63%，客运量平均增长 8.32%；民航方面，北京—上海航线飞行班次从 1995 年的 8 896 次增加到 2005 年的 31 000 次，年均增加 14.02%，北京—南京航线飞行班次从 1995 年的 3 752 次增加到 2005 年的 9 762 次，年均增加 9.45%；铁路方面，通车里程从 1990 年的 10 166 km 增加到 2005 年的 14 267.2 km，年均增加 2.28%，客运量年均增加 1.69%。可见，运量的增长与运能的增加呈现非常显著的正相关性，铁路客运量增长缓慢的主要原因，就是运输质量低、运能不足。

在我国"十一五"规划交通部分中，京沪高速铁路是"一号建设项目"。京沪高速铁路沿线是我国大城市最集中、人口最密集的区域，要求京沪高速铁路必须适应这个特点，实现运量最大化。它的开建，将对公路和民航等运输方式产生影响，将改变上述交通结构不合理的增长因素和分担率，主要表现在优化资源配置、优化运输结构、进一步实现合理分工等方面上。同时也使铁路线网进一步得到完善和优化，科学合理地发挥效能与作用。

到 2020 年，我国人均 GDP 将超过 3000 美元。据世界主要发达国家的资料分析，当人均 GDP 从 1000 美元上升到 3000 美元时，居民主要消费结构就会发生较大变化，用于交通和通信消费支出的平均比重将稳步上升，从 8%～9% 上升到 11%～12%。我国现有总人口已超过 13 亿，预测 2020 年将上升到 15 亿人，城市化率将从目前的 43% 提高到 60%。人口的增长、城市化率的提高及交通消费支出比重的上升，将导致全社会客运需求迅速增长。

根据上述情况，通过运用多种方法预测，京沪通道旅客运量 2015 年为 80 亿人次、2020 年为 102 亿人次、2030 年为 105 亿人次，占全国总量的 23% 左右，货运量为 55 亿、61 亿和 65 亿 t，占全国的 29% 左右。

经过综合分析测算，京沪通道铁路客运需求 2015 年达 5.6 亿人次、2020 年达 6.8 亿人次、2030 年达 8.5 亿人次（含京沪高速铁路、城际客运专线和既有京沪线），占通道总运量的 7.3%。其中，高速铁路承担的运量分别为 3.05 亿、3.67 亿和 4.82 亿人，以密度表示，则分别为 4 300 万人公里/km、5 300 万人公里/km 和 6 850 万人公里/km（单向）；货运需求为 4.8 亿、5.3 亿和 5.6 亿吨，重车方向区段货流密度分别为 0.98 亿吨公里/km、1.21 亿吨公里/km、1.25 亿吨公里/km。

在我国铁路网中，京沪高速铁路是我国《中长期铁路规划网》中"四纵四横"客运专线的南北向主骨架。京沪高速铁路的建设，对促进东部地区快速客运网的形成和全国客运专线网络的发展具有提纲挈领的带动作用。

（六）京沪高速铁路对可持续发展战略的影响

我国国情的基本特点是人口多、耕地少、资源紧张。目前，我国经济规模的迅速扩大与资源浪费、环境污染并存，资源短缺、生态失衡和环境恶化成为社会、经济可持续发展的制约因素，京沪通道沿线上述特点更加明显。建立符合可持续发展战略要求、社会成本低、环境相容性好的资源节约型交通运输体系，是我国实施可持续发展战略的重要内容之一。

高速铁路具有占地省、能耗低、运能大、污染少、全天候、适应性强等技术经济优势，与公路、航空运输相比，是中长距离运输中最具节约特征的交通方式。每人公里燃料消耗是汽车的 32%，是中程客运飞机的 20%，废气排放不到汽车和飞机的 23%，占地仅相当于双向 4 车道高速公路的 50%。根据最近国际铁路联盟高速部的资料统计，欧洲 17 个国家交通运输业的外部成本总额为 5300 亿欧元，占这些国家当年 GDP 总值的 7.8%。在汽车、飞机和铁路 3 种快速交通工具的外部成本中，铁路仅占 1.94%，远低于公路的 91.5%、航空的 6.1%。

正是高速铁路的这些突出技术经济优势，使得高速铁路在世界范围内蓬勃发展。自 1964 年日本建成世界上第一条高速铁路东京至大阪高速铁路，50 多年来，高速铁路从无到有，迅速发展。据不完全统计，截至 2019 年 12 月，全世界运营中的高速铁路营业里程总长超过 50 000 km，这些线路分布在近 20 个国家和地区。在建高速铁路有 10 多条，总长度达 10000 km，将陆续投入使用。

国际上高速铁路建设经验表明，高速铁路的技术正在不断发展，具有良好的经济和社会效益，是可持续发展的资源节约型交通运输方式。京沪高速铁路的建设，有助于我国尽快建立资源节约型交通运输体系，对实现可持续发展的战略具有关键性的影响。

（七）京沪高速铁路对产业发展的影响

京沪高速铁路使用的技术，集中反映了当代新型牵引动力、高性能轻型车辆、高质量线路、高速运行控制指挥，高安全、高可靠性的系统，高速运输组织和经营管理等方面的技术进步。用高新技术改造传统产业，提升其现代化水平，是走新型工业化道路的重要任务。

铁路传统产业存量大、产业链长。我国铁路现有13万多千米营业里程，是钢材、铝型材、木材、水泥等物资消耗大户。京沪高速铁路建设，是科研攻关、技术引进和消化吸收相结合，实现我国铁路速度目标值的新突破，尤其是安全可靠性技术、自动控制技术等方面实现新突破，实现高速铁路技术的国产化，为传统产业注入高新技术要素，可以从总体上提高我国交通运输的产业素质，促进中国铁路现代化水平的全面提高。

对于时速200 km 以上的线路，尤其是高速铁路，中国企业不仅已经掌握核心技术，能够承担路基、桥梁、钢轨、枕梁、供电架等基础部分施工和生产。这部分的工作量和原材料消耗量很大，所占比例大概在50%左右。技术高的核心部分是列车、通信、信号、供电等系统，也能够独立生产制造。

通过京沪高速铁路建设，相关技术也可以直接应用到城市轨道交通产业中去，对这一领域也具有提升和推动作用。另外，我国铁路行业拥有庞大的机车车辆制造体系和优秀的专业技术人员，通过技术引进和技术创新，有能力参与到国际市场竞争中去。

京沪高速铁路建设，将成为中国铁路运输现代化进程中的里程碑，大力推动我国相关工业的技术进步。

（八）京沪高速铁路的投融资及其影响

根据我国目前的政策环境和市场发展规律研究分析，京沪高速铁路项目融资是，按照"积极探索市场化融资方式，吸纳民间资本、法人资本及国外投资，构建多元投资主体，拓展多种投资渠道"的要求，充分调动各方面积极性，采用货币、实物、知识产权、土地使用权等多种出资方式，利用国内外资本市场进行权益、债务融资，实现多元投资主体、多种筹资渠道、多样融资方式。

京沪高速铁路项目运作的模式是，出资各方按照《公司法》要求，共同组建京沪高速铁路有限责任公司。公司作为项目法人，对资金筹措、建设实施、经营管理、债务偿还及资产的保值增值负责。可操作的步骤是，首先以原铁道部及地方政府注入的资本金和银行贷款作为主要资金来源，组织实施工程建设。同时积极引进国内外战略投资者，在资本市场上分期发行企业债券，逐步加大市场融资份额，替代或置换政府资金和债务性融资，在实现国有铁路控股的前提下，逐步减少政府资金所占资本金的比例。在条件成熟时改制上市，进入股票市场直接融资。

鉴于目前的融资环境与条件，京沪高速铁路项目的自有资本金不少于总投资的50%，加上地方政府的征地拆迁折合资金，国有资本所占比例将达到60%～70%。京沪高速铁路的预算总投资额在2208亿元左右，如按70%计算，国有资本将达1545亿元。

从京沪高速铁路项目融资结构比例来看，国有资本占绝对优势，这一状况在短期内很难改变。因此，随着高速铁路项目法人化的发展，巨额的国有资本应该有完善的监管预案。京沪高速铁路的建设，必将快速推动国有资本监管体系的建立，使之逐步完善，从而促进我国高速铁路及客运专线的快速、有序建设与发展。

京沪高速铁路项目融资的思路和运作模式，对客运专线是一个很好的典范，有利于实现建设、管理、运营与标准的统一及规范。对于不适宜现阶段建设的客运专线，应该严格控制，把客运专线控制在需求合理的规模上，从而也减少投资压力和杜绝不合理的项目投资。

（九）京沪通道铁路方案论证

根据京沪通道的运输需求，有关部门先后研究过如下一些技术方案。

1. 既有线采用摆式列车

采用瑞典 X2000 摆式列车，通过曲线的限制速度可提高 35%，旅行速度约提高 20%，通过必要的改造和加强，既有京沪线的最高速度可达到 200 km/h。但是开行摆式列车，扣除系数就要加大，本已紧张的运输能力还要降低，更不能适应日益增长的运输需要，故该方案被放弃。

2. 既有线电气化改造

进行电化改建，在运输繁忙的京沪线上，施工干扰正常运营的问题比较突出，一是要降低现有运输能力，二是要延长工期。据设计部门测算，按 1992 年价，仅电气化与土建工程投资即需 148.7 亿元。电化后货物列车牵引定数即使达到 5 000 t 以上，徐州—上海的铁路能力也仅能适应到 2001—2003 年，也就是说电化改造完成之时，就将是运能饱和之日。考虑到电化改造中的运能降低以及电化完成后又需规划新的扩能措施，所以电化改造这种只能临时缓解能力不足的方案不宜采取。

电气化改造并开行摆式列车，虽可提高部分客运的最高速度，但能力不足的矛盾将更加突出。

3. 新建一条双线铁路

新建一条双线铁路，有以下 4 个方案可供选择：一是沿既有铁路建成并行四线；二是新建一条客货混运双线；三是新建一条普通客运专用双线；四是新建高速客运专用双线。

从投资角度看，按 1992 年价格估算，工程造价分别为 537 亿元、401 亿元、434 亿元、523 亿元，投资额的比值为 1.03：0.77：0.83：1.00，差别并不很大。

从运输能力角度看，修建高速客运专线则是最大的，双向客运能力可达 1.2 亿人/年。既有线单向货运能力可达 1.2 亿吨/年，能够适应京沪通道远期的运量增长。

从缩短乘客旅途时间看，修建高速客运专线可将目前京沪间 17 h 的旅行时间，缩短为 6.5 ~ 7.0 h，这更是修建普通客运专线无法比拟的优越性。

综上所述，在京沪通道上修建高速客运专线既可解决能力不足问题，又为我国铁路高速客运开创道路，是符合国情民情的正确决策。

（十）京沪高速铁路的技术决策

1. 总体设计

经过设计单位的认真研究，多方案比选，拟定了京沪高速铁路的线路走向，如图 8.23 所示。

沿线以平原为主，局部为低山丘陵区，经过海河、黄河、淮河、长江四大水系。北京至济南属冀鲁平原，地形平坦开阔，地势为两端高、中间低，团泊洼一带为全线最地处；济南至徐州属鲁中南低山丘陵及丘间平原，地形起伏较大，泰安段为全线海拔最高区段；徐州至上海段线路主要通过黄淮长江三角洲平原区，局部（蚌埠至丹阳）通过阶地垄岗、低山丘陵。

沿线的工程地质条件主要是软土、松软土分布广泛，尤其是武清至沧州段松软土、丹阳至上海段软土，埋深变化大、软土层厚、强度低，工程性质差。

设计最高运行时速 380 km，初期运营时速 300 km，列车最小追踪间隔按 3~3.5 min 设计。预计京沪高速铁路建成后，列车以时速 380 km 运行，北京南—上海虹桥站全程运行时间为 3 h 45 min；以时速 350 km 运行，运行时间为 3 h 58 min；以时速 300 km 运行，运行时间为 4 h 37 min。年客运输送能力双向达到 1.6 亿人次。总投资 2 209.4 亿元，原计划 2012 年 12 月建成通车，后计划提前至 2011 年 12 月通车，争取 2011 年 6 月通车，总工期为 38 个月左右。项目建成后，乘坐火车从北京至上海只需要 4 h。

1）线路走向

京沪高铁与既有京沪铁路大体平行，正线全长约 1318 km，沿线共设置 24 个客运车站，较既有京沪线 1463 km 缩短约 145 km（图 8.23）。线路自北京南站西端引出，沿既有京山线，经天津新设华苑站并与天津西站间修建联络线连接；向南沿京沪高速公路，在京沪高速公路黄河桥下游 3 km 处跨黄河，在济南市西侧新设济南高速站；向南沿京福高速公路东侧南行，在徐州市东部新设徐州高速站；于蚌埠新淮河铁路桥下游 1.2 km 处跨淮河设新蚌埠站，过滁河，在南京长江大桥上游 20 km 的大胜关越长江后新设南京南站，东行经镇江、常州、无锡、苏州，终到上海虹桥站。天津、济南、徐州、蚌埠、南京、上海等枢纽地区通过修建联络线引入既有站。

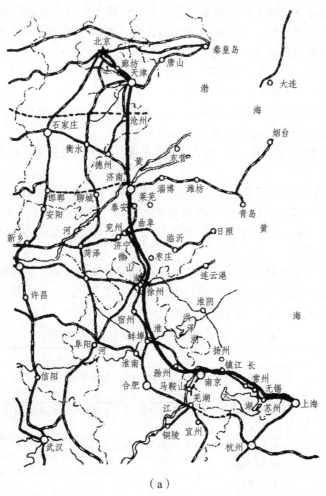

（a）

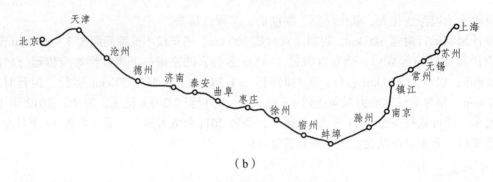

（b）

图 8.23　京沪高速铁路走向示意

2）主要车站布置

京沪高速铁路全长 1318 km，全线设车站 24 个：北京南站、廊坊站、天津西站、天津南站、沧州西站、德州东站、济南西站、泰山西站、曲阜东站、滕州东站、枣庄西站、徐州东站、宿州东站、蚌埠南站、定远站、滁州南站、南京南站、镇江西站、丹阳北站、常州北站、无锡东站、苏州北站、昆山南站、上海虹桥站。始发站 5 个（北京南站、天津西站、济南西站、南京南站、虹桥站），中间站 19 个（其中徐州东站为预留始发站），始发站之间将根据需求开行点到点列车。设北京、上海 2 个动车段，济南、南京南、虹桥 3 处动车组运用所，20 个固定设施保养点，通信、信号、信息系统、牵引供电等站后设备。车站平均密度约为 55 km/座。京沪高速铁路部分路线及车站建设见表 8.27 所示。

（1）北京南站：按 13 台 24 线布置。其中：设京津城际（4 台 7 线）、京沪高速（6 台 12 线）及普速兼市郊（3 台 5 线）共 3 个车场。

（2）天津西站：从杨村取直通过南北两条联络线引入，其中北侧联络线预留条件。天津至天津西地下直径线及京津城际轨道交通从东端引入。

（3）天津西站改建客运车场，按 10 台 18 线布置。其中：设高速（6 台 11 线）及普速（4 台 7 线）2 个车场。

（4）济南高速站位于济南市规划搬迁的张庄机场西侧，距市中心 8.5 km，按 8 台 14 线布置。

（5）南京南站位于城市机场高速公路和秦淮河之间，距离市政府 10 km。京沪高速、沪汉蓉铁路、沪宁城际、宁杭城际、宁安城际等线引入车站，车场布置及各线间联络线设计十分复杂，暂按 13 台 26 线设计。

（6）上海虹桥站位于虹桥机场西侧与既有沪杭铁路外环线之间，沪杭既有线、京沪高速、沪宁城际以及沪杭甬客运专线、沪杭城际线引入车站，按 16 台 30 线布置。其中：设高速（10 台 19 线）、城际兼普速（6 台 11 线）2 个车场。

表 8.27　京沪高速铁路部分路线及车站建设

省份	路段	投资额	建 设 规 模
北京		63	新北京南站建筑面积 226 333 m²，包括能容纳 10 500 人的候车区域，其中还有 31 500 m² 的高架环形车道
天津		—	天津西站按现代化标准同步进行改扩建，同步修建西南联络线和西北联络线与京沪高速铁路相连
河北		—	全长 169 km；设有廊坊和沧州两高铁站
	廊坊	—	全长 26 km
	沧州	—	全长 143 km

省份	路段	投资额	建　设　规　模
山东		—	总长 500 余 km，铁路被规划为封闭式的高架路，全线 60%～70% 的路段被设计为桥梁。拟设德州、济南、泰安、曲阜、枣庄 5 个站点
	济南	—	全长大约 70 多 km，济南高速站核心区规划总用地 50.57 hm^2，其中周边地区用地 43.2 hm^2，总建筑面积 2 586 431 m^2，总建设规模 20 hm^2
	曲阜	—	曲阜高铁站设正线 2 条、到发线 4 条，有效长度 700 m，车站设 450 m×12 m×1.25 m 岛式站台 2 座
安徽		189	全长 266 km，占总长的 20%。设有宿州、蚌埠、滁州 3 个高铁车站
	宿州	—	车站设计总建筑面积为 6 889 m^2
	蚌埠	—	全长 74 km，其中 95% 是高架桥通过；车站站房规模约 8 000 m^2
	滁州	—	全长约 112 km，总占地约 537 hm^2；车站站房规模 4 000 m^2
江苏		660	全长 348 km，设有徐州、南京、镇江、常州、无锡、苏州、昆山 7 个高速站，另外预留丹阳站
	徐州	68	正线为 55.3 km，联络线 15.2 km，其中高速桥梁长度约为 50 km
	镇江	—	全长 74.74 km，70% 以上将采用高架方式
	南京	136	全长 27.3 km，八成将是全封闭的高架铁路；南京南站占地面积约 2 km^2。铁路轨道有 28 股，将建成高架车站，地下是地铁，一层是大厅，最上层是铁路轨道
	常州	—	总长 44.74 km；车站设正线 2 条、到发线 4 条；岛式站台 2 座，站台长度将达 450 m，宽 12 m，高 1.25 m
	无锡	—	全长 49.75 km
	苏州	—	全长约 81 km
上海		—	高铁虹桥客站为地面车站，地下将设轨交车站

3）主要工程内容

桥梁长度约 1 140 km，占正线长度的 86.5%；隧道长度约 16 km，占正线长度的 1.2%；路基长度 162 km，占正线长度的 12.3%；全线铺设无砟轨道约 1 268 正线公里，占线路长度的 96.2%。有砟轨道约 50 正线公里，占线路长度的 3.8%。全线用地总计 5 000 hm^2（不包括北京南站、北京动车段、大胜关桥及相关工程）。

京沪高速铁路将全线铺设无缝线路和无砟轨道。铁路线路、牵引供电、通信信号等基础设施，采取多种减振、降噪、低能耗、少电磁干扰的环保措施。全线实行防灾安全实时监控，运用具有世界先进水平的动力分散型电动车组，由集行车控制、调度指挥、信息管理和设备监测于一体的综合自动化系统统一指挥，以确保实现高速度、高密度、高舒适性、大能力、强兼容、高正点率、高安全性的现代化旅客运输。

京沪高速铁路全线实现道口的全立交和线路的全封闭，既方便沿线群众、车辆通行，又可确保高速列车运行安全。全线优先采用以桥代路方式，最大限度节约东部地区十分宝贵的土地资源。

2. 重大工点概述

1）北京南站

北京南站位于北京市南二环、南三环之间，是集铁路、市郊铁路、地铁（2 条）、公交车和社会车辆为一体的大型立体、紧密衔接的现代客运中心（5 层）。车站总建筑面积 24.5 hm^2（其中铁路站房约 8.5 hm^2），雨棚面积约 6 hm^2。

北京南站的整体造型设计为相互咬合的三部分：中部为高架进站厅，两翼为全覆盖无站台柱雨棚，衔接的缝隙为高架车道，车流可以从任何方向驶入高架进站厅，中央通廊上的梭形屋面更加突出了进站方向，屋面形式恰当地反映了建筑的内部功能；而为了顺应北京市方格网的城市格局，站房采用椭圆形的建筑形态，以消除铁路站场斜向布置与北京市南北向城市格局的矛盾，使铁路客站对于城市各个方向均具有良好的视觉景观；为了表达独特的地理位置和深远的文化背景，造型设计利用现代技术手段，左右对称曲线形的屋面分三层跌落，来实现"天坛"的屋面形象寓意，使北京南站成为具有文化性和时代感的公共建筑（图8.24）。

图 8.24　京沪高速铁路北京南站

高架层为旅客进站层，中央为候车室，东西两侧是进站大厅，与高架环道下客平台相连。南北两侧为共享空间，与南北广场地面进站厅和地下换乘空间直接连通。来自公交车、地铁和地下小汽车库的旅客，均可通过这个共享空间进入高架候车厅进站。候车空间分普速、高速、城际候车厅，每个候车厅设安检、独立的软席候车室、无障碍候车座席、无障碍电梯和卫生间等旅客服务设施，并设置了站台采光天井，天井一侧设楼扶梯通往站台，另一侧设自动扶梯通往站台。东西两侧进站大厅入口处设置了开敞式的旅服设施，进站旅客在此可完成问询、小件寄存、电话通信等作业。进站流线上设置四组售票厅及商务中心旅服设施。

地面层为公交车旅客进站层，站房北侧设进站厅、贵宾候车室。

公交车落客站紧邻站前平台设置；站房南侧设旅客进站厅及必要的附属用房。为保证站台上景观的通透性，尽量减少结构柱的数量，高架候车厅下柱网最大跨度为40.5 m。采光井将阳光引入站台层，改善了以往高架候车厅下阴暗的候车环境。同时，站台上也设置采光井，光线间接引入地下，使地下空间的旅客能感受到天光，具有导向作用。

地下一层东西两侧设汽车库及设备用房，南北两侧是地下公交车载客站；中央部位为交通换乘大厅，西侧为国铁出站，东侧为国铁快速进站，南北两端为长途候车旅客进站厅。两个地铁站的共用付费区设在换乘大厅的中央部位，最大限度方便地铁客流换乘。在旅客通道上，设商亭、快速售票窗口、接站休息处，与绿化和休闲设施相结合，满足功能和景观要求。

地铁4号线与14号线之间设有楼梯，可以直接台对台换乘。

采用椭圆的建筑造型，节约用地；采用太阳能板取电，地源热泵以及独特的采光天窗及高科技的建造手段节约了能源。系统设计中我们努力寻求这一全新的火车站在经济性上、在"四节一保"上能够与它的功能性、系统性、先进性和文化性方面达到一个和谐完美的平衡。

2）济南黄河大桥

济南黄河大桥在王家庄桥位跨越黄河，为四线桥。桥位处主河槽水面宽度约 290 m、两岸黄河大堤堤距约 930 m。大桥主桥长 5 143 m，跨河主桥采用 5 跨连续钢桁柔性拱（112 + 168 + 168 + 168 + 112）m，6 个主墩，其中 3 号主墩基础采用 24 根 ϕ2.5 m 的钻孔桩基础，圆端形承台平面尺寸 36 m × 23.2 m，桩长 80 m（图 8.25）。

图 8.25　京沪高速铁路济南黄河大桥

3）南京大胜关长江大桥

（1）工程概况。

南京大胜关长江大桥位于既有南京长江大桥上游 20 km 处，是京沪高速铁路和沪汉蓉铁路的越江通道，同时搭载双线地铁，为 6 线铁路桥。大桥全长 14.789 km，跨水面正桥长 1 615 m，采用双孔通航的 6 跨连续钢桁拱桥（109 + 192 + 2 × 336 + 192 + 109）m，采用三桁承重结构，3 个土墩基础采用 46 根 ϕ3.2 m/ϕ2.8 m 的钻孔桩基础，承台平面尺寸为 34 m × 76 m，桩长 10.7～11 m。

苏锡常特大桥从丹阳至昆山试验段，全长 164 km。常州至昆山软土分布较广，除少数特殊跨度外，大量采用 32 m 箱梁结构。

① 桥式方案。北岸引桥 24 × 32 m 预应力混凝土简支箱梁 + 40 m + 2 × 44 m + 40 m，四孔预应力混凝土连续箱梁 + 1 423 × 2 m 预应力混凝土简支箱梁，长 5 599.237 m；北岸合建区段 44 m + 68 m + 44 m 三孔预应力混凝土连续箱梁 + 32 × 32 m 预应力混凝土简支箱梁，长 1 202.4 m；水域合建区段主桥 2 联 2 × 84 m 三片主桁连续钢桁梁 +（109 + 192 + 2 × 336 + 192 + 109）m 三片主桁连续钢桁拱桥，长 1 615.0 m；南岸合建区段（37 + 60 + 37）m 三孔预应力混凝土连续箱梁 + 32 m 预应力混凝土简支箱梁 +（37 + 60 + 37）m 三孔预应力混凝土连续箱梁 + 17 × 32 m 预应力混凝土简支箱梁，长 856.6 m（图 8.26）。

图 8.26　京沪高速铁路南京大胜关大桥

② 主桥上部结构。桥跨为 6 跨连续钢桁拱桥，中跨 336 m 钢桁拱矢高 84 m，矢跨比 1/4，钢桁拱肋跨中处，高 12 m，支点处高 53 m，边跨连续钢桁梁桁高 16 m，节间长约为 12 m。横桥向采用三桁承重结构，桁宽为 2×15 m。京沪高速铁路位于下游侧，沪汉蓉铁路位于上游侧，南京地铁荷载较轻，分列于主桁两侧。

③ 主桥下部结构。3 个主墩采用 12.0×4.0 m 的圆端形空心墩，单箱双室截面；主墩基础采用 46 根 $\phi3.2$ m/$\phi2.8$ m 的钻孔桩基础，桩长 107～112 m；圆端形高桩承台平面尺寸为 3 476 m，承台顶面标高 – 7.0 m，厚 6.0 m，墩座厚 4.0 m。

④ 主桥边孔。北岸浅水 4×84 m 跨连续钢桁梁结构布置与主桥边跨相同；北岸边孔浅滩 323×2 m 预应力混凝土简支箱梁分幅布置；南北跨堤方案均采用分幅布置的单箱单室预应力混凝土连续箱梁。

⑤ 主要工程数量。钻孔桩 2 355 根，墩台 240 个，32 m 梁 266 片（以上共计混凝土量 122.5 万立方米；钢材 16.1 万吨）；正桥钢梁 7.8 万吨；高强度螺栓 365.5 万套。

（2）技术特点。

① 大桥结构设计大量采用了新材料、新技术、新设备、新工艺等，多项指标达到世界一流水平。

② 设计速度高：设计时速 300 km，处于世界领先水平。

③ 主跨跨度大：主桥跨度 2×336 m，为世界最大跨度的高速铁路桥梁。

④ 设计荷载重：主桥恒载约 92 t/m，设计活载 4 线铁路、2 线地铁共 6 线轨道交通荷载，为世界设计荷载最高的高速铁路桥梁。

⑤ 新材料：在部分受力较大的杆件上采用了厚板（60 mm）屈服强度达到 420 MPa 的新型钢材，新材料为超低碳贝氏体钢，含碳量低，与国内已采用的桥梁结构钢相比，具有强度高、冲击韧性好、可焊性及疲劳性能更好的特性。

⑥ 新结构：采用了世界上首创的三片主桁的桁架拱，还采用了钢正交异性板整体桥面、多力加劲的箱形，杆件、变截面杆件、整体节点等新型结构措施。

⑦ 新设备：在设计中采用了伸缩量 800 mm 的桥梁轨道温度调节器和梁端伸缩装置；17 000 t 的大吨位球型支座；抗震阻尼器释放温度力。共同承担地震荷载。通航孔跨主墩采用防撞设施削弱船舶撞击能量，保护桥梁基础和通航船舶航行安全。

⑧ 新工艺：主桥深水基础采用了无导向船的双壁自浮式围堰平台施工方案；利用大型吊装设备实施重型构件安装，采用吊索塔架辅助钢桁拱合龙。整体桥面分块制造、工地栓焊结合。

4）上海虹桥站

位于上海虹桥机场西侧，将建成高速、城际普速铁路和城市轨道交通（4 条地铁线）、磁悬浮交通、道路交通以及航空港紧密衔接的现代化客运中心（立体 5 层）。车站总建筑面积约 23 hm²，其中铁路站房约 10 hm²，雨棚面积约 11 hm²（图 8.27）。

图 8.27 京沪高速铁路上海虹桥站

3. 京沪高速铁路运输模式

1）既有线与高速线的分工

修建京沪高速铁路具有双重任务：一是

提高客运速度，缩短京沪大通道的运行时分；二是增大京沪通道的客货运输能力，适应经济发展的需要。

经过研究论证，基本思路是要最有效地利用高速线与既有线的能力，尽可能地适应旅客乘车需要，谋求最佳的经济效益。高速线运行本线到发的高速列车和跨线运行的中速列车；既有线旅客列车移入高速线后，腾出运行线增开货物列车，扩大货运能力。由于既有线沿线城镇很多，客流集散点遍布各中小车站，高速线只在大城市设站，这些客流仍需要既有线运送，所以既有线还需保留少量沿途停站的慢车。运输格局是高速铁路为客运专线，高中速混跑；既有线以货为主，货中有客。

2）高速线的运输组织

既有京沪线上，本线直通列车约1/3，跨线运行列车约2/3。京沪高速铁路建成后，运输组织有3种方式：一是跨线列车进入高速线，换挂机车按中速运行，高速线直通列车跑高速，称为"中速车上线"模式；二是跨线列车不进入高速线，旅客在接轨站换乘高速列车，高速线只跑高速列车，称为"跨线换乘"模式；三是高速线只跑高速列车，为了不使跨线旅客在接轨站换乘，高速列车下线运行在邻接路线跑中速，把旅客运达目的地，称为"高速车下线"模式。三种运输组织各有利弊，要从国情、路情、民情出发，进行抉择；同时，选定的运输模式仅是运营初期的运输方式，随着时间的推移，具体情况的改变，初期的运输方式还可以逐步过渡为其他运输方式。

"中速车上线"模式的最大优点是不需换乘、方便旅客，适应不同层次旅客在高速线上的票价负担；同时又可节省高速列车昂贵的购置费用。其缺点是信号制式要适应高、中速列车；当远期高中速列车数量很多时，因中速列车扣除系数高达3.7以上，将降低通过能力，且因站间距离很长，当中速列车停站待避高速列车时，停站时分长，旅行速度降低；当上线的中速列车在邻线晚点时，高速线需要调整运行图，影响高速线的运行秩序。

"跨线换乘"模式的优点是高速线跑高速车，充分发挥设施作用；高速线信号制式和行车组织简单，通过能力大。其缺点是投资加大，高速列车车底加多、购置费增加；接轨站全线共11处，都是大站，因高中速列车要在接轨站换乘，并办理折返、始发、终到与技术作业，接轨站的到发线、站台数量要加多，要增设机务、车务设备和客技作业设施，要大大增加接轨站本来已很困难的拆迁工程和投资数额；当中速列车晚点时，接运的高速列车势必严重缺员或大大超员；同时换乘时全列车旅客背着包、提着箱，迫不及待地到换乘车验票上车、对号入座，势必给妇孺老幼和行李多的旅客带来很多困难，车站管理工作也增加难度；同时进入高速线就只有乘坐高速车，票价较高，没有选择余地，部分低收入旅客可能并不满意。

"高速车下线"模式的优点是高速线全跑高速车，下线高速车的旅客不需在接轨站换乘；其缺点是更要增大价格昂贵的高速列车购置费，且高速列车在普通线路上也无用武之地，速度提不上去。

运输模式是京沪高速铁路设计的出发点和运营的落脚点。经过充分论证，决定高速线的运输模式采用符合国情、路情、民情的"中速车上线"方式。

随着国家经济的进一步发展，人民生活水平的进一步提高，以及国产高速列车的批量生产，京沪高速铁路的高速列车比重将逐步增大，中速列车的比重将逐步减小。

4. 京沪高速铁路速度目标值

1）最高速度的含义

高速铁路的规划中，涉及三种最高速度。

一是土建工程的设计速度，土建工程包括线路平纵面标准、线间距离、桥梁结构、隧道断面等，一经建成很难改变，所以应按远期可能达到的最高速度设计，称为设计速度。

二是运营速度，指正规列车运营中可能达到的最高速度，随着机车车辆等移动设备的更新和具体运营条件的改善，运营速度可以逐步提高。

三是机车车辆的构造速度，它应当稍高于运营速度，以保证行车的绝对安全。

2）设计速度

设计速度的高低，要影响土建工程的标准，从而影响土建工程造价。如平面标准、线间距离、桥梁结构、隧道断面等都随设计速度的增大而提高造价。据有关部门测算，350 km/h 的设计速度较 250 km/h 的设计速度工程造价增加 8% ~ 11%。

由于工程造价增加不多，考虑到世界高速铁路的发展趋向，以及我国高速列车远期提速需要，京沪高速铁路的设计速度已确定为 350 km/h。

3）运营速度

运营速度包括高速列车与中速列车，又要区分为初期和远期。

在市场经济条件下拟定运营速度，要考虑各种运输方式的竞争，旅客对票价的承受能力，以及吸引旅客的份额，使高速铁路能获得较高的经济效益；也就是要以经济速度作为基础，再结合具体情况来确定。

京沪高速铁路的具体情况，要考虑高中速列车速度的合理匹配，一般认为高、中速列车的速度比以 1:0.6 左右为宜。而中速列车的速度要受客车构造速度限制，跨线中速列车应采用新型客车，最高运营速度可达 200 ~ 250 km/h。

有关部门经过研究，京沪高速铁路的最高速度，高速列车以不低于 350 km/h 为宜，中速列车不宜低于 200 ~ 250 km/h。远期高速列车的最高速度为 380 km/h 及以上，并逐步减少中速列车的开行数量，直至全跑高速列车。

若高速列车的最高速度达到 380 km/h，全线运行时间可缩短为 4.0 ~ 4.5 h。

4）机车车辆的构造速度

我国引进消化吸收生产的高速动车组，其单位重量的功率和制动性能都有大幅度提高，轴重和簧下质量也已减小，设计技术、选用材质、制造工艺都已上一个新台阶。

（十一）京沪高速铁路的技术特点

（1）重视解决移动和固定设备的匹配兼容，具备本线旅客列车和跨线旅客列车共线运行条件，实现路网资源最大化。

（2）选线设计避免高填、深挖和长路堑等路基工程，并绕避不良地质条件地段。无法绕避时，采用桥涵通过或选用其他适宜的工程措施处置。线路基础设施和不易改建的建筑物和设备为远期发展预留条件。

（3）最小曲线半径、最大坡度、到发线有效长度、动车组类型、列车运行控制方式、运输调度方式、追踪列车最小间隔时分则根据行车速度、沿线地形地质条件、输送能力和用户需求等，经技术经济比选后确定。

（4）路基、桥涵、隧道、轨道等各类结构物的设计满足强度、刚度、稳定性、耐久性要求，并加强各结构物的协调和统一，使车、线、桥（或路基、隧道）的组合具有良好的动力特性，严格控制结构物的变形及工后沉降。

（5）车站的位置、布局、规模，参照沿线城市的经济、客运量、铁路运输组织、通过能力和技术作业需要，结合工程条件、城市规划等统筹研究确定。主要客站按照现代综合交通枢纽的建设理念，实现多种交通方式无缝衔接。

（6）认真执行国家节能、节水、节材等有关政策，因地制宜地利用太阳能、风能、地热能等可再生能源，提高能源、资源的利用效率，减少污染。坚持统筹规划，在满足运输生产和安全防护要求的基础上，节约集约用地，少占耕地。

（7）重视保护生态环境、自然景观和人文景观；重视水土保持，生态环境敏感区的保护、防灾减灾及污染防治工作。选线、选址绕避自然保护区、风景名胜区、饮用水源保护区、国家重点文物保护单位等环境敏感区；通过城市或居民集中地区时，采用适宜的速度值或降噪减振措施，满足国家环保标准和要求。路基边坡采用绿色植物与工程相结合的防护措施，兼顾美观与环保、水保等要求。

（8）桥、隧和路基上电缆槽、接触网、声屏障，综合接地线、通信、信号电缆过轨等设备，加强系统设计，充分考虑设施综合利用。

（9）按全封闭、全立交设计。设置防灾安全监控系统，根据需要对自然灾害和异物侵限等进行监测。

（10）统筹研究、科学论证工务工程、牵引供电、通信信号、信息系统、电动车组、运用维修各子系统的协调配合及系统优化和集成，实现高速度、高密度、高安全性。

（11）通过顺义区无砟轨道的试验段掌握了具有自主知识产权的无砟轨道技术，一是500 m长钢轨的焊接、运输、铺设技术，还有一个就是精确调整技术，预计无砟轨道结构寿命期是60年。

（12）由于京沪铁路要跨越海河、黄河、淮河、长江，再加上水网比较发达，所以桥梁占的比例就比较高，全线桥梁占到了全线的80.5%。在建桥工程中，解决了深水大跨高速桥梁的建设技术。桥梁结构设计寿命100年。

（13）京沪高速铁路运行的动车组，是在河北唐山下线的350km时速和2007年在山东青岛下线的300 km时速的改造型时速380 km的CRH380-A。

（14）京沪高速铁路面临四项技术挑战：一是技术框架和技术变型技术；二是工程材料与结构外形技术；三是减振降噪和环保节能技术；四是运营安全保障技术。

六、中国高速铁路的世界之最

中国高铁经过10多年连续不断的规划与建设，已经在世界高速铁路大系统中占有重要地位。拥有了许多世界第一，具体体现在以下几个方面：

1. 运营里程最长

截至2019年年底，铁路营业里程达13万多千米，其中高铁里程3.5万千米，几乎占世界高铁营业里程的三分之二，是当之无愧的世界第一。如图4.10所示。

2. 建设速度最快

2004年，中国高铁踏上引进消化吸收再创新之路，开始加速跑。10年间，四纵四横高速铁路网骨架已基本成形。

到 2020 年年末，我国高铁运营里程预计将达近 4 万千米。一张以高铁为骨架，包括区际快速铁路、城际铁路及既有线提速线路等构成的快速铁路网基本建成，总规模达 5 万千米以上，基本覆盖 50 万人口以上城市。如图 8.28 所示。

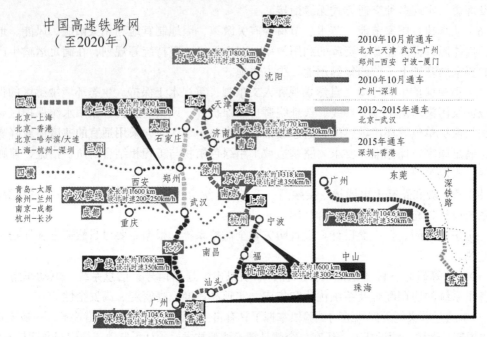

图 8.28　2020 年中国高速铁路网示意

3. 运营时速最高——486.1 km/h

时速 486.1 km——这是喷气飞机低速巡航速度！2010 年 12 月 3 日，在京沪高铁枣庄至蚌埠试验段，CRH380AL 新一代高速动车组创造了时速 486.1km 世界铁路运营第一速。

4. 轮轨试验时速最高——605 km/h

2011 年 12 月，由中国南车研制的更高速度试验列车，又称 500 km 试验列车，在南车四方股份公司落成，设计速度 500 km/h，在高速列车国家工程实验室中创造了 605 km/h 的最高轮轨试验速度。如图 8.29 所示。

图 8.29　时速 605 km 的中国试验列车

5. 世界等级最高的高铁——京沪高铁

2011 年 6 月，京沪高铁建成投产，这是世界上一次建成线路最长、标准最高的高铁。

它贯穿北京、天津、河北、山东、安徽、江苏、上海7省市，连接环渤海和长三角两大经济区，全长1318km。京沪高铁，非常受人欢迎，2014年客流量过亿人。2014年7月1日，在开通运营三周年之际，京沪高铁对外宣布正式盈利，按营业税口径计算，全年实现利润12亿元左右。

6. 世界首条新建高寒高铁——哈大高铁

2012年12月1日，中国首条也是世界第一条新建高寒地区长大高速铁路哈尔滨大连高铁投入运营。

哈大高铁营业里程921km，设计时速350km，纵贯辽宁、吉林、黑龙江三省，全线设23个车站。据最近30年气象记录，东北三省全年温差达到80℃，是中国最为寒冷、温差最大地区。中国高铁经受住了考验。

7. 世界单条运营里程最长高铁——京广高铁

2012年12月26日，全球运营里程最长的高速铁路——京广高铁全线开通运营。

全长2 298 km的京广高铁，是我国中长期铁路网规划中四纵四横高速铁路的重要一纵，北起北京，经石家庄、郑州、武汉、长沙等地，南至广州，全线设计时速350 km，初期运营时速300 km。如图8.30所示。

8. 世界上一次性建成里程最长的高铁——兰新高铁

2014年12月26日，兰新高铁全线贯通。全长1 776 km的兰新铁路是世界上一次性建成通车里程最长的高铁。它还享有不少第一：一是它途经烟墩、百里、三十里及达坂城等四大风区，同时沿线有塔克拉玛干、古尔班通固特等几处沙漠，是首条穿越沙漠大风区的高铁。二是它横穿我国海拔最低的吐鲁番盆地和海拔最高的祁连山高铁隧道，16.3 km的祁连山隧道中的最高轨面海拔为3 607.4 m，被誉为世界高铁第一高隧。如图8.31所示。

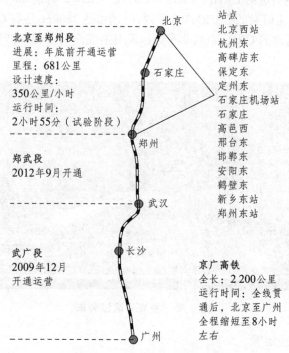

图8.30　京广高铁路线示意

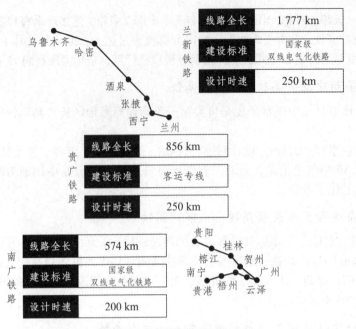

兰新铁路

线路全长	1 777 km
建设标准	国家级 双线电气化铁路
设计时速	250 km

贵广铁路

线路全长	856 km
建设标准	客运专线
设计时速	250 km

南广铁路

线路全长	574 km
建设标准	国家级 双线电气化铁路
设计时速	200 km

图 8.31　兰新高铁路线示意

9. 谱系最全的动车组大家庭

我国拥有世界上从 200～500 km/h 各种速度等级的动车组，可谓种类最丰富、谱系最完整。这个动车组大家庭融合了世界先进技术，并通过消化吸收再创新，打造出具有自主知识产权的高端产品。成员：初期引进的 CRH_1、CRH_2、CRH_3、CRH_5，时速 200～300 km 不等，引进后提升到 350 km；后面自主研发的有 CRH380 系列，时速可达 380km。还有 CRH380AM 时速 500km 试验车和为城际铁路研发的 CRH_6 系列动车组以及具有完全自主知识产权的复兴号动车组。如图 8.32 所示。

图 8.32　复兴号高铁列车

10. 最惊人的高铁运量

高铁建设之初，有人担心客流量不够。这几年，高铁以方便、快捷、舒适征服了不少人的心。在京津、京沪、武广等线路，高铁也出现了一票难求的现象。

2016 年，有 15 亿多人次选择高铁出行，其中最繁忙的是京沪高铁，一条线就有过亿人次乘坐。2018 年超过 20 亿人次。

七、中国高速铁路的国际合作战略

1. 中国高速铁路国际合作的意义

中国高铁所取得的一系列举世瞩目的卓越成就，充分彰显了中国在世界高铁前沿领域中的发展实力。中国高铁的快速发展，不仅深刻改变着中国传统的运输形态和旧有的运输格局，极大改善着人们的出行条件和生活品质，更是掀起了新一轮世界高铁的发展高潮，给全球高铁注入强劲的发展动力。

2010 年 12 月 7 日—9 日第七届世界高铁大会在北京召开，这是世界高铁大会首次在欧洲之外召开。美国、俄罗斯、巴西、委内瑞拉等 50 多个国家均已明确表示与中国合作建设高铁的意愿，这充分反映出作为"后起之秀"的中国高铁与日俱增的国际影响力。

2020 年 6 月 30 日—7 月 3 日第十一届世界高速铁路大会将再次在北京召开，由中国国家铁路集团有限公司与国际铁路联盟（UIC）共同主办。大会将邀请有关国际铁路组织、各国政府铁路管理高层官员、全球大型铁路企业管理者、高速铁路领域技术与管理专家、学者等业内权威人士参加。世界高速铁路大会是展示和交流世界高速铁路发展水平与成就的全球盛会，在高速铁路领域具有极为重要的国际影响。本届大会的主题是：智能高铁、引领未来。大会将围绕高速铁路规划、建设、技术装备、运营管理、安全保障、人工智能等领域最新技术成果开展技术交流。

纵观世界高速列车技术的发展，第一条高速列车在日本诞生，到现在也就是五六十年时间，但是世界各国从来没有停止过对速度、安全可靠性、节能追求的步伐。一方面是为了占据国际市场，要有自己的话语权；另一方面也是经济发展、社会发展的需求。中国的高速列车谋划于1992 年，2004 年正式启动，坚持自主创新，取得了重大成就。事实上，高铁对中国经济的刺激作用不言而喻。从国内来说，建设高铁网可以促进各地区的交流，强化西南省份与东部中部的联系，进而推动全国统一市场的发育。高铁既可增加铁路运输的层次及容量，还可推动公路及民航运输的优化调整，有助于加快经济整体发展。

我国应抱平常心态，充分了解高铁在国内外的长远影响。高铁可以看成是中国经济由大到强的样本。只有当经济走上由大到强之路，中国才可以真正达到现代化的目标。

中国高铁走出去的意义主要体现在三个方面：一是适应世界铁路发展趋势"绿色、低碳、大众化"的需要。二是满足国家"政治、经济和外交"战略的需要。三是满足我经济发展的要求，拉动相关产业发展、实现产业升级。

从国际角度来看，把高铁网向外延伸，将有利于中国与邻国的交往。高铁网向南延伸，将有利于巩固中国东盟自贸区的发展，未来中西亚及南亚的高铁网建设也将有类似效果。

2. 中国高速铁路国际合作的可能性

1）中国高铁国际化合作战略设想

高铁已成为改革开放以来我国可改变整个 21 世纪国际国内政治经济基本格局的一项战略产业。那么，中国高铁的全球路线图该如何规划，比较现实的突破口又在哪里？作为一项重要的战略，高铁"走出去"又需要建立怎样的协调机制？近年来，中国高铁"走出去"的步伐越来越快，"高铁外交"的热度不断升温。李克强总理在出访欧洲和非洲时，大力推介高铁和中国设备。

2009年，中国正式提出高铁"走出去"战略。2010年，铁道部成立10多个工作组，正式开始运作。2009年，确定三条高铁规划战略——中亚高铁、欧亚高铁和泛亚高铁，两条都辐射到欧洲。

中亚高铁与古老"丝绸之路"重合，取道吉尔吉斯斯坦、乌兹别克斯坦等中亚国家，经过伊朗，再到土耳其，最后抵达德国。

欧亚高铁从伦敦出发，经巴黎、柏林、华沙、基辅，过莫斯科后分成两支，一支入哈萨克斯坦，另一支遥指远东的哈巴罗夫斯克，之后进入中国境内的满洲里。不过，欧亚高铁和中亚高铁还商议之中。拟议中的四条线如图8.33所示：

（1）欧亚高铁：中国东北—莫斯科—华沙—柏林—巴黎—伦敦；
（2）中亚高铁：中国新疆—中亚各国—伊朗—土耳其—德国；
（3）泛亚高铁：中国昆明—南亚各国—马来西亚—新加坡；
（4）中俄加美高铁：中国东北—俄罗斯西伯利亚—白令海峡—阿拉斯加—加拿大—美国。

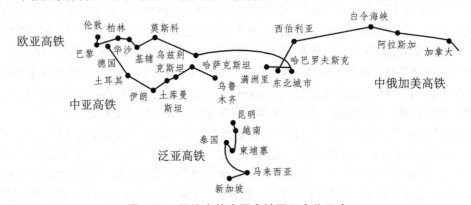

图8.33　拟议中的中国高铁国际合作示意

上述中的欧亚高铁、中亚高铁、泛亚高铁及其支线，合计长度至少4万千米。建设成本若根据中国修建高铁的成本估算：350 km/h造价约1.29亿元/km，250km/h造价约0.87亿/km，为简单计，按平均1亿元/km计算，大概要4万亿元人民币才能把各条线都修建起来。折算成美元，大概是6 500亿美元。世界银行对中国高铁的评价是，中国高铁的建设成本大概是全世界发达国家的三分之二，高铁的票价是全球的四分之一。

2）成功案例——安伊高速铁路

土耳其安卡拉—伊斯坦布尔高速铁路改造工程全长158 km，合同金额12.7亿美元。其中：第一标段科斯科亚—温兹里罕姆长104 km，合同总额6.6亿美元；第二标段温兹里罕姆—依奴诺长54 km，合同金额6.1亿美元。铁路采用欧洲标准，设计时速250 km/h，合同工期24个月，保修期24个月。

该工程是由中国铁建牵头，与中国机械进出口集团公司、土耳其成吉思汗（CENGIZ）、伊兹塔斯建筑公司（ICTAS）共同组成合包集团（Consortium）通过竞标承揽的集项目融资、施工和部分设计为一体的特大型高速铁路项目。该项目的两个标段，是当时中国公司在欧洲承揽的最大工程项目。合包集团：中方承包商［中机进出口、中国铁建（中土），共占 40％］负责线上工程建造和设备安装，土方（CENGIZ、ICTAS，共占 60％）负责线下工程施工。中国进出口银行与土耳其国库署签订贷款协议由中国提供贷款 7.2 亿美元。如图 8.34 所示。

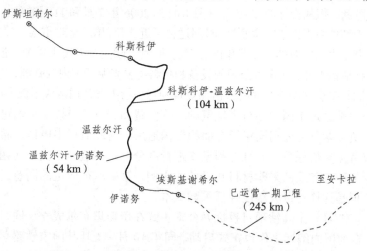

图 8.34　安卡拉—伊斯坦布尔高速铁路线路示意

由于土耳其建筑业比较发达，是其国的支柱性产业之一，而政府对外国劳工限制较多，因此，为规避中国公司风险，并且带动中国生产设备和材料的出口，联合体合包集团各方研究：中方公司以线上工程即轨道以及通信、信号和电气化三电工程为主设计采购施工总承包，土耳其公司负责线下土建工程即路基、桥梁、隧道等土建工程。同时，中方公司、土耳其公司要分别各自负责工程的融资。合同要求中国政府提供 7.2 亿美元贷款，不足部分由土方合作伙伴负责落实欧洲银行贷款。

项目于 2005 年 3 月开始投标，2005 年 8 月 8 日开标，经过业主招标委员会的综合评议，中国铁建联合体合包集团被授予合同。在公示期间，由于竞争对手日本公司的强力阻扰，评标结果被送达法庭，通过法庭庭审裁决，经长达一年的法律程序，业主再次将此项目第一、第二两个标段的合同授予联合体合包集团。合同分别于 2006 年 7 月和 11 月与业主土耳其铁路总局共同签署。

此项目融资的主要部分 7.2 亿美元中国政府贷款，由中方的中国机械进出口集团公司负责融资，其余 5.5 亿美元部分由土耳其两家公司从欧洲银行获取商业贷款。

中国政府 7.2 亿美元贷款中 5 亿美元为中国政府提供的优惠出口买方信贷，2.2 亿美元为中国进出口银行提供的出口买方信贷，贷款期限为 20 年。

签约之初，中国政府优惠出口买方信贷贷款利率为 2％，商业贷款利率约 4％。鉴于此，投标前中机公司与中国进出口银行协商，由中国进出口银行出具了总额 7.2 亿美元、期限 20 年、贷款利率为 2.5％ 的贷款意向书，这是为了满足土耳其政府的要求才这样出具的。

按业主招标文件要求，此贷款意向书构成投标文件，承担法律责任。

但按照中国政府有关规定，中国进出口银行需要土耳其政府承担贷款信保费。而由于土耳其政府自认为其在国际上信贷信誉良好，国内经济发展迅速而均衡，不愿意接受贷款的其他任何信用附加条件。而此项目的其他投标人均未要求土耳其政府额外提供贷款信用担保，线下施工的土耳其公司从欧洲银行贷款，也未要求土政府提供信用担保。

双方因本国政策的规定不一致，贷款谈判陷入了僵局，难以达成一致意见。如果融资不成，业主将无条件将此项目合同授予第二候选中标人。由于该项目竞标十分激烈，为保证项目中标，联合体合包集团取消了信用保险费的条件函，即对外承诺土国政府不需要承担信用保险费。尽管合包集团取得了中标的胜利，但从投标的 2005 年 8 月 8 日到 2006 年 7 月和 11 月签约，到 2007 年年底，项目贷款协议由于种种原因仍未完全签署，时间过去了近 2 年，国际金融市场也发生了极大的变化，美元商业贷款的利率由投标时的 4%攀升超过 6%。同时，欧元及人民币兑美元汇率均大幅上升，钢材等原材料价格成倍上涨，而中方公司的设备和材料主要来源于国内及欧洲，这使项目报价时预留的风险费及利润几乎全部抵消。同时，信保费及利息差给中方公司造成了极大的资金压力。

由于中方公司是通过中国的银行来融资的，信保费和利息差应该尽量通过政府途径解决一部分或者全部。负责融资的公司同银行方面积极沟通后，向政府提出申请，希望通过政府制定的政策来降低或者免除信保费，并且对利息差进行部分补贴。这是解决此问题的较好办法。同时，大幅度减少从国内和欧洲采购材料和设备的比例，这要取得业主的同意，因为这与投标时的承诺不一样，但是这样可以大幅度降低采购成本。

2005 年 3 月 17 日，土高铁项目投标办公室正式在伊斯坦布尔成立，同时，由中国铁建牵头、各局积极配合的国内编标工作也正式启动。同年 10 月，土耳其国家铁路总局宣布中国铁建牵头组建的合包集团中标。

2006 年 7 月 11 日，土高铁项目Ⅱ标段项目合同正式签署，2006 年 11 月 28 日Ⅰ标段项目合同正式签署。

2008 年 9 月 11 日，进入静态测试，冷滑、热滑等全编组机车带电测试阶段，线路的施工技术质量受到土耳其政府及有关各方的充分肯定。

2008 年 12 月 25 日，国家进出口银行正式向合包集团账户拨付安伊高铁项目 1.27 亿美元预付款。

2010 年 5 月，铺轨基地正式开始修建；2010 年 7 月 23 日，业主发函同意将项目工期延长 20 个月。

2011 年 11 月 15 日，铺轨仪式顺利举行

2013 年 9 月 7 日，高铁第Ⅰ标段轨道铺通；9 月 21 日，高铁第Ⅱ标段轨道全线铺通。

2013 年 12 月 27 日，土耳其总理埃尔多安视察了安伊高铁二期工程，并参加了萨帕加至科兹卡伊线路的通车测试，测试结果良好。

2014 年 1 月 17 日，高铁二期主体工程完工。

2014 年 7 月 25 日，全线通车。总理埃尔多安等高级官员出席通车仪式并试乘首趟高铁。

3）中国高铁的主要优势

中国高铁吸引世界原因主要有：一是中国高铁技术总体先进，技术体系完备，设备配套完整齐全；二是中国高铁建造价格便宜，约为其他国家高铁的三分之二左右；三是建设速度快，建造技术经验丰富，有工程勘察设计和设备采购总承包能力；四是有外贸金融配合支持。

中国高速铁路还拥有体制优势，通过原铁道部统一引进技术，消化吸收再创新，形成自己的技术体系，拥有一揽子出口的能力，这是其他许多国家做不到的。尽管经历无数争议，但中国高铁已经形成自己的技术领先优势。无论是决策、技术、管理模式，中国高铁都是浓缩了后发优势的一个绝佳的解析样本。这正是中国高铁发展仅仅数年，就得到俄罗斯、美国这样传统铁路强国青睐的原因。

3. 中国高速铁路国际合作值得重视的问题

任何新兴事物在发展过程中都不可避免地会遇到各种声音，有嘉勉，也有质疑。面对迅速崛起、蓬勃发展、快速"走出去"的中国高铁，国际社会中部分群体的疑虑、恐慌在所难免，甚至还出现了一些诸如"高铁外交""高铁政治""高铁威胁"等不认同、不友善的言论。实际上，这些疑惑、恐慌大可不必。

从行为本质来看，中国高铁的"走出去"与中国鞋、帽等商品的出口一样，都是在全球化背景下由市场机制主导的经贸行为，不需也不应将其与政治、外交等问题牵强挂钩。

从发展历程来看，中国高铁之所以能够用短短几年便实现由"引进、吸收、再创新"到"走出去"的华丽转变，既得益于中国人民的辛勤劳作，是"中国制造"到"中国创造"的完美蜕变，也离不开国际社会"高铁前辈"们的支持和帮助，从某种意义上说，中国高铁所创造的世界奇迹是国际社会共同合作的结果，是全人类集体智慧的结晶。既然中国高铁的发展成就属于全人类，那么中国对世界的"高铁威胁"从何谈起？放眼全球，世界的发展需要中国高铁。高速铁路作为交通运输领域先进生产力的典型代表，已成为当今综合效能最优、最具竞争力的旅客运输方式。加之高速铁路在拉动经济发展、带动产业升级、促进区域交流、改善人们生活等方面具有无可比拟的积极作用，因此，无论是发达国家还是发展中国家，都对发展高铁产生出浓厚兴趣，很多国家更是将其作为拉动本国经济发展的战略性主导产业。

按照各国高铁发展规划，预计到 2025 年，世界高速铁路总里程将超过 5 万千米，未来 5年内的新增里程将达到 2 万千米以上，由此带来的高铁直接投资将超过万亿美元，如果按全产业链的增加值计算，高铁发展对世界经济的带动作用则更为巨大。从这一角度，世界高铁的市场空间十分广阔，"蛋糕"巨大。中国作为"世界高铁大家庭"中的"新兴成员"参与世界高铁大发展，不仅能够为其他国家的高铁发展提供充分的经验借鉴，更重要的是，质优、价廉、多样的中国高铁对提升世界高铁的整体技术水平和服务能级、丰富世界高铁的门类品种等具有重要作用。中国高铁"走出去"给世界带来的不是威胁，而是繁荣和进步。应该从世界经济大繁荣、人类社会大进步的视角，正确看待中国高铁"走出去"。世界发展需要中国高铁更加"给力"。

从另一角度来看，长期以来，"合作、互利、共赢"一直是中国对外开放所秉承的基本原则。《中共中央关于制定国民经济和社会发展第十二个五年规划的建议》进一步明确"'十二五'时期，中国将实施互利共赢的开放战略，进一步提高对外开放水平，不断拓展新的开放领域和空间，扩大和深化同各方利益的汇合点"。作为一个负责任的发展中大国，中国高铁"走出去"的发展基点是互利共赢，中国高铁"走出去"过程中的国际合作势必多于竞争。对国际社会各个"高铁输出体"而言，当务之急不是展开竞争，不是互相残杀，而是通过有效的国际交流与合作，全面提升高速铁路的技术品质和服务水平，积极开拓更为广阔的市场空间，满足不同国家、不同地区多元化、异质性的高铁需求，实现多边共赢。

当然，未来中国高铁"走出去"之路不会一帆风顺。一方面我们必须正视各种困难，积极应对各种挑战，要全面了解高铁输入国的经济状况、消费倾向、制度安排、地理环境、历史背景、民族文化和风俗习惯等，为"走出去"发展做好充分准备；二是不断提升中国高铁的建造技术水平和设备技术档次，以过硬的品质经受国际社会的考验，以优质的服务塑造中国高铁的良好形象；三是加快完善中国高铁的标准体系，推进标准国际化，提高中国高铁的国际知名度和认可度；四是加强知识产权保护，加快中国高铁技术、标准等在相关国家的专利申请；五是加强高层协调制度化建设；六是增强风险意识，加强风险管理规范化。

第九章　其他轨道交通规划与建设

一、城市轨道交通的内涵与特征

（一）城市轨道交通的定义

1. 城市轨道交通的概念

1）轨道交通的定义

轨道交通起源于解决城市人口增加、经济发展和道路拥挤问题。在轨道交通的发展过程中，它基本上是作为城市公共交通系统的一个重要组成部分而发展的，所以，人们把它称之为城市轨道交通。在我国国家标准《城市公共交通常用名词术语》（GB/T 5655—1985）中，将城市轨道交通定义为"通常以电能作为动力，采取轮轨运转方式的快速大运量公共交通的总称。"城市轨道交通一般包括城市地铁、轻轨列车、有轨电车等。国际上对轨道交通没有统一的定义。在中国，随着区域经济和城市群快速发展，人们又把连接这些区域的城际铁路和铁路客运专线也惯称为轨道交通。因此，从应用角度看，轨道交通又包括城际铁路和铁路客运专线。另外，铁路客运专线既应用于区域间的城际铁路，又应用于中长干线上。

2）轨道交通的内涵

轨道交通是一种独立的有轨交通系统，它提供了资源集约利用、环保舒适、安全快捷的大容量运输服务，能够按照设计的能力正常运行，与其他交通工具互不干扰，各具优势，具有强大的运输能力、较高的服务水平和显著的资源环境效益。因此，轨道交通的应用首先是在经济发达的城市中，并且在城市应用中有 150 多年的历史，于是人们也习惯地将轨道交通称之为城市轨道交通。其实，根据轨道交通的特性，从广义上讲，车辆运行在导轨上的交通都应称之为轨道交通。但是，在轨道交通发展的历史进程中，人们又把铁路运输称之为大铁路，与城市轨道交通相区别，因此，城市轨道交通不包括大铁路。在世界轨道交通发展的今天，各国对轨道交通都有不同的应用和理解，同时也赋予了它不同的内涵。自改革开放以来，我国经济快速增长、城市化水平有了迅速发展，正向都市圈和城市群方向迈进。由于轨道交通具有快速、安全、舒适、无污染、运量大、占地少等特性，比较符合建设都市圈和城市群的要求，因此，我们把这种城际有轨交通系统称之为轨道交通。

2. 城市轨道交通的特点与类型

轨道交通的特点总体上概括为：快速、准时、安全、舒适、无污染、大运量、高运输效率等。这些特点比较适应城市化的发展需要，能够解决高密度客流的出行问题，具有良好的社会经济效益，是一种大容量运输服务的交通方式。

轨道交通的类型较多，有地铁、轻轨、有轨电车、跨座式独轮轨、磁浮列车、城际列车等。每种类型都有其应用范围，像地铁比较适合在大城市的中心区客流密集度极高的路段建设，轻轨适合在中等客流密集度的路段建设，跨座式独轮轨适合在地形复杂（丘陵）的区域建设，城际列车主要应用于城市与城市之间或城镇之间，磁浮列车主要应用于对旅客速度要求较高的区域之间。

1）地　铁

地铁（Metro 或 Underground Railway、Subway）是地下铁道的简称，是城市快速轨道交通的先驱。地下铁道是由电气牵引、轮轨导向、车辆编组运行在全封闭的地下隧道内，或根据城市的具体条件，运行在地面或高架线路上的大容量快速轨道交通系统。地铁的造价，每千米投资在 3 亿 ~ 6 亿元，建设成本一般较高。地铁不仅具有运量大、速度快、安全、准时、节省能源、不污染环境等优点，而且可以在建筑群密集而不便于发展地面和高架轨道交通的地区大力发展。

从发展上看，地铁已经是一个历史名词，如今其内涵与外延均已有相当大的变化，并不局限于运行在地下隧道中这种形式，而是泛指高峰小时单向运输能力在 3 万 ~ 6 万人，地下、地面、高架运行线路三者结合的一种大容量轨道交通系统。纽约、旧金山以及香港也称为"大容量轨道交通系统"（Mass Rail Transit）或"快速交通系统"（Rapid Transit System）。这种轨道交通系统的建设规律是在市中心为地下隧道线，市区以外为地面或高架线。如汉城 1978—1984 年建造的地铁 2 号、3 号、4 号线总长 105.8 km，其中：地下线路 83.5 km；高架部分长 22.3 km，占全线的 21%。

随着地铁建造技术的不断发展，地铁车辆主要向"动车组"方向发展。动车组与传统的干线铁路车辆不同的主要特征在于动车组具有较好的加速、减速性能，启动快、停车制动距离短，平均运行速度高；具有较大的载客容量，车门数多，便于乘客上下车，以缩短停站时分；车型小，适合隧道内运行；车辆采用不易燃材料制成，不容易发生火灾；自动化程度高，可采用自动驾驶模式。

地铁路网的基本形式有：单线式、单环线式、多线式、蛛网式。每一条地铁线路都是由区间隧道（地面上为地面线路或高架线路）、车站及附属建筑组成的。

根据地铁主要在地下运行、运量大、造价高的特点，它比较适合在大城市的中性区域客流密集度极高的路段建设。

2）轻　轨

所谓轻轨是反映在轨道上的荷载相对于铁路和地铁的荷载较轻的一种交通系统。公共交通国际联会（UITP）关于轻轨运输系统（Light Rail Transit）的解释文件中提道：轻轨是一种使用电力牵引，介于标准有轨电车和快速交通系统（包括地铁和城市铁路）之间，用于城市旅客运输的轨道交通系统。

轻轨交通的原来定义是采用轻型轨道的城市交通系统。轻轨当初使用的是轻型钢轨，而如今已采用与地铁相同质量的钢轨。所以，国外都以客运量或车辆轴重（每根轮轴传给轨道的压力）的大小来区分地铁和轻轨。轻轨现在是指运量或车辆轴重稍小于地铁的轻型快速轨道交通。在我国《城市轨道交通工程项目建设标准》（建标 104—2008）中，把每小时单向客流量为 1 万 ~ 3 万人次的轨道交通定义为中运量轨道交通，即轻轨。

轻轨的造价，每千米投资在 0.6 亿 ~ 18 亿元，而且施工简便，建设周期较短。加之轻轨的单向高峰小时客运量为 1 万 ~ 3 万人次，足以解决客流密度不高的城市交通问题；轻轨交通建设标准低于地铁，因而其国产化进程容易推进。轻轨是适合我国大、中城市，特别是中等城市的轨道交通方式。

经过 100 多年的发展，轻轨已形成 3 种主要类型：钢轮钢轨系统、线性电机牵引系统和橡胶轮系统。

钢轮钢轨系统即新型有轨电车，是应用地铁先进技术对老式有轨电车进行改造的成果。

线性电机列车系统（Linear Motor Car）是由线性电机牵引，轮轨导向，车辆编组运行在小断面隧道、地面和高架专用线路上的中运量轨道交通系统。20 世纪 80 年代，加拿大成功地开发了线性电机驱动的新型轨道交通车辆。它采用线性电机牵引、径向转向架和自动控制等高新技术。综合造价节约 20%。它与轮轨系统兼容，便于维护救援，具有较大的爬坡能力。线性电机技术在加拿大、日本、美国都取得了较大成功，由此研制的线性电机列车投入使用。线性电机列车在我国的广州和北京也有应用。由于线性电机列车具有车身矮、重量轻、噪声低、通过小半径曲线和爬坡能力强等优点，可轻便地钻入地下、爬上高架，是地下与高架接轨的理想车型。以线性电机作动力，其意义还在于它引起了轨道车辆牵引动力的变革。

橡胶轮轻轨系统采用全高架运行，不占用地面道路，具有振动小、噪声低、爬坡能力强、转弯半径小、投资省等优点。当前的独轨、新交通系统和 VAL 系统均属橡胶轮轨系统。

独轨交通系统也称单独系统（Monorail），是指通过单一轨道梁支撑车厢并提供导引作用而运行的轨道交通系统，其最大特点是车体比轨道要宽。独轨交通系统是一种把单轨铺设在高架桥上的新型铁路，根据支撑方式的不同，单轨一般包括跨座式单轨和悬挂式单轨两种类型。跨座式是车辆跨座在轨道梁上行驶，悬挂式是车辆悬挂在轨道梁下方行驶。单轨车的走行轮采用特制的橡胶车轮，以减少振动的噪声。单轨车的两侧还装有导向轮和稳定轮。控制列车转弯，保证列车运行稳定可靠。这种交通工具具有占地少、造价低、噪声小等优点。高架独轨因轨道梁仅为 85 cm 宽，不需要很大空间，可以适应复杂地形的要求，适宜在狭窄街道的上空穿行，可减少拆迁，减低造价。高架独轨结构简单，易于建造，建设工期短，它的工程建筑费用只有地下铁道建筑费用的 1/3。国外独轨列车一般由 4～6 辆组成，列车运输能力每小时 5 000～20 000 人次，因此十分适合山区城市与郊区之间的交通使用。

我国重庆市轨道交通采用的就是独轨交通系统。此外，德国的乌伯塔在 1901 年建成了世界上第一条悬挂式独轨铁路。1963 年，日立独轨式列车在日本读卖大陆开始运营。1975 年，跨座式独轨交通系统在日本开始建设。截至 2006 年，日本已建成多条独轨交通系统，因此，日本是开始使用独轨交通系统最多的国家。

新交通系统（AGT，Automated Guideway Transit）目前还没有统一和严格的定义，从广义上讲，它是那些与现有运输模式不同的各种新交通方式的总称。狭义的新交通系统则定义为，由电气牵引，具有特殊导向、操纵和转折方式的胶轮车辆，单车或编组运行在专用轨道梁上的中小运量轨道运输系统。

3）有轨电车

有轨电车（Tram 或 Streetcar）是使用电力牵引、轮轨导向、采用 1 辆或 2 辆编组运行在城市路面线路上的低运量轨道交通系统。有轨电车起源于公共马车，为了多载客，人们把马车放在铁轨上，这样做是为了减少乘客人均牵引力。随着电动机的发展和牵引电力网的出现，电动机取代马匹。在 20 世纪 20 年代，美国的有轨电车线路总长达 2.5 万千米。至 20 世纪 30 年代，欧洲、日本、印度和我国的有轨电车有了很大发展。1908 年，我国第一条有轨电车交通线在上海建成通车，在随后的年代里，我国的北京、天津、武汉、沈阳、哈尔滨、长春、鞍山等城市都相继修建了有轨电车，在当时的城市公共交通中发挥了骨干作用。但它行驶在城市道路中间，与其他车辆混合运行，又受到路口红绿灯的控制，运行缓慢，正点率低而且噪声大，加减速度性能较差，但仍不失为居民出行的便捷交通工具。

有轨电车单向运输能力一般在 1 万人次/h 以下，很难满足急剧增长的城市客流的需求。此外，随着汽车工业的迅速发展，大量的汽车涌上街头，城市道路明显地出现拥挤，于是世界上各大城市都纷纷拆除有轨电车线路，改修运量大的地铁或轻轨交通。我国在20世纪50年代末，有轨电车拆除得所剩无几了，仅剩下长春、大连和鞍山3座城市的有轨电车没有拆除，并一直保留至今，继续分担正常的公共交通客运任务。

由于上述有轨电车的这种问题，现在有轨电车停止了发展，基本上完成了它的历史使命。城市轨道交通经过100多年的发展，不同运量等级的线路，有不同形式的交通系统相适应，在统一等级线路上，有多种可供选择的交通形式，见表9.1。

表 9.1　各种城市轨道交通系统主要特征

类型	系统分类	列车轴重 /t	列车长度 /m	最大坡度 /%	曲线半径 /m	旅行速度 /（km/h）	适宜运距	适宜运量 /（万人次/h）
大运量	钢轮钢轨系统	≤16	100～190	3.5～4	>300	35～40	中长运距	3～6
	钢轮钢轨	≤14	<100	3.5～4	100～200	35～40		2～6
中运量	直线电机钢轮钢轨	≤8	<100	6	70	40	短中运距	1～3
	轻轨车钢轮钢轨	≤11	<60	3.5～4	>80	18～25		
	胶轮单轨跨座系统	≤11	<100	6	>50	30～40		0.8～1
	胶轮导向AGT系统	≤8		6	>25	25		1.0
低运量	索道空客系统			8	25～40	35	短运距	0.8～1
	有轨电车	≤8	60	8	25～50	15～18		

表注：封闭形式，除轻轨车钢轮钢轨为半封闭、有轨电车为全地面外，其他均为全封闭。

4）城际轨道交通

城际轨道交通（Urban Railway）是由电气或内燃机车牵引，轮轨导向，车辆编组运行在城市内部和城市群之间，线路技术、设施与干线铁路基本相同，以提高市民旅行速度为目的的公交型轨道交通。

城市的发展离不开区域的支撑，区域城市一体化的进程，能更好地促进中心城市与城市次中心、周边主要城镇之间的协调发展。城际轨道交通是主要服务于城市之间的快、高速交通方式，以加强城镇一体化的进程，促进区域经济的发展。

城际轨道交通的特性是大能力、高密度、公共化。它主要服务于城际旅客，为公务出行、假日旅游、休闲旅游、探亲访友等客流提供快速的旅行。

城际轨道交通的作用是促进本地区社会经济全面快速的发展，加快区域融合，促进区域经济一体化，促进现代工业、旅游事业快速发展。

城际列车的旅行速度一般在160～350 km/h之间。我国已规划在"长三角地区"（上海—南京—杭州）、"珠三角地区"（广州—珠海—深圳）和"环渤海地区"（北京—天津—石家庄—唐山）、"成渝经济带"（成都—重庆）等地区建设城际快速轨道交通网络。京津城际轨道交通（高速铁路客运专线）已于2008年8月1日通车，时速达350 km；沪宁城际轨道交通（高速客运专线）已于2010年7月1日通车，时速达300 km；沪杭城际轨道交通已于2010年9月24日通车，时速达350 km。我国已研制开发出了时速达200～380 km的"和谐号"系列动车组。

5）轨道交通系统组成

轨道交通主要是由线路、列车、车站等组成的交通体系。此外还有供电、通信、信号、通风、照明、排水等系统。

线路由路基与轨道构成，其轨道与铁路轨道基本相同。它一般采用较重型的钢轨，多为混凝土道床或碎石道床。轨距一般为1 435 mm标准轨距。线路按所处位置分为地下、地面和高架线路3种。地下线路为基本类型；地面线路一般建在居民较少的城郊；高架线路铺设在钢或钢筋混凝土高架桥上，避免与地面交通平交，并减少用地。地铁列车均采用由电力动车组成的动车组。

车站是列车到发和乘客集散的场所，一般建在客流量较大的集散地。地铁车站按站台形式分为3类。

（1）岛式站台车站。这种车站站台位于两条线路之间，可以调节上下行不均衡的客流，充分利用站台面积，便于管理，应用比较广泛。

（2）侧式站台车站。这种车站站台位于两条线路外侧，须分别设置两个站台。

（3）混合式车站。这种车站一个车站内既有岛式站台，又有侧式站台，它们之间用天桥或地道相连。这种形式仅为多线车站所采用。

地铁、轻轨由设置在沿线的牵引变电站向列车馈送直流电，电压有600 V、750 V、825 V、1 000 V和1 500 V等。前4种一般通过第三轨供电，1 500 V的通过架空线供电。地铁照明等由降压变电站提供三相和单相交流电。地铁通信采用自动交换电话、调度电话、站间行车电话、无线通信、广播向导系统、电视监视系统、车辆段通信系统、公安电话、事故救援电话等完善的专用通信网。

地铁轻轨行车信号采用轨道电路自动闭塞信号和电气集中设备。前者是以一段地铁线路的钢轨为导体构成电路，当这段线路被列车占用时，轨道电路就使信号机自动关闭而不使其他列车进入这段线路；后者是通过信号楼内的控制台控制全车站的信号机和道岔。

地铁通风采用机械通风。有的国家还在地铁车站和列车上安设空调装置。地铁运营的基本要求是快速、准确、安全、舒适、有秩序地运送乘客。

（二）城市轨道交通的经济特征

各种轨道交通的经济特征因各自的运能和速度而表现不同。从现阶段看，轨道交通的应用地理范围，主要是在城市内和城市之间。应用在城市内的轨道交通称之为城市轨道交通，是指城市中心与外围间的交通，城市交通的发展与城市的社会经济发展紧密联系，与城市人口及城市形态密不可分。从城市发展角度看，城市人口的多少，城市范围的大小，决定了城市规模的大小。按城市人口和城市的需求是不一样的；城市的社会经济发展步伐不同，对交通的需求也不一样。不同需求等级的线路，会有不同运量和速度的轨道交通系统相适应。

应用在城市之间的称之为城际轨道交通或客运专线。城际轨道交通是运营于城市之间的快、高速交通方式，与传统铁路相比，其特征是速度快、发车密度高，能大幅度地缩短旅行时间，为旅客提供方便、快捷的旅行。

轨道交通的显著经济特征之一是其运量。按运输需求（容量）分类：运输能力以高峰小时单向断面通过的客运量区分，可分为高运量（通常≥5万人次）、大运量（一般≥3万人次）、小运量（一般为1万~3万人次）等基本类型。高运量主要适用于城际轨道交通、城市快速轨道交通系统、磁悬浮交通系统等，大运量主要适用于地铁系统，小运量适用于有轨电车等。

轨道交通的另外一个显著经济特征是速度。城市内地铁和轻轨比公共汽车速度快，并且准时；城际轨道交通比传统铁路速度快，并且方便、快捷。见表9.2。

表 9.2 各种城市轨道交通工具的经济特征比较

交通工具	平均速度 / （km/h）	客运能力 /（万人次/h）	乘车适宜时间 /min	能耗 /[kJ/(人·km)]	营运成本 /[元/(人·km)]
公共汽车	20~30	0.5~0.9	8~30	753~904	2.47
有轨电车	30~40	1.0~1.5	8~30	565	1.85
地铁	35~60	3.0~6.0	10~60	335~390	1.0
轻轨	35~50	1.0~3.0	10~50		
单轨列车	30~60	1.0~3.0		540	

在轻轨系统的多种交通形式中，从服务水平、工程造价、营运费用、环境影响和国产化等方面比较，其单轨系统、线性系统、轻轨车系统的特征各有不同，见表 9.3。

表 9.3 各种不同高架轻轨车系统的特征比较

项　目	单轨系统	线性电机系统	轻轨系统
服务水平（安全性）	低	中	高
工程造价	中	低	高
营运费用	高	低	中
环境影响	小	小	大
国产化难度	大	大~中	小

另外，轨道交通与其他公共交通相比，其经济特征还表现在快速、准时、占地面积小、节能、污染少等方面。

计算每小时最大运载量的公式为：每节车厢最大运载量×列车编组数量×每小时最大发车数量（3 min 一次，每小时 20 次）。如大型车 R1、R2、M3、M4 线，每节车可以容纳 230~300 人，则 6 节车编组是：$300×6×20 = 36\ 000$ 人次/h；小型车 L4 线，每节车可以容纳 200~218 人，则 4 节车编组是：$200×4×20 = 16\ 000$ 人次/h。

轨道交通是一种满足几百万居民出行的大流量交通工具，是社会公益性的基础设施，其特征是安全、快捷、准时、舒适。这决定了它的"通道"及"车站的集散和换乘"两大功能。通道功能更好地满足各层次的乘客进行生产、生活、交流和各类社会经济活动，如人们上班、旅游、外出探亲访友、休闲时异地购物以及其他社交活动。对乘车而言，既可缩短旅行时间，又扩大了活动范围。车站一般处于交通枢纽或交通节点的位置，仅是乘客的通过空间，不是乘客的停留空间。因此，规划和建设车站要坚持三个原则：一是经济实用原则，即满足轨道交通的快速、便捷、大流量的功能要求；二是安全可靠原则，即精心设计、精心施工，符合百年大计、长寿命、高质量的要求；三是简朴、方便的原则，即要与城市交通枢纽衔接，在建筑装饰上力求简朴无华，满足乘客快速集散和换乘其他地面交通方式的要求。

轨道交通的经济特征因各类型的运量、投资、适应性的不同而表现不同。由于轨道交通项目建设周期长，投资规模大，一般来讲，两个城市相距 100~300 km、各自人口规模达到 200 万人以上，就应考虑修建城际轨道交通；城市市区人口规模超过 200 万人，线路单向客运能力超过 3 万人次/h，宜建设地铁；城市市区人口规模超过 100 万人，线路单向客运能力超过 1 万~3 万人次/h，宜修建轻轨。根据住房和城乡建设部的测算，地铁综合造价大约为每千米 5.5 亿元，而一条长 15 km 的地铁线是比较恰当的经济规模，造价约为 83 亿元。

轨道交通的车辆长、编组多、行车密度大，其经济特征表现在大运量上。城际列车单向小时经济运能可达 2 万~5 万人次，地铁单向小时经济运能可达 3 万~6 万人次，轻轨可达 1 万~

3 万人次。当地面交通高峰小时单向客流超过 1 万人次时，城市轨道交通即应成为公共客运交通的主体，发挥骨干运输的作用。按照交通工具考虑，不同形式的交通系统，其运输能力、性能指标有较大的区别，见表 9.4。

表 9.4　城际列车、轻轨和地铁的基本经济特征比较

特　征	城际列车	轻　轨	地　铁	新交通系统	线性电机
线　路	地面、高架	地面、高架	地下	高架	全封闭
运能 /（万人/h）	2～5	1～3	3～6	0.8～1.5	1～3
站间距/100 m	30～100	5～10	10～20	5～10	8～10
最小间隔/min	3	2	2	2	1.5
运行速度 /（km/h）	160～350	60～120	40～100	30～60	40～100
编组/辆	4～10	2～4	8～10	4～6	4～6
投资 /（亿元/km）	0.8～2.0	0.7～1.8	3.0～6.0	1.0～2.0	1.8～4.8

目前，世界上拥有轨道交通的城市有 320 多个，其中有地铁和轻轨的占 60%，它们在城市中发挥着骨干客运交通作用。世界上各主要城市地铁的经济特征与比较见表 9.5。

表 9.5　世界各主要城市的地铁经济特征比较

城市	列车编组	列车容量/人	高峰小时客流量/人次	发车间隔/min		定员/人	
				高峰	非高峰	座席	总容量
北京	4/6	1 200～1 500	18 400～24 000	3	4	60	250
上海	6/8	3 280	70 000	2.5	6	62	410
芝加哥	1/8	1 400	342 000	3	4～15	49	150
圣彼得堡	4/6	1 500	45 000	1.6	4	44	164
莫斯科	6/8	1 200～1 750	78 000	1.3	2～3	44	164
米兰	3/6	1 250	31 000	2.5	4～5	36	218
伦敦	3/8	1 500	45 000	2	5～15	44	190
巴黎	3/9	1 530～2 540	49 000	3/5	6	64	264
里约热内卢	4/8	1 800～2 400	86 000	2	4	40/70	311/360
圣保罗	2/6	2 000	52 000	2	3.2	61	333
香港	4/8	3 000	85 000	2	3	48	375
悉尼	4/8	1 600	82 450	1.5	3.15	114	248

二、城市轨道交通的主要发展历程

（一）城市轨道交通的诞生背景

城市轨道交通的诞生和发展已有 100 多年的历史。轨道交通的修建是为了解决交通拥堵问题。19 世纪中叶，英国的伦敦以前所未有的速度进行城市发展。在这个经济中心，当数以千计的新房屋、商店、办公楼和工厂为日益膨胀的劳动大军而建造起来时，迅速增加的人口使城市和交通突然变得拥挤不堪。最好的办法就是在城市地下建造铁路。经过 20 多年的努力，1863年，只有 6.5 km 长的短途"大都市铁道"正式开通，第一年就运载乘客 950 万人，为解决城市交通拥堵树立了成功的典范。其他城市不久也纷纷效仿伦敦，1896 年布达佩斯的地铁开通，1897年波士顿地铁开通，巴黎通往郊区的地铁在 1900 年建成，纽约在 1904 年开通了地铁。到 1915

年，伦敦的地铁开始成为一个大网络。

真正重视和大规模修建城市轨道交通系统则是在第二次世界大战结束以后。20 世纪下半叶以来，伴随着世界范围内的城市化进程，世界各国的城市区域逐渐扩大，城市经济日益发展，城市人口也逐渐上升。由于流动人口以及道路车辆的增加，城市交通量呈急骤增长的态势，机动车辆增长尤快；城市道路的相对有限性带来了交通阻塞、车速下降、事故频繁等一系列问题。行车难、乘车难，不仅成为市民工作和生活的一个突出问题，而且制约着城市经济的发展。另外，道路上汽车排放废气、噪声等环境污染问题也愈来愈引起人们的重视。

在这样的背景下，世界各国纷纷开始采用立体化的快速轨道交通来解决日益恶化的城市交通运输问题。大城市逐步形成了目前以地下铁道为主体，多种轨道交通类型并存的现代城市轨道交通新格局。

地下铁道是缓和大城市地面道路拥挤、交通阻塞的有效设施。地下铁道的客运能力要比公共汽车或无轨电车大 7～10 倍。但地铁造价昂贵，我国地铁有的已高达每千米七八亿元。为了减少投资，某些地下铁道系统，在郊区铺设在地面上，在市区建成高架轨道，少数城市的地铁系统，地下部分仅有二分之一甚至不到三分之一。不少城市地铁系统还与城市轻便铁路和干线铁路连通，以加强地铁的灵活性和作为战时疏散人口之用。很多国家已把在城市和市郊的地下铁道、地上高架轨道和地面轨道连成网络，统称为地铁。

地铁工程是复杂的系统工程，投资大，技术密集，包括勘探、隧道与地下工程、桥梁工程、线路轨道工程、建筑装修工程和车辆、行车组织、通信、信号、供电、给排水、通风空调、自动售检票、防灾报警、设备监控等多种专业，并涉及城市规划、线网规划、交通规划和环保、消防、劳动安全等多个领域。因此，地铁建设一定要周密地做好前期准备工作，加强各专业各系统的协调，一定要坚持按基本建设程序推进。

自从 1863 年 1 月 10 日伦敦开通第一条城市地铁以来，据不完全统计，至 2010 年，世界上城市轨道交通发展有近 150 年历史了，已有近 50 个国家 320 多座城市修建了轨道交通，其中近 120 座城市修建了地铁，线路总长超过了 7 000 km。还有数万千米的城市地铁、轻轨和现代化的有轨电车线路，各大城市的地铁、轻轨、城市铁路都得到了很好的发展。

截至 21 世纪初，全世界地下铁道运营线路超过 100km 的城市已有十多个，其概况如表 9.6 所示。

表 9.6　截至 21 世纪初运营线路超过 100 km 的城市地下铁道概况

城市	城市人口 /万人	区域人口 /万人	线路 /km	地下线路/km	高架线路/km	地面线路/km	车站 /个	供电/V	受流方式
纽约	730	1 330	436	253	129	75	501	DC625	三轨
伦敦	670		398	16.3		235	273	DC600	三轨
巴黎	210	1020	192	177	13.7	1.1	429	DC750	三轨
莫斯科	880		220	184	36		143	DC825	三轨
东京	840	1 190	218	174	24	20	206	DC1500	三轨/架空线
芝加哥	300	700	163	18	85	60	143	DC750	三轨
墨西哥	2 000		141	103	10	28	125	DC750	两导向杆
柏林	260	438	191	114	3	74	180	DC780/600	三轨
首尔	1 020	1 350	116	116			102	DC1500	三轨
马德里	320	400	113	105	3	5	137	DC600	架空线
华盛顿	60	300	112	62	10	40	64	DC750	三轨
斯德哥尔摩	66	160	105	62			99	DC650/750	三轨
大阪	260		104	93	11		98	DC750	三轨/架空线

（二）城市轨道交通的发展简历

1843 年，英国律师查尔斯·皮尔逊针对伦敦日益膨胀的人口造成的交通压力，把修建地铁的建议提交到议会。经过 20 年的酝酿和建设，至 1863 年 1 月 10 日，世界上第一条长 6.5 km 的地铁在英国伦敦用明挖法施工建成通车。它标志着城市快速轨道交通在世界上诞生了。由于当时电动机车尚未问世，机车牵引仍用蒸汽机车，尽管隧道里烟雾弥漫，但人们仍争着去坐，当年就运载乘客 950 多万人次。1890 年 12 月 8 日伦敦首次用盾构法施工，建成用电力机车牵引的 5.2 km 的另一条线路。从此，城市交通进入轨道交通时代，因此可以说城市轨道交通的历史比汽车还悠久。

随后不久，世界上许多大城市也纷纷仿效伦敦修建地铁。除巴黎、布达佩斯、柏林、纽约外，东京在 1927 年修建了自己的第一条地铁线。北京地铁第一期工程于 1969 年 10 月基本建成，于 1971 年 1 月开始运营。

1892 年 6 月 6 日，美国芝加哥建成世界上第二条蒸汽列车地铁，1895 年 5 月 6 日建成世界第二条电气化地铁。1896 年 5 月 8 日，布达佩斯建成世界第三条、欧洲大陆第一条电气化地铁，并由奥匈帝国皇帝弗朗西斯约瑟夫剪彩通车。1897 年 9 月 1 日，波士顿建成世界上第四条电气化地铁。1898 年 5 月 9 日，维也纳也建成了蒸汽列车地铁。

1900 年 7 月 9 日，法国巴黎建成世界第六条、欧洲大陆第二条电气化地铁。1901 年 12 月 10 日，美国纽约建成第七条蒸汽驱动地铁，该条铁路直到 1904 年 10 月 27 日才实现电气化。1902 年 2 月 18 日，德国柏林建成世界第八条、欧洲大陆第三条电气化地铁。到 1935 年，苏联莫斯科等几座城市相继建成了地铁。

据有关资料统计，从 1863 年到 1899 年，有美国、英国、法国、匈牙利、奥地利等 5 个国家的 7 座城市修建了地下铁道，1900—1924 年，欧洲和美洲又有 9 座城市修建了地铁，包括柏林、马德里、费城等。从 1925 年到 1949 年，由于第二次世界大战的影响，城市轨道交通建设速度放慢。第二次世界大战后，伴随着各国城市的快速发展，地铁发展极为迅速。1950—1974 年，欧洲、亚洲、美洲有 30 多个城市地铁相继建成通车。1975—2004 年，世界进入和平发展时期，又有 30 余座城市地铁相继建成通车，其中亚洲有 20 余座城市开通了地铁。

截止到 1963 年，世界上有地铁的城市共有 26 座。1964 年到 1980 年的 17 年又有 30 座城市修建了地铁，到 1985 年世界大约共有 60 座城市正在有计划地修建地铁，当时全世界地铁运营的里程总计 3 000 km。据 1994 年 7 月德国出版的《地铁世界》一书统计资料，到 1990 年世界有 98 个城市约 5 300 km 轨道交通投入运营，另有 29 个城市的，94 条线约 1 000 km 在建。近 20 年来增加的线路是 1863 年到 1963 年 100 年间建成地铁总长度的 3 倍。地铁机车开始是采用蒸汽机车牵引，由于在地下运行，废气污染严重，经过 27 年的发展，到 1890 年改为电力机车牵引，现在已发展为十几种不同层次、类型的轨道交通系统。

据日本地下铁道协会统计，到 1999 年，全世界已有 115 个城市建成了地下铁道，线路总长度超过了 7 000 km。其中英、美、法、德、日、西班牙以及俄罗斯等发达国家所属 20 个城市在第二次世界大战前开始了地铁建设，到 1999 年末，总里程达 2 840 km 左右，其中一半以上为战后建设的。全世界其余 95 个城市的地铁均为战后所建，总里程约为 4 200 km。这就是说全世界近 7 000 km 地下铁道约有 5 600 km 是战后建成的，占 80%。战后建成地下铁道的 95 个城市，按年代分见表 9.7 和图 9.1（从建成第一条地下铁道至 1999 年通车的总里程）。

表 9.7　战后中等发达国家和发展中国家地下铁道建设进程

年　代	城市数目/个	建成里程/km
1950—1960	10	455.65
1961—1970	10	799.0
1971—1980	29	1 634.8
1981—1990	29	978.2
1991—1999	95	415.3
总　计	95	4 262.95

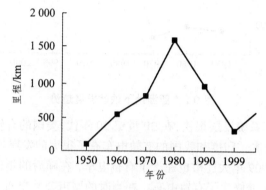

图 9.1　世界地下铁道建设示意

从图 9.1 中可以看出，战后经过短暂的经济恢复后，地下铁道建设随着全世界经济起飞而启动、加快。70 年代和 80 年代是各国地下铁道建设的高峰。发达国家的主要大城市如纽约、华盛顿、芝加哥、伦敦、巴黎、柏林、东京、莫斯科等已基本完成了地铁网络的建设。但后起的中等发达国家和地区，特别是发展中国家地铁建设却方兴未艾。比如亚洲共有 26 个城市有地下铁道。除了东京与大阪在第二次世界大战前就建有地下铁道外，其余 24 个城市的地下铁道均是在战后建成的（表 9.8）。

表 9.8　战后亚洲地下铁道建设进程

年　代	城市数目/个	建成里程/km
1950—1960	2	78.25
1961—1970	1	54.0
1971—1980	7	352.2
1981—1990	7	231.2
1991—1999	8	284.2

事实上，东京和大阪的大部分地下铁道也是在 60 年代以后建成的（东京在第二次世界大战前建成 16.5 km，战后建成 213.8 km；大阪在第二次世界大战前仅建成 8.8 km，战后建成 84.2 km）。因此，亚洲的地下铁道兴建高潮大体比欧美发达国家兴建高潮晚 10 年，我国香港

也是如此。而我国其余大城市则大约晚 20～30 年，但是可以肯定地讲，21 世纪将是发展中国家修建地下铁道的高潮（图 9.2）。

20 世纪初是有轨电车的黄金时代。1881 年德国柏林工业博览会期间，一辆只能乘坐 6 人的有轨电车在 400 m 长的轨道上展示。世界上第一个投入商业运行的有轨电车系统是 1888 年美国弗吉尼亚州里士满市的有轨电车。

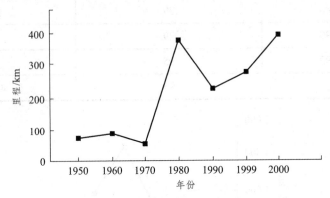

图 9.2　亚洲地下铁道发展趋势

20 世纪初，有轨电车系统发展很快，在 20 世纪 20 年代，美国的有轨电车线总长 25 000 km。到了 30 年代，欧洲、日本、印度和我国的有轨电车有了很大的发展。1908 年中国第一条有轨电车在上海建成通车，1909 年大连市也建设了有轨电车，在随后的年代里，北京、天津、沈阳、哈尔滨、长春等城市都相继修建了有轨电车，在当时的城市公共交通中发挥了骨干作用。

旧式有轨电车行驶在道路中间，与其他车辆混合运行，又受路口红绿灯的控制，运行速度很慢，正点率低，而且噪声大，加减速性能较差。随着汽车工业的迅速发展，西方国家私人小汽车数量急骤增长，大量的汽车涌上街头，城市道路面积明显不够用。从 50 年代开始，世界各国大城市都纷纷拆除有轨电车线路，这阵风也波及中国。到 50 年代末，我国各大城市也把有轨电车线基本拆完，仅剩下大连、长春个别线路没有拆光，并一直保留至今，继续承担着正常公共客运任务。

20 世纪六七十年代在地下铁道建设高潮发展时期，由于地下铁道造价昂贵，建设进度受财政和其他因素制约，西方大城市在建设地下铁道的同时，又重新把注意力转移到地面轨道上来。利用现代高科技开发了新一代噪声低、速度高、走行部转弯灵活、乘客上下方便，甚至照顾到老人和残疾人的低地板新型有轨电车。在线路结构上，有轨电车也采用了降噪声技术措施。在速度要求较高的线路上，有轨电车采用专用车道，与繁忙道路交叉处，进入半地下或高架交叉，互不影响。对速度要求不高的线路，有轨电车可与道路平齐，与汽车混合运行。

1978 年 3 月，国际公共交通联合会（EITP）在比利时首都布鲁塞尔会议上，确定了新型有轨电车交通的统一名称，英文为 Light Rail Transit，简称轻轨交通（LRT）。20 世纪八九十年代，环保问题、能源结构问题突出，在经济可持续发展战略方针指导下，全世界又掀起了新一轮的轻轨交通系统的建设高潮。据粗略统计，已有 50 个国家建有 360 条轻轨线路（表 9.9）。我国长春、大连、上海、武汉、天津、重庆、南京、成都、北京、佛山、深圳等 10 多个城市都已建成运营了新型轻轨线路。

表 9.9 各国轻轨线路统计

国家名称	线路数量	国家名称	线路数量
加拿大	4	德国	62
美国	25	荷兰	6
墨西哥	3	英国	6
巴拉圭	1	比利时	5
阿根廷	1	法国	8
巴西	4	奥地利	7
瑞典	4	瑞士	9
挪威	2	意大利	6
斯洛伐克	3	西班牙	3
波兰	14	葡萄牙	3
捷克	7	突尼斯	1
芬兰	1	阿塞拜疆	2
爱沙尼亚	1	哈萨克斯坦	5
拉脱维亚	3	亚美尼亚	1
俄罗斯	71	埃及	2
莫桑比克	4	南非	1
乌克兰	25	土耳其	3
罗马尼亚	15	印度	1
波斯尼亚	1	中国	5
克罗地亚	2	朝鲜	1
塞尔维亚	1	菲律宾	1
保加利亚	1	日本	18
匈牙利	4	澳大利亚	4
格鲁吉亚	1	马来西亚	1
乌兹别克斯坦	1		

（三）城市轨道交通的发展阶段

回顾 20 世纪城市交通的发展历程，不难看出有一个否定之否定的发展过程：有轨电车从大发展到大拆除；然后汽车登上历史舞台，逐渐成了城市交通的主角；到 20 世纪末，以地铁和轻轨为代表的城市轨道交通又恢复了它的主导地位。这是个螺旋式的上升过程。

城市轨道交通的发展经历了一个曲折的过程，大致分为以下几个阶段：

1. 初步发展阶段（1863—1924 年）

在这一阶段，欧美的城市轨道交通发展较快，其间 13 个城市建成了地铁，还有许多城市建设了有轨电车。20 世纪 20 年代，美国、日本、印度和中国的有轨电车有了很大发展。这种旧式的有轨电车行驶在城市的道路中间，运行速度慢，正点率很低，而且噪声大，加速性能低，乘客舒适度差，但在当时却是公共交通的骨干。

2. 停滞萎缩阶段（1924—1949 年）

第二次世界大战的爆发和汽车工业的发展，使城市轨道交通的发展停滞和萎缩。汽车的灵活、便捷及可达性，一度成为城市交通的宠儿，得到迅速发展。而轨道交通因投资大，建设周期长，一度失宠。这一阶段只有 5 个城市发展了城市地铁，有轨电车则停滞不前，有些线路被拆除。美国 1912 年已有 370 个城市建有有轨电车，到了 1970 年受拆除风的影响，只剩下 8 个城市保留有轨电车。

3. 再发展阶段（1949—1969 年）

汽车过度增加，使城市道路异常堵塞，行车速度下降，严重时还会导致交通瘫痪，加之空气污染，噪声严重，大量耗费石油资源，市区汽车有时甚至难以找到停车地方，于是人们又重新认识到，解决城市客运交通必须依靠电力驱动的轨道交通。轨道交通因此重新得到了重视，而且从欧美扩展到亚洲的日本、中国、韩国、伊朗及非洲的埃及等国家，这期间世界各国有 17 个城市新建了地铁。

4. 高速发展阶段（1970 年至今）

世界上很多国家都确立了优先发展轨道交通的方针，立法解决城市轨道交通的资金来源。世界各国城市化的趋势，导致人口高度集中，要求轨道交通高速发展以适应日益增加的客流运输，各种技术的发展也为轨道交通奠定了良好的基础。近几年又有 40 多个城市修建了地铁、轻轨或其他轨道交通。

三、城市轨道交通系统技术经济特点

（一）城市轨道交通的系统化

城市轨道交通经过 100 多年的发展，已形成一个大系统。它包括市郊铁路、地下铁道、轻轨交通、单轨（独轨）运输、新交通系统、线性电机牵引运输系统、有轨电车等子系统。各种轨道交通的主要技术参数和技术等级见表 9.10 和表 9.11 所列。

表 9.10　城市轨道交通系统主要技术参数

类　型	运营速度/（km/h）	最小行车间隔/min	编组/辆	线路	平均站距/m	运输能力/（万人次/h）
市郊铁路	35-40	2	4-10	全封闭	1 000～3 000	5～8
地下铁道	25-40	1.5	4-10	全封闭	800～1 000	4～6
轻轨	25-35	2	2-3	专用道	500～800	1～4
单轨	25-30	1	4-6	高架	500～1 000	1～1.5
新交通	20-30	2	4-6	高架	500～1 000	0.8～1.5
线性电机牵引系统	25-35	1.5	4-6	全封闭	800～1 000	1～3
有轨电车	15-20	1	1-2	混合交通	400～800	0.3～1

表 9.11 城市轨道交通技术等级

		Ⅰ级	Ⅱ级	Ⅲ级	Ⅳ级	Ⅴ级
	系统类型	高运量地铁	大运量地铁	中运量轻轨	次中运量轻轨	低运量轻轨
	适用车辆类型	A型车	B型车	C-Ⅰ、Ⅲ型车	C-Ⅱ型车	现代有轨电车
	最大客运量（单向小时人次）	4.5万~7.5万	3.0万~5.5万	1.0万~3.0万	0.8万~2.5万	0.6万~1.0万
线路	线路形态	隧道为主	隧道为主	地面或高架	地面为主	地面
	路用情况	专用	专用	专用	隔离或少混用	混用为主
车站	平均站距/m	800~1 500	800~1 200	600~1 000	600~1 000	600~800
	站台长度/m	200	200	120	<100	<60
	站台高低	高	高	高	低（高）	低
车辆	车辆宽度/m	3.0	2.8	2.6	2.6	2.6
	车辆定员/（站6人/m²）	310	240	320	220	104~202
	最大轴重/t	16	14	11	10	9
	最高速度/（km/h）	80~100	80	80	70	45~60
	平均运行速度/（km/h）	34~40	32~40	30~40	25~35	15~25
	轨距/mm	1 435	1 435	1 435	1 435	1 435
供电	额定电压/V	DC1500	DC750	DC750	DC750（600）	DC750（600）
	受电方式	架空线	第三轨	架空线/第三轨	架空线	架空线
信号	列车自动保护	有	有	有	有/无	无
	列车运行方式	ATO/司机驾驶	ATO/司机驾驶	ATO/司机驾驶	司机驾驶	司机驾驶
	行车控制技术	ATC	ATC	ATP/ATS	ATP/ATS	ATS/CTC
运营	列车最多车辆编组	6~8	6~8	4~6	2~4	2
	列车最小行车间隔/s	120	120	120	150	300

在城市轨道交通方式选择上，国外大多是以高峰小时客流量的需求，并根据各种轨道交通工具的适应范围来确定。由于高峰小时客流量的大小与城市人口规模有直接关系，因此，有些国家是按城市人口规模直接选用城市轨道交通方式。如人口超过 100 万，单向高峰流量在 20 000 人/h 以上，就可以建设地下铁道。但大多数国家根据客运需求对各种轨道交通类型性能指标优缺点进行对比，选择适合本城市需要的类型。欧洲大多数发达国家的城市轻轨运输系统，并不是因为道路交通拥堵而建，更侧重于环境保护的需要，鼓励市民少用私家小轿车，多乘城轨公共交通。还有一些是为了观光游览和特种目的需要，建设一些颇具特点的新型城市轨道系统。

需要强调市郊铁路在城市交通中的重要作用。市郊铁路在铁路运输发达的国家，是旅客运输的主要组成部分。欧洲、日本铁路旅客运输的平均运输距离仅 30~60 km，国民平均每人每年乘车在 12~20 次，日本达到 70 次，也就是大多数旅客是由市郊铁路运送的。中国铁路失去了市郊铁路发展的历史机遇，目前只承担中长途运输，旅客平均运输距离达 440 km。

市郊铁路一般与干线铁路相接，故采用干线铁路的技术标准，但其功能与干线铁路不一。市郊铁路主要承担城市功能的扩展，满足郊区市民、城市边缘市民出入城市中心的需要，其最高运行速度比干线铁路要低，一般在 120 km/h，但其平均速度可达 40 km/h 以上。市郊列车一般电气化段均采用电动车组，非电气化区段可采用内燃动车组。市郊铁路有两种类型：一种是市中心连接城市边缘和 20 km 左右的居民区，其站间距离小（1 000～1 500 m）；另一种是连接市中心与副中心、卫星城市，距离可长达 40～50 km，其站间距离较长（3 000～4 000 m）。市郊铁路是居民区合理分布、建立卫星城镇、调整产业结构的一种重要手段，是深受市民欢迎的一种交通方式。

小断面地铁（Mini-Subway）在我国也有推广的价值。它所采用的是线性电机牵引系统。加拿大在 20 世纪 80 年代开发成功了这种新型车辆，并投入运营。它采用线性电机、径向转向架和自动控制等高新技术。线性电机相当于把旋转电机的定子和转子剖开展平，因此，相当功率的线性电机要比旋转电机缩小 3/4 的高度，这样就能缩小地铁隧道的横断面。如东京 12 号线隧道断面面积就减少了近一半，综合造价节约了近 20%。

线性电机车辆具有车身矮、重量轻、噪声低、可通过小半径曲线和爬坡能力强等优点，因此，它可以"轻而易举"地跑出地面、跃上高架，它是地铁与高架轻轨接轨的理想车型。以线性电机车辆作运力，其深远的意义还在它引起了轨道车辆牵引动力的变革。

重庆轻轨采用的是跨座式独轨系统，跨座式独轨的运输能力为 5 000～20 000 人次/h，轨道梁、转辙机、转向架是独轨系统的关键技术。由于采用橡胶轮胎，因而车体结构必须轻量化，轨道梁和支座材料的耐温、耐潮湿、耐酸性要求也较高。当前掌握独轨技术的只有日本的两家公司，重庆市轨道交通采用的日立公司的制式。

（二）世界地铁之最与各国地铁特色

世界各国地铁各具特色。莫斯科地铁是世界上最方便的地铁之一，它营运时间长，发车频繁，行车迅速，坐车舒服，票价低廉，换车方便，堪称世界第一流。莫斯科地铁是世界上最豪华的地铁之一，有欧洲"地下宫殿"之称。天然的料石、欧洲的传统灯饰与莫斯科气势恢宏的各类博物馆交相辉映，简直是一座艺术的博物馆。莫斯科的地铁由 10 余条主干道组成，线路纵横交错，有 5 条环形路与其组成四通八达的交通网络，充分体现了苏联城市交通规划和建筑业的一流水平。在 198 km 长的线路上，共有 123 个车站，每日发车 9 000 列次，平均 2～3 min 开一列，日客运量达 1 600 万人次，全年运送的乘客达 25 亿人次，解决了整座城市交通总运量的 45%，是世界上最忙的地铁。

世界上最早的地铁是伦敦大都会地铁，于 1856 年开始修建，1863 年 1 月 10 日正式投入运营，其长度约 6.5 km，采用蒸汽机车。

原最长的地铁——美国纽约是当今世界地铁运行线路最长的城市，有线路 37 条，全长 432.4 km，车站多达 498 个，但设施较为陈旧。到 2019 年 12 月 30 日，中国上海城市轨道交通（不含有轨电车）运营里程达 705 km，成为拥有世界最长地铁运行线路的城市。

原世界地铁速度之冠和客运量最大的是美国旧金山地铁，它是原世界上最现代化的地铁，运行时速高达 128 km。2019 年 9 月，最快地铁"白鲸号"在北京亮相，设计时速达 160 km，运行于通车的新机场线上。

法国巴黎地铁是世界上最方便的地铁，每天发出 4960 列车，在主要车站的出入口，均设电脑显示应乘的线路、换乘的地点等，一目了然。巴黎地铁也是世界上层次最多的地铁，包括地面大厅最多有 6 层（一般为 2～3 层）。巴黎地铁也是世界上最豪华的地铁之一。它的地铁站扬名全球，建在火车站下面，建筑设计十分精美，技术设备极为先进，被誉为"地下宫殿"。

法国里昂地铁是当今世界最先进的地铁，全部由计算机控制，无人驾驶，轻便、省钱、省电，车辆行驶中噪声和振动都很小，高峰时每小时通过 60 列车，为世界上行车间隔最短的全自动化地铁。

最有效益的地铁——我国香港地铁全长 43.2 km，3 条线路共有 38 个车站，日客运量达 160 万人次。成为全球独一无二最具商业价值的地铁，经济效益十分可观。香港地铁 1994 年总收入 51.3 亿港元，扣除经营开发、折旧、利息和财务开支后，当年利润为 10.38 亿港元。世界各国地铁均靠政府补贴，唯独香港地铁既解决市区出行，同时又可创利。

工程量最大的地铁——连接英国和法国的英吉利海峡海底隧道的开挖和地铁的铺设花费了 200 亿美元，经过 8 年卓绝的开凿，才大功告成。

最高的地铁——瑞士阿尔卑斯山上有一条缆索地铁，总长度为 1.5 km，大部分出没在隧道中的列车，只需两分钟就能将 200 名旅客送到 3 500 m 高的游览胜地。

新加坡地铁的车站和线路清洁明亮，一尘不染，是世界上最安全、最清洁、管理最好的地铁。新加坡地铁像莫斯科地铁一样考虑了战时的防护掩蔽，车站山入口设置防护门、密闭门等防护设施。

墨西哥城在短短的十年间修建了 150 km 地铁，到 2000 年开通 21 条地铁线路，全长 400 km，承担全城客运量的 58%。首尔地铁 1971 年开始建设，有 7 条线，总长 217 km，2000 年计划建成 285 km 共 8 条线，可以说墨西哥城与首尔是 2015 年前世界上地铁发展最快的城市。但中国成都自 2005 年—2015 年建成投入运营 100 多千米地铁以后，加快了建设步伐，2020 年底将建成投入运营 500 km 地铁，可以说是目前世界上地铁建设速度最快的城市。

世界上最短的地铁是土耳其伊斯坦布尔地铁，总长度只有 572 m，而且只有首尾两个车站。

世界埋深最深的地铁是朝鲜平壤市的地铁，由于地质的原因，路线和车站都离地面 70～80 m 深，最大埋深达 200 m 左右。

世界上最繁忙的地铁是莫斯科地铁，莫斯科地铁由 10 余条主干道组成，每天发出 9000 多辆火车，每天运送的旅客人数达到了 1 600 万人次。

世界最长的地铁是韩国首尔 1 号线，逍遥山—新昌站（长 168 km），1 号线所经过的站全部加起来共有 116 个站。中国最长地铁上海轨道交通 11 号线，长 80.6 km，是中国第一条跨省地铁线路。

最浅的地铁是我国的天津地铁，最浅处埋深仅 2～3 m。

运营时间最长的地铁——纽约地铁系统 2018 年是世界上唯一全天 24 h 运营的地铁。丹麦哥本哈根的地铁，使用无人驾驶系统，24 h 运营。

（三）世界城市轨道交通运营统计与分析

近年来，我国城市轨道交通事业发展迅猛。2013—2018 年，中国内地开通城轨交通系统的城市总数增长 84.2%，运营里程增加 110.0%，客运量增长约 70%。中国已成为城轨"交通大国"，正迈向城轨"交通强国"，需要以全球视野分析世界城市轨道交通行业现状，对中国城市轨道交通走出去和引进来提供参考。

由于不同国家在对城市轨道交通制式分类时存在差异，在此不作深入探讨，暂按国际流行和国家发展改革委对城轨交通一般分类方法，将其划分为地铁、轻轨和有轨电车 3 大类。其中，地铁包括大运量的地铁系统；轻轨有广义与狭义之分，狭义轻轨包括钢轮钢轨的轻轨系统，而广义轻轨可以将单轨、磁浮、中运量 APM 也包含在内；有轨电车系统除了传统意义的有轨电车，还包括在中国刚刚创新兴起的胶轮有轨电车和自导向的有轨电车（智轨）。至于市域快轨系统，国内外的名称和统计差异显著，暂不做定义。

涉及中国的城轨交通相关数据（暂不包括港、澳、台数据），参考了中国城市轨道交通协会和国内有关机构的统计报告及出版物；涉及其他国家和地区的城轨交通相关数据，参考了维基百科网站和国际公共交通联合会（UITP）的统计简报。其中，大多数城市尚未公布 2018 年客流数据，为保持时间维度统一，客流部分采用 2017 年数据。

1．线网规模

截至 2018 年年底，全球共有 72 个国家和地区 493 座城市开通城市轨道交通，运营里程超过 26 100 km，车站数超过 26 900 座。其中：56 个国家和地区的 179 座城市开通地铁，总里程达 14 219.36 km，车站数超 10 631 座；20 个国家和地区的 53 座城市开通轻轨，总里程达 1 293.68 km，车站数为 1 077 个；58 个国家和地区 400 座城市开通有轨电车，其中有里程数据来源的 236 座城市的有轨电车总里程达 10 609.05 km，车站数超过 15 200 个。

亚洲地铁运营里程最高，达 8 137.35 km，占全球比重为 57.23%。其中，中国地铁运营里程最高，2018 年年末中国有 35 座城市建成投运城市轨道交通线路，运营里程达到 5 767 km，超过全球的 35.26%，上海地铁运营里程达 705 km，居全球首位。预计 2020 年中国城市轨道交通将覆盖 55 个城市，运营线路里程超过 7 000 km。

世界各国地下铁道统计见表 9.12 所示（截至 2011 年年底）。

表 9.12 世界各国地下铁道统计

城市（国家）	开始通车年代	当时人口/万人	线路条数	线路长度/km		车站数目	轨距/mm	牵引供电	
				全长	地下			方式	电压/V
伦敦（英国）	1863	670	9	408	167	273	1 435	第三轨	630
纽约（美国）	1867	730	29	443	280	504	1 435	第三轨	600 650
芝加哥（美国）	1892	370	6	174	18	143	1 435	第三轨	600
布达佩斯（匈牙利）	1896	210	3	27.1	23	30	1 435	第三轨	750
格拉斯哥（英国）	1897	75.1	1	10.4	10.4	15	1 435	第三轨	600
波士顿（美国）	1898	150	3	34.4	19	39	1 220	第三轨	600
维也纳（奥地利）	1898	150	3	34.4	19	39	1 435	第三轨	750
巴黎（法国）	1900	210	15	199	175	367	1 440	第三轨	750
柏林（德国）	1902	320	10	134	106	132	1 435	第三轨	750
费城（美国）	1905	170	4	62	76		1 435	第三轨	600 700
汉堡（德国）	1912	160		92.7	34.3	82	1 435	第三轨	750
布宜诺斯艾利斯（阿根廷）	1913	290	5	39	36	63	1 435	架空线	600 1 100
马德里（西班牙）	1919	320	10	112.5	107	154	1 445	架空线	600
巴塞罗那（西班牙）	1924	170	6	115.8	68.7	129	1 674 1 435	第三轨 架空线	1 200 1 500
雅典（希腊）	1925	300	1	28.8	3	23	1 435	第三轨	1 500

城市（国家）	开始通车年代	当时人口/万人	线路条数	线路长度/km		车站数目	轨距/mm	牵引供电	
				全长	地下			方式	电压/V
东京（日本）	1927	1 190	10	219	182	207	1 067 1 372	第三轨 架空线	600 1 500
大阪（日本）	1933	260	6	99.1	88.6	79	1 435	第三轨 架空线	750 1 500
莫斯科（苏联）	1935	880	9	246	200	143	1 524	第三轨	825
斯德哥尔摩（瑞典）	1950	66.3	3	110	62	99	1 435	第三轨	650 750
多伦多（加拿大）	1954	220	2	54.4	42	60	1 495	第三轨	600
克利夫兰（美国）	1954	57.3	1	30.6	8	18	1 435	架空线	600
列宁格勒（苏联）	1955	320	4	92		51	1 624	第三轨	825
罗马（意大利）	1955	280	2	25.5	14.5	33	1 435	架空线	1 500
名古屋（日本）	1957	210	5	66.5	1 258	66	1 067 1 435	第三轨 架空线	600 1 500
里斯本（葡萄牙）	1959	90	3	16	12	24	1 435	第三轨	750
基辅（苏联）	1960	210	3	32.7	29		1 534	第三轨	825
米兰（意大利）	1964	150	2	56	36	66	1 435	第三轨 架空线	750 1 500
奥斯陆（挪威）	1966	45	8	100	15	110	1 435	第三轨 架空线	750 600
蒙特利尔（加拿大）	1966	190	4	65	53	65	1 435	第三轨	750
第比利斯（苏联）	1966	110	2	23	16.4	20	1 524	第三轨	825
巴库（苏联）	1967	150	2	29		17	1 524	第三轨	825
法兰克福（德国）	1968	62	7	57	12	77	1 435	架空线	600
鹿特丹（荷兰）	1968	56.7	2	42	11.5	39	1 435	第三轨	750
北京（中国）	1969	600	2	40	40	29	1 435	第三轨	750
墨西哥城（墨西哥）	1969	2 000	8	141	71	125	1 435	第三轨	750
慕尼黑（德国）	1971	130	6	56.5	43	63	1 435	第三轨	750
札幌（日本）	1971	160	3	39.7	28.6	33	2 150 2 180	第三轨 架空线	750 1 500
横滨（日本）	1972	320	2	22.1	22.1	20	1 435	第三轨	750
旧金山（美国）	1972	71.5	4	115	37.4	36	1 676	第三轨	1 000
纽伦堡（德国）	1972	47.5	2	21.4	15.9	29	1 435	第三轨	750
平壤（朝鲜）	1973	183	2	22.5		15	1 435	第三轨	825
圣保罗（巴西）	1974	1 060	2	40.3	18.4	38	1 600	第三轨	750
首尔（韩国）	1974	1 020	4	116.5	93	102	1 435	架空线	1 500
布拉格（捷克）	1974	130	3	35	19	36	1 435	第三轨	750
圣地亚哥（智利）	1975	430	2	27.3	21.9	37	1 435	第三轨	750
哈尔科夫（苏联）	1975	140	2	22.9		19	1 524	第三轨	825
华盛顿（美国）	1976	64	4	112	52.8	38	1 435	第三轨	750

城市（国家）	开始通车年代	当时人口/万人	线路条数	线路长度/km		车站数目	轨距/mm	牵引供电	
				全长	地下			方式	电压/V
布鲁塞尔（比利时）	1976	110	3	39		51	1 435	第三轨	900
阿姆斯特丹（荷兰）	1977	69.1	2	24	3.5	20	1 432	第三轨	750
马塞（法国）	1977	87.4	2	19	15.3	22	1 435	第三轨	750
塔什干（苏联）	1977	190	2	24		19	1 524	第三轨	825
神户（日本）	1977	140	2	22.6	14	16	1 435	架空线	1 500
里昂（法国）	1978	120	3	16.5	14	22	1 435	第三轨	750
里约热内卢（巴西）	1979	580	3	21.6	13	19	1 600	第三轨	750
亚特兰大（美国）	1979	120	2	52.3	7	29	1 435	第三轨	750
香港（中国）	1979	550	3	43.2	34.4	38	1 435	架空线	1 500
布加勒斯特（罗马尼亚）	1979	220	2	46.2	37	30	1 432	第三轨	750
新堡（英国）	1980	28.1	4	55.6	6.4	46	1 435	架空线	1 500
天津（中国）	1980	540	1	7.4	7.4	8	1 435	第三轨	750
福冈（日本）	1981	120	2	18	17	19	1 067	架空线	1 500
埃里温（苏联）	1981	100	1	8.4	8.4	9	1 524	第三轨	825
京都（日本）	1981	150	1	9.9	9.9	12	1 435	第三轨	1 500
赫尔辛基（芬兰）	1982	49	1	15.9	4	11	1 524	第三轨	750
加拉加斯（委内瑞拉）	1983	350	2	40		35	1 435	第三轨	750
巴尔的摩（美国）	1983	80	1	22.4	12.8	12	1 435	第二轨	700
里尔（法国）	1983	110	2	25.3	9	34	2 060	第三轨	750
迈阿密（美国）	1984	170	1	34.5		20	1 435	第三轨	750
明斯克（苏联）	1984	130	1	9.5		9	1 524	第三轨	825
加尔各答（印度）	1984	730	1	16.4	15.1	17	1 674	第三轨	750
累西腓（巴西）	1985	120	2	20.5		17	1 600	架空线	3 000
高尔基城（苏联）	1985	140	1	9.8		8	1 524	第三轨	825
贝洛奥里藏特（巴西）	1985	220	2	12.9		7	1 600	架空线	3 000
新西伯利亚（苏联）	1985	130	2	12.9	12.9	10	1 524	第三轨	825
阿雷格里港（巴西）	1985	130	1	27.5		15	1 600	架空线	3 000
釜山（韩国）	1985	130	1	21.3	15	20	1 435	架空线	1 500
温哥华（加拿大）	1986	120	1	21.4	1.6	15	1 435	第三轨	600
占比雪夫（苏联）	1986	100	1	12.5		9	1 524	第三轨	825
仙台（日本）	1987	90	1	14.4	11.8	16	1 067	架空线	1 500
新加坡（新加坡）	1987	260	2	67	18.9	42	1 435	第三轨	750
开罗（埃及）	1987	830	1	5	4.5	6	1 435	架空线	1 500
第聂伯罗彼得罗夫斯克（苏联）	1988	110	1	11.2			1 524	第三轨	825

表 9.13 展示了截至 2018 年全球各大洲城市轨道交通总体线网规模（注：俄罗斯的全部城市划入欧洲计算）。总体上看，欧亚大陆总运营里程占全球的 89.86%，其中欧洲总运营里程最长，为 14 146.94 km。从制式看，亚洲地铁和轻轨里程最长，各占全球地铁和轻轨里程的 57.23% 和 64.64%；欧洲有轨电车里程最长，占全球有轨电车里程的 96.65%。

表 9.13　全球各大洲城市轨道交通总体线网规模统计

大洲	地铁/km	轻轨/km	有轨电车/km	总计/km
亚洲	8 137.35	836.25	332.6	9 306.2
欧洲	3 569.49	324.23	10 253.25	14 146.94
北美洲	1 410.2	122	—	1 532.2
南美洲	1 005.95	11.2	—	1 017.15
非洲	96.4	—	23.2	119.6
总计	14 219.36	1 293.68	10 609.05	26 122.09

上述数据和图表表明：

（1）从各类别运营里程看，地铁和有轨电车里程均远远多于轻轨。

（2）从分布区域看，全球城轨交通主要集中在亚欧大陆的城市，其中地铁和轻轨主要分布在以中国为代表的亚洲国家，有轨电车集中分布在欧洲尤其是西欧国家。

表 9.14 展示了已开通城市轨道交通的国家和地区线网规模情况。总体上看，中国总运营里程排名世界第一，占全球总里程的 22.09%；德国以 3 147.6 km 的里程排名第二。从制式看，中国的地铁和轻轨里程均排名世界第一，各占全球地铁和轻轨里程的 35.26% 和 32.53%；德国的有轨电车里程达 2 749 km，排名世界第一，占全球有轨电车里程的 25.91%。

表 9.14　2018 年世界各国（或地区）城市轨道交通运营里程汇总（单位：km）

（注：空格表示无该制式或无数据来源；另有 7 个国家无数据来源。）

国家/地区	地铁	轻轨	有轨电车	总计	国家/地区	地铁	轻轨	有轨电车	总计	国家/地区	地铁	轻轨	有轨电车	总计
中国	5 013.3	420.8	332.6	5 766.7	土耳其	217.83	34.63		252.46	丹麦	20.4		44	64.4
德国	398.6		2 749	3 147.6	挪威	85		160.1	245.1	阿根廷	54.7			54.7
美国	1 268.7	28		1 296.7	加拿大	141.5	94		235.5	菲律宾	13.75	36.55		50.3
法国	267.5	89.9	825.9	1 183.3	瑞士	5.9		224.65	230.55	塞尔维亚			43.5	43.5
俄罗斯	568.2	10	504.9	1 083.1	匈牙利	39.4		189.3	228.7	哥伦比亚	42.1			42.1
日本	790.2	96.2		886.8	中国台湾	201.2	25.7		226.9	阿尔及利亚	18.5		23.2	41.7
英国	479.5	44.5	344	868	拉脱维亚			213.9	213.9	爱沙尼亚			39	39
西班牙	440.925	58.475	366.9	866.3	新加坡	119.1	79.5		198.6	爱尔兰			38.2	38.2
韩国	730.5	47.5		778	保加利亚	40		154	194	阿塞拜疆	36.7			36.7

国家/地区	地铁	轻轨	有轨电车	总计	国家/地区	地铁	轻轨	有轨电车	总计	国家/地区	地铁	轻轨	有轨电车	总计
波兰	29		737.6	766.6	葡萄牙	44.1		144.2	188.3	乌兹别克斯坦	36.2			36.2
乌克兰	112.8		601.9	714.7	中国香港	174.7	3.8		178.5	秘鲁	34.6			34.6
意大利	155.9	66.327	362.5	584.727	白俄罗斯	37.3		129.4	166.7	多米尼加	27.35			27.35
印度	527.9	11.7		539.6	马来西亚	51	91.5		142.5	格鲁吉亚	27.1			27.1
比利时	39.9		480.7	520.6	芬兰	35		96	131	波黑			22.9	22.9
罗马尼亚	71.4		432.7	504.1	智利	118			118	朝鲜	22			22
捷克	65.2		333.6	398.8	希腊	84.7		27	111.7	沙特阿拉伯	18.1			18.1
荷兰	119.5		271	390.5	斯洛伐克			91.5	91.5	波多黎各	17.2			17.2
瑞典	108		268.8	376.8	泰国	59.7	23		82.7	巴拿马	15.8			15.8
巴西	374.1			374.1	埃及	77.9			77.9	亚美尼亚	13.4			13.4
奥地利	83.3		285.3	368.6	委内瑞拉	63.6	11.2		74.8	哈萨克斯坦	11.3			11.3
墨西哥	258.5			258.5	阿联酋	74.6			74.6	卢森堡			4.6	4.6
伊朗	256.7			256.7	克罗地亚			66.2	66.2					

从城市层面上看：全球共 63 座城市的轨道交通运营总里程超过 100 km，其中中国有 17 座城市；共 16 座城市的总里程超过 300 km，其中中国有 7 座城市；上海、北京、莫斯科的总里程超过 500 km，其中上海以 784.6 km 运营里程居世界第一。

图 9.3 列出了总里程和分制式里程的前十名城市情况。其中，地铁、轻轨、有轨电车里程排名前十城市的里程之和，占各自总里程的比例分别为 31.8%、52.9% 和 18.4%，反映出有轨电车分布的城市更广泛。

根据中国城市轨道协会的统计，截至 2018 年年底，中国（统计数据不包括港、澳、台，下同）开通城市轨道交通的城市共 35 座，运营里程达 5 766.7 km。其中，33 座城市开通地铁 5 013.3 km，9 座城市开通轻轨 420.8 km，15 座城市开通有轨电车 332.6 km。各城市总运营里程排名见图 9.4。

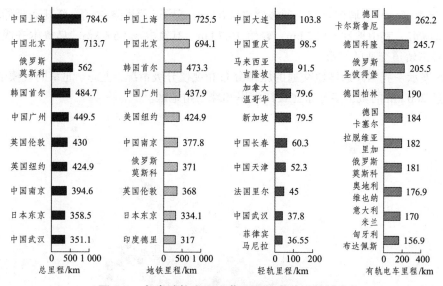

图 9.3　各类城轨交通运营里程排名前十的城市

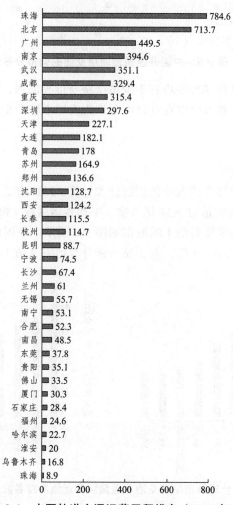

图 9.4　中国轨道交通运营里程排名（2018 年）

2018 年中国新开通城市轨道交通线路 734.0 km，新增运营线路 22 条，新开通延伸段 14 段，涉及 16 座城市。其中地铁 627.7 km，轻轨 19.7 km，有轨电车 86.6 km。乌鲁木齐成为中国又一座开通城市轨道交通的城市。

图 9.5 展示了我国开通城轨交通的城市分布和规模分级情况，上海、北京的规模遥遥领先，而里程超过 200 km 的城市多分布在长江沿岸和珠三角地区。

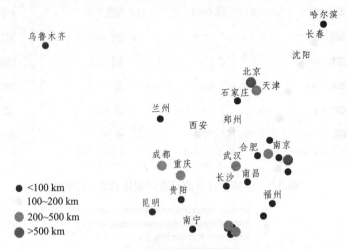

图 9.5　中国开通城市轨道交通的城市分布

我国在地铁和轻轨的里程排行中均有不少城市跻身世界前列，但无城市拥有相当规模的有轨电车系统。这显示出我国城市应重视有轨电车作为大城市辅助交通方式和中小城市主干交通方式的规划建设。

2. 客流规模

根据中国城市轨道交通协会的客流数据统计和计算，2017 年，全球地铁和轻轨累计运送乘客 600.54 亿人次，城市平均客运量 3.34 亿人次，平均客运强度 1.08 万人次/（d·km）。全球城市轨道交通客运量和客运强度排名前十的城市如图 9.6 所示。中国的北京、上海、广州 3 座城市在客运量排行中分列第 2、3、5 位，但无城市跻身客运强度前十榜单。

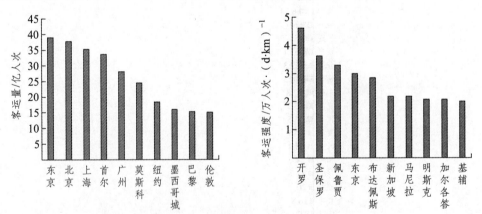

图 9.6　全球城市轨道交通客运量和客运强度排名前十的城市

根据《2017中国城市轨道交通统计年报》，中国城市轨道交通客运量和客运强度排名前十的城市分别如图 9.7 所示。北京、上海、广州城市轨道交通客运量位居前三位，中国客运量排名前十的城市客运量全部超过世界平均水平，且有 8 座城市的客运强度超过世界平均水平。西安以 89.0 km 的里程实现了 1.86 万人次/（d·km）的客运强度，位居中国城市轨道交通客运强度第二名，运营效率较高。

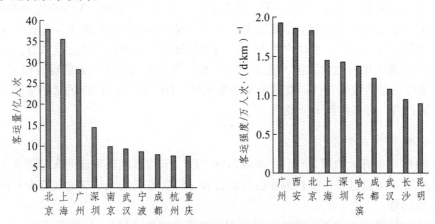

图 9.7　中国城市轨道交通客运量和客运强度排名前十的城市

有轨电车客流数据无机构进行全面统计，本章选择部分欧洲典型有轨电车城市进行分析（图 9.8）。这几座城市的有轨电车平均客运强度为 0.49 万人次/（d·km）。

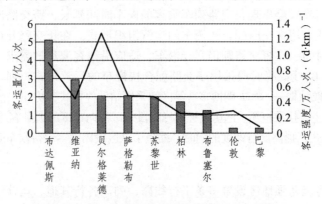

图 9.8　2017 年欧洲典型有轨电车城市客流情况

有轨电车是中小规模城市公共交通的重要组成部分。图 9.8 城市中，除伦敦、巴黎人口超过 800 万人和柏林人口超过 300 万人外，其余城市人口基本在 150 万人左右（苏黎世 40.3 万人），而这几座城市有轨电车年客运量多在 2 亿人次以上。布达佩斯有轨电车年客运量超过 5 亿人次，较其地铁系统多 25%，是全球有轨电车客运规模最大的城市之一；贝尔格莱德有轨电车客运强度达到 1.28 万人次/（d·km），超过地铁和轻轨客运强度平均水平。对于规模稍大的城市，如柏林在城市快捷运输系统中，有轨电车网络起到补充作用，保证了市中心与郊区的通达度。

3. 运输组织特征

虽然我国部分城市对网络化运营的运输组织进行了尝试，尤其是以重庆为代表的城轨交通互联互通技术达到世界先进水平，但是我国城轨交通运输组织模式普遍单一。为了进一步提高服务质量和运营效率，有必要梳理和借鉴国外在城轨交通运输组织方面的先进经验。

1）共线及跨线运营组织

在线路物理相互连通的基础上，线路、车站、车辆、信号设备等硬件设备兼容的条件下，通过能力富裕区段内可考虑采用共线及跨线运营组织。该方法充分利用区段通过能力和列车客座能力，缓解线路终端换乘站的换乘压力，最大限度提高了乘客直达比例，减少乘客换乘次数。

日本东京地铁、JR 铁路和民营铁路之间的线路直接连通，共线及跨线运营里程达到 580 km 以上。除银座线、丸之内线、大江户线外，11 条地铁线路与其他城市轨道交通线路均实现了共线及跨线运营。德国柏林地铁实施"独立运行"和"共线运行"相结合的运行模式，其中 U1 和 U3 线在某些区段共线运行；而在其中一个换乘站，U1 可以使用 U3 的 2 条股道，还可以使用 U4 的 2 条股道，行车组织十分灵活。

2）灵活编组和大小编组

大小编组可以很好地协调工作日的早晚高峰时段、节假日期间客流分布和需求不均衡的问题。灵活编组可在运营过程中实现列车拆分和合并，解决较长的城轨交通线路在郊区与市区内的客流差异性问题。

美国旧金山轻轨 T 线上运行的 3 节编组列车最终拆解为"1+1+1"的 3 列车，分别驶向 K、L、M 线。

3）快慢车配合多交路运营

长短交路的运营模式会出现长交路列车乘客的候车时间延长，跨交路出行的乘客需要换乘的问题。所以，往往采用多交路配合快慢车的运营组织形式：在长交路开行快车，以缩短长距离区间的乘客旅行时间；在短交路则仍开行慢车，适应沿线客流集散需求。

法国巴黎 RER-B 线高峰时段采用多交路配合快慢车的运营模式，列车平均停站数减少了 25.59%。在机场 1 号航站楼——塞夫朗博多特等区间采用站站停模式，吸引距市区不同距离范围内的郊区客流，直达市区主要换乘枢纽，迅速疏解高峰时段郊区涌向市区的通勤客流；而在让蒂伊—巴纽之间采用交错停站模式，提高旅行速度的同时，缩短了该区段内旅客等待候车时间。

4）多线并行

多线并行是在客流超强地区设置多条平行线路，列车各行其道，运营组织相对简单，方便乘客出行。

纽约地铁部分线路同一方向有 3 条以上行车轨道，当一条轨道线路维修时，仍可保证双向行车，故纽约地铁可以 24 h 连续运行。巴黎市区内城市轨道交通也多采用多线并行模式，不少车站能实现 4 线以上换乘，极大地方便乘客出行。

我国城市轨道交通在发展过程中应充分借鉴国外先进规划和运营经验。规划时构建合理化、层次化的城轨交通体系结构，关注支线、并行（快）线路的布局。运营过程中根据客流需求和网络结构特点，因地制宜地采取灵活编组、多交路、快慢车、跨线、共线等网络化运输组织方案，努力做到运能与运量合理匹配、工程建设与运营成本低、乘客出行方便和时效好，以提高城市轨道交通服务质量。

由于日本东京地铁运行的客车较少，适应不了旅客增长的需要，每年平均载运人数之多居世界首位。全世界地铁客车平均载客 40.9 人，纽约为 38.3 人，巴黎为 28.8 人，莫斯科为 54.6

人，而东京有 131 km 地铁每车平均载客达 72.3 人。全世界地铁车辆使用系数（车辆实际运载人数占车辆定员人数的比例）为 32.0%，东京则为 50.2%。难怪东京地铁在运输高峰时须派专门人员把拥挤的旅客推上车去。

2018 全球城市地铁客流量城市排名前 30 位城市见表 9.15 所示。

表 9.15　2018 年全球地铁客流量城市排名（前 30 位）

名次	城市	年客流量/亿人次	里程/km	名次	城市	年客流量/亿人次	里程/km
1	北京	39.01	627	16	新加坡	11.4	199
2	东京	37.71	304	17	南京	11.12	378
3	上海	37.05	673	18	武汉	10.36	305
4	广州	30.26	477	19	德里	10.08	327
5	首尔	28.37	340	20	大阪	8.7	130
6	莫斯科	24.42	383	21	重庆	8.57	315
7	深圳	18.77	285	22	台北	7.65	131
8	纽约	17.27	380	23	西安	7.38	126
9	香港	16.87	225	24	圣彼得堡	7.26	119
10	墨西哥城	16.5	226	25	德黑兰	7.17	173
11	巴黎	15.19	214	26	圣地亚哥	6.85	140
12	伦敦	13.78	402	27	马德里	6.26	289
13	开罗	13.14	78	28	米兰	5.69	101
14	圣保罗	12.95	96	29	柏林	5.63	152
15	成都	11.57	226	30	杭州	5.3	118

四、城市轨道交通在国民经济中的地位与作用

（一）轨道交通对城市化的影响

轨道交通最显著的作用就是促进了城市与城镇的发展。城市的发展演变经历了自由村落市场—城市—城市圈—城市带的过程。在这个发展过程中，交通起了很重要的作用。当交通满足城市要求、适应城市发展需要时，这个发展过程就会得到加速，否则就会衰落。从这个意义上讲，城市轨道交通的功能不再仅仅是为了满足人们出行的需要，而是一种资源，其与土地资源、人力资源、文化资源等一起成为现代化城市建设的主要资源。

轨道交通是现代化城市框架的支撑，轨道交通在城市发展中不仅是追随者，而且是引导者，在某种程度上引导着城市的发展方向。它不仅可以优化城市布局和功能，不仅有利于城市文化中心、经济中心、政治中心、工业中心、生活中心的科学建设与形成，还有利于周边中小城市的发展，使城市发展由"摊大饼式"发展向组团式和带式方向发展，有利于建设和谐的生态城。

轨道交通可以极大地发散中心城市、区域性城市的辐射带动作用，带动一省甚至某一区域的社会经济发展，是城市—城市圈—城市带的组合纽带。轨道交通系统水平直接体现了一个城市和区域的现代化水平，是现代化城市化和区域的主要标志之一。国际大都市建设发展轨道交通的经验表明，轨道交通作为现代化的客运交通方式，对带动城市经济综合发展、调整城市空

间结构、引导城市土地合理运用，起着重要而积极的作用。世界各国拥有地铁和轻轨系统的城市已有300多个，这些城市都是政治、文化、经济中心，有良好的客运市场需求和坚实的经济基础，轨道交通已经成为大城市经济发展和聚集辐射能力的重要力量。

轨道交通建设投资带动的产业链影响较大，如带动原材料、建筑、机电、电子信息、金融和相关服务等产业的发展。根据有关专家测算，轨道交通建设投资对GDP的直接贡献为1：2.63，加上带动沿线周边物业发展和商贸流通业的繁荣等间接贡献则更大。因此，通过投资建设轨道交通，将促使居民出行和消费增长，直接带动GDP增长。轨道交通促进相关产业链发展，可为财政收入开创新的增长点，又可为自身发展提供更多资金保障。如果政府主管部门调控得当，轨道交通建设经营可望进入良性循环发展模式。

轨道交通的辐射功能可促进社会经济协调发展。为了实现"和谐社会与小康"目标，我国社会经济已进入一个高速发展时期。发展轨道交通能够促进城市化进程，从而扩大内需，增加就业，满足社会有效需求。轨道交通的投入资产属于第三产业，因此，轨道交通的存量资产越多，能够为第三产业带来的商机和就业机会就越多，城市化水平就越高。

轨道交通可加速城市区域一体化进程。城市的发展离不开区域的支撑，区域一体化的进程，能更好地促进中心城市的发展。从区域层面考虑，尤其是相对密集的城市群或城市连绵区，轨道交通线路可将它们连接起来，缩短时空，相互协调发展。通过城际轨道交通将城市周边主要城镇与城市中心联系起来，以利于城镇体系的合理发展。市区层面的地铁与轻轨主要是依据客流需求进行抉择，客运量大的城市可以选择地铁或与轻轨相互形成轨道交通网络，客运量相对较小的城市可选择投资较少的轻轨交通。

发展轨道交通对城市规划具有导向作用。现代城市规划发展了带形城市理论，出现了沿主要交通轴线的带状发展理论。现代带状城市理论的具体应用是经济带，如拉动全国经济的日本东京—大阪经济带、韩国首尔—釜山经济带等。在经济带上的各城市间，除了有高速铁路联络之外，还有公共型城市轨道交通网，使各城市间大大缩短了时空距离，这样有利于突破行政区域的束缚，实现整体经济利益最大化。我国的长三角洲的南京—上海—杭州—宁波城市带，通过过江大桥上的轨道交通线路，与长江上游以北的扬州—泰州—南通城市带相连接，形成一个"之"字形的公共型城际轨道交通网，使整个长江三角洲活跃起来。

在交通供需矛盾十分尖锐的情况下，城市交通存在的新问题日益增多，城市交通拥堵现象日益严重，且正从特大型城市逐步向大城市和中小城市蔓延。在实践中，城市交通规划的观念发生了重大变化。人们意识到，要缓解城市交通拥堵，仅仅靠修建道路已无法满足日益增长的交通需求，必须调整不合理的交通结构和道路设施结构，优先发展轨道交通。特别是随着城市汽车化的起步，交通污染和能源消耗问题日益突出，可持续发展作为一个新课题摆在了我们的面前，由此可促使轨道交通进入理性化发展道路。

轨道交通引导城市发展。城市有序发展的外延拓展，需要依托某种交通方式来实现。在快速化城市发展过程中，城市空间布局模式从圈层式外延发展，走向轴向发展、紧凑式布局的城市格局，已成为城市可持续发展的空间表征。一方面，城市的轴向发展与紧凑布局可以为城市发展提供更大的发展空间，有利于减少城市交通堵塞、改善城市生态环境，实现城市发展可持续性；另一方面，轨道交通为城市轴向发展和紧凑型布局提供良好导向。从区域层面看，多个轴向发展的城市通过轨道交通的相互连通，也有利于实现真正意义的网络城市。

世界上很多大城市的地下都已构筑起一个上下数层、四通八达的地铁网，有的还在地下设立商业设施和娱乐场所，与地铁一起形成了一个地下城。地铁车站建筑构思新颖，气势磅礴，富有艺术特色。乘客进入地铁车站，犹如置身于富丽堂皇的地下宫殿。地铁车站以其迷人的魅力吸引着各国旅行者，并成为该地的重要旅游景点。许多国家的地铁与地面铁路、高架道路等联合构成高速道路网，以解决城市紧张的交通运输问题。地铁现代化的发展，已经成为城市交通现代化的重要标志之一。

（二）轨道交通在城市交通中产生的积极影响

城市轨道交通的基础性功能是解决城市交通拥堵，它在运量、速度、运行方式等方面对解决城市交通拥堵发挥着重要作用，地铁在许多城市交通中已担负起主要的乘客运输任务。英国伦敦有 800 万人口，地铁近 500 km，共有 273 个地铁车站，地铁解决了 40% 以上人们出行需求；巴黎有 1 000 万人口，轨道交通承担着城市 70% 的交通量；东京轨道交通也承担了80%的交通量。在纽约，地铁总长 1 142 km，是世界上最长的城市地铁，日客总量已达到 2 000 万人次，占该市各种交通工具运量的 60%。莫斯科地铁是世界上最繁忙的地铁之一，800 万莫斯科市民平均每天每人要乘 1 次地铁，地铁担负了该市客运总量的 50%。发展中国家和地区的大城市也有类似表现，墨西哥城的胶轮地铁长度达到 300 km，新加坡及中国台北、香港都建设有 200 km 左右的比较完善的城轨交通网络系统；而香港特别行政区政府控股的香港地铁，则是世界上公认的地上地下综合开发经营最好的唯一盈利的地铁系统。

世界上各国由于国情不同，发展城市交通的模式因地制宜、各不相同。概括起来大致有以下几种城市交通模式：

1. 小汽车为主的交通模式

在北美一些地区，城市发展空间广阔，大量郊区化组团分散式城市，为小汽车的使用提供了有利条件，从而形成了以小汽车出行为主的城市交通模式。如美国的洛杉矶，城市布局分散在 2 万平方千米的大范围内，离开了小汽车难以出行，私家车增长几乎不受限制。

2. 城市轨道交通为主的城市交通模式

在人口密度高、土地资源匮乏的新加坡、东京等地区，小汽车的使用条件受到制约，形成了以城市轨道交通为主的交通模式，要求城市具有一定的经济实力，政府有能力不断提高轨道交通网络的覆盖范围。而在土地资源匮乏、路网容量只能满足有限数量汽车使用情况下，政府部门就可能对汽车的增长和使用给予严格限制。在新加坡，凡购买私家车将支付高额的牌照税，没有极高的收入是养不起车的。在东京，即使拥有世界上最发达的城市轨道交通网络，政府部门仍然计划加密市中心地铁网络，并以 500 m 作为轨道交通的服务半径，在市区 600 多平方千米范围内，做到轨道交通网络服务的完全覆盖，力图在不采取任何强制措施的情况下，将私家汽车在市区范围内的使用压缩到最低水平。

3. 城市轨道交通与小汽车并重的城市交通模式

有的大城市，在发展小汽车的同时也在大力发展轨道交通，形成了以市区轨道交通为主，郊区小汽车为主的交通模式。这种交通模式兼顾了汽车工业和城市轨道交通的发展，一方面从推动经济增长考虑，鼓励市民购买和使用小汽车；另一方面又投入资金，大力发展轨道交通，构筑能与小汽车交通抗衡的捷运交通系统。如有 1 000 万人口的首尔，为发展本国的汽车工业，既对私用汽车采取了购买和使用双开放的政策，又以每年 20 km 的超常规速度发展轨道交通，在使小汽车发展到 400 万辆的同时，还建成了近 300 km 的轨道交通，日运量达 668 万人次，城市轨道交通承担了 36% 的客运出行运输任务。

由于轨道交通明显的运量优势，世界各国都越来越认识到建立轨道交通系统的重要性。经过近 150 年的发展，世界上经济水平较高的城市，大多具有比较成熟和相对完整的轨道交通系统，相当一部分城市轨道交通的运量占城市公共交通运量的比重已达 50% 以上，有的甚至已超过 70%。

（三）轨道交通在城市交通中产生的积极影响

轨道交通对经济发展的作用主要表现在带动许多相关产业的发展方面。由于轨道交通建设投资规模大，工程复杂，涉及运营管理、车辆运用、通信信号控制等多个方面，因而会从建设、运营、设备采购等不同角度影响到多个产业。比较直观的产业主要包括：城市轨道交通运营业、工程建筑业、工程机械制造业和机电设备制造业等。间接的产业主要有：房地产、服务业、旅游业、宣传广告业等。

轨道交通的运营提供的是准公共产品，具有一定的公益性，且建设投资额大，所以其商业化运营往往亏损，要实现盈利，就要大力发展广告、商业和房地产业等。因此，轨道交通的发展，同时也促进了这些行业的发展。在轨道交通工程总造价中，土建工程一般可占到 40% 左右。巨大的工程施工需求为工程建筑行业带来发展机遇。由于城市轨道交通建设中土建工程比较复杂，尤其是根据不同的地质条件往往要购买专用的地下、地基施工设备，以满足庞大的施工作业需求。因此，工程机械制造业将会因快速发展的轨道交通建设受益。

轨道交通行车密集度大，运营管理要求高，需要相应地配置先进的机电设备以保障运输系统的安全、稳定地运转。轨道交通常用的机电设备包括动车组、列车自动控制系统、自动售检票系统、牵引供电系统等，其中造价最高的部分是动车组。机电设备的采购一般占整个轨道交通系统工程造价的 40% 左右，因此，轨道交通建设的发展，又为机电设备制造厂商带来了市场。

地铁不仅为乘客提供了方面快捷的交通服务，解决了城市发展的交通难题，同时其综合效益是多方面的。如：广州地铁建设目标的实现将对广州产生广泛而深远的影响。

根据广州市"南拓、北优、东进、西联"的城市发展战略规划，"十一五"期间，广州市的城市生态环境将从"云山珠水"走向"山城田海"。城市空间将形成"两心"（天河新城市中心、广州新城市中心）、"四城"（奥体新城、大学城、白云新城、花地新城）的格局。市域空间结构为：五片区（都会片区、南沙片区、花都片区、从化片区、增城片区）、三组团（中心组团、番禺组团、花都组团）。要实现城市规划的战略目标，轨道交通将起到不可替代的巨大作用。

轨道交通将与沿线土地开发密切相关，两者之间体现相互依存的关系。一方面，由于有了便利的轨道交通，改善了沿线的区位条件，促进了沿线土地的增值，有利城市土地的合理利用。另一方面，高效的土地利用也为轨道交通提供了大量的客源，为轨道交通的正常运营提供了坚实的运量保障。

地铁的开通，缩短了顾客与沿线商家的距离，使城市的东西、南北方向的购物人流互为穿梭，既巩固了旧城区的商业重心地位又带动了新城区的快速发展。地铁所到之处，沿线便形成了"地铁经济带"，带动周边经济迅猛发展。地铁沿线楼宇价格一路上涨，2005 年年底三号线首段一开通，番禺区的楼价即应而涨，原来每平方米为 3 000 元的房子因地铁的开通而身价翻番，四号线的所经之处，开发商也无不大打地铁牌，凡以"坐拥地铁""地铁上盖"为宣传口号的楼盘都大受买家追捧。

地铁使其途经之地的综合发展因地铁的运行而改变,居民的工作、生活效率随之发生变化与提升,同时,也吸引了大量的广州近郊及珠江三角洲邻近地区的居民到广州购物、游玩,促进了广州商贸旅游业的发展。与此同时,地铁的开通,将形成庞大的"地铁产业链",随着地铁线路的延伸而不断建设的大型居民区以及与之相配套的商业网点、医院、餐饮、学校等,将带来大量的就业机会,所产生的经济效益将为广州 GDP 的增长注入新的活力。

地铁运输以采用电力为主,是适应现代社会要求的绿色环保交通工具。按照 2005 年广州地铁每日 58 万的客流量计算,地铁每一天的客运量,约相当于 1.3 万部 44 座公共汽车一次的运量,即地铁可为广州的路面每天减少约 1.3 万台公交车上路而造成的堵车机会。

广州地铁从开通到 2005 年年底,已运送乘客 6 亿人次,相当于 1 364 万辆 44 座公共汽车的载客量。据专家估算,地铁的开通让每一个市民少吸入 2.25 kg 的废气。地铁对改善城市交通污染状况,提高城区大气环境质量,改善居民生存环境起到了十分积极的作用。

(四) 21 世纪城市轨道交通发展展望

1. 21 世纪是发展中国家城市轨道交通成网的世纪

优先发展以轨道交通为骨干的城市公共交通系统,来解决城市的交通问题,已成为世界各国的共识。这是根据 20 世纪发达国家发展城市交通正反两方面经验所得出的结论。

例如上海 2000 年轨道交通已建成三条运营线路,运营里程近 100 km。2001 年每日客运量为 90 万人次,占上海公交客运人数的 12%。截至 2018 年 12 月,上海地铁运营线路共 16 条,共设车站 415 座 (含磁浮线 2 座),运营里程共 705 km (含磁浮线 29 km)。在建里程共 163.6 km。根据规划,上海市城市轨道交通 2030 年线网总长度约 1642 km,其中地铁线 1 055 km,市域铁路 587 km。2018 年,上海地铁日均客运量 1 015.28 万人次,总客运量达到 37.05 亿人次。截至 2019 年 6 月,上海地铁最高日客运量为 2019 年 3 月 8 日的 1 329.4 万人次。

2. 城市轨道交通的先导性功能将突现出来

解决城市交通拥堵——是城市轨道交通的基础性功能,这一点人们已形成共识;而其引导城市结构优化、建设生态城市的先导性功能,还没有引起人们足够的重视。因此应该对城市轨道交通的功能进行再认识:一是解决城市交通拥堵;二是引导城市轴向发展、形成多中心格局;三是保护城市环境(适当限制小汽车的使用)、建设生态城市;四是促进观光旅游业的发展。21 世纪的地铁,将以高速、正点、低能耗、少污染、安全、舒适等功能吸引大中城市客运交通的 80% 以上。

3. 地铁将促进城市地下空间大开发

国外有专家提出:"到 21 世纪末,将有三分之一的人在一昼夜的不同时间里到地下去活动"。据预测,2050 年世界人口将达到 93 亿,中国人口将达到 15 亿,如果城市化率按 65% 计算,将有 9.75 亿人居住在城市。按每个城市人平均占地 100 m²,我国仅此就需要增加 666.7 万多公顷土地,而我国以占世界 7% 的可耕地养活占世界 21% 的人口,土地资源十分有限。因此,地下空间的开发利用是历史发展的必然趋势。更有专家放言:21 世纪将是地下空间开发利用的世纪。

地下建筑的造价一般要比地面建筑高出 3~4 倍;然而从发展趋势看,由于地面拥挤,土地的价格会猛涨,到那时地下建筑的造价就会与地面建筑的造价差不多,甚至反而比地面建筑的造价低。我国大城市机动车车速低的主要原因是人均道路面积低。例如，北京市市区、近郊区人均占有道路面积为 2.71 m²，而东京是 10.3 m²，首尔是 8.4 m²，莫斯科是 7.7 m²。2010 年我国 20 个大城市主要干道的高峰单向客运量已达 3 万～7 万人次；而公共汽车、电车的客运量每小时最大只能达到 8 千至 9 千人次。因此，要解决城市交通拥堵的根本出路是发展大容量快速轨道交通，从 21 世纪的趋势看，发展地下铁道是最佳的选择。地下交通还可以保护城市的文物和景观，而且可以在地下立体交叉。一般地下空间开发可分成浅层、次浅层、次深层、深层，如浅层就是地下 10 m 空间，次浅层开发可开发到地下 30 m。现在莫斯科、东京的地铁都是地下三层、四层。

日本一家公司还提出了一个在东京和大阪之间使用地下飞机的方案，在地下 50 m 以下深层开发的隧道里以 600 km/h 的速度飞行；其实它就是在部分真空的地下隧道中行驶的磁悬浮列车。这种地下飞机由遥控中心控制运行，因此不需要驾驶员。这个方案已经在瑞士研究完成。20 世纪日本青函隧道和英法之间英吉利海峡隧道的开通，告诉世人大型隧道的快速开挖已成为可能。在 21 世纪，隧道工程将成为地下空间开发的重点。欧洲要进行铁路的第二次革命——建成 2 万千米长的欧洲高速铁路网，其中包括修建在北海与波罗的海之间的丹麦海底隧道。美国、俄罗斯、加拿大也提出要在白令海峡建一座 90 km 长的海底隧道供高速列车行驶，这个隧道将耗资 370 亿美元左右。我国也提出要修建穿越渤海的烟台—大连隧道以及穿越琼州海峡的海底隧道。

地下空间过去总给人以阴暗、潮湿、封闭的感觉，为了改变这一传统观念，美国明尼苏达大学土木与矿物工程系专门搞了一个地下系馆，以开发地下建筑的新技术。地下系馆的建筑面积为 14 100 m²，设有教室、实验室、办公室、走廊等，在地下走廊里还可以看见地面的景物。可以预见，21 世纪在开发利用地下空间的技术手段上，一定会有一个巨大的飞跃。例如，英吉利海峡所用的掘进机断面为 8 m 多，目前世界上最大的掘进机断面已有 10 多米，将来大型掘进机的技术还会提高，不仅可以在不同的地质条件下使用，而且掘进机的机动性也会更好。预计机械手和机器人在 21 世纪的地下开发过程中也将得到使用。又如，目前工程上仍把钢筋混凝土作为主要的结构材料，预计以后将要采用轻质高强度防水材料，如钢纤维混凝土等。

4. 城市轨道交通建设将大量吸纳民间资本

为克服地铁投资巨大，各国纷纷进行投融资的体制改革。地铁公司赢利的为数不多，只有香港、伦敦、东京私铁等少数几家。如 1994 年伦敦地铁公司赢利达 1.28 亿英镑。目前城市轨道交通吸纳社会资本的模式大体有以下三种：

（1）曼谷模式。泰国曼谷由私人投资建设的一条地铁于 2004 年开通，此举为世界首例。但为回收投资目前车票也贵得惊人。

（2）香港模式。香港地铁是世界上少数盈利的地铁公司之一，其票款收入和广告收入之和为经营收入，1992 年达到 36.43 亿港元，已超过当年的经营成本 35.45 亿港元，开始赢利。对香港模式的理解有个误区，认为他们的票价高。实际上，香港地铁票价不算高，前十年平均票价为 3.81 港元，比当时巴黎 7 法郎、罗马 700 里拉的小时票价低得多；到 1995 年平均票价也只有 6.6 港元，不到港人月消费的千分之一。香港地铁按商业原则经营，政府给予地铁公司以定价权。香港地铁成功上市也开世界之先河，2000 年 10 月 5 日，第 1 个股票交易日成交额达 30 多亿港元。股价从 9.18 港元一路上扬，最高达 13 港元，收市报 11.6 港元，上涨近 30%，还首次采用网上申购的新方法。

（3）上海模式。以政府投资为主导，大量吸纳民间资本。以近两年为例，上海申通集团有限公司代表政府只投入了 25% 的资金，而吸纳的社会资本占 75%，保证了建设的正常进行。

5. 智能化将成为 21 世纪城市轨道交通的发展方向

城市轨道交通自动化技术发展阶段：第一阶段为传统运行方式；第二阶段为 ATC（列车自动控制）技术，含 ATP（列车自动防护）、ATS（列车自动监控）、ATO（列车自动运行）三个子系统；第三阶段为全自动无人驾驶方式，如法国的 VAL 系统、日本的新交通系统等。

美国、日本、德国、法国等经济发达国家不断增加地铁的科技投入，许多新材料、新技术、新工艺运用在地铁工程中。新一代轨道交通要采用可调式转向架，使列车在运行时适应不同轨距的变化。开发地铁轻轨智能运输系统（ITS），满足各种乘客的旅行需要，自动获取旅客要求、个人信息、单个地点识别、公共运输和私人运输信息的交换。根据不同的需求调度和指挥，包括扶助伤残、老人、儿童系统，智能列车控制系统。

1965 年美国西屋（Westinghouse）公司开发出全世界第一个无人驾驶城市轨道交通系统"空中巴士"（Sky Bus），从此城市轨道交通进入了自动化时代。ATO 系统的发展，降低了运营成本，增加了运营弹性，也提高了密集发车的可能性。

美国首先开发成功"自动导轨交通"（Automated Guideway Transit）。在 20 世纪 70 年代中，日本、法国、加拿大也开始研究，打破了美国的垄断。日本 1981 年新交通系统（New Transit System）开始运营；法国、加拿大也分别在 1983 年和 1985 年建成 VAL 和 AGT 系统。可以预料到，全自动运行将成为 21 世纪城市轨道交通的一大技术特征。

6. 高新技术将大量应用于城市轨道交通

除上述自动化运行控制系统外，各国正大力研制新的橡胶减振轨道系统，减少噪声、振动，降低能耗，改进车体设计，保证在高速行驶情况下，噪声控制在 75 dB 以下。车辆材料推广采用国际先进的拉伸铝合金型材为基础结构轻型车体，保证车辆运行中的稳定性，新的地铁轻轨列车应装有 IGBT 智能模块和 VVVF 交流变频调压传动技术。主传动为鼠笼式感应电动机，采用现代计算机处理电子控制技术，对运行列车轨道、各类设备和仪器自动诊断显示，自动修复。我国目前正在开展关于轻轨高架上长大无缝线路铺设引起温度应力，开发与之适应的轨道伸缩控制器和小阻力大调节量扣件的研制，高架轨道交通大跨度预应力钢筋混凝土桥梁徐变控制，各种设备如机车车辆、自动控制、信号、通信、防灾系统的国产化方面的研究，在这些方面都取得了丰硕成果，为我国 21 世纪地铁和轻轨发展奠定了一定基础。

7. 城市轨道交通将成为文化的载体

城市轨道交通是城市有史以来投资量最大的基础设施建设项目，它应该具备更多的功能。随着人们物质生活水平和文化水平的不断提高，对市民与之朝夕相伴的轨道交通基础设施，当然希望它不断提升其文化品位。它应该成为文化的载体。

在日本的轻轨车上即将可以上网。城市轨道交通的车站、车辆、高架桥等都应该成为一道亮丽的文化风景线。

五、中国城市轨道交通建设与发展规划

（一）中国城市轨道交通规划发展历程

1. 探索发展阶段（1965—1994 年）

我国城市轨道交通建设是从城市建设开始的，在我国第一个建设城市地铁的是首都北京。

北京的地铁建设从 20 世纪 50 年代开始筹划，于 1965 年 7 月在北京开始修建第一条地铁线，第一期工程全长 23.6 km，于 1969 年 10 月 1 日建成运营。一直到 20 世纪 80 年代初，中国只有北京地铁一号线和环线共计 40 km。之后，1984 年天津地铁 7.4 km 线路投入运营。我国地下铁道建设较欧美等发达国家晚了百余年。当时，我国虽然开始实施改革开放，建立市场经济体制，但基本上还是处于计划经济体制，城市交通消费需求一直没有得到释放，表现为交通需求总量增长幅度不大，交通基础设施投入占国民经济比重较低，城市轨道交通建设资金投入不大，没有形成轨道交通网络，所担负的城市居民出行比例偏低，大运量公共客运系统发展迟缓，轨道交通的技术相当落后。因此，这一时期城市轨道交通建设表现为：城市轨道交通形式比较单一，轨道交通建设以满足人防战备要求为基本原则，同时兼顾部分城市交通的功能。

2. 调整发展阶段（1995—2000 年）

进入 20 世纪 90 年代，随着我国经济体制改革的逐步深入，部分计划经济时期长期潜在的社会消费需求得到释放，促使社会和经济迅速发展，城市居民收入水平不断提高，居民出行次数逐年增加，加之我国城市化进程加快，使得我国城市交通需求剧增，导致道路交通供给能力严重不足、交通供需矛盾突出，并已成为城市社会经济发展的一个重要制约因素。为适应城市发展的需要、缓解城市交通的紧张状况，从 20 世纪 90 年代，我国政府加大了对城市交通基础设施的投入，开始强调轨道交通对解决城市交通问题和引导城市发展的作用，发展大容量轨道交通方式的理念开始显现。加快建设以大容量轨道交通为骨干的公共交通系统，成为这一阶段城市交通发展的主要特点。在 20 世纪 90 年代末，轻轨交通也开始得到了发展。

特别值得指出是，从 1995—1998 年，由于地铁建设发展迅猛，有部分城市不顾地方经济实力，盲目上马建设轨道交通项目，速度有些过快、过猛，还有的城市盲目追求高标准，忽视了是否适合本城市的实际情况等问题，使城市轨道交通建设带有很大盲目性；针对工程造价很高，轨道交通车辆全部引进，大部分设备大量引进，城市地铁每千米造价达 1 亿美元左右，有的因后续资金缺乏而中途下马（如已立项的青岛地铁、重庆一号地铁因缺乏资金，使工程半途而废）等问题，1995 年国务院办公厅 60 号文通知，除上海地铁 2 号线项目外，所有地铁项目一律暂停审批，并要求做好发展规划和国产化工作。这期间近 3 年国家没有审批城市轨道交通项目，轨道交通建设与发展经历了一段曲折的历史。1997 年年底开始，国家计委研究城市轨道设备国产化实施，提出深圳地铁 1 号线（19.5 km）、上海明珠线（24.5 km）、广州地铁 2 号线（23 km）作为国产化依托项目，于 1998 年批复 3 个项目立项，轨道交通项目开始启动。

3. 加速发展时期（2000—2007 年）

自 2000 年以后，我国轨道交通建设进入高速发展时期。一是随着国家积极财政政策的实施，国家从建设资金上给予有力支持；二是通过技术引进，国内企业与国际先进企业合作，实现了城市轨道交通车辆、设备本地化，使城市轨道交通建设造价大大降低；三是随着我国城市规模的不断扩大，城市化进程不断加快，城市交通紧张的问题日益严重，因此地铁建设得到了国家有关部门和专家们的高度重视。国家先后审批深圳、上海、广州、重庆、武汉等约 10 个城市轨道交通项目开工建设，并投入 40 亿元国债资金予以支持。到 21 世纪初，北京、上海、广州等大城市的地铁建设规模和技术水平有了长足进展。

这些地铁工程的建成对缓解城市交通和促进城市发展已显示出重要作用，也为我国地铁建设提供了宝贵经验。之后又有深圳、南京、重庆、武汉、天津、沈阳、青岛、成都、大连、杭州、贵阳、西安等大城市正在建设或筹建地下铁道或其他形式的轨道交通。我国城市轨道交通和地下铁道建设的高潮已经到来。

截至 2005 年，先后有北京、天津、上海、广州、大连、长春、武汉、深圳、重庆、南京等 10 个城市建成了城市轨道交通，有 22 条线路在运营，全长超过 500 km。除了里程增加外，我国的轨道交通也由原先地铁单一形式向多样化方向发展，如建成了武汉、大连的快速轻轨、重庆的单轨跨座式、上海的磁悬浮列车、广州的直线电机列车等形式轨道交通。

在我国特大城市轨道交通的发展中，其网络布局基本是设置 3 个层次——市域快速线（R线）、市区地铁（M 线）和区际轻轨（L 线），从而满足不同乘客和不同区域服务的需求。截至 2006 年 6 月，中国轨道交通已建成的线路及其他情况见表 9.16。另据不完全统计，截至 2008 年，我国已有 10 座城市建成 30 条城市轨道交通线路，运营里程已达 813.7 km。其中：运营线路北京已开通 8 条，共 199.56 km；上海已开通 8 条（另有一条磁悬浮线路），共 270.9 km；广州已开通 4 条，共 115.86 km；长春 2 条，共 31.96 km。成都市也于 2010 年 9 月 27 日开通 1号线（规划全线长 31.6 km）的一期工程升仙湖—世纪城段，共计 18.5 km，17 个车站。

表 9.16　中国城市轨道交通已建成线路（2006 年 6 月）

城市	线路长度/km	车站/个	线路条数	运营车辆
北京	114	70	4	959 辆
天津	71.60	41	2	36 列
上海	148.36	86	6	660 辆
广州	59	37	3	47 列
大连	49.15	14	1	10 列
长春	14.6	17	1	13 列
武汉	10.2	10	1	12 列
重庆	14.35	18	1	21 列或 84 节
南京	21.82	16	1	20 列
深圳	21.86	18	2	22 列
合计	524.94	327	22	

已建成和在建的城市轨道交通系统中，有大运量的地下铁道系统、城市高架轨道交通系统及高架跨座式单轨系统，有中低运量的地面轻轨系统，还有高速磁悬浮系统、快速市域轨道交通系统和城际高速铁路系统等。

4. 高速发展阶段（2008—现在）

2008 年，受金融危机的影响，我国及时调整宏观经济政策，提出扩大内需保持经济增长。政府进一步加大基础设施建设力度，各地方政府也纷纷出台政策规划，大批城市开始筹建轨道交通。自此，全国各地地铁建设热潮再度涌起，我国城市轨道交通建设进入扩张发展阶段。从 2010 年开始，我国城市轨道交通开通城市个数和运营里程呈阶梯式增长。2010 年到 2017 年，我国建有城市轨道交通的城市，从 12 个增加到 34 个，运营里程从 1 429 km 增加到 5 033 km，年均新增约 450 km，无论是线路长度，还是建设规模和建设速度，我国城市轨道交通发展在全世界都史无前例。

尽管我国的轨道交通取得了长足发展，但是也存在一些问题，主要表现在几个方面：

一是城市轨道交通规模小，综合能力不配套，经济效益差，运输紧张状况仍然没有根本缓解，对经济社会发展的"瓶颈"制约仍较严重，高峰期运输紧张问题突出，路网规模总量、结构依然有待提高和改善；二是城市交通问题日益尖锐，大城市交通拥堵，路网结构不够合理，交通方式比较单一，特大城市快速大容量的轨道交通方式发展仍较缓慢；三是城市群的快速发展，城际旅客流量的增加，城际交通运输能力越来越不适应，尤其是长三角、珠三角、环渤海区域的城际旅客运输能力严重不足，大容量、高效、低污染和节省资源的轨道交通建设滞后；四是国产化率偏低，还有待进一步提高，尤其是重点提高磁浮列车交通系统的国产化率；五是轨道交通规划与城市总体规划和综合交通系统规划的协调问题还有待进一步完善。

截至 2008 年年底，我国已有 10 个城市拥有共 29 条城市轨道交通运营线路，运营里程达到 776 km，年客运总量达 22.1 亿次。而据不完全统计，北京、上海等 15 个城市共有约 50 条，1 154 km 轨道交通线路在建。

截至 2009 年，有约 27 个城市正在筹备建设城市轨道交通，其中 22 个城市的轨道交通建设规划已经获得国务院批复。至 2015 年前后，北京、上海、广州等 22 个城市将建设 79 条轨道交通线路，总长 2 259.84 km，总投资 8 820.03 亿元。

根据中国城市轨道协会的统计，截至 2018 年年底，中国（统计数据不包括港、澳、台，下同）开通城市轨道交通的城市共 35 座，运营里程达 5 766.7 km。其中，33 座城市开通地铁 5 013.3 km，9 座城市开通轻轨 420.8 km，15 座城市开通有轨电车 332.6 km。2018 年新开通城市轨道交通线路 734.0 km，新增运营线路 22 条，新开通延伸段 14 段，涉及 16 座城市。其中地铁 627.7 km，轻轨 19.7 km，有轨电车 86.6 km。乌鲁木齐成为中国内地又一座开通城市轨道交通的城市。

1978—2017 年中国城市轨道交通开通运营的城市个数和里程情况如图 9.9 所示。

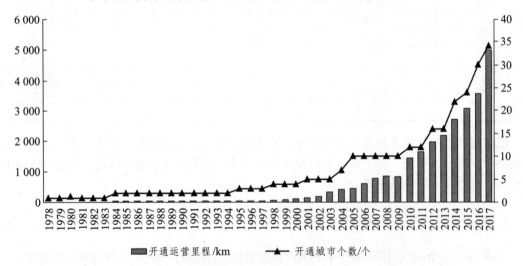

图 9.9　1978—2017 年中国城市轨道交通开通运营城市个数和运营里程

（二）北京市轨道交通规划与建设

1. 发展历程与现状

北京地铁（Beijing Subway）是服务于中国北京市的城市轨道交通系统，也是国际地铁联盟

（CoMET）的 14 个成员之一，其第一条线路于 1971 年 1 月 15 日正式开通运营，使北京成为中国第一个开通地铁的城市。

20 世纪 50 年代，毛泽东洞察了地下铁道的重要性，从战备和民用角度倡导北京要搞城市地下铁道，并且指出"不仅北京要搞，很多大城市也要搞"。

1953 年 9 月 28 日，北京市委响应这个号召，开始筹备北京修筑地下铁道工作。

1954 年 10 月，北京市委向党中央呈送一份报告，要求"聘请苏联专家，着手勘探研究"。

1953 年至 1960 年，数千名中国学生被送往苏联学习地铁的建设。

1957 年，苏联地下铁道专家帮助制订的方案是两横、两纵、两对角线和一个环线。

1961 年，北京地铁筹建工作因三年困难时期而停止。

1965 年，中共中央书记处和国务院决定修建北京地下铁道。2 月 4 日，毛泽东亲自审阅了北京地铁建设方案，并在批示中确定了"精心设计、精心施工"的八字方针。7 月 1 日，北京地铁一期工程开工，包括朱德、邓小平在内的很多国家领导人，以及北京市市长彭真参加了开工典礼。

1969 年 10 月 1 日，北京地铁一期工程完工，以庆祝国庆节。这条线路长 23.6 km，采用明挖填埋法施工，从西山苹果园到北京火车站，共有 17 座车站。这条线路是中国最早的地铁线路，而且也早于香港、首尔、新加坡、旧金山、华盛顿等城市，但很多技术问题导致北京地铁在之后 10 年内事故连连。

1971 年 1 月 15 日，北京地铁一期工程开始试运营，线路由北京站至公主坟站。运营线路的西端终点站在 1971 年 8 月 5 日延长至玉泉路站，11 月 7 日延长至古城站。1973 年 4 月 23 日，北京地铁 1 号线延长至苹果园站。中国第一张地铁规划图如图 9.10 所示。

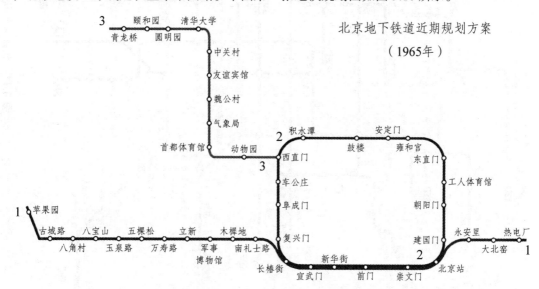

图 9.10　中国第一张地铁规划图——北京地铁规划图

北京地铁以后继续不断地进行规划与建设，逐渐形成四通八达的地铁网络。截至 2019 年 12 月，北京市轨道交通路网运营线路达 23 条、总里程 699.3 km、车站 405 座（包括换乘站 62 座）。

截至 2019 年 12 月，北京地铁在建线路 15 条。到 2020 年，北京地铁将形成线网由 30 条运营、总长 1 177 km 的轨道交通网络，如图 9.11 所示。

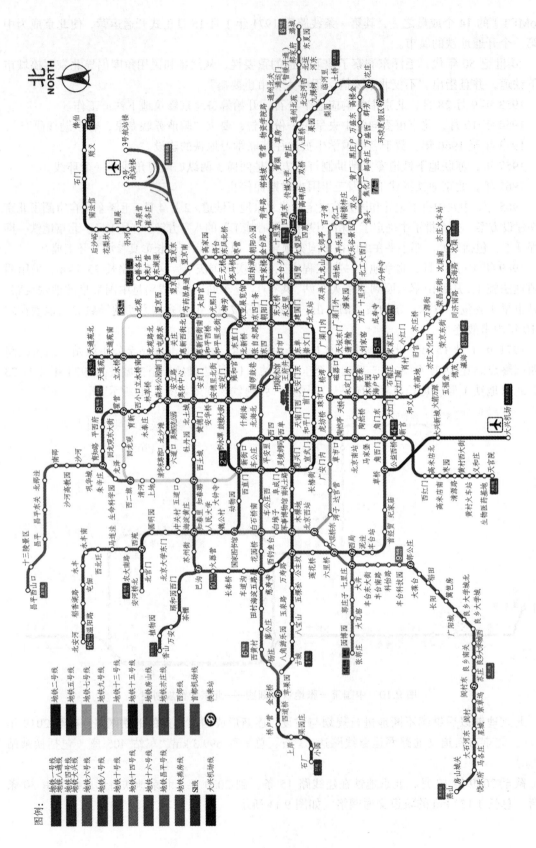

图 9.11　北京城市轨道交通线网

2. 运营线路与客运流量

北京地铁在城市交通中发挥了重要作用，客运量 1994 年突破 5 亿人次，地铁每天运载约 146 万人次，外地乘客占 70% 左右，并创下满载率世界第一、单车运行公里世界第一两项世界纪录。开通的运营线路如表 9.17 所示。

表 9.17　北京城市轨道交通运营线路

线路名称	代表颜色	最早启用日期	运营方式	起止站	车辆基地	车站数	长度/km	编组	定员/人
1 号线	红色	1971 年 1 月 15 日	单一交路运行	苹果园站—四惠东站	古城车辆段四惠车辆段	23	31.0	6 准 B	1 356
2 号线	蓝色	1971 年 1 月 15 日	环行运行	环线（回库终点站：积水潭站、西直门站）	太平湖车辆段	18	23.1	6 准 B	1 356
4 号线	青绿色	2009 年 9 月 28 日	大小交路运行	安河桥北站—天宫院站（与大兴线贯通运营）	龙背村停车场马家堡车辆段	35	28.2	6B	1 440
5 号线	紫色	2007 年 10 月 7 日	单一交路运行	天通苑北站—宋家庄站	宋家庄停车场太平庄车辆段	23	27.6	6B	1 440
6 号线	土黄色	2012 年 12 月 30 日	大小交路运行	金安桥站—潞城站	五路停车场五里桥车辆段东小营车辆段	35	53.1	8B	1 920
7 号线	淡黄色	2014 年 12 月 28 日	单一交路运行	北京西站—花庄站	焦化厂车辆段	30	23.7	8B	1 920
8 号线	绿色	2008 年 7 月 19 日	单一交路分段运行	朱辛庄站—中国美术馆站	平西府车辆段瀛海车辆段	19	26.6	6B	1 440
				珠市口站—瀛海站		13	18.3	6B	1 440
9 号线	淡绿色	2011 年 12 月 31 日	单一交路运行	国家图书馆站—郭公庄站	郭公庄车辆段	13	16.5	6B	1 440
10 号线	天蓝色	2008 年 7 月 19 日	环行运行	环线（回库终点站：巴沟站、车道沟站、宋家庄站、成寿寺站）	万柳车辆段宋家庄停车场五路停车场	46	57.1	6B	1 440
13 号线	藤黄色	2002 年 9 月 28 日	单一交路运行	西直门站—东直门站	回龙观车辆段	16	40.9	6 准 B	1 356
14 号线（西段）	淡粉色	2013 年 5 月 5 日	单一交路分段运行	张郭庄站—西局站	张仪村停车场	7	12.4	6A	1 860
14 号线（东段）				北京南站—善各庄站	马泉营车辆段	19	31.4		1 860
15 号线	紫罗兰色	2010 年 12 月 30 日	单一交路运行	清华东路西口站—俸伯站	马泉营车辆段俸伯停车场	20	41.4	6B	1 440
16 号线	草绿色	2016 年 12 月 31 日	单一交路运行	西苑站—北安河站	北安河车辆段	10	19.4	8A	2 480
八通线	红色	2003 年 12 月 27 日	单一交路运行	四惠站—花庄站	土桥车辆段	15	19.0	6 准 B	1 440

线路名称	代表颜色	最早启用日期	运营方式	起止站	车辆基地	车站数	长度/km	编组	定员/人
昌平线	嫩粉色	2010年12月30日	单一交路运行	西二旗站—昌平西山口站	定泗路停车场 十三陵景区车辆段	12	31.9	6B	1 440
房山线	橙红色	2010年12月30日	单一交路/大小交路（高峰时段）	郭公庄站—阎村东站	阎村车辆段	12	25.4	6B	1 440
亦庄线	桃红色	2010年12月30日	单一交路运行	宋家庄站—亦庄火车站站	宋家庄停车场 台湖车辆段	13	23.2	6B	1 440
燕房线	橙红色	2017年12月30日	单一交路运行	阎村东站—燕山站	阎村北车辆段	12	14.4	4B	未知
S1线	棕红色	2017年12月30日	单一交路运行	金安桥站—石厂站	石门营车辆段	7	9.4	6M	未知
西郊线	朱红色	2017年12月30日	单一交路运行	巴沟站—香山站	巴沟车辆段	6	9.1	5准C	未知
首都机场线	银灰色	2008年7月19日	回路运行	回路（东直门站—2号航站楼站、3号航站楼站）	天竺车辆段	4	28.1	4L	896
大兴机场线	深蓝色	2019年9月26日	单一交路运行	草桥站—大兴机场站	磁各庄车辆段	3	41.4	8D(含行李车厢、商务车厢各1节)	

北京地铁2008年日客运量约150万人次左右。2006年安全运送乘客7.689亿人次，同比增长13.11%，全年开行列车497 812列，同比增长6.13%。公司年票款收入突破11亿元。北京地铁自2010年以来的乘客量如表9.18所示。

表9.18 北京城市轨道交通年客运量

年份	年末投运里程/km	年客运量/亿人次	日均客运量/万人次	最大日客流量/人次
2010	336	15.95	500	571万（2010年9月21日）
2011	372	18	620	—
2012	442	21	850	900万（时间未知）
2013	465	32	876	1106万（时间未知）
2014	527	29.07	796.48	988.95万（2014年4月30日）
2015	550	28.32	900	—
2016	574	36.6	824.7	1052.36万（2016年10月21日）
2017	608	45.3	1241.1	1327.46万（2017年7月7日）
2018	637			

3. 建设规划

北京在建地铁线路见表 9.19 所示。

表 9.19　北京地铁在建线路统计

路线名	预计开通年份	区段名	起点站	终点站	长度/km	车站数
S1 线		剩余段	金安桥（不含）	苹果园	1	1
3 号线	2021 年及以后	一期	东四十条	曹各庄北	22	15
8 号线		三期剩余段	中国美术馆（不含）	珠市口（不含）	4	3
14 号线		剩余段	西局（不含）	景风门（不含）	6	4
16 号线	2020 年年底	中段	西苑（不含）	木樨地	30	19
		南段	木樨地（不含）	宛平城		
17 号线	2021 年及以后	全线	未来科技城北区	亦庄站前区南	50	21
19 号线		一期	牡丹园	新宫	22	10
昌平线		南延	西二旗（不含）	蓟门桥	13	7
房山线	2020 年年底	北延	郭公庄（不含）	丰益桥南	5	4
首都机场线	2021 年及以后	西延	东直门（不含）	北新桥	2	1
燕房线		支线	饶乐府（不含）	周口店	6	3
11 号线	2021 年年底	冬奥支线	金顶街	首钢	4	4
平谷线	2021 年及以后		东大桥站	平谷站	78.6	20

备注：2019 年 9 月，地铁机场线更名为"首都机场线"。

轨道交通作为城市大运量快速运输系统，对城市的交通贡献不容忽视。根据 2017 年 9 月公布的《北京城市总体规划（2016 年—2035 年）》，未来北京将打造一小时交通圈，到 2020 年轨道交通里程达到 1 000 km 左右，到 2035 年不低于 2 500 km。而到 2017 年年底，中国内地首条完全自主研发的全自动运行轨道线路燕房线、北京首条中低速磁浮线路 S1 线投入运营，门头沟、燕山地区也将迎来"地铁时代"。地铁线路用上更多先进技术，为北京实现优先发展公共交通战略产生了示范作用，具有深远意义。

除了路网更加密集，地铁线路也越来越能"装"。像 2016 年开通的地铁 16 号线，就是首次采用加宽加长的 8A 型列车的线路，单单一列车，载客量就比"老款"1 号线列车增加近80%。内装方面，每节车厢都有 5 对车门，能更好地满足客流量较大时乘客上下车的需求。

由北京 2020 年中长期城市轨道交通建设规划可见，北京市远景轨道交通规划线网由 16 条地铁（M 线）、6 条城铁（L 线）和 6 条市郊铁路（S 线）组成，分三个阶段实施。届时，北京市将拥有 28 条轨道交通线路。该规划方案既包括线网设置和组成，也包括客流预测和融资方案。到 2050 年之前，北京还将在城区内建设 M16，它将与 M4 相连接，形成贯穿南北的地铁主线。同时，奥林匹克公园等区域也是轨道交通重点发展的区域。

到 2020 年，北京将修建城市铁路 L1、L2。这两条城市铁路将从北京的城区内向东北方向和西南方向出发，通往京郊的顺义和大兴方向。通往郊区的线路有 4 条，里程将达到 135.8 km，包括良乡线、昌平线、黄村线以及亦庄经通州至顺义的 S6 线。如图 9.13 所示。

2015 年 9 月 14 日，国家发改委批复了《北京市城市轨道交通第二期建设规划（2015—2021 年）》；2019 年 12 月 5 日，经国家发改委批复，北京市发改委对该规划进行了调整。

依据城市总体规划和综合交通规划，北京市城市轨道交通 2020 年线网由 30 条线组成，总长度为 1 177 km；远景年线网由 35 条线路组成，总长度为 1 524 km。预测到 2021 年，北京市公共交通占机动化出行量比例为 60%，轨道交通占公共交通出行量比例为 62%。

北京地铁的开通对加快周边新城建设，优化城市布局，疏散中心城区的人口和功能，都起到了推动作用。北京地铁的大发展便利了普通民众的出行，同时，缓解了地面交通压力，降低了废气排放和噪声污染，而且可以用其产生的土地资源增加值扩大城市绿化面积，提高城市人均绿地占有率。

（三）上海市轨道交通规划与建设

1. 发展历程与现状

1956 年 8 月 23 日，根据中共中央关于防止帝国主义突然袭击的指示，上海市政建设交通办公室编制提交《上海市地下铁道初步规划（草案）》，成立上海市地下铁道筹建处，对上海轨道交通开展了规划设计、方案论证和实验研究。由于上海地区地层条件差且复杂（软土地基），苏联专家提出不宜建设地下铁道线路。

20 世纪 60 年代初，上海市的轨道交通网络形成了环形加放射线的规划。

从 1962 年至 1983 年，上海市先后进行了三次较大规模的地下铁道工程试验。

1984 年，上海市向国务院报送了《上海市地铁网络规划方案》，该网络由 7 条线路组成，总长 176 km，共设 137 座车站。

1985 年 3 月，上海市地铁公司成立。

1990 年 1 月 19 日，上海地铁 1 号线正式开工建设。

1993 年 5 月 28 日，上海地铁 1 号线南段（徐家汇站至锦江乐园站）开通观光试运营，线路全长 6 km，共设车站 5 座，开启了上海的轨道交通时代。

1995 年 4 月 10 日，上海地铁 1 号线全线（上海火车站站至锦江乐园站）开通试运营。

1996 年 12 月 28 日，上海地铁 1 号线南延伸段（莘庄站至锦江乐园站）开通试运营。

1997 年 7 月 1 日，上海地铁 1 号线南延伸段与主线贯通运营。

上海地铁以后继续不断地进行规划与建设，逐渐形成四通八达的地铁网络。

2016 年 4 月 26 日，上海地铁 11 号线迪士尼站开通运营。

2017 年 12 月 30 日，上海地铁 9 号线三期东延伸段（杨高中路站至曹路站）、上海地铁 17 号线全线开通试运营。

2018 年 3 月 31 日，上海地铁浦江线开通试运营；12 月 19 日，国家发展和改革委员会批复了《上海市城市轨道交通第三期建设规划（2018—2023 年）》；12 月 30 日，上海地铁 5 号线南延伸段（东川路站至奉贤新城站）、上海地铁 13 号线二期东段、三期（世博大道站至张江路站）开通试运营。

截至 2018 年 12 月，上海地铁运营线路共 16 条，共设车站 415 座（含磁浮线 2 座），运营里程共 705 km（含磁浮线 29 km）。

2. 运营线路与客运流量

截至 2018 年 12 月，运营线路如表 9.20 所示。

表 9.20　上海城市轨道交通运营线路

线路编号	起点站	终点站	里程/km	车站数	首次通车时间
1 号线	莘庄站	富锦路站	38.18	28	1993 年 5 月 28 日
2 号线	徐泾东站	浦东国际机场站	60.56	30	1997 年 6 月 27 日
3 号线	上海南站站	江杨北路站	40.34	29	2000 年 12 月 26 日
4 号线	宜山路站	宜山路站	22.03	26	2005 年 12 月 31 日
5 号线	莘庄站	奉贤新城站/闵行开发区站	32.7	19	2003 年 11 月 25 日
6 号线	港城路站	东方体育中心站	33.09	28	2007 年 12 月 29 日
7 号线	美兰湖站	花木路站	44.34	33	2009 年 12 月 5 日
8 号线	市光路站	沈杜公路站	37.5	30	2007 年 12 月 29 日
9 号线	松江南站站	曹路站	64.4	35	2007 年 12 月 29 日
10 号线	虹桥火车站站/航中路站	新江湾城站	36.04	31	2010 年 4 月 10 日
11 号线	嘉定北站/花桥站	迪士尼站	82.39	38	2009 年 12 月 31 日
12 号线	七莘路站	金海路站	40.42	32	2013 年 12 月 29 日
13 号线	金运路站	张江路站	38	31	2012 年 12 月 30 日
16 号线	龙阳路站	滴水湖站	58.96	13	2013 年 12 月 29 日
17 号线	虹桥火车站站	东方绿舟站	35.34	13	2017 年 12 月 30 日
地铁浦江线	沈杜公路站	汇臻路站	6.69	6	2018 年 3 月 31 日
上海磁浮列车运营线	龙阳路站	浦东国际机场站	30	2	2002 年 12 月 31 日

注：上海磁浮列车示范运营线属于上海磁浮交通发展有限公司运营管理。

2010 年轨道交通占全市客流总量的比重上升到 35% ~ 40%。

2018 年，上海地铁日均客运量 1 015.28 万人次，总客运量达到 37.05 亿人次。

截至 2019 年 6 月，上海地铁最高日客运量为 2019 年 3 月 8 日的 1 329.4 万人次。

上海地铁在建线路共有 6 条，分别为 10 号线二期工程、14 号线、15 号线和 18 号线，在建里程共 163.6 km，如表 9.21 所示。

表 9.21　上海城市轨道交通在建线路

线　路	区　间	站数	里程/km	预计开通时间
上海地铁 10 号线二期	国帆路站—基隆路站	6	10.1	2020 年
上海地铁 14 号线	封浜站—桂桥路站	31	39.1	2021 年
上海地铁 15 号线	顾村公园站—紫竹高新区站	30	42.3	2020 年
上海地铁 18 号线一期	长江南路站—航头站	26	36.8	南段 2020 年
上海地铁崇明线	金吉路站—裕安路站	8	44.6	2024 年
上海地铁机场联络线	虹桥火车站—上海东站	9	68.6	2024 年

备注：数据统计截至 2019 年 12 月。

3. 建设规划

上海为构筑国际化大都市的现代化交通体系，从20世纪90年代开始大力发展轨道交通，以促进经济社会发展，改善投资环境，提高市民生活质量，缓解交通拥挤。

上海地铁1号线于1993年建成通车，经过10年左右的建设，上海已建成并投入运营轨道交通1、2、3号线，形成了总长65 km左右、"十字加环"的"申"字形初始线路，日均承担客运量120万乘次，约占公交客运总量的11%，显示了轨道交通快速和大运量的优势。

到"十五"期末，上海已初步形成以重要换乘枢纽为核心、联系中心城重点地区、"十字加环、八辐射"的城市轨道交通骨架网络，轨道交通日客运量达到250万～300万人次，承担20%～25%的公共客运量。

上海市在"十一五"期间建成了轨道交通基本网络，运营里程增加到400 km；共有13条线路，设237座车站。

上海交通发展的白皮书中，将上海轨道交通划分为R、M、L三大层次，具体划分如下：

（1）市域级快速地铁线被冠以"R"字头（"R"取自法文快速铁路）。R线共四条：R1（1号线）、R2（2号线）、R3、R4（9号线），它们呈"米"字形分布。相对于地铁M线而言，R线具有站距大、车速快的特点，如在建的R4线（9号线），远期最高时速为120 km，最大站距为5 km。使用大型车，6～8节编组。

（2）市区级地铁被冠以"M"字头（"M"是METRO的缩写），近期已建和开工的有M3（3号线）、M4（4号线）、M7（7号线）、M8（8号线），它们一般在市中心。M线最高时速为80 km，站距为1 km左右。一般使用大型车，6节编组。

（3）市区级轻轨被冠以"L"字头，一般分布在近郊（"L"是Light Rail的缩写，也可以称作"轻型地铁"或"轻铁"），如浦东轻轨L4（6号线）等。L线最高时速为80 km，目前为50 km，站距为1 km左右，因为使用编组不超过4节的小型车，所以运载量只有M线的1/2到1/3（作为R1南延伸段的5号线，被冠以R1a，但却是轻轨，这是特例）。

大型车长22～24 m，宽3 m；小型车长18～19 m，宽2.6 m。拖车比动车长一些。由于大型车比小型车宽许多，所以大型车不能驶上小型车的轨道。值得一提的是，M3线（明珠线）是地铁不是轻轨。国际上将每小时运载量小于3万人次的轨道交通称为"轻轨"或"轻型地铁"，而明珠线的运载量为7万人次左右。所以M3线是地铁，尽管是高架线路。相反L4线（6号线，浦东轻轨）由于采用了4节编组的小型车，它每小时最大运载量约2.5万人次，所以是轻轨，尽管在地下行驶。M8线运载量只有约3.8万人次，勉强挤进"地铁"行列。新加坡的地铁70%是在地面上行驶的，而德国汉纳威的轻轨却建在地下。

上海远期轨道线网以市域线为骨架，通过主要换乘枢纽"锚固"整个网络，由4条市域快速轨道线、8条市区轨道交通线、5条市区轻轨线组成，17条线路全长约810 km，在中心城内的长度约480 km。上海市轨道交通近期建设规划见图9.12和表9.22所示。

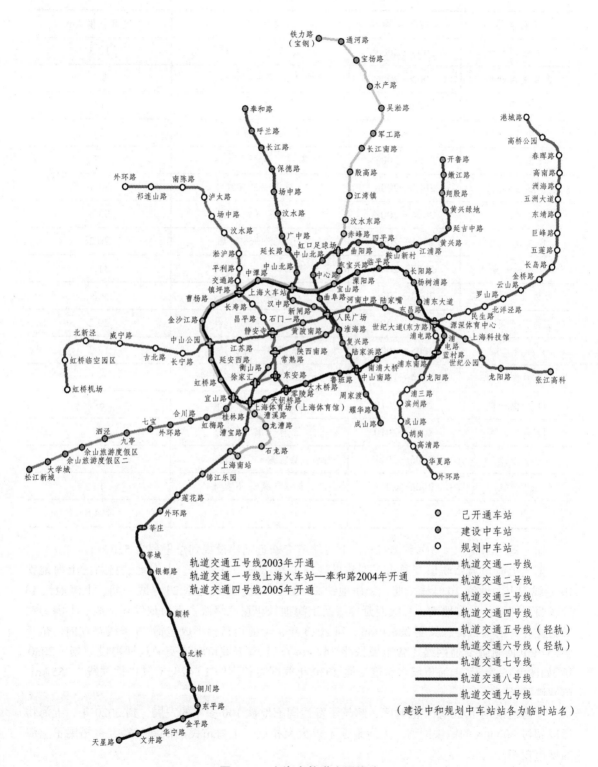

铁力路
（宝钢）
通河路
宝杨路
水产路
吴淞路
军工路
长江南路
奉和路
呼兰路
长江路
保德路
场中路
汶水路
外环路
南陈路
泸太路
场中路
汶水路
广中路
延长路
虹口足球场
中山北路
港城路
高桥公园
春晖路
高南路
洲海路
五洲大道
东靖路
巨峰路
五莲路
长岛路
云山路
罗山路
开鲁路
嫩江路
翔殷路
黄兴绿地
延吉中路
黄兴路
江浦路
长阳路
杨树浦路
殷高路
江湾镇
汶水东路
赤峰路
四平路
曲阳
东宝兴路
临平路
溧阳路
鞍山新村
淞沪路
平利路
交通路
中潭路
镇坪路
中心路
宝山路
曲阜路
河南中路
陆家嘴
浦东大道
民生路
北洋泾路
浦电路
上海科技馆
蓝村路
世纪公园
张江高科
龙阳路
世纪大道(东方路)
浦电路
源深体育中心
东昌路
北新泾
威宁路
中山公园
古北路
长宁路
虹桥临空园区
虹桥机场
曹杨路
金沙江路
长寿路
昌平路
静安寺
江苏路
延安西路
衡山路
徐家汇
宜山路
上海火车站
汉中路
新闸路
石门一路
黄陂南路
人民广场
淮海路
复兴路
陕西南路
常熟路
陆家浜路
南浦大桥
浦东南路
中山南路
上海体育场（上海体育馆）
桂林路
虹梅路
漕宝路
石龙路
上海南站
锦江乐园
七宝
外环路
合川路
漕溪路
龙漕路
东安路
大木桥路
鲁班路
周家渡
耀华路
成山路
肇嘉浜路
天钥桥路
陵路
成山路
胡岗
高清路
华夏路
外环路
滨州路
浦三路
龙阳路
龙阳路
电路
泗泾
九亭
佘山旅游度假区
佘山旅游度假区二
大学城
松江新城
莲花路
外环路
莘庄
莘城
银都路
颛桥
北桥
铜川路
东平路
金平路
华宁路
天星路
文井路

轨道交通五号线2003年开通
轨道交通一号线上海火车站—奉和路2004年开通
轨道交通四号线2005年开通

○ 已开通车站
◐ 建设中车站
○ 规划中车站

—— 轨道交通一号线
—— 轨道交通二号线
—— 轨道交通三号线
—— 轨道交通四号线
—— 轨道交通五号线（轻轨）
—— 轨道交通六号线（轻轨）
—— 轨道交通七号线
—— 轨道交通八号线
—— 轨道交通九号线
（建设中和规划中车站站名各为临时站名）

图9.12　上海市轨道交通线路

表 9.22　上海地铁近期建设规划统计

项目名称	建设周期	项目范围	线路长度/km
1号线北延伸	2000—2004	火车站—泰和路	12.5
2号线西延伸	2003—2006	中山公园—虹桥机场	9.5
3号线北延伸	2002—2006	江湾镇—宝钢	14
4号线	1992—2005	宝山路—虹桥路	22
5号线	2000—2003	莘庄—闵行开发区	17
6号线	2002—2006	高桥—济阳路	33.1
7号线	2004—2008	外环路—龙阳路	33.5
8号线一期	2001—2007	开鲁路—济阳路	26.2
9号线一期	2002—2007	松江新城—东安路	31.3
1号线北延伸二期	2004—2006	泰和路—富锦路	4.2
2号线东延伸	2006—2009	张江—浦东机场	29.2
9号线二期	2005—2009	东安路—源深路	17.2
10号线一期	2004—2009	上海动物园—新江湾城	28.8
11号线一期	2005—2010	嘉定、安亭—三林	62
11号线二期	2006—2010	三林—临港新城	58
12号线	2006—2011	漕宝路—巨峰路	33.3
13号线	2006—2011	金沙江路—不夜城	13
合　计			444.8

加上运营的 1、2、3 号线 65 km，上海轨道交通近期建设规划总里程为 510 km。

据《上海市城市轨道交通第三期建设规划（2018—2023 年）》，上海地铁将新建上海地铁 19 号线、上海地铁 20 号线一期、上海地铁 21 号线一期、上海地铁 23 号线一期、上海地铁 13 号线西延伸线、上海地铁 1 号线西延伸线及上海地铁机场联络线、上海地铁嘉闵线、上海地铁崇明线等 9 个项目，总长度 286.1 km。到 2023 年，上海地铁会形成包括 23 条线路在内，全长 1 154 km 的轨道交通网络（含市域铁路 342 km）。上海市城市轨道交通远期建设规划（2030 年）如图 9.13 所示。上海市城市轨道交通 2030 年线网总长度约 1 642 km，其中地铁线 1 055 km，市域铁路 587 km。

上海地铁用了 20 多年的时间，超越了发达国家地铁 100 多年的发展，到 2020 年，上海将形成超过 800 km 的地铁网络。上海地铁不仅大大拓展了上海市民的活动半径，也拓展了上海的城市规模。

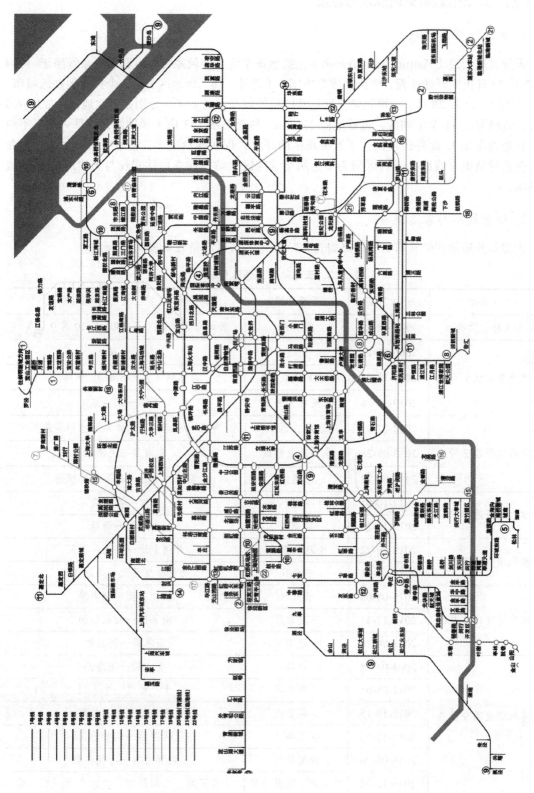

图 9.13 上海市轨道交通线网规划（2030 年）

（四）天津市轨道交通规划与建设

1. 发展历程与现状

天津轨道交通（Tianjin Rail Transit）包括地铁系统、轻轨系统等。其第一条线路于 1984 年 12 月 28 日正式开通运营，使天津成为中国（不含港、澳、台地区）第 2 个拥有地铁的城市。截至 2019 年 12 月 28 日，天津轨道交通运营的地铁线路总共 6 条，分别是天津地铁 1/2/3/5/6/9 号线，线网覆盖 11 个市辖区，运营里程 233 km，共设车站 143 座（换乘站只计算一次，不包括未开通的车站）；此外还包括位于滨海新区的开发区现代导轨电车，它是中国第一条投入商业运营的导轨电车线路，运行区间为泰达站至学院区北站，在泰达站实现与天津地铁 9 号线的换乘。

2. 运营线路与客运流量

天津市开通运营的轨道交通线路如表 9.23 所示。客运流量表见表 9.24 所示。

表 9.23　天津轨道交通运营线路

运营线路	开通日期	开通路段	开通区间（或开通车站）
原天津地铁既有线	1984-12-28	既有线	西站—新华路（至 2001 年 10 月 9 日）
天津轨道交通 1 号线	2006-06-12	全线	刘园—双林
	2018-12-03	东延线	双林站（重新开通），李楼站
	2019-12-28	东延线大部分	李楼—东沽路
天津轨道交通 2 号线	2012-07-01	东段、西段	曹庄—东南角，天津站—空港经济区
	2013-08-28	东西段联络线	东南角—天津站
	2014-08-28	东延线	空港经济区—滨海国际机场
天津轨道交通 3 号线	2012-10-01	一期	小淀—高新区
	2013-12-28	延长线	高新区—南站
天津轨道交通 5 号线	2018-10-22	全线大部分	丹河北道—中医一附院
	2019-01-31	剩余段	北辰科技园北—丹河北道
天津轨道交通 6 号线	2016-08-06	首开段	长虹公园—南翠屏
	2016-12-31	一期北段	南孙庄—长虹公园
	2018-04-26	一期南段	南翠屏—梅林路
天津轨道交通 9 号线（津滨轻轨）	2004-03-28	一期	中山门—东海路
	2011-05-01	二期东段	十一经路—中山门
	2012-10-15	二期西段	天津站—十一经路
	2015-12-16	恢复路段	天津站—钢管公司
	2016-06-26	恢复路段	钢管公司—市民广场
	2016-12-31	预留站、恢复路段	张贵庄站，太湖路站，市民广场—东海路

表 9.24　天津轨道交通客运流量

年份	里程/km	年客运量 /（亿人次）	日均客运量 /（万人次）	最大日客流量/人次
2010	72	0.64	17.6	约 20 万（不含 9 号线， 2010-12-24）
2011	77	0.74	20.4	22.3 万（2011-12-24）
2012	129	1.11	30.4	80 万（2012-12-14）
2013	136	2.43	66.6	102 万（2013-12-24）
2014	140	2.99	81.8	108.07 万（2014-05-01）
2015	140	2.56	78.7	111.61 万（2015-05-01）
2016	166	2.77	84.1	118 万（2016-12-10-01）
2017	166	3.52	93.6	暂缺
2018	217	4.07	111.55	158.7 万（2018-11-09）
2019	233	5.25	143.85	186.9 万　（2019-12-31）

3. 在建线路

天津轨道交通在建线路见表 9.25 所示。

表 9.25　天津轨道交通在建线路

线路编号	起止站点		标识色	车站数	里程数	开工时间	预计开通
4 号线（一期南段）	东南角站	民航大学站	绿色	14	19.3	2015-12	2021
6 号线（二期）	梅林路站（不含）	咸水沽西站	粉紫	9	14.5	2019-02	2022
7 号线（一期）	赛达路站	喜峰道站	棕色	21	27	2019-07	2024
8 号线（一期）	资阳路站	咸水沽西站	紫色	27	33	2019	2025
10 号线（一期南段）	于台站	屿东城站	玫瑰红	20	21	2016-05	2022
11 号线（一期）	东丽六经路站	水上公园西 路站	—	21	23	2019-07	2023
B1 线（一期）	欣嘉园东站	新城四站	—	22	31.3	2016-02	2022
Z4 线（一期）	汉蔡路站	中部新城站	—	20	44	2016-04	2022

4. 建设规划

天津市区快速轨道交通主要规划为环线-放射线形成路网的格局，由 3 条穿越市中心的放射线和一条环线组成。路网总长 177 km，其中地下铁路长 106 km，郊区环线预留 71 km 远期轻轨线。天津地铁 1 号线长约 10 km，1970 年动工，1980 年建成通车。以后经过技术改造，2005年年底重新运营。《天津市中心城区快速轨道交通线网规划》中规划的线网由 9 条线组成，总长度为 235.9 km。见图 9.14（2010 年）和图 9.15（2030 年）所示。

依据天津城市总体规划和综合交通规划，天津市城市轨道交通远景年线网由 28 条线路组成，总长度 1 380 km。预计至 2020 年，天津市公共交通占机动化出行量比例达到 36%，轨道交通占公共交通出行量比例达到 40%。

2015 年 9 月 14 日，国家发展和改革委员会批复了《天津市城市轨道交通第二期建设规划》，规划显示，2015—2020 年，建设 M3 线二期（南延）、M7 线一期、M8 线一期、M10 线一期、M11 线一期、Z2 线一期、Z4 线一期和 B1 线一期等 8 个项目，总长约 228.1 km。到 2020 年，形成 14 条运营线路、总长 513 km 的轨道交通网络。其中：M7、M8、B1 线采用 A 型车 6 辆编组，M10、M11 线采用 B 型车 6 辆编组，最高运营时速 80 km；Z2 线采用 A 型车 8 辆编组，Z4 线采用 A 型车 6 辆编组，最高运营时速 120 km。

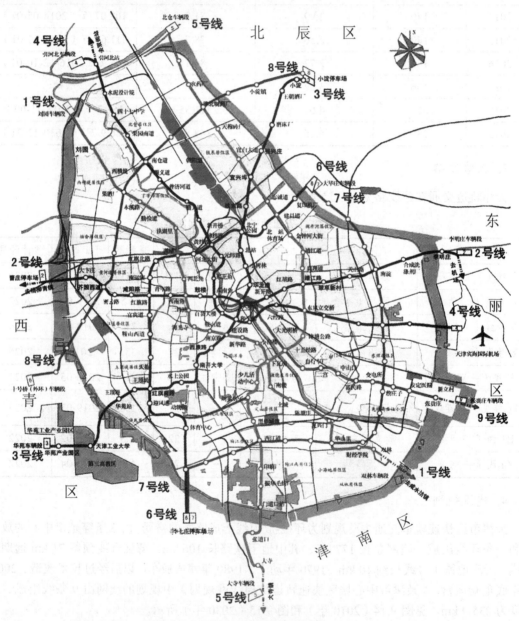

图 9.14 天津市快速轨道交通线网规划（2010 年）

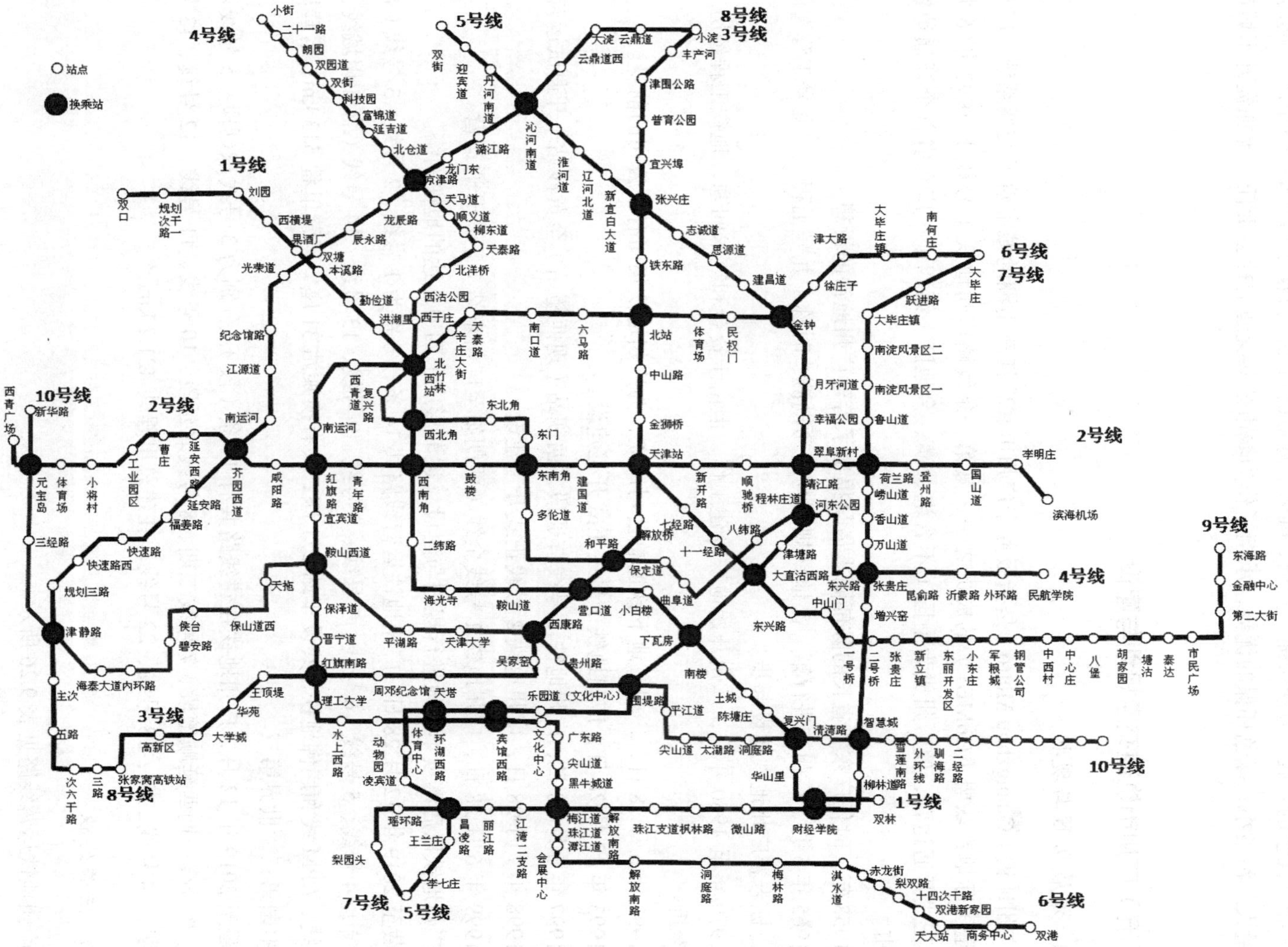

图 9.15 天津市快速轨道交通线网规划（2030 年）

天津市城市轨道交通建设，有利于实现城市总体规划目标，缓解城市交通压力，支持重点区域建设，构建综合交通运输体系。作为城市快速轨道交通骨干，地铁带动了天津城市的发展，促进了经济社会的发展。地铁快捷、安全、准时、舒适的特性，方便了市民的日常出行，同时，其运量大、污染小、绿色环保的优势，承担了作为城市公共交通的社会责任，更加提升了城市形象。

（五）广州市轨道交通规划与建设

1. 发展历程与现状

广州地铁（Guangzhou Metro）是指服务于广州市和珠江三角洲的城市轨道交通系统。广州地铁是国际地铁联盟（CoMET）的成员之一，其第一条线路广州地铁 1 号线于 1997 年 6 月 28 日正式开通运营，使广州成为中国（不含港、澳、台地区）第四个、广东省首个开通地铁的城市。

1958 年，时任广东省省长的陈郁同志最早提出了筹建广州地铁的设想。

1965 年 5 月，广州市进行第一次地铁规划与地质勘测，时称"九号工程"。"九号工程"的动工，标志着广州地铁建设起步。

1970 年至 1980 年间，广州开始地铁筹建工作，但由于资金和技术问题，地铁工程经历了重重挫折。

1992 年 6 月 28 日，广州市地下铁道总公司成立，为广州地铁集团有限公司的前身。

1993 年 12 月 28 日，广州地铁 1 号线正式开工建设。

1997 年 6 月 28 日，广州地铁 1 号线首通段［西朗站（现西塱站）至黄沙站］开通试运营。

1998 年 7 月 28 日，广州地铁 2 号线正式开工建设。

1999 年 6 月 28 日，广州地铁 1 号线全线（西朗站至广州东站）正式开通运营。

广州地铁以后继续不断地进行规划与建设，逐渐形成了四通八达的地铁网络。

截至 2019 年 12 月 28 日，广州地铁运营线路共 14 条，分别为 1 号线、2 号线、3 号线（含三北线）、4 号线、5 号线、6 号线、7 号线、8 号线、9 号线、13 号线、14 号线（含知识城线）、21 号线、APM 线和广佛地铁，共设车站 271 座，共有换乘站 31 座，运营里程 513 km；运营里程居中国第三，世界第三。

截至 2019 年 12 月，广州地铁在建线路共有 12 条（段），分别为 3 号线东延段、5 号线东延段、7 号线一期西延顺德段、7 号线二期、8 号线北延段、10 号线、11 号线、12 号线、13 号线二期、14 号线二期、18 号线、22 号线，在建总里程共 421.2 km。

2. 运营线路

广州地铁运营线路见表 9.26 所示。

3. 客运流量

广州地铁自 2009—2018 年客运流量统计见表 9.27 所示。

表 9.26 广州地铁运营线路

线　路		起点站	终点站	车站数量	里程/km	首段通车时间
市区地铁线路						
广州地铁 1 号线		西塱站	广州东站	16	18.5	1997 年 6 月 28 日
广州地铁 2 号线		广州南站	嘉禾望岗站	24	31.8	2002 年 12 月 29 日
广州地铁 3 号线	主线	天河客运站	番禺广场站	17	65.3	2005 年 12 月 26 日
	北延段	机场北站	体育西路站	13		
广州地铁 4 号线		黄村站	南沙客运港站	23	56.25	2005 年 12 月 26 日
广州地铁 5 号线		滘口站	文冲站	24	31.9	2009 年 12 月 28 日
广州地铁 6 号线		浔峰岗站	香雪站	31	42	2013 年 12 月 28 日
广州地铁 7 号线		广州南站	大学城南站	9	21.1	2016 年 12 月 28 日
广州地铁 8 号线		万胜围站	文化公园站	15	16.6	2002 年 12 月 29 日
广州地铁 9 号线		飞鹅岭站	高增站	11	20.1	2017 年 12 月 28 日
广州地铁 13 号线		鱼珠站	新沙站	11	27	2017 年 12 月 28 日
广州地铁 14 号线	知识城支线	新和站	镇龙站	10	21.9	2017 年 12 月 28 日
	主线	嘉禾望岗站	东风站	13	54.4	2018 年 12 月 28 日
广州地铁 21 号线		员村站	增城广场站	21	61.6	2018 年 12 月 28 日
旅客自动输送系统线路						
广州地铁 APM 线		广州塔站	林和西站	9	4.0	2010 年 11 月 8 日
城际地铁线路						
广佛地铁		新城东站	沥滘站	25	39.83	2010 年 11 月 3 日

表 9.27 广州地铁 2009—2018 年客运流量统计

年份	总客运量/亿人次	日均客运量/万人次	最高日客运量/万人次
2009	67.52	184.98	—
2010	11.81	400	784.4
2011	16.45	450.6	660
2012	18.56	507.1	693.4
2013	20.52	563	751
2014	22.78	624	861
2015	24.0	659	879
2016	25.7	702	897.3
2017	28.02	767.82	1002.6
2018	30.25	828.77	996.2

截至 2019 年 9 月 13 日，广州地铁最高日客运量为 2019 年 9 月 12 日的 1 113.13 万人次。

4. 在建线路

广州地铁在建线路如表 9.28 所示。

表 9.28　广州地铁在建线路

线　路	区　间	里程/km	车站数量	通车时间
8 号线北延段	文化公园站至滘心站	16.28	13	2020 年
7 号线西延段	广州南站至美的大道站	13.45	8	2020 年
14 号线二期工程	广州火车站至嘉禾望岗站	11.9	8	2020 年
22 号线	番禺广场站至白鹅潭站	31.8	8	2021 年
13 号线二期工程	朝阳站至鱼珠站	33.5	23	2021 年
3 号线东延段	番禺广场站至海傍站	9.55	4	2022 年
5 号线东延段	文冲站至黄埔客运港站	9.8	6	2022 年
7 号线二期工程	大学城南站至水西北站	21.9	11	2022 年
10 号线	石牌桥站至西塱站	19.15	14	2022 年
12 号线	浔峰岗站至大学城南站	37.6	25	2023 年
18 号线	广州东站至万顷沙站	61.3	9	2022 年
11 号线	广州火车站至梓元岗站	44.2	32	2023 年

5. 建设规划

2017 年 3 月 15 日，《广州市城市轨道交通第三期建设规划（2017—2023 年）》获国家发展和改革委员会正式批复。根据该规划方案，广州地铁将新建广州地铁 3 号线东延段、广州地铁 5 号线东延段、广州地铁 7 号线二期、广州地铁 8 号线北延段、广州地铁 10 号线、广州地铁 12 号线、广州地铁 13 号线二期、广州地铁 14 号线二期、广州地铁 18 号线和广州地铁 22 号线等 10 个项目，总长度为 258.1 km。广州地铁累计开通里程将突破 800 km，如图 9.16（2023 年）所示。

根据《新时代城市轨道交通创新与发展——广州 2019》报告，大湾区城市中，城际轨道交通和城市轨道交通已开通运营总里程达 1 164 km，规划总里程近 6 000 km。

南沙新区轨道线网优化及近期轨道控制性规划开始招标，除了要规划新的轨道交通线网外，还将对近期建设的 4 条轨道交通编制控制性规划，包括：地铁 15 号线全线、22 号线南延线、NS2 线（南沙境内段）、18 号线南延线（南沙境内段）。

随着广州地铁跨越式地发展，广州地铁进入了大线网运营时代，客流快速增长，承担了广州市超过 44% 的公交客流运送任务，客流强度位居中国第一。

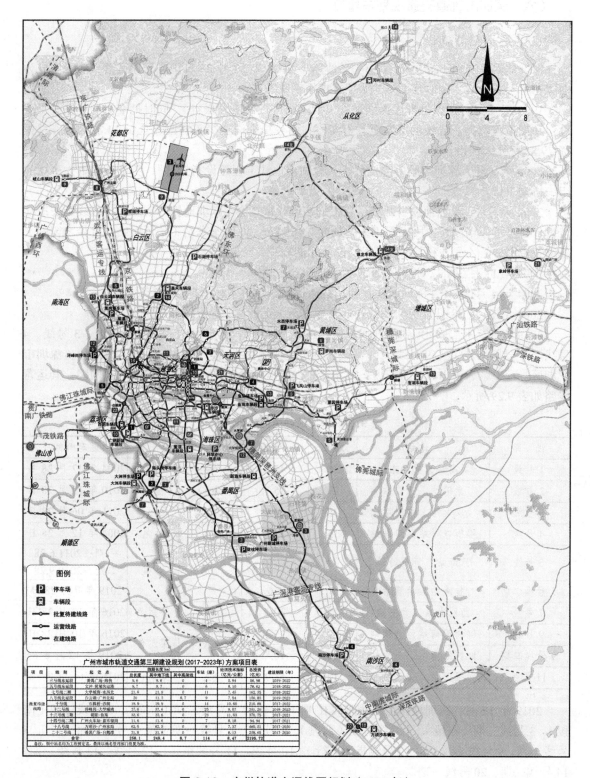

图 9.16　广州轨道交通线网规划（2023 年）

（六）深圳市轨道交通规划与建设

1. 发展历程与现状

深圳地铁（Shenzhen Metro）第一条线路于 2004 年 12 月 28 日正式开通运营，使深圳成为中国（不含港、澳、台地区）第 5 个拥有地铁系统的城市。

1999 年 4 月，国家批准《深圳地铁一期工程可行性研究报告》，同时批准深圳地铁开工建设，一期工程包括一号线的罗湖至香蜜湖段和四号线皇岗至少年宫段，全长 14.825 km，总投资 79.85 亿元人民币。

2000 年 9 月，深圳市政府决定成立"深圳市地铁工程建设指挥部"，负责工程重大事项的组织协调工作。

2002 年 4 月，深圳地铁召开了延长段初步设计审查会。深圳地铁一期工程 1 号线延长段初步设计通过了评审。延长段工程正线总长度 2.468 km，设两座车站（华侨城站、世界之窗站），新增投资 9.676 亿元，采用一期工程的设计标准。

2003 年 11 月 30 日，地铁一期工程实现全线电通。

2004 年 4 月 28 日，深圳地铁首列车抵达仪式，在竹子林车辆段举行。

2004 年 12 月 28 日，深圳地铁一期工程通车试运营。

2019 年 12 月，深圳地铁已开通运营线路共有 8 条，分别为：1 号线、2 号线、3 号线、4 号线、5 号线、7 号线、9 号线、11 号线。全市地铁运营线路总长 303.44 km，构成覆盖深圳市罗湖区、福田区、南山区、宝安区、龙华区、龙岗区六个市辖行政区的城市轨道网络。其运营线路如表 9.29 所示。

表 9.29　深圳地铁运营线路统计

线　路	起讫站	站数	里程/km	车辆编组	标志色	通车时间
1 号线	罗湖站，机场东站	30	41.0	6A	绿色	2004 年 12 月 28 日
2 号线	赤湾站，新秀站	29	35.7	6A	橙色	2010 年 12 月 28 日
3 号线	双龙站，益田站	30	41.7	6B	天蓝色	2011 年 06 月 28 日
4 号线	福田口岸站，清湖站	15	20.5	6A	红色	2004 年 12 月 28 日
5 号线	赤湾站，黄贝岭站	34	47.65	6A	紫色	一期：2011.6.28 二期：2019.9.28
5 号线二期	桂湾站，赤湾站	7	7.6			2019 年 9 月 28 日
7 号线	西丽湖站，太安站	28	30.1	6A	深蓝色	2016 年 10 月 28 日
9 号线	红树湾南站，文锦站	22	25.4	6A	深灰色	2016 年 10 月 28 日
9 号线二期	红树湾南站，前湾站	10	10.8			2019 年 12 月 8 日
11 号线	福田站，碧头站	18	51.9	8A	深紫色	2016 年 06 月 28 日

2019 年 12 月，深圳地铁在建线路共有 14 段，包括 2 号线三期（东段）、3 号线三期（南段）、3 号线三期（东段）、4 号线三期（北段）、6 号线、8 号线一期（跟 2 号线贯通运行）、8 号线二期、9 号线支线（跟 12 号线贯通运行）、10 号线、11 号线东延、12 号线、13 号线一期、14 号线一期、20 号线一期。

2. 客运流量

2016 年，深圳地铁全年客运量 109 310 万人次，日均客运量逾 298.66 万人次。2015 年，其年客运量 93 066 万人次，日均客运量逾 254.97 万人次。

2014 年，其年客运量 86 699 万人次，日均客运量逾 237.53 万人次。

2019 年 9 月 12 日，深圳地铁线网日均客流量为 671.97 万人次，成为深圳地铁线网总客流量新高。如表 9.30 所示。

表 9.30 深圳地铁客运流量

年份	客运总量/亿人次	日均客运量/万人次	最大日客运量/万人次
2016	12.97	400	
2015	11.21	307.36	
2014	9.800 25	268.5	
2013	7.769 9	212.9	
2012	6.658 3	182.0	288.78
2011	4.005 6	109.80	253.86
2010	1.596 9	43.75	58.1
2009	1.382 3	37.87	
2008	1.355 0	37.02	63.4
2007	1.117153	32.2 万	48.2
2006	0.897 9	24.6	40.1
2005	0.496 4	13.6	28
2004	0.014 001 54	10	26.5

3. 在建地铁线路

深圳在建地铁线路共 13 条，如表 9.31 所示。

表 9.31 深圳地铁在建线路

路线名称	起讫站	站数	里程/km	车辆编组	标志色	通车时间
2 号线三期（东段）	新秀站，莲塘站	3	3.9	6A	橙色	2020-12-28
3 号线三期（南段）	益田站，福保站	1	1.5	6B	天蓝色	2020-12-28
3 号线三期（东段）	双龙站，六联站	7	9.2	6B	天蓝色	2022-12-28
4 号线三期（北段）	清湖站，牛湖站	8	10.8	6A	红色	2020-12-28
6 号线	松岗站，科学馆站	27	49.4	6A	青绿色	2020-06-28
6 号线二期	光明-中山大学	2	6.4	6A	青绿色	—
6 号线支线	荔林站-深莞边界	4	6.1	6B		2022
8 号线一期（跟 2 号线贯通运行）	莲塘站，盐田路站	6	12.36	6A	橙色	2020-12-28
9 号线支线（跟 12 号线贯通运行）	南油站，海上世界站	4	3.7	6A	深灰色	2020-12-28
10 号线	福田口岸站，平湖中心站	24	29.5	6A	淡粉色	2020-05-28
11 号线	福田站-岗厦北站	1	1.8	8A	深紫色	2020-12-28
12 号线	左炮台站-海上田园站	33	40.54	—	—	2022
16 号线	大运新城-田头	23	27.6	—	—	2022
20 号线	机场北站，国际会议中心站	5	8.4	6A	艳黄	—

4. 建设规划

依据深圳城市总体规划和综合交通规划，深圳市城市轨道交通远景年线网由 28 条线路组成，远景年线网由 20 条线路组成，总长度约 753 km。预测到 2025 年，深圳市公共交通占客运机动化出行量比例达到 65% 以上，轨道交通占公共交通出行量比例为 45% 以上。

2015 年 9 月 14 日，国家发展和改革委员会批复了《深圳市城市轨道交通第四期建设规划》，规划显示，2017—2022 年，建设 6 号线支线、12 号线、13 号线、14 号线、16 号线共 5 个项目，总长度 148.9 km。到 2022 年，形成 15 条线路、总长约 570 km 的轨道交通网络。其中，6 号线支线采用 B 型车 6 辆编组，14 号线采用 A 型车 8 辆编组，最高运行时速 120 km；12、16 号线均采用 A 型车 6 辆编组，最高运行时速 80 km；13 号线采用 A 型车 8 辆编组，最高运行时速 10 km。

到 2035 年，深圳市轨道交通规划里程将达 1 335 km。

深圳地铁自从 2004 年年底开通后，实实在在给居民生活和城市面貌带来了相当大的改变。如地铁准点快捷，乘客出行有了保障。深圳地铁还缩短了各区的距离，促进深圳特区的一体化发展。地铁干净整洁，站台设计得漂亮，很有艺术感，为乘客们提供了一个舒适的乘车环境。但同时也有不尽如人意的一面，部分线路的导向标志系统、无障碍设施存在不足。地铁已经密切融入到市民的生活中，有效缓解了深圳日益繁重的交通压力，对市民的出行方式、居住空间、休闲购物乃至文明观念等，都产生了深远的影响。

（七）重庆市轨道交通规划与建设

1. 发展历程与现状

重庆轨道交通（Chongqing Rail Transit，CRT）第一条线路于 2004 年 11 月 6 日开通观光运营，于 2005 年 6 月 18 日正式开通运营，是中国西部地区第一条城市轨道交通线路。

1946 年（民国三十五年），《陪都十年建设计划草案》提出建设高速电车。当拟建三条高速电车线，建设标准采用每米重 47.77 kg 的钢轨，轨距为 1 m，最大坡度 9%，弯度最小半径 80 m；主城区车速 25 km/h，郊区 45 km/h；车辆长 8 m、宽 1.8 m，双电机，每台分别为 35 马力（约 25.7 kW）；车辆带拖车，每列乘 240 人；初定 10 min 发一班，三线每天总运量约 10 万人次，部分线路在地下。其中，甲线为龙门浩—两路口—磁器口，乙线为龙门浩—二塘—南温泉，丙线为龙门浩—石坎—大田坎。

1958 年，"重庆市市中区地下铁道工程队"成立，拟对原有防空洞进行拓宽、加固，并新挖从十八梯到临江门的地下隧道，工程在进行了一年多后停滞。

1960 年，《重庆市城市初步规划（1960—1980 年）》提出建设"直通与环状"线网布局的"地下快速铁道线网"，以市中区为核心，将新牌坊、小龙坎、杨家坪、石桥铺、两路口等地区串联起来，总长约 100 km。

1965 年，"重庆市中区地下铁道工程处"再次成立，工程处共分 4 个工程队，共有 1 000 余人。

1966 年下半年，工程再一次瘫痪。但工程基本完成了市中区的地下隧道网：千厮门、望龙门、中华路、十八梯、兴隆街、枣子岚垭、燕喜洞部分贯通。至 1971 年，工程处被迫停工解散，修建的隧道移交人防部门。

1983 年，《重庆市城市总体规划（1982—2000 年）》提出建设"地下铁道"，由朝天门至杨家坪，沿途经过较场口、菜园坝、两路口、鹅岭、大坪、谢家湾，全长约 12.2 km。如今的轨道交通 2 号线走向与该线路基本一致。此外，该规划提出，菜园坝火车站改建后，由梨树湾经沙坪坝至菜园坝的铁路联络线开行城市列车，发挥轨道交通功能。

1988 年，重庆曾引入外地商人组建地铁集团投资修建地铁，公司设两路口，并曾开工建设，主要仍是在原人防工事基础上扩展施工。

1991 年，《重庆市综合交通规划（1990—2005 年）》提出建设"南坪—新牌坊、朝天门—双碑、朝天门—九宫庙" 3 条干线轻轨，以及"杨家坪—石桥铺"轨道连接线的规划方案，线网总长约 55 km。如今的轨道交通 1、2、3 号线走向与其基本一致。

1998 年，《重庆市城市总体规划（1996—2020 年）》在 1991 年综合交通规划基础上，保留了朝沙线，调整了朝新线半岛地区走向，将新牌坊—南坪线北向延伸至江北机场，将杨家坪—石桥铺连网线东向延伸至 4 km，增加五号线童家院子—冉家坝—高家花园大桥—杨公桥—上桥—中梁山。轨道线路总长约 119 km，线网密度约 0.36 km/km²。

2000 年 12 月 26 日，经国务院批准，2 号线一期工程较场口至动物园段全面开工。该工程被列为国家西部大开发十大重点工程，并于 2001 年 4 月获得由日本政府提供的政府间发展援助（ODA）270 亿日元（折合人民币 19.92 亿元）贷款。

2003 年《重庆市主城区综合交通规划（2002—2020 年）》和 2007 年《重庆市城市总体规划（2005—2020 年）》提出：主城区轨道交通线网格局扩展为"九线一环"，该线网骨架承袭了 1998 年总体规划轨道线网结构，总长约 522 km，线网密度约 0.66 km/km²。

2004 年 11 月 6 日，2 号线大坪至动物园段开通观光运营，在逐步增加站点、增加班次、降低票价后，于 2005 年 6 月 18 日正式开通运营。以后线路不断建设延长。

截至 2019 年 12 月，重庆轨道交通运营线路共有 10 条，包括 1、2、3、4、5、6、10 号线、环线、国博线、空港线，线网覆盖重庆主城区全域，共设车站 190 座、换乘站 21 个；运营里程 329 km，里程总长度位居中国第六位、西部第一位。其中：1、4、5、6、10 号线、环线、国博线为地铁系统，约 230 km；2、3 号线、空港线为单轨系统（跨座式单轨），共 98.45 km。

2. 运营线路与客运流量

重庆轨道交通运营线路见表 9.32 所示。

表 9.32　重庆轨道交通运营线路统计

线路名称	起止站	标识色	里程/km	车站/座	类型、编组	首段开通时间
1 号线	小什字站—璧山站	石榴红	44.54	24	地铁、6B	2011-07-28
2 号线	较场口站—鱼洞站	森林绿	31.36	25	单轨、4/6	2004-11-06
3 号线	鱼洞站—江北机场 T2 航站楼站	琉璃蓝	56.1	39	单轨、6/8	2011-09-29
空港线（3 号线北延伸段）	碧津站—举人坝站		10.99	6	单轨、6/8	2016-12-28
4 号线（一期）	民安大道站—唐家沱站	鲜橙黄	15.6	7	地铁、6As	2018-12-28
5 号线（一期北段）	园博中心站—大石坝站	浅葱蓝	17	10	地铁、6As	2017-12-28
6 号线	茶园站—北碚站	谦粉红	63.33	28	地铁、6B	2012-09-28
国博线（6 号线支线）	礼嘉站—悦来站		12.6	5	地铁、6B	2013-05-15
10 号线（一期）	王家庄站—鲤鱼池站	紫罗兰	34	18	地铁、6As	2017-12-28
重庆轨道交通环线	重庆图书馆站—二郎站	柠檬黄	43.2	22	地铁、6As	2018-12-28
总　计			329	178		

备注：数据统计截至 2019 年 12 月。

重庆轨道交通客运流量见表9.33所示。

表9.33 重庆轨道交通客运流量统计

年份	客运总量/亿乘次	日均客运量/万乘次	最大日客运量/万乘次	运营里程/km
2017	7.40	203.6	284.9	264.30
2016	6.93	189.97	261.82	213.30
2015	6.30	180.0	—	202.30
2014	5.17	141.7	241.4	202.30
2013	4.00	109.8	180.6	170.00
2012	2.44	69.1	120.1	131.00
2011	0.831 1	34.0	74.3	74.80
2010	0.450 0	12.3	20.0	19.15
2009	0.418 1	11.5	18.6	19.15
2008	0.398 8	10.9	16.3	19.15
2007	0.350 0	9.5	16.0	19.15
2006	0.220 2	6.0	14.2	19.15

2019年，重庆轨道交通日均客流量达300万乘次以上，日最高客运量为2019年9月30日的373.9万乘次。重庆轨道交通2号线是中国第一条跨座式单轨，也是中国西部地区第一条城市轨道交通线路，因其列车在李子坝站穿楼而过闻名全国。

3. 在建线路

截至2019年12月，重庆轨道交通在建线路共有10余条（段），包括1号线朝天门段、4号线二期、5号线南段及北延伸段、6号线支线二期、9号线一期、10号线二期、18号线、环线西南环、江跳线、市域快线璧铜线等，在建里程约250 km；预计到2022年，城市轨道交通运营和在建规模达到850 km以上；总体规划共18条线路。其在建路如表9.34所示。

表9.34 重庆轨道交通在建线路

线路名称	起止站	里程/km	新建站/座	轨道类型	开工时间	预计开通
1号线朝天段	尖顶坡站—璧山站	5.6	1	地铁系统	2014-06	2019
4号线（二期）	唐家沱站—石船站	32	14	地铁系统	2019-01	2022
重庆轨道交通5号线（一期南段）	跳蹬站—红岩村站	22.7	16	地铁系统	2013-12	2021
5号线跳磴至江津段	跳蹬站—圣泉寺站	26.7	5	地铁系统	2015-06	2021
5号线北延伸段	园博中心站—悦港北路站	9	7	地铁系统	2019-01	2022
重庆轨道交通18号线	富华路站—跳蹬南站	29	19	地铁系统	2019-01	2022
6号线支线（二期）	悦来站—沙河坝站	13.987	7	地铁系统	2016-10	2020
重庆轨道交通9号线（一期）	新桥站—兴科大道站	32.3	24	地铁系统	2016-09	2020
重庆轨道交通9号线（二期）	兴科大道站—花石沟站	8	5	地铁系统	2019-04	—
10号线（二期）	兰花路站—鲤鱼池站	10	8	地铁系统	2016-10	2020
环线（西南半环）	重庆西站—谢家湾站	17.3	33	地铁系统	2013-10	2021
重庆市域快线璧山至铜梁线	璧山站—铜梁站	37.5	9	城轨快线	2019-11	—

4. 建设规划

按照规划，至 2050 年，重庆市轨道交通将建成 18 条轨道交通线路，形成"十七线一环"线网布局，构成轨道交通"环 + 放射"网络结构线网，总里程长度约 820 km，其中主城线路约 780 km，主城轨道线网密度将达到 0.69 km/km²，轨道交通占机动化出行比例为 45%，占公交出行比例为 60%。

2012 年 12 月，国家发改委正式批复了《重庆市城市轨道交通第二轮建设规划（2012—2020 年）》，获批的规划项目共 8 个，规模 215.04 km，项目总投资约 1 097 亿元。到 2020 年，第二轮规划建设完成后，重庆轨道交通将形成 9 条线路，总长 410.24 km。

根据 2016 年 7 月重庆轨道交通集团公布的重庆市城市快速轨道交通第二轮建设规划修编《环境影响报告书》显示，第二轮拟新增项目包括：4 号线二期（唐家沱—石船）、5 号线北延伸段（园博中心—悦港大道）以及 5 号线支线（富华路—跳蹬南）。

2018 年 11 月 28 日。国家发展改革委正式印发《关于重庆市城市轨道交通第三期建设规划（2018—2023 年）的批复》（发改基础〔2018〕1748 号），同意重庆市新建 5A 线、4 号线二期、5 号线北延伸段等三条线路，总长度 70 km，总投资 515 亿元。重庆轨道交通规划见图 9.17 和图 9.18 所示。

重庆轨道交通建设近年成绩很大，城市轨道穿山越岭、跨越两江，穿梭在街巷和楼宇间，成为独具特色的风景线和城市"名片"，更是助推发展、便民利民的"快车道"。重庆轨道交通 1 号线在设计上突出体现了细致入微的人文关怀，为乘客提供惬意舒适的乘车环境。列车内采用了具有加热功能的不锈钢座椅，车站内设置了环境监测点、空气净化装置及通风空调自动控制系统，自动控制车站内温度和湿度，提高空气品质；站厅内设有乘客问询处、乘客信息自助查询系统、便民自助银行、手机自助充电系统以及具备纸币循环找零、硬币多枚投入功能的自动售票机和通行能力强、通过率高、安全可靠的回缩型门式自动售检票系统。

（八）成都轨道交通规划与建设

1. 发展历程与现状

成都地铁（Chengdu Metro）首条线路成都地铁 1 号线于 2010 年 9 月 27 日正式开通，也使成都成为中国（不含港、澳、台地区）第十个拥有城市轨道交通的城市。

2005 年 10 月，国务院批准了《成都市城市快速轨道交通建设规划》；11 月 11 日，国家发展和改革委员会下达了《关于成都地铁 1 号线一期工程可行性研究报告的批复》，正式批复同意建设成都地铁 1 号线一期工程；12 月 28 日，成都地铁 1 号线一期工程正式动工建设。

2007 年 12 月 29 日，成都地铁 2 号线一期工程开工建设。

2009 年 5 月，国家发展和改革委员会批准《成都市城市快速轨道交通建设规划（2005—2015）》调整方案。

2010 年 9 月 27 日，成都地铁 1 号线一期工程开通运营。以后地铁不断建设，运营里程继续延长。

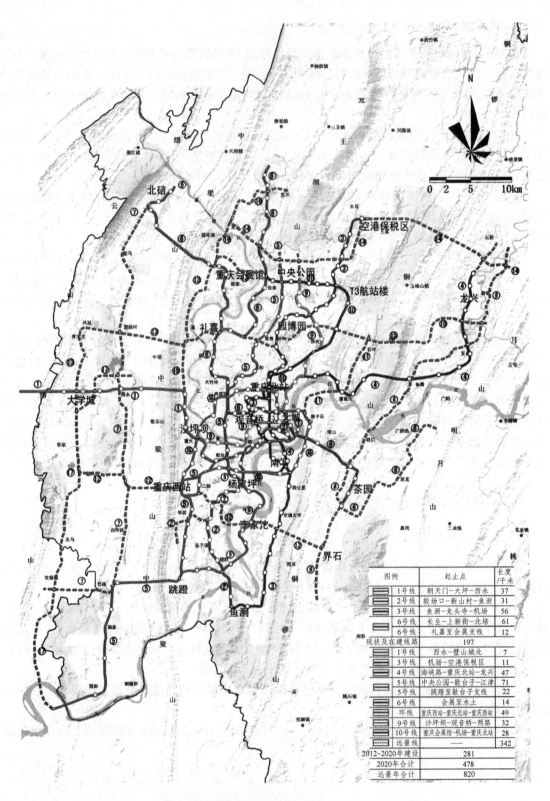

图例	起止点	长度/千米
1号线	朝天门-大坪-西永	37
2号线	较场口-新山村-鱼洞	31
3号线	鱼洞-龙头寺-机场	56
6号线	长生-上新街-北培	61
6号线	礼嘉至会展支线	12
现状及在建线路		197
1号线	西永-璧山城北	7
3号线	机场-空港保税区	11
4号线	海峡路-重庆北站-龙兴	47
5号线	中央公园-歇台子-江津	71
5号线	跳蹬至歇台子支线	22
6号线	会展至水土	14
环线	重庆西站-重庆北站-重庆西站	49
9号线	沙坪坝-观音桥-两路	32
10号线	重庆会展馆-机场-重庆北站	28
远景线		342
2012~2020年建设		281
2020年合计		478
远景年合计		820

图 9.17 重庆轨道交通建设规划方案示意（2007—2020 年）

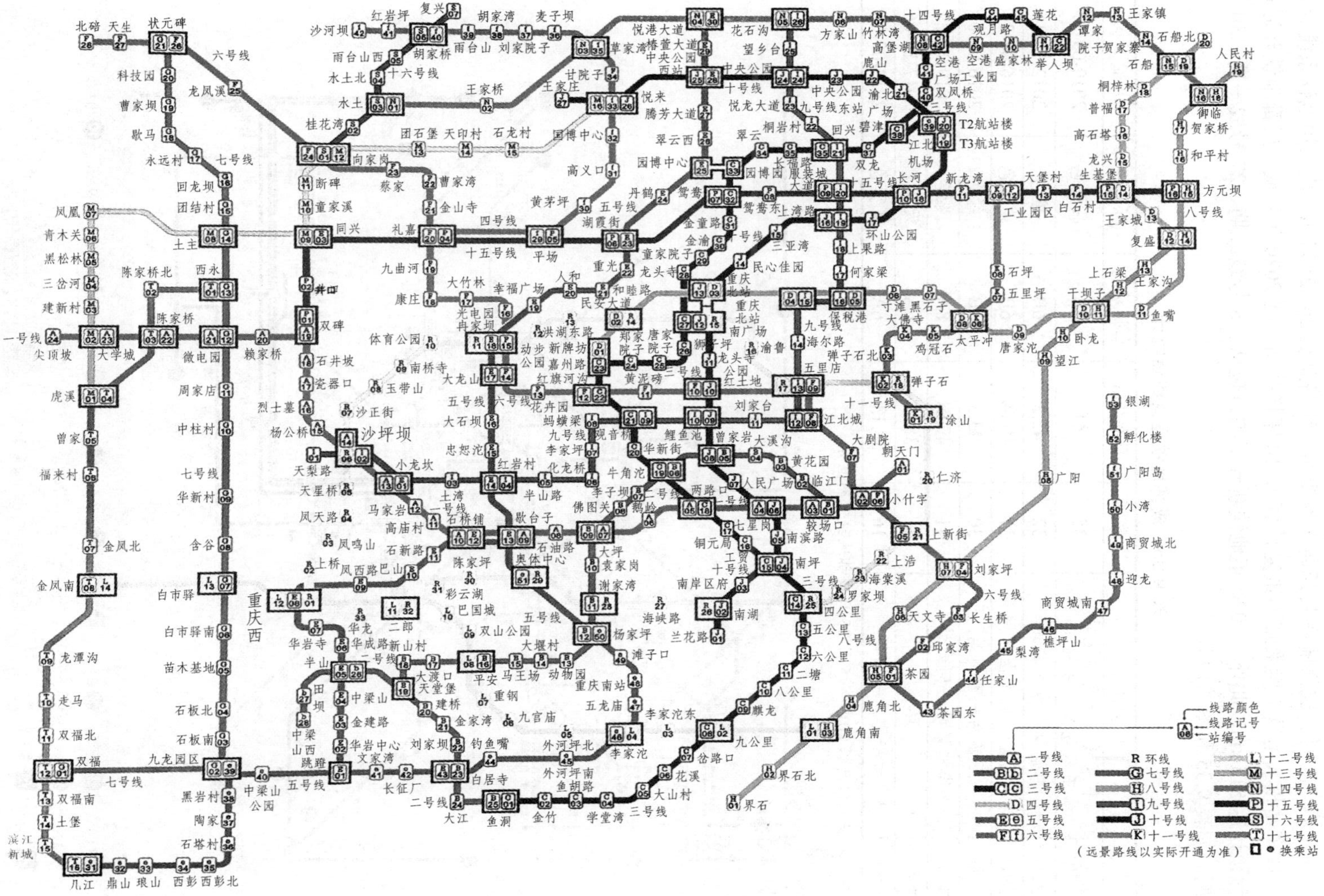

图 9.18　重庆轨道交通远景线网建设规划方案示意（2018—2050 年）

2. 运营线路与客运流量

至 2019 年 12 月，成都地铁共开通 7 条线路，线路总长 302.285 km，均采用地铁系统，共计 207 座车站投入运营（换乘站不重复计算），18 座换乘站。到 2020 年年底，成都地铁开通运营里程预计达 515 km。此外，2020 年地铁新开工项目包括：8 号线二期、27 号线一期、30 号线一期。如表 9.35 和图 9.19 所示。

表 9.35　成都地铁运营线路统计

线路编号	起止站点	站数/座	里程/km	车辆编组	标志色	开通时间
1 号线	韦家碾站—科学城站/五根松站（支线）	35	41	6B	品蓝色	2010-09-27
2 号线	犀浦站—龙泉驿站	32	42.3	6B	橙色	2012-09-16
3 号线	双流西站—成都医学院站	37	49.89	6B	洋红色	2016-07-31
4 号线	万盛站—西河站	30	43.3	6B	绿色	2016-01-01
5 号线	华桂路站—回龙站	41	49.01	8A	紫色	2019-12-27
7 号线	环线	31	38.61	6A	天蓝色	2017-12-06
10 号线	太平园站—新平	16	38.137	6A	宝蓝色	2017-09-06

备注：以上信息据 2019 年 5 月 25 日成都地铁官网显示。

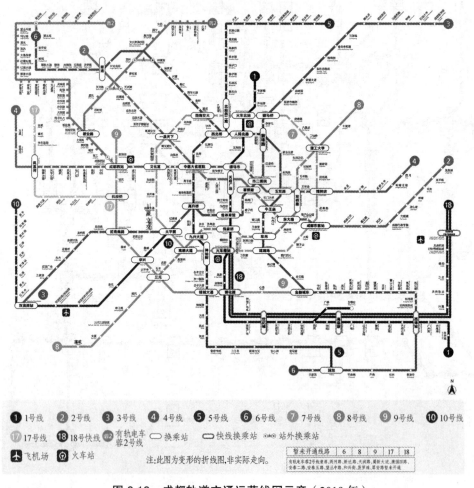

图 9.19　成都轨道交通运营线网示意（2019 年）

2018 年，成都地铁客运总量 11.6 亿乘次，同比 2017 年增加 3.8 亿乘次；2019 年 9 月 30 日，成都地铁单日线网客运量达 490.24 万乘次，第八次刷新纪录。2019 年 12 月 31 日，成都地铁单日线网客运量达 525.60 万乘次，首次突破 500 万大关。如表 9.36 所示。

表 9.36　成都地铁客运流量统计

年份	总客流/乘次	日均客流/乘次	最高客流/乘次
2010	1 187 万	—	—
2011	5 528 万	—	—
2012	1.03 亿	—	—
2013	2.4 亿	—	—
2014	2.8 亿	—	—
2015	3.4 亿	92.97 万	238.11 万（9 月 30 日）
2016	5.6 亿	153.21 万	—
2017	7.82 亿	214.25 万	328.65 万（12 月 29 日）
2018	11.6 亿	—	411.15 万（9 月 21 日）
2019	—	—	525.60 万（12 月 31 日）

3. 运营线路与客运流量

截至 2019 年 12 月，成都地铁在建线路共有 5 条（成都地铁 6 号线一二三期、成都地铁 8 号线一期、成都地铁 9 号线一期、成都地铁 17 号线一期、成都地铁 18 号线一二期），共计里程 213.02 km；2020 年，地铁 6 号线一二三期、8 号线一期、9 号线一期、17 号线一期、18 号线一二期项目将竣工。如表 9.37 所示。

表 9.37　成都地铁在建线路

线路编号	起止站点	车站数/座	里程/千米	车辆编组	标志色	预计开通时间
6 号线一二三期	望丛祠站—兰家沟站	56	68.76	8A	棕色	2020 年
8 号线一期	莲花站—十里店站	25	29.10	6A	草绿色	2020 年
9 号线一期	黄田坝站—三色路站	13	22.21	8A	明黄色	2020 年
17 号线一期	金星站—机投桥站	9	26.15	6A	翡翠色	2020 年
18 号线一二期	火车南站站—天府机场 1 号 2 号航站楼站	12	66.83	8A	深青色	2020 年

备注：表中统计数据截至 2019 年 12 月。

4. 建设规划

2013年2月16日，国家发展和改革委员会批准了《成都市城市轨道交通近期建设规划（2013—2020年）》。

2015年5月6日，国家发展和改革委员会批复《关于成都市城市轨道交通近期建设规划（2013—2020年）》调整方案。

2016年7月11日，国家发展和改革委员会批复《关于成都市城市轨道交通第三期建设规划（2016—2020年）》；成都地铁第一轮规划（2005—2015年）全面完成；11月，成都市完成了城市轨道交通线网规划修编工作。

2019年6月17日，国家发展改革委批复《关于成都市城市轨道交通第四期建设规划（2019—2024年）》，如图9.20所示。

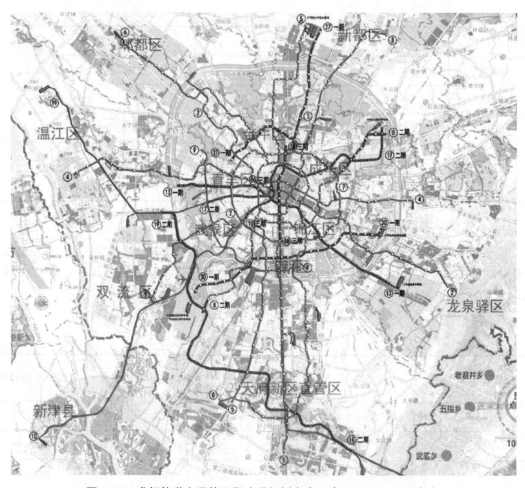

图9.20　成都轨道交通第四期建设规划方案示意（2019—2024年）

成都地铁远景推荐线网由46条线路组成，包含23条普线、16条快线、3条既有市域铁路线、1条市域内控制线线路（简阳线）、3条跨市域线路18-1号线（资阳线）、39号（眉山）线延伸线、40号（德阳）线组成，总长约2 450 km；远期线网由34条线路组成，总长约1 765 km，规划实现了全域覆盖。如图9.21所示。

图9.21 成都轨道交通远景建设规划

　　成都地铁让更多的市民不再为公交车的拥挤而烦恼。地下交通的容量大、速度快、准点率高等特点弥补了单一地面交通的不足。到2020年，成都地铁公共交通分担率将达到50%。地铁的建设完善了成都市的公共交通系统，建立起了一个整合、高效、经济的道路轨道交通网络，并使之持续满足城市的需要。地铁时代来临意味着成都将真正步入公共立体交通时代。成都地铁的建设将会提高公共交通的竞争力，并且对成都城市道路拥挤问题日益突出无疑是一个有效的缓解措施。

（九）南京市轨道交通规划与建设

1. 发展历程与现状

　　南京地铁（Nanjing Metro）前身可以追溯到1907年（清朝光绪三十三年）建造的京市铁路，其首条线路于2005年5月15日正式通车，使南京成为中国（不含港、澳、台地区）第6个开通地铁的城市。

　　1907年（清光绪三十三年），时任两江总督端方上奏清政府，修建南京市内铁路，同年

10 月破土动工，该铁路即为京市铁路。京市铁路是南京地铁的前身，是当时中国各大城市中唯一的小铁路，不仅是南京城区现代化公共交通事业的发端，同时也是中国最早的城市轨道交通。

1909 年（清宣统元年）1 月，全线通车，共设 6 个车站。

1910 年（清宣统二年），增设了劝业会站（后改名丁家桥站）。

1936 年（民国二十五年），京市铁路向南延伸 3.8 km，增设了武定门、中华门两站，全线为 9 站。

1949 年，南京解放后，京市铁路改称"宁市线"，有关部门对铁路进行了维修整治。

1958 年 11 月 28 日，京市铁路正式停运拆除。

1984 年，南京市玄武区 20 位人大代表提交了"南京市兴建地铁的设想"的议案，南京地铁项目规划工作启动。

1986 年 4 月，南京市成立综合交通规划领导小组，下设地铁专业组，南京地铁前期规划由此开始；《南京市地铁线路规划初步方案》：3 条地铁、3 条支线。

1992 年，三山街实验站结合中山南路南下工程开始建设。

1993 年，《南京城市总体规划》中规划的南京地铁为 4 条地铁线、1 条地铁支线、3 条轻轨线和 1 条市郊铁路线。

1994 年，国家计委同意南京地铁"预立项"。

1999 年 4 月 15 日，国家批准南京地铁正式立项，南京成为继北京、天津、上海、广州、深圳之后第六个获批地铁的城市；5 月 28 日，南京市地下铁道工程建设指挥部、南京市地下铁道总公司成立。《南京城市快速轨道交通线网规划》规划了 6 条地铁线、2 条地铁支线、3 条轻轨线。

2000 年 12 月 12 日，南京地铁 1 号线一期工程在小行车辆基地举行开工典礼；11 月，完成了《南京地铁二号线一期工程预可行性研究报告》。

2003 年 1 月，南京地铁 2 号线一期工程通过了中国国际工程咨询公司组织的专家评审；12 月，南京奥体中心附近的向兴路站（现名奥体东站）开始动桩施工，标志着规划已久的二号线试验段的开工。

2005 年 5 月 15 日，南京地铁 1 号线开通观光运营；9 月 3 日，正式开通运营。南京地铁 1 号线的开通，使南京成为继北京、天津、上海、广州、深圳之后第 6 个拥有地铁的城市。

2. 运营线路与客运流量

截至 2019 年 12 月，南京地铁已开通运营线路共有 10 条，包括 1、2、3、4、10、S1、S3、S7、S8 及 S9 号线，均采用地铁系统，共 174 座车站（换乘站重复计算），地铁线路总长 378 km，线路总长居中国第 4（仅次于上海、北京、广州）、世界第 5 位，构成覆盖南京全市 11 个市辖区的地铁网络，南京成为中国第一个区县全部开通地铁的城市。如表 9.38 所示。

南京地铁 1 号线于 2005 年 5 月 15 日开通观光运营，9 月 3 日正式开通运营，南京地铁在开通首个整年就实现了收支平衡、略有盈余，一举打破了地铁运营亏损的世界性难题。至 2012 年年底，共计完成运营收入 24.86 亿元，收支盈余 2.16 亿元。

表 9.38　南京地铁运营线路

线路编号	起讫站	站数	里程/km	车辆编组	标志色	通车时间
1 号线	迈皋桥站，中国药科大学站	27	38.9	6A	蓝色	2005 年 5 月 15 日
2 号线	油坊桥站，经天路站	26	37.95	6A	红色	2010 年 5 月 28 日
3 号线	林场站，秣周东路站	29	44.9	6A	绿色	2015 年 4 月 1 日
4 号线一期	龙江站，仙林湖站	18	33.8	6B	紫色	2017 年 1 月 18 日
10 号线一期	安德门站，雨山路站	14	21.6	6A	香槟色	2014 年 7 月 1 日
S1 号线	南京南站，空港新城江宁站	9	37.3	6B	宝石绿	2014 年 7 月 1 日
S3 号线	南京南站，高家冲站	19	36.22	6B	粉紫色	2017 年 12 月 6 日
S7 号线	空港新城江宁站，无想山站	9	30.16	4B/6B	薄红梅色	2018 年 5 月 26 日
S8 号线一期	泰山新村站，金牛湖站	17	45.2	4B	深橘黄色	2014 年 8 月 1 日
S9 号线	翔宇路南站，高淳站	6	52.4	3B	明黄色	2017 年 12 月 30 日

以上数据信息截至 2019 年 6 月。

2012 年年度报告显示，南京地铁日均客流已占全市公交出行量的三分之一，地铁已成为南京城市交通的骨干线、主力军，日均客流量超过 110 万人次，全年运送乘客约 4 亿人次。2013 年，南京地铁完成客运量 4.52 亿人次，与 2012 年相比增长了 12.9%。

伴随着地铁线路的延伸和市民对地铁的信赖，地铁单日客流纪录不断刷新。经统计，地铁日均客流已从 2005 年的 15.22 万人次，增加到 2015 年的 220 万人次，至 2015 年 7 月共计安全运送乘客 27.3 亿人次。南京地铁 2014 年的客运总量，占江苏省地铁客运总量的 73%。2015 年，南京地铁承担客运人数达 7.17 亿人次，占城市公交客运总量的 34.8%。2017 年，南京地铁累计客流 9.77 亿人次，日均客流 267.7 万人次。2018 年，南京地铁累计客流 11.125 亿人次，比 2017 年增加 1.355 亿人次，增长 13.9%；日均客流 304.79 万人次，比 2017 年增加 37.09 万人次，增长 12.2%。截至 2019 年 6 月，南京地铁日均客运量 353 万人次，最高日客运量 415.5 万人次，创运营以来单日客流新高。客运流量如表 9.39 所示。

表 9.39　南京地铁客运流量

年　份	客运量/万人次	南京常住人口/万人	人均乘地铁次数/次
2018 年	111 250.00	843.62	132
2017 年	97 711.00	833.50	117
2016 年	83 067.00	825.23	101
2015 年	71 700.00	823.59	87
2014 年	50 300.00	821.61	61
2013 年	45 215.99	818.78	55
2012 年	40 060.20	816.10	49
2011 年	34 370.10	810.91	42
2010 年	21 459.40	800.76	27
2009 年	11 353.00	771.31	15
2008 年	10 379.00	758.89	14
2007 年	8 016.00	741.30	11
2006 年	5 798.00	719.06	8
2005 年（9 月至 12 月）	1 800.00	686.00	3

3. 在建线路

截至 2019 年 12 月，地铁 1 号线北延、地铁 2 号线西延、5 号线、6 号线、7 号线、S4 号线滁州段、S6 号线、S8 号线南延正在建设中；3 号线三期、4 号线二期、9 号线一期、10 号线二期、11 号线一期已进入前期准备阶段，将于 2020 年陆续开工建设。至 2030 年，南京地铁将建成 25 条地铁线路，总长 1 011.2 km，如表 9.40 所示。

表 9.40 南京地铁在建线路

线路编号	起讫站	站数	里程/km	车辆编组	标志色	预计通车时间
1 号线北延	迈皋桥站，二桥公园站	5	6.54	6A	蓝色	2021 年
2 号线西延	油坊桥站，鱼嘴站	4	5.59	6A	红色	2021 年
5 号线	方家营站，吉印大道站	30	37.4	6A	灰蓝色	2022 年
6 号线	栖霞山站，南京南站	18	34.8	6B	粉色	2023 年
7 号线	仙新路站，西善桥站	27	35.7	6B	草绿色	2022 年
S4 号线滁州段一期	凤阳北路站，汊河镇站	9	33.18	4D	未定	2022 年
S4 号线滁州段二期	滁州高铁站，凤阳北路站	6	13.28	4D	未定	2022 年
S6 号线	马群站，句容站	13	43.7	6B	杜若色	2022 年
S8 号线南延	泰山新村站，大桥站	2	2.1	4B	深橘黄色	2022 年

统计数据截至 2019 年 12 月。

4. 建设规划

1986 年 4 月，南京地铁前期规划开始；《南京市地铁线路规划初步方案》：3 条地铁、3 条支线。

1993 年，《南京城市总体规划》中规划的南京地铁为 4 条地铁线、1 条地铁支线、3 条轻轨线和 1 条市郊铁路线。

1999 年 5 月 28 日，《南京城市快速轨道交通线网规划》规划了 6 条地铁线、2 条地铁支线、3 条轻轨线。

2002 年，日本中央复建工程咨询公司（CFK）主编新一轮《南京城市轨道交通线网规划》。主城内部布设 7 条轨道交通线路，中心区设 4 条地铁线；主城与三大新市区（东山、仙林、江北）之间各有 2 条以上轨道交通线连通，其中 1 条直达新街口中心区；主城与外围新城（板桥、新尧、龙潭、大厂、雄州等）之间也各有 1 条以上轨道交通线连通；三大新市区内部都将布设轻轨交通线路。

2002 年 9 月，《南京城市轨道交通线网规划》中规划 7 条地铁线、3 条轻轨线。

2003 年南京轨道交通线网在 2002 年编制的《南京城市轨道交通线网规划》的基础上进行了局部调整。调整后，南京都市发展区共 13 条轨道线路，总长度 433 km，如图 9.22 所示。其中 9 条地铁线（含 4 条过江线）、4 条轻轨线。线网密度 0.15 km/km^2。南京主城区共 8 条地铁线路，总长度 200 km。调整后的远景线网可基本划分为两个层次：由骨干线路组成的骨干网络和由其他线路组成的预留发展网络。骨干网络共有 8 条主要线路，由一、二、三、四、五、六号线和江北轻轨、南城轻轨所构成。该骨干网络建成后轨道交通将承担城市客运交通的骨干作用，同时该网络也确定为南京城市轨道交通线网规划的远期网络。

截至 2019 年 6 月，根据南京市《南京市城市总体规划（2007—2030）》中轨道交通规划篇，到 2030 年南京地铁线网规划共计 25 条线路，总长 1 011.2 km。

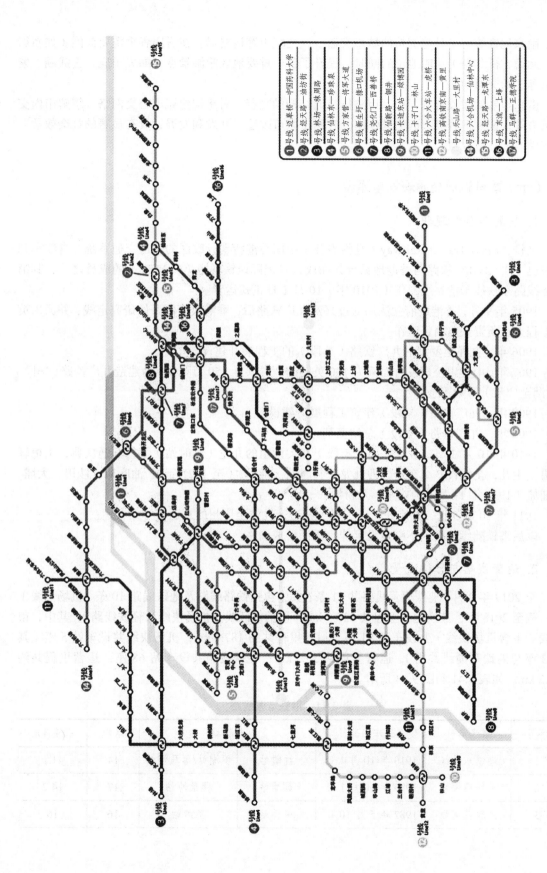

图 9.22 南京地铁线网规划

南京地铁缓解了日趋拥挤的城市交通，改变城市客运格局，在巩固各个重要商圈（如新街口、元通、桥北等）功能地位的同时，提升了各个重要地区旅游景点（如夫子庙、玄武湖、紫金山等）的交通功能。

南京地铁的建设有利于南京市整体交通结构的完善，对于构建城市公交网络、缓解市内交通压力等，都发挥着极大的促进作用，有利于城市改造、开发和发展，具有显著的社会效益、经济效益和环境效益。

（十）香港轨道交通规划与建设

1. 发展历程与现状

港铁（Mass Transit Railway）是指服务于中国香港特别行政区的轨道交通系统（含缆车和接驳巴士），由九广铁路与香港地铁合并而成，是国际地铁联盟（CoMET）的成员之一，其第一条线路东铁线于清宣统二年（1910年）10月1日正式运营。

1905年9月，香港政府立法局通过兴建九广铁路后，香港政府便开始研究定线，并派出英国工程人员负责铁路测量工作。

1906年，九龙至罗湖的九广铁路（英段）的工程展开建设。

1907年，中英银公司发行面额为100英镑的债券共计150万英镑，为建造九广铁路（华段）（罗湖至广州）筹集资金。

1908年，九广铁路（华段）建筑工程展开建设。

1909年，九广铁路（华段）总站奠基。

1910年10月1日，九广铁路（英段）在尖沙咀的九龙（临时站）举行开通庆典，由梅轩利爵士主礼，全线设7个车站，即九龙（临时站）、红磡（至1921年）、油麻地、沙田、大埔、大埔墟（1910年11月前为旗站）及粉岭。

1911年10月5日，九广铁路（华段）开通，九龙至广州的直通车开始营运。

以后港铁陆续建设，不断建设延伸，逐渐形成网络。

2. 运营线路与客运流量

至2019年2月，港铁运营线路共11条，其中包括铁路线路及地铁线路10条、机场快线1条。截至2018年，港铁运营里程共230.9 km（包括市区线、机场快线和轻铁线路）。其中，市区线（不含机场快线）共设车站91座，运营里程共约187.4 km；机场快线共设车站5座（其中3座与港铁东涌线共用），运营里程共35.2 km；轻铁线路共设车站68座，运营里程共约36.2 km。如表9.41和图9.23所示。

表9.41　港铁运营线路

序号	路线名称	通车日期	起讫站		站数	长度/km
1	港铁东铁线	1910年10月1日	红磡站	罗湖站/落马洲站	14	41.1
2	港铁观塘线	1979年10月1日	黄埔站	调景岭站	17	14.2
3	港铁荃湾线	1982年5月10日	中环站	荃湾站	16	16

序号	路线名称	通车日期	起讫站		站数	长度/km
4	港铁港岛线	1985 年 5 月 31 日	坚尼地城站	柴湾站	17	16.3
5	港铁东涌线	1998 年 6 月 22 日	香港站	东涌站	8	31.1
6	港铁将军澳线	2002 年 8 月 18 日	北角站	宝琳站/康城站	8	11.9
7	港铁西铁线	2003 年 12 月 20 日	红磡站	屯门站	12	35.4
8	港铁马鞍山线	2004 年 12 月 21 日	乌溪沙站	大围站	9	11.4
9	港铁迪士尼线	2005 年 8 月 1 日	欣澳站	迪士尼站	2	3.3
10	港铁南港岛线	2016 年 12 月 28 日	金钟站	海怡半岛站	5	7
11	港铁机场快线	1998 年 7 月 6 日	香港	博览馆	5	35.2

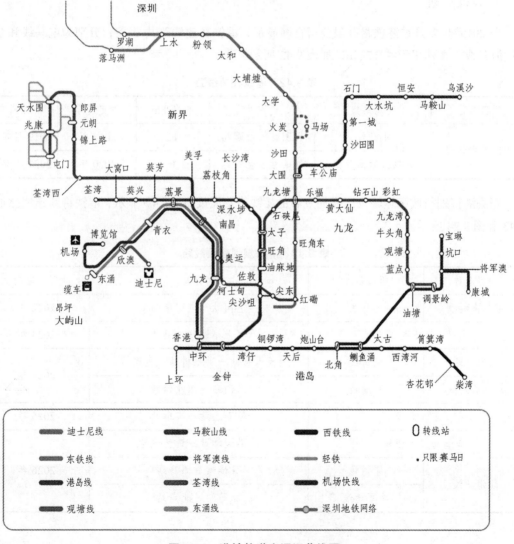

图 9.23 港铁轨道交通运营线网

据《香港铁路有限公司 2016 年报》显示，2016 年，港铁市区线总客运量 15.865 亿人次，过境服务总客运量 1.133 亿人次，机场快线总客运量 1 610 万人次，轻铁线路总客运量 2.291 亿人次；2015 年，港铁市区线总客运量 15.775 亿人次，过境服务总客运量 1.142 亿人次，机场快线总客运量 1 570 万人次，轻铁线路总客运量 2.267 亿人次。

据 2017 年 8 月香港铁路有限公司公布数据显示，2017 年上半年港铁乘客量与列车班次打破历年纪录，有超过 9.7 亿人次使用铁路和巴士客运服务。

据《香港铁路有限公司 2017 年报》显示，2017 年港铁总客运量 20 亿人次（包括市区线、过境服务、机场快线和轻铁线路等），同比 2016 年增长 2.6%。

据 2018 年 4 月香港特别行政区政府运输署资料显示，2017 年，港铁市区线日均客运量 481 万人次，机场快线日均客运量 4.55 万人次，轻铁线路日均客运量 48.9 万人次。

3. 建设规划

据 2019 年 2 月香港铁路有限公司官网显示，港铁在建线路共 2 条，分别为屯马线和东铁线过海延线，在建里程共 17 km，如表 9.42 所示。

表 9.42　港铁在建线路

项目名称	所属路线	起讫站	长度/km	原定通车	估计通车
沙田至中环线	屯马线	大围站－红磡站	11	2018 年	2019 年年中
	东铁线过海延线	红磡站－金钟站	6	2020 年	2021 年年底

据香港特别行政区运输及房屋局发布的《铁路发展策略 2014》显示，港铁将新建线路如表 9.43 和图 9.24 所示。

表 9.43　港铁规划建设线路

项目名称	所属路线	起讫站	计划开建时间
屯门南延线	屯马线	屯门站－屯门南站	2022 年
北环线		锦上路站－古洞站	2023 年
洪水桥站	屯马线	天水围站－洪水桥站－兆康站	2024 年
东涌西延线	东涌线	东涌站－东涌西站	
东九龙线		钻石山站－宝琳站	2025 年
南港岛线（西段）		香港大学站－黄竹坑站	2026 年
北港岛线	东涌线	香港站－添马站	
	将军澳线	添马站－北角站	

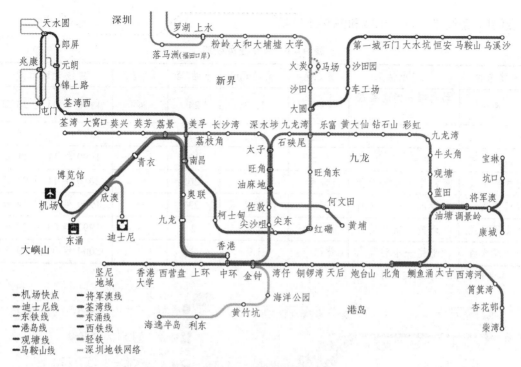

图 9.24   港铁总体规划

（十一）台北市轨道交通规划与建设

1968 年 6 月 28 日，中国台湾地区交通主管部门研究在台北都会区兴建大众捷运系统的可行性。但当时因所需经费庞大，需求并非十分迫切而未付诸实行。

1977 年 2 月，中国台湾地区交通主管部门（中国台湾地区交通主管部门运输研究所前身）研拟《台北地区大众捷运系统初步规划》报告，规划 U1、U2、U3、S1、S2 五条路线，简略形塑路网轮廓，为台北最早的捷运规划。

1981 年 9 月，中国台湾地区交通主管部门聘请英国大众捷运顾问工程司（BMTC）与中华顾问工程司组成计划小组，就初步规划报告深入研究。

1985 年 3 月 1 日，中国台湾地区"经建会"与三间美国顾问公司组成的"台北捷运顾问工程司"·（TTC）签约，进行台北都会区捷运系统综合研究。除了根据 BMTC 的路网修正外，亦将台北市的中运量台北捷运 1 号线纳入路网。

1988 年，台北市政府捷运工程局成立，建议把台北捷运蓝线延到南港、台北捷运木栅线改成现今的走法、将台北捷运淡水线与台北捷运新店线分开、增加维修轨（现今的台北捷运小南门线），就成了第二版"初期路网"，走回原本 BMTC 的规划方式。

1996 年 3 月 28 日，开通台北捷运木栅线（于 2009 年 10 月 8 日改名为台北捷运文山线），为台湾第一条捷运路线。因此，将 3 月 28 日定为台北捷运的周年纪念日。

据 2020 年 2 月台北捷运公司网站显示，台北捷运全线（BR 号文湖线、R 号淡水信义线、G 号松山新店线、O 号中和新芦线、BL 号板南线、Y 号环状线、新北投支线、小碧潭支线）包括支线共 8 条线路，如表 9.44 和图 9.25 所示。

表 9.44　台北捷运线路

线路名称	起止站	标识色	里程/km	车站/座	编组/节	首线开通时间
文湖线	动物园—南港展览馆	棕色	25.7	24	4	1996 年 03 月 28 日
淡水信义线	淡水—象山	红色	29.9	27	—	1997 年 03 月 28 日
松山新店线	新店—松山	绿色	—	19	—	1999 年 11 月 11 日
中和新芦线	南势角—回龙/芦洲	橘色	—	26	—	2010 年 11 月 03 日
板南线	南港展览馆—顶埔	蓝色	28.2	23	—	1999 年 12 月 24 日
新北投支线	北投—新北投	粉红色	1.2	2	3	1997 年 03 月 28 日
小碧潭支线	七张—小碧潭	黄绿色	1.9	2	3	2004 年 09 月 29 日

参考资料摘自台北捷运公司信息。

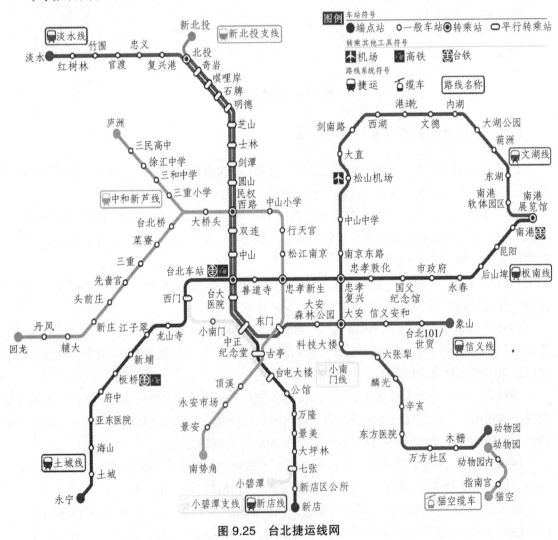

图 9.25　台北捷运线网

（十二）其他城市轨道交通规划与建设

1. 政策趋严，带动行业健康发展

自 2016 年年底至今，全国获准建设城市轨道交通的城市由 2012 年的 35 个增加到 43 个。它们是：北京、天津、上海、武汉、广州、南京、大连、成都、青岛、重庆、苏州、深圳、昆明、贵阳、长沙、杭州、厦门、沈阳、哈尔滨、福州、合肥、济南、南通、芜湖、郑州、佛山、绍兴、南宁、西安、宁波、石家庄、太原、东莞、乌鲁木齐、兰州、南昌、包头、呼和浩特、徐州、常州、洛阳、长春、无锡。这些城市当中，除南通、芜湖、绍兴、太原、包头、呼和浩特、徐州、常州、洛阳 9 个城市外，其余 34 个城市都已开通地铁运营。

2018 年 7 月 13 日，国务院办公厅印发《关于进一步加强城市轨道交通规划建设管理的意见》（国办发〔2018〕52 号）（下称"52 号文"），对新形势下我国城市轨道交通规划建设工作作出部署。城市地铁建设门槛大幅提高，审批也越来越严格。以城市财力和建设运营管理能力为实施条件，合理把握建设规模和节奏，切实提高城市轨道交通发展质量，确保与城市发展水平相适应。这有效限制了城市盲目进行城轨建设，有助于行业健康发展。

一是"52 号文"明确规定：城市轨道交通系统，除有轨电车外均应纳入城市轨道交通建设规划并履行报批程序。地铁主要服务于城市中心城区和城市总体规划确定的重点地区、申报建设地铁的城市一般公共财政预算收入应在 300 亿元以上，地区生产总值（GDP）在 3 000 亿元以上，市区常住人口在 300 万人以上。引导轻轨有序发展；申报建设轻轨的城市一般公共财政预算收入应在 150 亿元以上，地区生产总值（GDP）在 1500 亿元以上，市区常住人口在 150 万人以上。拟建地铁、轻轨线路初期客运强度分别不低于每日每千米 0.7 万人次、0.4 万人次，远期客流规模分别达到单向高峰小时 3 万人次以上、1 万人次以上。以上申报条件将根据经济社会发展情况按程序适时调整。

二是"52 号文"明确除采用特许经营模式的项目外，项目总投资中财政资金不低于 40%，严禁以各类债务资金作为项目资本金。同时，严禁通过融资平台公司或以 PPP 等名义违规变相举债，对列入债务风险预警范围的城市，暂缓审批新项目。

三是风险管控。在项目规划方面，"52 号文"规定项目规划期限一般为 5~6 年，资金筹措、建设规模等需与地方财力相匹配。同时，严格控制速度节奏，对要开展新一轮建设规划的城市，必须在本轮建设规划实施到最后一年或者规划项目总投资完成 70% 以上，才能报批。

收紧背后是防范地方债务风险。对于城市轨道交通项目审批收紧的原因，"52 号文"明确：由于城市轨道交通投资巨大、公益性特征明显，部分城市对城市轨道交通发展的客观规律认识不足，对实际需求和自身实力把握不到位，存在规划过度超前、建设规模过于集中、资金落实不到位等问题，一定程度上加重了地方债务负担。因此，在"52 号文"新政策出台以后，有的城市的轨道交通项目被叫停，有的项目暂缓。如表 9.45 所示。

表 9.45　2017 年 43 轨道交通立项城市经济状况一览（单位：亿元）

城市	GDP	一般公共预算收入	城市	GDP	一般公共预算收入
北京	28 000.4	5 430.8	南昌	5 003.2	417.1
天津	18 595.4	2 310.1	大连	7 363.9	657.6
上海	30 133.9	6 642.3	东莞	7 582.1	592.0
广州	21 503.2	1 533.1	青岛	11 037.3	1 157.1
深圳	22 438.4	3 332.1	合肥	7 213.5	1 251.2
南京	11 715.1	1 271.9	南宁	4 118.8	332.2
长春	6 530.0	1 208.9	贵阳	3 538.0	377.8
重庆	19 500.3	2 252.4	常州	6 622.3	518.8
武汉	13 410.3	1 042.9	厦门	4 351.2	1 187.3
佛山	9 549.6	661.4	兰州	2 523.5	234.2
杭州	12 556.0	1 567.4	太原	3 382.2	311.9
哈尔滨	6 355.0	770.2	石家庄	6 460.9	460.9
沈阳	5 865.0	656.2	乌鲁木齐	2 743.8	400.8
成都	13 889.4	1 275.5	徐州	6 606.0	501.6
西安	7 469.9	654.5	南通	7 734.6	590.6
苏州	17 300.0	1 908.1	济南	7 202.0	677.2
宁波	9 846.9	1 245.3	呼和浩特	2 743.7	201.6
无锡	10 511.8	930.0	绍兴	5 108.0	431.0
长沙	10 535.5	1 043.3	芜湖	3 065.5	558.4
郑州	9 130.2	1 056.7	洛阳	4 343.1	325.9
福州	7 104.0	1 005.7	包头	3 450.0	137.6
昆明	4 857.6	560.9			

2. 新增运营里程略有下滑

2018 年，我国虽然出台政策加强了对城市轨道交通建设的审批，要求必须符合城市经济发展实际情况，但是对正在建设的城市轨道交通项目基本没有产生影响。根据中国城市轨道交通协会数据显示，截至 2018 年年末，我国内地累计有 35 个城市建成投运城市轨道交通线路，运营里程达到 5 767 km，较 2017 年新增运营线路长度 734 km，新增运营线路 22 条，新开延伸段 14 段。虽然较 2017 年新增投运里程 880 km 有明显下降，但仍明显高于 2016 年水平。2013—2018 年我国城市轨道交通新增运营里程见图 9.26 所示。

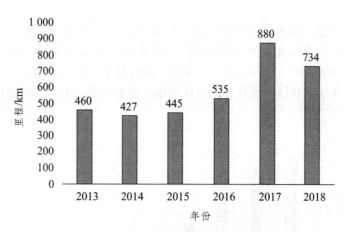

图 9.26　2013-2018 年我国城市轨道交通新增运营里程

从各个城市新增投运长度来看，青岛凭借地铁 11 和 13 号线的开通，以 120km 的新增投运长度占据第一位；武汉市通过新增有轨电车和地铁的方式，以 100km 的新增投运长度位列第二位；广州以 84.7km 的新增投运长度位列第三位。近年来，武汉和青岛经济活力较高，在新一线城市建设中，对于城市轨道交通基础设施较为重视，带动了城市轨道交通投运长度的提高。2018 年我国新增投运城市轨道交通前 10 位城市见表 9.46 所示。

表 9.46　2018 年我国新增投运城市轨道交通前 10 位城市

排名	城市	新增长度（km）	新增线路
1	青岛	124.4	地铁 11、13 号线
2	武汉	100.0	光谷有轨电车 L1、L2；轨道交通 7 号线一期；11 号线东段一期；27 号线
3	广州	84.7	地铁 3 号线；广佛线燕岗-沥滘段；14 号线一期；21 号线增城广场-镇龙西段
4	成都	60.2	1 号线 3 三期；3 号线 2、3 期；蓉 2 号线
5	上海	52.4	浦江线；松江有轨电车 T2 线；地铁 5 号线南延段；13 号线 2、3 期
6	天津	51.7	地铁 6 号线一期南段；1 号线东延线；5 号线
7	重庆	51.3	轨道交通 5 号线 1 期；4 号线 1 期；环线工程东北环
8	西安	35.2	地铁 4 号线
9	长春	33.6	地铁 2 号线 1 期；轨道交通 8 号线 1 期
10	南京	30.2	S7 号线

3. 线网密度仍低于欧美，未来需求超过 2 万公里

近年来，我国城市轨道交通整体建设速度较快，进入"十三五"以来三年累计新增运营线路长度 2 148.7 km，年均新增线路长度 716.2 km，线网密度有所提高。但是和欧美发达国家相比，我国城市轨道交通线网密度仍有所偏低。根据 2018 年年末我国主要城市城市轨道交通投运长度，对比城区建成面积进行线网密度计算发现，上海市城市轨道交通线网密度为 0.71 km/km²，位列全国第一；北京以 0.55 km/km² 的线网密度位列全国第二；但是和纽约、柏林以及东京都地区相比，我国城市轨道交通线网密度仍旧偏低。中外主要城市建成区轨道交通线网密度对比见图 9.27 所示。

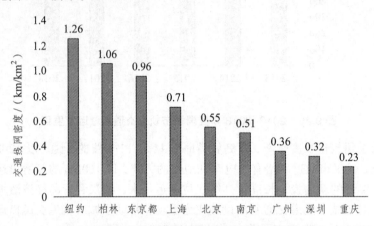

图 9.27　中外城市建成区轨道交通线网密度对比

随着我国城市建设的发展以及城镇人口数量的增多，我国城市轨道交通运营长度将不断提高。根据各城市发展规划，中国城市轨道交通协会统计，我国共有 70 个城市规划了超过 700 条城市轨道交通线路，总里程超过 2.8 万千米。

依据 2018 年 7 月颁布的 "52 号文" 精神，我国有 50 多个城市符合申报建设地铁和轻轨的条件。根据交通需求法进行测算，假设人均公交出行次数为 2 次/d，对标海外发达国家，伦敦、纽约、东京等城市轨交出行占比 60%，假设远期一线城市轨交出行占比 50%，新一线、二线、三线城市分别为 30%、25%、15%，客运强度分别达到 1.2 万人次/（d·km）、1 万人次/（d·km）、0.7 万人次/（d·km），则测算得出我国理论城市轨道交通需求约为 2.3 万千米。如表 9.47 所示。

表 9.47　中国远期城市轨道交通需求规模测算（单位：km）

城　市	一线城市	新一线城市	二线城市	三线城市
公交出行次数 /（万次/d）	14 564	31 610	34 868	14 970
轨道交通出行占比 /%	50	30	20	15
客运强度 /[万人次/(d·km)]	1.70	1.20	1.00	0.70
城轨需求/km	4 290	8 441	6 974	3 208
合　计				22 912

目前，我国城市轨道交通运营里程约 6 000 km，距离 2.3 万千米有着很大差距，这表明未来我国城市轨道交通有着巨大的发展空间。随着全面建成小康社会，逐步达到中等发达国家水平，我国城市轨道交通的建设在相当长时间内会保持火热。

六、其他形式轨道交通

（一）独轨铁路

1. 发展概况

独轨铁路是指车辆行驶在架空单根轨道上的一种轨道交通系统，有的也叫架空单轨列车。这种铁路初期采用的导轨系钢制，故称为铁路。

独轨交通历史悠久，但发展迟缓。早在 1821 年英国人 P.H.Palmer 就开始了独轨铁路研究，并因此而获得发明专利。1824 年在伦敦船坞为运送货物修建了世界上第一条独轨铁路，这比 1825 年开通的蒸汽机车牵引的铁道线路还早。当时采用木制轨道，用马来牵引着前进。

1888 年法国人在爱尔兰铺设了约 15 km 长的跨座式独轨铁路，用蒸汽机车牵引，从此有动力的独轨走向实用化阶段，但因为车辆摇摆、噪声大等，1924 年这条线路停止运营。

1893 年德国人 E.朗根（Langen）发明了悬挂式独轨车辆（图 9.28），伍珀塔尔市在巴门和埃尔伯费尔德间，建造了用于客运的独轨铁路，长度 13.3 km，其中 10 km 线路跨河架设，成为利用街道上空建设独轨铁路的先驱。这是第一次世界大战以前，世界上唯一成功营运的独轨铁路。这条线路至今仍在使用，成为该市的一个历史景观，并在交通系统中发挥着重要的作用。

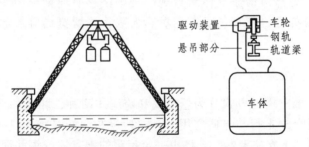

图 9.28　"朗根"型独轨铁路和车辆

此后在德国、美国和日本也相继建成了独轨铁路，其线路长度均为 10 余千米。当时，独轨铁路发展迟缓的主要原因，是受有轨电车和公共汽车发展的影响，运输能力又比传统铁路差，技术上也不够成熟。20 世纪 50 年代以来，随着城市人口的集中，通勤运量的激增，以及汽车交通的日益阻塞，独轨铁路作为解决城市交通的有力手段，受到越来越广泛的重视。在旅游胜地，作为安全、舒适的交通工具，独轨铁路也日益受到欢迎。

第二次世界大战后，导轨虽改用钢筋混凝土，车轮也由钢制改为充气轮胎，但一般仍称为独轨铁路。其功能主要是解决地面交通拥挤和旅游地区的客运。随着科学技术的进步，独轨铁路的技术逐渐成熟，轨道、车辆和通信信号设备都有了很大的发展，再加上独轨铁路可以利用公路和河流上方空间，独轨技术受到一定的重视。1958 年瑞典出生的德国工业家 Axel Lennart Wenner-Gren（阿尔维格）研制出跨座式、混凝土轨道和橡胶充气轮胎的独轨交通制式，即目前所称的 ALWEG 型。后来，美国、日本、意大利等许多国家都建设了这种形式的独轨铁路。

20 世纪 50 年代以来，在欧、美、日约建造了 20 多条独轨铁路，苏联于 1982 年在基辅也建成了一条独轨铁路。这些独轨铁路一般都很短，大多数为游览线或试验线。尽管独轨交通已经经历了一个多世纪的发展历程，但因为独轨铁路的导向、稳定及转辙装置等关键技术问题尚未完全解决，而且独轨交通的运输能力又与有轨电车不相上下，技术要求却高得多，因此在世界范围内并没有得到广泛的应用。

2. 独轨铁路的优点

一是建成费用低廉，施工简单，无须像地铁那样大的土方工程，其建设费用仅为地铁的 1/3 ~ 1/4。以德国为例，独轨铁路的造价，每英里（约合 1.6 km）为 100 万马克，当时地铁的造价约 400 万马克，高架铁路是 270 万马克。其保养维修费用，也较地铁和传统铁路低。

二是占地面积小，对地理条件适应性强。独轨铁路是在地面用钢筋水泥建起直径为 1.2 ~ 1.5 m 的圆形支柱，然后在支柱之间架起轨道，轨道距地面高度为 7 ~ 19 m。它仅在地面占用支柱基座面积，就能在城市上空开辟一条新的运输线。它可以利用现在城市道路的中央分隔带，或河川上方的空间，架设高空轨道，不必搬迁地面建筑，更不影响地下管线的原有走向。

三是载客量大，运输能力强，每小时可达 1 ~ 2 万人次，可以作为城市公共交通的生力军，为上下班职工和走读学生提供方便的服务。

四是爬坡能力强，能通过 100 m 的小半径曲线和 60‰ 的坡道。

五是便于和旅游观光结合起来。列车奔驰于城市上空，乘客可临窗饱览都市风光，为旅游开辟新途径，为都市增添立体新景观。美国洛杉矶迪斯尼游乐场、西雅图世界博览会、意大利都灵博览会、东京读卖游乐场、大阪万国博览会等等旅游景点，都建成有独轨铁路。

3. 独轨铁路系统组成

独轨铁路按其支承车辆的方式分为悬吊式和跨座式两种，相应的导轨为工字型和箱型（底面中空），导轨系车辆走行与导向之用，悬空架设在钢筋混凝土或钢制的支柱上。悬吊式独轨铁路的轨道架设于支柱上端，支柱由一定跨距的钢支柱或钢筋混凝土支柱架在空中，车辆的车轮在车厢的上方，车辆悬挂在轨道梁下运行，车辆可以是对称或非对称布置。也可是单个或成双布置。对称式的车辆，以一对橡胶车轮在轨道梁的走行板上运行，对称式独轨铁路和车辆以"SAFEGE"型为代表（图 9.29），日本独轨铁道协会已将"SAFEGE"型独轨铁路作为悬吊式城市独轨铁路的标准设计；非对称的车辆有吊钩，吊钩上有钢制车轮，车轮在铺设于轨道梁上的单根钢轨上运行。跨座式独轨铁路的轨道通常为支柱上端的预应力钢筋混凝土梁，其上敷设钢轨，车轮自车厢的下部支承于钢轨上，以"阿尔维格（ALWEG）"型为代表，是瑞典企业家 A.L.W.格伦于 1951 年委托联邦德国工程师研制的，并因此而得名。日本的独轨铁道协会已按"阿尔维格"型进行了跨座式城市独轨铁路的标准设计（图 9.30）。独轨铁路的车厢一般由铝合金制造。其驱动机构为电动机机组组成，与动轮布置在一起。

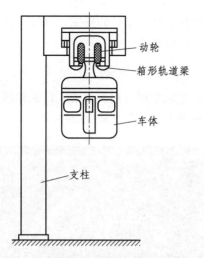

图 9.29 "SAFEGE" 型独轨铁路和车辆

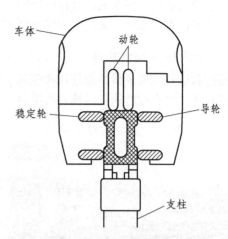

图 9.30 "阿尔维格" 型独轨铁路和车辆

4. 独轨铁路系统实例

1）德国伍珀塔尔市（德国北莱茵—威斯特华伦州的一座山城）独轨铁路

该铁路沿着伍珀塔尔河蜿蜒伸展 13.3 km，穿过热闹繁华的市区，由近千只铁脚，在沿河两岸架起人字形钢架，钢架上设轨道梁，轨面距地面 8 ~ 12 m，最陡坡度为 45‰。共设有 18 个车站，平均站间距离 775 m。每列车由 2 节车厢编组，载客 160 人，最高时速 60 km。这条单轨吊车线路，已经运行了 80 多个年头，累计行程 2.5 亿千米，相当于环绕地球赤道 6 000 圈，从未发生过事故，被认为是该市最安全的车辆，这个城市也被誉为"悬车之城"。

2）最有名的独轨铁路——东京—羽田机场的独轨铁路

该线长 13.1 km，线路的最大坡度 60‰，最小曲线半径 120 m，轨道面高 1.85 ~ 20 m，预应力混凝土梁架在间隔为 10 ~ 20 m 的支柱上。列车由 3 节车厢固定编组，载客 140 人。旅行时速 52 km，最高时速 80 km。平均日运量 16 万人次，其中 80% 是上下飞机的旅客。

3）现代化程度较高的独轨铁路——悉尼独轨铁路和日本北九州独轨铁路

澳大利亚悉尼市的独轨铁路，把中心商业区和大片重新开发的达岭港区连接起来，于 1988 年建成运行。全线实现了世界上第一流的计算机化，每列车上都设有 9 台计算机。每个车站也设有 1 台计算机，全线采用 2 台中心计算机加以控制。列车采用全钢式封闭箱形结构，对市区干扰很小。每 2 min 开出一趟列车，最高时速 33 km，每小时可运送 5 000 人次，全程只需运行 12 min。

日本北九州的小仓线，由 4 节车厢编组成列，满员时可载运 1 078 人，最高时速 80 km，每小时单向运量可超过 1 万人次。

为了满足日益繁忙的城市交通的需要，又能节省资金，日本计划在原有铁路线路两侧架起支柱，利用这种支柱，建设单轨铁路，使独轨列车行走在原有铁路线的上方。由于这种列车运行时，离开地面 15 m 左右，对地面物体不产生干扰。因此，在同一线位的地面部分，不仅可以行走高速客车，甚至还可以走行双层客车。采用这种形式的优点，在于可以节省土地占用量，免征用土地带来的困扰。建设费用比建铁道双轨复线工程所需的费用大幅度减少。这种架空单轨建成后，现有运行的双轨列车改作快速列车，单轨则作为每站都停的慢车。这样，既可以满足城市内的短途客运需要，又能大大增加城市间长途客运的容量。

4）重庆跨座式独轨铁路

重庆的数条轨道交通线路都使用跨座式单轨系统。单轨主要应用在城市人口密集的地方，用来运载乘客。也有在游乐场内建筑的单轨，专门运载游人。如图 9.31 所示。

图 9.31　重庆跨座式轨道交通

5）世界首条新能源空中铁路

空中铁路（SkyTrain）是轨道交通的一个分支。其基本原理与地铁、轻轨相似，在设计思维上与地铁则相反，采用悬挂式动力转向架，车厢亦是悬挂式。空中铁路主要由控制中心、运行车辆、动力装置和轨道建设四个部分成。空中列车无人驾驶，电脑自动控制。监控和辅助任务由控制中心管理。运行监测、控制车辆在任何时候的位置和状态。

新能源空铁，是指以锂电池为牵引动力的空中悬挂式轨道列车，是一款拥有完全自主知识产权的新型现代交通系统。该系统通过采用新能源与现代轨道交通的概念叠加，创建了一个中国首创并适合中国国情的全新现代城乡交通新制式。如图 9.32 所示。

图 9.32　世界首条新能源空中铁路

2016 年 11 月 21 日，世界首条新能源空铁试验线在成都市双流区成功运行。全长 1.4 km 多的新能源空铁试验线，呈 U 字形环绕，整条试验线由乘客车站、一条正线轨道、一条副线及列车、静调库等相关配套设备构成，可完全真实地模拟新能源空铁在实际运行中的直线、弯道、爬坡等性能，并通过 10 000 km 的运行测试，形成了标准化数据，为新能源空铁商业化，进入大众日常生活，改善中国城市交通拥堵打下了坚实基础。成都新能源空铁采用新能源、新材料、新设计、集成若干相关成熟技术建造。系统具有平稳舒适、安全性高、节能环保、噪声低、占地少、适应性强、建设工期短、难度小等特点。其主要优势有：

（1）建设成本低：系统综合平均每千米工程造价约在 0.8 ~ 1 亿元之间，是城市地铁造价的 1/8 ~ 1/6。

（2）工程建设快：建造施工简单快捷，整个系统建设周期半年到一年左右。

（3）可拆卸移动：随着城市发展变化，可从现有线路便捷拆解转移至别处。

（4）绝对安全保障：空铁设计制造、施工安全性能指标严于国家标准。

（5）新能源/新材料/新技术应用：超级锂电池能量包应用，太阳能板、微风电机补充电、车体复合碳纤维制造。

（6）外形美观整洁：空铁的现代化、智能化将使其成为城市的新名片。

（7）乘坐舒适视野开阔：人性化的大玻璃车厢，乘客享受先进舒适的乘车体验。

（8）快捷高效便利：在拥挤的城市快速道路上方，空铁以 50km/h 左右的速度无声穿过。

（9）适应任何天气：空铁车轮在封闭轨道中运行，不受恶劣天气影响。

（10）创新通信信号管控：创新监测设备和系统，通过国际最严的莱茵技术认证，安全、稳定、有效。

（11）环保低噪：全封闭轨道电力驱动，采用胶轮系统，无噪声、无污染，是目前最环保的交通工具之一。

（12）占地面积最小：空铁建设占地面积小，形象地说，只需要把马路边的路灯杆加粗，即可支起整个空铁。

（13）适应复杂地形：转弯半径小、爬坡能力强，选线自由度大，对复杂地形适应性强。

（14）适应特殊地质：地下泉水、硬质岩层等地铁无法施工的城区可适用空铁。

（15）全封闭式轨道：空铁在封闭式轨道梁内运行，不会脱轨，降低了噪声。

（16）运载能力强：高峰时段，每小时输送能力可达 20 000 人。

6）比亚迪云轨系统

"云轨"是比亚迪旗下轨道交通产业的子品牌，是比亚迪跨座式单轨产品的特有名称。单轨系统中的轨道可以建设在道路中央分隔带或狭窄街道上，不单独占用路面，属于运能接近地铁系统的中运量城市轨道交通系统。它具有爬坡能力强、转弯半径小、适应多种地形、噪声小、综合建设技术要求低、总体造价成本低以及施工周期较短等优点。云轨是比亚迪研发的单轨系统。从行驶速度上看，地铁为 80 km/h，云轨最高时速预计在 80 km 左右，采用 2 ~ 8 节车厢编组，车票价格比地铁略高。从效率和便捷程度上看，现阶段仍为较普通的交通工具，在城市交通服务上尚处在实验阶段。"云轨"是比亚迪针对世界各国城市拥堵问题推出的战略性解决方案，将成为广大城市居民未来便捷的新型交通工具。2016 年 10 月 13 日，比亚迪历时 5 年，投资 50 亿元研发的跨座式单轨——"云轨"在深圳举行全球首发仪式，正式宣告进军轨道交通领域。比亚迪坚持自主研发路线，掌握轨道驱动、电机、电控、车身、底盘、转向架、轨道梁、道岔等全产业链核心技术，独立完成整车、轨道、车站及通信系统等各项建设。2016 年 10 月汕头市率先与比亚迪签订跨座式单轨建设城市轨道交通，是第一个签约云轨的城市，第一个开通并运营云轨项目的城市是银川市（景区旅游观光线），如图 9.33 所示。

图 9.33 比亚迪云轨

（1）云轨车辆亮点。

① 铁电池储能系统："云轨"搭载了动力电池系统，在紧急情况下，即使车辆断电，也能通过启用储能电池继续行驶 5 km 以上，确保乘客安全抵达车站。

② 永磁轮边直驱电机："云轨"搭载了永磁电机，电机轴直接驱动行走轮。电机采用永磁同步技术，具有体积小、重量轻、扭矩大、精度高、运行声音小以及便于维护等特点。

③ 轻量化车体："云轨"采用轻型铝质车身，轻量化效果显著，扭转刚度强，使用寿命长。

④ 单轴转向架："云轨"转向架采用单轴设计，具有曲线通过能力强、转弯半径小、轮胎磨损小、能耗低等特点。通过采用转向架与车体内嵌配合的设计及调节二级悬挂系统，"云轨"具有更大的乘坐空间，行驶更稳定。

⑤ 能量回馈及通信系统："云轨"配备了能量回馈系统，可在制动时实现能量回收，降低能耗。

⑥ 无人驾驶："云轨"采用全球领先的列控技术，可真正实现无人驾驶，类似旅客自动输送系统。

（2）云轨主要优点。

① 云轨的占地面积小：轨道梁较为纤细，支柱结构面积小，可以建在道路中央分隔带和较狭窄的街道上，无须像标准铁路那样占用大量空间。

② 云轨桥梁通透，景观性好：这体现空间遮挡小，能提供更充足的光照，并且能更好适应城市景观和生态环境。

③ 云轨的建造周期较短：这是因为云轨采用了预制轨道梁，这能节省工期，整体建造周期为 2 年，是地铁用时的三分之一。

④ 与地铁采用钢轨体系不同，云轨的转向架采用的是橡胶胎及空气弹簧，因此，云轨的车体震动较小，且运行噪声低于钢轨系统。这样，其噪声可控制在城市噪声标准内，轨道便可以架设在建筑丛中穿梭而过。另外，云轨对各种地形的适应性比地铁轻轨要强。

⑤ 云轨的造价低。其工程量适中、拆迁少并且以高架为主，总造价为地铁的五分之一，且易改建或拆除。

云轨系统的优势即为单轨系统的主要特长，且整体上比旧式单轨系统的优势更加突出。

（3）云轨主要缺点。

① 运输能力有限：受车厢和轨道限制，云轨系统属于中运量运输系统，运力低于地铁系统。

② 轨道兼容性差：云轨系统无法和其他类型的轨道系统兼容，轻轨系统可兼容国铁或地铁。

③ 运行速度偏低：受机车和轨道限制，云轨列车速度偏低，在轨道交通方面，速度偏低耗时长，最高车速预计 80 km/h。

云轨系统的劣势即为单轨系统的主要缺陷，但总体上有了改善。

（4）云轨适用范围。

云轨系统是新款单轨系统，最大运能单向每小时 1 至 3 万人次，最高速度可达 80 km/h（未来将继续研制时速 120 km 以上级别的单轨系统）。造价较低、中小运量的云轨系统能与地铁、公共汽车等其他公共交通错位发展、互为补充，缓解道路交通拥堵，可广泛用于大中城市的骨干线和超大型城市的加密线、商务区、游览区等线路。

（二）齿轨铁路

一般铁路可以攀爬的斜坡坡度约为 4‰ ~ 30‰。齿轨铁路是在陡峻坡度上克服轮轨间黏着力不足的一种牵引方式，它是一种登山铁路。齿轨铁路在普通路轨中间的轨枕上，另外放置一条特别的齿轨。行走齿轨铁路的机车，配备了一个或多个齿轮，跟齿轨啮合着行走。这样机车便能克服黏着力不足的问题，最大坡度可用达 480‰ 的陡峭斜坡。齿轨铁路全线坡度都很陡峻时，都要铺设齿轨，成为纯齿轨铁路。若某些路段坡度不大，则可在此路段不铺设齿轨，仍利用轮轨间的黏着力牵引车列前进，这种铁路称为齿轨黏着混合型铁路。有不少齿轨黏着混合型铁路开办正式营业成为公用铁路。齿轨铁路主要形式有：

1. Riggenbach 系统

Riggenbach 系统使用的是好像梯子的齿轨（图 9.34）。齿轨由多块钢板组成，中间每隔固定距离由圆柱连接。这种齿轨最先被发明，缺点是这种齿轨比其他的系统复杂及昂贵。这种齿轨亦称 Marsh 系统，因为美国人 Sylvester Masrh 在华盛顿山的登山铁路中同时发明了相同的设计。

2. Abt 系统

Abt 由瑞士人 Roman Abt 发明，是一种 Riggenbach 的改良系统（图 9.35）。Abt 的齿轨是垂直的钢板，上面用机器铣割上了准确的齿坑。它们可以比 Riggenbach 更平滑地与车上的齿轮啮合。Abt 齿轨经常是两或三条平衡使用，火车上亦配有相同数量的齿轮；这样便能确保最少有一个齿轮是啮合上的。

图 9.34　Riggenbach 齿轨

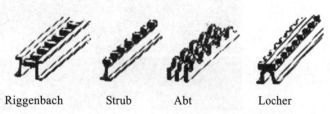

Riggenbach　　Strub　　Abt　　Locher

图 9.35　Riggenbach、Strub、Abt、Locher 系统

3. Strub 系统

Strub 系统（图 9.44）与 Abt 类似，但只用一条较宽的齿轨。这种系统维修最简单，亦越来越受欢迎。

4. Locher 系统

Locher 系统的齿是铣割在钢轨的两旁边，而不是上方。机车以两个齿轮同时在左右两侧啮合齿轨（图 9.36）。这种齿轨不会出现齿轮跳出齿轨的现象，适合攀爬特陡峭的斜坡。世界最陡峭的皮拉图山铁路使用的就是这种齿轨。

图 9.36　皮拉图山铁路 Locher 系统

5. Von Roll 系统

该系统由 Von Roll 公司制造，齿的形状比例跟 Riggenbach 或 Strub 一样（图 9.37）；但制作较为容易，被用作替代品。

图 9.37　Von Roll 系统

有些铁路使用的是齿轨与黏着组合驱动的，只在陡峭的路段使用齿轨，其余部分则跟常规的铁路一样。纯粹使用齿轨的铁路机车，动力都在齿轨轮上，其他车轮都只是跟随着转动，是不带动力的。

初期的齿轨铁路使用的是蒸汽机车（图 9.38）。这些机车必须要经过大量改装才能运作。与柴油或电力机车不同，蒸汽机车锅炉内的水必须经常把热水管及燃烧室壁覆盖。不然的话，燃烧的热力会把这些部分烧熔；或令它们变软，在压力下断裂，造成意外。

在坡度非常大的齿轨铁路上，锅炉、驾驶室及车头主结构会被造成向前倾。这样当它们走到斜的铁路上时，便变回接近水平了。这种机车不可以在水平的路段运作，故此包括维修厂在内的整条路线都必须全是斜的。

为了安全原因，在纯粹使用齿轨的铁路上，机车必然是放在列车的尾端，把客车车厢向前推。机车都装有强力的制动刹车装置，通常包括有钳紧齿轨的钳。部分制动装置由速度控制，当车速太快时便自动启动，以防滑溜。有些齿轨铁路的机车及客车车厢之间是没有接钩的，只靠重力把客车车厢压在机车上。

齿轨铁路的攀斜能力不及缆索铁路，不过却可以建成更长或更复杂的路线。特别是齿轨与黏着组合驱动可以将平地与登山铁路结合起来，乘客无须换乘（图 9.39）。

图 9.38　19 世纪末美国蒸汽齿轨列车

图 9.39　瑞士齿轨铁路

美国新罕布什州华盛顿山上的齿轨铁路，采用 Masrh 系统，建于 1869 年，是唯一完全建于支架上的齿轨铁路，全长 5.2 km。

美国科罗拉多州 Manitou and Pike Peak Railway，采用 Abt 系统。

瑞士少女峰铁路，山上车站位于山体内，为欧洲最高车站。

瑞士皮拉图山铁路，最斜的路段坡度达 480‰，是世界最斜的齿轨铁路。

从 1869 年美国建成第一条齿轨铁路起到 1970 年，世界上共建成纯齿轨铁路 52 条，总长度约 264 km。齿轨黏着混合型铁路 125 条，总长度约 2673 km，其中纯齿轨路段约 698 km。

19 世纪末到第一次世界大战前是齿轨铁路的建设高潮时期，当时大部分是蒸汽牵引，以后多数改造为电力牵引。第二次世界大战后，又有不少齿轨铁路因运营不便、速度太低，而改建为黏着铁路。如欧洲原有齿轨铁路 142 条，现存的仅 42 条，其中瑞士最多，还有 31 条。

（三）缆索铁路

当线路坡度非常陡峻时，利用钢轨和车轮间黏着作用产生的牵引力，牵引车辆爬上陡坡就比较困难，于是就利用安装在地面上的电动机作动力，用绞车和钢缆将车辆拉上陡坡，这种铁路称为缆索铁路。缆索铁路的最大坡度可达 300‰ ~ 400‰。

世界第一条缆索铁路是 1873 年在美国旧金山建成的，以后作为山地城市陡坡地区的一种交通工具，欧美各国曾广泛采用，但因安全原因，目前多已停止使用。早期欧美各国也修建了很多登山用的缆索铁路，目前仍在使用的为数尚多。现在使用缆索铁路较多的国家是瑞士和日本，各有 50 多条和 30 多条。

20 世纪 50 年代以来，架空索道技术发展较快，因其可靠性提高，车厢加大，且造价低、工期短，于是逐步取代了缆索铁路。近期建造的缆索铁路已经不多，1957 年以色列海法市建成设在地下的缆索铁路，全长 1.8 km，设 60 车站，最大坡度为 300‰。

（四）磁悬浮列车

1. 概　述

磁悬浮列车是一种利用磁极吸引力和排斥力的高科技交通工具。简单地说，排斥力使列车悬浮起来，吸引力让列车开动。磁悬浮列车是 21 世纪理想的超级特别快车，世界各国都十分重视其发展。目前，我国和日本、德国、英国、美国都在积极研究这种车。日本的超导磁悬浮列车已经过载人试验，即将进入实用阶段，运行时速可达 500 km 以上。

磁悬浮列车上装有电磁体，铁路底部则安装线圈。通电后，地面线圈产生的磁场极性与列车上的电磁体极性总保持相同，两者"同性相斥"，排斥力使列车悬浮起来。铁轨两侧也装有线圈，交流电使线圈变为电磁体。它与列车上的电磁体相互作用，使列车前进。列车头的电磁体（N 极）被轨道上靠前一点的电磁体（S 极）所吸引，同时被轨道上稍后一点的电磁体（N 极）所排斥——结果是一"推"一"拉"。磁悬浮列车运行时与轨道保持一定的间隙(一般为 1 ~ 10 cm)，因此运行安全、平稳舒适、无噪声，可以实现全自动化运行。磁悬浮列车的使用寿命可达 35 年，而普通轮轨列车只有 20 ~ 25 年。磁悬浮列车路轨的寿命是 80 年，普通路轨只有 60 年。此外，磁悬浮列车启动后 39 s 内即达到最高速度，最高时速是 552 km。当时据德国科学家预测，到 2014 年，磁悬浮列车采用新技术后，时速将达 1 000 km。而一般轮轨列车的最高时速为 300 km。

德国磁悬浮列车的主要发展经历了如下几个阶段：

1）从设想到系统决策阶段（1934—1977 年）

1934 年 8 月，赫尔曼·肯佩尔取得磁浮铁道基本专利（德国专利 643316 号）。1969 年，高效高速铁道研究所接受联邦交通部长的委托，开始进行开发和应用高效高速铁道的研究。

1971 年，梅塞施密特-伯尔考-布洛姆公司（MBB）在奥托布伦工厂厂区 660 m 长的试验线路上展示了一台首次载人的原理车。原理车技术数据：座位数为 4，车辆空重 为 4.8 t，电磁支撑和导向系统采用异步短定子直线电机，最高速度 90 km/h。

1972 年，一个由德国通用电器德律风根公司和西门子公司等组成的项目小组开始开发电动悬浮系统（EDS，根据相斥原理），在巴伐利亚州的埃尔兰根建造了一条 900 m 长的环行试验线路，由曼（MAN）公司建造了埃尔兰根试验车 01 号（EET-01）。

1973 年，磁悬浮高速列车 04 号由克劳斯·玛费投入运行。1974 年，蒂森·亨舍尔公司与布伦瑞克工业大学合作，开始长定子磁悬浮交通技术的开发工作，这是一种不同于当时的开发思路的备选方案。由梅塞施密特-伯尔考-布洛姆公司（MBB）在曼兴进行了非载人部件测试车（KOMET）的试验运行，证明运行速度每小时可达 400 km，最高速度 401.3 km/h。

1975 年开发并生产出长定子磁悬浮交通技术的第一台功能装置，并在蒂森·亨舍尔公司的卡塞尔厂采用平板试验车（HMB1）进行了试验。

1976 年，世界上第一台载人长定子试验车 HMB2 在蒂森·亨舍尔公司投入运行。HMB2 技术数据：车重 2.5 t，座位数为 4，电磁支撑、导向系统采用同步长定子直线电机，最高速度 36 km/h。

1977 年，联邦政府研究和技术部长（BMFT）作出有利于长定子驱动系统和电磁悬浮系统（EMS）的系统决策，电动悬浮系统（EDS，埃尔兰根试验车）的开发工作停止。

2）技术应用成熟阶段（1978—1991 年）

1978 年，磁悬浮高速铁路财团成立并开始埃姆斯兰特磁悬浮高速列车试验基地（TVE）的定义工作。1979 年，为参加汉堡国际交通博览会（IVA 79），世界上第一列被批准用于客运的磁悬浮长定子驱动高速列车投入运行。在为期 3 周的博览会期间，05 号磁悬浮高速列车按照运输计划共运送 5 万多名乘客。磁悬浮高速列车 05 号技术数据：车长 26 m，车重 30.8 t，座位数为 68，电磁支撑、导向系统采用同步长定子直线电机，线路长 908 m，速度 75 km/h。

1980 年，蒂森·亨舍尔公司接管在卡塞尔重建的国际交通博览会（IVA）上展出的那套设施。开始建造埃姆斯兰特磁悬浮高速列车试验基地（TVE）和 06 号磁悬浮高速列车。

1981 年，磁悬浮铁路系统试验、规划设计公司（MVP）在慕尼黑成立。该公司的股东为德国联邦铁道股份公司和德国汉莎航空股份公司。磁悬浮铁路系统试验、规划设计公司成为埃姆斯兰特磁悬浮高速列车试验基地的所有人和发起人。试验运行由工业装置协会（IABG）按照磁悬浮铁路系统试验、规划设计公司的委托进行。

1983 年，磁悬浮高速列车 06 号试验车型投入运行。该列车由两节车厢组成，设计速度 400 km/h。磁悬浮高速列车 06 号技术数据：由两节车厢组成，总长 54 m，列车空重 103 t，座位数为 192，电磁支撑、导向系统采用同步长定子直线电机

1987 年，磁悬浮高速列车 06 号采用了进一步开发的更加可靠的支撑和导向系统。埃姆斯兰特磁悬浮高速列车试验基地南环线建设完工并投入使用。南环线建成后，形成了带有两段环线的封闭型线路，可供使用的总长度达到 31.5 km，成为世界上同类试验基地中最大的一个。在试验线段上，磁悬浮高速列车 06 号速度达到 392 km/h。

1988 年，磁悬浮高速列车 06 号在埃姆斯兰特试验基地开始进行接近于实用的持续运行试验。在试验中，该车超过了它的设计速度，并以 412.6 km/h 的速度创造了一项载人磁悬浮高速列车的世界纪录。

在汉堡国际交通博览会（IVA 88）期间，磁悬浮高速列车 07 号向公众展示。磁悬浮高速列车 07 号技术数据：由两节车厢组成，长 51 m，列车空重 92 t，最高速度 500 km/h。1989 年 12 月 15 日，磁悬浮高速列车 07 号速度达到 436 km/h。

1989 年 12 月，由基督教民主联盟-自由党组成的联邦政府为建造杜塞尔多夫机场与科隆/波恩机场之间的线路开放绿灯。但在两德重新统一之后又对了其他线路进行了审核。

1991 年，经过德国联邦铁道股份公司和主要高校研究所全面的审查和评估，磁悬浮高速列车完全的技术应用成熟性得到了肯定。

3）首次应用列入计划阶段（1992—2000 年）

1992 年 7 月 15 日，德国联邦政府决定将柏林—汉堡之间 300 km 的磁悬浮高速铁道列入联邦交通路线计划。1993 年 6 月 17 日，在正常运行条件下，07 号磁悬浮高速列车在埃姆斯兰特试验基地以 450 km 的时速创造了一项新的速度纪录。同年 12 月份，柏林—汉堡磁悬浮高速铁路股份有限公司向联邦政府提交了一份在银行共同参与下制订的《柏林—汉堡磁悬浮高速铁路筹资和私有经营计划》。同年 6 月 17 日，磁悬浮高速列车 07 号创造了时速 450 km 的速度纪录。1994 年 9 月 23 日，联邦政府以上述筹资计划为基础，决定建设柏林—汉堡磁悬浮高速铁路。联邦议院和联邦参议院通过了《磁悬浮铁路规划法》，为德国国内磁悬浮高速铁路的规划和批准创造了法律上的前提条件。同年 10 月 13 日，磁悬浮高速铁路规划设计股份有限公司（MPG）在什未林成立，国有和私有股份在该公司中占有同等比例。该公司负责柏林—汉堡磁悬浮高速铁路的规划设计并准备批准的程序。

1996 年 5 月 9 日/6 月 14 日，联邦议院和联邦参议院通过《磁悬浮高速列车需求法案》。

1996 年 5 月 10 日，磁悬浮高速铁路规划设计股份有限公司提出了所谓的首选线路计划，作为相关各州空间秩序管理办法的基础。

1997 年 4 月，在所谓的首选线路的基础上以及根据经济发展情况的变化——正如在筹资计划中所预见的——相关单位对该项目的经济性进行了进一步的深入研究并对方案进行了优化。德国联邦铁道股份公司决定在柏林—汉堡磁悬浮高速铁路项目中承担订货人和发起人的作用。

1998 年，磁悬浮高速铁路规划设计股份有限公司（MPG）完成《空间秩序管理办法》，柏林—汉堡之间 292 km 长的磁悬浮高速铁路计划进入论证程序。

1998 年 5 月 5 日，磁悬浮高速铁路国际公司成立。该公司是一家由阿德特兰茨、西门子和蒂森等几家系统公司共同组建的公司，在这家公司中集中了有关磁悬浮高速列车的全套系统 Know-how。同年 6 月，美国国会通过了 21 世纪投资法案（TEA21）中的交通运输附属计划。该法案包括一项磁悬浮高速铁路计划，决定由国家为若干项目的前期规划提供资金，而后继续为选定项目的设计和施工建设提供资金。1999—2000 年度财政预算为这项磁悬浮高速铁路计划所批准的投资为 5 500 万美元。在投资法案中为选定项目施工建设所提供的后续投资预计为 9.5 亿美元。同年 10 月，美国磁悬浮高速铁路国际公司成立。

1999 年，20 项计划论证程序讨论结束，大多数意见予以肯定。1999 年 8 月，磁悬浮高速列车 08 号试验系列车型提交给埃姆斯兰特试验基地（TVE）。磁悬浮高速列车 08 号技术数据：由 3 节车厢组成，总长 78.8 m、宽 3.7 m、高 4.2 m，客车空重约 53 t/节，货车空重 48 t/节，货车有效载荷约 15 t/节，座位数末节车厢最多 92、中间车厢最多 127，最高运行速度 500 km/h。同年 9 月，美国参议院批准继续为一项磁悬浮高速线路的可行性研究提供 2 000 万德国马克。确定采用磁悬浮高速列车技术、可供选择的线路共有 6 条。1999 年 11 月，中国科技部和磁悬浮高速铁路国际公司签订一份"意向书"，其目的是在中国选择一条合适的磁悬浮高速线路，并对此从技术和经济的角度进行可行性研究。

4）线路方案研讨和实施阶段（自 2000 年起）

2000 年 1 月，对柏林—汉堡磁悬浮高速铁路线路提出了第一份计划论证结论。2 月 5 日，联邦政府、德国联邦铁道股份公司和工业财团等合作伙伴在不同的谈话中明确指出，柏林—汉堡磁悬浮高速铁路的建设既不会根据1997年4月25日的要点说明实施，也不会以其后对替代方案说明所进行的审核为基础实施，并且说明了理由。2月28日，联邦政府、各州和德国联邦铁道股份公司（DB AG）之间进行研讨，主要就4条备选线路进行了研究。

（1）慕尼黑以及柏林舍内菲尔德两座大型机场与各自市中心之间的线路。

（2）一条所谓的"磁悬浮干线"（Metrorapid）——此为北莱茵-威斯特法伦州提出的方案。

（3）一条连接北德和荷兰的磁悬浮高速铁路。

（4）法兰克福（美茵河畔）机场与洪斯吕克山区的哈恩机场之间的线路。

在接下来的4~5个月里，各方应就各条线路诸如成本和客运收入等框架条件提出说明。2000年6—10月，埃姆斯兰特试验基地（TVE）为2000年世界博览会（EXPO 2000）分散项目。6月30日，中国上海市与磁悬浮高速铁路国际公司签订一项协议，决定对在新建的浦东国际机场与上海市中心之间建设一条30 km长的磁悬浮高速铁路的项目共同开展可行性研究。7月2日，中国政府总理朱镕基、上海市长徐匡迪和一个高级代表团在德国交通部长莱因哈特·克里姆特的陪同下乘坐了08号磁悬浮高速列车。10月10日，德国交通部长克里姆特和美国交通部长罗德尼·斯莱特在华盛顿签订了一项美、德合作协议；此外，在协议中还商定，将制订在美国采用磁悬浮技术的安全与环境方面的标准。为建设一条或者多条这种采用磁悬浮技术的线路，美国国会准备拨款12亿欧元（23亿德国马克）。10月27日，当时的交通部长克里姆特与两个州的政府总理埃德蒙德·斯托伊博和沃尔夫冈·克雷门特在柏林签署了一项协议，决定对慕尼黑机场与市中心之间37 km长的线路以及连接多特蒙德—埃森—杜塞尔多夫首期80 km的"磁悬浮干线"（Metrorapid）进行可行性研究。两条线路的可行性研究报告应于2002年初提出。

2001年1月18日，美国交通部长罗德尼·斯莱特决定选择匹兹堡—华盛顿—巴尔的摩机场之间的线路进行深入的应用研究。2001年1月23日，中国上海市与西门子、蒂森集团和磁悬浮高速铁路国际公司组成的工业财团之间关于建设浦东机场磁悬浮高速铁路的合同在中国签字。2001年3月1日，上海磁浮列车项目动工建设。2001年5月22日，按照"磁悬浮干线计划"，一节07号磁悬浮高速列车出现在北莱茵—威斯特法伦州。在那里，它作为公民办公室将成为磁悬浮高速铁路应用的显著标志。2001年11月2日，上海吊装第一座轨道支架，朱镕基总理和施罗德总理亲自到场参观。2001年12月21日，荷兰内阁作出支持把"须得海通道"建成一条连接人口稠密地区边境城市和荷兰北部的高速轨道的决定。这条线路是建成高速铁路还是建成磁悬浮高速铁道尚不得而知。根据招标条件，采用计划论证方法，应该能为该线路的技术找到最佳方案。

2002年1月21日，德国交通部长库尔特·博德维希（德国社会民主党）在柏林正式介绍了对两条拟议中的磁悬浮铁道线所进行的可行性研究情况。结论是：无论是慕尼黑火车总站至慕尼黑机场的巴伐利亚线，还是连接多特蒙德与杜塞尔多夫的鲁尔线，从经济、环保和技术的角度都是完全可行的。2002年1月22日，德国交通部长库尔特·博德维希（德国社会民主党）正式宣布政府对计划中的北莱茵-威斯特法伦州和巴伐利亚州磁悬浮高速铁道线投资分配的决定：对多特蒙德与杜塞尔多夫之间的磁悬浮高速铁道线（Metrorapid），联邦政府打算给予17.5亿欧元（33亿马克）的补贴，对慕尼黑机场与慕尼黑火车总站之间的线路给予5.5亿欧元的补贴。联邦政府计划为磁悬浮高速铁道项目总共投资23亿欧元，从下一年开始应该列入财政预算。2002年3月1日，州议会在杜塞尔多夫宣布支持地下磁悬浮高速铁道线的建设。另外，议会还批准为下一步计划提供 2 300 万欧元的预算资金。2002 年 4 月 23 日，在慕尼黑机场中心会议大厅建造了一台真正的磁悬浮高速列车，在车中设立一个信息中心，为公众提供有关机场—慕尼黑磁悬浮高速铁道的信息。2002 年 6 月 20 日，上海建造的第一节磁悬浮高速列车离开蒂森集团的卡塞尔厂。德国交通部长库尔特·博德维希在卡塞尔参观了磁悬浮高速列车。

2. 磁悬浮列车原理

磁悬浮列车利用"同名磁极相斥，异名磁极相吸"的原理，让磁铁具有抗拒地心引力的能力，使车体完全脱离轨道，悬浮在距离轨道约 1 cm 处，腾空行驶，创造了近乎"零高度"空间飞行的奇迹。

由于磁铁有同性相斥和异性相吸两种形式，故磁悬浮列车也有两种相应的形式：一种是利用磁铁同性相斥原理而设计的电磁运行系统的磁悬浮列车，是利用车上超导体电磁铁形成的磁场与轨道上线圈形成的磁场之间所产生的相斥力，使车体悬浮运行的铁路。另一种则是利用磁铁异性相吸原理而设计的电动力运行系统的磁悬浮列车，它是在车体底部及两侧倒转向上的顶部安装磁铁，在 T 形导轨的上方和伸臂部分下方分别设反作用板和感应钢板，控制电磁铁的电流，使电磁铁和导轨间保持 10 ~ 15 mm 的间隙，并使导轨钢板的吸引力与车辆的重力平衡，从而使车体悬浮于车道的导轨面上运行。

通俗地讲就是，在位于轨道两侧的线圈里流动的交流电，能将线圈变为电磁体。由于它与列车上的超导电磁体的相互作用，就使列车开动起来。列车前进是因为列车头部的电磁体（N 极）被安装在靠前一点的轨道上的电磁体（S 极）所吸引，并且同时又被安装在轨道上稍后一点的电磁体（N 极）所排斥。当列车前进时，在线圈里流动的电流流向就反转过来了。其结果就是原来那个 S 极线圈，现在变为 N 极线圈了，反之亦然。这样，列车由于电磁极性的转换而得以持续向前奔驰。根据车速，通过电能转换器调整在线圈里流动的交流电的频率和电压。

3. 磁悬浮列车技术系统

磁悬浮列车主要由悬浮系统、推进系统和导向系统三大部分组成，尽管可使用与磁力无关的推进系统，但在目前的绝大部分设计中，这三部分的功能均由磁力来完成。下面分别对这三部分所采用的技术进行介绍。

1）悬浮系统

目前，悬浮系统的设计可以分为两个方向，分别是德国所采用的常导型和日本所采用的超导型。从悬浮技术上讲就是电磁悬浮系统（EMS）和电力悬浮系统（EDS）。

电磁悬浮系统（EMS）是一种吸力悬浮系统，是结合在机车上的电磁铁和导轨上的铁磁轨道相互吸引产生悬浮。常导磁悬浮列车工作时，首先调整车辆下部的悬浮和导向电磁铁的电磁吸力，与地面轨道两侧的绕组发生磁铁反作用将列车浮起。车辆下部的导向电磁铁与轨道磁铁的反作用使车轮与轨道保持一定的侧向距离，实现轮轨在水平方向和垂直方向的无接触支撑和无接触导向。车辆与行车轨道之间的悬浮间隙为 10 mm，是通过一套高精度电子调整系统得以保证的。此外由于悬浮和导向实际上与列车运行速度无关，所以即使在停车状态下列车仍然可以进入悬浮状态。

电力悬浮系统（EDS）将磁铁使用在运动的机车上以在导轨上产生电流。由于机车和导轨的缝隙减少时电磁斥力会增大，从而产生的电磁斥力提供了稳定的机车的支撑和导向。然而机车必须安装类似车轮一样的装置对机车在"起飞"和"着陆"时进行有效支撑，这是因为 EDS 在机车速度低于大约 40 km/h 无法保证悬浮。EDS 系统在低温超导技术下得到了更大的发展。

超导磁悬浮列车的最主要特征就是其超导元件在相当低的温度下所具有的完全导电性和完全抗磁性。超导磁铁是由超导材料制成的超导线圈构成，它不仅电流阻力为零，而且可以传导普通导线根本无法比拟的强大电流，这种特性使其能够制成体积小、功率强大的电磁铁。

超导磁悬浮列车的车辆上装有车载超导磁体并构成感应动力集成设备，而列车的驱动绕组和悬浮导向绕组均安装在地面导轨两侧，车辆上的感应动力集成设备由动力集成绕组、感应动力集成超导磁铁和悬浮导向超导磁铁三部分组成。当向轨道两侧的驱动绕组提供与车辆速度频率相一致的三相交流电时，就会产生一个移动的电磁场，因而在列车导轨上产生磁波，这时列车上的车载超导磁体就会受到一个与移动磁场相同步的推力，正是这种推力推动列车前进。其原理就像冲浪运动一样，冲浪者是站在波浪的顶峰并由波浪推动他快速前进的。与冲浪者所面对的难题相同，超导磁悬浮列车要处理的也是如何才能准确地驾驭在移动电磁波的顶峰运动的问题。为此，在地面导轨上安装有探测车辆位置的高精度仪器，根据探测仪传来的信息调整三相交流电的供流方式，精确地控制电磁波形以使列车能良好地运行。

2）推进系统

磁悬浮列车的驱动运用同步直线电动机的原理。车辆下部支撑电磁铁线圈的作用就像是同步直线电动机的励磁线圈；地面轨道内侧的三相移动磁场驱动绕组起到电枢的作用，它就像同步直线电动机的长定子绕组。从电动机的工作原理可以知道，当作为定子的电枢线圈有电时，由于电磁感应而推动电机的转子转动。同样，当沿线布置的变电所向轨道内侧的驱动绕组提供三相调频调幅电力时，由于电磁感应作用承载系统连同列车一起就像电机的"转子"一样被推动做直线运动。从而在悬浮状态下，列车可以完全实现非接触的牵引和制动。

4. "常导型"磁悬浮列车

世界第一条磁悬浮列车示范运营线——上海磁悬浮全长 30 km，连接上海市内龙阳路地铁站和浦东国际机场。2002 年 12 月 31 日进行了由中德两国领导人参加的首次通车运行。经过 3 年多的试运行，上海磁浮线一直严格按照时刻表的要求安全、正点、可靠地运行着，并于 2006 年 4 月通过了国家全面验收，从此进入正式运营阶段。

在项目实施过程中，作为运营商的上海磁浮交通发展有限公司负责线路和基础设施的建设，由西门子、蒂森克虏伯和磁浮高速列车国际公司（TRI）组成的德国工业联合体提供运营系统，其中包括车辆、牵引装置以及供电系统、运营控制系统、系统工程技术和线路系统技术。从浦东龙阳路站到浦东国际机场，30 多千米只需 7~8 min。上海磁悬浮列车是"常导磁吸型"（简称"常导型"）磁悬浮列车，是利用"异性相吸"原理设计的一种吸力悬浮系统，利用安装在列车两侧转向架上的悬浮电磁铁，和铺设在轨道上的磁铁，在磁场作用下产生的吸力使车辆悬浮起来。

列车底部及两侧转向架的顶部安装电磁铁，在"工"字型轨的上方和上臂部分的下方分别设反作用板和感应钢板，控制电磁铁的电流使电磁铁和轨道间保持 1 cm 的间隙，让转向架和列车间的吸引力与列车重力相互平衡，利用磁铁吸引力将列车浮起 1 cm 左右，使列车悬浮在轨道上运行。这必须精确控制电磁铁的电流。

悬浮列车的驱动和同步直线电动机的原理一模一样。通俗地说，在位于轨道两侧的线圈里流动的交流电，能将线圈变成电磁体，由于它与列车上的电磁体的相互作用，使列车开动。

列车头部的电磁体 N 极被安装在靠前一点的轨道上的电磁体 S 极所吸引，同时又被安装在轨道上稍后一点的电磁体 N 极所排斥。列车前进时，线圈里流动的电流方向就反过来，即原来的 S 极变成 N 极，N 极变成 S 极。循环交替，列车就向前奔驰。

稳定性由导向系统来控制。"常导型磁吸式"导向系统，是在列车侧面安装一组专门用于导向的电磁铁。列车发生左右偏移时，列车上的导向电磁铁与导向轨的侧面相互作用，产生排斥力，使车辆恢复正常位置。列车如运行在曲线或坡道上时，控制系统通过对导向磁铁中的电流进行控制，达到控制运行目的。

"常导型"磁悬浮列车的构想由德国工程师赫尔曼·肯佩尔于 1922 年提出。"常导型"磁悬浮列车及轨道和电动机的工作原理完全相同，只是把电动机的"转子"布置在列车上，将电动机的"定子"铺设在轨道上。通过"转子""定子"间的相互作用，将电能转化为前进的动能。我们知道，电动机的"定子"通电时，通过电磁感应就可以推动"转子"转动。当向轨道这个"定子"输电时，通过电磁感应作用，列车就像电动机的"转子"一样被推动着做直线运动。

2006 年 4 月 27 日，中国首条线路上海磁浮列车示范运营线开通运营。上海磁浮列车的车型与德国 TR08 型磁浮列车基本一致，有 4 列列车可投入运营，共分别为 3 ~ 5 节编组，其中 1 列为国产化列车。

上海磁浮列车共开通 1 条线路，从龙阳车站至浦东机场，线路总长 30 km，单程行驶 8 min，采用磁浮系统，共计 2 座车站投入运营。截至 2017 年 9 月 5 日，上海磁浮列车总计运输乘客 5 000 万人次，安全运行 1 688 万千米。

上海磁悬浮列车时速 430 km，一个供电区内只能允许一辆列车运行，轨道两侧 25 m 处有隔离网，上下两侧也有防护设备。转弯处半径达 8 000 m，肉眼观察几乎是一条直线；最小的半径也达 1 300 m。乘客不会有不适感。轨道全线两边 50 m 范围内装有目前国际上最先进的隔离装置。如图 9.40 所示。

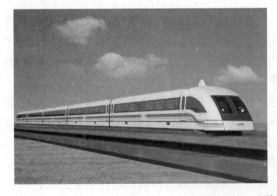

图 9.40　上海高速磁浮列车

5. 中国国产磁悬浮列车

1）西南交通大学磁浮列车研制和磁浮试验线建设

西南交通大学在 2000 年研制的世界第一辆载人高温超导磁悬浮列车"世纪号"以及原先研制的载人常温常导磁悬浮列车"未来号"等受到江泽民、胡锦涛等党和国家领导人的高度关注和充分肯定。据介绍，早在 1994 年，西南交大就研制成功了中国第一辆可载人常导低速磁浮列车，但那是在完全理想的实验室条件下运行成功的。2003 年，西南交大在四川成都青城山的磁悬浮列车线完工，该磁悬浮试验轨道长 420 m，主要针对观光游客，票价低于出租轿车费。该磁浮试验线因青城山申报世界文化遗产而搁置。

2）长沙磁浮快线

长沙磁浮快线，是服务于湖南省长沙市的一条城市轨道交通线路，是中国首条拥有完全自主知识产权的中低速磁浮铁路。2014 年 4 月 30 日，湖南省发展和改革委员会批复《长沙磁浮工程可行性研究报告》。2014 年 5 月 16 日，长沙磁浮快线正式开工建设，于 2016 年 5 月 6 日开通运营，标志色为粉色。长沙磁浮快线线路全长 18.55 km，全程高架敷设；设车站 3 座，预留车站 2 座；列车采用 3 节编组，设计速度为每小时 100 km。

长沙磁浮快线起于磁浮高铁站，途经长沙市雨花区和长沙县，连接长沙南站和长沙黄花国际机场，止于磁浮机场站，大致呈东西走向。

截至 2017 年 5 月 6 日，长沙磁浮快线第一年度客运总流量 2 599 762 人次，日均客流量 7 123 人次，单日最大客流为 2016 年 10 月 3 日的 11 503 人次。2017 年全年，长沙磁浮快线共开行列车 49 383 列次，客流量约 289.82 万人次，日均客流约 8 000 人次。

截至 2018 年 5 月 6 日，长沙磁浮快线第二年度日均客流量 8 299 人次，单日最高客流为 2017 年 10 月 4 日的 12 759 人次。2018 年全年，长沙磁浮快线共开行列车 56 150 列次，客流量约 329.72 万人次，日均客流量 9 159 人次，最高单日客流为 2018 年 10 月 4 日的 1.450 1 万人次。

长沙磁浮快线是中国国内第一条自主设计、自主制造、自主施工、自主管理的中低速磁悬浮，标志着中国在继德国、日本、韩国后成为全球第四个掌握中低速磁悬浮技术的国家，长沙成为中国第二个开通磁悬浮的城市。如图 9.41 和图 9.42 所示。

3）北京磁浮示范线

（1）工程概况。

北京地铁 S1 线，又称北京磁浮线，是北京首条中低速磁浮线路，中国第二条中低速磁悬浮，于 2017 年 12 月 30 日开通，代表色为棕色。线路起于金安桥站，途经石景山区、门头沟区，贯穿门头沟、石景山，止于石厂站，大致呈东西走向。北京地铁 S1 线线路全长 10.2 km，其中高架线 9 953 m、隧道段 283 m；共设置 8 座车站，全为高架站；采用标准 B 型列车。S1 线线路示意图与磁浮列车见图 9.43 所示。

（2）发展历程与运营现状。

1999 年初，北京磁浮公司（当时名为北控磁浮公司）应运而生。

2002 年 11 月，原北京市计委在完成对八达岭示范线前期操作审查后，向北京市政府提交了《关于八达岭旅游示范线立项请示报告》。此时，八达岭磁浮线的选型、可行性研究、办公楼建设等都已完成。

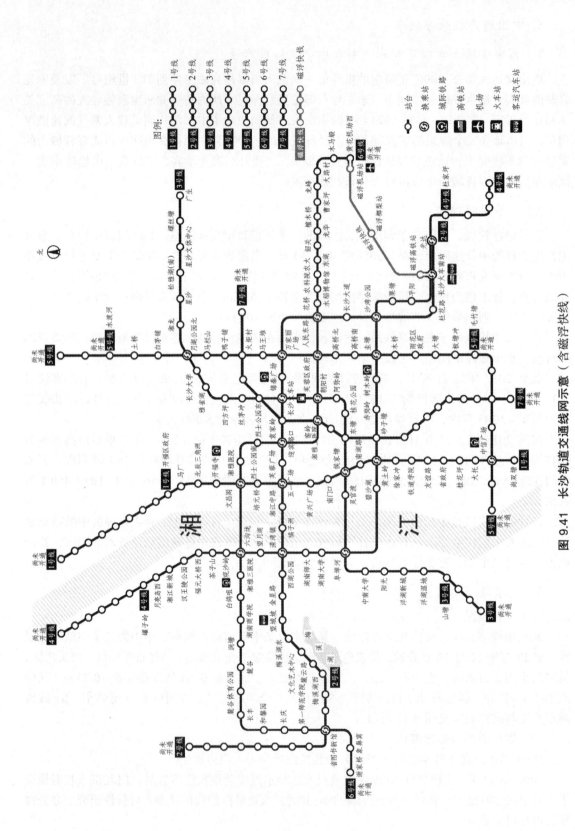

图 9.41 长沙轨道交通线网示意（含磁浮快线）

图 9.42　长沙磁浮快线运行的磁浮列车

图 9.43　北京磁浮示范线与磁浮列车

2011 年 2 月，由门头沟通往市区的北京地铁 S1 线立项，北京的磁浮交通建设得以重新开始。

2013 年 5 月，国务院将城市轨道交通项目审批权下放到地方。由于审批权下放过程中，两级政府之间存在衔接空当，工期再一次被推后。

2016 年 12 月 16 日，首列北京地铁 S1 线列车从中车唐山公司开始运送；同年 12 月 25 日，北京地铁 S1 线列车开始进入调试阶段。

2017 年 3 月 31 日，北京地铁 S1 线永定河以西主梁全部贯通；同年 6 月 6 日，北京地铁 S1 线完成第一阶段热滑试验；同年 6 月 10 日，北京地铁 S1 线开始联调联试；同年 12 月 30 日，北京地铁 S1 线开通运营。

2019 年 8 月 5 日，北京地铁 S1 线已正式实行冷暖车厢。

2017 年 12 月 30 日，北京地铁 S1 线开通首日客流为 1.27 万人次。

4）中国超高速磁浮列车

高速磁悬浮将满足中国大城市点对点之间的运输需求，并且在技术带动和国际竞争中有战略意义，将带给人们更舒适生活和享受，经济高速可持续发展。

2019 年 5 月 23 日 10 时 50 分，中国时速 600 km 高速磁浮试验样车在青岛下线，如图 9.44 所示。据有关专家介绍，中国时速 600 km 高速磁悬浮项目预计在 2021 年之前要建成 5 km 长的试验线。

图 9.44　中国时速 600 km 高速磁浮列车

6. 磁悬浮列车的优越性

由于磁悬浮列车是轨道上行驶，导轨与机车之间不存在任何实际的接触，成为"无轮"状态，故其几乎没有轮、轨之间的摩擦，运行速度快，能超过 500 km/h，运行平稳、舒适，易于实现自动控制；无噪声，不排出有害的废气，有利于环境保护；运营、维护和耗能费用低。磁悬浮列车可靠性大、维修简便、成本低，其能源消耗仅是汽车的一半、飞机的四分之一；噪声小，当磁悬浮列车时速达 300 km 以上时，噪声只有 65 dB，仅相当于一个人大声地说话，比汽车驶过的声音还小；由于它以电为动力，在轨道沿线不会排放废气，无污染，是一种名副其实的绿色交通工具。

传统轮轨铁路的运营速度经过 100 多年的发展，达到了 300 ~ 350 km/h，其进一步提高受到了用轮轨支承和受电弓供电的限制。高速磁悬浮列车用电磁力将列车浮起而取消轮轨，采用长定子同步直流电机将电供至地面线圈，驱动列车高速行驶，从而取消了受电弓，实现了与地面没有接触、不带燃料的地面飞行，克服了传统轮轨铁路的主要困难。从 20 世纪 60 年代起，日本、德国将磁悬浮技术作为强大的国家研究发展计划，投入了数十亿美元的资金，经过持续努力，使整个技术已经成熟到可以建造实用运营，最高试验运营速度已达 550 km/h。从而，人类地面客运的速度可望在 21 世纪前、中期达到 500 km/h 的新水平，使高速地面交通的发展继续长足前进。

磁悬浮列车为目前最快速的地面交通工具，磁悬浮列车技术的确有其他地面交通技术无法比拟的优势。我国有关专家分析给出了磁悬浮列车有七大优势：

1）它克服了传统轮轨铁路提高速度的主要障碍，发展前景广阔

第一条轮轨铁路出现在 1825 年，经过 140 年努力，其运营速度才突破 200 km/h，由 200 km/h 到 300 km/h 又花了近 30 年，虽然技术还在完善与发展，继续提高速度的余地已不大，而困难很大。还应注意到，轮轨铁路提高速度的代价是很高的，300 km/h 时高速铁路的造价比 200 km/h 的准高速铁路高近两倍，比 120 km/h 的普通铁路高 3～8 倍，继续提高速度，其造价还将急剧上升。世界第一个磁悬浮列车小型模型是 1969 年在德国出现的，日本是 1972 年造出的。可仅仅十年后的 1979 年，磁悬浮列车技术就创造了 517 km/h 的速度纪录。目前磁悬浮技术已经成熟，可进入 500 km/h 实用运营的建造阶段。

2）磁悬浮列车是当今唯一能达到运营速度 500 km/h 的地面客运交通工具，具有不可取代的优越性

对于客运来说，提高速度的主要目的在于缩短乘客的旅行时间，因此，运行速度的要求与旅行距离的长短紧密相关。各种交通工具根据其自身速度、安全、舒适与经济的特点，分别在不同旅行距离中起骨干作用。专家们对各种运输工具的总旅行时间和旅行距离的分析表明，按总旅行时间考虑，300 km/h 的高速轮轨与飞机相比在旅行距离小于 700 km 时才优越。而 500 km/h 的高速磁悬浮，则比飞机优越的旅行距离将达 1 500 km 以上。

上述观点已为近年来国际高速轮轨交通的实践所证实。国际上 250～300 km/h 的高速轮轨铁路迄今共有 10 多条运营，总长 5 000 多千米。除日本东京—博多全长 1 069 km 外，其他均小于 600 km。日本各种交通工具市场占有率与旅行距离间的关系表明，250 km/h 的新干高速轮轨铁路，随旅行距离的增加，其市场占有率迅速上升，在约 800 km 时达到约 70% 的峰值。距离继续增大，由于旅客更多选择了飞机，占有率急剧下降，1 200 km 时降到约 30%。

3）磁悬浮列车能耗低

它在 500 km/h 速度下每座公里的能耗仅为飞机的 1/3 至 1/2，比汽车小 30%。在 300 km/h 的相同速度下，德国 TR 磁浮列车每座公里能耗与 ICE1 在 300 km/h 速度时相当。

4）磁悬浮列车噪声小

实测表明，列车通过时 25 m 距离处的噪声，在 300 km/h 速度时，德国 TR 列车为 79 dB，ICE1 列车为 91 dB。

5）启动停车快，爬坡能力强，选择自由度较大

德国 TR07 磁浮列车启动 50 s 后（行程 2 km），速度可达 200 km/h，100 s 后（4.8 km）达 300 km/h，150 s 后（9.6 km）达 400 km/h；ICE 轮轨高速在 150 s 后（行程 5 km）达 200 km/h。已经证明，磁浮列车爬坡能力可达 100%，而轮轨高速为 40%，在同等速度下，磁悬浮列车转弯半径小，选线自由度较大，这意味线路可较短，少占地面、耕地，总投资降低。

6）磁悬浮列车与轮轨列车相比还有安全、舒适、维修少的优点

磁浮列车在结构上保证不易脱轨，推进方式保证不易撞车。磁悬浮列车没有车轮和铁轨的接触以及与受电弓的机械接触，震动小，舒适性好，其工作属于无磨损运行，维修主要集中在电子技术方面，不需大量体力劳动。

7）磁悬浮列车采用电力驱动，不需燃油

这使它的发展不受能源结构，特别是燃油供应的限制；同时，无有害气体排放，环境污染小。

当然，磁悬浮列车技术还处在发展中，与国际上已建成总长 5 000 多千米、运营已有 30 多年经验的高速轮轨铁路相比，高速磁悬浮列车在技术成熟性和建设运营经验上还有明显差距。比如，作为一种新型交通工具，高速磁悬浮列车与轮轨铁路只能像汽车、飞机、轮船一样通过换乘来兼容；同时，高速磁悬浮的道岔要移动地面电磁线圈系统，其成网要比轮轨铁路困难一些；在运量方面，从目前日本高速磁悬浮的运量目标看，单向为 10 000 人/h，似乎还不大；等等。这是任何一种新技术与传统技术比较时通常都会遇到的情况。至于投资，有人认为它需要的投资较大，也是与高速轮轨铁路相比的一个弱势。实际上，高速磁悬浮的投资的确比高速轮轨铁路高 1.2 ~ 1.5 倍，但前者的速度却比后者要高出 50% ~ 70%，这样比较起来，其实是一个优点。随产业发展与经验的积累，其降低投资的可能性与幅度可能远大于高速轮轨系统。

7. 磁悬浮列车的发展

整个人类客运交通发展的历史是一个速度不断提高的历史。每一种新型交通工具的出现和重大技术的突破都伴随速度的显著提高。20 世纪在这方面尤为突出，飞机、汽车与火车均在不断刷新其速度的纪录，高速磁悬浮列车发展尤为令人瞩目。

由于磁悬浮列车具有快速、低耗、环保、安全等优点，因此前景十分广阔。常导磁悬浮列车可达 400 ~ 500 km/h，超导磁悬浮列车可达 500 ~ 600 km/h。它的高速度使其在 1 000 ~ 1 500 km 之间的旅行距离中比乘坐飞机更优越。由于没有轮子、无摩擦等因素，它比目前最先进的高速火车省电 30%。在 500 km/h 速度下，每座公里的能耗仅为飞机的 1/3 ~ 1/2，比汽车也少耗能 30%。因为无轮轨接触，震动小、舒适性好，对车辆和路轨的维修费用也大大减少。磁悬浮列车在运行时不与轨道发生摩擦，发出的噪声很低。它的磁场强度非常低，与地球磁场相当，远低于家用电器。由于采用电力驱动，避免了烧煤烧油给沿途带来的污染。磁悬浮列车一般以 4.5 m 以上的高架通过平地或翻越山丘，从而避免了开山挖沟对生态环境造成的破坏。磁悬浮列车在路轨上运行，按飞机的防火标准实行配置。它的车厢下端像伸出了两排弯曲的胳膊，将路轨紧紧搂住，绝对不可能出轨。列车运行的动力来自固定在路轨两侧的电磁流，同一区域内的电磁流强度相同，不可能出现几辆列车速度不同或相向而动的现象，从而排除了列车追尾或相撞的可能。

七、城市轨道交通制式的选择

（一）城市轨道交通分类

1. 城市轨道交通的定义

广义上，城市轨道交通是指采用轨道进行承重和导向的车辆运输系统，设置全封闭或部分封闭的专用轨道线路，具有车辆、线路、信号、车站、供电、控制中心和服务等设施，车辆以列车或单车形式，运送相当规模客流量的城市公共交通方式。

狭义上，城市轨道交通特指地铁、轻轨和单轨（独轨）。

2. 城市轨道交通类型划分

（1）根据运量规模，城市轨道交通划分为大运量、中运量、小运量轨道交通。

（2）根据敷设方式，城市轨道交通划分为地下、地面、高架轨道交通。

（3）按照轮轨材料，城市轨道交通划分为钢轮钢轨、胶轮钢筋混凝土轨轨道交通。

（4）按照导向方式，城市轨道交通划分为轮轨导向、导向轮导向轨轨道交通。

（5）按照技术特征，城市轨道交通划分为地铁、轻轨、单轨（独轨）、磁浮、自动导向系统、市域快速轨道系统、有轨电车系统。

（二）各种城市轨道交通的主要技术经济特征

1. 地　铁

（1）定义：轴重相对较重，单方向高峰输送能力在 3 万人次/h 以上的城市轨道交通系统。服务区间主要在市区，也可延伸到市郊。

（2）主要技术参数。

地铁站间距较密，采用电力驱动，线路全封闭，信号采用自动化控制，具有运量大、速度快、安全、准时、舒适、节约城市土地资源等特征。地铁主要技术参数见表 9.48 所示。

表 9.48　地铁主要技术参数

序号	项　目	技术参数	序号	项　目	技术参数
1	高峰小时单向运送能力	30 000～70 000 人	9	安全性和可靠性	较好
2	列车编组	4～8 节，最多 11 节	10	最小曲线半径	300 m
3	列车容量	3 000 人	11	最小竖曲线半径	3 000 m
4	车辆构造速度	89～100 km/h	12	舒适性	较好
5	平均运行速度	30～40 km/h	13	城市景观	无大影响
6	车站平均间距	600～2 000 m	14	空气污染，噪声污染	小
7	最大通过能力	30 对/h	15	站台高度	一般为高站台，乘降方便
8	与地面交通隔离率	100%			

（3）主要适用范围。

地铁具有的主要优势为：大运量、准时性和速达性、与其他交通方式无相互干扰、噪声小、污染少、节约土地资源等。

地铁具有的主要缺点为：建设费用高，一旦发生火灾等自然灾害，乘客疏散较困难。

因此，地铁主要适用于人口超过 300 万且经济实力好的特大城市。

2. 轻 轨

（1）LRT（Light Rail Transit），是指在有轨电车基础上发展起来的，由电气牵引、轮轨导向、列车或车辆编组运行在专用行车道上的中运量城市轨道交通系统。

轻轨输送能力介于地铁和有轨列车之间，为 15 000 ~ 30 000 人/h，旅行速度可达 30 km/h。

需要注意的是：根据我国《城市快速轨道交通工程项目建设标准》（建标 104—2008），用轻轨来命名中运量地铁（包括地面和高架铁路）；而欧洲所说的"轻轨"，一般是指现代有轨电车。为了与欧洲的定义兼容，所以我们可以将轻轨分为两类：准地铁与新型（现代）有轨电车。

（2）主要技术参数及适用范围。

轻轨与地铁的主要区别如表 9.49 所示。

表 9.49　地铁与轻轨的主要区别

区别内容	轻　轨	地　铁
线路走向	城乡接合部	穿越市区
客流量	1 万 ~ 3 万人次/h 单向	>3 万人次/h 单向
列车编组	2 ~ 6 节/列	4 ~ 10 节/列

3. 单轨（独轨）系统

1）定　义

单轨（独轨）系统是指车辆在一根轨道上运行的一种轨道交通系统，旅行速度可达 30 ~ 35 km/h，包括悬挂式和跨座式。

2）技术经济特征及适用范围

（1）主要优势有：

① 占用土地少，运量较大（5 000 ~ 20 000 人次/h），建设投资费用较低，仅为地铁建设费用的 1/3 左右。

② 能适应复杂地形要求、线路构造简单，独轨铁路能够实现在大坡度和小曲线半径安全运行，这使得在独轨铁路选线时可绕过城市的建筑物，建设工期短。

③ 独轨铁路车辆的走行装置采用空气弹簧、橡胶轮胎、电力驱动，故噪声低，无汽车废气之公害，乘坐舒适。

④ 独轨铁路高架于闹市运行，不论采用跨坐式还是悬挂式，乘客均乘坐舒适，视野宽广，故往往有城市交通和旅行观光的双重作用。

⑤ 能确保安全、噪声与振动均较低、对日照和城市景观影响较小等。

⑥ 跨座式独轨铁路轨道梁采用预应力混凝土梁制成，悬挂式独轨铁路的轨道梁一般为箱形断面的结构。

（2）主要缺点是：

① 车的两边没有可站立的路轨，而且离地面有一定距离，如果出现紧急情况，单轨交通上的旅客逃生较为困难，疏散和救援难度大。

② 单轨交通使用的道岔结构复杂、笨重，道岔转换时间较长，车辆行走装置复杂。

③ 运能较小，不能与地铁、轻轨接轨；能耗较大，由于走向装置采用橡胶轮，它与混凝

土轨道面的滚动摩擦阻力比钢轮大，且有轻度的橡胶粉尘污染。

④ 车辆设备国产化率不高，车辆运营成本和线路耗电量高。

4. 磁浮系统

1）定　义

磁浮系统是指依靠磁悬浮技术将列车悬浮起来并利用直线电机驱动列车行驶的交通工具。分常速、中速、高速和超高速等几种形式，最高速度可达 600 km/h。上海磁浮列车目前是全世界第一条投入商业运营的线路，它是在德国的 TR08 列车的基础上发展起来的，基本技术规格与 TR08 一样，在运行速度、舒适性、能耗、环境、安全性和运行维护等方面，具有铁路车辆和飞机无可比拟的优势。

2）主要技术经济特征及适用范围

（1）主要优点有：

① 速度快。磁悬浮列车是当今唯一能达到运营速度 500 km/h 的地面客运交通工具。这意味着，对于间距 500 km 到 1 000 多千米的城市间旅行而言，磁悬浮列车在旅行时间和旅行质量上完全可以同飞机相媲美。

② 相对能耗低。在 500 km/h 速度下，磁悬浮列车每座公里的能耗仅为飞机的 1/3 至 1/2，比汽车也要少 3 成。

③ 易拐弯，能爬坡，选线灵活，适应能力强。磁悬浮高速线路所要求的转弯半径比传统铁路要小得多，且具有最高 10% 的爬坡能力。这使磁悬浮线路能够更灵活地适应地形，可以减少造价。

④ 噪声小。由于无轮轨间的摩擦，在相同速度下，磁悬浮列车的噪声低于传统的铁路。

⑤ 无污染。由于磁悬浮列车以电为动力，这使它的发展不受能源结构，特别是燃油供应的限制；同时在轨道沿线不会排放废气，是一种名副其实的绿色交通工具。

⑥ 安全、舒适、维修少。磁悬浮列车在结构上保证不易脱轨，推进方式保证不易撞车。磁悬浮列车没有车轮和铁轨的接触，震动小，舒适性好，其工作属于无磨损运行，维修主要集中在电子技术方面，不需大量体力劳动。

（2）主要缺点有：

磁悬浮列车突然情况下的制动能力不可靠，不如轮轨列车。在陆地上的交通工具没有轮子是很危险的。因为列车要从动量很大降到静止，要克服很大的惯性，只有通过轮子与轨道的制动力来克服。如 2006 年，德国磁悬浮控制列车在试运行途中与一辆维修车相撞，报道称车上共 29 人，当场死亡 23 人，实际死亡 25 人，4 人重伤。磁悬浮列车没有轮子，如果突然停电，靠滑动摩擦是很危险的。此外，磁悬浮列车又是高架的，发生事故时在 5 m 高处救援很困难，没有轮子，拖出事故现场困难；若区间停电，其他车辆、吊机也很难靠近。

5. 现代有轨电车

1）定　义

有轨电车（Tram、Streetcar、Tramcar）是采用电力驱动并在轨道上行驶的轻型轨道交通车辆。有轨电车是一种公共交通工具，亦称路面电车，简称电车，属轻铁的一种，列车一般不超过五节，但由于在街道行驶，占用道路空间。此外，某些在市区的轨道上运行的缆车亦可算作路面电车的一种。 电车以电力驱动，车辆不会排放废气，因而是一种无污染的环保交通工具。

老式有轨电车最早兴建于 1881 年的柏林，我国 1908 年 3 月从上海英租界静安寺外滩开出了第一辆有轨电车。之后随着汽车业的兴起和发展，老式有轨电车不但噪声大、性能差、耗电多，而且在速度、舒适度和灵活性方面与汽车比较相形见绌，到 20 世纪 30 年代至 50 年代中期逐渐衰落，六七十年代，为了给来势汹汹的私人轿车让路，有轨电车相继在欧洲许多城市下马。上海的老式有轨电车南京路上最后一班有轨电车，也于 1963 年 8 月结束了历史使命。

现代有轨电车与旧式有轨电车的不同之点主要是它不但具有鲜明的现代化外貌色彩，而且车辆重量轻、速度快（轴重仅 9 t 左右），车厢内设有空调。现代有轨电车系统一般包括普通电车、铰接电车、双铰接电车。有轨电车的车辆宽度通常受城市道路可容纳性的限制。

2）主要特征及适用范围

20 世纪 70 年代以来，以汽车为主导的交通模式所带来的问题日显严重，能源危机、环境污染、土地紧缺、交通拥堵等问题，迫使欧洲发达国家重新将大容量的轨道交通作为发展城市公共交通的重点。由于中小城市无法负担地铁的巨额投资，于是现代有轨电车在欧洲中小城市中应运而生。现代有轨电车自应用以来，以其便捷性、舒适性及美观性受到市民和政府的肯定。在 1978—2005 年间，欧洲有数十座城市发展了现代有轨电车。

现代有轨电车具有运行可靠、舒适、节能、环保等特点，且其技术特性已与轻轨基本无异，如今多地方也开始在城市中改建或新增现代有轨电车线路，如法国斯特拉斯堡、瑞士日内瓦、西班牙巴塞罗那以及我国的大连、天津、上海等城市。

现代有轨电车作为城市新兴的一种先进的公交方式，已完成了从传统到现代化的转变，在世界范围被普遍推广，也充满了光明的前景。

2012 年至 2020 年，我国现代有轨电车规划已超过 2 500 km，工程总投资预计达 3 000 亿元，车辆市场规模达 600 亿元，年均需求 75 亿元。

现代有轨电车其形式多样化，例如 Metrotram（专用路权的有轨电车）、Tramtrain（与铁路共享路权的有轨电车）、Cargot ram（货运有轨电车）等运营理念的实现，第三轨供电的实践，单轨导向橡胶轮胎走行的导轨电车的诞生，低地板车辆生产技术、信号与控制技术的进步，等等。现代有轨电车往往成为城市的骨干交通模式，线路几乎全部穿过市中心。如哥德堡（Gothenburg）的有轨电车线网为明显的放射型，线路从市中心向郊区辐射。

现代有轨电车已成为中小城市公交的骨干模式。欧洲的城市根据自己不同的经济实力以及有轨电车的发展历史，采取了不同方式来更新、建设有轨电车线路。其主要方式有以下几种：

（1）改造原有有轨电车线或废弃铁路。

（2）新建有轨电车线路。

（3）有轨电车与干线铁路共享轨道。

纵观欧洲的现代有轨电车系统，多数城市采用了旧线改造与新建线路相结合的方式。这种方式一方面可充分利用现有资源，降低建设成本；另一方面又可按需供给，在适当的地区布设新线，提高线路或整个网络的服务水平。同时，在规划线路时就考虑到现代有轨电车与其他轨道交通（包括干线铁路与城市地铁）的兼容，为今后的灵活运营打下基础。 现代有轨电车与旧式有轨电车的一个重要区别就是大量采用独立路权。

一般新建线路的独立路权区段占50%以上，从而保证了现代有轨电车的旅行速度在一个较高的水平。独立路权的形式又有很多种：

（1）原有市郊铁路或工业铁路改造的线路，保留有砟轨道，因此线路与其他交通方式完全隔离。

（2）采用草坪绿化带作为隔离物的专用路权。

（3）轨道两侧铺设路缘石，高度适宜，平时起到提供独立路权的作用；当发生机动车严重堵塞或其他意外事故时，机动车又能够驶过路缘石，运行在有轨电车的线路上。现代有轨电车的另一个特点是对行人非常"友好"。

现代有轨电车与其他机动车相比，有固定的轨道，对于行人更加安全；且尾气排放少，噪声低，行人的步行环境更佳。因此商业街区常采用机动车禁行，而只允许"行人＋有轨电车"的模式。此外，还有一些城市（如阿姆斯特丹）将有轨电车与公交车的路权共享。这种方式是一种新的尝试。尽管其维护费用比单纯运行有轨电车时高，但较好地保障了同一通道上公交车的优先权，使得原本是有轨电车专用的道路空间利用率大大提高。

现代有轨电车的主要优点为：

① 建造成本低：对于中型城市来说，路面电车是实用廉宜的选择。一千米路面电车线所需的投资只是一千米地下铁路的1/3到1/20；以长春为例，每千米造价（包含车辆采购、轨道铺设、线网架设、整流站修建等全部设备）为2 000余万元人民币，堪称多快好省建设有轨电车的典范。

② 建设难度低：无须在地下挖掘隧道。

③ 安全系数高：相较其他路面交通工具，路面电车更有效减少交通意外的比率。

④ 环保系数高：路面电车因为以电力推动关系，车辆不会排放废气，是一种无污染的环保交通工具。

⑤ 可共同使用车道：路面电车路轨占用路面，路面交通要为路面电车改道，并让出行车线；采用槽型轨，汽车和有轨电车可以共用一条马路。

现代有轨电车的主要缺点有：

① 行驶速度较慢：路面电车的速度一般较地铁慢，除非路面电车行驶的大部分路段是专用的（主要行驶专用路段的路面电车一般称为轻便铁路）。

② 载客能力较小：路面电车每小时可载客约7 000人，但地下铁路每小时载客可达12 000人。

③ 架设电缆占道：需要设置架空电缆。超级电容供电和地下轨供电还处于试验阶段。（广州有轨电车采用超级电容供电。）

3）现代有轨电车的发展的思考

现代钢轮钢轨100%低地板有轨电车以其节能、环保、较小的投资，适中的载客量，较好的乘坐舒适性，较少的后期维护费用，在国外经过20多年的发展，已经有150多个城市的成熟应用业绩，现代有轨电车在解决城市核心区换乘、市郊接驳以及景区旅游观光等方面发挥了重要作用，现代有轨电车代表着未来的发展方向。

截至2019年，全球已有60多个国家、400多个城市建成运营有轨电车。其中，欧盟27个国家179个城市，运营里程超过8 692 km（含传统有轨电车）。在国内，城市有轨电车的发展也突飞猛进。然而在发展的过程当中，规划、运营、技术等方面，依然面临着诸多"瓶颈"。

其一是安全风险问题。2010年德国爱尔福特有轨电车与有轨电车发生相撞事故；2014年我国苏州高新区有轨电车与大货车发生相撞事故，2016年青岛城阳有轨电车与私家车发生相撞事故，淮安市有轨电车与电动车相撞，等等。而这些相撞事故反映出来的问题就是平交路口风险问题，平交路口成为事故高发地段。为解决这一问题能否制定修建"立交"方式过路口标准，如以道路属性、车流量、人流量等指标为标准？能否制定路口人员配置标准，如何种类型配置、配置数量、权利与责任等。

其二是客流量的问题。有轨电车的客流量问题直接关乎运营的收支平衡。在建设规划时，有轨电车功能定位、路线和站点选择就显得十分关键。以江苏苏州为例，客流量每天大概在7 000~8 000人次，而世界现代有轨电车高峰平均每小时运量达1.0~1.5万人次，作为百万人口以上的城市，这样的客流量显然不达标，有轨电车的功能不能真正有效发挥，收支平衡也得不到保证。

其三是技术选择问题。目前国内有十个厂家生产有轨电车车辆，问题是标准问题得不到解决，车辆选型就困难重重，包括铺设与不铺设接触网的问题，储能技术的应不应用问题，新能源用与不用的问题，等等。加之企业间的相互竞争、优胜劣汰的问题，给运营商带来了极大困难。

最后是城市发展的"后劲"问题。在国内已经运营有轨电车的城市中，已运营城市有轨电车项目的一些城市目前都没有再开工新的项目，其中有诸多原因，各有难处。有轨电车在一些城市中再发展速度放缓，甚至是停滞不前。

这些"瓶颈"问题引发了我们的思考。从制式的角度来说，确定有轨电车制式非常必要。应该发展适合我国国情的现代有轨电车，兼顾近期和远期发展不同需求的有轨电车。而在制式的选择上，应该结合地区的实际需要，多角度充分论证，选择最恰当，最符合地区需求的有轨电车制式。从有轨电车发展的有序性来讲，国家和地方政府的政策理应发挥正确的引导作用，建立科学合理的决策机制，最终得到人民群众的支持和认可。从技术的两面性看，我国需要创新中国特色的需求技术，引进、消化、吸收同时加强自主创新，在去粗取精的同时，突破国外技术壁垒，最终达到技术超越。

6. 市域快速轨道交通

1）定 义

市域快轨交通，指的是大城市市域范围内的客运轨道交通线路，服务于城市与郊区、中心城市与卫星城、重点城镇间等，服务范围一般在100 km之内，是介于城市轨道交通（地铁、轻轨）和城际高速铁路之间的新型运输模式，属于广义城市轨道交通的范畴。《城市公共交通分类标准》（CJJ/T 114—2007）还指出，市域快速轨道交通是一种大运量的轨道交通系统，客运量可在20万~45万人次/d（一般不采用高峰小时客流量的概念），适用于城市区域内重大经济区之间的中长距离的客运交通。

2）主要特征及适用范围

（1）市域快速轨道交通的主要特点有：

① 服务范围：市域快轨服务范围通常为市域或都市区，主要服务于城市中心区以外，且距中心城区20~100 km半径内的城市和城镇组团。服务区域非指行政区域，而以居民交往联

系的紧密程度及特征来界定。

② 服务对象：以通勤乘客为主，以通商、通学等其他乘客为辅。

③ 服务目标：从城市周边到达市中心的出行时间一般宜控制在 30～60 min 以内，因此，市域快轨的出行时间不宜大于 1h，从而构建区域内一日经济社会活动圈。

（2）市域快轨区别于地铁轻轨和城际铁路的特征。

① 区别于地铁轻轨：服务区域存在差异，具体划分需考虑功能定位。

一般而言，制式、运量和车型是区分轨道交通系统的重要标准之一，但这些标准化指标不足以完美阐释市域快轨和地铁、轻轨的区别。根据《城市公共交通分类标准》（JJ/T 114—2007），不同的城市轨道交通系统类型配套有相应类型的载客工具，具备各自不同的客运能力。从运量等级来看，七类城轨系统可分为高运量、大运量、中运量、低运量四个等级。地铁系统普遍采用 A 型号、B 型号和 LB 型号车辆，运量等级在高运量（A 型号）和大运量（B 型号和 LB 型号）级别；轻轨系统则主要采用 C 型号、LC 型号车辆，属中运量级别。

但市域快轨并没有固定的车辆类型和制式标准，可参照国铁技术制式和地铁技术制式来建设，但是在线路设计上又保留自己的特色。这一点从车型选择和运量等级上可以看出——市域快轨的车型可以从地铁车型改进而来，也可以从国铁动车组车型衍生而来。在运量等级上，市域快轨也没有明确的定位。不同城市轨道交通系统的划分标准如表 9.50 所示。

表 9.50　不同城市轨道交通系统的划分标准

系统类型	车辆型号	运量等级
地铁系统	A 型车辆	高运量（4.5 万～7 万人/h）
	B 型车辆	大运量（2.5 万～5 万人/h）
	LB 型车辆	中运量（1 万～3 万人/h）
轻轨系统	C 型车辆	
	LC 型车辆	
单轨系统	跨座式单轨车辆	
	悬挂式单轨车辆	
磁浮系统	中低速磁浮车辆	
	高速磁浮车辆	
自动导向轨道系统	胶轮特制车辆	
有轨电车系统	有轨电车	低运量（0.6 万～1 万人/h）
	D 型车	
市域快轨	地铁车辆或专用车辆	无运量等级，一般为 20 万～45 万人次/d

备注：资料来源于《城市公共交通分类标准》（CJJ/T 114—2007）。

线路的功能定位应该是市域快轨有别于其他城市轨道交通的首要条件。从功能定位的视角来看：轻轨和地铁是为满足城市中心区域出行需求而建设的城市轨道交通线路，连接了城市中心区内主要交通节点；市域快轨则是服务于市中心与近远郊的通勤线路，或为串联城区边缘、郊区新城或机场的快线。

　　② 区别于城际铁路：城际铁路定位宏大，不属于城轨交通范畴。

　　城际铁路并不属于城市轨道交通范畴，更易与市域快轨进行区分。根据国家铁路局发布的铁道行业标准《城际铁路设计规范》（TB 10623—2014），城际铁路是指专门服务于相邻城市间或城市群，旅客列车设计时速 200 km 及以下的快速、便捷、高密度客运专线铁路，大多采用高密度、小编组、公交化运输组织模式，并不属于城市轨道交通范畴。二者之间的具体区别包括：首先，城际铁路纳入国家铁路系统，主要承担相邻城市之间或城市群内的客流运输任务，在定位上较市域快轨更为宏大。其次，与城际高铁、动车组相比，市域快轨车辆更具有地铁列车快速启动和快速制动的功能，列车运行线路在 100 km 以内，车内不设卫生间和给水系统，这样维修和维护更加简单。

　　从功能角度来看，在解决城镇化发展所带来的市郊通勤问题方面，市域快轨是较地铁而言更为合适的选择。除此之外，与地铁相比，市域快轨在控制建造成本上也展现出了显著的优越性。

　　与地铁相比，市域快轨造价相对便宜，温州市域快轨 S1 线，每千米造价约在 3 亿元。市域快轨建设的经济性主要来自于以下几个方面：一是在线路铺设上，市域快轨多经过城市外围区域，可以更大比例地采用地面铺设，有效降低因地下施工复杂程度较高而增加的建设成本；二是从站点设置上来看，市域快轨较地铁而言站间距更长，站点密度更低，节省了在建造站点上的投资；三是征地拆迁单位里程数量、单价低于地铁建设，拆迁赔偿款较少。

　　综上来看，市域快轨在经济性方面优势显著，较之地铁能够有效减轻地方财政支出的负担，同时也能够在一定程度上避免政策约束，为满足城市中心与近远郊的通勤需求提供服务。

3）市域快速轨道交通发展趋势

　　国内外城市的发展规律大致相同，都是由中心城区向外围及郊区扩展并逐渐形成城市群，伦敦、巴黎、东京等大都市的形成都是如此。截至 2018 年 3 月 13 日，国务院已先后共批复了长江中游城市群、哈长城市群、成渝城市群等 9 个国家级城市群，此外，粤港澳大湾区、京津冀城市群、辽中南群、山东半岛城市群、海峡西岸城市群共 5 个城市群待批复。

　　此外，按照国家"十三五"规划要求，其间我国计划建设 19 个城市群，《国家新型城镇化规划（2014—2020 年）》明确指出，到 2020 年，中国的城市化发展水平、常住人口城镇化率将达到 60% 左右。

　　随着城镇化推进、城市群规模的迅速扩大，中心城区与周边地区的联系会愈加紧密，城市快速发展将对轨道交通提出了更高的需求：一是中心区人口的岗位聚集，客流拥堵现象严重；二是中心城区承载能力达到饱和，人口向外疏散，造成长距离出行增加；三是区域核心效应依然明显，居住区和城市中心区岗位分离现象普遍形成，带来更多通勤客流的需求；四是城市外围及郊区区域中心形成，且与中心区联系紧密，产生新经济中心与市中心之间商业、产业、旅游等的客流需求。

　　市域轨道交通体系的规划建设正是我国城镇化推进、城市群形成和发展的先行力量，不难看出未来迫切需要大容量、快速的轨道交通系统来满足城市化进程中的客流需求，促进城市地域空间、交通结构的有效转变。加快推动市域快轨发展已经成为当前我国现代城市与交通系统发展的重要选择，对促进轨道交通系统供给侧改革，完善多层次城市综合交通系统，支撑引领新型城镇化建设具有重要意义。

当前我国市域（郊）铁路发展相对滞后，有效供给能力不足，已经成为城市公共交通短板，在基建补短板的政策背景下，市域快轨的建设逐渐提上日程。

2017年，国家发展改革委、住房和城乡建设部、交通运输部、国家铁路局、中国铁路总公司联合出台《关于促进市域（郊）铁路发展的指导意见》。指导意见中明确提出，至2020年，京津冀、长江三角洲、珠江三角洲、长江中游、成渝等经济发达地区的超大、特大城市及具备条件的大城市，市域（郊）铁路骨干线路基本形成，构建核心区至周边主要区域的1小时通勤圈；其余城市群和城镇化地区具备条件的城市启动市域（郊）铁路规划建设工作。《意见》的出台有效助推了市域快轨的建设进程。如表9.51所示。

表9.51 关于市域快轨的国家层面指导性文件（或会议）

发布时间	相关部门	文件（会议）名称	文件（会议）内容
2017/2/3	国务院	《国务院关于印发"十三五"现代综合交通运输体系发展规划的通知》	到2020年城市轨道交通运营里程6 000 km；加快建设大城市市域（郊）铁路，有效衔接大中小城市、新城新区和城镇；研发市域（郊）铁路列车
2017/4/20	交通运输部	2017年第四次例行新闻发布会	推进北京市、天津市、石家庄市等市域市郊的铁路规划建设工作
2017/6/20	国家发改委、住建部、交通运输部等	《关于促进市域（郊）铁路发展的指导意见》	到2020年，京津冀、长江三角洲等经济发达地区的超大、特大城市及具备条件的大城市，市域（郊）铁路骨干线路基本形成
2017/9/14	交通运输部	《智慧交通让出行更便捷行动方案（2017—2020年）》	加快制定完善高速铁路、城际铁路、市域（郊）铁路、城市轨道交通、联程联运、综合性交通枢纽信息化智能化技术标准
2017/11/20	国家发改委	《铁路"十三五"发展规划》	经济发达、人口稠密、城镇密集地区形成城际、市域（郊）铁路骨架网络，其他适宜区域因地制宜、量力而行布局建设，2020年城际和市域（郊）铁路规模达到2 000 km左右
2018/5/8	北京城建集团、中国城轨协会专家学术委等	《市域快轨交通技术规范》	制定市域快轨内容完善的规范性文件，其中温州轨道交通S1线的技术创新及实践经验，纳入了《技术规范》，有待正式发布
2018/11/30	国家发改委	市域（郊）铁路发展经验交流现场会	总结推广有关地方好经验好做法，引导各地提升综合客运枢纽建设、市域（郊）铁路发展水平
2019/2/21	国家发改委	《关于培育发展现代化都市圈的指导意见》	大力发展都市圈市域（郊）铁路，通过既有铁路补强、局部线路改扩建、站房站台改造等方式，优先利用既有资源开行市域（郊）列车；有序新建市域（郊）铁路，将市域（郊）铁路运营纳入城市公共交通系统
2019/4/8	国家发改委	《2019年新型城镇化建设重点任务》	在城市群和都市圈构建以轨道交通、高速公路为骨架的多层次快速交通网，推进干线铁路、城际铁路、市域（郊）铁路、城市轨道交通融合发展

资料来源：国家发改委、住建部、交通运输部。

上述指导性政策或将在"十三五"规划收官之际显现积极效果。从上述文件的发布频率来看，2017 年是市域快轨相关政策的密集发布期，且这些文件均为纲领性文件，政府立目标、推进程的积极性比较明显；2018 年 5 月通过专家内审的《市域快轨交通技术规范》则开始对市域快轨的标准进行厘定，从技术上形成对市域快轨建设的规范性指导，可以看作政策逐步落实、市域快轨建设稳步推进的一个信号；2019 年年初发布的《关于培育发展现代化都市圈的指导意见》则强调了发展市域快轨的优先性。

一些行业协会、地方政府也制定颁布了一些市域快轨相关技术规范、标准和管理办法，例如 2017 年 3 月 29 日中国土木工程学会发布的《市域快速轨道交通设计规范》（T/CCES 2-2017）（2017 年 4 月 1 日实施），2018 年 8 月住房和城乡建设部标准定额研究所编的《市域快速轨道交通规划与设计导则》（RISN-TG032-2018）；2018 年 10 月 8 日浙江省住房和城乡建设厅发布的《市域快速轨道交通设计规范》（DB33/T 1160-2018）（2019 年 3 月 1 日实施）。

目前，我国市域快轨运营线路总长度仍维持低位，占城轨交通线路的比重不大，但增势强劲。根据研究数据显示：截至 2018 年年底，中国内地累计有 35 个城市建成投运城轨交通线路 185 条，运营总长度 5 761.4 km，其中市域快轨 656.5 km，占总线路长度的 11.4%，仅次于地铁线路，较前值显著提升。2018 年新增市域快轨线路 154.5 km，增幅达到 72.1%，在各制式线路中增速领先。此外，市域快轨在建线路 575.2 km，有望于近两年内建成投运，潜在增长规模相对庞大。

2018 年全国轨道交通运营线路制式结构：地铁占 75.60%，市域快轨占 11.4%，现代有轨电车占 5.7%，轻轨占 4.4%，单轨占 1.7%，磁浮占 1%，APM 占 0.2%。

2013 年以来，市域快轨运营线路长度整体呈稳健上升态势，占轨道交通整体运营线路长度的比重也在波动中整体上扬。值得注意的是，2015 至 2017 年间市域快轨运营线路占比出现下滑态势，主要归因于地铁运营线路增幅较大，挤占了市域快轨占比，但 2018 年态势扭转，运营里程增速较上年亦有显著提升，市域快轨在整体中占比水平已回归 2015 年水平。

在未来，考虑到市区内地铁线路密集度攀升，各城市对地铁线路的需求将趋于饱和，而贯通市区与市郊间用以满足通勤需求的市域快轨或将成为轨道交通"补短板"之所在，因此各城市城轨线路由中心区向周边辐射的趋势有望成为潮流，这说明市域快轨的建设需求尚具备稳健的增长空间。尽管 2014 年至 2017 年市域快轨在建线路长度逐渐减少，但在 2017 年，相关政策陆续加码出台，外部政策环境好转叠加内部需求增强形成了市域快轨建设的有力驱动，数据上反映为 2018 年在建线路的显著增长，预计这种好转态势将持续存在。

2013—2018 年全国市域快轨在建线路长度：2013 年 425 km，2014 年 526 km，2015 年 462 km，2016 年 300.7 km，2017 年 264.9 km，2018 年 575.2 km。

（三）城市轨道交通制式选择分析

1. 城市轨道交通不同制式比较

不同城市轨道交通制式的技术经济特征见表 9.52 所示。

表 9.52　各种制式城市轨道交通比较

比较内容	地铁	轻轨	磁浮	单轨	有轨电车	市域铁路
制式	独立路权	独立路权	独立路权	独立路权	混合路权	独立路权
线路敷设方式	地下或高架	地下或高架	高架为主	为主高架	全开放	地面高架
适用范围市区人口	≥100 万	≥100 万	≥100 万	≥100 万	≥50 万	≥100 万
单向运能/（万人/h）	6.0～8.0	1.0～3.0	1.0～3.0	1.0～2.0	0.80～1.0	1.2～1.8
最高速度/（km/h）	80～100	80～100	100	80	60	100 ～200
平均站间距/km	0.6～2.0	0.8～2.0	0.8～2.0	0.8～2.0	0.8～1.5	2～3
旅行速度/（km/h）	30～40	30～45	30～45	30～40	20～30	50～70
最小转弯半径/m	300	250～350	正线 70	100	50	300
建设周期/a	3～5	3～4	2～3	2.5～3	1.5～2	1～2
动力制式	架空触网/第三轨	架空触网/第三轨	供电轨	供电轨	架空触网/第三轨	架空触网/第三轨
投资规模/（亿元/km）	3～12	3～5	1.5～3	2.5～3	0.7～1	1～4

2. 车型的选择

普通轮轨系统基本车型有 A 型车、B 型车和 C 型车等车型，采用钢轮钢轨。一般适合大、中运量的旅客输送，系统高峰小时单向运输能力可达到 2 万～7 万人，如表 9.53 所示。

表 9.53　各种制式城轨车型选择

项目名称		A 型车	B 型车	C 型车
车辆基本长度/m		23.6	19	19.49
车辆基本宽度/m		3.0	2.8	2.6
车辆高度	受流器车/m	3.8	3.7	3.7
	受电弓车/m	3.81	3.7	3.7
	受电弓工作高度/m	3.9～5.6	3.9～5.6	3.9～5.6
车门数		5	4	—
定员人数/人	带司机室车辆	310	230	—
	无司机室车辆	310	250	—
车辆轴重/t		≤16	≤14	≤11
最小平面曲线半径/m	正线/联络线	300/200	250/150	—
最大爬坡能力/‰	正线/联络线	35/40	35/40	60/60
代表城市		广州 1、2 号线	北京 1 号线	上海 5、8 号线

3. 供电制式选择

高压供电系统：分为集中式、分散式和混合式。一般以集中供电式为主，以分散式供电为辅。我国国家标准规定直流供电电压等级为 750 V、1 500 V 两种，通常根据车辆、线路结构、电气设备水平等因素来决定采用何种电压等级。为了提高供电性能，深圳地铁研究使用3000VDC供电。

4. 受流方式的选择

1）架空接触网

列车受流方式采用架空接触网：沿走行轨顶部架设由承力索、接触线以及支持装置构成"之"字形接触网。列车通过安装在顶部的受电弓受电，供给车辆电气设备，如图9.45和图9.46所示。

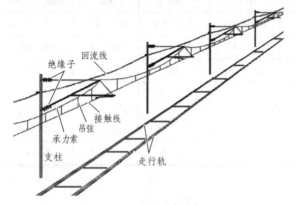

图 9.45　地面线路柔性悬挂

图 9.46　隧道线路刚性悬挂

2）接触轨

列车受流方式采用接触轨：沿行走轨敷设一接触轨，列车集电靴与其接触摩擦取电。接触轨是沿线路平行的附加轨道，又称为第三轨。通过它将电能输送给电动车组，敷设在铁路旁的钢轨，列车通过伸出来的集电靴与之受流。结构比较简单，易于安装，隧道工程投资小，如图9.47所示。

3）感应式

列车受流方式采用感应式取电。这种方式不需要接触网、接触轨等设备，已经研制成功并逐渐投入使用。

图 9.47　接触轨取电

城轨车型的不同、供电方式的多样化、受流方式的差异化、各种繁杂的装备等都使城市轨道交通制式的科学合理选择成为规划建设中首先要研究的问题。

5. 城市轨道交通制式选择的影响因素分析

制式选择的主要影响有：运输能力、工程经济性、技术合理性、城市交通特征、环境因素等。

1）运输能力

单向运能是指交通方式的单方向运输能力，可衡量交通方式的运能大小。地铁：3万～8万人次/h；轻轨：1万～4万人次/h；中低速磁浮：1万～3.5万人次/h；单轨：1万～2万人次/h；有轨电车：0.8万～1万人次/h。可见，不同的城轨制式适应不同的运量需求。按照2018年新颁布的地铁（轻轨）建设项目审批要求，各项指标建议值如表9.54所示。可见，小城市几乎不太可能申请到城轨建设指标。

表 9.54　新地铁（轻轨）建设项目审批指标建议

指标项目	评价指标	评价标准
需求指标	市区总人口	>300（150）万人
	市区常规公交出行量比例	>15%
	市区建成区面积	>300 km²
经济指标	市区国内生产总值（GDP）	>3 000（1500）亿元
	市区财政可支配收入	>300（150）亿元
工程指标	线路远期单向高峰小时最大客流量	>3（1）万人次
	线路远期单向高峰小时最小客流量	>0.8 万人次

备注：括号内的数字为轻轨审批指标。

2）工程经济性

依据投资方面测算，地下铁路为 3.0 亿 ~ 6.0 亿元/km，轻轨列车为 3.0 亿 ~ 5.0 亿元/km，磁浮列车为 1.5 亿 ~ 3.0 亿元/km，单轨列车为 2.5 亿 ~ 3.0 亿元/km，有轨电车为 0.7 亿 ~ 1.0 亿元/km。据建设周期统计，地下铁路为 3 ~ 5 年，轻轨列车为 3 ~ 4 年，磁浮列车为 2.0 ~ 3 年，单轨列车为 2.5 ~ 3 年，有轨电车为 1.0 ~ 2.0 年。可见，不同交通制式投资规模和建设周期差别较大，如图9.48和图9.49所示。

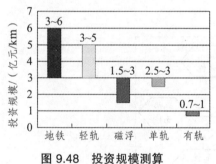
图 9.48　投资规模测算

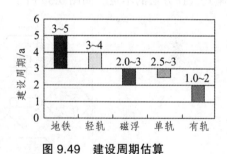
图 9.49　建设周期估算

3）技术合理性

城市轨道交通方式的选择中需要注意满足不同轨道交通方式所需的地理条件、线路适应性、气候适应性、实施难度等因素。

以列车转弯半径为例，地铁的转弯半径（300 m）往往可以达到中低速磁浮列车（70 m）的 4 倍以上，这对施工选线提出了较高的要求。采用合理的技术有助于提高轨道交通的活力。

4）城市交通特征

城市本身的特征是决定制式的重要因素之一，如表9.55所示。

表 9.55　城市交通特征

城市交通特征	城市地理特征	代表城市
各向同性型城市	平原	北京、石家庄
割裂型城市	过江、过河	武汉
单边受限型	海滨、海湾、沿湖	海口、青岛、无锡
双边受限型	山谷	兰州、乌鲁木齐
多边受限型	山地、海岛	重庆、厦门

5）环境因素

在城市规划建设过程中，环境因素应当作为选择城市轨道交通方式的重要因素。其中主要包括城轨列车的低碳节能性、噪声源强弱、对城市空间的占用和对城市景观的影响等。成都地铁 2 号线建成后，大大减少了汽车尾气排放量。然而，地铁的振动对建筑物的安全，精密仪器的测量都产生了影响，也影响了人们正常的生活和工作；高架部分产生较大噪声，并对自然景观产生一定的破坏，美观性受影响。不同城市轨道交通制式对环境影响具有差异性。

城市轨道交通规划对制式选择的主要问题与挑战包括：

（1）缺乏科学的分析方法以及全局统筹的视野。

（2）缺少以发展的观点来综合分析各种因素相互作用的方法。

（3）现有的研究极少对城市的需要和条件与城市轨道交通制式选择过程进行深入的剖析。现有制式选择方法的不足。如图 9.50 所示。

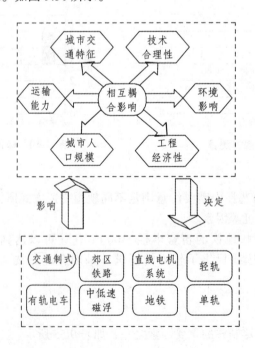

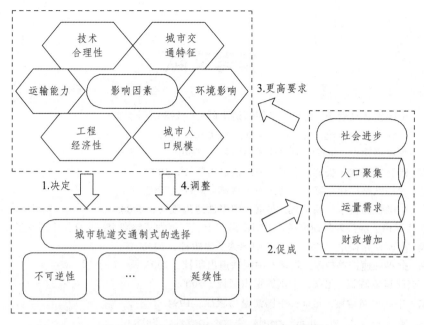

图 9.50　城市轨道交通制式选择影响分析

　　有些人认为：只有采用大客运量的城市轨道交通（地铁和轻轨）系统，才是从根本上改善城市公共交通状况的有效途径。它是医治城市交通问题的万能药？它的代价如何？这是否就是我们现有条件下的最优选择？答案显然是否定的。现在有城市为了自身的发展，希望"多""快""大"地建设城市轨道交通系统。然而，轨道交通制式以及装备等选择缺乏全局的统筹，可能存在着一定的盲目性。因为一是影响城市轨道交通制式选择的因素存在着多样性；二是影响城市轨道交通制式选择的主要因素是相互耦合的而非独立的；三是城市的需要和条件与城市轨道交通制式的选择相互作用关系。所以，我们应以发展的观点来选择城市轨道交通制式。

参考文献

[1] 金士宣. 中国铁路发展史. 北京：中国铁道出版社，1986.

[2] 郝瀛. 中国铁路建设概论. 北京：中国铁道出版社，1998.

[3] 庄正. 中国铁路建设. 北京：中国铁道出版社，1990.

[4] 闵耀兴. 既有铁路列车提速. 北京：中国铁道出版社，1997.

[5] 华茂昆. 中国铁路提速之路. 北京：中国铁道出版社，2002.

[6] 蔡庆华. 中国铁路技术创新工程. 北京：中国铁道出版社，2000.

[7] 铁道部计划司，经济规划研究院. 中国铁路"十五"规划战略研究. 北京：中国铁道出版社，2002.

[8] 钱仲侯. 高速铁路概论. 3 版. 北京：中国铁道出版社，2006.

[9] 钱立新. 世界高速铁路技术. 北京：中国铁道出版社，2003.

[10] 季令. 交通运输政策. 北京：中国铁道出版社，2003.

[11] 苗秋林. 中国铁路运输. 北京：中国铁道出版社，1994.

[12] 孙利民. 铁道科技 15 讲. 北京：中国科学技术出版社，2005.

[13] 黄民. 国外交通运输——发展战略及启示. 北京：中国经济出版社，2007.

[14] 吴利民. 中国铁道年鉴（2000—2006）. 北京：中国铁道出版社，2000—2006.

[15] 邓域才. 铁路规划与机助设计. 北京：中国铁道出版社，1996.

[16] 李远富. 线路勘测设计. 北京：高等教育出版社，2004.

[17] 李远富. 铁路选线设计. 北京：中国铁道出版社，2011.

[18] 李远富. 道路总体规划设计原理. 北京：中国铁道出版社，2011.

[19] 李远富，魏庆朝. 铁路选线设计. 北京：中国铁道出版社，2011.

[20] 魏庆朝，李远富. 铁道工程概论. 北京：中国铁道出版社，2011.

[21] 陆化普. 城市轨道交通规划的研究与实践. 北京：中国水利水电出版社，2001.

[22] 田长海，等. 提速线路列车速度密度重量. 北京：中国铁道出版社，2001.

[23] 铁道部. 跨世纪铁路建设丛书之一——世纪大决策. 北京：中国铁道出版社，2003.

[24] 铁道部. 跨世纪铁路建设丛书之二——决策大西南. 北京：中国铁道出版社，2003.

[25] 铁道部. 跨世纪铁路建设丛书之三——挺进大西北. 北京：中国铁道出版社，2003.

[26] 铁道部. 跨世纪铁路建设丛书之四——构筑大通道. 北京：中国铁道出版社，2003.

[27] 何华武. 中国铁路既有线 200km/h 等级提速技术. 北京：中国铁道出版社，2007.

[28] 国家铁路局. TB 10621—2014 高速铁路设计规范（英汉对照）. 北京：中国铁道出版社，2019.

[29] 国家铁路局. TB 10625—2017 重载铁路设计规范. 北京：中国铁道出版社，2017.

[30] 国家铁路局. TB 10623—2014 城际铁路设计规范. 北京：中国铁道出版社，2015.

[31] 国家铁路局. TB 10098—2017 铁路线路设计规范. 北京：中国铁道出版社，2017.

[32] 北京规划委员会，北京市质量技术监督局. DB11/995—2013 城市轨道交通工程设计规范. 北京市地方标准，2013.

[33] 住房和城乡建设部. GB 50490—2009 城市轨道交通技术规范. 北京：中国建筑工业出版社，2009.

[34] 上海市住房和城乡建设管理委员会. DG/TJ 08-109—2017 城市轨道交通设计规范. 上海：同济大学出版社，2017.

[35] 住房和城乡建设部，国家市场监督管理总局. GB/T 50546—2018 城市轨道交通线网规划标准. 北京：中国建筑工业出版社，2018.